LITTÉRATURE

ANTHOLOGIE POUR LE LYCÉE

Ouvrage réalisé sous la direction d'**Aurélie Renault**

Françoise Besson
Professeure agrégée de lettres modernes, spécialiste d'Histoire de l'Art
Lycée Paul Cézanne, Aix-en-Provence

Régis Lefort
Maître de conférences en lettres modernes
Université d'Aix-Marseille

Roselyne Milani
Professeure agrégée de lettres modernes
Lycée Val de Durance, Pertuis

Aurélie Renault
Professeure agrégée de lettres modernes
Lycée Émile Zola, Aix-en-Provence

Elisabeth Surace
Professeure certifiée de lettres modernes détachée dans le supérieur
Université d'Aix-Marseille

Zélie Clot-Keloufi Tessier
Professeure agrégée de lettres modernes
Lycée Émile Zola, Aix-en-Provence

Hatier

Édition : Anne Calmels et Olivier Martin
Correction : Monika Gabbay
Conception graphique : Marc Henry
Mise en pages : Laurent Romano
Iconographie : Brigitte Célérier / Hatier illustration

PAPIER À BASE DE FIBRES CERTIFIÉES

Hatier s'engage pour l'environnement en réduisant l'empreinte carbone de ses livres. Celle de cet exemplaire est de : 1.9 kg éq. CO_2
Rendez-vous sur www.hatier-durable.fr

Avant-propos

La pratique de la citation et l'histoire littéraire

« Nous ne faisons que nous entregloser », d'après Montaigne. Au fond, nous apprenons à penser en lisant ce que nos contemporains ou nos prédécesseurs ont écrit. L'élève, en lisant, apprend à écrire, à jouer avec les intertextes.

Notre **anthologie diachronique** de textes littéraires entre dans cette confrontation des idées. Chaque élève devient alors capable de penser par lui-même, d'adopter une **distance critique** avec le monde qui l'entoure. Du reste, ce manuel propose la pratique de la citation comme une façon d'accéder à la **structuration d'un patrimoine littéraire**.

Les nouveaux programmes

Les nouveaux programmes mettent à l'honneur l'**histoire littéraire**. Ce choix possède l'avantage d'**inscrire une œuvre dans une époque** et non pas seulement de s'en remettre à un formalisme qui l'oublie parfois. Ainsi chaque professeur pourra-t-il envisager l'**évolution des formes** que les siècles revisitent ou redéfinissent à loisir.

Un manuel de référence

Le sommaire par objets d'étude propose des corpus constitués ainsi que des pistes pour **accompagner l'étude des œuvres intégrales**. Les marges associées ancrent chaque texte dans son **contexte d'écriture**. Les extraits choisis sont parfois les passages les plus attendus des **grands classiques** ou des extraits plus surprenants. Certains auteurs délaissés sont remis à l'honneur, et les **littératures antique, étrangère, francophone et contemporaine** ne sont pas oubliées.

Les **fiches mémo** proposées à la fin du manuel donnent des **repères efficaces** sur les mouvements et les genres littéraires, ainsi que sur les mythes et légendes qui traversent la littérature. Elles sont complétées par des **fiches méthodologiques** et des **exemples entièrement rédigés et commentés** pour chaque exercice du baccalauréat rénové.

En somme, cette anthologie entend être un véritable **vade-mecum** pour le candidat aux EAF comme pour l'enseignant, à qui nous souhaitons faire gagner un peu de temps, au moment où ses pratiques se trouvent bouleversées.

Les auteurs

Le Moyen Âge

Le XVIe siècle

Le XVIIe siècle

Le XVIIe siècle

Le XIXe siècle

Les XXe et XXIe siècles

Mémos Bac

Mouvements littéraires

Mythes et légendes

Genres littéraires et artistiques

Outils transversaux

Testez vos connaissances en histoire littéraire

Les épreuves du Bac

Sommaire par objets d'étude

Les objets d'étude en Seconde

La poésie du Moyen Âge au XVIIIe siècle

La littérature d'idées et la presse du XIXe siècle au XXIe siècle

Le récit du XVIIIe siècle au XXIe siècle

Le théâtre du XVIIe siècle au XXIe siècle

Les objets d'étude en Première

La poésie du XIXe siècle au XXIe siècle

Corpus 1 La poésie romantique (XIXe)

Corpus 2 La poésie symboliste (XIXe)

Corpus 3 La poésie surréaliste (XXe)

Corpus 4 La poésie de la négritude (XXe)

Corpus 5 L'éphémère dans la poésie de la modernité (XIXe-XXe)

Corpus 6 La création poétique (XIXe-XXIe)

Corpus 7 Eros et Thanatos (XIXe-XXe)

Corpus 8 L'expression du désir en poésie (XIXe-XXe)

Corpus 9 La quête du beau en poésie (XIXe-XXIe)

Corpus 10 La ville en poésie (XIXe-XXIe)

La littérature d'idées du XVIe au XVIIIe siècles

Le récit du Moyen Âge au XXIe siècle

Pour la période allant du XVIIIe au XXIe siècle, se reporter aux parcours proposés en Seconde

Le théâtre du XVIIe siècle au XXIe siècle

Se reporter aux parcours proposés en Seconde

Le Moyen Âge

Si les guerres féodales qui dominent jusqu'au XIe siècle favorisent la célébration des exploits guerriers dans les chansons de geste, le XIIe siècle, marqué par le progrès économique, voit les mœurs s'adoucir. Un nouvel art de vivre et d'aimer se déploie à la cour, aux récits épiques succèdent les romans de chevalerie qui exaltent les valeurs de la *fin'amor*. Parallèlement, une littérature satirique, parfois teintée d'humour noir, dénonce les abus des puissants.

La littérature courtoise

Auteurs et œuvres clés

XIIe s. Béroul, *Tristan et Iseut*
1404 Christine de Pisan, *Le Livre du Duc des vrais amants*

Animation
Manuel numérique

À mon seul désir, détail de *La Dame à la licorne* (1480-1500), tapisserie, musée national du Moyen Âge et des thermes de Cluny (Paris).

476-751	751-987	987-1328	1328-1589
Mérovingiens	Carolingiens	Capétiens	Valois

Légende arthurienne

Littérature courtoise

Littérature satirique

La légende arthurienne

Auteurs et œuvres clés

1230 *La Quête du Saint-Graal*

Le roi Arthur et les chevaliers de la Table Ronde assistant à l'apparition du Saint-Graal (vers 1470), enluminure illustrant le manuscrit *La Quête du Saint-Graal*, BnF (Paris).

La littérature satirique

Auteurs et œuvres clés

XIIIe s. Rutebeuf, *Le dit de la Grièche d'hiver*
1463 Villon, *La Ballade des pendus*

Âmes libérées de la Bouche de l'Enfer (vers 1435), enluminure du *Livre d'heures de Catherine de Clèves*, Morgan Library and Museum, New York (États-Unis).

Le **Moyen Âge**

Le Moyen Âge s'étend sur dix siècles, de la chute de l'Empire romain au Ve siècle à la fin du XVe siècle. Il est marqué par de nombreuses guerres et neuf croisades lors desquelles les chrétiens cherchent à imposer leur religion aux « infidèles ». La littérature, d'abord orale, est transcrite à la main par des copistes sur des parchemins enluminés, jusqu'à l'invention de l'imprimerie en 1450.

Un système féodal

Une société hiérarchisée

• Instauré par Charlemagne, le **système féodal** établit des règles dans un monde en proie au chaos. La France est divisée en régions dirigées par des **vassaux** qui ont juré fidélité à l'empereur. Ces vassaux, à la mort de Charlemagne, donnent naissance à une **noblesse** qui domine une population plus pauvre (paysans, artisans). Parallèlement, le **pouvoir du clergé** s'accroît.

L'Offrande du cœur (vers 1400), tapisserie de laine et de soie (247 x 209 cm), musée du Louvre (Paris).

• Les **romans de chevalerie** (▸ p. 25) témoignent de cette société hiérarchisée et idéalisent les nobles à travers la **figure du chevalier**. À l'inverse, des poètes comme **Rutebeuf** (▸ p. 32) ou **Villon** (▸ p. 38) décrivent la misère qui ronge le petit peuple. Les **fabliaux**, quant à eux, critiquent la société féodale sur un **ton satirique**.

Le poids de la religion

• **L'influence de la religion chrétienne** est importante : au **théâtre**, elle est à l'origine des **mystères** qui se donnent sur les parvis des églises et représentent des scènes de la vie du Christ, ou mettent en scène des saints et des petits diables dont aime à se moquer le public.

• La religion inspire aussi l'une des plus grandes fresques littéraires : **la quête du Graal**, racontée notamment par **Chrétien de Troyes** au XIIe siècle. Cette **légende arthurienne** met en scène Arthur, roi de Bretagne (actuelle Grande-Bretagne), et ses vaillants chevaliers (Lancelot, Gauvain, Perceval, Yvain…), qui siègent à la **Table Ronde** (▸ p. 30). Ces chevaliers partent en quête du Graal, sorte de corne d'abondance selon les légendes celtiques, assimilé à partir du XIIIe siècle au Saint Calice, la coupe dans laquelle aurait été recueilli le sang du Christ.

476-751
Mérovingiens

751-987
Carolingiens

700 — 800 — 900 — 1000

768-814
Règne de Charlemagne

La *fin'amor*

• En **poésie** apparaît l'**amour courtois**, ou *fin'amor*, qui marque aussi d'une forte empreinte le **roman de chevalerie**. André le Chapelain en a défini les règles au XIIe siècle : « L'amant ne peut rien obtenir sans l'accord de sa dame », « L'amant doit aimer une femme de condition supérieure à la sienne », « L'amour doit rester secret s'il veut durer », « Tourmenté par l'amour, l'amant dort peu et mange moins ». L'amour courtois, représenté par des auteurs comme **Guillaume de Machaut** (▸ p. 34) ou **Christine de Pisan** (▸ p. 35), donne naissance à de nombreuses formes poétiques intimement liées à la musique, comme la **ballade** et le **rondeau**.

Des chansons de geste aux romans de chevalerie

La langue romane

• Ce n'est qu'à partir du IXe siècle que l'on écrit en **langue romane** (transition du latin populaire). Un roman désigne alors d'abord un texte écrit dans cette langue, par opposition à la langue latine. Les premiers romans sont composés **en vers**.

La chanson de geste

• Les **chansons de geste**, telle *La Chanson de Roland* (▸ p. 24), sont fondées sur des effets d'échos entre les **laisses**, de brefs paragraphes en vers, répétitifs, destinés à être chantés accompagnés du son de la vielle. Elles célèbrent les exploits guerriers de héros devenus légendaires. « Geste » vient du latin ***gesta*** qui désigne « une action ou un fait exceptionnels ».

Le roman de chevalerie et la légende arthurienne

• Dans les **romans arthuriens**, les vers laissent peu à peu place à la **prose** qui, plus facile à lire, permet une plus grande diffusion des œuvres.

• Les romans de chevalerie sont **imprégnés de religion**, en particulier chrétienne. Essentiellement organisés autour de la cour du roi Arthur et des chevaliers de la Table Ronde, ils recèlent de **nombreux symboles chrétiens** : les douze chevaliers de la Table Ronde évoquent les douze apôtres. Galaad, seul chevalier digne du Graal, fait écho à Jésus par la pureté de son cœur et son rôle d'élu.

• La légende arthurienne poursuit aussi une **visée politique** : donner une histoire nationale au peuple breton, c'est-à-dire celte (Gaulois, Pictes…), qui manque d'unité. En déformant des faits historiques, ces légendes offrent aux Bretons une **identité** qui se nourrit de la résistance bretonne face aux Saxons.

Encouragé par un ange, Charlemagne tue Baligant, l'émir de Babylone **(vers 1290), miniature tirée du manuscrit *La Chanson de Roland*, BnF (Paris).**

987-1328
Capétiens

1328-1589
Valois

1100 — 1200 — 1300 — 1400 — 1500

1096 Début de la première croisade

1204 Prise de Constantinople

1226-1270 Règne de Louis IX (Saint Louis)

1337 Début de la guerre de Cent Ans

1450 Invention de l'imprimerie

1461-1483 Règne de Louis XI

1492 Découverte de l'Amérique

1098

La chanson de geste

Héritière de l'épopée antique, la chanson de geste narre, dans de brefs paragraphes appelés « laisses » destinés à être chantés, les exploits accomplis par des héros d'exception. Elle se fonde sur des événements historiques qu'elle transforme et magnifie. *La Chanson de Roland* modifie ainsi un événement mineur, la défaite de l'arrière-garde de Charlemagne au col de Roncevaux en 778, en justification de la « guerre sainte » menée contre les Sarrasins (première croisade).

La figure du chevalier chrétien

L'œuvre illustre la lutte des forces du bien contre les forces du mal à travers le combat des chevaliers chrétiens contre des païens condamnés à mourir ou à se convertir : « les païens ont tort les chrétiens ont le droit » (v. 1015). Roland, neveu de Charlemagne, incarne le chevalier valeureux mais orgueilleux : son refus d'avertir les troupes du roi en sonnant du cor précipite le drame.

QUESTIONS

1 • Quelles tonalités dominent dans cet extrait ?

2 • Comment la mort de Roland est-elle mise en scène ?

3 • En quoi Roland est-il un héros épique ?

Anonyme

La Chanson de Roland

Après la bataille perdue contre les Sarrasins, le comte Roland, seul et à bout de forces, sent la mort approcher. Il entreprend de briser Durendal, son épée, afin qu'elle ne tombe pas entre des mains impies.

« Ah ! Durendal, que tu es belle et sainte ! »

173

Roland frappa contre une pierre bise[1]. Il en abat plus que je ne sais vous dire. L'épée grince, elle n'éclate ni ne se rompt. Vers le ciel elle rebondit. Quand le comte voit qu'il ne la brisera point, il la plaint en lui-même, très doucement : « Ah ! Durendal, que tu es belle et sainte ! Ton pommeau d'or est plein de reliques : une dent de saint Pierre, du sang de saint Basile, et des cheveux de monseigneur saint Denis, et du vêtement de sainte Marie. Il n'est pas juste que des païens te possèdent : des chrétiens doivent faire votre service[2]. Puissiez-vous ne jamais tomber aux mains d'un couard ! Par vous j'aurai conquis tant de larges terres, que tient Charles, qui a la barbe fleurie ! L'empereur en est puissant et riche. »

174

Roland sent que la mort le prend tout : de sa tête elle descend vers son cœur. Jusque sous un pin il va courant ; il s'est couché sur l'herbe verte, face contre terre. Sous lui il met son épée et l'olifant[3]. Il a tourné sa tête du côté de la gent païenne : il a fait ainsi, voulant que Charles dise, et tous les siens, qu'il est mort en vainqueur, le gentil comte. À faibles coups et souvent, il bat sa coulpe[4]. Pour ses péchés il tend vers Dieu son gant[5].

175

Roland sent que son temps est fini. Il est couché sur un tertre escarpé, le visage tourné vers l'Espagne. De l'une de ses mains il frappe sa poitrine : « Dieu, par ta grâce, mea culpa, pour mes péchés, les grands et les menus, que j'ai faits depuis l'heure où je naquis jusqu'à ce jour où me voici abattu ! » Il a tendu vers Dieu son gant droit. Les anges du ciel descendent à lui.

Traduit et adapté de l'ancien français par J. Bédier.

1. **Bise** : d'un gris foncé.
2. **Service** : service que le chevalier doit à sa dame. Le passage du tutoiement au vouvoiement est fréquent dans le texte sans être toujours significatif.
3. **Olifant** : cor.
4. **Bat sa coulpe** : fait son autocritique.
5. **Tend son gant** : geste d'hommage du vassal à son suzerain.

Béroul

Tristan et Iseut

Tristan doit combattre le Morholt, champion du roi d'Irlande venu réclamer six cents jeunes gens au roi Marc, l'oncle de Tristan. Tristan, soutenu par le peuple, est prêt au combat.

Tristan monta seul dans une barque et cingla[1] vers l'île Saint-Samson. Mais le Morholt avait tendu à son mât une voile de riche pourpre, et le premier il aborda dans l'île. Il attachait sa barque au rivage, quand Tristan, touchant terre à son tour, repoussa du pied la sienne vers la mer.

« Nul ne vit l'âpre bataille »

« Vassal, que fais-tu ? dit le Morholt, et pourquoi n'as-tu pas retenu comme moi ta barque par une amarre ?

– Vassal, à quoi bon ? répondit Tristan. L'un de nous reviendra seul vivant d'ici : une seule barque ne lui suffit-elle pas ? »

Et tous deux, s'excitant au combat par des paroles outrageuses, s'enfoncèrent dans l'île.

Nul ne vit l'âpre bataille mais, par trois fois, il sembla que la brise de mer portait au rivage un cri furieux. Alors, en signe de deuil, les femmes battaient leurs paumes en chœur, et les compagnons du Morholt, massés à l'écart devant leurs tentes, riaient. Enfin, vers l'heure de none[2], on vit au loin se tendre la voile de pourpre ; la barque de l'Irlandais se détacha de l'île, et une clameur de détresse retentit : « Le Morholt ! le Morholt ! » Mais, comme la barque grandissait, soudain, au sommet d'une vague, elle montra un chevalier qui se dressait à la proue ; chacun de ses poings tendait une épée brandie : c'était Tristan. Aussitôt vingt barques volèrent à sa rencontre, et les jeunes hommes se jetaient à la nage. Le preux s'élança sur la grève et, tandis que les mères à genoux baisaient ses chausses de fer, il cria aux compagnons du Morholt :

« Seigneurs d'Irlande, le Morholt a bien combattu. Voyez : mon épée est ébréchée, un fragment de la lame est resté enfoncé dans son crâne. Emportez ce morceau d'acier, seigneurs : c'est le tribut de la Cornouailles ! »

Alors il monta vers Tintagel[3]. Sur son passage, les enfants délivrés agitaient à grands cris des branches vertes et de riches courtines[4] se tendaient aux fenêtres. Mais quand, parmi les chants d'allégresse, aux bruits des cloches, des trompes et des buccines, si retentissants qu'on n'eût pas ouï Dieu tonner, Tristan parvint au château, il s'affaissa entre les bras du roi Marc : et le sang ruisselait de ses blessures.

Traduit et adapté de l'ancien français par J. Bédier.

1. **Cingla** : navigua. 2. **None** : 15 h. 3. **Tintagel** : château du roi Marc. 4. **Courtines** : rideaux.

XIIe s.

Béroul
(1160-1213)

L'auteur et l'œuvre

La légende bretonne de Tristan et Iseut a inspiré de nombreux auteurs dans toute l'Europe. Béroul semble avoir puisé son inspiration dans l'Antiquité : l'histoire rappelle celle de Pyrame et Thisbé, elle-même à l'origine de *Roméo et Juliette*. Le combat contre le Morholt évoque celui de Thésée contre le Minotaure. Marie de France, dans le lai « Le chèvrefeuille », relate aussi cette légende (▸ p. 28).

Les valeurs du chevalier médiéval

Le chevalier médiéval, reflet des préoccupations morales de son temps, incarne la vaillance et une conception idéale de l'amour courtois. La fierté de Tristan, qui refuse de montrer sa faiblesse à tout autre homme que le roi Marc, suscite l'admiration.

QUESTIONS

1 • Quelles qualités du héros de chevalerie sont ici mises en valeur ?

2 • En quoi la tonalité épique domine-t-elle ?

3 • Qu'apprend-on de la société du Moyen Âge dans cet épisode ?

XIIe s.

Anonyme

Le Couronnement de Louis

Le roi Louis, fils de Charlemagne, jeune et peu courageux, est couronné grâce à Guillaume qui écarte un autre prétendant. Il sait que son vassal est un preux chevalier toujours à ses côtés, ici pour défendre Rome et le pape contre Gui, empereur d'Allemagne.

L'auteur et l'œuvre

La narrateur ainsi qu'il se présente au début du récit est un « jongleur » qui vient chanter les exploits de Guillaume d'Orange. Sa chanson de geste, composée de 63 laisses (ou couplets), en décasyllabes, est consacrée à un héros qui reflète ce qui est attendu d'un chevalier : la vaillance au combat, la loyauté à son roi et une foi à toute épreuve.

Un récit épique

Cet épisode est le retour à Rome, l'un des moments importants d'un récit structuré en plusieurs étapes : le couronnement à Aix-la-Chapelle, la lutte contre l'invasion sarrasine à Rome, la lutte contre les traîtres « internes » au royaume, le retour à Rome, le combat contre Gui d'Allemagne. Guillaume peut se déplacer vite et combat partout où le roi a besoin de lui.

Le retour à Rome

« alors vous auriez vu commencer un rude combat »

Louis s'enfuit à pied
et de tente en tente, va partout se cacher.
De toute la force de sa voix il crie : « Bertrand,
Guillaume, où êtes-vous ?
Fils de barons, venez à mon aide.
Par Dieu, je vous l'assure, j'en ai grand besoin. »
La vaillant Guillaume était, comme on le sait, parti à la tête des fourriers[1].
Le comte Bertrand, son neveu, prit alors le premier la parole :
« Oncle Guillaume, pensez à agir :
Dans notre armée j'entends pousser de grands cris.
Par Dieu, je vous l'assure, ils ont grand besoin d'aide.
Le comte Guillaume alors lui répond : il faut nous diriger à cheval
vers Rome, les heaumes[2] sur nos têtes :
si nous pouvons empêcher les assaillants de rentrer dans leur ville
et les prendre ainsi au piège,
et si les gens de notre armée ont pu revêtir leurs hauberts[3],
nous pouvons faire là un butin magnifique ;
il n'y en aura pas eu de plus grand depuis la mort de Guaifier[4]. »
Guillaume et les siens n'ont pas autre chose en tête
que de se diriger vers Rome le galop de leurs chevaux.
La nappe de brouillard se répand, épaisse sur la contrée ;
Les Romains n'ont pas su, dans ces conditions, assurer leur garde
Et ne s'aperçoivent de rien jusqu'au moment où Guillaume se met à crier :
« Montjoie ! dit-il, frappez, chevaliers ! »
Alors vous auriez vu commencer un rude combat :
que de lances vous auriez vu briser, que d'écus vous auriez vu percer
et combien de hauberts être déchirés et démaillés !
Vous auriez vu tomber et trébucher mort sur mort.
Comme les gens de l'armée avaient de leur côté revêtu leurs hauberts,
Les Français enfermèrent les assaillants et devant et derrière :
des mille guerriers de Rome ils ne voulurent pas qu'un seul leur échappât :
il fallut qu'ils fussent tous tués et massacrés,

ou, quelques-uns faits prisonniers et enchaînés.
Le seigneur qui les commande ayant pris la fuite,
Guillaume le suit à toute allure le long d'une colline ;
il lui crie : « Reviens en arrière, chevalier,
ou bientôt tu mourras comme un coquin ! »
Sur le flanc du Romain il lui fait glisser l'acier de son épier et le fait
pencher sur le cou du destrier ;
il lui tire son épée et veut lui couper la tête
quand l'autre implore sa pitié et sa compassion :
« Baron, ne me tue pas, si tu es Guillaume,
mais prends-moi vivant : tu pourras y trouver grand profit.
Je te donnerai un grand muid de deniers[5]. »
Le comte Guillaume s'approche alors de lui
et le Romain lui remet son épée d'acier bien fourbie.
Guillaume le fait prisonnier et le livre à Louis
puis s'en retourne auprès de ses fourriers.
À Rome, Gui d'Allemagne se dresse debout,
et dit à ses gens : « Silence, écoutez-moi :
mes hommes sont morts, tués et massacrés ;
il faut que je m'engage personnellement
en un combat singulier contre un chevalier ennemi,
sinon nos forces armées ne nous serviront plus à rien ».

Laisse LVII, vers 2311-2361. Traduit par André Lanly © Honoré Champion, 1969.

1. **Fourrier** : homme d'arme chargé des équipements.
2. **Heaume** : casque de combat.
3. **Haubert** : tunique en mailles de métal.
4. **Guaifier** : Roi d'Italie prisonnier des Sarrasins
5. **Muid de deniers** : une grande quantité d'argent.

XIIe s.

Une réflexion sur le pouvoir

Les récits de combat se succèdent. Ils sont des étapes de l'évolution du personnage de Guillaume et de la construction du pouvoir royal. Quelles que soient les difficultés, le chevalier sert le pouvoir royal : il édifie le modèle héroïque du vassal, devient un exemple moral, et propose une véritable leçon de politique.

Une narration pour « l'exemple »

Il y a de ne nombreux effets de répétitions dans le texte. Ils ont pour rôle de mettre en valeur la dynamique de la construction du pouvoir et la dimension héroïque de ce dernier combat de Guillaume.

QUESTIONS

1 • Quels sont les rapports de force mis en place ?

2 • Dans quelle mesure le récit déploie-t-il un caractère épique ?

3 • Comment les figures du roi, du chevalier et du héros sont-elles traitées ?

XIIIe s.

Rutebeuf
(1230-1285)

L'auteur et l'œuvre

On possède très peu d'informations sur Rutebeuf, sinon qu'il vécut dans la seconde moitié du XIIIe siècle et qu'il fut clerc et jongleur. Dans ses complaintes (rassemblées au XXe siècle sous le titre *Poèmes de l'infortune*), le poète se donne à voir comme un traîne-misère poursuivi par la malchance et les épreuves de la vie.

Une anti-reverdie

La reverdie est un genre poétique très en vogue au Moyen Âge qui exprime le renouveau de la nature et de l'amour. Le poème met en place une lecture ironique de ce motif en déployant toutes les facettes du malheur hivernal qui accable le poète.

Oralité et musicalité

Le dit est un poème narratif à la première personne destiné à être lu ou récité. La dimension orale du poème est restituée par l'emploi d'un vocabulaire trivial parfois accompagné d'exclamations.

Rutebeuf

Le dit de la Grièche d'hiver

Ce poème évoque les répercussions malheureuses de la venue de l'hiver sur le poète. Il est placé sous le signe de la « grièche » que l'on pourrait traduire par la « guigne » (la malchance).

« l'été, je chante, l'hiver, je pleure »

Au temps où l'arbre s'effeuille –
sur la branche il ne reste feuille
qui n'aille à terre –,
comme la pauvreté me terrasse
et de partout me fait la guerre,
au temps d'hiver
(voilà bien une autre chanson !),
je commence mon dit lamentable :
une pauvre histoire !
Pauvre cervelle, pauvre mémoire
m'a données Dieu, le roi de gloire,
et pauvre rente[1],
et froid au cul quand bise vente :
le vent me frappe, le vent m'évente
et bien souvent
à tout instant je sens le vent.
La grièche m'avait bien promis
tout ce qu'elle m'apporte :
elle me paie recta, elle s'acquitte de tout,
pour un sou elle me rend une livre[2]
de pauvreté extrême.
La pauvreté m'est encore tombée dessus :
sa porte m'est toujours ouverte,
je suis toujours dedans,
jamais je ne m'en suis sorti.
Sous la pluie je me mouille, s'il fait chaud, je m'essuie :
me voilà riche !
Je ne dors que mon premier sommeil.
Je ne peux compter ma fortune :
je n'ai rien.
Dieu fait tomber pour moi les saisons bien à point :
l'été, la mouche noire me pique,
l'hiver, la mouche blanche.
Je suis comme l'osier sauvage
ou comme l'oiseau sur la branche :

l'été, je chante,
l'hiver, je pleure, je me lamente,
je me dépouille comme l'arbre du verger
au premier gel.
Il n'y a en moi ni venin ni fiel :
il ne me reste rien sous le ciel,
tout va son cours.
Je savais faire monter la mise[3] :
mes mises ont englouti tout ce que j'avais,
elles m'ont fourvoyé
hors du chemin, elles m'ont dévoyé.
J'ai risqué des mises insensées,
je m'en souviens.
Je le vois maintenant : tout va, tout vient,
c'est forcé que tout aille et vienne,
sauf les bienfaits.
Les dés que l'artisan[4] a faits
m'ont dépouillé de mes habits,
les dés me tuent,
les dés me guettent, les dés m'épient,
les dés m'attaquent et me défient,
j'en souffre.
C'est l'angoisse, je n'y peux rien :
je ne vois venir ni avril ni mai,
voici la glace.
Me voilà sur la mauvaise pente.
Les trompeurs, cette sale race,
m'ont laissé sans habits.
Il y a tant de malhonnêteté dans le monde !
Dès qu'on a quelque chose, on fait le malin ;
et moi, qu'est-ce que je fais,
moi qui sens le faix[5] de la pauvreté?
La grièche ne me laisse pas en paix,
elle me met hors de moi,
elle m'attaque, elle me fait la guerre ;
jamais je ne guérirai de ce mal
à ce compte-là.
Je me suis placé dans un bien mauvais pas.
Les dés se sont saisis de moi :
je renonce à eux !

Traduit de l'ancien français par M. Zink

1. Rente : revenu. **2. Livre** : équivalent de vingt sous. **3. Mise** : somme d'argent pariée au jeu. **4. Artisan** : fabricant de dés. **5. Faix** : charge.

XIIe s.

Entre lyrisme et dérision

Le poète semble se dévaloriser en se plaçant volontairement dans des situations ridicules, mais ce recours à l'autodérision, à un « je » pitoyable exacerbé, vise à s'attirer la sympathie de ceux que son malheur saura toucher. On appelle ce procédé la *captatio benevolentiae*.

QUESTIONS

1 • Comment les thèmes de la venue de l'hiver et de la malchance sont-ils liés ?

2 • Comment la métaphore filée de la malchance au jeu est-elle mise en place ?

3 • Quelles sont les tonalités dominantes dans ce poème ?

1364

Guillaume de Machaut
(1300-1377)

L'auteur et l'œuvre

Dans *Le Livre du Voir Dit* (le Livre de la vérité ou de la parole vraie), Guillaume de Machaut mêle les lettres et les poèmes que sa dame et lui ont échangés. L'œuvre s'ouvre sur le rondeau que lui a envoyé cette très jeune fille pour lui déclarer son amour sur la seule foi de sa renommée de poète : elle ne l'a jamais vu. Le *Livre* accompagne la rencontre, les ébats et la séparation des amants.

Une ballade lyrique

Le genre de la ballade n'est pas encore figé au moment où Machaut écrit. La ballade est avant tout associée au lyrisme : elle est souvent chantée et accompagnée de musique. Le poète mêle les tonalités lyrique et pathétique pour évoquer le sentiment amoureux et l'absence de l'être aimé. La présence des éléments de la terre, de l'eau et de l'air crée une harmonie entre l'homme et le monde.

QUESTIONS

1 • En quoi cette ballade engage-t-elle une réflexion sur l'être et le paraître ?

2 • Comment l'éloge de la dame se met-il en place ?

3 • Quels sont les thèmes appelés à devenir de véritables topoï (motifs) de la poésie amoureuse ?

Machaut
Le Livre du Voir Dit

Le poète vient de recevoir le portrait de sa dame, une jeune femme qu'il n'a encore jamais vue. Il lui écrit alors cette ballade.

Ballade de l'amant [avec chant]

« Le grand désir que j'ai de vous voir »

Pas plus qu'on ne saurait dénombrer les étoiles
Quand on les voit luire dans tout leur éclat,
Ou les gouttes de la pluie ou celles de la mer,
Ou les grains de sable sur lesquels celle-ci s'étend,
Ni mesurer le tour du firmament,
Pas plus on ne saurait s'imaginer ni concevoir
Le grand désir que j'ai de vous voir.

Et pourtant je ne puis me rendre auprès de vous
À cause de Fortune[1] qui me l'interdit et me le défend ;
En raison de quoi il me faut étouffer maints soupirs
Quand je pense à vous et que je suis au milieu des gens ;
Et quand je suis tout seul, sans témoins,
Alors me fait subir tous les chagrins
Le grand désir que j'ai de vous voir.

Car il me force à me plaindre, à épancher mon chagrin
Et à déplorer l'absence de votre gracieux visage
Et de votre beauté souveraine et sans pareille,
Et de la très grande douceur qui s'en dégage.
C'est ainsi que me fait languir misérablement,
Enflamme mon cœur, puis éteint mon espoir
Le grand désir que j'ai de vous voir.

Traduit de l'ancien français par P. Imbs

1. **Fortune** : sort, destin.

Pisan

Le Livre du Duc des vrais amants

Ce récit d'une histoire d'amour entre un chevalier et sa dame, rapportée par Christine de Pisan, s'achève sur la complainte de la dame.

Il me faut donc, je le dois –
La mine grise –
Mener deuil, privée de joie
Car je le perds, j'en prends la voie,
Lui que j'aimais autrefois
Et sans traîtrise.

Si de moi il avait pris
Congé, autant de mépris
Il n'inspirerait. Malappris,
Lui qui ne tremble
De laisser celle en qui il a pris
Honneur, vaillance et tout prix !
Pourquoi donc un tel mépris
Avoir, il me semble ?
À un autre cœur il s'assemble,
Je le vois, et mon cœur tremble
De douleur, pensant qu'ensemble,
Je l'ai appris,
Plus ne serons. Je rassemble
En moi un deuil qui ressemble
À la mort, nous désassemble,
Nous désunit.

Mais qu'importent ma complainte,
Mes pleurs, ma face déteinte,
Plus jamais, sauf d'amours feintes,
Il ne m'aimera,
Pour moi sa flamme est éteinte,
Il fuit hors de mon atteinte,
Je resterai de deuil ceinte.
Il nommera
Dame une autre, il la priera,
À elle il s'attachera [...]

« Je le vois, et mon coeur tremble de douleur »

1404

Christine de Pisan
(1364-1430)

L'auteure et l'œuvre

Christine de Pisan reçoit une éducation exceptionnelle pour son époque. Elle se forge une réputation de poétesse de cour et écrit *Le Livre du Duc des vrais amants* sur commande d'un dignitaire. Dans le prologue, elle insiste sur son désir vif d'indépendance de femme de lettres vis-à-vis de ses protecteurs.

L'amour courtois

Essentiellement clandestin et exclusif, l'amour courtois ou la *fin'amor*, chanté par les troubadours, se développe dès le XIIe siècle dans la littérature et imprègne la vie aristocratique. Il mêle raffinement de manières et de sentiments dont les dames sont les inspiratrices. Le code courtois place la dame hors d'atteinte et sublime le désir. Le chevalier est le serviteur constant et le vassal de sa dame. Il lui est fidèle.

Texte lu
Manuel numérique

QUESTIONS

1 • Quels portraits contrastés de la dame et du chevalier l'auteure dresse-t-elle ici ?

2 • Quelle portée la voix féminine prend-elle dans ce passage ?

3 • En quoi peut-on parler de critique de l'amour courtois ?

Vie artistique & culturelle

La courtoisie au Moyen Âge

« Courtoisie » dérive du mot « cour » : la courtoisie est réservée à l'aristocratie. L'homme courtois choisit d'aimer une dame dont la condition lui est supérieure. La *fin'amor* cultive un art d'aimer raffiné qui s'apparente à une ascèse mystique.

La morale courtoise

• La courtoisie est **un véritable art de vivre**. Elle relève de ce que le médiéviste Paul Zumthor nomme « **l'élégance morale** ». L'homme courtois se conduit bien, il est poli, généreux, discret, fidèle, humble vis-à-vis des dames. Il refuse toute forme de mensonge et de lâcheté.

• La morale courtoise est du côté de la **mesure**, du contrôle du geste, de la domination de la passion. Elle se soumet à un **code**. Le fait d'être courtois révèle que l'on appartient à une **élite**.

Miniature du **Codex «Manesse»**, manuscrit réalisé entre 1300 et 1330, Bibliothèque Universitaire de Heidelberg.

Origines de la *fin'amor*

• Le mot *fin'amor* tirerait son origine de **poèmes d'Ovide** ou encore des **correspondances célèbres entre le moine Abélard et Héloïse**, voire de **l'influence de la poésie andalouse**. Il apparaît pour la première fois sous la plume du duc d'Aquitaine et comte de Poitiers **Guillaume IX** (1071-1126), un puissant seigneur ayant combattu pendant la première croisade. Il cherche à créer **une cour raffinée** et écrit des poèmes en occitan. Sa petite-fille, **Aliénor d'Aquitaine**, contribuera à son tour au développement de la poésie courtoise. Poétesse, elle jouera également un rôle de mécène en faisant venir des troubadours à la cour.

Une révolution pour la femme

• L'amour courtois naît en **opposition aux chansons de geste**, dans lesquelles le chevalier ne devait pas s'attacher à une dame. Dans la *Chanson de Roland* (▸ p. 24), l'amour ne saurait être un thème à part entière. L'idéal courtois s'élève **contre une situation sociale** qui veut que la femme dépende d'abord de son père puis de son mari. La courtoisie autorise l'amour, l'entente entre les amants. Paul Zumthor distingue toutefois **l'amour courtois du Nord** de la France de celui du **Sud** : dans le Nord, l'amour est un aboutissement alors que dans le Midi, l'amour est à l'origine de la courtoisie. Dans le Nord, il s'agit d'appliquer à l'amour les principes de la courtoisie : hommes et femmes se montrent généreux, discrets, fidèles.

• Dans le Midi, l'amour courtois se nomme ***fin'amor***. Il ne saurait être associé au mariage – qui relève de la contrainte – mais à la liberté. La femme est perçue comme le suzerain dont l'homme est le vassal : l'homme est au **service** de la femme à qui il fait vœu de **fidélité**.

femme, au bout d'un certain temps, peut accorder à l'homme sa « **merci** » – récompense, salaire. L'homme et la femme **aspirent à la réalisation de leurs désirs**. Aussi est-il faux d'associer la *fin'amor* à une forme de platonisme. Le fait de retarder l'accomplissement du désir amoureux s'explique surtout par la peur de voir disparaître ce désir, d'où **l'invention d'obstacles** entre l'homme et sa dame et le désir que cet amour reste **secret**.

Anonyme, *Premier baiser de Lancelot et Guenièvre* (vers 1404), Parchemin (34 x 49 cm), BnF (Paris).

Les poètes courtois

• L'amour courtois est particulièrement associé à la poésie. En témoigne l'œuvre de Guillaume de Machaut qui, dans le *Livre du Voir Dit* (► p. 34), semble appliquer en grande partie les préceptes définis par un clerc qui a **cherché à codifier la *fin'amor*, André Le Chapelain**, dans *De Amore* (1186) : la femme doit susciter l'espoir chez l'homme, lui donner un baiser, se donner elle-même pour atteindre le « **joy** », la joie absolue.

• On distingue les poètes courtois du Nord, les **trouvères** – Richard Cœur de Lion, Chrétien de Troyes –, des poètes courtois du Sud, les **troubadours** dont fait partie, par exemple, Bernard de Ventadour. À noter que la poésie s'accompagne systématiquement de **musique**.

• La poétesse **Christine de Pisan** met à distance le discours courtois qu'elle juge artificiel et dangereux pour les femmes : les hommes en usent pour tromper les femmes au risque de les déshonorer.

La naissance du roman

• La courtoisie signera aussi l'acte de naissance du roman perçu comme « un grand chant courtois ». Le roman a en effet une **fonction sociale** : il est là pour défendre les valeurs de la société de cour (générosité, mesure, droiture...). Il mélange alors l'héritage thématique d'Ovide (l'amour) et les légendes celtiques associées notamment au cycle arthurien ou à l'histoire de Tristan et Iseult (► p. 25). Il défend une idée novatrice pour l'époque : celle du **mariage d'amour**.

recherches

Présentez les aventures de deux couples célèbres de la littérature médiévale représentant l'amour courtois par excellence. Quelles sont leurs caractéristiques communes, leurs différences ?

1463

François Villon
(1431-
après 1463)

L'auteur et l'œuvre

Après avoir tué un prêtre au cours d'une rixe, fracturé le Collège de Navarre et saccagé l'étude du notaire chargé de l'affaire, François Villon s'attend à être pendu. Il sera finalement condamné à dix ans de bannissement. Pour découvrir la vie surprenante de ce poète, vous pouvez lire *Je, François Villon* de Jean Teulé.

La ballade

La ballade est une forme poétique fixe en vogue au Moyen Âge, tombée ensuite en désuétude pour connaître un regain au XIXe siècle. Elle est composée généralement de trois strophes de sept ou dix vers, avec un jeu de trois ou quatre rimes sur l'ensemble. Chaque strophe se clôt sur le même vers. Elle s'achève ici avec un « envoi » de cinq vers.

Memento mori

Cette expression latine signifie « Souviens-toi que tu vas mourir ». L'auteur l'illustre ici en utilisant l'humour noir et macabre afin d'amener le lecteur à prendre conscience de la vanité de la condition humaine.

Texte lu
Manuel numérique

Villon

La Ballade des pendus

Poète marginal à la vie sulfureuse, Villon écrit « La Ballade des pendus » alors qu'il se trouve une nouvelle fois en prison. Il s'agit d'une épitaphe (une inscription destinée à être placée sur un tombeau), comme l'indique le sous-titre du poème : « L'Épitaphe que fit pour lui et ses compagnons, s'attendant à être pendu avec eux ».

« Frères humains, qui après nous vivez »

Frères humains, qui après nous vivez,
N'ayez les cœurs contre nous endurcis,
Car, si pitié de nous pauvres avez,
Dieu en aura plus tôt de vous merci[1].
Vous nous voyez ci[2] attachés, cinq, six :
Quant à la chair, que trop avons nourrie,
Elle est pieça[3] dévorée et pourrie,
Et nous, les os, devenons cendre et poudre.
De notre mal personne ne s'en rie[4] ;
Mais priez Dieu que tous nous veuille absoudre[5] !

Si frères vous clamons, pas n'en devez
Avoir dédain, quoique fûmes occis[6]
Par justice. Toutefois, vous savez
Que tous hommes n'ont pas bon sens rassis[7].
Excusez-nous, puisque sommes transis[8],
Envers le fils de la Vierge Marie,
Que sa grâce ne soit pour nous tarie,
Nous préservant de l'infernale foudre.
Nous sommes morts, âme ne nous harie[9],
Mais priez Dieu que tous nous veuille absoudre !

La pluie nous a débués et lavés,
Et le soleil desséchés et noircis.
Pies, corbeaux nous ont les yeux cavés[10],
Et arraché la barbe et les sourcils.
Jamais nul temps nous ne sommes assis
Puis çà, puis là, comme le vent varie,
À son plaisir sans cesser nous charrie,
Plus becquetés d'oiseaux que dés à coudre.
Ne soyez donc de notre confrérie ;
Mais priez Dieu que tous nous veuille absoudre !

Prince Jésus, qui sur tous a maistrie[11],
Garde qu'Enfer n'ait de nous seigneurie :
À lui n'ayons que faire ni que soudre[12].
Hommes, ici n'a point de moquerie ;
Mais priez Dieu que tous nous veuille absoudre !

Adapté en français moderne par les auteurs.

1. **Merci** : pitié. 2. **Ci** : ici. 3. **Pieça** : depuis longtemps.
4. **Ne s'en rie** : ne rit. 5. **Absoudre** : pardonner.
6. **Occis** : tués. 7. **N'ont pas bon sens rassis** : n'ont pas tous le sens de la raison.
8. **Transis** : morts. 9. **Âme ne nous harie** : personne ne nous ennuie.
10. **Cavés** : creusés. 11. **Maistrie** : maîtrise. 12. **Soudre** : rendre des comptes.

Antonio Pisano dit Pisanello, détail de la fresque *Saint Georges délivrant la princesse de Trébizonde* (vers 1430-1435), église Sainte-Anastasie, Vérone (Italie).

1463

QUESTIONS

1 • Quels sont les différents destinataires présents dans le texte ?

2 • Comment l'auteur parvient-il à susciter la pitié et la terreur ?

3 • En quoi ce poème est-il une méditation sur la mort ?

HISTOIRE DES ARTS

L'artiste et l'œuvre

Dessinateur, peintre et médailleur italien, Pisanello (1395-1455), empreint du style gothique qui prévaut dans toute l'Europe, participe à l'élaboration d'une nouvelle esthétique qui prépare la peinture de la Renaissance. Privilégiant le réalisme, cette esthétique met en valeur la pureté des lignes des personnages, par l'application de la peinture en fine couche, tandis que des touches de couleur plus denses apportent, par contraste, épaisseur, matière et relief au fond.

DE L'IMAGE AU TEXTE

4 • Confrontez les regards de Pisanello et de Villon sur la pendaison.

1486

Jean Pic de La Mirandole
(1463-1494)

L'auteur et l'œuvre

Philosophe italien humaniste, Jean Pic de La Mirandole écrit à vingt-quatre ans ce texte qui devait être l'introduction des *Neuf cents thèses philosophiques, théologiques et cabalistiques*. Cette œuvre, qui prétend que la philosophie grecque et la révélation biblique ont une même origine, fait scandale. Elle est interdite par le pape Innocent VIII en 1488.

La kabbale

Pic de La Mirandole fait une allusion à Hénoch, arrière-grand-père de Noé qui aurait vécu, selon la Genèse, 365 ans. D'après la tradition juive, c'est lui qui aurait communiqué la kabbale (loi orale et secrète dictée par Dieu) à Moïse. Maîtriser les enseignements de cette loi permettrait à l'homme de se rapprocher de Dieu. L'Église catholique rejette cette idée.

Une philosophie de la liberté

Pic de La Mirandole s'appuie sur une vaste culture élargie aux civilisations antiques païennes pour prôner la liberté de l'homme. Cependant, Pascal au XVIIe siècle et Voltaire au XVIIIe le critiquent et soulignent la superficialité liée à son désir de tout connaître : « Cette science universelle consistait à savoir par cœur sur chaque matière quelques mots qui ne donnaient aucune idée. » (Voltaire)

Pic de La Mirandole
De la dignité de l'homme

« Il lui est donné d'avoir ce qu'il souhaite, d'être ce qu'il veut. »

Ô suprême bonté de Dieu le Père, suprême et admirable félicité de l'homme ! Il lui est donné d'avoir ce qu'il souhaite, d'être ce qu'il veut. Les bêtes, au moment de leur naissance, apportent avec elles « du ventre de leur mère » (comme dit Lucilius[1]) ce qu'elles posséderont. Les esprits supérieurs furent d'emblée, ou peu après, ce qu'ils sont destinés à être éternellement. Mais à l'homme naissant, le Père a donné des semences de toute sorte et les germes de toute espèce de vie. Ceux que chacun aura cultivés se développeront et fructifieront en lui : végétatifs, ils le feront devenir plante ; sensibles, ils feront de lui une bête ; rationnels, ils le hisseront au rang d'être céleste ; intellectifs, ils feront de lui un ange et un fils de Dieu. Et si, sans se contenter du sort d'aucune créature, il se recueille au centre de son unité, formant avec Dieu un seul esprit, dans la solitaire opacité du Père dressé au-dessus de toutes choses, il aura sur toutes la préséance[2].

Qui n'admirerait notre caméléon ? Ou, d'une manière plus générale, qui aurait pour quoi que ce soit d'autre davantage d'admiration ? Asclépios d'Athènes[3] n'a pas eu tort de dire que dans les mystères[4], en raison de sa nature changeante et susceptible de se transformer elle-même, on désigne cet être par Protée[5]. De là les métamorphoses célébrées chez les Hébreux et les pythagoriciens[6].

D'une part, en effet, la plus secrète théologie des Hébreux[7] transforme tantôt Hénoch en un saint messager de la divinité, appelé *malakh ha-Shekhinah*, tantôt d'autres personnages en d'autres divinités. Les pythagoriciens, d'autre part, font des hommes criminels des bêtes et, si l'on en croit Empédocle[8], des plantes ; à leur imitation, Mahomet aimait à répéter qu'à s'éloigner de la loi divine, on tombe dans la bestialité. Et il avait raison. Car ce n'est pas l'écorce qui fait la plante, mais sa nature stupide et insensible ; ce n'est pas le cuir qui fait les bêtes de somme, mais leur âme bestiale et sensible ; ce n'est pas son corps arrondi qui fait le ciel, mais la rectitude d'un plan ; et ce n'est pas la séparation du corps, mais l'intelligence spirituelle qui fait l'ange. Si donc vous voyez ramper sur le sol un homme livré à son ventre, ce n'est pas un homme que vous avez sous les yeux, mais une bûche ; si vous voyez un homme qui, la vue troublée par les vaines fantasmagories de son imagination, comme par Calypso[9], et séduit par un charme sournois, est l'esclave de ses sens, c'est une bête que vous avez sous les yeux et non un homme. Si vous voyez un philosophe discerner toutes choses selon la droite raison, vénérez-le : c'est un être céleste et non terrestre ; si vous voyez un pur contemplateur se retirer, sans souci de son corps, dans le sanctuaire de son esprit, il ne s'agit plus d'un être terrestre ni d'un être céleste, mais d'une divinité plus auguste enveloppée de chair humaine.

Traduit de l'italien par Y. Hersant © Éd. de l'Éclat (1994).

1. **Lucilius** : poète latin (IIe s. av. J.-C.), créateur de la satire romaine.
2. **Préséance** : droit né d'un privilège ou mis en place par une règle.
3. **Asclépios d'Athènes** : personnage du *Corpus hermeticum* (ensemble d'écrits probablement rédigés en Égypte vers la fin du IIIe siècle et attribués à Hermès Trismégiste).
4. **Mystères** : enseignements ou rites mystiques.
5. **Protée** : divinité marine grecque capable de changer de forme.
6. **Pythagoriciens** : adeptes de l'école de Pythagore, philosophe géomètre grec (VIe s. av. J.-C.).
7. **Secrète théologie des Hébreux** : la kabbale.
8. **Empédocle** : philosophe grec (Ve s. av. J.-C.).
9. **Calypso** : dans *L'Odyssée* d'Homère, nymphe qui retient Ulysse sept ans chez elle.

1486

QUESTIONS

1 • Comment l'éloge et le blâme de l'homme sont-ils mêlés ?

2 • En quoi la dignité humaine consiste-t-elle ?

3 • Quels arguments d'autorité utilisés par Pic de La Mirandole ont pu gêner l'Église catholique ?

TEXTE ÉCHO

Voltaire, *Essai sur les mœurs et l'esprit des nations* (1756)

C'est toujours une preuve de la supériorité des Italiens dans ces temps-là que Jean-François Pic de La Mirandole, prince souverain, ait été dès sa plus tendre jeunesse un prodige d'étude et de mémoire : il eût été dans notre temps un prodige de véritable érudition. Le goût des sciences fut si fort en lui qu'à la fin il renonça à sa principauté, et se retira à Florence (1494), où il mourut le même jour que Charles VIII fit son entrée dans cette ville. On dit qu'à l'âge de dix-huit ans il savait vingt-deux langues.

Cela n'est certainement pas dans le cours ordinaire de la nature. Il n'y a point de langue qui ne demande environ une année pour la bien savoir. Quiconque dans une si grande jeunesse en sait vingt-deux peut être soupçonné de les savoir bien mal, ou plutôt il en sait les éléments, ce qui est ne rien savoir.

Il est encore plus extraordinaire que ce prince, ayant étudié tant de langues, ait pu à vingt-quatre ans soutenir à Rome des thèses sur tous les objets des sciences, sans en excepter une seule. On trouve à la tête de ses ouvrages quatorze cents conclusions générales sur lesquelles il offrit de disputer.

Chap. CIX « De Pic de La Mirandole » (extrait).

L'auteur et l'œuvre

Voltaire, philosophe des Lumières, porte un regard acerbe sur la société. Il entreprend d'écrire un livre d'Histoire. Du Moyen Âge jusqu'à l'époque dont il est le contemporain, il fait œuvre d'essayiste polémiste et traque les superstitions et le fanatisme sous toutes leurs formes. Les 174 chapitres de cet essai sont nourris d'anecdotes souvent ironiques. Son goût du portrait le pousse également à attaquer des hommes comme Pic de La Mirandole ou Montesquieu.

D'UN TEXTE À L'AUTRE

4 • Qu'est-ce qui, dans le texte de Pic de La Mirandole, pourrait justifier les attaques faites par Voltaire ?

Le XVIe siècle

Marqué par les guerres de Religion, le XVIe siècle voit s'affronter protestants et catholiques alors même que les humanistes tiennent un discours fondé sur le respect de l'autre. Ils dénoncent la violence de leur siècle avec humour ou polémique, et placent l'homme au centre de leur réflexion. Les poètes de la Pléiade, quant à eux, cherchent à renouveler la langue française et à moderniser les formes poétiques.

La Pléiade

MÉMO ▶ p. 393

Auteurs et œuvres clés

1550 Ronsard, *Odes*
1558 Du Bellay, *Les Regrets*
1578 Ronsard, *Sonnets pour Hélène*

Animation
Manuel numérique

Sandro Botticelli, *Portrait de Simonetta Vespucci en Nymphe* (1475), gouache sur bois (82 x 54 cm), Städel Museum, Francfort-sur-le-Main (Allemagne).

L'humanisme

MÉMO ▶ p. 392

Auteurs et œuvres clés

1511 Érasme, *Éloge de la folie*
1534 Rabelais, *Gargantua*
1574 La Boétie, *Discours de la servitude volontaire*
1580 Montaigne, *Les Essais*

Rafaello Sanzio dit Raphaël, *L'École d'Athènes* (1508-1511), fresque (500 x 770 cm), musées et galeries du Vatican, Rome (Italie).

Animation
Manuel numérique

Le XVIe siècle

Si le XVIe siècle est le siècle des déchirements religieux, c'est aussi celui d'une Renaissance culturelle fortement influencée par le *Quattrocento* italien qui fascine François Ier et ses successeurs. La culture antique devient le modèle idéal de la génération humaniste.

Hans Holbein le Jeune, *Les Ambassadeurs* (1533), huile sur bois (207 x 210 cm), National Gallery, Londres (Royaume-Uni).

Littérature et politique

L'humanisme et la Renaissance

• **Dès 1492**, avec la découverte du **Nouveau Monde**, l'homme s'interroge sur l'autre. Sous le règne de **François Ier** naissent de **nouveaux modèles** politiques, littéraires et religieux. Les voyages, les échanges, la diffusion des textes favorisent la naissance de l'humanisme : il s'agit alors de **promouvoir la culture et le savoir**. C'est aussi **l'âge d'or des lettres antiques**.

• Ainsi **Thomas More** propose-t-il un modèle idéal de société dans ***Utopie*** (▸ p. 135) et **Érasme**, avec ***Éloge de la folie*** (▸ p. 46), composé en latin, condamne-t-il le fanatisme et le difficile accord de l'intelligence et de la foi. **L'homme est au centre de toutes les préoccupations**, en témoigne par exemple l'œuvre de **Rabelais** avec ***Pantagruel*** et ***Gargantua*** (▸ p. 48). Mais il s'agit aussi de **défendre une pensée libre** et des valeurs comme la **tolérance** (**Montaigne**, ***Les Essais*** ▸ p. 64).

Les guerres de Religion

• **La rupture entre catholiques et protestants survient sous François Ier**. À la mort de Henri II en 1559, la monarchie catholique paraît affaiblie face à des **protestants** de plus en plus nombreux qui **demandent la reconnaissance de leur Église**. La conjuration d'Amboise (tentative d'enlèvement du roi François II par des protestants) marque le début des **guerres de Religion** (1562-1598). Pas moins de **huit conflits** ont ravagé la France dans la seconde moitié du XVIe siècle : batailles rangées, massacres, tortures et pillages composent un ballet macabre, aggravé par la famine et la peste.

• Les règnes de François II, Charles IX et Henri III voient se multiplier les exactions à l'encontre des protestants, sous la conduite des **Guise**. Le parti catholique réclame toujours plus de sévérité envers les protestants qui, menés par **Condé**, **Coligny** puis **Henri de Navarre**, exigent la liberté de pratiquer leur culte. Elle ne leur sera accordée qu'en 1598, par l'**édit de Nantes**.

1498-1515 Règne de Louis XII

1515-1547 Règne de François Ier

1500 — 1510 — 1520 — 1530 — 1540 — 1550

- **1492** Découverte de l'Amérique
- **1517** Rupture de Luther avec le catholicisme
- **1520** Construction du château de Chambord
- **1534** Découverte du Canada par Jacques Cartier
- **1536** Naissance du calvinisme

Le renouvellement de la poésie

La poésie de la Pléiade

• **En 1552**, au collège Coqueret, à Paris, **de jeunes étudiants s'initiant à la littérature gréco-latine** fondent la Brigade qui devient, en 1556, la Pléiade (Joachim Du Bellay, Pierre de Ronsard, Jacques Peletier du Mans, Jean-Antoine de Baïf, Pontus de Tyard, Rémy Belleau, Étienne Jodelle). Naît ainsi le plus important courant poétique du XVIe siècle français. Après s'être manifestée, en 1549, avec le coup d'éclat que constitue ***Défense et Illustration de la langue française* de Du Bellay**, la nouvelle école engage la poésie dans des voies profondément neuves. Elle s'inscrit ainsi dans la continuité de **l'ordonnance de Villers-Cotterêts (1539) qui fait du français la langue du royaume**.

• Pour ces jeunes poètes, il s'agit d'**enrichir le vocabulaire** en créant des mots issus du grec et du latin, **tout en s'appropriant les formes poétiques de l'Antiquité**. La Pléiade rejette les formes médiévales et affirme l'élégance de la langue française. Influencés également par **Dante** et **Pétrarque** (▸ p. 57), ces poètes feront du **sonnet**, introduit en France par **Clément Marot**, une des **formes reines** de la poésie.

La poésie des guerres de Religion

• La tradition humaniste confère au poète une **autorité morale** qu'il se doit de mettre au service des causes les plus justes. Ainsi **Du Bellay** écrit-il d'éloquents discours en alexandrins dédiés au jeune François II. En 1560, **Ronsard** publie d'abord une *Élégie sur les troubles d'Amboise* qui vise autant le clergé catholique que les calvinistes. Mais en 1572, il s'engage sous la bannière catholique et publie *La Franciade*, épopée inspirée par *L'Énéide*, qui a pour projet de symboliser l'union du Poète et du Prince.

François Dubois, *La Nuit de la Saint-Barthélemy* **(vers 1575), huile sur bois (94 x 154 cm), musée cantonal des Beaux-Arts, Lausanne (Suisse). Détail.**

Un foisonnement littéraire

• Le XVIe siècle, qui rompt avec le Moyen Âge et puise son inspiration dans l'Antiquité, connaît un développement littéraire d'une grande variété et d'une extrême richesse. S'il est marqué par **l'établissement de la langue française comme grande langue littéraire**, il **fonde aussi les principaux genres de la littérature moderne** avec **Rabelais** pour le récit (▸ p. 48), **Ronsard** (▸ p. 52) et **Du Bellay** (▸ p. 51) pour la poésie ou **Montaigne** pour la littérature d'idées (▸ p. 64).

• L'**ode**, l'**hymne** et l'**épopée** sont rédigés en français pour la première fois. En poésie, les **tonalités lyrique et élégiaque** dominent. Au théâtre, Jodelle compose *Cléopâtre captive*, saluée par Ronsard comme la première œuvre scénique française imitée des Anciens.

1547-1559 Règne de Henri II | **1560-1574** Règne de Charles IX | **1574-1589** Règne de Henri III | **1589-1610** Règne de Henri IV

1560 — 1570 — 1580 — 1590 — 1600

1562 Début des guerres de Religion

1572 Massacre de la Saint-Barthélemy

1598 Édit de Nantes

1511

Érasme
(≈1467-1536)

L'auteur et l'œuvre

Érasme, d'origine hollandaise, est une figure centrale de l'humanisme européen (▶ p. 392). D'abord prêtre puis théologien, brillant traducteur de la Bible et des auteurs de l'Antiquité, il est favorable à une rénovation morale de l'Église ainsi qu'à l'évangélisme, un courant religieux qui défend une approche personnelle de la Bible et de la prière. Son *Éloge de la folie*, dédié à un autre humaniste, son ami Thomas More (▶ p. 135), a rencontré un grand succès.

Un éloge paradoxal

Inspiré de l'éloge paradoxal, un exercice rhétorique antique qui consiste à louer une personne ou un défaut habituellement blâmé, le texte donne la parole à la Folie. Dans un monologue facétieux qui évoque le sermon, elle célèbre son emprise sur les hommes tout en dénonçant leurs travers afin de nourrir la réflexion du lecteur.

Texte lu
Manuel numérique

QUESTIONS

1 • Quelle est la principale tonalité de ce texte ? Sur quelle figure de style repose-t-elle ?

2 • En quoi le fait de donner la parole à la Folie sert-il les intentions de l'auteur ?

3 • Derrière l'ironie, quelle est la véritable intention de l'humaniste Érasme ?

Érasme

Éloge de la folie

La déesse Folie s'en prend à la superstition des hommes.

« Plus le fait est invraisemblable, plus ils s'empressent d'y croire »

Je reconnais authentiquement de notre farine[1] ceux qui se plaisent à écouter ou à conter de mensongères et monstrueuses histoires de miracles. Ils ne se lassent point d'entendre ces fables énormes sur les fantômes, lémures[2] et revenants, sur les esprits de l'Enfer et mille prodiges de ce genre. Plus le fait est invraisemblable, plus ils s'empressent d'y croire et s'en chatouillent agréablement les oreilles. Ces récits, d'ailleurs, ne servent pas seulement à charmer l'ennui des heures ; ils produisent quelque profit, et tout au bénéfice des prêtres et des prédicateurs.

Bien voisins sont les gens qui, par une folle mais douce persuasion, se figurent que la rencontre d'une statue ou d'une peinture de ce Polyphème de saint Christophe[3] les assure de ne point mourir dans la journée. [...]

Que dirai-je de celui qui se flatte délicieusement d'obtenir pour ses crimes des pardons imaginaires, mesure comme à la clepsydre[4] la durée du Purgatoire[5], et s'en fait une table mathématique infaillible de siècles, années, mois, jours et heures ? ou de qui se nourrit de formules magiques et d'oraisons inventées par un pieux imposteur, vaniteux ou avide, et qui s'en promet tout, richesses, honneurs, plaisirs, abondance, santé toujours solide, verte vieillesse et, pour finir, un siège au Paradis, auprès du Christ ! Encore ne veulent-ils s'y asseoir que le plus tard possible, quand les voluptés de cette vie, auxquelles ils se cramponnent, les abandonneront malgré eux et qu'ils devront se contenter de celles du Ciel. Voyez donc ce marchand, ce soldat, ce juge, qui, sur tant de rapines, prélèvent un peu de monnaie et s'imaginent, en l'offrant, purifier d'un seul coup le marais de Lerne[6] qu'est leur vie, racheter par un simple pacte tant de parjures, de débauches, d'ivrogneries, de rixes, de meurtres, d'impostures, de perfidies et de trahisons, rachat si parfait, croient-ils, qu'ils pourront librement recommencer ensuite la série de leurs scélératesses.

Chap. XL (extrait). Traduit du latin par P. de Nolhac (1936).

1. **De notre farine** : de notre catégorie, c'est-à-dire celle des fous. 2. **Lémures** : spectres dans l'Antiquité romaine. 3. **Saint Christophe** : saint chrétien, patron des voyageurs, représenté sous la forme d'un géant aussi grand que Polyphème, le cyclope de *L'Odyssée* d'Homère. On pensait que regarder sa statue préservait de certaines catastrophes. 4. **Clepsydre** : horloge à eau.
5. **Purgatoire** : chez les catholiques, lieu qui précède le Paradis. 6. **Marais de Lerne** : marais où vivait l'hydre tuée par Hercule.

Marot

L'Adolescence clémentine

Par cette épître, Marot veut s'attirer les bonnes grâces de François Ier.

Petite épître au roi

« En m'ébattant je fais rondeaux en rime »

En m'ébattant je fais rondeaux en rime,
Et en rimant bien souvent, je m'enrime[1] ;
Bref, c'est pitié d'entre nous[2] rimailleurs,
Car vous trouvez assez de rime ailleurs,
Et quand vous plait, mieux que moi rimassez,
Des biens avez et de la rime assez :
Mais moi, à tout[3] ma rime et ma rimaille,
Je ne soutiens, dont je suis marri[4], maille[5].
Or ce me dit, un jour, quelque rimart :
« Viens ça, Marot, trouves tu en rime art
Qui serve aux gens, toi qui as rimassé ?
– Oui vraiment, réponds-je, Henry Macé ;
Car, vois-tu bien, la personne rimante
Qui au jardin de son sens la rime ente[6],
Si elle n'a des biens en rimoyant,
Elle prendra plaisir en rime oyant[7].
Et m'est avis, que si je ne rimois,
Mon pauvre corps ne serait nourri mois,
Ni demi jour : car la moindre rimette,
C'est le plaisir, où faut que mon ris mette. »
Si vous supplie, qu'à ce jeune rimeur
Fassiez avoir par sa rime heur[8],
Afin qu'on dise, en prose ou en rimant :
« Ce rimailleur, qui s'allait enrimant,
Tant rimassa, rima et rimonna,
Qu'il a connu quel bien par rime on a. »

Texte adapté en français moderne par les auteurs.

1. Je m'enrime : je m'enrhume. **2. D'entre nous** : de nous autres ; il inclue le roi parmi les poètes. **3. À tout** : avec. **4. Marri** : fâché. **5. Maille** : menue monnaie ; je ne gagne pas un sou. **6. Ente** : greffe. **7. Oyant** : part. passé du verbe ouïr : entendant. **8. Heur** : bonheur.

1532

Clément Marot
(1496-1544)

L'auteur et l'œuvre

Marot, célèbre figure de la Renaissance, est le poète officiel de la cour de François Ier. Poète doué et homme en lutte contre les injustices, il introduit en France le pétrarquisme (► p. 57).

La fonction de l'épître

Une épître est une lettre en vers adressant une requête ou un compliment pour s'attirer les faveurs des puissants. Marot est connu pour en avoir rédigé de nombreuses.

Un exercice de virtuosité intellectuelle

Clément Marot déploie dans ce poème de jeunesse une virtuosité intellectuelle qui fait parfois passer le calembour avant le sens lui-même, ce qui lui vaudra les foudres des poètes de la Pléiade. Le poème est entièrement bâti sur des rimes dites équivoquées.

Texte lu
Manuel numérique

QUESTIONS

1 • En quoi ce poème constitue-t-il une supplique ?

2 • Quelle image Marot veut-il donner du poète ?

3 • Dans quelle mesure ce texte apparaît-il néanmoins comme un art poétique ?

1534

François Rabelais
(≈ 1483-1553)

L'auteur et l'œuvre

François Rabelais est un moine, un médecin et un auteur humaniste de la Renaissance, disciple d'Érasme (▸ p. 46). Dans ses romans philosophiques *Pantagruel* puis *Gargantua*, il livre une farce pleine de fantaisie carnavalesque qui parodie les romans de chevalerie et questionne la société de son temps.

À la conquête du lecteur

L'auteur s'adresse au lecteur avec qui il instaure un rapport de proximité par le biais de l'humour et d'un vocabulaire concret. Ce sont des stratégies de conquête bienveillante du lecteur (*captatio benevolentiae*) qui visent à l'impliquer dans un procédé de double lecture qui distingue divertissement et vérité.

Rabelais

Gargantua

Dans ce prologue, Rabelais s'adresse à ses lecteurs.

« sucer la substantifique moelle »

Car vous dites vous-mêmes que l'habit ne fait pas le moine ; et tel a revêtu un habit monacal, qui n'est en dedans rien moins que moine, et tel a revêtu une cape espagnole, qui, au fond du cœur, ne doit rien à l'Espagne. C'est pourquoi il faut ouvrir le livre et soigneusement peser ce qui y est exposé. C'est alors que vous vous rendrez compte que l'ingrédient contenu dedans est de bien autre valeur que ne le promettait la boîte ; c'est-à-dire que les matières traitées ici ne sont pas aussi frivoles que, au-dessus, le titre le laissait présumer.

Et, en supposant que, au sens littéral, vous trouviez une matière assez joyeuse et qui corresponde bien au titre, il faut pourtant ne pas s'arrêter là, comme enchanté par les Sirènes, mais interpréter dans le sens transcendant ce que peut-être vous pensiez être dit de verve.

N'avez-vous jamais attaqué une bouteille au tire-bouchon ? Nom d'un chien ! Rappelez-vous la contenance que vous aviez. Mais n'avez-vous jamais vu un chien rencontrant quelque os à moelle ? C'est, comme le dit Platon[1] au Livre II de *La République*, la bête la plus philosophe du monde. Si vous en avez vu un, vous avez pu remarquer avec quelle sollicitude il guette son os, avec quel soin il le garde, avec quelle ferveur il le tient, avec quelles précautions il l'entame, avec quelle passion il le brise, avec quelle diligence il le suce. Quel instinct le pousse ? Qu'espère-t-il de son travail, à quel fruit prétend-il ? À rien de plus qu'à un peu de moelle. Il est vrai que ce peu est plus délicieux que le beaucoup de toute autre nourriture, parce que la moelle est un aliment élaboré jusqu'à sa perfection naturelle, selon Galien[2] au Livre III des *Facultés naturelles* et au Livre XI de *L'Usage des parties du corps*.

À l'exemple de ce chien, il vous convient d'avoir, légers à la poursuite et hardis à l'attaque, le discernement de humer, sentir et apprécier ces beaux livres de haute graisse ; puis, par une lecture attentive et une réflexion assidue, rompre l'os et sucer la substantifique[3] moelle (c'est-à-dire ce que je comprends par ces symboles pythagoriques[4]) avec le ferme espoir de devenir avisés et vertueux grâce à cette lecture : vous y trouverez un goût plus subtil et une philosophie cachée qui vous révélera de très hauts arcanes et d'horrifiques mystères , en ce qui concerne tant notre religion que, aussi, la situation politique et la gestion des affaires.

Prologue (extrait). Texte adapté en français moderne par G. Demerson

QUESTIONS

1 • Comment le texte invite-t-il à dépasser les apparences ?

2 • Quelles caractéristiques de la pensée humaniste ce prologue présente-t-il ?

3 • En quoi propose-t-il un art de lire ?

1. **Platon** : philosophe grec (427-347). 2. **Galien** : médecin grec (129-216). 3. **Substantifique** : essentielle. 4. **Pythagore** : mathématicien et philosophe grec (580-495).

Rabelais

Gargantua

« Fais ce que voudras. »

Ainsi vivent les membres de l'abbaye de « Thélème ».

Toute leur vie était régie non par des lois, des statuts ou des règles, mais selon leur volonté et leur libre arbitre. Ils sortaient du lit quand bon leur semblait, buvaient, mangeaient, travaillaient, dormaient quand le désir leur en venait. Nul ne les éveillait, nul ne les obligeait à boire ni à manger, ni à faire quoi que ce soit. Ainsi en avait décidé Gargantua. Et toute leur règle tenait en cette clause : FAIS CE QUE VOUDRAS.

Parce que les gens libres, bien nés, bien éduqués, vivant en bonne société, ont naturellement un instinct, un aiguillon qu'ils appellent honneur et qui les pousse toujours à agir vertueusement et les éloigne du vice. Quand une vile et contraignante sujétion les abaisse et les asservit, pour déposer et briser le joug de servitude ils détournent ce noble sentiment qui les inclinait librement vers la vertu, car c'est toujours ce qui est défendu que nous entreprenons, et c'est ce qu'on nous refuse que nous convoitons.

Grâce à cette liberté, ils rivalisèrent d'efforts pour faire, tous, ce qu'ils voyaient plaire à un seul. Si l'un ou l'une d'entre eux disait : « buvons », tous buvaient ; si on disait « jouons », tous jouaient ; si on disait « allons nous ébattre aux champs », tous y allaient. Si c'était pour chasser au vol ou à courre, les dames montées sur de belles haquenées[1], avec leur fier palefroi[2], portaient chacune sur leur poing joliment ganté un épervier, un lanier, un émerillon[3] ; les hommes portaient les autres oiseaux.

Ils étaient si bien éduqués qu'il n'y avait aucun ou aucune d'entre eux qui ne sût lire, écrire, chanter, jouer d'instruments de musique, parler cinq ou six langues et s'en servir pour composer en vers aussi bien qu'en prose. Jamais on ne vit des chevaliers si preux, si nobles, si habiles à pied comme à cheval, si vigoureux, si vifs et maniant si bien toutes les armes, que ceux qui se trouvaient là. Jamais on ne vit des dames si élégantes, si mignonnes, moins ennuyeuses, plus habiles de leurs doigts à tirer l'aiguille et à s'adonner à toute activité convenant à une femme noble et libre, que celles qui étaient là.

Pour ces raisons, quand le temps était venu que l'un des Thélémites voulût sortir de l'abbaye, soit à la demande de ses parents, soit pour d'autres motifs, il emmenait avec lui une des dames, celle qui l'avait choisi pour chevalier servant, et ils étaient mariés ensemble. Et s'ils avaient bien vécu à Thélème en affectueuse amitié, ils cultivaient encore mieux cette vertu dans le mariage ; leur amour mutuel était aussi fort à la fin de leurs jours qu'aux premiers temps de leurs noces.

Chapitre LVII, « Comment était réglé le mode de vie des Thélémites » (extrait). Adapté en français moderne par G. Demerson © Éditions du Seuil (1973, 1995) et *Points* (1996).

1534

François Rabelais
(≈ 1483-1553)

Une critique de la religion

L'abbaye est un lieu de vie, de recueillement et de prière où hommes et femmes, rigoureusement séparés, se consacrent à Dieu. Les moines et les moniales vivent selon des règles strictes (chasteté, prière, travail) qui sont remises en cause au cours du Moyen Âge. L'abbaye de Thélème (*thélème* signifie « désir » en grec ancien) fonctionne comme une anti-abbaye dont les règles formulent des critiques implicites à l'égard de la société et de l'institution religieuse.

Une utopie humaniste

Sans doute inspiré d'*Utopie* de Thomas More (▶ p. 135), le modèle d'une société humaniste selon Rabelais ne peut consister en un repli sur soi. Après avoir étudié la vertu, le Thélémite va poursuivre sa vie en société.

QUESTIONS

1 • **Sur quels principes la vie des Thélémites repose-t-elle ?**

2 • **Quelles critiques de la société de la Renaissance apparaissent ici ?**

3 • **Quelles revendications morales et sociales pouvez-vous en déduire ?**

1. **Haquenées** : juments. 2. **Palefroi** : cheval de parade. 3. **Lanier, émerillon** : petits faucons.

1535

Clément Marot
(1496-1544)

L'auteur et l'œuvre

Poète à la cour de François Ier, Marot développe des formes poétiques nouvelles dans une tonalité volontiers satirique. Ce poème, tendre et facétieux à la fois, est à l'origine d'une joute poétique parmi les poètes du XVIe siècle qui ont cherché à rivaliser pour « blasonner » le corps féminin, créant ainsi un atlas anatomique inédit qui va du tétin (sein) au sourcil.

Le blason

Ce portrait poétique hérité du Moyen Âge décrit de façon élogieuse une partie de l'anatomie. Cette peinture devient célébration et prend la forme d'une longue apostrophe à l'élément du corps convoité.

Texte lu
Manuel numérique

QUESTIONS

1 • Qu'est-ce qui fait de ce texte un blason ?

2 • Comment Marot donne-t-il du tétin une image à la fois réelle et fantasmée ?

3 • Quelles caractéristiques de la poésie sont remarquables ici ?

Marot
Épigrammes

Blason du beau tétin

Tétin refait[1], plus blanc qu'un œuf,
Tétin de satin blanc tout neuf,
Tétin qui fait honte à la rose,
Tétin plus beau que nulle chose,
Tétin dur, non pas Tétin, voire,
Mais petite boule d'ivoire
Au milieu de qui est assise
Une fraise, ou une cerise,
Que nul ne voit, ne touche aussi,
Mais je gage qu'il est ainsi :
Tétin donc au petit bout rouge,
Tétin qui jamais ne se bouge,
Soit pour venir, soit pour aller,
Soit pour courir, soit pour baller[2]
Tétin gauche, Tétin mignon,
Toujours loin de son compagnon,
Tétin qui porte témoignage
Du demeurant[3] du personnage,
Quand on te voit, il vient à maints
Une envie, dedans les mains,
De te taster, de te tenir :
Mais il se fault bien contenir
D'en approcher, bon gré ma vie !
Car il viendrait une autre envie.
Ô Tétin, ni grand, ni petit,
Tétin muer[4] tétin d'appétit,
Tétin qui nuit et jour criez
Mariez moytost[5], mariez.
Tétin qui t'enfles, et repoulses[6]
Ton gorgias[7] de deux bons poulces,
À bon droit, heureux on dira
Celui qui de lait t'emplira,
Faisant d'un tétin de pucelle,
Tétin de femme entière et belle.

« Tétin plus beau que nulle chose »

Texte adapté en français moderne par les auteurs.

1. **Refait** : nouvellement formé. 2. **Baller** : danser. 3. **Demeurant** : de tout le reste. 4. **Muer** : mûr. 5. **Mariez moytost** : mariez-moi vite. 6. **Repoulses** : pousses. 7. **Gorgias** : corsage.

HISTOIRE DES ARTS

L'artiste et l'œuvre

François Clouet (1510-1572), peintre officiel du roi François Ier, offre des portraits empreints de finesse et d'expressivité. Il peint des personnages de l'aristocratie.

François Clouet, *Diane de Poitiers au bain* (vers 1571), huile sur bois (91 x 108 cm), National Gallery of Art, Washington (États-Unis).

DE L'IMAGE AU TEXTE

4 • Quelles fonctions du sein sont mises en valeur conjointement par le poème et le tableau ?

TEXTE ÉCHO

Joachim Du Bellay,

Les Regrets (1558)

Ô beaux cheveux d'argent mignonnement retors !
Ô front crêpe[1] et serein ! et vous, face dorée !
Ô beaux yeux de cristal ! ô grand bouche honorée,
Qui d'un large repli retrousses tes deux bords !

Ô belles dents d'ébène ! ô précieux trésors,
Qui faites d'un seul ris[2] toute âme enamourée !
Ô gorge damasquine[3] en cent plis figurée !
Et vous, beaux grands tétins, dignes d'un si beau corps !

Ô beaux ongles dorés ! ô main courte et grassette !
Ô cuisse délicate ! et vous, jambe grossette,
Et ce que je ne puis honnêtement nommer !

Ô beau corps transparent ! ô beaux membres de glace !
Ô divines beautés ! pardonnez-moi, de grâce,
Si, pour être mortel, je ne vous ose aimer.

Sonnet 91.

1. **Crêpe** : plissé. 2. **Ris** : sourire. 3. **Damasquine** : recouverte d'ornements mais creusée.

L'auteur et l'œuvre

Du Bellay, poète de la Pléiade (▸ p. 393), s'inspire de son désenchantement et de ses colères pour écrire. Un séjour difficile à Rome nourrit son recueil *Les Regrets* où se croisent tonalités élégiaque et satirique.

Un contre-blason

Le contre-blason correspond non à un éloge mais à un blâme ; il décrit les défauts du corps et s'en moque avec impertinence.

D'UN TEXTE À L'AUTRE

5 • Quels points communs établissez-vous entre les poèmes de Marot et de Du Bellay ?

1550

Pierre de Ronsard
(1524-1585)

L'auteur et l'œuvre

Les écrivains de la Pléiade (▶ p. 393), dont Ronsard est le chef de file, s'inspirent des auteurs de l'Antiquité et des poètes italiens contemporains comme Pétrarque (▶ p. 57), tant du point de vue de la forme que des thèmes abordés. La Nature, comme chez le poète latin Horace ou le poète grec Pindare, est une source importante d'inspiration.

Le *carpe diem*

La devise *Carpe diem, quam minimum credula postero* (« Cueille le jour et fie-toi le moins possible au lendemain ») fut formulée par le poète latin Horace, adepte de la philosophie épicurienne. Cette philosophie, qui consiste à se détacher du passé et de l'avenir afin de s'ancrer dans le présent par la sagesse et la vertu, devient pour Ronsard une célébration de la beauté et de l'amour.

QUESTIONS

1 • Comment la beauté de la femme est-elle célébrée ?

2 • Quel est le rôle de la métaphore filée de la rose ?

3 • Par quels procédés le poète incite-t-il à profiter du temps présent ?

Ronsard

Odes

Ronsard s'adresse à une jeune fille de treize ans rencontrée à la cour.

Mignonne, allons voir si la rose

À Cassandre

Mignonne, allons voir si la rose
Qui ce matin avait déclose[1]
Sa robe de pourpre[2] au soleil
A point perdu cette vesprée[3]
Les plis de sa robe pourprée,
Et son teint au vôtre pareil.

Las ! voyez comme en peu d'espace[4],
Mignonne, elle a dessus la place[5],
Las ! las ! ses beautés laissé choir !
Ô vraiment marâtre Nature,
Puis qu'une telle fleur ne dure
Que du matin jusques au soir !

Donc, si vous me croyez, mignonne,
Tandis que votre âge fleuronne
En sa plus verte nouveauté,
Cueillez, cueillez votre jeunesse :
Comme à cette fleur, la vieillesse
Fera ternir votre beauté.

Ode 17, livre I.

« Cueillez, cueillez votre jeunesse »

1. **Déclose** : ouvert.
2. **Pourpre** : rouge.
3. **Vesprée** : soir.
4. **Peu d'espace** : peu de temps.
5. **Dessus la place** : immédiatement.

TEXTE ÉCHO

Pernette, *Rymes (1545)*

Après le décès de Pernette du Guillet, son mari publie les poèmes qu'elle a écrits et adressés à un autre poète célèbre, Maurice Scève.

Quand vous voyez, que l'étincelle
De chaste Amour sous mon esselle[1]
Vient tous les jours à s'allumer,
Ne me devez-vous bien aimer ?

Quand vous me voyez toujours celle,
Qui pour vous souffre, et son mal cèle[2],
Me laissant par lui consumer,
Ne me devez vous bien aimer ?

Quand vous voyez, que pour moins belle
Je ne prends contre vous querelle,
Mais pour mien vous veux réclamer,
Ne me devez vous bien aimer ?

Quand pour quelque autre amour nouvelle
Jamais ne vous serai cruelle,
Sans aucune plainte former,
Ne me devrez vous bien aimer ?

Quand vous verrez, que sans cautelle[3]
Toujours vous serai esté[4] telle,
Que le temps pourra affermer[5],
Ne me devrez vous bien aimer ?

Chanson II. Adapté en français moderne par les auteurs.

1. **Esselle** : aisselle, partie intime et proche du cœur.
2. **Celer** : cacher.
3. **Cautelle** : ruse.
4. **Ester** : comparaître.
5. **Affermer** : rendre plus ferme, consolider, affermir.

L'auteure et l'œuvre

Pernette est une jeune femme très belle et très cultivée, parlant italien et espagnol, connaissant le latin et le grec, maîtrisant le luth et plusieurs instruments de musique. Mariée, elle inspire un amour passionné et platonique à Maurice Scève, qui l'évoque dans un recueil de poèmes à travers le personnage de Délie.

Une élégie amoureuse

L'élégie, la plainte est d'abord un chant de la tristesse et du deuil. Les poètes et poétesses de la Renaissance l'utilisent pour exprimer la douleur de l'amour perdu ou de l'amant éloigné. Pernette entame ainsi une forme de monologue pour exprimer les sentiments qu'elle éprouve, parole brutalement interrompue par sa mort à 25 ans des suites de la peste.

L'influence de Pétrarque

Comme Pétrarque dans le *Canzionere*, Pernette évoque les souffrances de la passion et l'aspect fugace de l'instant amoureux.

D'UN TEXTE À L'AUTRE

4 • **Comment la construction du poème met-elle en valeur la plainte amoureuse ?**

5 • **Quelles images de la femme et de l'amour proposent Ronsard et Pernette ?**

1552

François Rabelais
(≈ 1483-1553)

L'auteur et l'œuvre

Après *Pantagruel* et *Gargantua* (► p. 48), *Le Tiers Livre* et *Le Quart Livre* racontent la suite des aventures burlesques de ces géants. Panurge, devenu châtelain, doit se marier, mais a peur d'être cocu. Il consulte les oracles, cependant nul ne peut l'aider à se décider.

Une écriture parodique

Cette scène, fameuse au point d'avoir donné naissance à une expression courante pour désigner un comportement grégaire, est avant tout une scène héroï-comique. Elle parodie le genre de l'épopée en racontant de manière épique une farce de Panurge pour en faire un épisode digne d'une pièce de comédie. L'épisode se veut aussi parodie de l'Ancien Testament et de la loi du Talion : « œil pour œil, dent pour dent ». Les limites de cette loi sont dénoncées par le déchaînement de colère et le carnage qui s'ensuit.

VERS LE BAC

1 • Comment le récit est-il rendu vivant ?

2 • Quelle est la tonalité dominante ?

3 • Ce texte est-il une apologie de la vengeance ?

Rabelais

Le Quart Livre

Naviguant d'île en île pour aller consulter l'oracle de la Dive Bouteille, Panurge se querelle avec Dindenault, un marchand de moutons, puis lui achète un mouton.

« Comment Panurge fit noyer en mer le marchand et les moutons »

« Tous à la file sautaient dans la mer »

Subitement, je[1] ne sais comment – l'incident fut soudain, je n'eus le loisir de l'analyser –, Panurge, sans en dire davantage, jette en pleine mer son mouton criant et bêlant. Tous les autres moutons, criant et bêlant sur le même ton, se mirent à se jeter et à sauter en mer après lui, à la file. On se pressait : c'était à qui serait le premier à y sauter après son compagnon. Il n'était pas possible de les en empêcher, comme vous connaissez le naturel du mouton, qui est de toujours suivre le premier, de quel côté qu'il aille. Aussi, comme le dit Aristote[2] (*Histoire des animaux*, livre 9), c'est l'animal le plus sot et le plus stupide du monde.

Le marchand, tout affolé de voir sous ses yeux ses moutons se noyer et disparaître, s'efforçait de les en empêcher et de les retenir de toutes ses forces. Mais c'était en vain. Tous, à la file, sautaient dans la mer et disparaissaient. Finalement, sur le tillac[3] du navire, il en saisit par la toison un grand et fort, croyant ainsi le retenir et, à sa suite, sauver le reste. Le mouton fut si fort qu'il entraîna avec lui le marchand dans la mer, et il se noya ; ainsi les moutons de Polyphème, le Cyclope borgne, entraînèrent hors de la caverne Ulysse et ses compagnons. Les autres bergers et moutonniers en firent autant, les prenant les uns par les cornes, les autres par les pattes, les derniers par la toison. Tous pareillement furent entraînés en mer et noyés misérablement.

Panurge, à côté de la cuisine, tenant en main un aviron[4] non pour aider les bergers, mais pour les empêcher de grimper sur le navire et d'échapper au naufrage, les exhortait avec éloquence, comme s'il avait été un petit frère Olivier Maillard, ou un autre frère Jean Bourgeois[5], leur démontrant par des lieux de rhétorique[6] les misères de ce monde, le bien et le bonheur de l'autre vie, affirmant que les trépassés sont plus heureux que les vivants en cette vallée de misère, et promettant à chacun d'ériger un beau cénotaphe et sépulcre[7] du souvenir au plus haut du mont Cenis, à son retour de Lanternois ; néanmoins, au cas où vivre encore parmi les humains ne leur ferait point horreur et où il ne leur paraîtrait pas opportun de se noyer ainsi, il leur souhaitait bonne chance et la rencontre de quelque baleine qui, trois jours plus tard, les déposerait sains et saufs en quelque pays de satin, à l'exemple de Jonas[8].

Chap. VIII (extrait). Adapté en français moderne par G. Demerson

1. Le narrateur est Alcofribas Nasier, anagramme de François Rabelais. **2. Aristote** : philosophe grec (IVe av. J.-C.). **3. Tillac** : pont supérieur d'un navire. **4. Aviron** : rame. **5. Olivier Maillard et Jean Bourgeois** : prédicateurs célèbres. **6. Rhétorique** : art de bien parler et de convaincre. **7. Cénotaphe, sépulcre** : formes de tombeaux. **8. Jonas** : personnage de l'Ancien Testament qui passe trois jours dans le ventre d'une baleine.

1552

TEXTE ÉCHO

Shakespeare, *Hamlet (1603)*

Hamlet — Et moi pourtant, niais pétri de boue, blême coquin, Jeannot rêveur, impuissant pour ma propre cause, je ne trouve rien à dire, non, rien en faveur d'un roi à qui l'on a pris son bien et sa vie si chère dans un guet-apens damné ! Suis-je donc un lâche ? Qui veut m'appeler manant ? me fendre la caboche ? m'arracher la barbe et me la souffler à la face ? me pincer par le nez ? me jeter le démenti par la gorge en pleine poitrine ? Qui veut me faire cela ? Ah ! Pour sûr, je garderais la chose ! Il faut absolument que j'aie le foie d'une tourterelle et que je n'aie pas assez de fiel pour rendre l'injure amère : autrement, il y a déjà longtemps que j'aurais engraissé tous les milans du ciel avec les entrailles de ce drôle. Sanguinaire et obscène, scélérat ! sans remords ! traître ! paillard ! ignoble scélérat ! Ô vengeance ! Quel âne suis-je donc ? Oui-dà, voilà qui est bien brave ! Moi, le fils du cher assassiné, moi, que le ciel et l'enfer poussent aux représailles, me borner à décharger mon cœur en paroles, comme une putain, et à jurer comme une coureuse, comme une souillon ! Fi ! quelle honte !... En campagne, ma cervelle !... Humph ! j'ai ouï dire que des créatures coupables, assistant à une pièce de théâtre, ont, par l'action seule de la scène, été frappées dans l'âme, au point que, sur-le-champ, elles ont révélé leurs forfaits. Car le meurtre, bien qu'il n'ait pas de langue, trouve pour parler de miraculeux organes. Je ferai jouer par ces comédiens quelque chose qui ressemble au meurtre de mon père, devant mon oncle. J'observerai ses traits, je le sonderai jusqu'au vif : pour peu qu'il se trouble, je sais ce que j'ai à faire. L'esprit que j'ai vu pourrait bien être le démon ; car le démon a le pouvoir de revêtir une forme attrayante : oui, et peut-être, abusant de ma faiblesse et de ma mélancolie, grâce au pouvoir qu'il a sur les esprits comme le mien, me trompe-t-il pour me damner. Je veux avoir des preuves plus directes que cela. Cette pièce est la chose où j'attraperai la conscience du roi.

Il sort.

Acte II, scène 2 (extrait), traduit de l'anglais par François-Victor Hugo.

L'auteur et l'œuvre

William Shakespeare (1564-1616) est un célèbre dramaturge anglais qui a vécu à l'époque élisabéthaine. Il est notamment l'auteur de *Roméo et Juliette* (1593) et de *Macbeth* (1603). Avec *Hamlet*, Shakespeare écrit une pièce baroque qui, en plus d'être une tragédie de la vengeance, s'avère être une méditation sur la condition de l'homme.

Un monologue tragique

Dans ce monologue, Hamlet déclenche la catharsis du spectateur et rappelle qu'il a vu le fantôme de son père. Celui-ci a accusé la mère et l'oncle d'Hamlet d'être coupables de son meurtre. Hamlet doit-il croire un esprit ? La pièce de théâtre qu'il envisage cependant de monter devrait révéler cette vérité.

D'UN TEXTE À L'AUTRE

4 • Le thème de la vengeance est traité par Rabelais et Shakespeare. Quelles différences voyez-vous entre les deux textes ?

1555

Labé

Sonnets

Louise Labé
(1524-1566)

L'auteure et l'œuvre

Louise Labé, surnommée la Belle Cordière (son époux était un riche marchand de cordes), reçoit une éducation si complète qu'elle lit couramment le latin et l'italien. Ce sonnet s'inscrit dans la tradition italienne de Pétrarque (▸ p. 57), mais inverse audacieusement les points de vue : la femme n'est plus objet passif du désir, elle en devient le sujet et l'initiatrice principale.

Les tourments de la passion

Ce sonnet mêle avec brio l'expression du lyrisme amoureux avec un jeu d'antithèses qui révèlent des sentiments antinomiques, significatifs du désordre engendré par l'amour passionnel.

Texte lu
Manuel numérique

« Je vis, je meurs »

« je me brûle et me noie »

Je vis, je meurs ; je me brûle et me noie ;
J'ai chaud extrême en endurant froidure :
La vie m'est et trop molle et trop dure.
J'ai grands ennuis entremêlés de joie.

Tout à un coup je ris et je larmoie,
Et en plaisir maint grief tourment j'endure ;
Mon bien s'en va, et à jamais il dure ;
Tout en un coup je sèche et je verdoie.

Ainsi Amour inconstamment me mène ;
Et, quand je pense avoir plus de douleur,
Sans y penser je me trouve hors de peine.

Puis, quand je crois ma joie être certaine,
Et être au haut de mon désiré heur[1],
Il me remet en mon premier malheur.

Sonnet 8. Texte adapté en français moderne par les auteurs.

1. **Heur** : moment désiré, synonyme de bonheur.

QUESTIONS

1 • Quels sentiments et quelles sensations le sonnet exprime-t-il ?

2 • Comment les antithèses traduisent-elles le désordre amoureux ?

3 • Pourquoi peut-on parler d'érotisme ?

1555

TEXTES ÉCHO

Labé, *Sonnets* (1555)

Tant que mes yeux pourront larmes épandre
A l'heur passé avec toi regretter :
Et qu'aux sanglots et soupirs résister
Pourra ma voix, et un peu faire entendre :

Tant que ma main pourra les cordes tendre
Du mignard Luth, pour tes grâces chanter :
Tant que l'esprit se voudra contenter
De ne vouloir rien fors que toi comprendre :

Je ne souhaite encore point mourir.
Mais quand mes yeux je sentirai tarir,
Ma voix cassée, et ma main impuissante,

Et mon esprit en ce mortel séjour
Ne pouvant plus montrer signe d'amante :
Prierai la Mort noircir mon plus clair jour.

Sonnet 14. Adapté en français moderne par les auteurs.

Pétrarque, *Le Chansonnier* (1374, posthume)

Quand je suis tout entier tourné devers le lieu
où de ma dame luit le beau visage,
et que dans mon esprit demeure la lumière
qui me brûle et détruit au-dedans peu à peu,

moi qui crains que mon cœur de moi ne se sépare
et vois tout près la fin de ma lumière,
sans lumière m'en vais semblable à un aveugle
qui ne sait où il va et qui cependant part.

Ainsi, devant les assauts de la mort
je fuis ; mais non si promptement que mon désir
avec moi ne s'en vienne, comme il en a coutume.

Silencieux je vais, car mes paroles mortes
feraient pleurer les gens, et moi j'ai pour désir
que solitairement mes larmes se répandent.

Sonnet 18. Traduit de l'italien par P. Blanc © Garnier (1989).

D'UN TEXTE À L'AUTRE

4 • Comment comprenez-vous l'expression « signe d'amante » à la lumière de deux sonnets de Louise Labé ?

L'auteur et l'œuvre

Au XVIe siècle, l'œuvre de Pétrarque est la plus diffusée, traduite et lue en Europe. Elle contribue à l'apparition du genre du sonnet en France, et à la mise en place de l'égotisme – ou culte du moi – en poésie, dont témoigne l'omniprésence du pronom « je ». Son recueil de 366 poèmes *Le Chansonnier* (*Canzoniere*) est dédié à Laure dont on ignore s'il s'agit d'un personnage réel (Laure de Sade) ou fantasmé.

Le pétrarquisme

L'amour est présenté comme une passion – du latin *patior*, « je souffre ». Cette passion est accentuée par l'absence de l'être aimé qui est alors divinisé par le poète. Elle donne lieu à des métaphores – comme celle du cœur qui brûle – qui sont désormais devenues des *topoï* (lieux communs) de la poésie amoureuse.

D'UN TEXTE À L'AUTRE

5 • Comment s'exprime la souffrance amoureuse dans le sonnet de Pétrarque ?

6 • Pourquoi peut-on le rapprocher de celui de Louise Labé ?

1558 (posth.)

Marguerite de Navarre
(1492-1549)

L'auteure et l'œuvre

Fille de Charles d'Orléans et de Louise de Savoie, sœur aînée de François Ier, protectrice de Clément Marot, Marguerite de Navarre est une figure importante de la littérature humaniste. *L'Heptaméron* est un recueil de soixante-douze nouvelles, inspiré du *Décaméron* de l'Italien Boccace.

Un recueil de nouvelles

Dix seigneurs et dames, réfugiés dans une abbaye à cause des intempéries, se racontent des histoires pour se distraire. Le matin est consacré à la prière et l'après-midi, temps de loisir, aux histoires. Chaque récit est précédé d'une lecture du Nouveau Testament et suivi d'un débat. Le nombre restreint de personnages évoluant autour d'une intrigue concise dont la chute est souvent abrupte est fondateur du genre de la nouvelle (▸ p. 420).

Marguerite de Navarre

L'Heptaméron

Le seigneur de Bernage, en voyage pour le compte du roi, assiste à une scène bien étrange chez l'hôte qui l'a accueilli pour la nuit.

« chose si étrange »

Il était heure de souper ; le gentilhomme le mena en une belle salle tendue de belle tapisserie. Et, ainsi que la viande fut apportée sur la table, vit sortir de derrière la tapisserie une femme, la plus belle qu'il était possible de regarder, mais elle avait sa tête toute tondue, le demeurant du corps habillé de noir à l'allemande. Après que ledit seigneur eut lavé avec le seigneur de Bernage, l'on porta l'eau à cette dame, qui lava et s'alla seoir au bout de la table, sans parler à nullui, ni nul à elle. Le seigneur de Bernage la regarda bien fort, et lui sembla une des plus belles dames qu'il avait jamais vues, sinon qu'elle avait le visage bien pâle et la contenance bien triste. Après qu'elle eut mangé un peu, elle demanda à boire, ce que lui apporta un serviteur de leans dedans[1] un émerveillable vaisseau, car c'était la tête d'un mort, dont les yeux étaient bouchés d'argent: et ainsi but deux ou trois fois. La damoiselle, après qu'elle eut soupé et fait laver les mains, fit une révérence au seigneur de la maison et s'en retourna derrière la tapisserie, sans parler à personne. Bernage fut tant ébahi de voir chose si étrange, qu'il en devint tout triste et pensif. Le gentilhomme, qui s'en aperçut, lui dit: « Je vois bien que vous vous êtes étonné de ce que vous avez vu en cette table ; mais, vu l'honnêteté que je trouve en vous, je ne vous veux celer[2] que c'est, afin que vous ne pensiez qu'il y ait en moi telle cruauté sans grande occasion. Cette dame que vous avez vue est ma femme, laquelle j'ai plus aimée que jamais homme pourrait aimer femme, tant que, pour l'épouser, j'oubliai toute crainte, en sorte que je l'amenai ici dedans, malgré ses parents. Elle aussi, me montrait tant de signes d'amour, que j'eusse hasardé dix mille vies pour la mettre céans à son aise et à la mienne ; où nous avons vécu un temps à tel repos et contentement, que je me tenais le plus heureux gentilhomme de la chrétienté. Mais, en un voyage que je fis, où mon honneur me contraignit d'aller, elle oublia tant son honneur, sa conscience et l'amour qu'elle avait en moi, qu'elle fut amoureuse d'un jeune gentilhomme que j'avais nourri céans ; dont, à mon retour, je me cuidai[3] apercevoir. Si est-ce que l'amour que je lui portais était si grand, que je ne me pouvais défier d'elle jusques à la fin que l'expérience me creva les yeux, et vis ce que je craignais plus que la mort. Parquoi, l'amour que je lui portais fut convertie[4] en fureur et désespoir, en telle sorte que je la guettai de si près, que, un jour, feignant aller dehors, me cachai en la chambre où maintenant elle demeure, où, bientôt après mon appartement, elle se retira et y fit venir ce jeune gentilhomme, lequel je vis entrer avec la privauté qui n'appartenait que à moi avoir à elle. Mais, quand je vis qu'il voulait monter sur le lit auprès d'elle, je saillis dehors et le pris entre ses bras, où je le tuai. Et, pour ce que le crime de ma femme me sembla si grand qu'une telle mort n'était suffisante pour la punir, je lui ordonnai une peine que je pense qu'elle a plus désagréable que la mort: c'est de l'enfermer en ladite chambre où elle se retirait pour prendre ses plus grandes délices et en la compagnie de celui qu'elle aimait trop mieux que moi ; auquel lieu je lui ai mis dans une armoire tous les os de son ami, tendus comme chose précieuse en un cabinet. Et, afin qu'elle n'en oublie la mémoire, en buvant et mangeant, lui fait servir à table, au lieu de coupe, la tête de ce méchant ; et là, tout devant moi, afin qu'elle voie vivant celui qu'elle a fait son mortel ennemi par sa faute, et mort pour l'amour d'elle celui duquel elle avait préféré l'amitié à la mienne. Et ainsi elle voit à dîner et à souper les deux choses qui plus lui doivent déplaire: l'ennemi vivant et l'ami mort, et tout, par son péché. Au demeurant, je la traite comme moi-même sinon qu'elle va tondue, car l'arrangement des cheveux n'appartient à l'adultère, ni le voile à l'impudique. Parquoi s'en va rasée, montrant qu'elle a perdu l'honneur de la virginité et pudicité. S'il vous plaît de prendre la peine de la voir, je vous y mènerai. » [...]

Le lendemain au matin [le seigneur de Bernage] s'en partit pour aller faire la charge que le Roy lui avait donnée. Toutefois, disant adieu au gentilhomme, ne se peut tenir de lui dire: « Monsieur, l'amour que je vous porte et l'honneur et privauté que vous m'avez faite en votre maison, me contraignent à vous dire qu'il me semble, vu la grande repentance de votre pauvre femme, que vous lui devez user de miséricorde ; et aussi, vous êtes jeune, et n'avez nuls enfants ; et serait grand dommage de perdre une si belle maison que la vôtre, et que ceux qui ne vous aiment peut-être point, en fussent héritiers. » Le gentilhomme, qui avait délibéré de ne parler jamais à sa femme, pensa longuement aux propos que lui tint le seigneur de Bernage ; et enfin connut qu'il disait vérité, et lui promit que, si elle persévérait en cette humilité, il en aurait quelquefois pitié. [...] après longue pénitence, pour le désir qu'il avait d'avoir enfants et pour la pitié qu'il eut de sa femme, qui en si grande humilité recevait cette pénitence, il la reprit avec soi, et en eut depuis beaucoup de beaux enfants.

Nouvelle 32, « Punition plus rigoureuse que la mort d'un mari envers sa femme adultère » (extraits). Texte adapté en français moderne par les auteurs.

1. **Leans dedans**: là-dedans.
2. **Celer**: cacher.
3. **Cuider**: penser à tort.
4. Le mot amour était féminin à cette époque.

1558 (posth.)

L'influence de Boccace

Le titre et les sujets sont inspirés du *Décaméron* de Boccace où dix personnages, réfugiés dans la campagne pour fuir la peste à Florence, se distraient en se racontant des histoires. La structure de *L'Heptaméron* alterne, comme chez Boccace, récits et commentaires, sujets graves et légers. L'extrait proposé est dans la lignée de la quatrième journée du *Décaméron*, consacrée aux histoires d'amour tragiques, et plus particulièrement de la nouvelle « Le cœur mangé ».

La portée morale du récit

Chaque récit donne lieu à des discussions entre les personnages sur la portée morale de l'histoire, sur les conceptions de l'amour, du mariage et du droit des femmes. À la fin du récit proposé, le seigneur Bernage relate l'importance du pardon et la réconciliation des époux.

QUESTIONS

1 • **Comment le suspense est-il ménagé dans le récit ?**

2 • **Quels éléments du conte retrouve-t-on ici ?**

3 • **De quelle façon le lecteur est-il amené à formuler un jugement ?**

1558

Joachim Du Bellay
(1522-1560)

L'auteur et l'œuvre

Avec Ronsard, Du Bellay fait partie des sept poètes de la Pléiade qui veulent renouveler la poésie française en s'inspirant des textes antiques et en valorisant la langue française (▶ p. 393). Du Bellay écrit *Les Regrets* à la suite d'un voyage décevant en Italie.

Un sonnet humaniste

En lettré, Du Bellay joue avec les références : Ulysse, ce héros de *L'Odyssée* qui mit dix ans pour rentrer chez lui une fois la guerre de Troie finie, et Jason, dont le sort est ici déformé (▶ p. 411). En utilisant le sonnet cher à Pétrarque dans l'ensemble des *Regrets*, Du Bellay entend montrer la suprématie française en matière d'art poétique.

Texte lu
Manuel numérique

QUESTIONS

1 • Comment l'opposition entre l'Italie et la France se met-elle en place ?

2 • Comment les regrets de Du Bellay s'expriment-ils ?

3 • Quel rôle les références antiques jouent-elles ?

Du Bellay
Les Regrets

Heureux qui, comme Ulysse…

« Quand reverrai-je, hélas, de mon petit village Fumer la cheminée »

Heureux qui, comme Ulysse, a fait un beau voyage,
Ou comme cestuy là qui conquit la Toison[1],
Et puis est retourné, plein d'usage et raison,
Vivre entre ses parents le reste de son âge !

Quand reverrai-je, hélas, de mon petit village
Fumer la cheminée, et en quelle saison,
Reverrai-je le clos de ma pauvre maison,
Qui m'est une province, et beaucoup davantage ?

Plus me plaît le séjour qu'ont bâti mes aïeux,
Que des palais romains le front audacieux[2],
Plus que le marbre dur me plaît l'ardoise fine :

Plus mon Loire gaulois, que le Tibre latin,
Plus mon petit Liré[3], que le mont Palatin,
Et plus que l'air marin la douceur angevine.

Sonnet 31.

1. Cette périphrase désigne Jason.
2. **Audacieux** : plein d'audace, de détermination, de hardiesse. Il y a une diérèse sur cet adjectif.
3. **Liré** : petite colline en Anjou, région où grandit Du Bellay.

La Boétie

Discours de la servitude volontaire

« Soyez donc résolus à ne plus servir, et vous serez libres »

Pauvres et misérables, peuples insensés, nations opiniâtres[1] en votre mal et aveugles en votre bien, vous vous laissez enlever, sous vos propres yeux, le plus beau et le plus clair de votre revenu, piller vos champs, dévaster vos maisons et les dépouiller des vieux meubles de vos ancêtres ! Vous vivez de telle sorte que rien n'est plus à vous. Il semble que vous regarderiez désormais comme un grand bonheur qu'on vous laissât seulement la moitié de vos biens, de vos familles, de vos vies.

Et tout ce dégât, ces malheurs, cette ruine enfin, vous viennent, non pas des ennemis, mais bien certes de l'ennemi et de celui-là même que vous avez fait ce qu'il est, pour qui vous allez si courageusement à la guerre et pour la vanité duquel vos personnes y bravent à chaque instant la mort. Ce maître n'a pourtant que deux yeux, deux mains, un corps et rien de plus que n'a le dernier des habitants du nombre infini de nos villes.

Ce qu'il a de plus que vous, ce sont les moyens que vous lui fournissez pour vous détruire. D'où tire-t-il les innombrables argus[2] qui vous épient, si ce n'est de vos rangs ? Comment a-t-il tant de mains pour vous frapper, s'il ne les emprunte de vous ? Les pieds dont il foule vos cités, ne sont-ils pas aussi les vôtres ? A-t-il pouvoir sur vous, que par vous-mêmes ? Comment oserait-il vous courir sus, s'il n'était d'intelligence avec vous ? Quel mal pourrait-il vous faire, si vous n'étiez receleurs du larron[3] qui vous pille, complices du meurtrier qui vous tue, et traîtres de vous-mêmes ?

Vous semez vos champs pour qu'il les dévaste ; vous meublez et remplissez vos maisons, pour fournir à ses voleries ; vous élevez vos filles afin qu'il puisse assouvir sa luxure ; vous nourrissez vos enfants, pour qu'il en fasse des soldats (trop heureux sont-ils encore !) pour qu'il les mène à la boucherie, qu'il les rende les ministres[4] de ses convoitises, les exécuteurs de ses vengeances [...].

Soyez donc résolus à ne plus servir et vous serez libres. Je ne veux pas que vous le heurtiez, ni que vous l'ébranliez, mais seulement ne le soutenez plus, et vous le verrez, comme un grand colosse dont on dérobe la base, tomber de son propre poids et se briser.

Chapitre IV (extrait). Texte adapté en français moderne par C. Teste (1836).

1. **Opiniâtres en** : fortement attachées à. 2. **Argus** : géant mythologique aux cent yeux.
3. **Larron** : voleur, ici le tyran. 4. **Ministres** : ici serviteurs.

1574 (posth.)

Étienne de La Boétie (1530-1563)

L'auteur et l'œuvre

Après des études de droit durant lesquelles il est initié aux idées humanistes, La Boétie devient conseiller à la cour de Bordeaux où il rencontre Montaigne et devient son ami (► p. 64). Publié après la mort de son auteur, ce discours, écrit à l'âge de 18 ans, rompt avec la tradition du traité politique savant.

Réflexion humaniste ou pamphlet révolutionnaire ?

Traducteur de Plutarque et de Xénophon, La Boétie, en bon humaniste, émaille son texte de références à des auteurs antiques qui alimentent sa réflexion. Rédigée en pleine période des guerres de Religion sans que l'auteur n'ait jamais pris parti, cette œuvre sera largement utilisée par les protestants comme outil de propagande.

Texte lu
Manuel numérique

QUESTIONS

1 • Quel type d'argumentation La Boétie privilégie-t-il pour convaincre et persuader son lecteur ?

2 • En quoi ce texte est-il une double mise en accusation ?

3 • Quels éléments permettent toutefois d'affirmer qu'il est représentatif du courant humaniste ?

1578

Pierre de Ronsard
(1524-1585)

Ronsard
Sonnets pour Hélène

Madrigal

« Si c'est aimer de suivre un bonheur qui me fuit »

Si c'est aimer, Madame, et de jour et de nuit
Rêver, songer, penser le moyen de vous plaire,
Oublier toute chose, et ne vouloir rien faire
Qu'adorer et servir la beauté qui me nuit ;

Si c'est aimer de suivre un bonheur qui me fuit,
De me perdre moi-même et d'être solitaire,
Souffrir beaucoup de mal, beaucoup craindre et me taire
Pleurer, crier merci[1], et m'en voir éconduit ;

Si c'est aimer de vivre en vous plus qu'en moi-même,
Cacher d'un front joyeux une langueur extrême,
Sentir au fond de l'âme un combat inégal,
Chaud, froid, comme la fièvre amoureuse me traite,

Honteux, parlant à vous, de confesser mon mal !
Si cela c'est aimer, furieux, je vous aime.
Je vous aime, et sais bien que mon mal est fatal.
Le cœur le dit assez, mais la langue est muette.

Livre I.

1. **Merci** : pitié.

L'auteur et l'œuvre

Ronsard a 54 ans lorsqu'il rencontre la jeune veuve Hélène de Surgères, demoiselle de compagnie à la cour de Catherine de Médicis. La reine demande à Ronsard de la consoler de son deuil. Il lui dédiera des sonnets restés célèbres (► p. 63). Dans ce madrigal, il lui déclare également son amour, déclaration inspirée de la tradition de l'amour courtois.

Un madrigal

Un madrigal est d'abord une composition musicale polyphonique, faite sur un texte poétique dont elle cherche à rendre les nuances. C'est ensuite, à partir du XVIe siècle, un poème exprimant avec finesse une pensée ou tournant un compliment de façon galante.

Texte lu
Manuel numérique

QUESTIONS

1 • Comment Ronsard définit-il ici l'amour ?
2 • Que doit ce poème à la tradition courtoise ?
3 • Comment la femme aimée est-elle présentée ?

Ronsard

Sonnets pour Hélène

Quand vous serez bien vieille

« Cueillez dès aujourd'hui les roses de la vie. »

Quand vous serez bien vieille, au soir, à la chandelle,
Assise auprès du feu, dévidant et filant,
Direz, chantant mes vers, en vous émerveillant :
« Ronsard me célébrait du temps que j'étais belle ! »

Lors, vous n'aurez servante oyant telle nouvelle,
Déjà sous le labeur à demi sommeillant,
Qui au bruit de mon nom ne s'aille réveillant,
Bénissant votre nom de louange immortelle.

Je serai sous la terre, et, fantôme sans os,
Par les ombres myrteux[1] je prendrai mon repos :
Vous serez au foyer une vieille accroupie,

Regrettant mon amour et votre fier dédain.
Vivez, si m'en croyez, n'attendez à demain :
Cueillez dès aujourd'hui les roses de la vie.

Livre II, sonnet 43.

1. **Ombres myrteux** : ombres couronnées de myrtes. Dans l'Antiquité, le myrte, lié à Aphrodite, est un arbuste associé à l'amour et à la poésie. L'adjectif myrteux est un néologisme.

QUESTIONS

1 • Quelle place et quelle fonction le trivial et le quotidien occupent-ils dans ce sonnet ?

2 • Pourquoi peut-on parler d'originalité ?

3 • Comment la célébration de la beauté passée devient-elle célébration de la pérennité de l'art ?

1578

Pierre de Ronsard
(1524-1585)

L'auteur et l'œuvre

Depuis les *Odes* en 1550 (▸ p. 52), Ronsard a publié trois recueils consacrés au sentiment amoureux. L'amour est dans son œuvre une constante, au même titre que l'invitation à profiter du temps présent – le *carpe diem* inspiré de l'Antiquité.

Le *carpe diem*

Le poète, en décrivant Hélène vieille, l'invite à profiter du temps présent pour ne pas avoir de regrets plus tard. Ce sonnet a donc une dimension argumentative, le poète cherchant à agir sur sa destinataire.

La femme, médiatrice entre le poète et le divin

Que Ronsard célèbre Cassandre (▸ p. 52) ou Hélène, le chant lyrique prend une dimension religieuse : il célèbre aussi bien la femme aimée que le poète, prophète capable de charmer avec le langage. Pétrarque et Laure dans le *Canzoniere* (▸ p. 57) sont le modèle de ce couple moteur de la création.

1580

Montaigne
Les Essais

Michel de Montaigne
(1533-1592)

L'auteur et l'œuvre

Maire de Bordeaux très engagé dans la lutte contre les guerres de Religion, Montaigne est un érudit. *Les Essais* sont le résultat d'une retraite intellectuelle consacrée à la méditation et à la lecture. Montaigne cherche à mieux se connaître pour mieux connaître ses semblables, car tout homme porte en lui « la forme entière de l'humaine condition » (► p. 392).

Un texte argumentatif

Par un habile renversement, Montaigne invite le lecteur à se demander qui est le barbare et dénonce l'ethnocentrisme européen (propension d'un peuple à se croire supérieur aux autres). Il en vient pour cela à redéfinir les mots, à les « peser », à mesurer avec raison, faisant de son texte un essai au sens étymologique du terme – du latin *exagium*, « pesée ».

Montaigne interroge la notion de « barbarie », appliquée par ses contemporains aux habitants du Nouveau Monde.

« Il n'y a rien de barbare et de sauvage dans cette nation »

Je trouve maintenant, pour en revenir à mon sujet, qu'il n'y a rien de barbare et de sauvage dans cette nation, d'après ce que l'on m'en a dit, sinon que chacun appelle barbarie ce qui n'est pas dans ses coutumes, de même que, en vérité, nous n'avons pas d'autre point de mire[1] pour la vérité et la raison que l'exemple et l'image des opinions et des usages du pays où nous sommes. Là est toujours la parfaite religion, le parfait gouvernement, le parfait et incomparable usage de toutes choses. [Ces hommes-là] sont sauvages de même que nous appelons sauvages les fruits que la nature a produits d'elle-même et dans sa marche ordinaire, tandis que, à la vérité, ce sont ceux que nous avons altérés par nos procédés et détournés de l'ordre habituel que nous devrions plutôt appeler sauvages. En ceux-là sont vivantes et vigoureuses les véritables et les plus utiles et plus naturelles vertus et propriétés que nous avons abâtardies en ceux-ci et que nous avons seulement accommodées au plaisir de notre goût corrompu. Et pourtant la saveur même et la finesse se trouvent excellentes à notre goût, en comparaison des nôtres, dans divers fruits de ces contrées [où ils poussent] sans être cultivés. Il n'est pas légitime que l'art emporte le prix d'honneur sur notre grande et puissante mère Nature. [...]

Nous pouvons donc bien appeler ces hommes barbares eu égard aux règles de la raison, mais non pas eu égard à nous, qui les surpassons en toute sorte de barbarie. Leur guerre est toute noble et généreuse et a autant d'excuse et de beauté que cette maladie humaine peut en recevoir : elle n'a d'autre fondement parmi eux que la seule recherche de la valeur. Ils ne sont pas en contestation [avec d'autres] au sujet de la conquête de nouvelles terres, car ils jouissent encore de cette fécondité naturelle qui les pourvoit sans travail et sans peine de toutes les choses nécessaires en telle abondance qu'ils n'ont que faire d'agrandir leurs territoires. Ils sont encore dans cette heureuse situation de ne désirer qu'autant que leurs besoins naturels leur demandent : tout ce qui est au-delà est pour eux superflu[2]. Ils s'appellent mutuellement, en général, « frères » s'ils sont du même âge ; ils appellent « enfants » ceux qui sont au-dessous, et les vieillards sont des « pères » pour tous les autres.

Livre I, chap. 31 « Sur les cannibales » (extrait).
Adapté en français moderne par A. Lanly © Honoré Champion (1989).

QUESTIONS

1 • Quelles sont les thèses défendues ici par Montaigne ?

2 • Quelles comparaisons utilise-t-il pour faire l'éloge des supposés barbares ?

3 • En quoi nous invite-t-il à redéfinir le langage ?

Texte lu
Manuel numérique

1. **Point de mire** : modèle.
2. **Superflu** : non nécessaire.

Montaigne

Les Essais

Montaigne rapporte un soi-disant « miracle ».

« On me fait haïr les choses vraisemblables quand on me les inculque comme infaillibles »

Un jeune homme du lieu s'était amusé à imiter une nuit dans sa maison la voix d'un esprit sans penser à autre chose qu'à jouir d'une facétie[1] dans le moment présent. Cela lui ayant un peu mieux réussi qu'il n'espérait, pour étendre les domaines de sa farce, il y associa une fille de village, complètement stupide et niaise, et ils furent enfin trois de même âge et de pareille valeur. Alors de leurs prêches[2] à la maison ils firent des prêches publics, en se cachant sous l'autel de l'église, en ne parlant que de nuit et en défendant d'y apporter la moindre lumière. De paroles qui visaient à la conversion du monde et à la menace du jour du jugement (ce sont, en effet, des sujets sous l'autorité et le respect desquels l'imposture se tapit le plus aisément) ils en vinrent à quelques visions et à quelques actes si niais et si ridicules que c'est à peine s'il y a quelque chose d'aussi grossier dans le jeu des petits enfants. Si toutefois « la Fortune » avait voulu accorder en la circonstance un peu de faveur, qui sait jusqu'où se fussent accrus ces tours de bateleurs[3] ? Ces pauvres diables sont à l'heure actuelle en prison et subiront probablement le châtiment de la sottise commune, et je ne sais pas si quelque juge ne se vengera pas sur eux de la sienne. On voit clair dans cette affaire-là puisqu'elle est mise au grand jour, mais dans beaucoup de choses de pareille nature, qui surpassent notre connaissance, je suis d'avis que nous retenions notre jugement, aussi bien pour les rejeter que pour les admettre.

Beaucoup d'erreurs sont engendrées au monde, ou, pour le dire plus hardiment, toutes les erreurs du monde sont engendrées par le fait que l'on nous apprend à craindre d'avouer notre ignorance et que nous sommes tenus d'accepter tout ce que nous ne pouvons pas réfuter. Nous parlons de toutes choses sous forme dogmatique et impérative. Le style[4], dans la Rome [ancienne], comportait que même la déposition d'un témoin sur ce qu'il avait vu de ses yeux et l'ordonnance d'un juge faite avec sa connaissance la plus assurée [de la cause] étaient exprimées sous cette forme : « Il me semble. » On me fait haïr les choses vraisemblables quand on me les inculque comme infaillibles. J'aime les mots suivants, qui amollissent et modèrent la témérité de nos énonciations : « Peut-être, En quelque manière, Quelque, On dit, Je pense » et [expressions] semblables.

Livre III, chap. 11 « Sur les boiteux » (extrait).
Adapté en français moderne par A. Lanly © Honoré Champion (1989).

1580

Michel de Montaigne
(1533-1592)

Plaire et instruire

En bon rhéteur, Montaigne veut plaire (*placere*) et instruire (*docere*) son lecteur. Pour cela, il s'appuie sur son expérience et ses lectures. À partir d'un récit amusant, il nous invite ici à réfléchir sur notre crédulité.

Une leçon de relativisme

Montaigne nous engage à prendre de la distance avec ce qui s'offre à nous. D'où son éloge des modalisateurs à la fin de l'extrait : « il me semble » laisse une place au doute. Pour Montaigne, le scepticisme, qui consiste à mettre en doute ce qui s'offre à notre jugement, n'est qu'une étape pour accéder au bon jugement.

QUESTIONS

1 • **Quel rôle le récit joue-t-il dans la stratégie argumentative de Montaigne ?**

2 • **À quoi s'attaque-t-il ?**

3 • **En quoi Montaigne est-il bien un auteur humaniste ?**

1. **Facétie** : plaisanterie.
2. **Prêche** : sermon.
3. **Bateleur** : celui qui fait des tours de passe-passe.
4. **Style** : formule de procédure dans le cadre de l'exercice de la justice.

1580

Montaigne
Les Essais

Michel de Montaigne
(1533-1592)

Un discours plus affectif qu'argumentatif

Montaigne reprend ici la définition que donne Aristote de l'amitié dans l'*Éthique à Nicomaque* (IVe s. av. J.-C.) selon laquelle deux amis ne possèdent qu'une seule âme. Pour l'auteur des *Essais*, l'amitié véritable tient lieu de révélation à autrui mais aussi à soi-même. Loin de tout effort de théorisation, ce passage illustre la part mystérieuse de l'amitié en mettant l'accent sur la sensation plutôt que sur une explication rationnelle du phénomène.

Une amitié fondatrice

Étienne de La Boétie, auteur du *Discours de la servitude volontaire* (▸ p. 61), meurt prématurément en 1563. Montaigne avait initialement prévu de publier ce discours au centre de l'édition de 1580 des *Essais*, juste après le chapitre « Sur l'amitié », offrant ainsi un véritable tombeau littéraire à son ami défunt.

Dans ce célèbre chapitre dont le titre est emprunté au *De Amicitia* de Cicéron, Montaigne mêle une étude sur l'amitié et un éloge d'Étienne de La Boétie, son ami disparu.

« Parce que c'était lui, parce que c'était moi. »

Au demeurant ce que nous appelons ordinairement amis et amitiés, ce ne sont que des relations familières nouées par quelque circonstance ou quelque utilité, par le moyen de laquelle nos âmes se tiennent unies. Dans l'amitié dont je parle, elles s'unissent et se fondent l'une en l'autre dans une union si totale qu'elles effacent la couture qui les a jointes et ne la retrouvent plus. Si l'on me demande avec insistance de dire pourquoi je l'aimais, je sens que cela ne peut s'exprimer qu'en répondant : « Parce que c'était lui, parce que c'était moi. »

Il y a, au-delà de tout mon exposé et de ce que je puis dire particulièrement [des raisons de cette amitié], je ne sais quelle force inexplicable qui vient du destin [et qui est] la médiatrice de cette union. Nous nous cherchions avant de nous être vus, et même sur la foi de propos tenus [par des tiers] sur l'un et l'autre d'entre nous qui produisaient plus d'effet qu'il n'est normal pour de simples propos : je crois que le Ciel l'avait arrangé ainsi ; nous nous embrassions[1] en entendant prononcer nos noms. Et lors de notre première rencontre qui eut lieu par hasard dans une grande fête et assemblée d'une ville, nous nous trouvâmes si épris[2], si connus, si liés entre nous que rien dès lors ne nous fut si proche que nous l'étions l'un de l'autre. Il écrivit une satire latine excellente, qui est publiée[3], par laquelle il excuse et explique la promptitude de notre entente amicale, si vite parvenue à sa perfection. Devant si peu durer et ayant commencé si tard (car nous étions tous deux des hommes faits[4], lui ayant quelques années de plus), elle n'avait pas à perdre de temps et à se régler sur le modèle des amitiés faibles et conventionnelles pour lesquelles il faut tant de précautions de longue et préalable fréquentation. Celle-ci n'a pas d'autre modèle idéal que [celui qui vient] d'elle-même et elle ne peut être comparée qu'à elle-même. Ce n'est pas un point de vue spécial [sur l'amitié] ni deux, ni trois, ni quatre, ni mille : c'est je ne sais quelle quintessence de tout ce mélange qui, ayant saisi toute ma volonté, l'amena à se plonger et à se perdre dans la sienne ; qui, ayant saisi toute

QUESTIONS

1 • Quelles sont les caractéristiques de cette amitié ?

2 • Comment le discours de Montaigne s'emploie-t-il à rendre compte de cette singularité ?

3 • En quoi la peinture de cette amitié unique est-elle représentative du projet des *Essais* ?

sa volonté, l'amena à se plonger et à se perdre dans la mienne avec une faim, avec une ardeur pareille. Je dis « perdre », véritablement : nous ne nous réservions rien qui nous fût propre, ni qui fût ou sien ou mien.

Livre I, chap. 28 « Sur l'amitié » (extrait).
Adapté en français moderne par A. Lanly © Honoré Champion (1989).

1. **Embrasser** : étreindre quelqu'un en signe d'amitié, d'affection. Cette image montre que les amis s'étreignent mentalement avant même de se connaître en chair et en os.
2. **Épris** : le sens de ce mot n'est pas équivoque ici et peut s'employer pour parler d'amitié.
3. Montaigne lui-même l'a publiée en 1571. 4. **Faits** : mûrs.

Raffaello Sanzio dit Raphaël, *Portrait de l'artiste avec un ami* (1518), huile sur toile (99 x 83 cm), musée du Louvre (Paris).

HISTOIRE DES ARTS

L'artiste et l'œuvre

Raffaello Sanzio, dit Raphaël (1483-1520), peintre et architecte de la Renaissance italienne, complète sa formation aux côtés de Léonard de Vinci et de Michel-Ange à Florence, puis travaille à Rome. Son style se distingue par sa mesure et son élégance. *Autoportrait avec un ami* met en scène le peintre en arrière-plan du tableau, aux côtés d'un second personnage installé dans l'espace central.

DE L'IMAGE AU TEXTE

4 • Quels éléments du tableau présentent les personnages comme des intimes ?

5 • En quoi cette scène peut-elle illustrer une amitié comme celle de Montaigne et La Boétie ?

Vie artistique & culturelle

Nouvelle vision de l'homme au XVIe s.

L'intérêt pour l'Antiquité et pour les langues, le développement des échanges et les découvertes des grands voyageurs, bouleversent la perception que l'homme a du monde et de lui-même. La vision humaniste élargit et recompose le monde, favorisant l'enrichissement et l'émancipation de la pensée.

L'homme au centre des préoccupations

- L'homme découvre qu'il n'est pas le reflet passif d'un univers statique comme l'enseignait le Moyen Âge mais l'expression d'une **volonté** et d'une **imagination créatrices**.
- Il devient un sujet digne d'intérêt. **Pic de la Mirandole**, dès 1486, dans son discours *De dignitate hominis* désigne **cet idéal que constitue l'homme** (▸ p. 346) : « on ne peut rien voir de plus admirable dans le monde que l'homme ». Les dessins, peintures, sculptures des artistes Léonard de **Vinci**, **Michel-Ange** ou **Raphaël** célèbrent la complexité, la beauté du corps humain tout entier (▸ p. 346).
- Le développement des qualités de l'être humain devient un but en soi. Pour l'intellectuel humaniste, assumer sa **dignité d'homme** est un devoir universel et naturel. **Érasme**, en 1522, « désire être un citoyen du monde » et **Montaigne**, en 1588, annonce dans ses *Essais* qu'il sera le sujet même de son œuvre : « Je veux me peindre tout nu et tout entier. »

Michel-Ange, *La création d'Adam* (1508-1512), détail de la fresque du plafond de la Chapelle Sixtine, musées du Vatican (Rome).

Le corps renaissant

• Les humanistes procèdent à une **reconquête du corps** par l'étude et l'observation de son fonctionnement, se démarquant ainsi des interdits religieux qui avaient fait du corps un sanctuaire divin frappé d'interdits. Léonard de Vinci tire ses nombreuses **planches anatomiques** des travaux des Anciens ou de l'observation de cadavres disséqués. Montaigne, dans son *Journal de voyage en Italie* et dans ses *Essais*, prend en note les réactions de son corps. Les poètes, eux, s'adonnent à une écriture précise du corps à travers leurs **blasons** ou **contre-blasons**, (Marot ▸ p. 50) ou décrivent le corps amoureux (Ronsard, *Les Amours*, CLXXXV).

Un modèle : l'homme complet

• L'homme humaniste recherche le plus grand accomplissement intellectuel, moral, religieux, voire physique ou esthétique. L'homme est doté d'intelligence et doit se perfectionner. L'humaniste recherche à la fois la connaissance et la sagesse, conformément au sens du latin ***humanitas*** (culture et savoir-vivre de l'homme bien né). L'humaniste vise un **savoir encyclopédique**. Dans *Pantagruel* (chap. III), **Rabelais** fait adresser par Gargantua une lettre à son fils ; il y énonce le programme pédagogique destiné à transformer Pantagruel en « abîme de science » : l'observation de la nature, l'expérience autant que le recours aux livres des des Anciens, l'apprentissage des langues (latin, grec, hébreu) et la connaissance des Écritures forment un homme accompli.

• La formule de Juvénal *Mens sana in corpore sano,* un esprit sain dans un corps sain, rappelle cette préoccupation humaniste du **développement harmonieux du corps et de l'esprit**. « Ce n'est pas assez de luy roidir l'âme ; il luy faut aussi roidir les muscles », écrit Montaigne *(Essais)*. L'hygiène corporelle, l'exercice du corps et l'équilibre entre les différentes activités sont essentiels. Rabelais l'illustre au chapitre XXI de *Gargantua*.

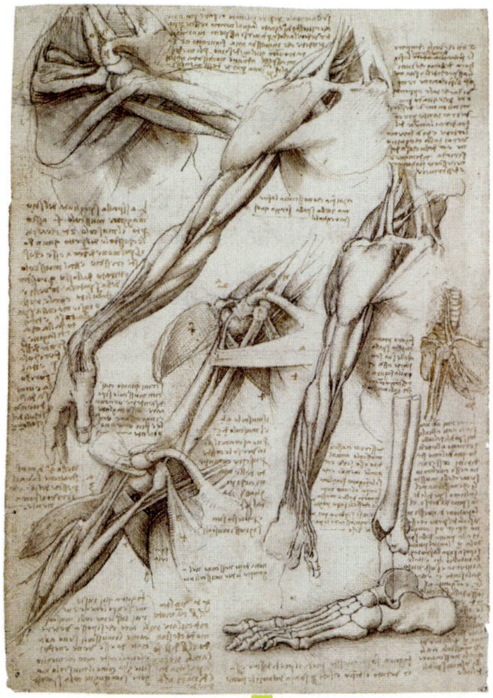

Léonard de Vinci, *Étude des muscles de l'épaule et du bras, et des os du pied* (vers 1511), encre sur papier (29 x 20 cm), Bibliothèque Royale du Château de Windsor (Londres).

Un homme à éduquer

• Les humanistes considèrent que **l'humanité est à construire en chaque homme**. Érasme affirme que l'« on ne naît pas homme mais on le devient ». L'humain a tout à apprendre. Il se construit comme humain, à la fois en observant la nature et en recevant l'enseignement des humanités dispensé dans les livres, par le débat avec autrui, par son ouverture au monde et par la culture.

• Les humanistes se consacrent à l'éducation en **refusant les méthodes sclérosées de la tradition médiévale et scolastique** qui figent et déforment le savoir. Montaigne défend une éducation adaptée à l'enfant, visant non le gavage mais l'assimilation des connaissances (*Essais*, « De l'Institution des enfants »). Rabelais, dans *Gargantua,* rêve d'une communauté laïque et mixte où l'enseignement repose sur le **désir d'apprendre** (▸ p 49).

débat

Les grands voyages et la curiosité humaniste ont permis de mieux connaître la diversité du monde et des hommes. Aujourd'hui, selon vous, internet répond-il à ce même désir de connaissance ?

1583

Robert Garnier
(1544-1590)

L'auteur et l'œuvre

Avocat, poète et dramaturge, Robert Garnier, dans *Les Juives*, s'inspire d'un épisode de l'Ancien Testament. Le spectateur assiste à la vengeance de Nabuchodonosor : il égorgera sous les yeux de Sédécie ses enfants puis le rendra aveugle. Nabuchodonosor est l'« exécrable instrument de la rancœur céleste ». Dans le dernier acte, un prophète prédit que Dieu châtiera l'orgueilleux roi en le transformant en bœuf et en réduisant Babylone en cendres.

Un théâtre moral

Les guillemets fermants, utilisés par Garnier comme par d'autres auteurs humanistes, permettent de souligner la présence des sentences, comme un doigt levé en signe d'autorité. Leur nombre dans cette scène renforce l'impression d'assister à une joute entre la reine et Nabuchodonosor.

Garnier

Les Juives

Le roi de Babylone, Nabuchodonosor, détruit Jérusalem car Sédécie, qu'il avait nommé roi de Juda, l'a trahi en s'alliant avec l'Égypte. Son épouse lui demande, dans l'acte III, de pardonner à Sédécie et à son peuple.

« Dieu fait ce qu'il lui plaît,
et moi je fais de même. »

La Reine
» Pardonnant aux vaincus on gagne le cœur d'eux.

Nabuchodonosor
» Pardonnant un outrage on en excite deux.

La Reine
» La douceur est toujours l'ornement d'un monarque.

Nabuchodonosor
» La vengeance toujours un brave cœur remarque.

La Reine
» Rien ne le souille tant qu'un fait de cruauté.

Nabuchodonosor
» Qui n'est cruel n'est pas digne de royauté.

La Reine
» Des peuples vos sujets l'avis est au contraire.

Nabuchodonosor
» Ce que son Roi approuve à son peuple doit plaire.

La Reine
» Le vice, où qu'il puisse être, est toujours odieux.

Nabuchodonosor
» La haine des sujets nous rend plus glorieux.

LA REINE

» Quelle gloire de n'être honoré que par feinte ?

NABUCHODONOSOR

» Mais c'est une grandeur de l'être par contrainte.
» La louange et l'amour sont communs à chacun,
» Mais de contraindre un peuple à tous n'est pas commun,
» Il n'appartient qu'aux grands. Les Rois sont craints de force
» Et les petits aimés par une douce amorce.

LA REINE

Vous le serez comme eux n'aimant que la vertu.

NABUCHODONOSOR

Cela sentirait trop son courage abattu.
» Celui ne règne pas qui son vouloir limite :
» Aux Rois qui peuvent tout, toute chose est licite.

LA REINE

» Un Prince qui peut tout ne doit pas tout vouloir.

NABUCHODONOSOR

» La volonté d'un Prince est conforme au pouvoir.

LA REINE

Conformez-vous à Dieu, dont la force est suprême.

NABUCHODONOSOR

Dieu fait ce qu'il lui plaît, et moi je fais de même.

Acte III. Texte adapté en français moderne par les auteurs (extrait).

QUESTIONS

1 • En quoi ce dialogue est-il polémique ?

2 • Comment l'humanisme s'exprime-t-il dans cette scène ?

3 • Comment cet extrait annonce-t-il le destin tragique de Nabuchodonosor ?

Un enseignement religieux et moral

Le dramaturge défend ici une théorie de la Providence : Dieu décide de l'avenir de l'homme. En bon catholique, il met en garde ses lecteurs : si comme les juifs ils abandonnent Dieu pour adorer des idoles, ou si comme les protestants ils ne restent pas fidèles à leur Dieu, ils seront punis, à l'image de Nabuchodonosor. Garnier fait également l'éloge de la juste mesure concernant l'exercice du pouvoir royal.

1588

Jean de Sponde
(1557-1595)

L'auteur et l'œuvre

La vie de Jean de Sponde épouse les conflits de son temps : né dans un milieu protestant, il devient conseiller d'Henri IV, est emprisonné plusieurs fois, et se convertit au catholicisme. Ses poèmes sont surtout des sonnets d'inspiration amoureuse, mais aussi des méditations religieuses. Son œuvre est rejetée à la fois par les protestants et les catholiques. Elle sera redécouverte au XXe siècle.

Une poésie baroque

Les thèmes principaux de ses poèmes sont la fragilité et l'inconstance. Ils disent le caractère illusoire de la vie et sa dimension tragique : la présence de la mort est récurrente. Sa rhétorique vise à l'hypotypose (description réaliste, animée et frapante) pour susciter l'émotion tout en véhiculant un enseignement.

Sponde

Stances et sonnets sur la mort

« J'ai vu ces clairs éclairs passer devant mes yeux »

Mais si[1] faut-il mourir, et la vie orgueilleuse,
Qui brave de la mort[2], sentira ses fureurs,
Les soleils hâleront ces journalières fleurs,
Et le temps crèvera cette ampoule venteuse[3].

Ce beau flambeau qui lance une flamme fumeuse,
Sur le vert de la cire éteindra ses ardeurs,
L'huile de ce tableau ternira ses couleurs,
Et les flots se rompront à la rive écumeuse.

J'ai vu ces clairs éclairs passer devant mes yeux,
Et le tonnerre encor[4] qui gronde dans les Cieux,
Où d'une ou d'autre part éclatera l'orage.

J'ai vu fondre la neige, et ses torrents tarir,
Ces lions rugissants je les ai vus sans rage :
Vivez, hommes, vivez, mais si faut-il mourir.

Sonnet II. Essai de quelques poèmes chrétiens avec les Stances et sonnets de la mort.

1. **Si** : ainsi.
2. **Qui brave de** : qui se croit supérieur à.
3. **Ampoule venteuse** : métaphore pour dire la fragilité de la vie.
4. **Encor** : aussi, encore.

QUESTIONS

1 • En quoi ce sonnet se distingue-t-il des sonnets de Ronsard (▸ p. 62) ?

2 • Quelles caractéristiques en font un poème baroque ?

3 • Comment expliquez-vous les derniers mots du poème ?

TEXTE ÉCHO

Calderón, *La vie est un songe (1635)*

SIGISMOND
C'est décidé, nous agirons ainsi,
puisque nous habitons un monde si étrange
que la vie n'est rien d'autre que songe ;
et l'expérience m'apprend
que l'homme qui vit, songe
ce qu'il est, jusqu'à son réveil.
Le Roi songe qu'il est un roi, et vivant
dans cette illusion il commande,
il décrète, il gouverne ;
et cette majesté, seulement empruntée,
s'inscrit dans le vent,
et la mort en cendres
le charge, oh ! cruelle infortune !
Qui peut encore vouloir régner,
quand il voit qu'il doit s'éveiller
dans le songe de la mort ?
Le riche songe à sa richesse,
qui ne lui offre que soucis ;
le pauvre songe qu'il pâtit
de sa misère et de sa pauvreté ;
il songe, celui qui triomphe ;
il songe, celui qui s'affaire et prétend,
il songe, celui qui outrage et offense ;
et dans ce monde, en conclusion,
tous songent ce qu'ils sont,
mais nul ne s'en rend compte.
Moi je songe que je suis ici,
chargé de ces fers,
et j'ai songé m'être trouvé
en un autre état plus flatteur.
Qu'est-ce que la vie ? Un délire.
Qu'est donc la vie ? Une illusion,
une ombre, une fiction ;
le plus grand bien est peu de chose,
car toute la vie n'est qu'un songe,
et les songes rien que des songes.

Deuxième journée, scène 19. Traduit de l'espagnol par Bernard Sesé © GF-Flammarion.

L'auteur et l'œuvre

L'espagnol Pedro Calderón de la Barca (1600-1681) étudie chez les jésuites et fait son droit canon à l'université de Salamanque. Il est à la fois soldat, courtisan et poète, mais aussi prêtre : il devient chapelain de Charles II en 1663. Ses premières œuvres sont des comédies de cape et d'épée. À partir de 1651, il écrit sur commande pour la cour. Dans *La vie est un songe*, il propose une poésie métaphysique : « La vie est un songe dont la mort est le réveil ».

D'UN TEXTE A L'AUTRE

4 • Quels éléments d'une esthétique baroque permettent de rapprocher les deux textes ?

Le XVIIe siècle

Dominé par l'instabilité politique engendrée par les guerres de Religion, le début du XVIIe siècle voit éclore la génération baroque, qui cultive le goût de l'exubérance. Elle fera place, à l'heure où Louis XIV instaure la monarchie absolue, à la doctrine classique qui privilégie l'ordre et l'équilibre.
Tandis que Corneille, Molière et Racine incarnent l'âge d'or du théâtre, le développement des salons favorise les débats : les moralistes, qui entendent instruire tout en divertissant, fournissent des témoignages précieux sur la société de leur temps.

Le baroque

MÉMO ▸ p. 394

Auteurs et œuvres clés

1616 D'Aubigné, *Les Tragiques*
1635 Corneille, *Médée*
1635 Corneille, *L'Illusion comique*
1665 Molière, *Dom Juan*

Animation
Manuel numérique

Diego Vélasquez, *Les Ménines* (1656), huile sur toile (318 x 276 cm), musée du Prado, Madrid (Espagne).

1610-1617 Régence | 1617-1643 Louis XIII | 1643-1661 Régence | 1661-1715 Louis XIV

Le baroque

Le classicisme

Le classicisme

MÉMO ▸ p. 395

Auteurs et œuvres clés

1665 La Rochefoucauld, *Maximes*
1669 Molière, *Le Tartuffe*
1677 Racine, *Phèdre*
1678 La Fontaine, *Fables*
1678 Mme de La Fayette, *La Princesse de Clèves*
1688 La Bruyère, *Les Caractères*

Étienne Allegrain, *Louis XIV et sa Cour se promenant devant le Parterre du Nord à Versailles* (vers 1688), huile sur toile (260 x 289 cm), château de Versailles.

Le XVIIe siècle

Louis XIV costumé en soleil, projet de costume pour *Le Ballet de la nuit*, Cabinet des estampes, BnF (Paris).

Le siècle du Roi-Soleil est marqué par la puissance et le rayonnement européen du pouvoir royal, l'épanouissement artistique mais également les conflits politiques et religieux. L'art révèle une tension entre liberté de création et souci de rationalité, et rivalise de magnificence et de galanterie.

Vers une monarchie absolue

• Le siècle progresse vers l'apogée de la monarchie. Face aux conflits religieux qui opposaient catholiques et protestants, les **auteurs baroques** du début du siècle **dénoncent les horreurs des massacres** : Agrippa d'Aubigné dans *Les Tragiques* (▸ p. 80) peint une France déchirée par l'intolérance.

• À la mort de Mazarin en 1661, **Louis XIV** prend les rênes du pays, entouré de **ministres bourgeois** comme Colbert à qui il confie l'administration du royaume. **Colbert** développe l'industrie et le commerce, réforme l'armée et stimule la colonisation tandis que le peuple subit les pressions fiscales et vit dans la famine. La **compagnie du Saint-Sacrement**, société secrète catholique austère, accroît son influence, exerçant la censure dont Molière a souffert avec *Dom Juan* (▸ p. 100) et *Le Tartuffe* (▸ p. 108).

Art et pouvoir

Le raffinement de la cour

• Pour instaurer son autorité, Louis XIV assujettit les nobles à la **vie courtisane**, multipliant les fêtes et les parties de chasse. À la cour se développe **l'idéal de l'honnête homme**, cultivant l'esprit, le goût, la sociabilité dont Molière fera la satire dans *Le Misanthrope*.

• Vers 1650 la **préciosité** naît dans les **salons parisiens** dont celui de Mlle de Scudéry (▸ p. 92) : idées, langage et comportements se veulent raffinés.

Le rayonnement des arts

• Dans ce siècle de magnificence, l'art contribue à la renommée de **la France classique**. Les châteaux de **Le Vau**, la galerie des Glaces de **Mansart** ou les parcs à la française de **Le Nôtre** consacrent l'architecture. En peinture, la « manière française » s'exprime à travers les paysages et les œuvres religieuses ou mythologiques de **Poussin** (▸ p. 81), tandis qu'en musique **Lully** rythme les opéras, comédies-ballets, concerts à la cour, devenue le centre culturel du royaume. **Le roi exerce son mécénat** et favorise ainsi le développement des arts et de la littérature, en particulier le **théâtre**, en soutenant **Corneille**, **Molière** et **Racine**. Il permet également l'**essor des sciences**.

Jusqu'en **1610** Règne de Henri IV

1610-1617 Régence de Marie de Médicis

1617-1643 Règne de Louis XIII

1600 – 1610 – 1620 – 1630 – 1640 – 1650

1598 Édit de Nantes ratifié par Henri IV

1610 Assassinat de Henri IV

1618-1648 Guerre de Trente Ans

1634 Création de l'Académie française

La littérature, entre règles strictes et liberté créatrice

Baroque et classicisme

• Le siècle littéraire s'ouvre sur le **foisonnement et l'exubérance baroque**. Les auteurs s'éloignent des modèles antiques pour privilégier l'originalité à travers le **mélange des tonalités**, le thème de l'**illusion**, le **merveilleux** et la **mort**, à l'image de *L'Illusion comique* de Corneille (▸ p. 86) et du *Dom Juan* de Molière (▸ p. 100). Les **poètes baroques**, libertins qui s'élèvent contre les dogmes et les principes, renouvellent le lyrisme amoureux par un style original.

• À l'inverse, **le classicisme** fonde son esthétique sur un désir de **rationalité** et d'**équilibre** à travers des règles strictes. Indissociable des salons mondains, le courant s'appuie sur l'**imitation des Anciens** et se nourrit de l'**idéal de l'honnête homme**. Les genres mondains comme la lettre (Mme de Sévigné ▸ p. 116), la maxime (La Rochefoucauld ▸ p. 99) sont en vogue. Les fables (La Fontaine ▸ p. 126) ou satires (Boileau ▸ p. 104, La Bruyère ▸ p. 130), répondant au principe de **plaire pour instruire**, sont remises au goût du jour.

L'âge d'or du théâtre

• Le théâtre domine les divertissements, la tragédie triomphe et Molière, inspiré par la ***commedia dell'arte***, hisse la comédie au rang de grand genre (*L'École des femmes* ▸ p. 96). Les troupes théâtrales sont sous le contrôle du souverain, qui permet aux comédiens de Molière et à ceux de l'Hôtel de Bourgogne de fusionner pour donner naissance à **la Comédie-Française**.

• De nombreux auteurs comme Molière et Corneille prennent des libertés avec le **cloisonnement de l'esthétique classique**, brouillent les codes et affirment une liberté de ton. De nombreuses querelles littéraires font rage, celles du *Cid* de Corneille, de *Phèdre* de Racine (▸ p. 120) ou du *Tartuffe* de Molière (▸ p. 108) jusqu'à la **querelle des Anciens et des Modernes** opposant ceux qui prônent l'imitation des auteurs antiques à ceux qui souhaitent renouveler l'art.

Anonyme, ***La Commedia dell'arte*** **(1670), huile sur toile, collection de la Comédie-Française (Paris). Détail.**

1643-1661 Régence d'Anne d'Autriche

1661-1715 Règne de Louis XIV

1660 – 1670 – 1680 – 1690 – 1700

1680 Création de la Comédie-Française

1682 Installation de la cour à Versailles

1685 Révocation de l'édit de Nantes

1607

D'Urfé

L'Astrée

Honoré d'Urfé
(1567-1625)

L'auteur et l'œuvre

Homme d'armes durant les guerres de Religion, d'Urfé est aussi un homme de lettres qui emprunte à la région de son enfance, le Forez, le cadre de ce roman-fleuve de 5 000 pages, *L'Astrée*. Il place l'action dans un Ve siècle fantaisiste qui permet une critique des mœurs de la cour d'Henri IV. L'intrigue principale, enrichie de nombreuses aventures secondaires, raconte les amours du berger Céladon et de la bergère Astrée.

La préciosité

Avant d'être un courant littéraire, la préciosité est d'abord une façon d'envisager la vie en société : elle prône le raffinement du langage et du comportement, favorisé par la fréquentation des salons, lieux de culture et d'échange d'idées. Les conversations usent de nombreuses figures de rhétorique, comme l'euphémisme, les périphrases, les hyperboles et de nombreux néologismes. Ces artifices du langage seront moqués par Molière dans *Les Précieuses ridicules*.

Les bergers Astrée et Céladon s'aiment, mais leurs familles s'opposent à leur union. Sur un malentendu, Astrée croit son amoureux infidèle : ainsi commence ce foisonnant roman pastoral.

« celui qui a bien aimé le peut juger »

Le lieu où ils étaient assis était un tertre un peu relevé, contre lequel la fureur de l'onde en vain s'allait rompant, soutenu par en bas d'un rocher tout nu, couvert au-dessus seulement d'un peu de mousse. De ce lieu, le berger frappait dans la rivière du bout de sa houlette[1], dont il ne touchait point tant de gouttes d'eau que de divers pensers le venaient assaillir, qui, flottant comme l'onde, n'étaient point si tôt arrivés qu'ils en étaient chassés par d'autres plus violents.

Il n'y avait une seule action de sa vie, ni une seule de ses pensées, qu'il ne rappelât en son âme, pour entrer en compte avec elles, et savoir en quoi il avait offensé ; mais n'en pouvant condamner une seule, son amitié le contraignit de lui demander l'occasion de sa colère. Elle, qui ne voyait point ses actions, ou qui, les voyant, les jugeait toutes au désavantage du berger, allait rallumant son cœur d'un plus ardent dépit, si bien que quand il voulut ouvrir la bouche, elle ne lui donna pas même le loisir de proférer les premières paroles sans l'interrompre en disant : « Ce ne vous est donc pas assez, perfide et déloyal berger, d'être trompeur et méchant envers la personne qui le méritait le moins, si continuant vos infidélités, vous ne tâchiez d'abuser celle qui vous a obligé à toute sorte de franchise ? Donc vous avez bien la hardiesse de soutenir ma vue, après m'avoir tant offensée ? Donc vous m'osez présenter, sans rougir, ce visage dissimulé qui couvre une âme si double et si parjure ? Ah ! va, va tromper une autre, va, perfide, et t'adresse à quelqu'une, de qui tes perfidies ne soient point encore reconnues, et ne pense plus de te pouvoir déguiser à moi, qui ne reconnais que trop, à mes dépens, les effets de tes infidélités et trahisons. »

Quel devint alors ce fidèle berger ? celui qui a bien aimé le peut juger, si jamais tel reproche lui a été fait injustement. Il tombe à ses genoux, pâle et transi, plus que n'est pas une personne morte : « Est-ce, belle bergère, lui dit-il, pour m'éprouver, ou pour me désespérer ? – Ce n'est, dit-elle, ni pour l'un, ni pour l'autre, mais pour la vérité, n'étant plus de besoin d'essayer une chose si reconnue. – Ah ! dit le berger, pourquoi n'ai-je ôté ce jour malheureux de ma vie ? – Il eût été à propos pour tous deux, dit-elle, que non point un jour, mais tous les jours que je t'ai vu, eussent été ôtés de la tienne et de la mienne. Il est vrai que tes actions ont fait que je me trouve déchargée d'une chose, qui, ayant effet, m'eût déplu davantage que ton infidélité. Que si le ressouvenir de ce qui s'est passé entre nous (que je désire toutefois être effacé) m'a encore laissé quelque pouvoir, va-t'en, déloyal, et garde-toi bien de te faire jamais voir à moi que je ne te le commande. »

Céladon voulut répliquer, mais Amour, qui oit[2] si clairement, à ce coup lui boucha pour son malheur les oreilles ; et parce qu'elle s'en voulait aller, il fut contraint de la retenir par sa robe, lui disant : « Je ne vous retiens pas pour vous demander pardon de l'erreur qui m'est inconnue, mais seulement pour vous faire voir quelle est la fin que j'élis pour ôter du monde celui que vous faites paraître d'avoir tant en horreur. » Mais elle, que la colère transportait, sans tourner seulement les yeux vers lui, se débattit de telle furie qu'elle échappa, et ne lui laissa autre chose qu'un ruban, sur lequel par hasard il avait mis la main. Elle le soulait[3] porter au-devant de sa robe pour agencer son collet[4], et y attachait quelquefois des fleurs, quand la saison le lui permettait ; à ce coup elle y avait une bague que son père lui avait donnée. Le triste berger, la voyant partir avec tant de colère, demeura quelque temps immobile, sans presque savoir ce qu'il tenait en la main, quoiqu'il eût les yeux dessus. Enfin, avec un grand soupir, revenant de cette pensée, et reconnaissant ce ruban : « Sois témoin, dit-il, ô cher cordon, que plutôt que de rompre un seul des nœuds de mon affection, j'ai mieux aimé perdre la vie, afin que, quand je serai mort, et que cette cruelle te verra, pour être sur moi, tu l'assures qu'il n'y a rien au monde qui puisse être plus aimé que je l'aime, ni amant plus mal reconnu que je suis. » Et lors, se l'attachant au bras, et baisant la bague : « Et toi, dit-il, symbole d'une entière et parfaite amitié, sois content de ne me point éloigner à ma mort, afin que ce gage pour le moins me demeure de celle qui m'avait tant promis d'affection. » À peine eut-il fini ces mots que, tournant les yeux du côté d'Astrée, il se jeta les bras croisés dans la rivière.

1. **Houlette** : bâton de berger.
2. **Oit** : entend.
3. **Soulait** : avait l'habitude de.
4. **Collet** : partie d'un vêtement qui entoure le cou.

L'amour comme jeu

Le sentiment amoureux est au cœur des préoccupations de la vie des salons, animés souvent par des femmes comme Mlle de Scudéry (▸ p. 92). Il s'inscrit dans la tradition de l'amour courtois du Moyen Âge et du pétrarquisme. L'amour devient un jeu social avec des règles très codifiées, où les relations sont fondées sur l'égalité entre hommes et femmes.

QUESTIONS

1 • **Quelles circonstances expliquent le point de vue d'Astrée ?**

2 • **Dans quel sens les sentiments de Céladon évoluent-ils ?**

3 • **En quoi les gestes des personnages rappellent-ils une scène de théâtre ?**

1616

Théodore Agrippa d'Aubigné
(1552-1630)

L'auteur et l'œuvre

Issu d'une famille calviniste, Agrippa d'Aubigné mit sa vie et son œuvre au service de la cause protestante. Poète soldat, il prit les armes au côté d'Henri de Navarre, futur Henri IV, durant les guerres de Religion. Œuvre de combat, le long poème en alexandrins *Les Tragiques* débute par un long cri d'horreur et de révolte face au scandale de la guerre civile.

Un poème-tableau

Le tableau poétique décrit la scène en mettant en valeur des détails frappants, ce qui permet au lecteur de se représenter visuellement la scène. Il s'agit d'un procédé appelé hypotypose.

Une prosopopée singulière

En faisant le portrait d'une mère-champ de bataille dévastée par une lutte fratricide, d'Aubigné emploie la figure de la prosopopée et répond ainsi à Ronsard, qui avait utilisé le même procédé dans *Continuation du Discours sur les misères du temps* (1562) pour s'en prendre avec virulence aux Réformés.

QUESTIONS

1 • En quoi ce passage renvoie-t-il au titre du recueil aussi bien qu'à celui de la section « Misères » ?

2 • Quelles caractéristiques rattachent ce poème à l'esthétique baroque ?

3 • Comment le caractère engagé de l'œuvre se manifeste-t-il ?

D'Aubigné
Les Tragiques

« Je veux peindre la France une mère affligée »

Je veux peindre la France une mère affligée,
Qui est, entre ses bras, de deux enfants chargée.
Le plus fort, orgueilleux, empoigne les deux bouts
Des tétins nourriciers ; puis, à force de coups
D'ongles, de poings, de pieds, il brise le partage
Dont nature donnait à son besson[1] l'usage ;
Ce voleur acharné, cet Esaü[2] malheureux,
Fait dégât du doux lait qui doit nourrir les deux,
Si que, pour arracher à son frère la vie,
Il méprise la sienne et n'en a plus d'envie.
Mais son Jacob[2], pressé d'avoir jeûné meshui[3],
Ayant dompté longtemps en son cœur son ennui[4],
À la fin se défend, et sa juste colère
Rend à l'autre un combat dont le champ est la mère.
Ni les soupirs ardents, les pitoyables cris,
Ni les pleurs réchauffés ne calment leurs esprits ;
Mais leur rage les guide et leur poison les trouble,
Si bien que leur courroux par leurs coups se redouble.
Leur conflit se rallume et fait si furieux
Que d'un gauche[5] malheur ils se crèvent les yeux.
Cette femme éplorée, en sa douleur plus forte[6],
Succombe à la douleur, mi-vivante, mi-morte ;
Elle voit les mutins tout déchirés, sanglants,
Qui, ainsi que du cœur, des mains se vont cherchant.
Quand, pressant à son sein d'une amour maternelle
Celui qui a le droit et la juste querelle[7],
Elle veut le sauver, l'autre qui n'est pas las
Viole en poursuivant l'asile de ses bras.
Adonc se perd le lait, le suc de sa poitrine ;
Puis, aux derniers abois de sa proche ruine,
Elle dit : « Vous avez, félons, ensanglanté
Le sein qui vous nourrit et qui vous a porté ;
Or[8], vivez de venin, sanglante géniture[9],
Je n'ai plus que du sang pour votre nourriture ! »

Livre I, « Misères » (extrait).

Texte lu
Manuel numérique

1. **Besson** : jumeau. 2. **Esaü et Jacob** : dans l'Ancien Testament, Esaü (qui incarne ici les catholiques) est supplanté par son frère Jacob, élu de Dieu. 3. **Meshui** : aujourd'hui. 4. **Ennui** : douleur. 5. **Gauche** : qui entraîne de graves conséquences. 6. **Plus forte** : la plus forte (hyperbole). 7. **Querelle** : cause. 8. **Or** : maintenant. 9. **Géniture** : progéniture.

Nicolas Poussin, *L'Inspiration du poète* (vers 1628), huile sur toile (182 x 213 cm) musée du Louvre (Paris).

HISTOIRE DES ARTS

L'artiste et l'œuvre

Le peintre français Nicolas Poussin (1594-1665) officie à Rome puis devient peintre officiel du roi Louis XIII. L'harmonie, l'équilibre des formes et des couleurs, le travail de la ligne dans ses œuvres traduisent la recherche d'un idéal de beauté. *L'Inspiration du poète* est considérée comme un manifeste de la peinture classique, laquelle s'inspire de la mythologie et de l'Antiquité. Il offre une vision idyllique du statut du poète qui se prépare à recevoir la couronne de lauriers, symbole de sa gloire.

L'Antiquité, modèle absolu

À la droite d'Apollon, dieu de la Beauté, de la Poésie et des Arts, situé au centre du tableau, se trouve Calliope, muse de la Poésie épique et de l'Éloquence. *Ilias* (*Iliade*) et *Odyssea* d'Homère ainsi que *Aeneidos* (*Énéide*) de Virgile sont les titres des livres peints aux pieds des personnages. Le peintre illustre l'idée du philosophe grec Socrate selon laquelle une « chaîne des inspirés » relie les dieux aux muses puis aux poètes : une force sacrée, un enthousiasme surhumain les portent à la création et les conduisent à la gloire.

DE L'IMAGE AU TEXTE

4 • D'après le texte extrait des *Tragiques* et le tableau de Poussin, quelles sont les fonctions de la poésie et du poète ?

1621

Théophile de Viau
(1590-1626)

L'auteur et l'œuvre

Très célèbre au XVIIe siècle, Viau est un poète et dramaturge baroque (► p. 394). Libre penseur, il fut persécuté à cause de son libertinage moral et intellectuel. Traditionnellement opposé à Malherbe qui posera les bases du classicisme, son œuvre poétique repose sur la simplicité et la liberté de ton : « Je veux faire des vers qui ne soient pas contraints ».

Le « monde renversé »

Les *impossibilia* désignent des associations impossibles dans l'ordre naturel. Héritées de l'Antiquité (Virgile, Ovide), leur usage est courant au XVIe siècle pour décrire un « monde renversé » qui peut posséder une intention satirique, comme chez Rabelais, ou encore refléter une inquiétude métaphysique.

QUESTIONS

1 • Comment Viau parvient-il à faire état d'un « monde renversé » ?

2 • En quoi ce poème relève-t-il de l'esthétique baroque ?

3 • Quels messages le poète cherche-t-il à transmettre selon vous ?

Viau

Œuvres poétiques

« Le soleil est devenu noir »

Un Corbeau devant moi croasse,
Une ombre offusque mes regards,
Deux belettes et deux renards
Traversent l'endroit où je passe ;
Les pieds faillent à mon cheval,
Mon laquais tombe du haut mal[1],
J'entends craqueter le tonnerre,
Un esprit se présente à moi,
J'ois[2] Charon[3] qui m'appelle à soi[4],
Je vois le centre de la terre.

Ce ruisseau remonte en sa source,
Un bœuf gravit sur un clocher,
Le sang coule de ce rocher,
Un aspic[5] s'accouple d'une ourse,
Sur le haut d'une vieille tour
Un serpent déchire un vautour,
Le feu brûle dedans la glace,
Le Soleil est devenu noir,
Je vois la Lune qui va choir[6],
Cet arbre est sorti de sa place.

1. **Haut mal** : l'épilepsie.
2. **J'ois** : j'entends.
3. **Charon** : personnage de la mythologie, batelier des enfers.
4. **À soi** : à lui.
5. **Aspic** : vipère.
6. **Choir** : tomber.

Marbeuf
Recueil de vers

1628

Pierre de Marbeuf
(1596-1645)

« Et la mer et l'amour ont l'amer pour partage »

À Philis

Et la mer et l'amour ont l'amer pour partage,
Et la mer est amère, et l'amour est amer,
L'on s'abîme en l'amour aussi bien qu'en la mer,
Car la mer et l'amour ne sont point sans orage.

Celui qui craint les eaux, qu'il demeure au rivage,
Celui qui craint les maux qu'on souffre pour aimer,
Qu'il ne se laisse pas à l'amour enflammer,
Et tous deux ils seront sans hasard de naufrage.

La mère de l'amour eut la mer pour berceau[1],
Le feu[2] sort de l'amour, sa mère sort de l'eau,
Mais l'eau contre ce feu ne peut fournir des armes.

Si l'eau pouvait éteindre un brasier amoureux,
Ton amour qui me brûle est si fort douloureux,
Que j'eusse éteint son feu de la mer de mes larmes.

1. Allusion à la naissance de Vénus.
2. Le feu fait référence à Cupidon.

L'auteur et l'œuvre

Pierre de Marbeuf est un poète baroque (▸ p. 394). Il fait des études de droit aux côtés de Descartes et sera maître des eaux et forêts. Les sonnets de son *Recueil de vers* proposent une poésie qui mêle l'évocation spirituelle de la nature, de l'amour et les références mythologiques. Le poète y exprime à la fois sa passion pour sa muse, sa colère et sa souffrance.

Un sonnet baroque

À l'instar de Théophile de Viau et de Saint-Amant (▸ p. 94), Pierre de Marbeuf écrit un poème baroque. Il reprend notamment le thème de l'inconstance, associé à l'amour comme à la mer. Son œuvre est empreinte de lyrisme et de méditations sur l'homme et la nature.

QUESTIONS

1 • Quelles références mythologiques et artistiques sont à l'œuvre dans ce poème ?

2 • Comment ce sonnet met-il en scène la passion amoureuse ?

3 • Dans quelle mesure le poète use-t-il du langage précieux ?

1635

Pierre Corneille
(1606-1684)

L'auteur et l'œuvre

Corneille écrit des pièces souvent objets de controverse, où se mêlent esthétiques baroque (▸ p. 394) et classique. S'inspirant d'Euripide pour sa première tragédie, il réécrit *Médée* en ajoutant des personnages et en clôturant la pièce par le suicide de Jason. L'œuvre exacerbe la démesure baroque à travers le spectaculaire et le goût du macabre.

Une héroïne tragique

Enfermée dans le cercle vicieux de ses passions, Médée est vouée à se perdre. Pathétique et tragique, elle est emblématique de l'héroïne de tragédie, tout à la fois victime et coupable. Frôlant la folie, en proie à l'*hubris* (la démesure), elle laisse ses instincts la conduire à l'infanticide.

Texte lu
Manuel numérique

QUESTIONS

1 • Comment ce monologue délibératif évolue-t-il ?

2 • De quelle manière le dilemme de Médée s'exprime-t-il ?

3 • Comment cet extrait annonce-t-il un crime monstrueux ?

Corneille

Médée

Répudiée par Jason qui a épousé Créuse, la fille du roi Créon, Médée la magicienne vient d'empoisonner sa rivale et le roi. Elle envisage de tuer ses propres enfants.

Médée

Est-ce assez, ma vengeance, est-ce assez de deux morts ?
Consulte avec loisir tes plus ardents transports.
Des bras de mon perfide arracher une femme,
Est-ce pour assouvir les fureurs de mon âme ?
Que n'a-t-elle déjà des enfants de Jason,
Sur qui plus pleinement venger sa trahison !
Suppléons-y des miens ; immolons avec joie
Ceux qu'à me dire adieu Créuse me renvoie[1] :
Nature, je le puis sans violer ta loi ;
Ils viennent de sa part, et ne sont plus à moi.
Mais ils sont innocents ; aussi l'était mon frère[2] ;
Ils sont trop criminels d'avoir Jason pour père ;
Il faut que leur trépas redouble son tourment ;
Il faut qu'il souffre en père aussi bien qu'en amant.
Mais quoi ! j'ai beau contre eux animer mon audace,
La pitié la combat, et se met en sa place :
Puis, cédant tout à coup la place à ma fureur,
J'adore les projets qui me faisaient horreur :
De l'amour aussitôt je passe à la colère,
Des sentiments de femme aux tendresses de mère.
Cessez dorénavant, pensers[3] irrésolus,
D'épargner des enfants que je ne verrai plus.
Chers fruits de mon amour, si je vous ai fait naître,
Ce n'est pas seulement pour caresser un traître :
Il me prive de vous, et je l'en vais priver.
Mais ma pitié renaît, et revient me braver ;
Je n'exécute rien, et mon âme éperdue
Entre deux passions demeure suspendue.
N'en délibérons plus, mon bras en résoudra.
Je vous perds, mes enfants ; mais Jason vous perdra ;
Il ne vous verra plus... Créon sort tout en rage ;
Allons à son trépas[4] joindre ce triste ouvrage.

Acte V, scène 2 (extrait).

« Ils sont trop criminels d'avoir Jason pour père »

1. Médée est bannie par Jason et Créuse. 2. Médée a, dans le passé, sacrifié son propre frère pour sauver Jason. 3. **Pensers** : terme vieilli désignant les pensées. 4. **Trépas** : mort.

TEXTE ÉCHO

Euripide, *Médée* (431 av. J.-C.)

La pièce débute à Corinthe. La nourrice apparaît seule devant la maison de Médée.

La nourrice. – Plût au Ciel que le coup d'aile du navire Argo[1] vers la terre de Colchide[2] n'eût point franchi la barrière bleuâtre des Rocs-qui-heurtent ! et que jamais dans les vallons du Pélion le pin n'eût été abattu sous la cognée, et n'eût mis la rame en main aux vaillants héros qui se lancèrent, pour Pélias, à la quête de la Toison d'Or ! Car alors ma maîtresse, Médée, ne serait pas venue aborder sur le sol d'Iolcos et vivre dans ses murs, l'amour au cœur, éblouie par Jason. Elle n'aurait pas persuadé aux filles de Pélias de tuer leur père, et n'habiterait donc pas ici, à Corinthe avec son mari et ses enfants. Elle cherchait à plaire aux citoyens de ce pays d'accueil, et personnellement était toujours conciliante envers Jason (c'est bien la meilleure sauvegarde d'une vie, quand la femme ne contrarie jamais son mari) ; mais en fait tout se dresse contre elle, elle est éprouvée dans ce qu'elle a de plus cher. Traître à ses propres enfants et à ma maîtresse, Jason s'est ouvert par mariage une alcôve royale, en épousant la fille de Créon qui préside aux destinées de ce pays.

Et Médée, la malheureuse, devant l'outrage, crie à la foi jurée, en appelle au don qu'elle a fait de sa main, et prend les dieux à témoins de la façon dont Jason lui répond. Prostrée, refusant de se nourrir, elle laisse son corps être la proie des tourments, et dépérir à longueur de temps dans les larmes, depuis qu'elle a appris l'affront que lui inflige son époux. Elle ne lève plus les yeux, son regard ne quitte pas le sol. Elle est aussi sourde que l'écueil, ou que la mer en ses remous, aux objurgations de ceux qui l'aiment – si ce n'est que par moments elle détourne son cou de neige pour un monologue de lamentation sur son père bien-aimé, sur son pays, sur sa maison, qu'elle a trahis pour suivre jusqu'ici un homme qui à présent la tient en dédain. Elle comprend, la pauvre femme, à l'école du malheur, comme il est précieux de n'être pas un expatrié...

Elle a pris ses enfants en horreur, loin d'avoir plaisir à les voir. Je crains qu'elle ne prépare quelque coup foudroyant. Car c'est une âme violente, et elle ne supportera pas le mauvais procédé dont elle est victime. Je la connais, et j'ai peur... Elle est redoutable, et qui s'est attiré sa haine aura bien du mal à pouvoir chanter victoire !

Mais voici ses enfants ; au sortir d'une partie de cerceaux, ils arrivent sans songer le moins du monde aux malheurs de leur mère : jeune cervelle n'est pas portée à se ravager.

Prologue (extrait). Traduit du grec ancien par M. Landrain © Editions de Fallois (1999).

1. **Argo** : nom du navire de Jason. 2. **Colchide** : ville d'origine de Médée.

L'auteur et l'œuvre

Euripide (vers 485-405 av. J.-C.), grand auteur tragique de l'Antiquité grecque, est le premier à avoir mis en scène l'infanticide de Médée (► p. 411).

La mise en place de la catharsis

La catharsis (purgation des passions) passe par la terreur et la pitié ressenties par le spectateur. Elle est mise en place dès cette scène d'exposition. Le discours de la nourrice crée une empathie avec l'héroïne : récapitulant les sacrifices de Médée, elle loue son dévouement, sa noblesse et témoigne de sa souffrance. Elle évoque également ses pouvoirs et sa violence. Le vers « elle a pris ses enfants en horreur » laisse présager le pire aux spectateurs.

Vidéo
Mise en scène de J. Lassalle (2000)
Manuel numérique

D'UN TEXTE À L'AUTRE

4 • Comment le texte de Corneille et celui d'Euripide soulignent-ils la souffrance de Médée ?

5 • De quelle manière Jason est-il présenté dans les deux extraits ?

1635

Pierre Corneille
(1606-1684)

L'auteur et l'œuvre

Corneille, dans *L'Illusion comique*, reprend la figure du soldat fanfaron inventée par Plaute. Ce soldat est un personnage secondaire de la pièce : il est le maître du personnage principal, son valet Clindor, un jeune homme qui a fui son père.

Une comédie

Matamore déclenche le rire du spectateur en multipliant les hyperboles et les affirmations irréalistes. Le costume et le maquillage choisis lors de la mise en scène accentuent généralement la dimension comique du personnage.

Matamore et *Le Cid*

Certaines répliques de Matamore trouveront écho dans *Le Cid*, que Corneille écrira deux ans plus tard. Elles serviront cette fois la dimension tragique de la pièce. Le Cid est un véritable héros, antithèse de Matamore.

Vidéo
Mise en scène de É. Vigner (2015)
Manuel numérique

QUESTIONS

1 • Comment la colère de Matamore à l'encontre de son valet se traduit-elle ?

2 • De quelle manière le comique de caractère s'exprime-t-il dans cette tirade ?

3 • Comment interprétez-vous les références à la culture antique ?

Corneille

L'Illusion comique

Matamore, un soldat fanfaron, dialogue avec son valet, Clindor.

« Le seul bruit de mon nom renverse les murailles »

MATAMORE

Mon armée ! Ah, poltron ! Ah, traître ! pour leur mort
Tu crois donc que ce bras ne soit pas assez fort !
Le seul bruit de mon nom renverse les murailles,
Défait les escadrons et gagne les batailles,
Mon courage invaincu contre les Empereurs
N'arme que la moitié de ses moindres fureurs ;
D'un seul commandement que je fais aux trois Parques[1],
Je dépeuple l'État des plus heureux Monarques ;
Le foudre est mon canon, les destins mes soldats ;
Je couche d'un revers mille ennemis à bas ;
D'un souffle je réduis leurs projets en fumée,
Et tu m'oses parler cependant d'une armée !
Tu n'auras plus l'honneur de voir un second Mars[2],
Je vais t'assassiner d'un seul de mes regards,
Veillaque[3]. Toutefois, je songe à ma maîtresse,
Le penser m'adoucit ; va, ma colère cesse,
Et ce petit archer qui dompte tous les Dieux[4]
Vient de chasser la mort qui logeait dans mes yeux.
Regarde, j'ai quitté cette effroyable mine
Qui massacre, détruit, brise, brûle, extermine,
Et pensant au bel œil qui tient ma liberté,
Je ne suis plus qu'amour, que grâce, que beauté.

Acte II, scène 2 (extrait).

1. **Parques** : déesses du Destin dans la mythologie romaine, chargées de couper le fil de la vie.
2. **Mars** : dieu romain de la Guerre.
3. **Veillaque** : homme vil, lâche.
4. Périphrase désignant Cupidon, dieu romain de l'Amour.

TEXTE ÉCHO

Plaute, *Le Soldat fanfaron* (200 av. J.-C.)

Pyrgopolinice, le soldat fanfaron, s'adresse ici à son valet, Artotrogus.

PYRGOPOLINICE (*sortant de chez lui, aux esclaves restés dans la maison*). – Faites briller mon bouclier ; que son éclat soit plus resplendissant que les rayons du soleil dans un air pur. Il faut, quand besoin en sera, dans le feu de la mêlée, que l'éclat de ses feux éblouisse les regards de l'ennemi. Et toi, ma chère épée, console-toi, cesse de te lamenter, et ne perds point courage, s'il y a trop longtemps que je te porte oisive à mon côté, tandis que tu meurs d'envie de faire un hachis de nos adversaires. – Mais où est Artotrogus ? est-il là ?

ARTOTROGUS. – Il est là, aux côtés d'un héros fort et fortuné, et beau comme un roi et un guerrier... Mars, auprès de tes prouesses, n'oserait parler des siennes ni les leur comparer.

PYRGOPOLINICE. – N'est-ce pas lui que je sauvai dans les plaines Charançoniennes, où commandait en chef Bumbomachidès Clutumistharidysarchidès, petit-fils de Neptune ?

ARTOTROGUS. – Je m'en souviens ; tu veux parler de ce guerrier aux armes d'or, dont tu dispersas d'un souffle les légions, comme le vent dissipe les feuilles ou le chaume[1] des toits.

PYRGOPOLINICE (*d'un ton négligent*). – Peuh ! tout cela n'est rien.

ARTOTROGUS. – Rien, bien sûr, au prix de toutes les autres prouesses... (*à part*) que tu n'as jamais faites. (*S'avançant sur la scène pour s'adresser au public*) Si jamais on peut voir plus effronté menteur, fanfaron plus vaniteux que mon homme, je veux bien être à qui le trouvera, je m'engage à devenir son esclave. Il n'y a qu'une chose : les olives confites qu'on mange chez lui sont furieusement bonnes.

Acte I, scène 1 (extrait). Traduit du latin par A. Ernout © Les Belles Lettres, Paris, 1936.

1. **Chaume** : tige du roseau.

L'auteur et l'œuvre

Plaute (254-184 av. J.-C.) est un poète et dramaturge latin spécialisé dans les comédies et à l'origine de personnages types : le soldat fanfaron ou l'avare seront repris par des auteurs comme Shakespeare, Corneille et Molière.

Le comique de caractère

Pyrgopolinice se met en scène affrontant des demi-dieux. Il emploie de nombreuses hyperboles, tandis qu'Artotrogus feint d'admirer son maître tout en confiant en aparté qu'il n'est pas dupe et qu'il ne reste avec lui que par gourmandise. Leurs deux caractères font rire le spectateur.

D'UN TEXTE À L'AUTRE

4 • Pourquoi rapproche-t-on Matamore de Pyrgopolinice ?

1637

Pierre Corneille
(1606-1684)

L'auteur et l'œuvre

Corneille publie cette première version du *Cid* en 1637. Il déclenche un véritable scandale nommé « la querelle du *Cid* ». Des critiques comme Scudéry lui reprochent de ne respecter ni la vraisemblance ni la bienséance : pourquoi Rodrigue viendrait-il, « tout sanglant encore du meurtre du père de Chimène, écrit l'abbé d'Aubignac, rendre visite à celle-ci ? »

L'accusation de plagiat

Malgré les accusations portées contre la pièce, *Le Cid* remporte un vif succès. Corneille est alors accusé d'avoir plagié le dramaturge espagnol Guilhem de Castro. Scarron le considère même comme un simple traducteur. Pour Corneille, seul compte le plaisir ressenti par le public à la vue de sa pièce.

QUESTIONS

1 • Pourquoi Chimène considère-t-elle que Rodrigue a eu raison de tuer son père ?

2 • Comment voit-on que Chimène aime toujours Rodrigue, malgré ce qu'il a fait ?

3 • Pourquoi la vengeance lui paraît-elle inéluctable ?

Corneille

Le Cid

Rodrigue a tué le père de Chimène dont il est amoureux. Il vient de proposer qu'elle le tue de ses propres mains pour venger son père. Elle refuse.

« Ma générosité doit répondre à la tienne »

CHIMÈNE

Ah ! Rodrigue, il est vrai, quoique ton ennemie,
Je ne te puis blâmer d'avoir fui l'infamie[1] ;
Et de quelque façon qu'éclatent mes douleurs,
Je ne t'accuse point, je pleure mes malheurs.
Je sais ce que l'honneur, après un tel outrage[2],
Demandait à l'ardeur d'un généreux courage :
Tu n'as fait le devoir que d'un homme de bien ;
Mais aussi, le faisant, tu m'as appris le mien.
Ta funeste valeur m'instruit par ta victoire ;
Elle a vengé ton père et soutenu ta gloire :
Même soin me regarde, et j'ai, pour m'affliger,
Ma gloire à soutenir, et mon père à venger.
Hélas ! ton intérêt ici me désespère :
Si quelque autre malheur m'avait ravi mon père,
Mon âme aurait trouvé dans le bien de te voir
L'unique allégement qu'elle eût pu recevoir ;
Et contre ma douleur j'aurais senti des charmes,
Quand une main si chère eût essuyé mes larmes.
Mais il me faut te perdre après l'avoir perdu ;
Cet effort sur ma flamme à mon honneur est dû ;
Et cet affreux devoir, dont l'ordre m'assassine,
Me force à travailler moi-même à ta ruine.
Car enfin n'attends pas de mon affection
De lâches sentiments pour ta punition.
De quoi qu'en ta faveur notre amour m'entretienne,
Ma générosité doit répondre à la tienne :
Tu t'es, en m'offensant, montré digne de moi ;
Je me dois, par ta mort, montrer digne de toi.

Acte III, scène 4 (extrait).

1. Honte d'avoir été déshonoré par le père de Chimène qui venait de souffleter son père.
2. **Outrage** : grave offense.

Corneille

Horace

Horace

Ô ciel ! qui vit jamais une pareille rage !
Crois-tu donc que je sois insensible à l'outrage,
Que je souffre en mon sang ce mortel déshonneur ?
Aime, aime cette mort qui fait notre bonheur,
Et préfère du moins au souvenir d'un homme
Ce que doit ta naissance aux intérêts de Rome.

Camille

Rome, l'unique objet de mon ressentiment !
Rome, à qui vient ton bras d'immoler mon amant !
Rome qui t'a vu naître, et que ton cœur adore !
Rome enfin que je hais parce qu'elle t'honore !
Puissent tous ses voisins ensemble conjurés
Saper ses fondements encor mal assurés !
Et si ce n'est assez de toute l'Italie,
Que l'Orient contre elle à l'Occident s'allie ;
Que cent peuples unis des bouts de l'univers
Passent pour la détruire et les monts et les mers !
Qu'elle-même sur soi renverse ses murailles,
Et de ses propres mains déchire ses entrailles !
Que le courroux du ciel allumé par mes vœux
Fasse pleuvoir sur elle un déluge de feux !
Puissé-je de mes yeux y voir tomber ce foudre,
Voir ses maisons en cendre, et tes lauriers en poudre,
Voir le dernier Romain à son dernier soupir,
Moi seule en être cause, et mourir de plaisir !

Horace, *mettant la main à l'épée et poursuivant sa sœur qui s'enfuit.*

C'est trop, ma patience à la raison fait place ;
Va dedans les enfers plaindre ton Curiace.

Camille, *blessée derrière le théâtre.*

Ah ! traître !

Horace, *revenant sur le théâtre.*

Ainsi reçoive un châtiment soudain
Quiconque ose pleurer un ennemi romain !

Acte IV, scène 5 (extrait).

« Rome, l'unique objet de mon ressentiment ! »

1640

Pierre Corneille
(1606-1684)

L'auteur et l'œuvre

Corneille puise le sujet de sa deuxième tragédie dans l'histoire romaine. Le Romain Horace a épousé Sabine, la sœur de Curiace, un Albain, et sa sœur, Camille, est fiancée à Curiace. Albe et Rome, en guerre, les ont nommés pour défendre chacun leur patrie. Horace a tué Curiace sur le champ de bataille et Camille le lui reproche.

Le respect de la bienséance

Si Sabine, Camille et Curiace sont déchirés par la situation politique, Horace fait face sans hésitation à son destin et devient une machine de guerre jusqu'à la folie meurtrière. Le meurtre de Camille se passe dans les coulisses, conformément aux exigences des règles du théâtre classique français. Ce sont la règle des trois unités (unité de temps, de lieu et d'action) et les règles de vraisemblance et de bienséance (pas de scènes violentes ou trop sensuelles qui pourraient choquer le spectateur) qui sont appliquées ici.

QUESTIONS

1 • Comment les deux points de vue s'opposent-ils ?

2 • Par quels procédés Camille exprime-t-elle sa douleur ?

3 • Que pensez-vous du geste d'Horace ?

1650 (posth.)

Vincent Voiture
(1597-1648)

L'auteur et l'œuvre

Vincent Voiture est le représentant majeur de l'esthétique galante. Célèbre dans les salons, il a marqué les comportements et les goûts littéraires de son temps par son œuvre épistolaire et poétique. Protégé de Richelieu, il est élu à l'Académie française en 1634. Son style se caractérise par les jeux de langage, la légèreté et l'esprit. La littérature est pour lui une activité mondaine.

Un sonnet galant

Selon Charles Perrault, dans son *Parallèle des Anciens et des modernes* (1692), c'est le tour ingénieux et galant qui constitue le discours précieux, et non le raffinement des sentiments. L'amour galant correspond aussi à l'idéal de l'honnête homme : y dominent l'esprit et la morale et non la passion amoureuse.

Voiture

Poésies

« La Terre, en la voyant, fit mille fleurs éclore »

Sous un habit de fleurs, la Nymphe que j'adore,
L'autre soir apparut si brillante en ces lieux,
Qu'à l'éclat de son teint et celui de ses yeux,
Tout le monde la prit pour la naissante Aurore.

La Terre, en la voyant, fit mille fleurs éclore,
L'air fut partout rempli de chants mélodieux,
Et les feux de la nuit pâlirent dans les Cieux,
Et crurent que le jour recommençait encore.

Le Soleil qui tombait dans le sein de Thétis[1],
Rallumant tout à coup ses rayons amortis,
Fit tourner ses chevaux pour aller après elle.

Et l'Empire des flots ne l'eût su retenir ;
Mais la regardant mieux, et la voyant si belle,
Il se cacha sous l'onde et n'osa revenir.

Sonnet 17.

1. **Thétis** : nymphe marine.

QUESTIONS

1 • En quoi le poème divinise-t-il la femme aimée ?

2 • Comment le poème exalte-t-il la beauté féminine ?

3 • Dans quelle mesure ce sonnet relève-t-il de l'esthétique précieuse ?

Scarron

Le Roman comique

1651

Paul Scarron
(1610-1660)

Voici le début du roman. Des comédiens arrivent dans la ville du Mans.

« Pour parler plus humainement et plus intelligiblement »

Le soleil avait achevé plus de la moitié de sa course et son char, ayant attrapé le penchant du monde, roulait plus vite qu'il ne voulait. Si ses chevaux eussent voulu profiter de la pente du chemin, ils eussent achevé ce qui restait du jour en moins d'un demi-quart d'heure ; mais, au lieu de tirer de toute leur force, ils ne s'amusaient qu'à faire des courbettes, respirant un air marin qui les faisait hennir et les avertissait que la mer était proche, où l'on dit que leur maître se couche toutes les nuits. Pour parler plus humainement et plus intelligiblement, il était entre cinq et six quand une charrette entra dans les halles du Mans. Cette charrette était attelée de quatre bœufs fort maigres, conduits par une jument poulinière dont le poulain allait et venait à l'entour de la charrette comme un petit fou qu'il était. La charrette était pleine de coffres, de malles et de gros paquets de toiles peintes qui faisaient comme une pyramide au haut de laquelle paraissait une demoiselle habillée moitié ville, moitié campagne. Un jeune homme, aussi pauvre d'habits que riche de mine, marchait à côté de la charrette. Il avait un grand emplâtre[1] sur le visage, qui lui couvrait un œil et la moitié de la joue, et portait un grand fusil sur son épaule, dont il avait assassiné plusieurs pies, geais et corneilles, qui lui faisaient comme une bandoulière, au bas de laquelle pendaient par les pieds une poule et un oison qui avaient bien la mine d'avoir été pris à la petite guerre[2]. Au lieu de chapeau, il n'avait qu'un bonnet de nuit, entortillé de jarretières[3] de différentes couleurs, et cet habillement de tête était une manière de turban qui n'était encore qu'ébauché et auquel on n'avait pas encore donné la dernière main. Son pourpoint était une casaque[4] de grisette[5], ceinte avec une courroie, laquelle lui servait aussi à soutenir une épée qui était si longue qu'on ne s'en pouvait aider adroitement sans fourchette. Il portait des chausses[6] troussées à bas d'attaches, comme celles des comédiens quand ils représentent un héros de l'antiquité, et il avait, au lieu de souliers, des brodequins à l'antique que les boues avaient gâtés jusqu'à la cheville du pied.

1. **Emplâtre** : pansement. 2. **Pris à la petite guerre** : volés. 3. **Jarretières** : rubans, liens.
4. **Casaque** : veste à larges manches. 5. **Grisette** : étoffe commune de teinte grise.
6. **Chausses** : partie du vêtement masculin qui couvrait le corps de la ceinture aux genoux.

L'auteur et l'œuvre

Dans *Le Roman comique*, Scarron, premier époux de la future Mme de Maintenon, fait le récit de la vie d'une troupe de comédiens qui parcourt la province. Sous ce prétexte, en accord avec le titre du roman, il détourne de manière burlesque les codes du roman précieux, dans lequel s'illustrent Honoré d'Urfé (▸ p. 78) et Mlle de Scudéry (▸ p. 92).

Un roman burlesque

Le burlesque (de l'italien *burla*, « farce ») cherche à provoquer le rire chez le lecteur, en détournant des sujets traités habituellement de manière plus sérieuse. L'emploi d'expressions familières et exagérées rend les situations comiques. Le début du roman donne le ton de l'œuvre : les descriptions des héros et des situations annoncent l'humour et la fantaisie.

QUESTIONS

1 • Comment les éléments attendus dans un début de roman sont-ils détournés ?

2 • Quel effet le mélange des procédés réalistes et des éléments burlesques suscite-t-il ?

3 • Comment Scarron parvient-il à faire réfléchir sur le genre romanesque, sa conception et son évolution ?

1654

Mlle de Scudéry
Clélie, histoire romaine

Madeleine de Scudéry
(1607-1701)

L'auteure et l'œuvre

Femme savante et érudite, Madeleine de Scudéry revendique le droit à l'instruction des femmes et à l'égalité dans les relations amoureuses. Ses convictions lui feront refuser le mariage. Son salon est fréquenté par Mme de La Fayette, Mme de Sévigné et La Rochefoucauld. Ses romans, *Artamène ou Le Grand Cyrus*, somme de 13 000 pages, *Clélie* et ses 10 volumes, sont une illustration des mœurs précieuses. Dans ce second roman, Clélie, jeune Romaine de l'Antiquité, est au cœur de plusieurs intrigues amoureuses.

Une géographie amoureuse

Le jeu de la carte de Tendre, inventé par le personnage de Clélie, consiste à analyser le sentiment amoureux et à suivre ses évolutions à travers un parcours géographique symbolique. Cette carte cherche à traduire de manière concrète les étapes d'une relation amoureuse fondamentales aux yeux des précieux : la reconnaissance, l'estime et la tendresse. Le vocabulaire, précis, est au service de l'analyse psychologique. Ce jeu devient à la mode dans les salons précieux après la parution du roman.

Clélie a expliqué à son ami Herminius sa conception de l'amour en l'illustrant par une carte. Célère raconte cet épisode à Lysimène, la reine des Léontins.

« elle a imaginé qu'on peut avoir de la tendresse par trois causes différentes »

Vous vous souvenez sans doute bien Madame, qu'Herminius avait prié Clélie de lui enseigner par où l'on pouvait aller de *Nouvelle Amitié* à *Tendre* ; de sorte qu'il faut commencer par cette première ville qui est au bas de cette carte, pour aller aux autres ; car afin que vous compreniez mieux le dessein de Clélie, vous verrez qu'elle a imaginé qu'on peut avoir de la tendresse par trois causes différentes, ou par une grande estime, ou par reconnaissance, ou par inclination ; et c'est ce qui l'a obligée d'établir ces trois villes de *Tendre*, sur trois rivières qui portent ces trois noms, et de faire aussi trois routes différentes pour y aller. Si bien que comme on dit Cumes sur la mer d'Ionie, et Cumes sur la mer Tyrrhène, elle fait qu'on dit *Tendre-sur-Inclination*, *Tendre-sur-Estime*, et *Tendre-sur-Reconnaissance*. Cependant comme elle a présupposé que la tendresse qui naît par inclination n'a besoin de rien autre chose pour être ce qu'elle est, Clélie, comme vous le voyez Madame, n'a mis nul village le long des bords de cette rivière, qui va si vite, qu'on n'a que faire de logement le long de ses rives, pour aller de *Nouvelle Amitié* à *Tendre*. Mais, pour aller à *Tendre-sur-Estime*, il n'en est pas de même ; car Clélie a ingénieusement mis autant de villages qu'il y a de petites et de grandes choses, qui peuvent contribuer à faire naître par estime cette tendresse dont elle entend parler. En effet, vous voyez que de *Nouvelle Amitié*, on passe à un lieu qu'on appelle *Grand Esprit*, parce que c'est ce qui commence ordinairement l'estime ; ensuite vous voyez ces agréables villages de *Jolis Vers*, de *Billet galant* et de *Billet doux*, qui sont les opérations les plus ordinaires du grand esprit dans les commencements d'une amitié. Ensuite pour faire un plus grand progrès dans cette route, vous voyez *Sincérité*, *Grand Cœur*, *Probité*, *Générosité*, *Respect*, *Exactitude*, et *Bonté*, qui est tout contre *Tendre*, pour faire connaître qu'il ne peut y avoir de véritable estime sans bonté, et qu'on ne peut arriver à *Tendre* de ce côté-là sans avoir cette précieuse qualité.

Après cela Madame, il faut s'il vous plaît retourner à *Nouvelle Amitié*, pour voir par quelle route on va de là à *Tendre-sur-Reconnaissance*. Voyez donc, je vous en prie, comment il faut aller d'abord de *Nouvelle Amitié* à *Complaisance*, ensuite à ce petit village, qui se nomme *Soumission*, et qui en touche un autre fort agréable, qui s'appelle *Petits Soins*.

La Carte de Tendre, gravure aquarellée illustrant le roman de Mademoiselle de Scudéry, *Clélie* (1659), collection privée.

La préciosité

En réaction aux manières grossières de la cour d'Henri IV, les salons précieux offrent une vie intellectuelle et culturelle riche, fondée sur le raffinement du langage et des attitudes. Scarron (▶ p. 91) fréquente ces salons avec Mlle de Scudéry, comme Mme de La Fayette (▶ p. 122) et Mme de Sévigné (▶ p. 116). La conception de l'amour, héritée de l'amour courtois du Moyen Âge, et plus largement les relations humaines, sont conçues sous l'angle du respect et de l'égalité entre hommes et femmes.

QUESTIONS

1 • Quel est le parcours physique et symbolique proposé dans cet extrait ?

2 • Quelle conception de la relation amoureuse ce parcours révèle-t-il ?

3 • Qu'apprend-on ainsi du personnage de Clélie ?

DE L'IMAGE AU TEXTE

4 • Repérez les différentes étapes du récit sur la carte.

1658

Marc-Antoine Girard de Saint- Amant (1594-1661)

L'auteur et l'œuvre

Saint-Amant est un poète baroque français, grand voyageur et bon vivant, protégé du Duc de Retz. Membre de l'Académie française, il se spécialise dans le burlesque et le grotesque. Très critiqué par Boileau à l'époque classique, il sera loué au XIXe par Baudelaire et Théophile Gautier pour sa poésie hermétique et pittoresque, et pour sa réflexion méta-poétique.

Une poésie carnavalesque

La poésie de Saint-Amant relève d'une esthétique carnavalesque inspirée de l'œuvre de Rabelais (▸ p. 48). Comme chez ce dernier, le bas corporel est mis à l'honneur : le corps et l'usage que l'on peut en faire sont évoqués explicitement et de façon burlesque dans le but de déclencher le rire.

QUESTIONS

1 • En quoi ce poème est-il une réécriture ?

2 • Dans quelle mesure relève-t-il d'une esthétique du grotesque ?

3 • Comment le poète met-il en scène le thème de l'ivresse ?

Saint-Amant

Dernier recueil de diverses poésies

La naissance de Pantagruel

« Et Jupiter en fut ivre comme une soupe »

Le jour que je naquis on vit pleuvoir du sel ;
Le soleil, en faisant son tour universel,
De la soif qu'il souffrit but quasi toute l'onde,
Et pensa d'un seul trait avaler tout le monde.
De là sont provenus tant d'abîmes sans eaux,
De là sont dérivés tant de rouges museaux,
Qui d'un gosier ardent, que rien ne désaltère,
S'occupent sans relâche au bacchique[1] mystère ;
L'air, beaucoup plus en feu qu'au temps de Phaéton[2],
En cracha sur sa barbe aussi blanc que coton,
Et la nuit de devant on vit avec merveille
Briller une comète en forme de bouteille,
Pour présage certain, non de mortalité,
Comme les autres sont, mais de pleine santé :
J'entends de ces santés que l'on fait à la table,
Et par qui l'homme est dit animal raisonnable.
Ce beau mignon Troyen, ce sommelier des dieux,
Avec la jeune Hébé[3], versant à qui mieux mieux,
Se lassèrent les bras à leur emplir la coupe,
Et Jupiter en fut ivre comme une soupe.
Le grand mâtin[4] céleste en devint enragé,
Le sucre de Madère en poivre fut changé,
Les gigots de mouton en jambons de Mayence ;
La terre eut le hoquet : elle en cria vengeance,
Et la nature même, en ardeur s'exaltant
Se vit prête à mourir de la mort de Roland[5] ;
Si bien qu'à mon exemple, ainsi que dit l'histoire,
Partout à gueule ouverte on demandait à boire,
À BOIRE ! À BOIRE !

1. **Bacchique** : relatif à Bacchus, au vin ou à l'ivresse.
2. **Phaéton** : fils d'Hélios, dieu du soleil, foudroyé pour avoir conduit le char de son père.
3. **Hébé** : déesse de la jeunesse, de la vitalité et de la vigueur.
4. **Mâtin** : chien de garde.
5. Évoque la mort du chevalier à la bataille de Roncevaux (*La Chanson de Roland* ▸ p. 24).

Gustave Doré, *L'Enfance de Pantagruel* (1873), dessin à l'encre brune, aquarelle, crayon et gouache sur papier (36 x 47,8 cm), musée d'Art moderne et contemporain de Strasbourg.

DE L'IMAGE AU TEXTE

4 • En quoi la gravure proposée par Doré pour illustrer l'œuvre de Rabelais peut-elle tout autant illustrer le poème de Saint-Amant ?

HISTOIRE DES ARTS

L'artiste et l'œuvre

Gustave Doré (1832-1883) se fait connaître en tant qu'illustrateur en proposant à 21 ans, 104 dessins et 14 planches représentant des épisodes clés de l'œuvre de Rabelais. Il en fera 550 de plus en 1868. Il cherche à rendre le merveilleux rabelaisien avec l'aide de ruptures d'échelles, et multiplie les détails surprenants dans un univers qui renvoie à l'époque médiévale.

1662

Molière
(1622-1673)

L'auteur et l'œuvre

L'École des femmes de Jean-Baptiste Poquelin, dit Molière, marie la farce à la grande comédie en vers, le rire à la visée morale. La pièce déclenche une querelle, ses détracteurs jugeant certains passages obscènes. Molière répond aux attaques par *La Critique de l'École des femmes* où s'affrontent idées rigoristes et idées émancipatrices. Il défend la légitimité de la comédie capable de toucher et de corriger les mœurs aussi bien que la tragédie.

Une comédie engagée

L'éducation des filles et le mariage sont deux sujets importants dans les milieux mondains du XVIIe siècle. Arnolphe, le ridicule de la pièce, anti-mondain et cible de la satire, rejette tout ce qui peut favoriser l'émancipation féminine comme l'apprentissage de l'écriture, de la lecture et de la conversation.

QUESTIONS

1 • Quel portrait d'Arnolphe est brossé ici et comment évolue-t-il ?

2 • Quelle image du barbon cet extrait donne-t-il ?

3 • Comment le passage nuance-t-il la comédie de pathétique voire de tragique ?

Molière

L'École des femmes

Arnolphe (Monsieur de La Souche) veut épouser sa pupille Agnès, mais il vient de découvrir que cette dernière et le jeune Horace sont amoureux. Malgré sa colère, il la presse de lui céder.

« Veux-tu que je m'arrache un côté de cheveux ? »

ARNOLPHE

[...]
Chose étrange d'aimer, et que pour ces traîtresses
Les hommes soient sujets à de telles faiblesses !
Tout le monde connaît leur imperfection :
Ce n'est qu'extravagance et qu'indiscrétion ;
Leur esprit est méchant, et leur âme fragile ;
Il n'est rien de plus faible et de plus imbécile,
Rien de plus infidèle ; et, malgré tout cela
Dans le monde on fait tout pour ces animaux-là.
Hé bien ! faisons la paix ; va, petite traîtresse,
Je te pardonne tout, et te rends ma tendresse.
Considère par-là l'amour que j'ai pour toi,
Et, me voyant si bon, en revanche aime-moi.

AGNÈS

Du meilleur de mon cœur je voudrais vous complaire.
Que me coûterait-il, si je le pouvais faire ?

ARNOLPHE

Mon pauvre petit bec[1], tu le peux[2], si tu veux.
(Il fait un soupir.)
Écoute seulement ce soupir amoureux ;
Vois ce regard mourant, contemple ma personne,
Et quitte ce morveux[3], et l'amour qu'il te donne.
C'est quelque sort qu'il faut qu'il ait jeté sur toi,
Et tu seras cent fois plus heureuse avec moi.
Ta forte passion est d'être brave et leste[4] :
Tu le seras toujours, va, je te le proteste[5].
Sans cesse nuit et jour je te caresserai,
Je te bouchonnerai[6], baiserai, mangerai,
Tout comme tu voudras, tu pourras te conduire,
Je ne m'explique point, et cela c'est tout dire.
(À part.)
Jusqu'où la passion peut-elle faire aller ?
(Haut.)
Enfin, à mon amour rien ne peut s'égaler.

Quelle preuve veux-tu que je t'en donne, ingrate ?
Me veux-tu voir pleurer ? Veux-tu que je me batte ?
Veux-tu que je m'arrache un côté de cheveux ?
Veux-tu que je me tue ? Oui, dis si tu le veux.
Je suis tout prêt, cruelle, à te prouver ma flamme.

AGNÈS

Tenez, tous vos discours ne me touchent point l'âme.
Horace avec deux mots en ferait plus que vous.

ARNOLPHE

Ah ! c'est trop me braver, trop pousser mon courroux.
Je suivrai mon dessein, bête trop indocile,
Et vous dénicherez à l'instant de la ville.
Vous rebutez mes vœux, et me mettez à bout ;
Mais un cul de couvent[7] me vengera de tout.

Acte V, scène 4 (extrait).

1. **Mon pauvre petit bec** : expression tendre. 2. Tu peux me satisfaire. 3. Horace. 4. Ta principale préoccupation est d'être bien parée et sans souci. 5. **Je te le proteste** : je te le promets. 6. **Bouchonner** : frotter avec vigueur (généralement un cheval). 7. Le lieu le mieux gardé d'un couvent.

Louis Jouvet joue Arnolphe dans sa propre mise en scène (théâtre de l'Athénée, Paris, mai 1936).

Robin Renucci joue Arnolphe dans la mise en scène de Christian Schiaretti (TNP de Villeurbanne, 2014).

DE L'IMAGE AU TEXTE

4 • Quelles caractéristiques du personnage d'Arnolphe ces deux images mettent-elles en avant ? De quelle manière ?

1662

L'emploi du barbon

Hérité des comédies antiques et en particulier de Plaute, le barbon des comédies classiques est un vieillard avare, égoïste et crédule. Molière avec Monsieur de La Souche alias Arnolphe, qu'il interprète lui-même, cherche à faire rire le spectateur, rajeunit le personnage et le rend plus complexe.

HISTOIRE DES ARTS

Trois interprétations

Dans *La Critique de l'École des femmes* le personnage de Lysidas commente la façon dont Molière interprétait Arnolphe : « Et ce Monsieur de La Souche enfin, qu'on nous fait un homme d'esprit, et qui paraît si sérieux en tant d'endroits, ne descend-il point dans quelque chose de trop comique et de trop outré au cinquième acte, lorsqu'il explique à Agnès la violence de son amour, avec ces roulements d'yeux extravagants, ces soupirs ridicules, et ces larmes niaises qui font rire tout le monde ? » Louis Jouvet, en 1936, reprend le côté farcesque du personnage. En 2014, Robin Renucci campe un barbon égaré et amoureux.

Vidéo
Mise en scène de D. Bezace (2001)
Manuel numérique

1663

Molière
(1622-1673)

L'auteur et l'œuvre

Molière répond dans cette comédie en un acte et en prose aux attaques suscitées par le succès de *L'École des femmes,* pièce jugée drôle mais « méchante ». Il s'en prend notamment aux comédiens de l'hôtel de Bourgogne dont fait partie Montfleury. Ces comédiens venaient de mettre en scène la pièce de Boursault, *Portrait du peintre ou la Contre-critique de l'École des femmes* où les spectateurs ridicules admiraient la pièce et les spectateurs sensés la critiquaient.

Une mise en abyme

Molière se représente sur scène. Il met alors en abyme le métier de dramaturge, de metteur en scène mais aussi d'acteur. Ses comédiens interprètent leurs propres rôles. La mise en abyme s'accentue, dans la mesure où Molière, jouant le rôle de Molière, parle d'un poète sur le point de proposer une pièce à des comédiens.

Texte lu
Manuel numérique

QUESTIONS

1 • Sur quoi le comique de cet extrait repose-t-il ?

2 • Expliquez en quoi la conception du théâtre défendue par Molière s'oppose à celle défendue par le poète.

3 • Pourquoi peut-on juger que le poète est ridicule ?

Molière
L'Impromptu de Versailles

Molière, personnage principal de sa pièce, s'entretient avec sa troupe…

« Là, appuyez comme il faut le dernier vers. »

MOLIÈRE

J'avais songé une comédie où il y aurait eu un poète, que j'aurais représenté moi-même, qui serait venu pour offrir une pièce à une troupe de comédiens nouvellement arrivés de la campagne. – *Avez-vous,* aurait-il dit, *des acteurs et des actrices qui soient capables de bien faire valoir un ouvrage ? car ma pièce est une pièce… – Eh ! monsieur,* auraient répondu les comédiens, *nous avons des hommes et des femmes qui ont été trouvés raisonnables partout où nous avons passé. – Et qui fait les rois parmi vous ? – Voilà un acteur qui s'en démêle parfois. – Qui ? ce jeune homme bien fait ? Vous moquez-vous ? Il faut un roi qui soit gros et gras comme quatre, un roi, morbleu ! qui soit entripaillé comme il faut, un roi d'une vaste circonférence, et qui puisse remplir un trône de la belle manière. La belle chose qu'un roi d'une taille galante ! Voilà déjà un grand défaut ; mais que je l'entende un peu réciter une douzaine de vers.* Là-dessus le comédien aurait récité, par exemple, quelques vers du roi, de *Nicomède* :

Te le dirai-je, Araspe ? Il m'a trop bien servi ;
Augmentant mon pouvoir…

le plus naturellement qu'il lui aurait été possible. Et le poète : *Comment ? Vous appelez cela réciter ? C'est se railler : il faut dire les choses avec emphase. Écoutez-moi.*

(Imitant Montfleury, excellent acteur de l'Hôtel de Bourgogne.)

Te le dirai-je, Araspe ?… etc.

Voyez-vous cette posture ? Remarquez bien cela. Là, appuyez comme il faut le dernier vers. Voilà ce qui attire l'approbation, et fait faire le brouhaha. – Mais, Monsieur, aurait répondu le comédien, *il me semble qu'un roi qui s'entretient tout seul avec son capitaine des gardes parle un peu plus humainement, et ne prend guère ce ton de démoniaque. – Vous ne savez ce que c'est. Allez-vous-en réciter comme vous faites, vous verrez si vous ferez faire aucun ah !*

Acte I, scène 1 (extrait).

La Rochefoucauld
Maximes

1665

François de La Rochefoucauld
(1613-1680)

« Nous ne pouvons rien aimer que par rapport à nous »

LXXX
Ce qui nous rend si changeants dans nos amitiés, c'est qu'il est difficile de connaître les qualités de l'âme et facile de connaître celles de l'esprit.

LXXXI
Nous ne pouvons rien aimer que par rapport à nous, et nous ne faisons que suivre notre goût et notre plaisir quand nous préférons nos amis à nous-mêmes ; c'est néanmoins par cette préférence seule que l'amitié peut être vraie et parfaite.

LXXXII
La réconciliation avec nos ennemis n'est qu'un désir de rendre notre condition meilleure, une lassitude de la guerre et une crainte de quelque mauvais événement.

LXXXIII
Ce que les hommes ont nommé amitié n'est qu'une société, qu'un ménagement réciproque d'intérêts et qu'un échange de bons offices ; ce n'est enfin qu'un commerce où l'amour-propre se propose toujours quelque chose à gagner.

LXXXIV
Il est plus honteux de se défier de ses amis que d'en être trompé.

LXXXV
Nous nous persuadons souvent d'aimer les gens plus puissants que nous ; et, néanmoins, c'est l'intérêt seul qui produit notre amitié ; nous ne nous donnons pas à eux pour le bien que nous leur voulons faire, mais pour celui que nous voulons en recevoir.

LXXXVI
Notre défiance justifie la tromperie d'autrui.

LXXXVII
Les hommes ne vivraient pas longtemps en société s'ils n'étaient les dupes les uns des autres.

L'auteur et l'œuvre

La Rochefoucauld est un habitué des salons mondains. Ami de Mme de La Fayette (► p. 122) et de Mme de Sévigné (► p. 116), c'est un homme d'esprit qui cultive l'idéal de l'honnête homme. Dans *Réflexions ou Sentences et Maximes morales*, il dissèque les sentiments humains et dénonce l'hypocrisie sociale de ses contemporains. « Voici un portrait du cœur de l'homme que je donne au public [...]. Il court fortune de ne plaire pas à tout le monde, parce qu'on trouvera peut-être qu'il ressemble trop, et qu'il ne flatte pas assez », prévient-il dans son *Avis au lecteur*.

Fragments de vérités

Maxime est issu du latin *maxima sententia* qui signifie « sentence la plus grande, et la plus générale ». La brièveté de cette forme, semblable à l'aphorisme, permet tout à la fois de plaire et d'instruire. Lapidaire, elle se termine par une pointe qui suscite la surprise et la réflexion.

QUESTIONS

1 • Quelle conception de l'amitié ces maximes exposent-elles ?
2 • En quoi en proposent-elles une vision pessimiste ?
3 • Comment l'orgueil y est-il critiqué ?

1665

Molière
(1622-1673)

L'auteur et l'œuvre

Jean-Baptiste Poquelin, dit Molière, élève la comédie au rang de la tragédie : il lui accorde une noblesse et une visée nouvelles en traitant de sujets sérieux. Avec *Tartuffe*, puis, l'année suivante, *Dom Juan ou le Festin de pierre*, il aborde la question religieuse et celle des hypocrites. Les records de recette de la première représentation n'empêchent pas le retrait de la pièce de l'affiche sous la pression des dévots.

Un pamphlet subversif

Dom Juan s'inspire d'un personnage historique devenu légendaire, Don Juan Tenorio, et de la pièce espagnole *Le Trompeur de Séville* de Tirso de Molina. La pièce se lit comme une charge contre la société hypocrite dont le personnage éponyme, séducteur, libertin et « méchant homme », remet en question les valeurs et les institutions essentielles à l'époque : l'honneur, la religion, la famille, le mariage (► p. 417).

Le blasphème, un acte grave

Dès le XIIe siècle, le juron est considéré comme une atteinte au sacré. La loi royale le punit sévèrement : les quatre premiers jurons sont punis d'une amende, les lèvres sont coupées au sixième et septième jurons – la langue au huitième. Dom Juan tente ici de faire du blasphème un nouveau défi jeté à l'autorité de Dieu et à celle de l'institution religieuse.

Molière

Dom Juan

Dom Juan et son valet, Sganarelle, égarés dans la forêt, rencontrent un pauvre, un religieux retiré dans les bois pour se consacrer à la prière.

« il ne croit qu'en deux et deux sont quatre »

SGANARELLE. – Enseignez-nous un peu le chemin qui mène à la ville.

LE PAUVRE. – Vous n'avez qu'à suivre cette route, Messieurs, et détourner à main droite quand vous serez au bout de la forêt. Mais je vous donne avis que vous devez vous tenir sur vos gardes, et que depuis quelque temps, il y a des voleurs ici autour.

DOM JUAN. – Je te suis bien obligé, mon ami, et je te rends grâce de tout mon cœur.

LE PAUVRE. – Si vous vouliez, Monsieur, me secourir de quelque aumône.

DOM JUAN. – Ah, ah, ton avis est intéressé à ce que je vois.

LE PAUVRE. – Je suis un pauvre homme, Monsieur, retiré tout seul dans ce bois depuis dix ans, et je ne manquerai pas de prier le Ciel qu'il vous donne toute sorte de biens.

DOM JUAN. – Eh, prie-le qu'il te donne un habit, sans te mettre en peine des affaires des autres.

SGANARELLE. – Vous ne connaissez pas Monsieur, bonhomme, il ne croit qu'en deux et deux sont quatre, et en quatre et quatre sont huit.

DOM JUAN. – Quelle est ton occupation parmi ces arbres ?

LE PAUVRE. – De prier le Ciel tout le jour pour la prospérité des gens de bien qui me donnent quelque chose.

DOM JUAN. – Il ne se peut donc pas que tu ne sois bien à ton aise ?

LE PAUVRE. – Hélas, Monsieur, je suis dans la plus grande nécessité du monde.

DOM JUAN. – Tu te moques, un homme qui prie le Ciel tout le jour ne peut pas manquer d'être bien dans ses affaires.

LE PAUVRE. – Je vous assure, Monsieur, que le plus souvent je n'ai pas un morceau de pain à mettre sous les dents.

DOM JUAN. – [Voilà qui est étrange, et tu es bien mal reconnu de tes soins ; ah ah], je m'en vais te donner un louis d'or [tout à l'heure pourvu que tu veuilles jurer[1].

LE PAUVRE. – Ah, Monsieur, voudriez-vous que je commisse un tel péché ?

DOM JUAN. – Tu n'as qu'à voir si tu veux gagner un louis d'or ou non, en voici un que je te donne si tu jures ; tiens, il faut jurer.

LE PAUVRE. – Monsieur.

Dom Juan. – À moins de cela, tu ne l'auras pas.

Sganarelle. – Va, va, jure un peu, il n'y a pas de mal.

Dom Juan. – Prends, le voilà, prends te dis-je, mais jure donc.

Le pauvre. – Non Monsieur, j'aime mieux mourir de faim.

Dom Juan. – Va, va, je te le donne pour l'amour de l'humanité. Mais que vois-je là, un homme attaqué par trois autres ? La partie est trop inégale, et je ne dois pas souffrir cette lâcheté.

Il court au lieu du combat.

Acte III, scène 2.

1. Jugés choquants, ces mots ont été retirés de la deuxième représentation de *Dom Juan*.

Mise en scène de Daniel Mesguich, avec Philippe Noël dans le rôle du pauvre (théâtre Athénée-Jouvet, Paris, 2002). Le personnage est nu et recouvert de boue. Ses cheveux forment comme une couronne au-dessus de sa tête.

Mise en scène de Jacques Lassalle (festival d'Avignon, 1993). Le pauvre, incarné par Pierre Vial, se situe au centre. Dom Juan est à sa gauche. Sganarelle se tient à l'arrière.

QUESTIONS

1 • Quel est l'intérêt dramatique de cette scène ?

2 • Dans quelle mesure peut-on dire que Dom Juan construit un discours argumentatif ?

3 • En quoi cette scène est-elle représentative de l'audace libertine de Dom Juan ?

DE L'IMAGE AU TEXTE

4 • Quelles caractéristiques communes du pauvre les deux metteurs en scène ont-ils mises en avant ?

5 • Comment ces deux visions du personnage permettent-elles d'insister sur le caractère provocateur de Dom Juan et sur son attitude scandaleuse ?

HISTOIRE DES ARTS

La mise en scène

Cette scène renforce l'image de libertin de Dom Juan : il exprime sa pensée en toute liberté, au mépris des convenances, et conteste l'existence d'un Dieu qui récompenserait l'homme pour ses bonnes actions et le punirait pour ses mauvaises actions. Cette scène constitue un moment dont la tension croissante apporte une dimension tragique à la pièce.

1665

Molière
(1622-1673)

Un dénouement tragi-comique

Le dénouement relève du tragique – Dom Juan meurt – et du comique – Sganarelle réclame ses gages. Les choix du metteur en scène peuvent privilégier le comique ou le tragique. Dom Juan persévère dans son erreur en restant coupable d'*hubris* (démesure, orgueil, Dom Juan se croit supérieur à Dieu lui-même) : la machine infernale qu'est la tragédie ne peut que se refermer sur lui. Il est donc puni par Dieu.

Deus ex machina

Ce dénouement exploite le *deus ex machina* : l'intervention surnaturelle n'est possible à mettre en scène qu'avec l'aide d'artifices, d'« effets spéciaux ». Dans la mise en scène de Daniel Mesguich (2002), par exemple, le lit s'ouvre et laisse place à des flammes et à de la fumée qui enveloppent le personnage et le font disparaître.

Vidéo
M. Bluwal, *Dom Juan* (1965)
Manuel numérique

Molière

Dom Juan

Dom Juan a accepté de dîner avec la statue du Commandeur qu'il a tué. Avant cette scène, il a fait croire à son père puis à Dom Carlos, le frère d'Elvire qu'il a déshonorée, qu'il est devenu un bon chrétien.

« Rien n'est capable de m'imprimer de la terreur »

Acte V, scène 4

Dom Juan, Sganarelle

Sganarelle. – Monsieur, quel diable de style prenez-vous là[1] ? Ceci est bien pis que le reste, et je vous aimerais bien mieux encore comme vous étiez auparavant. J'espérais toujours de votre salut ; mais c'est maintenant que j'en désespère ; et je crois que le Ciel, qui vous a souffert jusques ici, ne pourra souffrir du tout cette dernière horreur.

Dom Juan. – Va, va, le Ciel n'est pas si exact[2] que tu penses ; et si toutes les fois que les hommes…

Sganarelle, *apercevant un spectre.* – Ah ! Monsieur, c'est le Ciel qui vous parle, et c'est un avis qu'il vous donne.

Dom Juan. – Si le Ciel me donne un avis, il faut qu'il parle un peu plus clairement, s'il veut que je l'entende.

Acte V, scène 5

Dom Juan, un Spectre *en femme voilée*, **Sganarelle**

Le Spectre. – Dom Juan n'a plus qu'un moment à pouvoir profiter de la miséricorde du Ciel ; et s'il ne se repent ici, sa perte est résolue.

Sganarelle. – Entendez-vous, Monsieur ?

Dom Juan. – Qui ose tenir ces paroles ? Je crois connaître cette voix.

Sganarelle. – Ah ! Monsieur, c'est un spectre : je le reconnais au marcher.

Dom Juan. – Spectre, fantôme, ou diable, je veux voir ce que c'est.

Le Spectre change de figure et représente le Temps avec sa faux à la main.

Sganarelle. – Ô Ciel ! voyez-vous, Monsieur, ce changement de figure ?

Dom Juan. – Non, non, rien n'est capable de m'imprimer de la terreur, et je veux éprouver avec mon épée si c'est un corps ou un esprit.

Le Spectre s'envole dans le temps que Dom Juan le veut frapper.

Sganarelle. – Ah ! Monsieur, rendez-vous à tant de preuves, et jetez-vous vite dans le repentir.

Dom Juan. – Non, non, il ne sera pas dit, quoi qu'il arrive, que je sois capable de me repentir. Allons, suis-moi.

Acte V, scène 6

La Statue, Dom Juan, Sganarelle

La Statue. – Arrêtez, Dom Juan : vous m'avez hier donné parole de venir manger avec moi.

Dom Juan. – Oui. Où faut-il aller ?

La Statue. – Donnez-moi la main.

Dom Juan. – La voilà.

La Statue. – Dom Juan, l'endurcissement au péché traîne une mort funeste, et les grâces du Ciel que l'on renvoie ouvrent un chemin à sa foudre.

Dom Juan. – Ô Ciel ! que sens-je ? Un feu invisible me brûle, je n'en puis plus, et tout mon corps devient un brasier ardent. Ah !

Le tonnerre tombe avec un grand bruit et de grands éclairs sur Dom Juan ; la terre s'ouvre et l'abîme ; et il sort de grands feux de l'endroit où il est tombé.

Sganarelle. – [Ah ! mes gages ! mes gages[3] !] Voilà par sa mort un chacun satisfait : Ciel offensé, lois violées, filles séduites, familles déshonorées, parents outragés, femmes mises à mal, maris poussés à bout, tout le monde est content. Il n'y a que moi seul de malheureux... [Mes gages ! mes gages, mes gages[3] !]

1. Référence au mensonge que Dom Juan vient de faire à son père.
2. **Exact** : strict.
3. Jugés choquants, ces mots ont été retirés de la deuxième représentation de *Dom Juan*.

Les réécritures du mythe

Créé par le dramaturge espagnol Tirso de Molina, le personnage de Dom Juan, élevé au rang de mythe, inspire de nombreux artistes : Mozart (*Don Giovanni*, 1787) ; Baudelaire (« Don Juan aux Enfers », 1857). En 1991, Éric-Emmanuel Schmitt a rendu le personnage sexuellement ambigu dans sa pièce de théâtre *La Nuit de Valognes* (► p. 417).

QUESTIONS

1 • Quels problèmes de représentation ce dénouement pose-t-il ? Analysez les didascalies externes et internes.

2 • Quelles tonalités le dramaturge utilise-t-il ?

3 • Montrez que ce dénouement est baroque.

1666

Nicolas Boileau
(1636-1711)

L'auteur et l'œuvre

Boileau a exprimé les principes du classicisme dans son *Art poétique* (► p. 395). Il prône l'imitation des auteurs antiques. S'inspirant des *Satires* du poète latin Juvénal et de celles d'Horace, il écrit douze satires. « Les embarras de Paris » rendent compte de l'explosion démographique et de l'essor des transports. Malgré le soutien du roi, l'œuvre peignant les comportements ridicules des hommes fait scandale.

Une œuvre qui fit scandale

Boileau entre de façon fracassante dans le monde des lettres avec ses *Satires*, notamment la satire X contre les femmes. Le genre est pourtant en déclin. Boileau n'hésite pas à nommer ceux qu'il tourne en dérision, s'attaquant ainsi à leur honneur. Loin de la devise du poète latin Martial (40-104), « épargner les personnes et n'attaquer que les vices », Boileau considère la satire comme un tribunal moral.

QUESTIONS

1 • **En quoi cette description de la ville s'appuie-t-elle sur des détails frappants, procédés caractéristiques de l'hypotypose ?**

2 • **Comment la satire se construit-elle ?**

3 • **En quoi ce texte est-il parodique du texte de Juvénal ?**

Boileau

Satires

Les embarras de Paris

« Qui frappe l'air, bon Dieu ! de ces lugubres cris ? »

Qui frappe l'air, bon Dieu ! de ces lugubres cris ?
Est-ce donc pour veiller qu'on se couche à Paris ?
Et quel fâcheux démon, durant les nuits entières,
Rassemble ici les chats de toutes les gouttières ?
J'ai beau sauter du lit, plein de trouble et d'effroi,
Je pense qu'avec eux tout l'enfer est chez moi :
L'un miaule en grondant comme un tigre en furie ;
L'autre roule sa voix comme un enfant qui crie.
Ce n'est pas tout encor : les souris et les rats
Semblent, pour m'éveiller, s'entendre avec les chats,
Plus importuns pour moi, durant la nuit obscure,
Que jamais, en plein jour, ne fut l'abbé de Pure[1].

Tout conspire à la fois à troubler mon repos,
Et je me plains ici du moindre de mes maux :
Car à peine les coqs, commençant leur ramage,
Auront des cris aigus frappé le voisinage
Qu'un affreux serrurier, laborieux Vulcain,
Qu'éveillera bientôt l'ardente soif du gain,
Avec un fer maudit, qu'à grand bruit il apprête,
De cent coups de marteau me va fendre la tête.
J'entends déjà partout les charrettes courir,
Les maçons travailler, les boutiques s'ouvrir :
Tandis que dans les airs mille cloches émues
D'un funèbre concert font retentir les nues ;
Et, se mêlant au bruit de la grêle et des vents,
Pour honorer les morts font mourir les vivants.

Encor je bénirais la bonté souveraine,
Si le ciel à ces maux avait borné ma peine ;
Mais si, seul en mon lit, je peste avec raison,
C'est encor pis vingt fois en quittant la maison ;

En quelque endroit que j'aille, il faut fendre la presse
D'un peuple d'importuns qui fourmillent sans cesse.
L'un me heurte d'un ais[2] dont je suis tout froissé ;
Je vois d'un autre coup mon chapeau renversé.
Là, d'un enterrement la funèbre ordonnance
D'un pas lugubre et lent vers l'église s'avance ;
Et plus loin des laquais l'un l'autre s'agaçants,
Font aboyer les chiens et jurer les passants.

Satire VI (extrait).

1. **Abbé de Pure**: aumônier et conseiller de Louis XIV, cible favorite des critiques de Boileau. 2. **Ais**: planche en bois.

1666

Texte lu
Manuel numérique

L'auteur et l'œuvre

Juvénal est un poète satirique latin dont la biographie reste lacunaire. Ses œuvres sont devenues célèbres au Moyen Âge, en particulier seize satires qui proposent une peinture acerbe de Rome. Sans remettre en question le régime, il se livre à une critique sociale et morale des pratiques du régime impérial. Il blâme notamment l'attachement excessif au luxe et aux apparences qui aliène l'homme.

Une satire burlesque

À travers les exagérations comiques, Juvénal propose une peinture sans concession de la ville de Rome. La théâtralité de l'extrait s'appuie sur les ressorts comiques pour révéler un univers en proie à la débauche, l'ivrognerie et l'incohérence. La satire se présente comme une véritable épopée burlesque.

TEXTE ÉCHO

Juvénal, *Satires* (IIe siècle)

Les embarras de Rome

Considère à présent les dangers de la nuit,
La hauteur de ces toits, d'où la tuile à grand bruit
Et les vases rompus, formidables tempêtes,
Écrasent les pavés, pulvérisent nos têtes.
Il est imprévoyant et peu sage, celui
Qui va sans testament souper hors de chez lui :
Ces fenêtres, veillant là-haut dans les ténèbres,
Sont, quand il passe, autant de menaces funèbres !
Heureux, si tes habits ne font que recevoir
L'eau des larges bassins qui vont sur toi pleuvoir !
L'homme ivre et pétulant, qui n'a battu personne,
De rage et de douleur, toute la nuit, frissonne ;
Comme Achille[1] pleurant son cher Patrocle mort,
Sur le dos, sur le ventre, il se roule, il se tord.
Ainsi donc sans querelle il ne peut faire un somme,
Et, pour mieux s'endormir, le vaurien vous assomme[2].

Traduit du latin par J. Lanoix (1846). Satire III (extrait).

1. **Achille**: héros de la guerre de Troie, ami de Patrocle.
2. **Assomme**: incommode, fatigue.

D'UN TEXTE À L'AUTRE

4 • Dans quelle mesure ce texte a-t-il pu inspirer Boileau pour ses *Satires* ?

1667

Jean Racine
(1639-1699)

L'auteur et l'œuvre

Racine, auteur classique (► p. 395), s'inspire de textes antiques : les tragédies d'Euripide, *Andromaque* (426 av. J.-C.) et *Les Troyennes* (415 av. J.-C.), l'épopée de Virgile, *L'Énéide* (≈ 20 av. J.-C.). *Andromaque* met en scène une chaîne de passions fatales et sans réciprocité. L'intrigue de la pièce prend place après la prise de Troie par les Grecs.

La démesure tragique

Dans les tragédies, les personnages en proie à l'*hubris* (démesure) finissent par être punis par les dieux. C'est le cas d'Hermione et de Pyrrhus à la fin de la pièce.

QUESTIONS

1 • Comment la tension tragique se construit-elle ?

2 • De quelle manière le caractère des deux personnages féminins ainsi que leur rivalité sont-ils représentés ?

3 • Dans quelle mesure cette scène de supplique est-elle remarquable du point de vue de l'attitude des deux rivales ?

Racine

Andromaque

Les Troyens ont perdu la guerre face aux Grecs venus reprendre Hélène, épouse du Grec Ménélas, enlevée par Pâris. Andromaque, veuve du héros troyen Hector, est la captive de Pyrrhus, le fils du Grec Achille, le meurtrier d'Hector. Or, Pyrrhus est désormais amoureux d'Andromaque. Si elle ne l'épouse pas, il tuera son fils Astyanax. Andromaque espère qu'Hermione, fiancée de Pyrrhus, pourra l'aider. Mais elle s'éloigne à sa vue.

« N'est-ce point à vos yeux un spectacle assez doux Que la veuve d'Hector pleurante à vos genoux ? »

ANDROMAQUE

Où fuyez-vous, Madame ?
N'est-ce point à vos yeux un spectacle assez doux
Que la veuve d'Hector pleurante à vos genoux ?
Je ne viens point ici, par de jalouses larmes,
Vous envier un cœur qui se rend à vos charmes.
Par une main cruelle, hélas ! j'ai vu percer
Le seul où mes regards prétendaient s'adresser.
Ma flamme par Hector fut jadis allumée ;
Avec lui dans la tombe elle s'est enfermée.
Mais il me reste un fils. Vous saurez quelque jour,
Madame, pour un fils jusqu'où va notre amour ;
Mais vous ne saurez pas, du moins je le souhaite,
En quel trouble mortel son intérêt nous jette,
Lorsque de tant de biens qui pouvaient nous flatter,
C'est le seul qui nous reste, et qu'on veut nous l'ôter.
Hélas ! lorsque lassés de dix ans de misère,
Les Troyens en courroux menaçaient votre mère[1],
J'ai su de mon Hector lui procurer l'appui.
Vous pouvez sur Pyrrhus ce que j'ai pu sur lui.
Que craint-on d'un enfant qui survit à sa perte ?
Laissez-moi le cacher en quelque île déserte ;
Sur les soins de sa mère on peut s'en assurer,
Et mon fils avec moi n'apprendra qu'à pleurer.

HERMIONE

Je conçois vos douleurs. Mais un devoir austère,
Quand mon père[2] a parlé, m'ordonne de me taire.
C'est lui qui de Pyrrhus fait agir le courroux.
S'il faut fléchir Pyrrhus, qui le peut mieux que vous ?
Vos yeux assez longtemps ont régné sur son âme ;
Faites-le prononcer : j'y souscrirai, Madame.

Acte III, scène 4.

1. Hélène, femme de Ménélas. 2. Ménélas.

Pierre-Narcisse Guérin, *Andromaque et Pyrrhus* (1810), huile sur toile (342 x 457 cm), musée du Louvre (Paris).

HISTOIRE DES ARTS

L'artiste et l'œuvre

Guérin (1774-1833) s'est inspiré des représentations des pièces de Racine pour la composition de ses tableaux. L'œuvre *Andromaque et Pyrrhus* rassemble Pyrrhus, roi d'Épire, Oreste (envoyé par les Grecs pour ramener Astyanax et amoureux d'Hermione), Andromaque et Hermione, y ajoutant Astyanax, au centre des préoccupations mais qui n'apparaît pas sur scène dans la tragédie de Racine.

Du classicisme au néoclassicisme

Le goût renaissant pour l'antique, favorisé dans les années 1750 par les travaux des archéologues et les amateurs d'art, se traduit dans la peinture de Guérin comme dans celle de David ou d'Ingres par le recours aux sujets mythologiques, des lignes précises et orthogonales et par la disposition des personnages en frise.

DE L'IMAGE AU TEXTE

4 • Que comprend-on de l'action de la pièce et des sentiments qui lient les personnages d'après le tableau ? Quelle chaîne des passions relie les personnages du tableau ?

1669

Molière
(1622-1673)

L'auteur et l'œuvre

Contemporain de Louis XIV, Jean-Baptiste Poquelin, dit Molière, n'a cessé de susciter les polémiques. Il s'attaque aux vices des hommes et aux problèmes de société, s'attirant souvent les foudres de l'Église et du roi, qui fait interdire *Le Tartuffe ou l'Imposteur*. Le dramaturge se défendra dans *Le Placet présenté au roi*, arguant que son œuvre critique l'hypocrisie des faux dévots et non l'Église. Il devra remanier la pièce et rédiger un second placet avant de pouvoir enfin la jouer.

Une stratégie périlleuse

Elmire manipule Tartuffe pour le piéger. Elle feint d'être séduite par ce dernier. Elle mime alors le discours amoureux tout en cherchant à ne pas aller trop loin avec lui.

Vidéo
F. W. Murnau
Tartuffe (1926)
Manuel numérique

Molière
Le Tartuffe

Elmire veut révéler à son mari Orgon, caché sous la table, que Tartuffe est un imposteur, un faux dévot qui abuse de sa confiance et veut la séduire.

« Ce n'est pas pécher que pécher en silence. »

ELMIRE

Mon Dieu ! que votre amour en vrai tyran agit ! [...]
Quoi ? de votre poursuite on ne peut se parer,
Et vous ne donnez pas le temps de respirer ?
Sied-il bien de tenir une rigueur si grande,
De vouloir sans quartier les choses qu'on demande,
Et d'abuser ainsi par vos efforts pressants
Du faible que pour vous vous voyez qu'ont les gens ?

TARTUFFE

Mais si d'un œil bénin vous voyez mes hommages,
Pourquoi m'en refuser d'assurés témoignages ?

ELMIRE

Mais comment consentir à ce que vous voulez,
Sans offenser le Ciel, dont toujours vous parlez ?

TARTUFFE

Si ce n'est que le Ciel qu'à mes vœux on oppose,
Lever un tel obstacle est à moi peu de chose,
Et cela ne doit pas retenir votre cœur.

ELMIRE

Mais des arrêts du Ciel on nous fait tant de peur !

TARTUFFE

Je puis vous dissiper ces craintes ridicules,
Madame, et je sais l'art de lever les scrupules.
Le Ciel défend, de vrai, certains contentements ;
C'est un scélérat qui parle.
Mais on trouve avec lui des accommodements ;
Selon divers besoins, il est une science
D'étendre les liens de notre conscience
Et de rectifier le mal de l'action

Avec la pureté de notre intention.
De ces secrets, Madame, on saura vous instruire ;
Vous n'avez seulement qu'à vous laisser conduire.
Contentez mon désir, et n'ayez point d'effroi :
Je vous réponds de tout, et prends le mal sur moi.

Elmire tousse plus fort.

Vous toussez fort, Madame.

Elmire

Oui, je suis au supplice.

Tartuffe

Vous plaît-il un morceau de ce jus de réglisse ?

Elmire

C'est un rhume obstiné, sans doute ; et je vois bien
Que tous les jus du monde ici ne feront rien.

Tartuffe

Cela certes est fâcheux.

Elmire

Oui, plus qu'on ne peut dire.

Tartuffe

Enfin votre scrupule est facile à détruire :
Vous êtes assurée ici d'un plein secret,
Et le mal n'est jamais que dans l'éclat qu'on fait ;
Le scandale du monde est ce qui fait l'offense,
Et ce n'est pas pécher que pécher en silence.

Elmire, *après avoir encore toussé.*

Enfin je vois qu'il faut se résoudre à céder,
Qu'il faut que je consente à vous tout accorder,
Et qu'à moins de cela je ne dois point prétendre
Qu'on puisse être content, et qu'on veuille se rendre.
Sans doute il est fâcheux d'en venir jusque-là,
Et c'est bien malgré moi que je franchis cela ;
Mais puisque l'on s'obstine à m'y vouloir réduire,
Puisqu'on ne veut point croire à tout ce qu'on peut dire,
Et qu'on veut des témoins qui soient plus convaincants,
Il faut bien s'y résoudre, et contenter les gens.
Si ce consentement porte en soi quelque offense,
Tant pis pour qui me force à cette violence ;
La faute assurément n'en doit point être à moi.

Acte IV, scène 5 (extrait).

La casuistique

La casuistique est l'étude des cas de conscience, l'art de résoudre les problèmes moraux. Pour pousser Elmire à lui accorder ses faveurs, Tartuffe recourt à la casuistique en affirmant que si leur liaison reste secrète, il n'y aura pas de péché.

QUESTIONS

1 • En quoi cette scène relève-t-elle du théâtre dans le théâtre ?

2 • Dans quelle mesure cette scène est-elle comique ?

3 • De quelle manière Tartuffe se dévoile-t-il ici ?

1669

Jean Racine
(1639-1699)

L'auteur et l'œuvre

Choisissant un sujet d'inspiration romaine qu'il doit à Tacite, le jeune Racine entre en concurrence directe, auprès du roi et du public, avec l'auteur à succès qu'est Corneille à l'époque. Néron est placé sur le trône par sa mère Agrippine, qui a tué pour cela son époux, l'empereur Claude, et évincé le fils d'un premier mariage, Britannicus, dont Néron convoite également la fiancée.

Tragédie et tyrannie

Dans ce récit de l'ascension au pouvoir d'un « monstre naissant », comme le précise Racine dans une préface, l'empereur tend à Junie et Britannicus un piège implacable dont la machine tragique se fait parfaitement l'écho. La cruauté du pouvoir à l'œuvre dans le théâtre de Racine (*Iphigénie* ▸ p. 118 et *Phèdre* ▸ p. 120) conduit à réfléchir à la conception du pouvoir alors que Louis XIV impose le sien.

Racine

Britannicus

Junie et Britannicus sont amoureux, mais Néron, qui convoite aussi Junie, oblige cette dernière à rompre avec son amant et assiste, caché, à la scène.

« Éclaircissez le trouble où vous jetez mon âme. »

BRITANNICUS

Madame, quel bonheur me rapproche de vous ?
Quoi ! je puis donc jouir d'un entretien si doux ?
Mais parmi ce plaisir quel chagrin me dévore !
Hélas ! puis-je espérer de vous revoir encore ?
Faut-il que je dérobe, avec mille détours,
Un bonheur que vos yeux m'accordaient tous les jours ?
Quelle nuit ! Quel réveil ! Vos pleurs, votre présence
N'ont point de ces cruels désarmé l'insolence ?
Que faisait votre amant ? Quel démon envieux
M'a refusé l'honneur de mourir à vos yeux ?
Hélas ! dans la frayeur dont vous étiez atteinte,
M'avez-vous en secret adressé quelque plainte ?
Ma princesse, avez-vous daigné me souhaiter ?
Songiez-vous aux douleurs que vous m'alliez coûter ?
Vous ne me dites rien ? Quel accueil ! Quelle glace !
Est-ce ainsi que vos yeux consolent ma disgrâce ?
Parlez. Nous sommes seuls : notre ennemi trompé,
Tandis que je vous parle, est ailleurs occupé.
Ménageons les moments de cette heureuse absence.

JUNIE

Vous êtes en des lieux tout pleins de sa puissance.
Ces murs mêmes, Seigneur, peuvent avoir des yeux ;
Et jamais l'Empereur n'est absent de ces lieux.

BRITANNICUS

Et depuis quand, Madame, êtes-vous si craintive ?
Quoi ! déjà votre amour souffre qu'on le captive ?
Qu'est devenu ce cœur qui me jurait toujours
De faire à Néron même envier nos amours ?
Mais bannissez, Madame, une inutile crainte.

La foi dans tous les cœurs n'est pas encore éteinte ;
Chacun semble des yeux approuver mon courroux ;
La mère de Néron se déclare pour nous.
Rome, de sa conduite elle-même offensée...

JUNIE

Ah ! Seigneur, vous parlez contre votre pensée.
Vous-même, vous m'avez avoué mille fois
Que Rome le louait d'une commune voix ;
Toujours à sa vertu vous rendiez quelque hommage.
Sans doute la douleur vous dicte ce langage.

BRITANNICUS

Ce discours me surprend, il le faut avouer.
Je ne vous cherchais pas pour l'entendre louer.
Quoi ! pour vous confier la douleur qui m'accable,
À peine je dérobe un moment favorable,
Et ce moment si cher, Madame, est consumé
À louer l'ennemi dont je suis opprimé ?
Qui vous rend à vous-même, en un jour, si contraire ?
Quoi ! même vos regards ont appris à se taire ?
Que vois-je ? Vous craignez de rencontrer mes yeux ?
Néron vous plairait-il ? Vous serais-je odieux ?
Ah ! si je le croyais ... Au nom des Dieux, Madame,
Éclaircissez le trouble où vous jetez mon âme.
Parlez. Ne suis-je plus dans votre souvenir ?

JUNIE

Retirez-vous, Seigneur, l'Empereur va venir.

Acte II, scène 6 (extrait).

QUESTIONS

1 • Comment le thème du témoin caché fonctionne-t-il dans cette scène ?

2 • Quels sont les modes d'expression des sentiments de Britannicus ?

3 • Comment le dilemme de Junie s'exprime-t-il ?

1669

La *catharsis*

La doctrine de la littérature classique est qu'il faut plaire, instruire et émouvoir (*placere*, *docere*, *movere*) mais le fait d'émouvoir le spectateur s'accompagne de la volonté de lui épargner les passions violentes dans la vie réelle. *Catharsis* est le mot grec qui signifie « purgation ». Ce terme est d'abord employé par Aristote dans la *Poétique* (IVe s. av. J.-C.) et désigne l'effet produit par le spectacle de la tragédie, dont le bon citoyen doit s'éloigner. C'est l'un des éléments que l'Église reproche au théâtre et pour lesquels les comédiens sont excommuniés.

Racine et Corneille

La rivalité entre les deux dramaturges est celle de deux générations, mais aussi de deux conceptions du pouvoir : Corneille revendique la clémence (*Cinna ou la clémence d'Auguste*, 1641), tandis que Racine insiste davantage sur la fatalité, et la cruauté rendue nécessaire par l'exercice du pouvoir. Cette rivalité sera aussi amoureuse : c'est à la suite du refus de Marquise Du Parc, jeune comédienne, qui lui a préféré Racine, que Corneille a écrit ses fameuses « Stances à Marquise », reprises en chanson par Georges Brassens.

1669

Guilleragues

Lettres portugaises

Guilleragues
(1628-1685)

L'auteur et l'œuvre

Gabriel-Joseph de Lavergne, comte de Guilleragues, noble qui a fréquenté Molière, Racine, Mme de Sévigné et Mme de La Fayette, prétend n'être que le traducteur des cinq lettres qui composent ce court roman épistolaire. Cette mystification littéraire a perduré longtemps, d'autant qu'une religieuse portugaise nommée Mariane Alcoforado a véritablement existé.

Le roman épistolaire

En latin, *epistola* désigne la lettre. Le roman épistolaire est constitué de lettres fictives, émises par un ou plusieurs personnages. Ce genre unit la recherche de l'authenticité (par le dévoilement de l'intime), et la fiction propre au roman.

Mariane, jeune religieuse portugaise, écrit à son amant, un officier français, rappelé auprès de son régiment en France.

« Comment se peut-il faire que les souvenirs des moments si agréables soient devenus si cruels ? »

Considère, mon amour, jusqu'à quel excès tu as manqué de prévoyance. Ah ! malheureux ! tu as été trahi, et tu m'as trahie par des espérances trompeuses. Une passion sur laquelle tu avais fait tant de projets de plaisirs, ne te cause présentement qu'un mortel désespoir, qui ne peut être comparé qu'à la cruauté de l'absence qui le cause. Quoi ? cette absence, à laquelle ma douleur, toute ingénieuse qu'elle est, ne peut donner un nom assez funeste, me privera donc pour toujours de regarder ces yeux dans lesquels je voyais tant d'amour, et qui me faisaient connaître des mouvements qui me comblaient de joie, qui me tenaient lieu de toutes choses, et qui enfin me suffisaient ? Hélas ! les miens sont privés de la seule lumière qui les animait, il ne leur reste que des larmes, et je ne les ai employés à aucun usage, qu'à pleurer sans cesse, depuis que j'appris que vous étiez enfin résolu à un éloignement qui m'est si insupportable, qu'il me fera mourir en peu de temps. Cependant il me semble que j'ai quelque attachement pour des malheurs, dont vous êtes la seule cause : je vous ai destiné ma vie aussitôt que je vous ai vu, et je sens quelque plaisir en vous la sacrifiant. J'envoie mille fois le jour mes soupirs vers vous, ils vous cherchent en tous lieux, et ils ne me rapportent, pour toute récompense de tant d'inquiétudes, qu'un avertissement trop sincère que me donne ma mauvaise fortune, qui a la cruauté de ne souffrir pas que je me flatte, et qui me dit à tous moments : cesse, cesse, Mariane infortunée, de te consumer vainement, et de chercher un Amant que tu ne verras jamais ; qui a passé les mers pour te fuir, qui est en France au milieu des plaisirs, qui ne pense pas un seul moment à tes douleurs, et qui te dispense de tous ces transports, desquels il ne te sait aucun gré. Mais non, je ne puis me résoudre à juger si injurieusement de vous, et je suis trop intéressée à vous justifier : je ne veux point m'imaginer que vous m'avez oubliée. Ne suis-je pas assez malheureuse sans me tourmenter par de faux soupçons ? Et pourquoi ferais-je des efforts pour ne me plus souvenir de tous les soins que vous avez pris de me témoigner de l'amour ? J'ai été si charmée de tous ces soins, que je serais bien ingrate si je ne vous aimais avec les mêmes emportements que ma passion me donnait, quand je jouissais des témoignages de la vôtre. Comment se peut-il faire que les souvenirs des moments si agréables soient devenus si cruels ? et faut-il que, contre leur nature, ils ne servent qu'à tyranniser mon cœur ? Hélas ! votre dernière lettre le réduisit en un étrange état : il eut des mouvements si sensibles, qu'il fit, ce semble, des efforts pour se séparer de moi, et pour vous aller trouver ; je fus si accablée de toutes ces émotions violentes, que je demeurai plus de trois heures abandonnée de tous mes sens ; je me défendis de revenir à une vie que je dois perdre pour vous, puisque je ne puis la conserver pour vous ; je revis enfin, malgré moi, la lumière, je me flattais de sentir que je mourais d'amour ; et d'ailleurs j'étais bien aise de n'être plus exposée à voir mon cœur déchiré par la douleur de votre absence. Après ces accidents, j'ai eu beaucoup de différentes indispositions : mais puis-je jamais être sans maux tant que je ne vous verrai pas ? Je les supporte cependant sans murmurer, puisqu'ils viennent de vous. Quoi ? est-ce là la récompense que vous me donnez pour vous avoir si tendrement aimé ? Mais il n'importe, je suis résolue à vous adorer toute ma vie, et à ne voir jamais personne ; et je vous assure que vous ferez bien aussi de n'aimer personne. Pourriez-vous être content d'une passion moins ardente que la mienne ? Vous trouverez, peut-être, plus de beauté (vous m'avez pourtant dit autrefois que j'étais assez belle), mais vous ne trouverez jamais tant d'amour, et tout le reste n'est rien. Ne remplissez plus vos lettres de choses inutiles, et ne m'écrivez plus de me souvenir de vous. Je ne puis vous oublier, et je n'oublie pas aussi que vous m'avez fait espérer que vous viendriez passer quelque temps avec moi. Hélas ! pourquoi n'y voulez-vous pas passer toute votre vie ? S'il m'était possible de sortir de ce malheureux cloître, je n'attendrais pas en Portugal l'effet de vos promesses : j'irais, sans garder aucune mesure, vous chercher, vous suivre, et vous aimer par tout le monde. Je n'ose me flatter que cela puisse être, je ne veux point nourrir une espérance qui me donnerait assurément quelque plaisir, et je ne veux plus être sensible qu'aux douleurs.

Lettre 1 (extrait).

QUESTIONS

1 • Comment l'épistolière met-elle sa passion en scène ?

2 • Quels modes d'expression et quelles étapes du sentiment amoureux sont présents ici ?

3 • Que comprend-on du personnage de Mariane ?

1669

Un genre à la mode

Le roman épistolaire connaît un engouement inauguré par Guilleragues au XVIIe siècle suivi au XVIIIe siècle par les *Lettres persanes* de Montesquieu (▸ p. 140), *Julie ou la Nouvelle Héloïse* de Rousseau et *Les Liaisons dangereuses* de Laclos (▸ p. 166).

Les lettres « amoureuses » sont héritées de l'Antiquité et des *Héroïdes* du poète latin Ovide (Ier s. av. J.-C.) qui propose des lettres fictives d'héroïnes de la mythologie (Pénélope à Ulysse, Phèdre à Hippolyte, Ariane à Thésée, Médée à Jason, par exemple).

L'expression de la passion

Dans les *Lettres portugaises*, les différentes étapes de la passion amoureuse sont exprimées avec force, et du point de vue féminin uniquement. Les sentiments exacerbés, la souffrance, la résignation et le désespoir de la solitude confèrent au texte des accents de sincérité et en font un roman d'analyse poignant, proche d'une tragédie en cinq actes.

1670 (posth.)

Blaise Pascal
(1623-1662)

L'auteur et l'œuvre

Proche du jansénisme, courant austère du catholicisme reposant sur l'idée que l'homme a été souillé à jamais par le péché originel et qu'il doit abandonner sa volonté aux desseins de Dieu, Pascal est l'auteur d'une œuvre remarquable tant du point de vue scientifique que philosophique. Rédigées entre 1657 et 1662 et publiées de façon posthume, *Les Pensées* sont des fragments initialement destinés à constituer une « Apologie de la religion chrétienne ».

La notion de « divertissement »

Ce fragment appartient à la liasse « Divertissement » des *Pensées* destinée à dresser la liste des « Misères de l'homme ». Issu du latin *divertere*, c'est-à-dire étymologiquement « détourner de », cette notion renvoie au fait que l'homme multiplie les dérivatifs de toutes sortes pour oublier sa condition misérable, ce qui l'empêche de se consacrer pleinement à son salut. Dans ses *Essais*, Montaigne avait déjà envisagé cette question sous le terme de « diversion », mais dans un sens positif.

Pascal

Les Pensées

« le malheur naturel de notre condition faible et mortelle »

Quand je m'y suis mis quelquefois à considérer les diverses agitations des hommes et les périls et les peines où ils s'exposent dans la cour, dans la guerre, d'où naissent tant de querelles, de passions, d'entreprises hardies et souvent mauvaises, j'ai dit souvent que tout le malheur des hommes vient d'une seule chose, qui est de ne savoir pas demeurer en repos dans une chambre. Un homme qui a assez de bien pour vivre, s'il savait demeurer chez soi avec plaisir, n'en sortirait pas pour aller sur la mer ou au siège d'une place, ou n'achèterait une charge à l'armée si cher[1] que parce qu'on trouverait insupportable de ne bouger de la ville, et on ne recherche les conversations et les divertissements des jeux que parce qu'on ne peut demeurer chez soi avec plaisir.

Mais quand j'ai pensé de plus près et qu'après avoir trouvé la cause de tous nos malheurs, j'ai voulu en découvrir les raisons, j'ai trouvé qu'il y en a une bien effective et qui consiste dans le malheur naturel de notre condition faible et mortelle, et si misérable que rien ne peut nous consoler lorsque nous y pensons de près.

Quelque condition qu'on se figure où l'on assemble tous les biens qui peuvent nous appartenir, la royauté est le plus beau poste du monde, et cependant qu'on s'en imagine[2] accompagné de toutes les satisfactions qui peuvent le toucher. S'il est sans divertissement, et qu'on le laisse considérer et faire réflexion sur ce qu'il est, cette félicité languissante ne le soutiendra point ; il tombera par nécessité dans les vues qui le menacent des révoltes qui peuvent arriver et enfin de la mort et des maladies qui sont inévitables, de sorte que s'il est sans ce qu'on appelle divertissement, le voilà malheureux, et plus malheureux que le moindre de ses sujets qui joue et qui se divertit.

De là vient que le jeu et la conversation des femmes, la guerre, les grands emplois sont si recherchés. Ce n'est pas qu'il y ait en effet du bonheur, ni qu'on s'imagine que la vraie béatitude soit d'avoir l'argent qu'on peut gagner au jeu, ou dans le lièvre qu'on court ; on n'en voudrait pas s'il était offert. Ce n'est pas cet usage mol et paisible et qui nous laisse penser à notre malheureuse condition qu'on recherche ni les dangers de la guerre ni la peine des emplois, mais c'est le tracas qui nous détourne d'y penser et nous divertit.

Fragment 126, « Divertissement » (extrait). Édition de Michel le Guern

1. À l'époque, on achetait les charges d'officier. 2. Qu'on imagine le roi.

Georges de La Tour, *Le Tricheur à l'as de carreau* (vers 1635-1638), huile sur toile (106 x 146 cm), musée du Louvre (Paris).

Animation
Manuel numérique

QUESTIONS

1 • En quoi le texte de Pascal repose-t-il sur une argumentation rigoureuse ?
2 • Quels artifices rhétoriques utilise-t-il ?
3 • Comment Pascal promeut-il ici son idéal chrétien ?

DE L'IMAGE AU TEXTE

4 • En quoi le regard que porte La Tour sur le divertissement contraste-t-il avec celui de Pascal ?

HISTOIRE DES ARTS

L'artiste et l'œuvre

Peintre français de la Renaissance influencé par le peintre italien Caravage, Georges de La Tour (1593-1652) est célèbre pour ses jeux d'ombre et de lumière. Il sera nommé peintre du roi par Louis XIII. La scène représentée se veut leçon de morale et dénonce les dangers du jeu, du vin et de la luxure, trois péchés capitaux.

Les jeux de lumière

L'arrière-plan sombre permet au spectateur de porter toute son attention sur la scène. Pour dramatiser son sujet, suivant la méthode du Caravage, La Tour choisit d'éclairer ses personnages à l'aide d'un faisceau lumineux qui semble venir du dos du tricheur. Seul le visage du tricheur se trouve, symboliquement, dans l'ombre.

1671 (posth.)

Mme de Sévigné
(1626-1696)

L'auteure et l'œuvre

Marie de Rabutin-Chantal est une femme d'esprit qui a reçu une éducation savante. Après son mariage avec le marquis de Sévigné, elle mène une vie mondaine et fréquente des auteurs célèbres : Mme de La Fayette, Mlle de Scudéry, La Rochefoucauld, le cardinal de Retz ou Fouquet. Après le décès soudain de son époux en 1651, elle poursuit sa carrière de femme du monde et met toute sa passion dans son lien avec sa fille, devenue Mme de Grignan.

« La Sévigné de tout le monde »

C'est ainsi que Proust évoque cette femme de lettres. À travers sa correspondance, cette femme libre et réfléchie aborde tous les sujets : la littérature, les mondanités, les « lanterneries » (c'est-à-dire des sujets sans importance), la religion ou l'amour maternel, sur une grande variété de tons qui révèle sa maîtrise de l'écriture et du style.

QUESTIONS

1 • Quels thèmes cette lettre aborde-t-elle ?

2 • Pourquoi peut-on parler de récit tout autant que de dialogue ?

3 • Comment l'amour maternel s'exprime-t-il ?

Mme de Sévigné

Lettres

La marquise de Sévigné écrit à sa fille, la marquise de Grignan, qui vient de partir en Provence, en plein hiver, sur les terres de son mari.

« Ma douleur serait bien médiocre si je pouvais vous la dépeindre »

À MADAME DE GRIGNAN

À Paris, vendredi 6 février [1671].

Ma douleur serait bien médiocre si je pouvais vous la dépeindre ; je ne l'entreprendrai pas aussi. J'ai beau chercher ma chère fille, je ne la trouve plus, et tous les pas qu'elle fait l'éloignent de moi. Je m'en allai donc à Sainte-Marie[1], toujours pleurant et toujours mourant. Il me semblait qu'on m'arrachait le cœur et l'âme, et en effet, quelle rude séparation ! Je demandai la liberté d'être seule. On me mena dans la chambre de Mme du Housset[2], on me fit du feu. Agnès[3] me regardait sans me parler ; c'était notre marché. J'y passai jusqu'à cinq heures sans cesser de sangloter ; toutes mes pensées me faisaient mourir. J'écrivis à M. de Grignan ; vous pouvez penser sur quel ton. J'allai ensuite chez Mme de La Fayette[4], qui redoubla mes douleurs par la part qu'elle y prit. Elle était seule, et malade, et triste de la mort d'une sœur religieuse ; elle était comme je la pouvais désirer. M. de La Rochefoucauld y vint. On ne parla que de vous, de la raison que j'avais d'être touchée, et du dessein de parler comme il faut à *Mélusine*[5]. Je vous réponds qu'elle sera bien relancée. D'Hacqueville[6] vous rendra un bon compte de cette affaire. Je revins enfin à huit heures de chez Mme de La Fayette. Mais en entrant ici, bon Dieu ! comprenez-vous bien ce que je sentis en montant ce degré[7] ? Cette chambre où j'entrais toujours, hélas ! j'en trouvai les portes ouvertes, mais je vis tout démeublé, tout dérangé, et votre petite fille[8] qui me représentait la mienne. Comprenez-vous bien tout ce que je souffris ? Les réveils de la nuit ont été noirs, et le matin je n'étais point avancée d'un pas pour le repos de mon esprit. L'après-dîner se passa avec Mme de La Troche à l'Arsenal. Le soir, je reçus votre lettre, qui me remit dans les premiers transports, et ce soir j'achèverai celle-ci chez M. de Coulanges[9], où j'apprendrai des nouvelles. Car pour moi, voilà ce que je sais, avec les douleurs de tous ceux que vous avez laissés ici. Toute ma lettre serait pleine de compliments, si je voulais.

1. **Sainte-Marie** : église et couvent où se rendait Mme de Sévigné quand elle était triste. 2. **Mme du Housset** : pensionnaire du couvent. 3. **Agnès** : religieuse. 4. **Mme de La Fayette** : amie de Mme de Sévigné qui habitait près du couvent. 5. Fée maléfique dans les romans de chevalerie. Désigne peut-être une ennemie de Mme de Sévigné, Mme de Marans. 6. **D'Hacqueville** : abbé et conseiller du roi, confident de Mme de Sévigné. 7. **Degré** : marche. 8. **Petite fille** : Marie-Blanche, fille encore bébé que Mme de Grignan a laissée à Paris. 9. **M. de Coulanges** : cousin et confident de Mme de Sévigné.

Jan Vermeer, *Jeune femme écrivant une lettre* (1665), huile sur toile (45 x 39 cm), National Gallery of Art, Washington (États-Unis).

Animation
Manuel numérique

1671 (posth.)

HISTOIRE DES ARTS

L'artiste et l'œuvre

Jan Vermeer (1632-1675), peintre hollandais, crée, à partir de sa vie domestique à Delft, des scènes intimistes d'une grande vitalité. Personnages et objets sont mis en scène sur un même plan et avec une grande netteté. La lumière pénètre dans le tableau, fait surgir le sujet de la pénombre et produit une suspension magique du temps qui met en valeur peau, cuir, fourrure, bois aussi bien que matières textiles, plume, papier, perles.

DE L'IMAGE AU TEXTE

4 • Comment le texte et le tableau créent-ils un lien avec le lecteur ou le spectateur ?

1674

Racine

Iphigénie

Jean Racine
(1639-1699)

L'auteur et l'œuvre

Fer de lance du classicisme (► p. 395) et éternel rival de Corneille, Racine fut très apprécié par Louis XIV qui en fit son « historiographe ». Reposant sur le sacrifice, évité de justesse, d'une jeune fille innocente, *Iphigénie* contribue à assurer la réputation de son auteur.

Des sources antiques

Racine revient à la source des mythes grecs. Reprenant l'histoire des Atrides, il s'inspire d'*Iphigénie à Aulis* d'Euripide mais, contrairement à ce dernier qui faisait intervenir le merveilleux en substituant une biche à Iphigénie au moment du sacrifice final, Racine invente le personnage d'Ériphile, sorte de double négatif d'Iphigénie dont le suicide comblera la soif de sang des dieux.

Agamemnon s'est résolu à offrir sa fille Iphigénie en sacrifice aux dieux pour obtenir des vents favorables afin que la flotte grecque rejoigne Troie. Face aux hésitations de son père, cette dernière accepte son sort avec une touchante abnégation.

« Cessez de vous troubler, vous n'êtes point trahi. »

IPHIGÉNIE

Mon père,
Cessez de vous troubler, vous n'êtes point trahi.
Quand vous commanderez, vous serez obéi.
Ma vie est votre bien. Vous voulez le reprendre ;
Vos ordres sans détour pouvaient se faire entendre.
D'un œil aussi content, d'un cœur aussi soumis
Que j'acceptais l'époux que vous m'aviez promis[1],
Je saurai, s'il le faut, victime obéissante,
Tendre au fer de Calchas[2] une tête innocente,
Et respectant le coup par vous-même ordonné,
Vous rendre tout le sang que vous m'avez donné.
Si pourtant ce respect, si cette obéissance
Paraît digne à vos yeux d'une autre récompense,
Si d'une mère[3] en pleurs vous plaignez les ennuis,
J'ose vous dire ici qu'en l'état où je suis,
Peut-être assez d'honneurs environnaient ma vie,
Pour ne pas souhaiter qu'elle me fût ravie,
Ni qu'en me l'arrachant un sévère destin
Si près de ma naissance, en eût marqué la fin.
Fille d'Agamemnon, c'est moi qui la première,
Seigneur, vous appelai de ce doux nom de père.
C'est moi qui si longtemps le plaisir de vos yeux,
Vous ai fait de ce nom remercier les dieux,
Et pour qui tant de fois prodiguant vos caresses,
Vous n'avez point du sang dédaigné les faiblesses.
Hélas ! avec plaisir je me faisais conter
Tous les noms des pays que vous allez dompter ;

Et déjà d'Ilion[4] présageant la conquête,
D'un triomphe si beau je préparais la fête.
Je ne m'attendais pas que pour le commencer,
Mon sang fût le premier que vous dussiez verser.
Non que la peur du coup, dont je suis menacée,
Me fasse rappeler votre bonté passée.
Ne craignez rien. Mon cœur de votre honneur jaloux,
Ne fera point rougir un père tel que vous,
Et si je n'avais eu que ma vie à défendre,
J'aurais su renfermer un souvenir si tendre.
Mais à mon triste sort, vous le savez, seigneur,
Une mère, un amant[5] attachaient leur bonheur.
Un roi[5] digne de vous a cru voir la journée
Qui devait éclairer notre illustre hyménée[6].
Déjà, sûr de mon cœur à sa flamme promis,
Il s'estimait heureux, vous me l'aviez permis.
Il sait votre dessein, jugez de ses alarmes.
Ma mère est devant vous, et vous voyez ses larmes.
Pardonnez aux efforts que je viens de tenter,
Pour prévenir les pleurs que je leur vais coûter.

Acte IV, scène 4 (extrait).

1. Achille, fils du roi Pélée et de la nymphe Thétis, le plus valeureux des guerriers grecs.
2. Le devin Calchas a prophétisé que les vents seraient défavorables à la flotte grecque avant que ne soit accompli le sacrifice promis aux dieux par Agamemnon.
3. Clytemnestre, épouse d'Agamemnon et mère d'Iphigénie.
4. **Ilion** : autre nom de Troie.
5. Il s'agit ici encore d'Achille.
6. **Hyménée** : mariage.

1674

Une dimension religieuse

Cette tragédie est fortement marquée par le jansénisme, un courant rigoriste du catholicisme fondé sur la théorie de la prédestination, qui repose sur la foi aveugle et désintéressée du croyant dans les desseins de Dieu. Au sacrifice païen présent dans le mythe originel, Racine ajoute le sacrifice chrétien. On songe en effet au sacrifice d'Isaac par Abraham dans l'Ancien Testament (► p. 414).

Une héroïne tragique et pathétique

Le thème du sacrifice inscrit la pièce dans la dimension tragique. Annonciateur d'une mort prochaine, il est le reflet de la volonté des dieux et place le destin (l. 18) au cœur de la pièce. En acceptant son statut de victime, comme le montre l'oxymore « victime obéissante », Iphigénie confirme qu'elle est une héroïne tragique et suscite la pitié.

QUESTIONS

1 • En quoi cette tirade est-elle paradoxale ?

2 • Quels sentiments Iphigénie cherche-t-elle à susciter chez son père ?

3 • Quels éléments font de cette tirade un plaidoyer ?

1677

Jean Racine
(1639-1699)

L'auteur et l'œuvre

Dans *Phèdre*, inspirée d'Euripide, Racine concilie avec virtuosité la rigueur classique et l'exubérance merveilleuse. Les entorses faites à la bienséance et à la vraisemblance par l'évocation d'un amour incestueux et le suicide entraîneront la réception houleuse de la pièce et le silence de Racine. Les actions divines se mêlent au drame humain de Phèdre, aliénée par le désir.

Une passion monstrueuse

L'aveu de Phèdre retrace l'origine d'une passion violente et fatale (► p. 366). « Fille de Minos et de Pasiphaé », elle porte l'héritage d'une alliance monstrueuse : sa mère a vécu un amour monstrueux avec un taureau ; elles subissent toutes deux la vengeance de Vénus, que Racine transforme en une « juste terreur » du châtiment chrétien. En héroïne de tragédie, Phèdre sait qu'elle va être punie pour sa faute. La tonalité tragique souligne son emprisonnement dans un crime qui la dévore et dont elle devient la proie.

Vidéo
Mise en scène de P. Chéreau (2003)
Manuel numérique

Racine

Phèdre

Phèdre, épouse de Thésée, se confie à Œnone, sa nourrice.

« Je le vis, je rougis, je pâlis à sa vue. »

Œnone
Aimez-vous ?

Phèdre
De l'amour j'ai toutes les fureurs.

Œnone
Pour qui ?

Phèdre
Tu vas ouïr le comble des horreurs.
J'aime... À ce nom fatal, je tremble, je frissonne.
J'aime...

Œnone
Qui ?

Phèdre
Tu connais ce fils de l'Amazone,
Ce prince si longtemps par moi-même opprimé.

Œnone
Hippolyte ! Grands dieux !

Phèdre
C'est toi qui l'as nommé.

Œnone
Juste ciel ! tout mon sang dans mes veines se glace.
Ô désespoir ! ô crime ! ô déplorable race !
Voyage infortuné ! rivage malheureux !
Fallait-il approcher de tes bords dangereux ?

Phèdre
Mon mal vient de plus loin. À peine au fils d'Égée[1],
Sous les lois de l'hymen[2] je m'étais engagée,
Mon repos, mon bonheur semblait être affermi,
Athènes me montra mon superbe ennemi.
Je le vis, je rougis, je pâlis à sa vue.
Un trouble s'éleva dans mon âme éperdue.
Mes yeux ne voyaient plus, je ne pouvais parler,

Je sentis tout mon corps et transir[3], et brûler.
Je reconnus Vénus[4], et ses feux redoutables,
D'un sang qu'elle poursuit tourments inévitables.
Par des vœux assidus je crus les détourner,
Je lui bâtis un temple, et pris soin de l'orner.
De victimes moi-même à toute heure entourée,
Je cherchais dans leurs flancs ma raison égarée.
D'un incurable amour remèdes impuissants !
En vain sur les autels ma main brûlait l'encens.
Quand ma bouche implorait le nom de la déesse,
J'adorais Hippolyte, et le voyant sans cesse,
Même au pied des autels que je faisais fumer,
J'offrais tout à ce dieu, que je n'osais nommer.
Je l'évitais partout. Ô comble de misère !
Mes yeux le retrouvaient dans les traits de son père.
Contre moi-même enfin j'osai me révolter.
J'excitai mon courage à le persécuter.
Pour bannir l'ennemi dont j'étais idolâtre,
J'affectai les chagrins d'une injuste marâtre ;
Je pressai son exil, et mes cris éternels
L'arrachèrent du sein, et des bras paternels.
Je respirais, Œnone. Et depuis son absence
Mes jours moins agités coulaient dans l'innocence.
Soumise à mon époux, et cachant mes ennuis,
De son fatal hymen je cultivais les fruits.
Vaines précautions ! Cruelle destinée !
Par mon époux lui-même à Trézène amenée
J'ai revu l'ennemi que j'avais éloigné.
Ma blessure trop vive a aussitôt saigné.
Ce n'est plus une ardeur dans mes veines cachée.
C'est Vénus tout entière à sa proie attachée.
J'ai conçu pour mon crime une juste terreur.
J'ai pris la vie en haine, et ma flamme en horreur.
Je voulais en mourant prendre soin de ma gloire,
Et dérober au jour une flamme si noire.
Je n'ai pu soutenir tes larmes, tes combats.
Je t'ai tout avoué, je ne m'en repens pas,
Pourvu que de ma mort respectant les approches
Tu ne m'affliges plus par d'injustes reproches,
Et que tes vains secours cessent de rappeler
Un reste de chaleur, tout prêt à s'exhaler.

Acte I, scène 3 (extrait).

1. Thésée, héros qui a tué le Minotaure. 2. **Hymen** : mariage, union.
3. **Transir** : geler. 4. **Vénus** : déesse de l'Amour.

1677

Un combat douloureux

Phèdre exprime de manière pathétique la progression de ses sentiments, vécus comme autant de symptômes d'un « incurable amour ». Le coup de foudre fatal la ronge dans sa chair, atteignant ses sens et l'amenant à dépérir. Les accumulations soulignent l'impact physique d'une passion brûlante qui la conduit à implorer les dieux et à souhaiter la mort. C'est une lutte épique que l'héroïne mène contre elle-même.

QUESTIONS

1 • Comment la violence de la passion et la culpabilité de Phèdre s'expriment-elles ?

2 • Dans quelle mesure l'amour profane et l'amour sacré sont-ils liés ?

3 • En quoi cet aveu enferme-t-il Phèdre dans la fatalité ?

1678

Mme de La Fayette
La Princesse de Clèves

Mme de La Fayette (1634-1693)

L'auteure et l'œuvre

Marie-Madeleine Pioche de La Vergne, dite Mme de La Fayette, femme de lettres qui fréquente la cour de Louis XIV, publie ce roman de façon anonyme. Ce n'est qu'en 1780 que son nom apparaît sur la couverture. *La Princesse de Clèves* se rattache au roman d'analyse : à travers l'histoire d'amour entre Mme de Clèves et M. de Nemours, Mme de La Fayette « radiographie », comme le notera Marcel Proust, le sentiment amoureux.

Le théâtre du monde

Femme de cour écrivant sur la cour, Mme de La Fayette offre une vision particulièrement saisissante de ses codes. Aussi le thème du regard est-il fondamental. Chaque personnage regarde les autres et se sait regardé. Mme de Clèves ne peut avouer, du fait des bienséances, qu'elle a reconnu M. de Nemours sur sa seule réputation.

En 1558, à la cour du roi Henri II, a lieu la première rencontre de la princesse de Clèves avec M. de Nemours, dont elle a entendu vanter la beauté et l'élégance.

« il s'éleva dans la salle un murmure de louanges »

Elle passa tout le jour des fiançailles[1] chez elle à se parer, pour se trouver le soir au bal et au festin royal qui se faisaient au Louvre. Lorsqu'elle arriva, l'on admira sa beauté et sa parure ; le bal commença et, comme elle dansait avec M. de Guise, il se fit un assez grand bruit vers la porte de la salle, comme de quelqu'un qui entrait et à qui on faisait place. Mme de Clèves acheva de danser et, pendant qu'elle cherchait des yeux quelqu'un qu'elle avait dessein de prendre, le roi lui cria de prendre celui qui arrivait. Elle se tourna et vit un homme qu'elle crut d'abord ne pouvoir être que M. de Nemours, qui passait par-dessus quelques sièges pour arriver où l'on dansait. Ce prince était fait d'une sorte qu'il était difficile de n'être pas surprise de le voir quand on ne l'avait jamais vu, surtout ce soir-là, où le soin qu'il avait pris de se parer, augmentait encore l'air brillant qui était dans sa personne, mais il était difficile aussi de voir Mme de Clèves pour la première fois sans avoir un grand étonnement.

M. de Nemours fut tellement surpris de sa beauté que, lorsqu'il fut proche d'elle et qu'elle lui fit la révérence, il ne put s'empêcher de donner des marques de son admiration. Quand ils commencèrent à danser, il s'éleva dans la salle un murmure de louanges. Le roi et les reines se souvinrent qu'ils ne s'étaient jamais vus, et trouvèrent quelque chose de singulier de les voir danser ensemble sans se connaître. Ils les appelèrent quand ils eurent fini sans leur donner le loisir de parler à personne et leur demandèrent s'ils n'avaient pas bien envie de savoir qui ils étaient et s'ils ne s'en doutaient point.

– Pour moi, madame, dit M. de Nemours, je n'ai pas d'incertitude, mais comme Mme de Clèves n'a pas les mêmes raisons pour deviner qui je suis que celles que j'ai pour la reconnaître, je voudrais bien que Votre Majesté eût la bonté de lui apprendre mon nom.

– Je crois, dit Mme la dauphine, qu'elle le sait aussi bien que vous savez le sien.

– Je vous assure, madame, reprit Mme de Clèves, qui paraissait un peu embarrassée, que je ne devine pas si bien que vous pensez.

– Vous devinez fort bien, répondit Mme la dauphine, et il y a même quelque chose d'obligeant pour M. de Nemours à ne vouloir pas avouer que vous le connaissez sans l'avoir jamais vu.

La reine les interrompit pour faire continuer le bal, M. de Nemours prit la reine dauphine. Cette princesse était d'une parfaite beauté et avait paru telle aux yeux de M. de Nemours avant qu'il allât en Flandre, mais, de tout le soir, il ne put admirer que Mme de Clèves.

Le chevalier de Guise, qui l'adorait toujours, était à ses pieds, et ce qui se venait de passer lui avait donné une douleur sensible. Il le prit comme un présage que la fortune destinait M. de Nemours à être amoureux de Mme de Clèves, et, soit qu'en effet il eût paru quelque trouble sur son visage, ou que la jalousie fît voir au chevalier de Guise au-delà de la vérité, il crut qu'elle avait été touchée de la vue de ce prince, et il ne put s'empêcher de lui dire que M. de Nemours était bien heureux de commencer à être connu d'elle par une aventure qui avait quelque chose de galant et d'extraordinaire.

Mme de Clèves revint chez elle, l'esprit si rempli de tout ce qui s'était passé au bal, que, quoiqu'il fût fort tard, elle alla dans la chambre de sa mère pour lui en rendre compte ; et elle lui loua M. de Nemours avec un certain air, qui donna à Mme de Chartres[2] la même pensée qu'avait eue le chevalier de Guise.

1. Ce sont les fiançailles de Claude de France et du duc de Lorraine.
2. Mère de Mme de Clèves.

QUESTIONS

1 • Analysez la société de cour.

2 • Quel regard la narratrice porte-t-elle sur les personnages qu'elle met en scène ?

3 • Pourquoi peut-on parler de rencontre amoureuse ?

Un idéal classique

La princesse de Clèves renvoie à l'idéal classique par sa beauté mais aussi par sa vertu : bien qu'amoureuse de M. de Nemours et se sachant aimée de lui, elle restera fidèle à son mari, même après la mort de ce dernier, déclenchant ainsi l'admiration du lecteur.

La vie de cour au XVIIe siècle

À Versailles, la vie de cour permet au Roi Soleil de placer les Grands du royaume sous surveillance, tout en exposant aux yeux de l'Europe entière la grandeur de son règne et de son autorité.

Une noblesse domptée

• Louis XIV attire et retient à Versailles, à l'écart des pouvoirs parisiens et provinciaux, une noblesse qu'il coupe ainsi des tentations d'indépendance ou de soulèvements. Tout noble voulant faire carrière se doit de vivre près du roi et de participer à la vie codifiée de la cour. Il devient **courtisan**, respecte l'**étiquette**, c'est-à-dire l'ensemble des règles de conduite très strictes que l'entourage du roi se doit de suivre. **Tour à tour spectateur et acteur**, il assiste et participe à cette représentation permanente à laquelle le roi astreint sa cour et au centre de laquelle il se tient en majesté. Les journées sont réglées sur un **cérémonial** qui accompagne le roi depuis son lever jusqu'à son coucher et se déroule en public.

L'art de vivre à la cour

• La vie à la cour développe ce que le sociologue Norbert Elias appelle « une civilisation des mœurs » imposant une civilité, une pacification des mœurs qui passe par une **maîtrise de soi**. L'**art de plaire** est valorisé et normalise sensibilités et comportements sociaux. L'**urbanité** de la cour impose ses codes, ses règles de politesse et ses modes à une aristocratie qui se police et s'éduque, tendant vers un idéal de savoirs et de savoir-vivre.

• Ses maximes d'existence sont empruntées aux différents **traités de civilités** de l'époque ou à la littérature. Le roman *L'Astrée* d'Honoré d'Urfé (1607) ► p. 78, *L'Honnête homme ou l'art de plaire à la cour* de Faret (1630), le *Nouveau traité de la civilité qui se pratique en France parmi les honnêtes gens* d'Antoine Courtin (1671) forment les lecteurs à la civilité, et modèlent un **homme du monde, cultivé sans être pédant**, distingué sans être précieux, civil, affable, poli, plein d'esprit comme de naturel et maître dans l'art de la conversation. Les femmes de bonne société, cultivées et actrices de la vie mondaine, entretiennent l'art de bien parler et la galanterie. Les genres de la **lettre mondaine** (Mme de Sévigné ► p. 116) ou fictive (Guilleragues, ► p. 112), du **dialogue galant** (*Conversations* du Chevalier Méré) et en poésie du **madrigal**, de l'**épigramme**, du **sonnet**, les **jeux de salon** mettent à l'honneur l'**esprit mondain**, les belles manières, les belles paroles, la vivacité, l'esprit, le goût du détour autant que de la mesure.

Anonyme, *Louis XIV devant la grotte de Téthys* (vers 1670), huile sur toile (96,5 x 96,5 cm), collection du château de Versailles.

Versailles, foyer culturel

• Les plaisirs offerts à la cour sont des manifestations brillantes de la **sociabilité** et de l'art. Les bals, les représentations théâtrales, les concerts, les opéras, les chasses, les fêtes grandioses données par le Roi Soleil font de Versailles un lieu de réjouissances inégalé. ***Les Plaisirs de l'Île enchantée***, première d'une série de fêtes extraordinaires qui font le prestige de la cour, sont donnés en 1664 en l'honneur de la mère du roi, Anne d'Autriche, et de la reine Marie-Thérèse. Lully y règle les musiques, Molière y représente pour la première fois son *Tartuffe*. La cour soutient une politique qui se met en scène et devient un **spectacle**.

• La cour se déploie au sein d'un **décorum raffiné** et imposant qui rivalise avec la munificence que décrivent les romans de l'époque, comme *Célinte* de Madeleine de Scudéry. Son éclat et son faste sont à l'origine de commandes faites aux artistes et participent au rayonnement culturel de la France en Europe. Le roi et les Grands de la cour deviennent des **mécènes**.

L'envers du décor

• Cependant, la vie à la cour ne constitue **pas un idéal**. Les nobles les plus fortunés se disputent les chambres du château de Versailles pourtant sans commodités et mal chauffées, ou se ruinent dans l'entretien d'hôtels particuliers construits à proximité du château. Chacun s'habille somptueusement, roule en carrosse et cherche à se distinguer aux yeux du roi afin d'obtenir un témoignage de sa bienveillance, un privilège, une charge. Le moindre faux-pas peut amener la disgrâce et la ruine. Les **intrigues** font rage. La Bruyère décrit dans *Les Caractères* (► p. 130) l'assemblée disparate et superficielle des courtisans et fustige flatteries, masques et artifices de la cour. Saint Simon dans ses *Mémoires* remarque que Louis XIV lui-même apprécie la **flatterie**. L'exposition permanente de soi en société conduit au **goût pour le paraître** et transforme la recherche de la juste mesure en errements où l'amour-propre remplace l'estime de soi.

Jean-Francois de Troy, *Lecture dans un salon ou La Lecture de Molière* (1710), huile sur toile (74 x 93 cm), collection privée.

RECHERCHES

La Fontaine a fréquenté la cour du roi et connaît bien le domaine de Versailles. Cherchez les poèmes que le poète consacre aux jardins et faites un lien avec la vie à Versailles.

1678

Jean de La Fontaine
(1621-1695)

L'auteur et l'œuvre

Écrivain et moraliste classique également auteur de contes licencieux, La Fontaine rédige à partir de 1668 trois recueils de fables, d'abord inspirées d'Ésope et de Phèdre puis de l'Indien Pilpay. Si, dans le premier recueil, l'auteur met en scène des animaux anthropomorphes et affiche ses intentions morales (« Je me sers d'animaux pour instruire les hommes »), le deuxième, dont est issu « Le pouvoir des fables », s'intéresse davantage aux êtres humains.

Un arrière-plan politique

Ce texte est dédié à M. de Barillon, ambassadeur de France en Angleterre et familier des salons littéraires. Alors que la France est engagée aux côtés de l'Angleterre dans la guerre de Hollande (1672-1678), Louis XIV mandate ce diplomate pour convaincre Charles II, roi d'Angleterre, de ne pas rallier l'autre camp : la coalition Hollande-Espagne-Saint-Empire, que La Fontaine nomme plaisamment « l'Hydre ».

La Fontaine

Fables

Le pouvoir des fables

« Il le faut amuser encor comme un enfant. »

À M. de Barillon

La qualité d'Ambassadeur
Peut-elle s'abaisser à des contes vulgaires ?
Vous puis-je offrir mes vers et leurs grâces légères ?
S'ils osent quelquefois prendre un air de grandeur,
Seront-ils point traités par vous de téméraires ?
Vous avez bien d'autres affaires
À démêler que les débats
Du Lapin et de la Belette :
Lisez-les, ne les lisez pas ;
Mais empêchez qu'on ne nous mette
Toute l'Europe sur les bras.
Que de mille endroits de la terre
Il nous vienne des ennemis,
J'y consens ; mais que l'Angleterre
Veuille que nos deux Rois se lassent d'être amis,
J'ai peine à digérer la chose.
N'est-il point encor temps que Louis se repose ?
Quel autre Hercule enfin ne se trouverait las
De combattre cette Hydre[1] ? et faut-il qu'elle oppose
Une nouvelle tête aux efforts de son bras ?
Si votre esprit plein de souplesse,
Par éloquence, et par adresse,
Peut adoucir les cœurs, et détourner ce coup,
Je vous sacrifierai cent moutons : c'est beaucoup
Pour un habitant du Parnasse[2].
Cependant faites-moi la grâce
De prendre en don ce peu d'encens.
Prenez en gré mes vœux ardents,
Et le récit en vers qu'ici je vous dédie.
Son sujet vous convient ; je n'en dirai pas plus :
Sur les Éloges que l'envie
Doit avouer qui vous sont dus[3],
Vous ne voulez pas qu'on appuie.

Dans Athène[4] autrefois peuple vain et léger,
Un Orateur voyant sa patrie en danger,
Courut à la Tribune ; et d'un art tyrannique,
Voulant forcer les cœurs dans une république,
Il parla fortement sur le commun salut.
On ne l'écoutait pas : l'Orateur recourut
À ces figures violentes,
Qui savent exciter les âmes les plus lentes.
Il fit parler les morts ; tonna, dit ce qu'il put.
Le vent emporta tout ; personne ne s'émut ;
L'animal aux têtes frivoles[5],
Étant fait à ces traits[6], ne daignait l'écouter ;
Tous regardaient ailleurs : il en vit s'arrêter
À des combats d'enfants, et point à ses paroles.
Que fit le harangueur ? Il prit un autre tour.
« Cérès[7], commença-t-il, faisait voyage un jour
Avec l'Anguille et l'Hirondelle.
Un fleuve les arrête ; et l'Anguille en nageant,
Comme l'Hirondelle en volant,
Le traversa bientôt. » L'assemblée à l'instant
Cria tout d'une voix : « Et Cérès, que fit-elle ?
– Ce qu'elle fit ? Un prompt courroux
L'anima d'abord contre vous.
Quoi, de contes d'enfants son peuple s'embarrasse !
Et du péril qui le menace
Lui seul entre les Grecs il néglige l'effet !
Que ne demandez-vous ce que Philippe[8] fait ? »
À ce reproche l'assemblée,
Par l'apologue réveillée,
Se donne entière à l'Orateur :
Un trait de fable en eut l'honneur.
Nous sommes tous d'Athène en ce point ; et moi-même,
Au moment que je fais cette moralité,
Si peau d'âne m'était conté,
J'y prendrais un plaisir extrême.
Le monde est vieux, dit-on ; je le crois, cependant
Il le faut amuser encor comme un enfant.

Livre VIII, fable 4.

1. **Hydre** : hydre de Lerne, monstre de l'Antiquité combattu par le héros Hercule. 2. **Parnasse** : montagne où demeurent les Muses, inspiratrices des poètes (mythologie grecque). 3. Dont l'envie doit avouer qu'ils vous sont dus. 4. Licence poétique (absence de « s »). 5. La foule, considérée comme un seul être. 6. **Traits** : procédés (artifices rhétoriques employés par l'orateur). 7. **Cérès** : déesse des moissons et de la fertilité (mythologie romaine). 8. **Philippe** : Philippe de Macédoine voulait envahir la Grèce, l'orateur Démosthène prononça contre lui *Les Philippiques*.

1678

L'art de l'apologue

La Fontaine revendique le recours au genre de l'apologue : « L'apologue est composé de deux parties [...]. Le corps est la fable ; l'âme, la moralité » (préface de 1668). La fable déploie un discours argumentatif fondé sur la persuasion et la séduction du public (*docere*, *placere*) d'où le recours à l'allégorie, à l'humour, à l'émotion mais aussi à la beauté de l'écriture poétique. La morale, quant à elle, revêt une intention didactique, voire édifiante ou critique.

VERS LA LECTURE ANALYTIQUE

1 • Que cherche à démontrer La Fontaine ?

2 • Quels procédés permettent d'emporter l'adhésion du lecteur ?

3 • En quoi peut-on parler de mise en abyme ?

1678

Jean de La Fontaine
(1621-1695)

L'auteur et l'œuvre

Cette fable se situe dans la dernière partie du recueil, qui commence par les fables animalières, plus accessibles, pour avancer progressivement dans la réflexion sur la condition humaine. Elle est inspirée du récit d'Aulu-Gelle *Les Nuits attiques*. Le vieillard grec de la fable rappelle aussi le personnage des *Géorgiques* de Virgile, long poème sur le travail de la terre.

Une réflexion sur le bonheur

Les deux personnages ont une relation qui fait écho à celle du fabuliste et de son lecteur : les leçons doivent être comprises avec mesure et sagesse pour amener, éventuellement, au bonheur.

Le stoïcisme

Cette philosophie héritée de l'Antiquité grecque consiste à chercher le bonheur en se détachant des émotions, des désirs et des passions.

VERS LA LECTURE ANALYTIQUE

1 • Quelles différences les deux conceptions du bonheur présentent-elles ?

2 • Quelles sont les différentes étapes de l'apologue ?

3 • De quelle manière la morale est-elle présente ?

La Fontaine
Fables

Le philosophe scythe

Un Philosophe austère, et né dans la Scythie,
Se proposant de suivre une plus douce vie,
Voyagea chez les Grecs, et vit en certains lieux
Un Sage assez semblable au vieillard de Virgile[1] ;
Homme égalant les Rois, homme approchant des Dieux,
Et, comme ces derniers, satisfait et tranquille.
Son bonheur consistait aux beautés d'un Jardin.
Le Scythe l'y trouva, qui la serpe à la main,
De ses arbres à fruit retranchait l'inutile,
Ébranchait, émondait, ôtait ceci, cela,
Corrigeant partout la Nature,
Excessive à payer ses soins avec usure.
Le Scythe alors lui demanda
Pourquoi cette ruine : était-il d'homme sage
De mutiler ainsi ces pauvres habitants ?
« Quittez-moi votre serpe, instrument de dommage.
Laissez agir la faux du temps :
Ils iront aussi tôt border le noir rivage.
– J'ôte le superflu, dit l'autre, et l'abattant,
Le reste en profite d'autant. »
Le Scythe, retourné dans sa triste demeure,
Prend la serpe à son tour, coupe et taille à toute heure ;
Conseille à ses voisins, prescrit à ses amis
Un universel abatis.
Il ôte de chez lui les branches les plus belles,
Il tronque son Verger contre toute raison,
Sans observer temps ni saison,
Lunes ni vieilles ni nouvelles.
Tout languit et tout meurt. Ce Scythe exprime bien
Un indiscret Stoïcien[2].
Celui-ci retranche de l'âme
Désirs et passions, le bon et le mauvais,
Jusqu'aux plus innocents souhaits.
Contre de telles gens, quant à moi, je réclame.
Ils ôtent à nos cœurs le principal ressort :
Ils font cesser de vivre avant que l'on soit mort.

Livre XII, fable 20.

« Son bonheur consistait aux beautés d'un Jardin. »

1. **Virgile** : auteur latin du Ier s. av. J.-C. 2. **Stoïcien** : qui suit la philosophie du stoïcisme.

TEXTE ÉCHO

Aulu-Gelle, *Les Nuits attiques* (IIe siècle)

Le narrateur rapporte les paroles d'Hérode Atticus, un célèbre orateur qui critique ici les stoïciens.

Ces sentiments et ces mouvements de l'âme, qui, poussés à l'excès, dégénèrent en vices, renferment en eux-mêmes des principes de force et de vivacité ; et si l'on avait la maladresse de les extirper tous, on risquerait d'arracher en même temps les bonnes et utiles qualités de l'âme, qui y sont intimement liées. Il faut donc les modérer, les épurer avec sens et précaution, n'arracher que ce qui est étranger ou contraire à la nature, et lui nuit comme une herbe parasite ; mais il faut craindre aussi de tomber dans la faute qu'un Thrace grossier et ignorant commit dans la culture d'un champ qu'il avait acheté. Voici la fable : Un Thrace, né dans le fond de la barbarie, s'avisa de passer dans une contrée civilisée pour y mener une existence plus douce ; sans avoir aucune notion d'agriculture, il acheta un fonds de terre qui produisait du vin et de l'huile. Notre homme n'entendait rien à la culture de la vigne et de l'olivier. Un jour, il vit un voisin arracher les ronces qui hérissaient son champ, tailler les frênes presque jusqu'au faîte, couper jusqu'à la racine les rejetons des vignes qui rampaient à terre, émonder, grandes et petites, les branches des pommiers et des oliviers. Il s'approche de lui, et demande pourquoi il faisait cet abatis d'arbres et de feuilles. Afin, répondit le voisin, de dégager et de purifier mon champ, et de rendre mes arbres et ma vigne plus fertiles. Il remercie le voisin et s'en va tout joyeux, comme s'il venait d'apprendre à fond l'art de l'agriculture. Puis, il s'arme de la faux et de la cognée ; et le malheureux décapite, sans savoir ce qu'il fait, toutes ses vignes et tous ses oliviers, les dépouille de leur plus belle chevelure, abat les ceps les plus fertiles, arrache indistinctement les arbres et leur espérance avec les ronces et les buissons pour purifier son champ. Il apprit à ses dépens les dangers d'une imprudente imitation. Voilà bien, ajouta Hérode Atticus, ces partisans de l'insensibilité, qui veulent paraître calmes, intrépides, impassibles, sans désir, sans douleur, sans colère et sans plaisir : ils mutilent tous les ressorts de l'âme ; et leur vie languissante, énervée, n'est qu'une vieillesse anticipée du corps.

Livre XIX, chapitre XII (extrait).
Traduit du latin par MM. de Chaumont, Flambant et Buisson (1920).

L'auteur et l'œuvre

Aulu-Gelle est un grammairien du IIe siècle. Il écrit dans *Les Nuits attiques* (*Noctes atticae* en latin) des notes sur la culture de son temps, qu'il rédige la nuit, dans l'Attique, la région d'Athènes. Il rassemble des éléments variés, des résumés d'œuvres, des cours, des souvenirs, sur de nombreux sujets : la philosophie, la littérature, la médecine, le droit, la géométrie, la géographie, l'histoire.

D'UN TEXTE À L'AUTRE

4 • Quels éléments sont conservés dans la fable de La Fontaine ?

5 • Sur quels aspects Aulu-Gelle insiste-t-il ?

1688

Jean de La Bruyère
(1645-1696)

L'auteur et l'œuvre

La Bruyère, moraliste du « Grand Siècle », analyse la nature humaine qu'il observe à la cour et en peint les ridicules et les vices. Partisan de l'imitation des Anciens, il s'inspire des *Caractères* du Grec Théophraste. *Les Caractères* de La Bruyère, composés de seize chapitres, sont constitués de fragments dont la longueur et la forme varient de la brève maxime au récit de trois pages. Le chapitre 13 étudie les extravagances de la mode à la cour.

Le jeu des portraits

Ce jeu, né chez les précieux, est un divertissement attaché aux salons où se déploient les rites de la civilité. Le portrait devient rapidement un genre littéraire et s'enrichit d'une visée morale. Dans le portrait d'Iphis, comme dans la plupart des portraits de La Bruyère, une pointe finale crée un effet de chute et insiste sur le ridicule du personnage.

La Bruyère
Les Caractères

Iphis

« l'on ne peut être plus content de personne qu'il l'est de lui-même »

Iphis voit à l'église un soulier d'une nouvelle mode ; il regarde le sien et en rougit ; il ne se croit plus habillé. Il était venu à la messe pour s'y montrer, et il se cache ; le voilà retenu par le pied dans sa chambre tout le reste du jour. Il a la main douce, et il l'entretient avec une pâte de senteur ; il a soin de rire pour montrer ses dents ; il fait la petite bouche, et il n'y a guère de moments où il ne veuille sourire ; il regarde ses jambes, et se voit au miroir : l'on ne peut être plus content de personne qu'il l'est de lui-même ; il s'est acquis une voix claire et délicate, et heureusement il parle gras ; il a un mouvement de tête, et je ne sais quel adoucissement dans les yeux, dont il n'oublie pas de s'embellir ; il a une démarche molle et le plus joli maintien qu'il est capable de se procurer ; il met du rouge, mais rarement, il n'en fait pas habitude. Il est vrai aussi qu'il porte des chausses et un chapeau, et qu'il n'a ni boucles d'oreilles ni collier de perles ; aussi ne l'ai-je pas mis dans le chapitre des femmes.

Chapitre 13, « De la mode », fragment 14.

QUESTIONS

1 • Sur quels éléments l'ambiguïté de ce portrait repose-t-elle ?
2 • En quoi La Bruyère mêle-t-il le conte et le portrait ?
3 • Dans quelle mesure cette forme brève permet-elle la satire ?

La Bruyère

Les Caractères

Giton

« il se croit du talent et de l'esprit. Il est riche. »

Giton a le teint frais, le visage plein et les joues pendantes, l'œil fixe et assuré, les épaules larges, l'estomac haut, la démarche ferme et délibérée. Il parle avec confiance ; il fait répéter celui qui l'entretient, et il ne goûte que médiocrement tout ce qu'il lui dit. Il déploie un ample mouchoir, et se mouche avec grand bruit ; il crache fort loin, et il éternue fort haut. Il dort le jour, il dort la nuit, et profondément ; il ronfle en compagnie. Il occupe à table et à la promenade plus de place qu'un autre. Il tient le milieu en se promenant avec ses égaux ; il s'arrête, et l'on s'arrête ; il continue de marcher, et l'on marche : tous se règlent sur lui. Il interrompt, il redresse ceux qui ont la parole : on ne l'interrompt pas, on l'écoute aussi longtemps qu'il veut parler ; on est de son avis, on croit les nouvelles qu'il débite. S'il s'assied, vous le voyez s'enfoncer dans un fauteuil, croiser les jambes l'une sur l'autre, froncer le sourcil, abaisser son chapeau sur ses yeux pour ne voir personne, ou le relever ensuite, et découvrir son front par fierté et par audace. Il est enjoué, grand rieur, impatient, présomptueux, colère, libertin, politique, mystérieux sur les affaires du temps ; il se croit des talents et de l'esprit. Il est riche.

Chapitre 6, « Des biens de fortune », fragment 83.

QUESTIONS

1 • Qu'est-ce qui rapproche ce *caractère* d'une vanité ?

2 • Dans quelle mesure ce texte s'apparente-t-il à une caricature ?

3 • Quelle définition de l'honnête homme se dissimule sous cette description ?

1688

Jean de La Bruyère (1645-1696)

La vanité

La vanité littéraire est proche de la vanité en peinture : elle dénonce la futilité du monde matériel et terrestre et ses prétentions (savoir, gloire, richesses, beauté ▸ Ph. de Champaigne, p. 394). Elle insiste sur le paraître et le spectaculaire et offre à l'attention du lecteur devenu spectateur de véritables hypotyposes (descriptions réalistes et animées).

Le théâtre du monde

Dans *Les Caractères*, le monde de la cour devient un théâtre où chaque homme joue un rôle. S'inspirant du *topos* moraliste du *theatrum mundi* (vision du monde où l'homme est un acteur et le monde une scène de théâtre), La Bruyère démasque les ruses de l'amour-propre et ses hypocrisies.

Des caractères

La Bruyère peint les « caractères » permanents repérables dans l'humanité et les transforme en archétypes remarquables. Giton, par exemple, représente le modèle de l'homme riche en biens, mais pauvre en sagesse.

Texte lu
Manuel numérique

1697

Charles Perrault
(1628-1703)

L'auteur et l'œuvre

Les contes de Charles Perrault répondent à l'idéal classique qui consiste à « plaire et instruire ». *Les Contes du temps passé* ou *Contes de ma mère l'Oye* lui valent sa renommée littéraire. Très engagé dans la Querelle des Anciens et des Modernes contre Boileau et Racine, l'auteur, résolument moderne, prône une révolution esthétique : il ne s'agit plus d'imiter les Anciens mais de créer de nouvelles formes.

Un conte de fées

Le conte de fées répond à un schéma narratif et actanciel précis, et met en action des personnages stéréotypés. Porteurs d'une charge symbolique clairement identifiable, ils sont souvent désignés non par leur identité propre (nom) mais par des périphrases (« la brutale », « la pauvre enfant »).

Une œuvre d'inspiration mythique

Le conte s'appuie sur la culture antique (le mot « fée » vient du latin *fata*, qui désigne la divinité du Destin) mais aussi biblique : la fée rappelle la Samaritaine à laquelle le Christ demande : « Donne-moi à boire » au puits de Jacob. Les sœurs rivales du conte de Perrault évoquent Caïn et Abel ou Jacob et Ésaü. La seconde moralité rappelle la parole du Christ : « Les premiers seront les derniers ».

Perrault

Histoires ou Contes du temps passé

Les fées

Une veuve a deux filles : l'aînée, orgueilleuse et désagréable, et la cadette, douce et honnête, détestée par sa mère et sa sœur. Dans la forêt, la cadette donne à boire à la fée qui a pris l'apparence d'une pauvre femme. Celle-ci lui offre le don de faire jaillir de sa bouche, à chaque parole, une fleur ou une pierre précieuse. La mère ordonne alors à l'aînée d'aller à la rencontre de la fée pour obtenir le même don.

« l'honnêteté coûte des soins »

« Il me ferait beau voir, répondit la brutale, aller à la fontaine. – Je veux que vous y alliez, reprit la mère, et tout à l'heure. » Elle y alla, mais toujours en grondant. Elle prit le plus beau Flacon d'argent qui fût dans le logis. Elle ne fut pas plus tôt arrivée à la fontaine qu'elle vit sortir du bois une Dame magnifiquement vêtue qui vint lui demander à boire : c'était la même Fée qui avait apparu à sa sœur, mais qui avait pris l'air et les habits d'une Princesse, pour voir jusqu'où irait la malhonnêteté de cette fille. « Est-ce que je suis ici venue, lui dit cette brutale orgueilleuse, pour vous donner à boire ? Justement j'ai apporté un Flacon d'argent tout exprès pour donner à boire à Madame ! J'en suis d'avis, buvez à même[1] si vous voulez. – Vous n'êtes guère honnête, reprit la Fée, sans se mettre en colère ; hé bien ! puisque vous êtes si peu obligeante, je vous donne pour don qu'à chaque parole que vous direz, il vous sortira de la bouche ou un serpent ou un crapaud. » D'abord que sa mère l'aperçut, elle lui cria : « Hé bien, ma fille ! – Hé bien, ma mère ! lui répondit la brutale, en jetant deux vipères, et deux crapauds. — Ô Ciel ! s'écria la mère, que vois-je là ? C'est sa sœur qui en est cause, elle me le paiera » ; et aussitôt elle courut pour la battre. La pauvre enfant s'enfuit, et alla se sauver dans la Forêt prochaine. Le fils du Roi qui revenait de la chasse la rencontra et la voyant si belle, lui demanda ce qu'elle faisait là toute seule et ce qu'elle avait à pleurer. « Hélas ! Monsieur, c'est ma mère qui m'a chassée du logis. » Le fils du Roi, qui vit sortir de sa bouche cinq ou six Perles, et autant de Diamants, la pria de lui dire d'où cela lui venait. Elle lui conta toute son aventure. Le fils du Roi en devint amoureux, et considérant qu'un tel don valait mieux que tout ce qu'on pouvait donner en mariage à un autre, l'emmena au Palais du Roi son père, où il l'épousa. Pour sa sœur, elle se fit tant haïr, que sa propre mère la chassa de chez elle ; et la malheureuse, après avoir bien couru sans trouver personne qui voulût la recevoir, alla mourir au coin d'un bois.

MORALITÉ

Les Diamants et les Pistoles,
Peuvent beaucoup sur les Esprits ;
Cependant les douces paroles
Ont encor plus de force, et sont d'un plus grand prix.

AUTRE MORALITÉ

L'honnêteté coûte des soins,
Et veut un peu de complaisance,
Mais tôt ou tard elle a sa récompense,
Et souvent dans le temps qu'on y pense le moins.

(Extrait).

1. **À même** : directement à la fontaine.

Gravure sur bois (1862), d'après un dessin de **Gustave Doré**, illustrant le conte de Charles Perrault, « Les fées ».

1697

VERS LA LECTURE ANALYTIQUE

1 • En quoi le conte est-il un apologue ?

2 • Comment cet extrait développe-t-il le thème de la dualité ?

3 • Comment ce texte révèle-t-il la valeur de l'honnêteté ?

HISTOIRE DES ARTS

L'artiste et l'œuvre

Gustave Doré est un illustrateur, dessinateur, peintre et graveur du XIXe siècle. Il montre un goût précoce pour le dessin et se fait connaître très jeune en renouvelant l'art de la gravure : il ne s'agit plus de dessiner à la mine de bois mais d'être attentif à la lumière et au mouvement. Il est resté célèbre pour ses illustrations de Rabelais, Balzac, Dante, Perrault, Cervantès, La Fontaine…

Une esthétique de la lumière

Gustave Doré éclaire les deux personnages de cette gravure. La lumière joue un rôle symbolique, soulignant le fait qu'il ne faut pas se fier aux apparences. Cette vieille femme est en fait un être lumineux.

DE L'IMAGE AU TEXTE

4 • Quels aspects du conte de Perrault cette gravure illustre-telle ?

1699

François Fénelon
(1651-1715)

L'auteur et l'œuvre

Écrivain, homme d'Église et théologien, Fénelon tombe en disgrâce après la publication des *Aventures de Télémaque* : le livre a été perçu comme une critique de la cour de Louis XIV. Ce pastiche de *L'Odyssée* était destiné à l'éducation du petit-fils de Louis XIV, le duc de Bourgogne, dont Fénelon est le précepteur. Télémaque est parti à la recherche de son père, Ulysse, en compagnie de Minerve qui a pris les traits du sage Mentor.

Plaire et instruire

Fénelon cherche à plaire (*placere*) et à instruire (*docere*) son lecteur. Il s'appuie sur sa culture hellénistique en multipliant les références à l'Antiquité pour situer le royaume de Bétique, puis fait basculer son discours dans le merveilleux, propice à déclencher le rêve comme la réflexion.

Fénelon

Les Aventures de Télémaque

Télémaque et son précepteur Mentor sont aux abords de l'île de Calypso. Ils rencontrent un homme qui leur parle d'un pays merveilleux, la Bétique.

« Ce pays semble avoir conservé les délices de l'âge d'or. »

Le fleuve Bétis coule dans un pays fertile et sous un ciel doux, qui est toujours serein. Le pays a pris le nom du fleuve, qui se jette dans le grand Océan, assez près des Colonnes d'Hercule[1] et de cet endroit où la mer furieuse, rompant ses digues, sépara autrefois la terre de Tharsis[2] d'avec la grande Afrique. Ce pays semble avoir conservé les délices de l'âge d'or. Les hivers y sont tièdes, et les rigoureux aquilons[3] n'y soufflent jamais. L'ardeur de l'été y est toujours tempérée par des zéphyrs[4] rafraîchissants, qui viennent adoucir l'air vers le milieu du jour. Ainsi toute l'année n'est qu'un heureux hymen[5] du printemps et de l'automne, qui semblent se donner la main. La terre, dans les vallons et dans les campagnes unies, y porte chaque année une double moisson. Les chemins y sont bordés de lauriers, de grenadiers, de jasmins et d'autres arbres toujours verts et toujours fleuris. Les montagnes sont couvertes de troupeaux, qui fournissent des laines fines recherchées de toutes les nations connues. Il y a plusieurs mines d'or et d'argent dans ce beau pays ; mais les habitants, simples et heureux dans leur simplicité, ne daignent pas seulement compter l'or et l'argent parmi leurs richesses : ils n'estiment que ce qui sert véritablement aux besoins de l'homme. Quand nous avons commencé à faire notre commerce chez ces peuples, nous avons trouvé l'or et l'argent parmi eux employés aux mêmes usages que le fer, par exemple, pour des socs[6] de charrue. Comme ils ne faisaient aucun commerce au-dehors, ils n'avaient besoin d'aucune monnaie. Ils sont presque tous bergers ou laboureurs. On voit en ce pays peu d'artisans : car ils ne veulent souffrir que les arts qui servent aux véritables nécessités des hommes ; encore même la plupart des hommes en ce pays, étant adonnés à l'agriculture ou à conduire des troupeaux, ne laissent pas d'exercer les arts nécessaires pour leur vie simple et frugale.

1. **Colonnes d'Hercule** : montagnes qui bordent le détroit de Gibraltar. 2. **Terre de Tharsis** : péninsule Ibérique. 3. **Aquilons** : vents du nord. 4. **Zéphirs** : vents d'ouest. 5. **Hymen** : mariage. 6. **Soc** : pièce de charrue, normalement en acier.

QUESTIONS

1 • En quoi le début de l'extrait constitue-t-il un pastiche du style antique ?

2 • En quoi l'âge d'or décrit consiste-t-il ?

3 • Quelles critiques implicites de la société du XVIIe siècle le texte porte-t-il ?

TEXTE ÉCHO

Thomas More, *Utopie* (1516)

Thomas More a inventé une ville idéale, nommée Utopie.

La cité entière se partage en quatre quartiers égaux. Au centre de chaque quartier se trouve le marché des choses nécessaires à la vie. L'on y apporte les différents produits du travail de toutes les familles. Ces produits, déposés d'abord dans des entrepôts, sont ensuite classés dans des magasins suivant leur espèce.

Chaque père de famille va chercher au marché ce dont il a besoin pour lui et les siens. Il emporte ce qu'il demande, sans qu'on exige de lui ni argent ni échange. On ne refuse jamais rien aux pères de famille. L'abondance étant extrême en toute chose, on ne craint pas que quelqu'un demande au-delà de son besoin. En effet, pourquoi celui qui a la certitude de ne manquer jamais de rien chercherait-il à posséder plus qu'il ne lui faut ? Ce qui rend les animaux en général cupides et rapaces, c'est la crainte des privations à venir. Chez l'homme en particulier, il existe une autre cause d'avarice, l'orgueil, qui le porte à surpasser ses égaux en opulence et à les éblouir par l'étalage d'un riche superflu. Mais les institutions utopiennes rendent ce vice impossible.

Aux marchés dont je viens de parler sont joints des marchés de comestibles, où l'on apporte des légumes, des fruits, du pain, du poisson, de la volaille, et les parties mangeables des quadrupèdes.

Hors de la ville, il y a des boucheries où l'on abat les animaux destinés à la consommation ; ces boucheries sont tenues propres au moyen de courants d'eau qui enlèvent le sang et les ordures. C'est de là qu'on apporte au marché la viande nettoyée et dépecée par les mains des esclaves ; car la loi interdit aux citoyens le métier de boucher, de peur que l'habitude du massacre ne détruise peu à peu le sentiment d'humanité, la plus noble affection du cœur de l'homme. Ces boucheries extérieures ont aussi pour but d'éviter aux citoyens un spectacle hideux, et de débarrasser la ville des saletés, immondices, et matières animales dont la putréfaction pourrait engendrer des maladies.

Livre second, chapitre IV (extrait). Traduit de l'anglais par V. Stouvenel (1842).

L'auteur et l'œuvre

Écrivain, juriste, théologien, humaniste et homme politique anglais, Thomas More écrit *Utopie* en réponse à l'*Éloge de la folie* d'Érasme (▸ p. 46) : il s'agit pour lui de faire l'éloge de la sagesse. Thomas More a inventé le mot *utopie* à partir de deux mots grecs : *ou* (négation) et *topos* (lieu). Littéralement, une utopie est un lieu qui n'existe pas.

Influence

Thomas More qui fonde, au XVIe siècle, la littérature et la pensée utopiques, a influencé Rabelais (▸ p. 48), Voltaire (le pays d'Eldorado dans *Candide*), Diderot (▸ p. 150) et bien d'autres auteurs.

D'UN TEXTE À L'AUTRE

4 • Caractérisez la dimension utopique du texte. Cette utopie a-t-elle une limite ?

5 • Pourquoi peut-on rapprocher ce texte de celui de Fénelon ?

1721

Montesquieu
(1689-1755)

L'auteur et l'œuvre

Fondateur des sciences politiques modernes, précurseur des Lumières, Charles Louis de Secondat, baron de la Brède et de Montesquieu, publie anonymement les *Lettres persanes* inspirées de la veine orientaliste du XVIIIe siècle. Dans ce roman épistolaire, deux voyageurs persans, Usbek et Rica, découvrent l'Europe et rendent compte des défauts sociaux et humains qu'ils rencontrent. D'autres correspondances figurent également dans l'œuvre, dont cette lettre d'un esclave.

Le tableau d'un « petit empire »

Les lettres du premier eunuque décrivent le sérail comme un « petit empire » dans lequel chacun cherche à dominer l'autre : l'eunuque donne des ordres aux femmes qui, si elles le sentent fragile, peuvent prendre le pouvoir sur lui. Ce microcosme, où se jouent des relations de pouvoir, reflète pour Montesquieu l'image du despotisme vers lequel la monarchie peut basculer.

Montesquieu
Lettres persanes

Dans cette longue lettre, le premier eunuque au sérail du sultan de Perse raconte son existence à Ibbi, qui voyage en Europe avec son ancien maître, Usbek.

« je me trouve dans le sérail comme dans un petit empire »

Le premier eunuque à Ibbi,

À Erzeron.

Tu suis ton ancien maître dans ses voyages ; tu parcours les provinces et les royaumes ; les chagrins ne sauraient faire d'impression sur toi ; chaque instant te montre des choses nouvelles ; tout ce que tu vois te récrée et te fait passer le temps sans le sentir[1].

Il n'en est pas de même de moi qui, enfermé dans une prison affreuse[2], suis toujours environné des mêmes objets[3] et dévoré des mêmes chagrins. Je gémis accablé sous le poids des soins et des inquiétudes de cinquante années et, dans le cours d'une longue vie, je ne puis pas dire avoir eu un jour serein et un moment tranquille.

Lorsque mon premier maître eut formé le cruel projet de me confier ses femmes et m'eut obligé, par des séductions soutenues de mille menaces, de me séparer pour jamais de moi-même[4] : las de servir dans les emplois les plus pénibles, je comptai sacrifier mes passions à mon repos et à ma fortune. Malheureux que j'étais ! Mon esprit me faisait voir le dédommagement, et non pas la perte : j'espérais que je serais délivré des atteintes de l'amour par l'impuissance de le satisfaire. Hélas ! on éteignit en moi l'effet des passions, sans en éteindre la cause et, bien loin d'en être soulagé, je me trouvai environné d'objets qui les irritaient sans cesse. J'entrai dans le sérail, où tout m'inspirait le regret de ce que j'avais perdu : je me sentais animé à chaque instant ; mille grâces naturelles semblaient ne se découvrir à ma vue que pour me désoler. Pour comble de malheurs, j'avais toujours devant les yeux un homme heureux. Dans ce temps de trouble, je n'ai jamais conduit une femme dans le lit de mon maître, je ne l'ai jamais déshabillée, que je ne sois rentré chez moi la rage dans le cœur et un affreux désespoir dans l'âme.

Voilà comme j'ai passé ma misérable jeunesse. Je n'avais de confident que moi-même ; chargé d'ennuis et de chagrins, il me les fallait dévorer, et ces mêmes femmes, que j'étais tenté de regarder avec des yeux si tendres, je ne les envisageais qu'avec des regards sévères. J'étais perdu si elles m'avaient pénétré[5]. Quel avantage n'en auraient-elles pas pris ?

Je me souviens qu'un jour que je mettais une femme dans le bain, je me sentis si transporté que je perdis entièrement la raison, et que j'osai porter

Jean-Dominique Ingres, *Le Bain turc* (1862), musée du Louvre (Paris).

ma main dans un lieu redoutable. Je crus, à la première réflexion, que ce jour était le dernier de mes jours. Je fus pourtant assez heureux pour échapper à mille morts. Mais la beauté que j'avais fait confidente de ma faiblesse me vendit bien cher son silence : je perdis entièrement mon autorité sur elle, et elle m'a obligé depuis à des condescendances qui m'ont exposé mille fois à perdre la vie.

Enfin les feux de la jeunesse ont passé ; je suis vieux, et je me trouve, à cet égard, dans un état tranquille ; je regarde les femmes avec indifférence, et je leur rends bien tous leurs mépris, et tous les tourments qu'elles m'ont fait souffrir. Je me souviens toujours que j'étais né pour les commander ; et il me semble que je redeviens homme dans les occasions où je leur commande encore. Je les hais depuis que je les envisage de sang-froid, et que ma raison me laisse voir toutes leurs faiblesses. Quoique je les garde pour un autre, le plaisir de me faire obéir me donne une joie secrète ; quand je les prive de tout, il me semble que c'est pour moi, et il m'en revient toujours une satisfaction indirecte : je me trouve dans le sérail comme dans un petit empire ; et mon ambition, la seule passion qui me reste, se satisfait un peu.

Lettre IX (extrait).

1. Allusion au « divertissement » de Pascal : nous avons besoin de nous divertir, de sortir de nous-mêmes, pour ne pas sentir notre humaine condition. 2. **Prison affreuse** : périphrase qui désigne le sérail. 3. **Objet** : ce qui se donne à voir (sens étymologique). 4. Allusion à la castration. 5. **Pénétré** : percé à jour.

QUESTIONS

1 • En quoi cette lettre est-elle argumentative ?

2 • Quelles images l'eunuque renvoie-t-il de lui-même ?

3 • Que dénonce Montesquieu ?

DE L'IMAGE AU TEXTE

4 • Quelles relations établissez-vous entre le tableau d'Ingres et la lettre de l'eunuque ?

HISTOIRE DES ARTS

L'artiste et l'œuvre

Ingres (1780-1867) est un peintre néoclassique français. La forme circulaire de la composition du *Bain turc* donne l'impression au spectateur de pénétrer par intrusion dans un harem. On y retrouve des motifs propres à l'œuvre d'Ingres (en particulier les odalisques, femmes du harem) ainsi qu'une certaine liberté vis-à-vis des proportions du corps humain.

L'orientalisme

Ce tableau s'inscrit dans le courant orientaliste, apparu en France avec la traduction des *Mille et Une Nuits* par Antoine Galland, en 1704. L'Orient inspire écrivains et artistes. Il fait rêver et déclenche des fantasmes qu'illustre bien *Le Bain turc*. Les couleurs choisies par les peintres sont chaudes et chatoyantes. L'Orient est alors associé au luxe et à la séduction.

1721

Montesquieu
Lettres persanes

Montesquieu
(1689-1755)

« C'est une véritable injustice. »

RICA À IBBEN, À SMYRNE.

C'est une grande question, parmi les hommes, de savoir s'il est plus avantageux d'ôter aux femmes la liberté, que de la leur laisser ; il me semble qu'il y a bien des raisons pour et contre. Si les Européens disent qu'il n'y a pas de générosité à rendre malheureuses les personnes que l'on aime, nos Asiatiques répondent qu'il y a de la bassesse aux hommes de renoncer à l'empire que la nature leur a donné sur les femmes. Si on leur dit que le grand nombre de femmes enfermées est embarrassant, ils répondent que dix femmes qui obéissent embarrassent moins qu'une qui n'obéit pas. Que s'ils objectent à leur tour que les Européens ne sauraient être heureux avec des femmes qui ne leur sont pas fidèles, on leur répond que cette fidélité, qu'ils vantent tant, n'empêche point le dégoût, qui suit toujours les passions satisfaites ; que nos femmes sont trop à nous ; qu'une possession si tranquille ne nous laisse rien à désirer ni à craindre ; qu'un peu de coquetterie est un sel qui pique et prévient la corruption. Peut-être qu'un homme plus sage que moi serait embarrassé de décider : car, si les Asiatiques font fort bien de chercher des moyens propres à calmer leurs inquiétudes, les Européens font fort bien aussi de n'en point avoir.

Après tout, disent-ils, quand nous serions malheureux en qualité de maris, nous trouverions toujours moyen de nous dédommager en qualité d'amants. Pour qu'un homme pût se plaindre avec raison de l'infidélité de sa femme, il faudrait qu'il n'y eût que trois personnes dans le monde ; ils seront toujours à but quand il y en aura quatre.

C'est une autre question de savoir si la loi naturelle soumet les femmes aux hommes. [...] Non, me disait l'autre jour un philosophe très galant : la nature n'a jamais dicté une telle loi. L'empire que nous avons sur elles est une véritable tyrannie ; elles ne nous l'ont laissé prendre que parce qu'elles ont plus de douceur que nous, et par conséquent, plus d'humanité et de raison. Ces avantages, qui devaient sans doute leur donner la supériorité, si nous avions été raisonnables, la leur ont fait perdre, parce que nous ne le sommes point.

Or, s'il est vrai que nous n'avons sur les femmes qu'un pouvoir tyrannique, il ne l'est pas moins qu'elles ont sur nous un empire naturel : celui de la beauté, à qui rien ne résiste. Le nôtre n'est pas de tous les pays ; mais celui de la beauté est universel. Pourquoi aurions-nous donc un privilège ? Est-ce parce que nous sommes les plus forts ? Mais c'est une véritable injustice.

Lettre XXXVIII (extrait).

Une argumentation efficace

Impliquant le lecteur comme s'il assistait à une conversation, cette lettre développe deux mouvements réflexifs distincts. Après avoir posé le thème de la liberté des femmes, Rica propose une délibération entre le point de vue oriental et celui d'un philosophe « très galant » qui n'est autre que Fontenelle, contemporain de Montesquieu et défenseur de la cause des femmes.

La loi naturelle ou la tyrannie

Montesquieu souligne l'opposition entre la loi naturelle et les lois sociales et politiques. L'oppression exercée sur les femmes se révèle « avantageuse » pour les hommes mais elle ne correspond pas à une vérité universelle. Ce pouvoir illégitime est ainsi qualifié de « tyrannique » et de « véritable injustice ».

QUESTIONS

1 • Comment cette lettre permet-elle au lecteur de construire sa réflexion ?

2 • Comment l'oppression des femmes est-elle critiquée ?

3 • En quoi cette lettre propose-t-elle une réflexion universelle ?

Marivaux

L'Île des esclaves

Cléanthis critique sa maîtresse Euphrosine sur les conseils de Trivelin.

« Qu'on m'apporte un miroir »

Cléanthis. – Madame se lève ; a-t-elle bien dormi, le sommeil l'a-t-il rendue belle, se sent-elle du vif, du sémillant dans les yeux ? Vite sur les armes ; la journée sera glorieuse. Qu'on m'habille ! Madame verra du monde aujourd'hui ; elle ira aux spectacles, aux promenades, aux assemblées ; son visage peut se manifester, peut soutenir le grand jour, il fera plaisir à voir, il n'y a qu'à le promener hardiment, il est en état, il n'y a rien à craindre.

Trivelin, *à Euphrosine.* – Elle développe assez bien cela.

Cléanthis. – Madame, au contraire, a-t-elle mal reposé ? Ah ! qu'on m'apporte un miroir ; comme me voilà faite ! Que je suis mal bâtie ! Cependant on se mire, on éprouve son visage de toutes les façons, rien ne réussit ; des yeux battus, un teint fatigué ; voilà qui est fini, il faut envelopper ce visage-là, nous n'aurons que du négligé, Madame ne verra personne aujourd'hui, pas même le jour, si elle peut ; du moins fera-t-il sombre dans la chambre. Cependant il vient compagnie, on entre : que va-t-on penser du visage de Madame ? On croira qu'elle enlaidit : donnera-t-elle ce plaisir-là à ses bonnes amies ? Non, il y a remède à tout : vous allez voir. Comment vous portez-vous, Madame ; Très mal, Madame ; j'ai perdu le sommeil ; il y a huit jours que je n'ai fermé l'œil ; je n'ose pas me montrer, je fais peur. Et cela veut dire : Messieurs, figurez-vous que ce n'est point moi, au moins ; ne me regardez pas ; remettez à me voir ; ne me jugez pas aujourd'hui ; attendez que j'aie dormi. J'entendais tout cela, moi ; car nous autres esclaves, nous sommes doués contre nos maîtres d'une pénétration !... [...]

Cléanthis. – Vous souvenez-vous d'un soir où vous étiez avec ce cavalier si bien fait ? J'étais dans la chambre ; vous vous entreteniez bas ; mais j'ai l'oreille fine : vous vouliez lui plaire sans faire semblant de rien ; vous parliez d'une femme qu'il voyait souvent. Cette femme-là est aimable, disiez-vous ; elle a les yeux petits, mais très doux : et là-dessus vous ouvriez les vôtres, vous vous donniez des tons, des gestes de tête, de petites contorsions, des vivacités. Je riais. Vous réussîtes pourtant, le cavalier s'y prit ; il vous offrit son cœur. À moi ? lui dites-vous. Oui, Madame, à vous-même, à tout ce qu'il y a de plus aimable au monde. Continuez, folâtre, continuez, dites-vous, en ôtant vos gants sous prétexte de m'en demander d'autres. Mais vous avez la main belle ; il la vit ; il la prit, il la baisa ; cela anima sa déclaration ; et c'était là les gants que vous demandiez.

Scène 3 (extrait).

1725

Marivaux
(1688-1763)

L'auteur et l'œuvre

Dramaturge et romancier des Lumières (▸ p. 396), Pierre Carlet de Chamblain de Marivaux invite les spectateurs à réfléchir aux relations entre les classes sociales. Dans cette pièce, un bateau fait naufrage sur une île où maîtres et serviteurs échangent leurs rôles. C'est l'occasion de faire la satire de maîtres imbus d'eux-mêmes qui méprisent trop souvent leurs domestiques. À la fin de la pièce, chacun reprend sa place.

La satire de la coquette

La tonalité satirique domine. Cléanthis fait de sa maîtresse un véritable personnage type, la coquette, fréquent chez Marivaux.

La théâtralité

Une mise en abyme du théâtre se met en place ici : Cléanthis s'improvise actrice pour se moquer d'Euphrosine qui semble, elle aussi, en perpétuelle représentation.

Texte lu
Manuel numérique

Vidéo
Mise en scène d'I. Brook (2006)
Manuel numérique

QUESTIONS

1 • Quelles sont les fonctions de cette scène ?

2 • Que pourrait apporter la représentation ?

3 • En quoi les deux femmes se comportent-elles comme des comédiennes ?

1730

Marivaux
(1688-1763)

L'auteur et l'œuvre

Marivaux renouvelle la comédie : le traitement de l'amour naissant se traduit par un jeu de séduction par le langage, qui sera appelé ensuite « marivaudage ». Il invente ainsi la comédie psychologique et sentimentale. Dans la pièce, Silvia, promise à Dorante, veut éprouver son amour en prenant la place de sa servante, tandis que Dorante a imaginé le même procédé. L'œuvre met en scène les relations amoureuses à travers la thématique du masque. Maîtres et serviteurs échangent leurs places mais l'ordre social sera finalement rétabli.

Une mise en abyme

Dans cette pièce, les acteurs jouent le rôle de personnages qui jouent eux-mêmes un rôle. Le comédien qui incarne Arlequin est appelé à interpréter, volontairement mal, le rôle de son maître, Dorante. Pour Marivaux, le théâtre est un jeu.

Marivaux

Le Jeu de l'amour et du hasard

Maîtres et domestiques ont inversé leurs rôles. Les deux serviteurs, sous le masque des maîtres, sont tombés amoureux sans connaître leur véritable condition. L'heure est au dévoilement. Lisette, au début de l'extrait, commence à se douter de la véritable identité d'Arlequin.

« N'avez-vous jamais vu de fausse monnaie ? »

LISETTE. – Je regarde pourtant votre amour comme un présent du ciel.

ARLEQUIN. – Le présent qu'il vous a fait ne le ruinera pas ; il est bien mesquin.

LISETTE. – Je ne le trouve que trop magnifique.

ARLEQUIN. – C'est que vous ne le voyez pas au grand jour.

LISETTE. – Vous ne sauriez croire combien votre modestie m'embarrasse.

ARLEQUIN. – Ne faites point dépense d'embarras ; je serais bien effronté, si je n'étais modeste.

LISETTE. – Enfin, monsieur, faut-il vous dire que c'est moi que votre tendresse honore ?

ARLEQUIN. – Aïe ! aïe ! je ne sais plus où me mettre.

LISETTE. – Encore une fois, monsieur, je me connais.

ARLEQUIN. – Eh ! je me connais bien aussi, et je n'ai pas là une fameuse connaissance ; ni vous non plus, quand vous l'aurez faite ; mais, c'est là le diable que de me connaître ; vous ne vous attendez pas au fond du sac.

LISETTE, *à part.* – Tant d'abaissement n'est pas naturel. *(Haut.)* D'où vient me dites-vous cela ?

ARLEQUIN. – Eh ! voilà où gît le lièvre.

LISETTE. – Mais encore ? vous m'inquiétez. Est-ce que vous n'êtes pas...

ARLEQUIN. – Aïe ! aïe ! vous m'ôtez ma couverture.

LISETTE. – Sachons de quoi il s'agit.

ARLEQUIN, *à part.* – Préparons un peu cette affaire-là... *(Haut.)* Madame, votre amour est-il d'une constitution bien robuste ? Soutiendra-t-il bien la fatigue que je vais lui donner ? Un mauvais gîte lui fait-il peur ? Je vais le loger petitement.

LISETTE. – Ah ! tirez-moi d'inquiétude ! En un mot, qui êtes-vous ?

Arlequin. – Je suis... N'avez-vous jamais vu de fausse monnaie ? Savez-vous ce que c'est qu'un louis d'or faux ? Eh bien, je ressemble assez à cela.

Lisette. – Achevez donc. Quel est votre nom ?

Arlequin. – Mon nom ? *(À part.)* Lui dirai-je que je m'appelle Arlequin ? Non ; cela rime trop avec coquin.

Lisette. – Eh bien ?

Arlequin. – Ah dame ! il y a un peu à tirer ici ! Haïssez-vous la qualité de soldat ?

Lisette. – Qu'appelez-vous un soldat ?

Arlequin. – Oui, par exemple, un soldat d'antichambre.

Lisette. – Un soldat d'antichambre ! Ce n'est donc point Dorante à qui je parle enfin ?

Arlequin. – C'est lui qui est mon capitaine.

Lisette. – Faquin[1] !

Arlequin, *à part.* – Je n'ai pu éviter la rime.

Lisette. – Mais, voyez ce magot[2], tenez !

Arlequin, *à part.* – La jolie culbute que je fais là !

Lisette. – Il y a une heure que je lui demande grâce, et que je m'épuise en humilités pour cet animal-là.

Arlequin. – Hélas ! madame, si vous préfériez l'amour à la gloire, je vous ferais bien autant de profit qu'un monsieur.

Lisette, *riant.* – Ah ! ah ! ah ! je ne saurais pourtant m'empêcher d'en rire, avec sa gloire ! il n'y a plus que ce parti-là à prendre... Va, va, ma gloire te pardonne ; elle est de bonne composition.

Arlequin. – Tout de bon, charitable dame ? Ah ! que mon amour vous promet de reconnaissance !

Lisette. – Touche là, Arlequin ; je suis prise pour dupe. Le soldat d'antichambre de monsieur vaut bien la coiffeuse de madame.

Arlequin. – La coiffeuse de madame !

Lisette. – C'est mon capitaine, ou l'équivalent.

Arlequin. – Masque !

Lisette. – Prends ta revanche.

Arlequin. – Mais voyez cette magotte[3], avec qui, depuis une heure, j'entre en confusion[4] de ma misère !

Acte III, scène 6 (extrait).

1. **Faquin** : sot, vaniteux. 2. **Magot** : homme grossier qui ne connaît pas les bonnes manières. 3. **Magotte** : féminin de magot. 4. Je me montre confus.

1730

Des serviteurs de comédie

Arlequin et Lisette sont des personnages tout droit sortis de la *commedia dell'arte*. Espiègles et rusés, ils renforcent la dimension comique de l'œuvre et sont porteurs de leçons. Fidèles à leur condition, ils emploient un langage familier caractéristique qui va jusqu'à l'insulte. « Soldat d'antichambre » ou « coiffeuse », ils révèlent leur statut social, avouant à la fois leur stratégie et leur amour réel.

QUESTIONS

1 • Quels sont les ressorts comiques de cette scène ?

2 • Comment les aveux des personnages sont-ils mis en scène ?

3 • En quoi cette scène est-elle caractéristique du théâtre dans le théâtre ?

1731

Abbé Prévost
(1697-1763)

L'auteur et l'œuvre

Antoine François Prévost d'Exile, dit l'abbé Prévost, mène une vie tumultueuse, à l'image de celle du chevalier Des Grieux, héros de son roman l'*Histoire du chevalier Des Grieux et de Manon Lescaut,* récit inséré dans le tome VII des *Mémoires et aventures d'un homme de qualité*, le marquis de Renoncour. Le récit de la vie libertine du chevalier sert de contre-exemple et montre au lecteur les ravages de la passion amoureuse.

Une femme fatale

Le mécanisme implacable du tragique de la passion amoureuse est développé par le récit de ce jeune homme de bonne famille qui va, par amour, être conduit au vol, à l'escroquerie, à la prison, au meurtre et enfin à l'exil. La voix de Manon est quasi absente, mais c'est bien la personnalité de cette femme fatale qui fascine et assure le succès de l'œuvre. L'adaptation du roman dans d'autres genres, comme l'opéra, la peinture, le cinéma ou la chanson, mettra Manon en valeur.

QUESTIONS

1 • Quelles sont les étapes de la rencontre amoureuse ?

2 • Qu'apprend-on ici des personnages ?

3 • Comment le récit annonce-t-il la tragédie de la passion ?

Abbé Prévost

Manon Lescaut

Le chevalier Des Grieux voit une jeune femme descendre d'une voiture de poste à Amiens.

« je me trouvai enflammé tout d'un coup jusqu'au transport »

Elle était si charmante, que moi, qui n'avais jamais pensé à la différence des sexes, et à qui il n'était peut-être jamais arrivé de regarder une fille pendant une minute, moi, dis-je, dont tout le monde admirait la sagesse et la retenue, je me trouvai enflammé tout d'un coup, jusqu'au transport et à la folie. J'avais le défaut naturel d'être excessivement timide et facile à déconcerter, mais loin d'être arrêté alors par cette faiblesse, je m'avançai vers la maîtresse de mon cœur. Quoiqu'elle fût encore moins âgée que moi, elle reçut le compliment honnête que je lui fis, sans paraître embarrassée. Je lui demandai ce qui l'amenait à Amiens, et si elle y avait quelques personnes de connaissance. Elle me répondit ingénument qu'elle y était envoyée par ses parents pour être Religieuse. L'amour me rendait déjà si éclairé depuis un moment qu'il était dans mon cœur, que je regardai ce dessein comme un coup mortel pour mes désirs. Je lui parlai d'une manière qui lui fit comprendre mes sentiments, car elle était bien plus expérimentée que moi ; c'était malgré elle qu'on l'envoyait au couvent, et pour arrêter sans doute son penchant au plaisir, qui s'était déjà déclaré, et qui a causé dans la suite tous ses malheurs et les miens. Je combattis la cruelle intention de ses parents par toutes les raisons que mon amour naissant et mon éloquence scolastique[1] purent me suggérer. Elle n'affecta ni rigueur, ni dédain. Elle me dit après un moment de silence, qu'elle ne prévoyait que trop qu'elle allait être malheureuse, mais que c'était apparemment la volonté du Ciel, puisqu'il ne lui laissait nul moyen de l'éviter. La douceur de ses regards, un air charmant de tristesse en prononçant ces paroles, ou plutôt l'ascendant de ma destinée qui m'entraînait à ma perte, ne me permirent pas de balancer un moment sur ma réponse. Je l'assurai que, si elle voulait faire quelque fonds sur mon honneur, et sur la tendresse infinie qu'elle m'avait déjà inspirée, j'emploierais ma vie pour la délivrer de la tyrannie de ses parents, et pour la rendre heureuse. Je me suis étonné mille fois, en y réfléchissant depuis, d'où me venait alors tant de hardiesse et de facilité à m'exprimer ; mais on ne ferait pas une divinité de l'Amour, s'il n'était accoutumé à opérer des prodiges.

1. **Éloquence scolastique** : manière experte de s'exprimer, apprise dans l'enseignement religieux.

Marivaux
La Vie de Marianne

Marianne raconte comment elle a été séduite dans sa jeunesse par les regards d'un jeune homme au cours d'une cérémonie religieuse.

Parmi les jeunes gens dont j'attirais les regards, il y en eut un que je distinguai moi-même, et sur qui mes yeux tombaient plus volontiers que sur les autres.

« J'aimais à le voir, sans me douter du plaisir que j'y trouvais »

J'aimais à le voir, sans me douter du plaisir que j'y trouvais ; j'étais coquette pour les autres, et je ne l'étais pas pour lui ; j'oubliais à lui plaire, et ne songeais qu'à le regarder.

Apparemment que l'amour, la première fois qu'on en prend, commence avec cette bonne foi-là, et peut-être que la douceur d'aimer interrompt le soin d'être aimable.

Ce jeune homme, à son tour, m'examinait d'une façon toute différente de celle des autres ; elle était plus modeste, et pourtant plus attentive : il y avait quelque chose de plus sérieux qui se passait entre lui et moi. Les autres applaudissaient ouvertement à mes charmes, il me semblait que celui-ci les sentait ; du moins je le soupçonnais quelquefois, mais si confusément, que je n'aurais pu dire ce que je pensais de lui, non plus que ce que je pensais de moi.

Tout ce que je sais, c'est que ses regards m'embarrassaient, que j'hésitais de les lui rendre, et que je les lui rendais toujours ; que je ne voulais pas qu'il me vît y répondre, et que je n'étais pas fâchée qu'il l'eût vu.

Enfin on sortit de l'église, et je me souviens que j'en sortis lentement, que je retardais mes pas ; que je regrettais la place que je quittais ; et que je m'en allais avec un cœur à qui il manquait quelque chose, et qui ne savait pas ce que c'était. Je dis qu'il ne le savait pas ; c'est peut-être trop dire, car, en m'en allant, je retournais souvent la tête pour revoir encore le jeune homme que je laissais derrière moi ; mais je ne croyais pas me retourner pour lui.

De son côté, il parlait à des personnes qui l'arrêtaient, et mes yeux rencontraient toujours les siens.

La foule à la fin m'enveloppa et m'entraîna avec elle ; je me trouvai dans la rue, et je pris tristement le chemin de la maison.

Je ne pensais plus à mon ajustement en m'en retournant ; je négligeais ma figure, et ne me souciais plus souvent de la faire valoir.

1731

Marivaux
(1688-1763)

L'auteur et l'œuvre

Dans ce roman-mémoires que Marivaux a rédigé sur une dizaine d'années, Marianne, enfant trouvée devenue comtesse, fait le récit de sa vie sous la forme d'une lettre à une amie. Ce récit réaliste, mêlé de réflexions sur la vie, propose une peinture des mœurs du XVIIIe siècle en même temps qu'une étude subtile de la « métaphysique du cœur ».

Une scène de première rencontre

Appelé aussi scène de première vue, ce passage clef des récits d'aventures amoureuses est attendu par le lecteur. Marivaux, qui dit avoir « guetté dans le cœur humain toutes les niches différentes où peut se cacher l'amour lorsqu'il craint de se montrer », se distingue par l'intérêt qu'il accorde à la naissance du sentiment amoureux et aux difficultés de son épanouissement.

QUESTIONS

1 • Pourquoi la narratrice développe-t-elle les événements minuscules de la fiction ? Avec quels effets ?

2 • Comment le jeu des regards structure-t-il cet extrait ?

3 • En quoi cette scène de première rencontre est-elle proche d'une scène de théâtre ?

1736

Voltaire
(1694-1778)

L'auteur et l'œuvre

François-Marie Arouet, dit Voltaire, écrivain et « maître à penser de son époque », lutte contre l'obscurantisme et le fanatisme en promouvant les Lumières de la raison. *Le Mondain* rappelle par son titre que Voltaire perçoit l'homme avant tout comme un être social.

La culture contre la nature

Dans l'Antiquité, l'évolution de l'humanité est conçue comme une succession d'âges depuis l'âge d'or jusqu'à l'âge de fer (▸ p. 406). Ce mythe est utilisé par les philosophes dans un débat où s'affrontent deux conceptions : le progrès et le luxe permettent à l'homme d'être heureux ou, selon la thèse opposée, corrompent l'homme et détruisent son bonheur. Voltaire et ses amis défendent la civilisation et le confort qu'elle rend possible, et affrontent Rousseau (▸ p. 151) qu'ils placent parmi les « tristes frondeurs » moquant leur nostalgie d'un paradis terrestre originel.

Texte lu
Manuel numérique

QUESTIONS

1 • Comment ce texte mêle-t-il éloge et blâme ?
2 • Quelles idées Voltaire défend-il ?
3 • Quelles tonalités sont à l'œuvre dans le texte ?

Voltaire

Le Mondain

« J'aime le luxe, et même la mollesse »

Regrettera qui veut le bon vieux temps,
Et l'âge d'or, et le règne d'Astrée[1]
Et les beaux jours de Saturne[1] et de Rhée[1],
Et le jardin de nos premiers parents.
Moi je rends grâce à la nature sage,
Qui, pour mon bien, m'a fait naître en cet âge,
[...]
J'aime le luxe, et même la mollesse,
Tous les plaisirs, les arts de toute espèce,
La propreté, le goût, les ornements :
Tout honnête homme a de tels sentiments.
Il est bien doux pour mon cœur très immonde
De voir ici l'abondance à la ronde,
Mère des arts et des heureux travaux,
Nous apporter, de sa source féconde,
Et des besoins et des plaisirs nouveaux.
L'or de la terre et les trésors de l'onde,
Leurs habitants et les peuples de l'air,
Tout sert au luxe, aux plaisirs de ce monde.
Ô le bon temps que ce siècle de fer !
Le superflu, chose très nécessaire,
A réuni l'un et l'autre hémisphère.
Voyez-vous pas ces agiles vaisseaux,
Qui du Texel[2], de Londres, de Bordeaux,
S'en vont chercher, par un heureux échange,
[...]
De nouveaux biens, nés aux sources du Gange,
Quand la nature était dans son enfance,
Nos bons aïeux vivaient dans l'ignorance,
Ne connaissant ni le tien ni le mien.
Qu'auraient-ils pu connaître ? ils n'avaient rien.
Ils étaient nus : et c'est chose très claire
Que qui n'a rien n'a nul partage à faire.
[...]
Admirez-vous pour cela nos aïeux ?
Il leur manquait l'industrie et l'aisance :
Est-ce vertu ? c'était pure ignorance.

(Extraits).

1. **Astrée, Saturne et Rhée** : immortels ayant partagé l'innocence de l'âge d'or avec les humains. 2. **Texel** : île hollandaise.

Montesquieu
De l'esprit des lois

1748

Montesquieu
(1689-1755)

De l'esclavage des nègres

« De petits esprits exagèrent trop l'injustice que l'on fait aux Africains »

Si j'avais à soutenir le droit que nous avons eu de rendre les nègres esclaves, voici ce que je dirais :

Les peuples d'Europe ayant exterminé ceux de l'Amérique, ils ont dû mettre en esclavage ceux de l'Afrique, pour s'en servir à défricher tant de terres.

Le sucre serait trop cher, si l'on ne faisait travailler la plante qui le produit par des esclaves.

Ceux dont il s'agit sont noirs depuis les pieds jusqu'à la tête ; et ils ont le nez si écrasé, qu'il est presque impossible de les plaindre.

On ne peut se mettre dans l'esprit que Dieu, qui est un être très sage, ait mis une âme, surtout une âme bonne, dans un corps tout noir.

Il est si naturel de penser que c'est la couleur qui constitue l'essence de l'humanité, que les peuples d'Asie, qui font des eunuques, privent toujours les noirs du rapport qu'ils ont avec nous d'une manière plus marquée.

On peut juger de la couleur de la peau par celle des cheveux qui, chez les Égyptiens, les meilleurs philosophes du monde, était d'une si grande conséquence[1], qu'ils faisaient mourir tous les hommes roux qui leur tombaient entre les mains.

Une preuve que les nègres n'ont pas le sens commun, c'est qu'ils font plus de cas d'un collier de verre que de l'or, qui, chez des nations policées[2], est d'une si grande conséquence[1].

Il est impossible que nous supposions que ces gens-là soient des hommes, parce que, si nous les supposions des hommes, on commencerait à croire que nous ne sommes pas nous-mêmes chrétiens.

De petits esprits[3] exagèrent trop l'injustice que l'on fait aux Africains : car, si elle était telle qu'ils le disent, ne serait-il pas venu dans la tête des princes d'Europe, qui font entre eux tant de conventions inutiles, d'en faire une générale en faveur de la miséricorde et de la pitié ?

Livre XV, 5 (extrait).

1. **Conséquence** : importance. 2. **Policées** : civilisées. 3. Il s'agit, par antiphrase, des philosophes.

L'auteur et l'œuvre

Dans *De l'esprit des lois,* Montesquieu examine les systèmes politiques existants. À travers sa « théorie des climats », il s'interroge sur les liens entre certains facteurs (climat, mœurs…) et les différents types de gouvernement. Porteuse d'un message de tolérance universelle comme de modération politique, l'œuvre de Montesquieu fut saluée par les philosophes des Lumières tandis que l'Église la mit à l'Index (sur la liste des livres prohibés par le pape) pour avoir dénoncé l'Inquisition.

Plaidoyer et réquisitoire

Loin d'être uniquement un traité de philosophie politique, *De l'esprit des lois* laisse aussi transparaître un Montesquieu moraliste et critique envers les injustices fondamentales. Hérité de la rhétorique antique, ce plaidoyer (défense d'une cause) présente l'aspect d'un réquisitoire (accusation).

QUESTIONS

1 • Pourquoi la première phrase du texte rend-elle d'emblée ce plaidoyer paradoxal ?

2 • En quoi les arguments « esclavagistes » reposent-ils sur un raisonnement par l'absurde ?

3 • Dans la progression de l'argumentation, quels éléments laissent percevoir les véritables sentiments de Montesquieu ?

1751

Denis Diderot
(1713-1784)

L'auteur et l'œuvre

Figure majeure des Lumières (▶ p. 396), Diderot est à l'origine de l'*Encyclopédie ou Dictionnaire raisonné des sciences, des arts et des métiers* avec le mathématicien D'Alembert. Elle a pour objectif de recenser et de diffuser largement la somme des connaissances acquises par l'humanité. Commencé en 1751 et achevé en 1772, fréquemment censuré, ce projet compte plus de deux cents collaborateurs, parmi lesquels Montesquieu, Voltaire, Rousseau, Condillac, Buffon, etc.

Une œuvre polémique

L'*Encyclopédie* réfute les préjugés et les superstitions et s'attaque aux fondements de l'Ancien Régime, en particulier le pouvoir religieux et la monarchie de droit divin. Cet article fonde le principe de la monarchie non plus sur la force mais sur un consentement mutuel.

Diderot

Encyclopédie

« La liberté est un présent du ciel »

Aucun homme n'a reçu de la nature le droit de commander aux autres. La liberté est un présent du ciel, et chaque individu de la même espèce a le droit d'en jouir aussitôt qu'il jouit de la raison. Si la nature a établi quelque *autorité*, c'est la puissance paternelle ; mais la puissance paternelle a ses bornes ; et dans l'état de nature, elle finirait aussitôt que les enfants seraient en état de se conduire. Toute autre *autorité* vient d'une autre origine que la nature. Qu'on examine bien, et on la fera toujours remonter à l'une de ces deux sources : ou la force et la violence de celui qui s'en est emparé, ou le consentement de ceux qui s'y sont soumis par un contrat fait ou supposé entre eux et celui à qui ils ont déféré l'*autorité*.

La puissance qui s'acquiert par la violence n'est qu'une usurpation[1] et ne dure qu'autant que la force de celui qui commande l'emporte sur celle de ceux qui obéissent ; en sorte que si ces derniers deviennent à leur tour les plus forts, et qu'ils secouent le joug[2], ils le font avec autant de droit et de justice que l'autre qui le leur avait imposé. La même loi qui a fait l'*autorité* la défait alors : c'est la loi du plus fort.

Quelque fois l'*autorité* qui s'établit par la violence change de nature ; c'est lorsqu'elle continue et se maintient du consentement exprès de ceux qu'on a soumis ; mais elle rentre par là dans la seconde espèce dont je vais parler ; et celui qui se l'était arrogée, devenant alors prince, cesse d'être tyran.

La puissance qui vient du consentement des peuples suppose nécessairement des conditions qui en rendent l'usage légitime, utile à la société, avantageux à la république, et qui la fixent et la restreignent entre des limites ; car l'homme ne doit ni ne peut se donner entièrement et sans réserve à un autre homme, parce qu'il a un maître supérieur au-dessus de tout, à qui seul il appartient tout entier. C'est Dieu, dont le pouvoir est toujours immédiat sur la créature[3], maître aussi jaloux qu'absolu, qui ne perd jamais de ses droits et ne les communique point.

Il permet pour le bien commun et pour le maintien de la société, que les hommes établissent entre eux un ordre de subordination, qu'ils obéissent à l'un d'eux : mais il veut que ce soit par raison et avec mesure, et non pas aveuglément et sans réserve, afin que la créature ne s'arroge pas les droits du Créateur. Toute autre soumission est le véritable crime d'idolâtrie[4].

Article « Autorité politique » (extrait).

1. **Usurpation** : pouvoir détourné. 2. S'affranchissent de la domination. 3. **Créature** : au sens théologique, homme. 4. **Idolâtrie** : culte rendu à une idole.

QUESTIONS

1 • En quoi cet article va-t-il au-delà d'un simple point des connaissances sur le sujet qu'il aborde ?

2 • Sur quelles grandes étapes son argumentation est-elle bâtie ?

3 • Comment ce texte remet-il en cause la monarchie de droit divin ?

Rousseau

Discours sur l'origine et les fondements de l'inégalité parmi les hommes

Rousseau, qui étudie les causes de la perte par l'humanité d'un bonheur originel, attaque la propriété privée.

« ceci est à moi »

Le premier qui, ayant enclos un terrain, s'avisa de dire : *ceci est à moi*, et trouva des gens assez simples pour le croire, fut le vrai fondateur de la société civile. Que de crimes, de guerres, de meurtres, que de misères et d'horreurs, n'eût point épargnés au genre humain celui qui, arrachant les pieux ou comblant le fossé, eût crié à ses semblables : Gardez-vous d'écouter cet imposteur ; vous êtes perdus, si vous oubliez que les fruits sont à tous, et que la terre n'est à personne. [...]

Tant que les hommes se contentèrent de leurs cabanes rustiques, tant qu'ils se bornèrent à coudre leurs habits de peaux avec des épines ou des arêtes, à se parer de plumes et de coquillages, à se peindre le corps de diverses couleurs, à perfectionner ou embellir leurs arcs et leurs flèches, à tailler avec des pierres tranchantes quelques canots de pêcheurs ou quelques grossiers instruments de musique, en un mot tant qu'ils ne s'appliquèrent qu'à des ouvrages qu'un seul pouvait faire, et qu'à des arts qui n'avaient pas besoin du concours de plusieurs mains, ils vécurent libres, sains, bons et heureux autant qu'ils pouvaient l'être par leur nature, et continuèrent à jouir entre eux des douceurs d'un commerce indépendant : mais dès l'instant qu'un homme eut besoin du secours d'un autre ; dès qu'on s'aperçut qu'il était utile à un seul d'avoir des provisions pour deux, l'égalité disparut, la propriété s'introduisit, le travail devint nécessaire et les vastes forêts se changèrent en des campagnes riantes qu'il fallut arroser de la sueur des hommes, et dans lesquelles on vit bientôt l'esclavage et la misère germer et croître avec les moissons.

La métallurgie et l'agriculture furent les deux arts dont l'invention produisit cette grande révolution. Pour le poète, c'est l'or et l'argent, mais pour le philosophe ce sont le fer et le blé qui ont civilisé les hommes et perdu le genre humain [...].

Seconde partie (extrait).

1755

Jean-Jacques Rousseau
(1712-1778)

L'auteur et l'œuvre

Rousseau affirme la primauté de la nature sur la culture, critique le progrès et reproche à l'éducation, aux arts et au luxe leurs effets négatifs sur l'individu. Son *Discours*, polémique, développe une réflexion moderne sur la société. Il envisage les raisons du malheur de l'humanité avant de proposer comme condition au bonheur un retour à la nature. Rousseau s'intéresse à la valeur de l'individu et initie une pensée de la démocratie.

Le mythe du bon sauvage

Rousseau valorise la figure du « bon sauvage » et dénigre la civilisation qui empêche l'homme d'être heureux, le privant, par les passions qu'elle encourage, de son innocence originelle. La société « civilisée » fondée sur le culte des apparences et du luxe est jugée pervertie. Une société respectueuse de la nature et plus juste permettant à l'individu d'exercer sa liberté naturelle constitue une utopie séduisante.

QUESTIONS

1 • En quoi ce texte est-il à la fois narratif et argumentatif ?

2 • Comment Rousseau persuade-t-il le lecteur ?

3 • Qu'est-ce qui distingue Rousseau de la plupart des philosophes des Lumières ?

1757

Mme Leprince de Beaumont
(1711-1780)

L'auteure et l'œuvre

Gouvernante, journaliste et écrivaine, Jeanne Marie Leprince de Beaumont se fait connaître en publiant un traité d'éducation des filles en 1756, *Le Magasin des enfants*. Elle publie ensuite des contes devenus célèbres. Inspiré du conte d'Apulée « Amour et Psyché », « La Belle et la Bête » est d'abord un conte publié par Gabrielle de Villeneuve en 1740. Mme Leprince de Beaumont le réécrit en le modifiant. L'histoire de la Belle et la Bête sera reprise au cinéma en 1946 par Cocteau.

Un apologue

« La Belle et la Bête » engage une réflexion sur les apparences, l'écart entre l'être et le paraître. En cela, ce conte s'inscrit parfaitement dans les visées pédagogiques de Mme Leprince de Beaumont qui s'est intéressée aussi bien à l'éducation des filles qu'à celle des garçons. Elle leur propose donc un récit plaisant destiné à les instruire sur le piège des apparences.

VERS LA LECTURE ANALYTIQUE

1 • La monstruosité physique implique-t-elle nécessairement la monstruosité morale ?

2 • En quoi la Bête est-elle supérieure à d'autres hommes, selon Belle ?

3 • Belle parvient-elle à oublier complètement l'apparence de la Bête ?

Mme Leprince de Beaumont

La Belle et la Bête

Le père de Belle est condamné à mort par la Bête pour avoir cueilli une rose dans son jardin sans sa permission. Belle, pour sauver son père, accepte de venir vivre chez cette monstrueuse créature.

« J'ai le cœur bon mais je suis un monstre »

Elle ouvrit la bibliothèque et vit un livre où il y avait écrit en lettres d'or : *Souhaitez, commandez : vous êtes ici la reine et la maîtresse.* « Hélas ! dit-elle en soupirant, je ne souhaite rien que de voir mon pauvre père et de savoir ce qu'il fait à présent. » Elle avait dit cela en elle-même.

Quelle fut sa surprise, en jetant les yeux sur un grand miroir, d'y voir sa maison où son père arrivait avec un visage extrêmement triste ! Ses sœurs venaient au-devant de lui et, malgré les grimaces qu'elles faisaient pour paraître affligées, la joie qu'elles avaient de la perte de leur sœur paraissait sur leur visage[1]. Un moment après, tout cela disparut, et la Belle ne put s'empêcher de penser que la Bête était bien complaisante qu'elle n'avait rien à craindre.

À midi, elle trouva la table mise et, pendant son dîner, elle entendit un excellent concert, quoiqu'elle ne vît personne. Le soir, comme elle allait se mettre à table, elle entendit le bruit que faisait la Bête et ne put s'empêcher de frémir.

« La Belle, lui dit ce monstre, voulez-vous bien que je vous voie souper ?

– Vous êtes le maître, répondit la Belle en tremblant.

– Non, reprit la Bête, il n'y a ici de maîtresse que vous. Vous n'avez qu'à me dire de m'en aller si je vous ennuie ; je sortirai tout de suite. Dites-moi, n'est-ce pas que vous me trouvez bien laid ?

– Cela est vrai, dit la Belle, car je ne sais pas mentir ; mais je crois que vous êtes fort bon.

– Vous avez raison, dit le monstre. Mais outre que je suis laid, je n'ai point d'esprit : je sais bien que je ne suis qu'une Bête.

– On n'est pas bête, reprit la Belle, quand on croit n'avoir point d'esprit. Un sot n'a jamais su cela.

– Mangez donc, la Belle, dit le monstre, et tâchez de ne point vous ennuyer dans votre maison car tout ceci est à vous et j'aurais du chagrin si vous n'étiez pas contente.

– Vous avez bien de la bonté, dit la Belle. Je vous assure que je suis contente de votre cœur. Quand j'y pense, vous ne me paraissez plus si laid.

– Oh ! dame, oui ! répondit la Bête. J'ai le cœur bon, mais je suis un monstre.

– Il y a bien des hommes qui sont plus monstres que vous, dit la Belle, et je vous aime mieux avec votre figure que ceux qui, avec la figure d'homme, cachent un cœur faux, corrompu, ingrat.

– Si j'avais de l'esprit, reprit la Bête, je vous ferais un grand compliment pour vous remercier ; mais je suis un stupide, et tout ce que je puis vous dire, c'est que je vous suis bien obligé ».

1. Ses sœurs détestent Belle, trop différente d'elles.

1757

Texte lu

Manuel numérique

TEXTE ÉCHO

Shelley, *Frankenstein ou le Prométhée moderne* (1818)

À la fin du roman, après avoir commis de nombreux meurtres, le monstre créé par le Dr Frankenstein s'adresse au narrateur pour se justifier.

« Je ne demande pas de compassion pour ma misère. Jamais personne ne m'accordera sa sympathie. Quand je l'ai recherchée pour la première fois, je tenais à partager avec autrui l'amour de la vertu ainsi que les sentiments de bonheur et d'affection qui habitaient mon être. Maintenant que cette vertu n'est plus qu'une ombre, que le bonheur et l'affection ont fait place à un désespoir amer et détestable, que me reste-t-il pour susciter la sympathie ? Je me contenterai de souffrir dans la solitude aussi longtemps que se prolongera mon calvaire ; je sais qu'à ma mort l'horreur et l'opprobre[1] entacheront ma mémoire. Autrefois, mon imagination caressait des rêves de vertu, de gloire et de joie. Autrefois, j'espérais follement rencontrer des êtres qui, oubliant ma laideur, m'aimeraient pour les qualités dont je savais faire montre. Je me nourrissais de pensées élevées d'honneur et de dévouement. Hélas, le crime m'a désormais rabaissé à un rang inférieur à celui de l'animal le plus vil. Il n'existe pas de crime, pas de haine, pas de cruauté, pas de misère qui se puisse comparer à la mienne.

Quand je songe à la liste effrayante de mes péchés, je ne puis croire que je fus bien cette créature dont l'esprit était rempli de visions sublimes et transcendantes de la beauté et de la majesté de la bonté. »

1. **Opprobre** : rejet, mépris.

L'auteure et l'œuvre

Mary Shelley est une romancière, dramaturge, essayiste anglaise rattachée au romantisme noir. Le titre de l'œuvre inscrit le Dr Frankenstein dans la filiation de Prométhée, le voleur de feu, source de vie dans la mythologie gréco-romaine (▸ p. 407). Frankenstein, Prométhée moderne, a donné vie à une créature faite de morceaux de corps morts cousus les uns avec les autres. Rejetée par les hommes, la monstrueuse créature se venge de son créateur en tuant ses proches.

D'UN TEXTE À L'AUTRE

4 • Quelles réflexions sur la monstruosité le rapprochement de ces deux textes suscite-t-il ?

1759

Voltaire
(1694-1778)

L'auteur et l'œuvre

François-Marie Arouet, dit Voltaire, écrivain des Lumières (▸ p. 396), développe le conte philosophique qui permet, grâce au recours à la fiction, d'éviter la censure. *Candide ou l'Optimisme*, à travers une satire de la philosophie optimiste, dénonce la guerre, l'esclavage, le fanatisme religieux. L'œuvre présente le parcours d'un ingénu dont la réflexion évolue au gré de ses expériences.

Le Code noir

Le Code noir édicté par Colbert en 1685 réglemente la vie des esclaves dans les colonies françaises.

L'onomastique

Voltaire joue avec la signification des noms : Candide vient du latin *candidus*, la « blancheur » ; les sonorités du nom de l'esclavagiste Vanderdendur renvoient à un vendeur dur en affaires ; Pangloss, fervent défenseur de l'optimisme, est celui qui est « tout en langue », *pan glossa* en grec.

Texte lu
Manuel numérique

VERS LA LECTURE ANALYTIQUE

1 • Comment est décrit et comment se décrit l'esclave ? Que ressent le lecteur ?

2 • Plusieurs personnes sont responsables de la situation de l'esclave. Lesquelles ?

3 • Comment l'optimisme est-il redéfini ? Pourquoi ?

Voltaire

Candide

Candide, influencé par son maître Pangloss, est un adepte de la doctrine optimiste. Or, voilà qu'il rencontre un esclave aux portes de Surinam.

« C'est à ce prix que vous mangez du sucre en Europe. »

En approchant de la ville, ils rencontrèrent un nègre[1] étendu par terre, n'ayant plus que la moitié de son habit, c'est-à-dire d'un caleçon de toile bleue ; il manquait à ce pauvre homme la jambe gauche et la main droite. « Eh ! mon Dieu ! lui dit Candide en hollandais, que fais-tu là, mon ami, dans l'état horrible où je te vois ? – J'attends mon maître, M. Vanderdendur, le fameux négociant, répondit le nègre. – Est-ce M. Vanderdendur, dit Candide, qui t'a traité ainsi ? – Oui, monsieur, dit le nègre, c'est l'usage. On nous donne un caleçon de toile pour tout vêtement deux fois l'année. Quand nous travaillons aux sucreries, et que la meule nous attrape le doigt, on nous coupe la main ; quand nous voulons nous enfuir, on nous coupe la jambe : je me suis trouvé dans les deux cas. C'est à ce prix que vous mangez du sucre en Europe. Cependant, lorsque ma mère me vendit dix écus patagons sur la côte de Guinée, elle me disait : "Mon cher enfant, bénis nos fétiches[2], adore-les toujours, ils te feront vivre heureux ; tu as l'honneur d'être esclave de nos seigneurs les blancs, et tu fais par là la fortune de ton père et de ta mère." Hélas ! je ne sais pas si j'ai fait leur fortune, mais ils n'ont pas fait la mienne. Les chiens, les singes et les perroquets sont mille fois moins malheureux que nous ; les fétiches hollandais qui m'ont converti me disent tous les dimanches que nous sommes tous enfants d'Adam, blancs et noirs. Je ne suis pas généalogiste ; mais si ces prêcheurs disent vrai, nous sommes tous cousins issus de germains. Or vous m'avouerez qu'on ne peut pas en user avec ses parents d'une manière plus horrible.

– Ô Pangloss ! s'écria Candide, tu n'avais pas deviné cette abomination ; c'en est fait, il faudra qu'à la fin je renonce à ton optimisme. – Qu'est-ce qu'optimisme ? disait Cacambo[3]. – Hélas ! dit Candide, c'est la rage de soutenir que tout est bien quand on est mal » ; et il versait des larmes en regardant son nègre ; et en pleurant, il entra dans Surinam.

1. **Nègre** : au XVIIIe siècle, mot à comprendre au sens étymologique (*niger*, « noir »).
2. **Fétiches** : objets considérés comme incarnant des puissances divines et, en tant que tels, dotés de pouvoirs magiques dans certaines religions primitives. Plus loin, « fétiches » désigne les représentants religieux. 3. **Cacambo** : serviteur de Candide.

Voltaire
(1694-1778)

Voltaire

De l'horrible danger de la lecture

Voltaire situe son texte dans un Orient imaginaire.

« condamner, proscrire, anathématiser »

Nous Joussouf-Chéribi, par la grâce de Dieu mouphti du Saint-Empire ottoman, lumière des lumières, élu entre les élus, à tous les fidèles qui ces présentes verront, sottise et bénédiction.

Comme ainsi soit que Saïd-Effendi, ci-devant ambassadeur de la Sublime-Porte vers un petit État nommé *Frankrom*, situé entre l'Espagne et l'Italie, a rapporté parmi nous le pernicieux usage de l'imprimerie[1], ayant consulté sur cette nouveauté nos vénérables frères les cadis et imans de la ville impériale de Stamboul, et surtout les fakirs connus par leur zèle contre l'esprit, il a semblé bon à Mahomet et à nous de condamner, proscrire, anathématiser[2] ladite infernale invention de l'imprimerie, pour les causes ci-dessous énoncées.

1° Cette facilité de communiquer ses pensées tend évidemment à dissiper l'ignorance, qui est la gardienne et la sauvegarde des États bien policés.

2° Il est à craindre que, parmi les livres apportés d'Occident, il ne s'en trouve quelques-uns sur l'agriculture et sur les moyens de perfectionner les arts mécaniques, lesquels ouvrages pourraient à la longue, ce qu'à Dieu ne plaise, réveiller le génie de nos cultivateurs et de nos manufacturiers, exciter leur industrie, augmenter leurs richesses, et leur inspirer un jour quelque élévation d'âme, quelque amour du bien public, sentiments absolument opposés à la saine doctrine.

3° Il arriverait à la fin que nous aurions des livres d'histoire dégagés du merveilleux qui entretient la nation dans une heureuse stupidité. On aurait dans ces livres l'imprudence de rendre justice aux bonnes et aux mauvaises actions, et de recommander l'équité et l'amour de la patrie, ce qui est visiblement contraire aux droits de notre place.

4° Il se pourrait, dans la suite des temps, que de misérables philosophes, sous le prétexte spécieux[3], mais punissable, d'éclairer les hommes et de les rendre meilleurs, viendraient nous enseigner des vertus dangereuses dont le peuple ne doit jamais avoir de connaissance.

1. L'imprimerie turque date de 1726. Quand Voltaire écrit, elle ne fonctionne plus ; elle ne sera rétablie qu'en 1784. 2. **Anathématiser** : excommunier. 3. **Spécieux** : illusoire.

Un pamphlet

Un pamphlet est un court écrit satirique qui a souvent pour fonction de dénoncer un travers de la société. Voltaire dénonce ici l'intolérance religieuse et politique tout en soulignant à quel point l'ignorance peut permettre au despotisme religieux et politique de s'installer.

Un éloge des Lumières

Derrière ce pamphlet se cache un éloge des Lumières qui favorisent le progrès de l'esprit humain en diffusant des idées progressistes. Les philosophes des Lumières veulent « rendre les hommes meilleurs ».

L'orientalisme

Avec la traduction en français des *Contes des Mille et Une Nuits* par Antoine Galland en 1704, l'orientalisme devient à la mode. Il permet à Voltaire de situer son texte dans un Orient imaginaire pour dénoncer la censure qui empêche la libre expression de la pensée.

QUESTIONS

1 • Comment Voltaire contourne-t-il la censure ?

2 • Pourquoi serait-il utile à un dictateur d'interdire l'imprimerie ?

3 • À l'aide de quel moyen Voltaire dénonce-t-il l'intolérance ?

1775

Beaumarchais
(1732-1799)

L'auteur et l'œuvre

Pierre-Augustin Caron de Beaumarchais, roturier devenu noble, horloger, chef de musique, dramaturge mais aussi agent secret, affairiste et amateur des plaisirs de l'esprit, place toute sa verve dans la comédie *Le Barbier de Séville ou la Précaution inutile*. À travers les aventures de Figaro, il dénonce les abus de la noblesse et la préférence accordée à la condition au détriment de la valeur de l'homme lui-même.

La figure de l'ingénue

Rosine, le seul personnage féminin de la pièce, est une jeune amoureuse dont le cœur s'ouvre à la passion. Figure de l'ingénue, elle représente la sensibilité du siècle qui se partage entre vertu et sensualité. La naïveté de ce personnage type permet de remettre en cause les règles établies.

Beaumarchais
Le Barbier de Séville

Le comte Almaviva, qui dissimule son identité et sa condition de noble sous le nom de Lindor, est amoureux de Rosine, mais celle-ci doit épouser le docteur Bartholo, son tuteur, qui la séquestre. Figaro joue les entremetteurs.

« amour sans repos, ou repos sans amour »

ROSINE. – Avec qui parliez-vous donc là-bas si vivement ? Je n'entendais pas, mais...

FIGARO. – Avec un jeune Bachelier de mes parents, de la plus grande espérance, plein d'esprit, de sentiments, de talents, et d'une figure fort revenante.

ROSINE. – Oh ! tout à fait bien, je vous assure ! Il se nomme ?...

FIGARO. – Lindor. Il n'a rien. Mais s'il n'eût pas quitté brusquement Madrid, il pouvait y trouver quelque bonne place.

ROSINE. – Il en trouvera, Monsieur Figaro, il en trouvera. Un jeune homme tel que vous le dépeignez n'est pas fait pour rester inconnu.

FIGARO, *à part*. – Fort bien. *(Haut.)* Mais il a un grand défaut, qui nuira toujours à son avancement.

ROSINE. – Un défaut, Monsieur Figaro ! Un défaut ! en êtes-vous bien sûr ?

FIGARO. – Il est amoureux.

ROSINE. – Il est amoureux ! et vous appelez cela un défaut ?

FIGARO. – À la vérité, ce n'en est un que relativement à sa mauvaise fortune.

ROSINE. – Ah ! que le sort est injuste ! Et nomme-t-il la personne qu'il aime ? Je suis d'une curiosité...

FIGARO. – Vous êtes la dernière, Madame, à qui je voudrais faire une confidence de cette nature.

ROSINE, *vivement*. – Pourquoi, Monsieur Figaro ? Je suis discrète ; ce jeune homme vous appartient, il m'intéresse infiniment... Dites donc...

FIGARO, *la regardant finement*. – Figurez-vous la plus jolie petite mignonne, douce, tendre, accorte et fraîche, agaçant l'appétit, pied furtif, taille adroite, élancée, bras dodus, bouche rosée, et des mains ! des joues, des dents ! des yeux !...

ROSINE. – Qui reste en cette Ville ?

FIGARO. – En ce quartier.

ROSINE. – Dans cette rue peut-être ?

FIGARO. – À deux pas de moi.

ROSINE. – Ah ! que c'est charmant... pour Monsieur votre parent. Et cette personne est ?...

FIGARO. – Je ne l'ai pas nommée ?

Rosine, *vivement*.– C'est la seule chose que vous ayez oubliée, Monsieur Figaro. Dites donc, dites donc vite ; si l'on rentrait, je ne pourrais plus savoir…

Figaro. – Vous le voulez absolument, Madame ? Eh bien ! cette personne est… la Pupille de votre Tuteur.

Rosine. – La pupille ?…

Figaro. – Du Docteur Bartholo, oui, Madame.

Rosine, *avec émotion*. – Ah ! Monsieur Figaro… je ne vous crois pas, je vous assure.

Figaro.– Et c'est ce qu'il brûle de venir vous persuader lui-même.

Rosine. – Vous me faites trembler, Monsieur Figaro.

Figaro. – Fi donc, trembler ! mauvais calcul, Madame ; quand on cède à la peur du mal, on ressent déjà le mal de la peur. D'ailleurs, je viens de vous débarrasser de tous vos surveillants, jusqu'à demain.

Rosine. – S'il m'aime, il doit me le prouver en restant absolument tranquille.

Figaro. – Eh ! Madame, amour et repos peuvent-ils habiter en même cœur ? La pauvre jeunesse est si malheureuse aujourd'hui, qu'elle n'a que ce terrible choix : amour sans repos, ou repos sans amour.

Rosine, *baissant les yeux*. – Repos sans amour… paraît…

Figaro. – Ah ! bien languissant. Il semble, en effet, qu'amour sans repos se présente de meilleure grâce ; et pour moi, si j'étais femme…

Rosine, *avec embarras*. – Il est certain qu'une jeune personne ne peut empêcher un honnête homme de l'estimer.

Figaro. – Aussi mon parent vous estime-t-il infiniment.

Rosine. – Mais s'il allait faire quelque imprudence, Monsieur Figaro, il nous perdrait.

Figaro, *à part*. – Il nous perdrait ! *(Haut.)* Si vous le lui défendiez expressément par une petite lettre… Une lettre a bien du pouvoir.

Rosine *lui donne la lettre qu'elle vient d'écrire*. – Je n'ai pas le temps de recommencer celle-ci, mais en la lui donnant, dites-lui… dites-lui bien… *(Elle écoute.)*

Figaro. – Personne, Madame.

Rosine. – Que c'est par pure amitié tout ce que je fais.

Figaro. – Cela parle de soi. Tudieu ! l'Amour a bien une autre allure !

Rosine. – Que par pure amitié, entendez-vous. Je crains seulement que, rebuté par les difficultés…

Figaro. – Oui, quelque feu follet. Souvenez-vous, Madame, que le vent qui éteint une lumière allume un brasier, et que nous sommes ce brasier-là. D'en parler seulement, il exhale un tel feu qu'il m'a presque enfiévré de sa passion, moi qui n'y ai que voir !

Rosine. – Dieux ! J'entends mon Tuteur. S'il vous trouvait ici…

Acte II, scène 2 (extrait).

1775

Une réécriture de *L'École des femmes*

L'argument de la pièce est inspiré de *L'École des femmes* de Molière (▶ p. 96) mais, cette fois, l'action est vue du côté de l'ingénue et du jeune homme tandis que, chez Molière, tout était perçu du point de vue du barbon. Malgré toutes ses précautions, le barbon ne parviendra pas à épouser la jeune fille qu'il s'était réservée.

QUESTIONS

1 • En quoi Figaro dépasse-t-il ici le rôle traditionnel du messager ?

2 • Quel portrait Beaumarchais donne-t-il de Rosine ?

3 • Comment, au cours de l'échange, intelligence et sensibilité se mettent-elles au service de l'amour ?

1778

Denis Diderot
(1713-1784)

L'auteur et l'œuvre

Jacques le Fataliste et son Maître est une œuvre très peu connue du vivant de son auteur. Denis Diderot prend le prétexte du récit, toujours interrompu, des amours de Jacques pour interroger les problèmes posés par la forme romanesque et le rapport entre le lecteur et l'auteur.

Le roman en liberté

Au lieu de réponses claires sur le temps, le lieu et l'action, le début du roman pose des questions, rompant ainsi avec les attentes traditionnelles du lecteur. C'est une façon d'affirmer la liberté de l'auteur face au genre romanesque, mais plus largement celle de l'homme face au déterminisme et à la fatalité.

Diderot

Jacques le Fataliste

Voici l'incipit du roman.

« Vous voyez, lecteur, que je suis en beau chemin »

Comment s'étaient-ils rencontrés ? Par hasard, comme tout le monde. Comment s'appelaient-ils ? Que vous importe ? D'où venaient-ils ? Du lieu le plus prochain. Où allaient-ils ? Est-ce que l'on sait où l'on va ? Que disaient-ils ? Le maître ne disait rien ; et Jacques disait que son capitaine disait que tout ce qui nous arrive de bien et de mal ici-bas était écrit là-haut.

Le Maître. – C'est un grand mot que cela.

Jacques. – Mon capitaine ajoutait que chaque balle qui partait d'un fusil avait son billet[1].

Le Maître. – Et il avait raison...

Après une courte pause, Jacques s'écria: « Que le diable emporte le cabaretier et son cabaret !

Le Maître. – Pourquoi donner au diable son prochain ? Cela n'est pas chrétien.

Jacques. – C'est que, tandis que je m'enivre de son mauvais vin, j'oublie de mener nos chevaux à l'abreuvoir. Mon père s'en aperçoit ; il se fâche. Je hoche de la tête ; il prend un bâton et m'en frotte un peu durement les épaules. Un régiment passait pour aller au camp devant Fontenoy ; de dépit je m'enrôle. Nous arrivons ; la bataille se donne...

Le Maître. – Et tu reçois la balle à ton adresse.

Jacques. – Vous l'avez deviné ; un coup de feu au genou ; et Dieu sait les bonnes et mauvaises aventures amenées par ce coup de feu. Elles se tiennent ni plus ni moins que les chaînons d'une gourmette. Sans ce coup de feu, par exemple, je crois que je n'aurais été amoureux de ma vie, ni boiteux.

Le Maître. – Tu as donc été amoureux ?

Jacques. – Si je l'ai été !

Le Maître. – Et cela par un coup de feu ?

Jacques. – Par un coup de feu.

Le Maître. – Tu ne m'en as jamais dit un mot.

Jacques. – Je le crois bien.

Le Maître. – Et pourquoi cela ?

Jacques. – C'est que cela ne pouvait être dit ni plus tôt ni plus tard.

Le Maître. – Et le moment d'apprendre ces amours est-il venu ?

Jacques. – Qui le sait ?

Le Maître. – À tout hasard, commence toujours...

Jacques commença l'histoire de ses amours. C'était l'après-dîner: il faisait un temps lourd ; son maître s'endormit. La nuit les surprit au milieu des

QUESTIONS

1 • Qu'apprend-on des personnages ?

2 • Quels détails de la narration retiennent l'attention du lecteur ?

3 • Pourquoi le thème du voyage est-il important ?

champs ; les voilà fourvoyés[2]. Voilà le maître dans une colère terrible et tombant à grands coups de fouet sur son valet, et le pauvre diable disant à chaque coup : « Celui-là était apparemment encore écrit là-haut... »

Vous voyez, lecteur, que je suis en beau chemin, et qu'il ne tiendrait qu'à moi de vous faire attendre un an, deux ans, trois ans, le récit des amours de Jacques, en le séparant de son maître et en leur faisant courir à chacun tous les hasards qu'il me plairait.

1. **Billet** : destinataire. 2. **Fourvoyés** : perdus.

TEXTE ÉCHO

Cervantès, *L'Ingénieux Hidalgo Don Quichotte de la Manche* (1605-1615)

Grand lecteur de romans de chevalerie, Don Quichotte, gentilhomme sans le sou, part à l'aventure avec son écuyer Sancho Panza, un paysan.

Sancho Panza dit alors à son maître :

« Que Votre Grâce fasse bien attention, seigneur chevalier errant, de ne point oublier ce que vous m'avez promis au sujet d'une île, car, si grande qu'elle soit, je saurai bien la gouverner. »

À quoi répondit don Quichotte :

« Il faut que tu saches, ami Sancho Panza, que ce fut un usage très-suivi par les anciens chevaliers errants de faire leurs écuyers gouverneurs des îles ou royaumes qu'ils gagnaient, et je suis bien décidé à ce qu'une si louable coutume ne se perde point par ma faute. Je pense au contraire y surpasser tous les autres : car maintes fois, et même le plus souvent, ces chevaliers attendaient que leurs écuyers fussent vieux ; c'est quand ceux-ci étaient rassasiés de servir et las de passer de mauvais jours et de plus mauvaises nuits, qu'on leur donnait quelque titre de comte ou pour le moins de marquis, avec quelque vallée ou quelque province à l'avenant ; mais si nous vivons, toi et moi, il peut bien se faire qu'avant six jours je gagne un royaume fait de telle sorte qu'il en dépende quelques autres, ce qui viendrait tout à point pour te couronner roi d'un de ceux-ci. Et que cela ne t'étonne pas, car il arrive à ces chevaliers des aventures si étranges, d'une façon si peu vue et si peu prévue, que je pourrais facilement te donner encore plus que je ne te promets.

– À ce train-là, répondit Sancho Panza, si, par un de ces miracles que raconte Votre Grâce, j'allais devenir roi, Juana Gutierrez, ma ménagère, ne deviendrait rien moins que reine, et mes enfants infants.

– Qui en doute ? répondit don Quichotte.

Traduit de l'espagnol par Viardot (1836).

L'auteur et l'œuvre

Ce célèbre roman, écrit par l'Espagnol Miguel de Cervantes (1547-1616), est considéré comme le premier roman moderne. Les aventures de Don Quichotte témoignent de l'évolution de la société et du rapport entre le lecteur et le livre. Le héros cherche naïvement à retrouver dans la réalité ce qu'il a lu, et à défendre les valeurs d'une société médiévale qui n'existe plus. L'auteur parodie ainsi les romans de chevalerie en mêlant tonalités et ironie, et invite le lecteur à porter un regard nouveau sur le monde et la fiction.

D'UN TEXTE À L'AUTRE

4 • Comment les œuvres de Diderot et de Cervantès conduisent-elles le lecteur à porter un regard critique sur la fiction romanesque ?

1779 (posth.)

Émilie Du Châtelet (1706-1749)

L'auteure et l'œuvre

La marquise Émilie Du Châtelet reçoit une éducation humaniste. Esprit érudit et brillant, femme libre, elle acquiert une large renommée dans le domaine scientifique, malgré la misogynie de ses contemporains. Maîtresse de Voltaire, elle écrit le *Discours sur le bonheur* au moment de leur rupture, une réflexion personnelle sur le siècle ainsi qu'un témoignage de sa souffrance convertie en force personnelle. Il sera publié à titre posthume en 1779.

Un traité sur le bonheur

Le XVIIIe siècle compte une cinquantaine de traités consacrés au bonheur. Celui de Mme Du Châtelet se distingue par son caractère très personnel, éloigné de la morale chrétienne. Elle recommande de repousser les pensées désagréables, de cultiver ses passions mais de modérer ses désirs et de sauvegarder toujours l'autonomie de sa volonté. Elle s'attache particulièrement à la condition de la femme.

QUESTIONS

1 • Comment l'auteure juge-t-elle la position des femmes à son époque ?

2 • Quelle image des Lumières se dégage de l'extrait ?

3 • De quelles manières l'étude participe-t-elle au bonheur de l'être humain ?

Mme Du Châtelet

Discours sur le bonheur

Par cette raison d'indépendance, l'amour de l'étude est de toutes les passions celle qui contribue le plus à notre bonheur. Dans l'amour de l'étude se trouve renfermée une passion dont une âme élevée n'est jamais entièrement exempte, celle de la gloire ; il n'y a même que de cette manière d'en acquérir pour la moitié du monde, et c'est cette moitié justement à qui l'éducation en ôte les moyens, et en rend le goût impossible.

« l'amour de l'étude est de toutes les passions celle qui contribue le plus à notre bonheur »

Il est certain que l'amour de l'étude est bien moins nécessaire au bonheur des hommes qu'à celui des femmes. Les hommes ont une infinité de ressources pour être heureux, qui manquent entièrement aux femmes. Ils ont bien d'autres moyens d'arriver à la gloire, et il est sûr que l'ambition de rendre ses talents utiles à son pays et de servir ses concitoyens, soit par son habileté dans l'art de la guerre, ou par ses talents pour le gouvernement, ou les négociations, est fort au-dessus de [celle] qu'on peut se proposer pour l'étude ; mais les femmes sont exclues, par leur état, de toute espèce de gloire, et quand, par hasard, il s'en trouve quelqu'une qui est née avec une âme assez élevée, il ne lui reste que l'étude pour la consoler de toutes les exclusions et de toutes les dépendances auxquelles elle se trouve condamnée par état.

L'amour de la gloire, qui est la source de tant de plaisir et de tant d'efforts en tout genre qui contribuent au bonheur, à l'instruction et à la perfection de la société, est entièrement fondé sur l'illusion ; rien n'est si aisé que de faire disparaître le fantôme après lequel courent toutes les âmes élevées ; mais qu'il y aurait à perdre pour elles et pour les autres ! Je sais qu'il est quelque réalité dans l'amour de la gloire dont on peut jouir de son vivant ; mais il n'y a guère de héros, en quelque genre que ce soit, qui voulût se détacher entièrement des applaudissements de la postérité, dont on attend même plus de justice que de ses contemporains. On ne savoure pas toujours le désir vague de faire parler de soi quand on ne sera plus ; mais il reste toujours au fond de notre cœur. La philosophie en voudrait faire sentir la vanité ; mais le sentiment prend le dessus, et ce plaisir n'est point une illusion : car il nous prouve le bien réel de jouir de notre réputation future ; si le présent était notre unique bien, nos plaisirs seraient bien plus bornés qu'ils ne le sont. Nous sommes heureux dans le moment présent, non seulement par nos jouissances actuelles, mais par nos espérances, par nos réminiscences. Le présent s'enrichit du passé et de l'avenir.

Rousseau
Les Confessions

Âgé de dix ou douze ans, Rousseau vit en pension chez le pasteur Lambercier et sa sœur, à Bossey, près de Genève.

« je déclare à la face du ciel que j'en étais innocent »

J'étudiais un jour seul ma leçon dans la chambre contiguë à la cuisine. La servante avait mis sécher à la plaque[1] les peignes de Mlle Lambercier. Quand elle revint les prendre, il s'en trouva un dont tout un côté de dents était brisé. À qui s'en prendre de ce dégât ? Personne autre que moi n'était entré dans la chambre. On m'interroge ; je nie d'avoir touché le peigne. M. et Mlle Lambercier se réunissent ; m'exhortent, me pressent, me menacent ; je persiste avec opiniâtreté ; mais la conviction était trop forte, elle l'emporta sur toutes mes protestations, quoique ce fût la première fois qu'on m'eût trouvé tant d'audace à mentir. La chose fut prise au sérieux ; elle méritait de l'être. La méchanceté, le mensonge, l'obstination parurent également dignes de punition : mais pour le coup ce ne fut pas par Mlle Lambercier qu'elle me fut infligée. On écrivit à mon oncle Bernard ; il vint. Mon pauvre cousin était chargé d'un autre délit non moins grave : nous fûmes enveloppés dans la même exécution. Elle fut terrible. Quand, cherchant le remède dans le mal même, on eût voulu pour jamais amortir mes sens dépravés[2], on n'aurait pu mieux s'y prendre. Aussi me laissèrent-ils en repos pour longtemps.

On ne put m'arracher l'aveu qu'on exigeait. Repris à plusieurs fois, et mis dans l'état le plus affreux, je fus inébranlable. J'aurais souffert la mort et j'y étais résolu. Il fallut que la force même cédât au diabolique entêtement d'un enfant ; car on n'appela pas autrement ma constance. Enfin je sortis de cette cruelle épreuve en pièces, mais triomphant.

Il y a maintenant près de cinquante ans de cette aventure, et je n'ai pas peur d'être puni derechef[3] pour le même fait. Hé bien, je déclare à la face du Ciel que j'en étais innocent, que je n'avais ni cassé ni touché le peigne, que je n'avais pas approché de la plaque, et que je n'y avais pas même songé. Qu'on ne me demande pas comment le dégât se fit ; je l'ignore, et ne puis le comprendre ; ce que je sais très certainement, c'est que j'en étais innocent.

Partie I, Livre II (extrait).

1. **Plaque** : niche pratiquée dans le mur d'une cheminée. 2. Il s'agit de la fessée que Jean-Jacques aimait recevoir de la part de Mlle Lambercier mais qu'il n'apprécie guère donnée par un homme…
3. **Derechef** : de nouveau.

1782 (posth.)

Jean-Jacques Rousseau
(1712-1778)

L'auteur et l'œuvre

Écrivain et philosophe attaqué et condamné par les intellectuels de son époque tout comme par les autorités politiques en raison de ses prises de position politiques et sociales, Jean-Jacques Rousseau décide de se justifier par un livre qui se veut d'une sincérité inégalée. Rédigées entre 1765 et 1770, publiées après sa mort. *Les Confessions* livrent le portrait d'un homme qui se sent victime d'un complot ourdi par la société.

L'expérience de l'injustice

Dans le livre I, Rousseau fait le récit de la première « chute ». Il raconte comment, âgé d'une dizaine d'années, heureux et innocent, il prend conscience de l'injustice quand on l'accuse à tort d'avoir cassé un peigne.

QUESTIONS

1 • Quelle stratégie l'auteur déploie-t-il pour faire comprendre l'importance de l'injustice ?

2 • En quoi sa démarche s'apparente-t-elle à une entreprise de justification ?

3 • Quelle leçon sur la société et l'être humain le texte donne-t-il au lecteur ?

1782

Choderlos de Laclos
(1741-1803)

L'auteur et l'œuvre

Pierre Ambroise Choderlos de Laclos, officier de carrière, est l'auteur d'un unique roman, *Les Liaisons dangereuses*, qui critique les relations mondaines et propose une réflexion morale et sociale sur son temps. Ce roman épistolaire qui met en scène deux libertins, la marquise de Merteuil et le vicomte de Valmont, provoque le scandale tout en remportant beaucoup de succès. Laclos publiera également en 1783 l'essai *Des femmes et de leur éducation,* dans l'objectif de provoquer la réflexion de ses contemporains sur le sujet de la condition féminine.

Du libertinage

La marquise de Merteuil passe en société pour une femme vertueuse. Elle se livre pourtant au libertinage de mœurs, mais aussi d'idées : elle ne respecte ni la morale ni la religion. Ce libertinage œuvre pour la libération de la femme, qui parvient ici à dominer l'homme.

Laclos

Les Liaisons dangereuses

La marquise de Merteuil répond au vicomte de Valmont qui lui reprochait de s'être laissé envahir par ses sentiments.

La Marquise de Merteuil au Vicomte de Valmont

« je puis dire que je suis mon ouvrage »

Si pourtant vous m'avez vue, disposant des événements et des opinions, faire de ces hommes si redoutables les jouets de mes caprices ou de mes fantaisies ; ôter aux uns la volonté de me nuire, aux autres la puissance ; si j'ai su tour à tour, et suivant mes goûts mobiles, attacher à ma suite ou rejeter loin de moi

Ces tyrans détrônés devenus mes esclaves ;

si, au milieu de ces révolutions fréquentes, ma réputation s'est pourtant conservée pure, n'avez-vous pas dû en conclure que, née pour venger mon sexe et maîtriser le vôtre, j'avais su me créer des moyens inconnus jusqu'à moi ?

Ah ! gardez vos conseils et vos craintes pour ces femmes à délire, et qui se disent à sentiments, dont l'imagination exaltée ferait croire que la nature a placé leurs sens dans leur tête ; qui, n'ayant jamais réfléchi, confondent sans cesse l'amour et l'amant ; qui, dans leur folle illusion, croient que celui-là seul avec qui elles ont cherché le plaisir en est l'unique dépositaire ; et, vraies superstitieuses, ont pour le prêtre, le respect et la foi qui n'est dû qu'à la Divinité.

Craignez encore pour celles qui, plus vaines que prudentes, ne savent pas au besoin consentir à se faire quitter.

Tremblez surtout pour ces femmes actives dans leur oisiveté, que vous nommez *sensibles*, et dont l'amour s'empare si facilement de toute l'existence ; qui sentent le besoin de s'en occuper encore, même alors qu'elles n'en jouissent pas ; et s'abandonnant sans réserve à la fermentation de leurs idées, enfantent par elles ces lettres brûlantes, si douces, mais si dangereuses à écrire ; et ne craignent pas de confier ces preuves de leur faiblesse à l'objet qui les cause : imprudentes, qui dans leur amant actuel ne savent pas voir leur ennemi futur !

Mais moi, qu'ai-je de commun avec ces femmes inconsidérées ? Quand m'avez-vous vue m'écarter des règles que je me suis prescrites et manquer à mes principes ? je dis mes principes, et je le dis à dessein : car ils ne sont pas, comme ceux des autres femmes, donnés au hasard, reçus sans examen et suivis par habitude ; ils sont le fruit de mes profondes réflexions ; je les ai créés, et je puis dire que je suis mon ouvrage.

Entrée dans le monde dans le temps où, fille encore, j'étais vouée par état au silence et à l'inaction, j'ai su en profiter pour observer et réfléchir. Tandis qu'on me croyait étourdie ou distraite, écoutant peu à la vérité les discours qu'on s'empressait de me tenir, je recueillais avec soin ceux qu'on cherchait à me cacher.

Cette utile curiosité, en servant à m'instruire, m'apprit encore à dissimuler, forcée souvent de cacher les objets de mon attention aux yeux de ceux qui m'entouraient, j'essayai de guider les miens à mon gré ; j'obtins dès lors de prendre à volonté ce regard distrait que vous avez loué si souvent. Encouragée par ce premier succès, je tâchai de régler de même les divers mouvements de ma figure. Ressentais-je quelque chagrin, je m'étudiais à prendre l'air de la sécurité, même celui de la joie ; j'ai porté le zèle jusqu'à me causer des douleurs volontaires, pour chercher pendant ce temps l'expression du plaisir. Je me suis travaillée avec le même soin et plus de peine pour réprimer les symptômes d'une joie inattendue. C'est ainsi que j'ai su prendre sur ma physionomie cette puissance dont je vous ai vu quelquefois si étonné.

J'étais bien jeune encore, et presque sans intérêt : mais je n'avais à moi que ma pensée, et je m'indignais qu'on pût me la ravir ou me la surprendre contre ma volonté. Munie de ces premières armes, j'en essayai l'usage : non contente de ne plus me laisser pénétrer, je m'amusais à me montrer sous des formes différentes ; sûre de mes gestes, j'observais mes discours ; je réglais les uns et les autres, suivant les circonstances, ou même seulement suivant mes fantaisies : dès ce moment, ma façon de penser fut pour moi seule, et je ne montrai plus que celle qu'il m'était utile de laisser voir.

Ce travail sur moi-même avait fixé mon attention sur l'expression des figures et le caractère des physionomies ; et j'y gagnai ce coup d'œil pénétrant, auquel l'expérience m'a pourtant appris à ne pas me fier entièrement ; mais qui, en tout, m'a rarement trompée.

Je n'avais pas quinze ans, je possédais déjà les talents auxquels la plus grande partie de nos Politiques doivent leur réputation, et je ne me trouvais encore qu'aux premiers éléments de la science que je voulais acquérir.

Lettre LXXXI (extrait).

QUESTIONS

1 • Comment la marquise dénonce-t-elle la condition féminine de son siècle ?

2 • En quoi fait-elle preuve d'orgueil ?

3 • Comment affirme-t-elle son libertinage ?

1782

L'art de la rhétorique

Femme cultivée, la marquise de Merteuil maîtrise l'art de la rhétorique. Elle use d'alexandrins ou de vers blancs (segments de phrase qui ont le rythme du vers, comme dans le premier paragraphe), pour affirmer sa supériorité. Les anaphores en « si » créent l'attente du lecteur et ménagent une attaque percutante du vicomte de Valmont. La marquise affirme une méthode novatrice et infaillible en société : dissimuler ses émotions et manipuler autrui sans laisser entacher sa réputation.

Un roman adapté au cinéma

Les Liaisons dangereuses ont été adaptées au théâtre et à l'opéra, mais surtout au cinéma. En 1960, Roger Vadim propose, avec Gérard Philippe et Jeanne Moreau, une adaptation éloignée du roman, tandis que Stephen Frears, en 1988, et Milos Forman, en 1989, se montrent fidèles au texte. Ces deux derniers films diffèrent néanmoins dans leur proposition : Frears s'attache à Mme de Merteuil, magistralement jouée par Glenn Close, tandis que Forman resserre l'intrigue autour du vicomte de Valmont.

1784

Beaumarchais
(1732-1799)

L'auteur et l'œuvre

Pierre-Augustin Caron de Beaumarchais écrit deux comédies, *Le Barbier de Séville* et *Le Mariage de Figaro,* ainsi qu'un drame bourgeois, *La Mère coupable.* Dans cette trilogie, le public suit l'évolution des mêmes personnages. *Le Mariage de Figaro ou la Folle Journée* est la suite du *Barbier de Séville* (▶ p. 160). Rosine et le comte sont mariés. Figaro se prépare à épouser Suzanne, la caméristе de la comtesse, mais le comte, en despote, s'oppose à ce mariage à moins que Suzanne n'accepte de se donner à lui. Rosine, Suzanne et Figaro se liguent, renversent l'autorité du comte et réussissent à déjouer ses projets avant le soir des noces.

Figaro, un simple valet ?

Rusé et frondeur, Figaro garde des caractéristiques du valet de la tradition italienne (Arlequin) et de Molière (Scapin). Au centre de chacune des pièces de la trilogie, ce personnage aventurier, marginal et romanesque acquiert une profondeur inédite et rappelle à bien des égards Beaumarchais lui-même. Il sait mettre les rieurs de son côté et devient le porte-parole d'une contestation à la fois esthétique, sociale et politique.

Beaumarchais
Le Mariage de Figaro

« …sans la liberté de blâmer, il n'est point d'éloge flatteur »

FIGARO *seul, [...] s'assied sur un banc.* – Est-il rien de plus bizarre que ma destinée ? Fils de je ne sais pas qui, volé par des bandits, élevé dans leurs mœurs, je m'en dégoûte et veux courir une carrière honnête ; et partout je suis repoussé ! J'apprends la chimie, la pharmacie, la chirurgie, et tout le crédit d'un grand seigneur peut à peine me mettre à la main une lancette vétérinaire ! Las d'attrister des bêtes malades, et pour faire un métier contraire, je me jette à corps perdu dans le théâtre : me fussé-je mis une pierre au cou ! Je broche une comédie dans les mœurs du sérail. Auteur espagnol, je crois pouvoir y fronder Mahomet sans scrupule : à l'instant un envoyé... de je ne sais où se plaint que j'offense dans mes vers la Sublime-Porte, la Perse, une partie de la presqu'île de l'Inde, toute l'Égypte, les royaumes [...] de Tunis, d'Alger et de Maroc : et voilà ma comédie flambée, pour plaire aux princes mahométans, dont pas un, je crois, ne sait lire [...]. Ne pouvant avilir l'esprit, on se venge en le maltraitant. Mes joues creusaient, mon terme était échu : je voyais de loin arriver l'affreux recors[1], la plume fichée dans sa perruque ; en frémissant je m'évertue. Il s'élève une question sur la nature des richesses ; et, comme il n'est pas nécessaire de tenir les choses pour en raisonner, n'ayant pas un sou, j'écris sur la valeur de l'argent, et sur son produit net : aussitôt je vois du fond d'un fiacre baisser pour moi le pont d'un château fort, à l'entrée duquel je laissai l'espérance et la liberté. *(Il se lève.)* Que je voudrais bien tenir un de ces puissants de quatre jours, si légers sur le mal qu'ils ordonnent, quand une bonne disgrâce a cuvé son orgueil ! Je lui dirais... que les sottises imprimées n'ont d'importance qu'aux lieux où l'on en gêne le cours ; que, sans la liberté de blâmer, il n'est point d'éloge flatteur ; et qu'il n'y a que les petits hommes qui redoutent les petits écrits. *(Il se rassied.)* Las de nourrir un obscur pensionnaire, on me met un jour dans la rue ; et comme il faut dîner, quoiqu'on ne soit plus en prison, je taille encore ma plume, et demande à chacun de quoi il est question : on me dit que, pendant ma retraite économique, il s'est établi dans Madrid un système de liberté sur la vente des productions, qui s'étend même à celles de la presse ; et que, pourvu que je ne parle en mes écrits ni de l'autorité, ni du culte, ni de la politique, ni de la morale, ni des gens en place, ni des corps en crédit, ni de l'Opéra, ni des autres spectacles, ni de personne qui tienne à quelque chose, je puis tout imprimer librement, sous l'inspection de deux ou trois censeurs. Pour profiter de cette douce liberté, j'annonce un écrit périodique, et, croyant n'aller sur les brisées d'aucun autre, je le nomme *Journal inutile*. Pou-ou ! je vois s'élever contre moi mille pauvres diables à la feuille[2], on me supprime, et me voilà derechef sans emploi ! Le désespoir m'allait saisir ; on pense à moi pour une place, mais par malheur j'y étais propre : il fallait un calculateur, ce fut un danseur qui l'obtint. Il ne me restait plus qu'à voler ; je me fais banquier de pharaon : alors, bonnes gens ! Je soupe en ville, et les personnes dites comme il faut m'ouvrent poliment leur maison, en retenant pour elles les trois quarts du profit. J'aurais bien pu me remonter ; je commençais même à comprendre que, pour gagner du bien, le savoir-faire vaut mieux que le savoir. Mais comme chacun pillait autour de moi, en exigeant que je fusse honnête, il fallut bien périr encore. Pour le coup je quittais le monde, et vingt brasses d'eau m'en allaient séparer, lorsqu'un dieu bienfaisant m'appelle à mon premier état[3]. Je reprends ma trousse et mon cuir anglais ; puis, laissant la fumée aux sots qui s'en nourrissent, et la honte au milieu du chemin, comme trop lourde à un piéton, je vais rasant de ville en ville, et je vis enfin sans souci. Un grand seigneur passe à Séville ; il me reconnaît, je le marie ; et pour prix d'avoir eu par mes soins son épouse, il veut intercepter la mienne ! Intrigue, orage à ce sujet. Prêt à tomber dans un abîme, au moment d'épouser ma mère, mes parents m'arrivent à la file. (*Il se lève en s'échauffant.*) On se débat : C'est vous, c'est lui, c'est moi, c'est toi ; non, ce n'est pas nous : eh ! mais, qui donc ? (*Il retombe assis.*) Ô bizarre suite d'événements ! Comment cela m'est-il arrivé ? Pourquoi ces choses et non pas d'autres ? Qui les a fixées sur ma tête ? Forcé de parcourir la route où je suis entré sans le savoir, comme j'en sortirai sans le vouloir, je l'ai jonchée d'autant de fleurs que ma gaieté me l'a permis ; encore je dis ma gaieté, sans savoir si elle est à moi plus que le reste, ni même quel est ce moi dont je m'occupe : un assemblage informe de parties inconnues ; puis un chétif être imbécile, un petit animal folâtre, un jeune homme ardent au plaisir, ayant tous les goûts pour jouir, faisant tous les métiers pour vivre ; maître ici, valet là, selon qu'il plaît à la fortune ; ambitieux par vanité, laborieux par nécessité, mais paresseux... avec délices ! orateur selon le danger ; poète par délassement ; musicien par occasion ; amoureux par folles bouffées ; j'ai tout vu, tout fait, tout usé. Puis l'illusion s'est détruite, et, trop désabusé. Désabusé !... Suzon, Suzon, Suzon ! que tu me donnes de tourments !... J'entends marcher... on vient. Voici l'instant de la crise.

(*Il se retire près de la première coulisse à sa droite.*)

Acte V, scène 3 (extrait).

1. **Recors** : assistant de l'huissier lors des saisies.
2. Journalistes très mal payés, à la feuille.
3. Figaro songe à se noyer par désespoir lorsque la chance lui sourit : on lui propose de redevenir barbier.

1784

L'audace comme leitmotiv

Au siècle des Lumières, l'individu, qui apprend à penser par lui-même, s'émancipe de l'autorité et conteste l'organisation par classes sociales de la société. Il ne perçoit plus sa condition sociale comme immuable.

Le jeu social, jeu de masques

Dans la société du XVIIIe siècle, la vie est régie par des conventions. La place de chacun est due davantage au hasard qu'au mérite, comme le dénonce Figaro. Le théâtre des Lumières, avec ses masques, met en scène le tourbillon d'une époque où le bourgeois cherche à conquérir une position au sein de la société nouvelle au moment de l'effondrement des anciennes hiérarchies.

QUESTIONS

1 • Quels sont les principaux enjeux de ce passage ?

2 • Que nous apprend le texte de la société du XVIIIe siècle ?

3 • En quoi Figaro est-il un valet de comédie hors norme ?

1787

Chénier

Élégies

André Chénier
(1762-1794)

L'auteur et l'œuvre

André Chénier, guillotiné en 1794, se rêve « l'Homère des Modernes ». Son œuvre est admirée par ses contemporains, dont Vigny et Musset. Hugo l'appelle l'« Inventeur d'une poésie nouvelle ». Avant Hugo, Chénier révolutionne l'alexandrin classique, se joue de la symétrie, ne respecte pas la coupe à l'hémistiche et enrichit le poème de rejets et d'enjambements. Les *Élégies* retracent les passions amoureuses de Chénier ; le poète y recherche la vérité des sentiments, dans une démarche d'authenticité de l'émotion en vogue au XVIIIe siècle.

L'élégie

L'élégie (étymologiquement « chant de deuil ») est dans l'Antiquité un poème lyrique à forme fixe dans lequel s'expriment les joies et les peines de la vie amoureuse. Remise à l'honneur à la Renaissance par les poètes de la Pléiade, puis par les romantiques au début du XIXe siècle, elle prend la forme d'une méditation mélancolique et plaintive sur les peines de l'amour ou la fuite du temps.

QUESTIONS

1 • **En quoi ce poème mêle-t-il tradition et renouvellement poétique ?**

2 • **Quelles caractéristiques de l'élégie retrouvez-vous ici ?**

3 • **Le poète semble-t-il totalement sincère ? Pourquoi ?**

« Alors je vis s'unir ces deux bouches perfides. »

Ô nuit ! j'avais juré d'aimer cette infidèle ;
Sa bouche me jurait une amour éternelle ;
Et c'est toi qu'attestait notre commun serment.
L'ingrate s'est livrée aux bras d'un autre amant,
Lui promet de l'aimer, le lui dit, le lui jure,
Et c'est encore toi qu'atteste la parjure !

Et toi lampe nocturne, astre cher à l'amour,
Sur le marbre posée, ô toi ! qui, jusqu'au jour,
De ta prison de verre éclairais nos tendresses,
C'est toi qui fus témoin de ses douces promesses ;
Mais, hélas ! avec toi son amour incertain
Allait se consumant, et s'éteignit enfin ;
Avec toi les serments de cette bouche aimée
S'envolèrent bientôt en légère fumée.
Près de son lit, c'est moi qui fis veiller tes feux
Pour garder mes amours, pour éclairer nos jeux ;
Et tu ne t'éteins pas à l'aspect de son crime !
Et tu sers aux plaisirs d'un rival qui m'opprime !
Tu peux, fausse comme elle et comme elle sans foi,
Être encor pour autrui ce que tu fus pour moi,
Montrant à d'autres yeux, que tu guides sur elle,
Combien elle est perfide et combien elle est belle !

– Poète malheureux, de quoi m'accuses-tu ?
Pour te la conserver j'ai fait ce que j'ai pu.
Mes yeux, dans ses forfaits même ont su la poursuivre,
Tant que ses soins jaloux me permirent de vivre.
Hier, elle semblait en efforts languissants
Avoir peine à traîner ses pas et ses accents.
Le jour venait de fuir, je commençais à luire ;
Sa couche la reçut, et je l'ouïs te dire
Que de son corps souffrant les débiles langueurs
D'un sommeil long et chaste imploraient les douceurs.
Tu l'embrasses, tu pars, tu la vois endormie.
À peine tu sortais, que cette porte amie
S'ouvre : un front jeune et blond se présente, et je vois
Un amant aperçu pour la première fois.

Elle alors d'une voix tremblante et favorable
Lui disait : « Non, partez ; non, je suis trop coupable. »
Elle parlait ainsi, mais lui tendait les bras.
Le jeune homme près d'elle arrivait pas à pas.
Alors je vis s'unir ces deux bouches perfides.

Livre II, Camille, XIX, « La Lampe » (extrait).

Auguste Rodin, *Le Baiser* (1888), sculpture en marbre, musée Rodin (Paris).

Animation
Manuel numérique

1787

Texte lu
Manuel numérique

HISTOIRE DES ARTS

L'artiste et l'œuvre

Auguste Rodin (1840-1917) est un sculpteur français auteur d'œuvres réalistes. *Le Penseur* et *La Porte de l'Enfer* figurent parmi les plus connues. *Le Baiser* devait à l'origine faire partie de *La Porte de l'Enfer*.

DE L'IMAGE AU TEXTE

4 • Quels liens thématiques établissez-vous entre le poème de Chénier et cette sculpture ?

1788

Philippe-François Fabre d'Églantine
(1750-1794)

L'auteur et l'œuvre

Auteur, dramaturge et comédien, Fabre participe à un concours où il n'obtient que le second prix… Alors, il s'attribue seul le premier prix : l'églantine d'or qu'il accole à son nom ! Révolutionnaire, il s'engage au club des Cordeliers. Il participe à la création du calendrier républicain. Lié à Danton, il partagera son sort : il meurt guillotiné en 1794.

La chanson

Fabre d'Églantine se voulait avant tout dramaturge mais ce sont ses chansons, souvent extraites d'opérettes, qui ont remporté un certain succès. *Je t'aime tant* était chantée sur un « air connu » au XIXe siècle. Aujourd'hui, seule *L'Hospitalité*, extraite de *Laure et Pétrarque* (1780), est restée dans les mémoires, sous le nom d'*Il pleut bergère*. Son œuvre est publiée à titre posthume en 1802.

Fabre d'Églantine
Œuvres mêlées et posthumes

Je t'aime tant

Sur un air connu

Je t'aime tant, je t'aime tant :
Je ne puis assez te le dire,
Et je le répète pourtant
À chaque fois que je respire.
Absent, présent, de près, de loin,
Je t'aime est le mot que je trouve :
Seul, avec toi, devant témoin,
Ou je le pense ou je le prouve.

Tracer *je t'aime* en cent façons
Est le seul travail de ma plume ;
Je te chante dans mes chansons,
Je te lis dans chaque volume.
Qu'une beauté m'offre ses traits,
Je te cherche sur son visage ;
Dans les tableaux, dans les portraits
Je veux retrouver ton image.

En ville, aux champs, chez moi, dehors,
Ta douce image est caressée ;
Elle se fond, quand je m'endors,
Avec ma dernière pensée ;
Quand je m'éveille, je te vois
Avant d'avoir vu la lumière,
Et mon cœur est plus vite à toi
Que n'est le jour à ma paupière.

Absent, je ne te quitte pas ;
Tous tes discours, je les devine.
Je compte tes soins et tes pas ;
Ce que tu sens, je l'imagine.
Près de toi suis-je de retour,
Je suis aux cieux, c'est un délire ;
Je ne respire que l'amour,
Et c'est ton souffle que j'aspire.

« Je suis aux cieux, c'est un délire »

QUESTIONS

1 • En quoi cette chanson est-elle une déclaration d'amour ?

2 • Comment comprend-on que l'amour est aliénant ?

3 • Pourquoi peut-on dire que la femme est une source d'inspiration pour le poète ?

Ton cœur m'est tout, mon bien, ma loi,
Te plaire est toute mon envie ;
Enfin, en toi, par toi, pour toi,
Je respire et tiens à la vie.
Ma bien-aimée, ô mon trésor !
Qu'ajouterai-je à ce langage ?
Dieu ! que je t'aime ! Eh bien ! encor[1]
Je voudrais t'aimer davantage.

1. Encor : orthographe ancienne pour « encore ».

Georg Gerson, « Je t'aime, Romance » (1817), partition.

DU TEXTE À LA MUSIQUE

4 • Qu'apporte la partition au texte ?

1788

HISTOIRE DES ARTS

L'artiste et l'œuvre

Georg Gerson (1790-1825) est un compositeur danois. Il s'est spécialisé dans la composition de quatuors et était membre de la société danoise pour la diffusion de la musique. Homme d'affaires par ailleurs, il voyage beaucoup. C'est probablement lors d'un voyage en France qu'il a découvert ce poème de Fabre d'Églantine.

1788

Bernardin de Saint-Pierre
(1737-1814)

L'auteur et l'œuvre

Ami de Jean-Jacques Rousseau, voyageur, lecteur de *Robinson Crusoé* de l'Anglais Daniel Defoe, Jacques-Henri Bernardin de Saint-Pierre illustre ses théories de manière romanesque avec *Paul et Virginie*, dans la quatrième partie de ses *Études de la nature* : « Notre bonheur consiste à vivre suivant la nature et la vertu. » Le lecteur est invité à se sentir en symbiose avec la nature, et humble devant la puissance de la Providence.

Une utopie exotique et fragile

Paul et Virginie vivent dans l'harmonie de la nature. Virginie, appelée par une tante en France, reviendra des années plus tard sur un bateau qui fera naufrage sous les yeux de Paul. Il assistera, impuissant, à la tragédie. L'histoire propose ainsi de réfléchir à la fragilité du bonheur terrestre.

QUESTIONS

1 • Quelles caractéristiques de la société décrite révèlent une utopie ?

2 • Qu'apprend-on de la personnalité des deux personnages ?

3 • Quelle est la fonction de ce tableau idyllique ?

Bernardin de Saint-Pierre

Paul et Virginie

Paul et Virginie sont élevés ensemble par leurs mères dans le cadre idyllique de l'île de France (île Maurice aujourd'hui).

« Les périodes de leur vie se réglaient sur celles de la nature. »

Paul et Virginie n'avaient ni horloges, ni almanachs, ni livres de chronologie d'histoire, et de philosophie. Les périodes de leur vie se réglaient sur celles de la nature. Ils connaissaient les heures du jour par l'ombre des arbres ; les saisons, par les temps où ils donnent leurs fleurs ou leurs fruits ; et les années, par le nombre de leurs récoltes. Ces douces images répandaient les plus grands charmes dans leurs conversations. « Il est temps de dîner, disait Virginie à la famille, les ombres des bananiers sont à leurs pieds » ; ou bien : « La nuit s'approche, les tamarins ferment leurs feuilles.

– Quand viendrez-vous nous voir ? lui disaient quelques amies du voisinage. – Aux cannes de sucre, répondait Virginie. – Votre visite nous sera encore plus douce et plus agréable », reprenaient ces jeunes filles. Quand on l'interrogeait sur son âge et sur celui de Paul : « Mon frère, disait-elle, est de l'âge du grand cocotier de la fontaine, et moi de celui du plus petit. Les manguiers ont donné douze fois leurs fruits, et les orangers vingt-quatre fois leurs fleurs depuis que je suis au monde. » Leur vie semblait attachée à celle des arbres comme celle des faunes et des dryades[1] : ils ne connaissaient d'autres époques historiques que celles de la vie de leurs mères, d'autre chronologie que celle de leurs vergers, et d'autre philosophie que de faire du bien à tout le monde, et de se résigner à la volonté de Dieu.

Après tout qu'avaient besoin ces jeunes gens d'être riches et savants à notre manière ? Leurs besoins et leur ignorance ajoutaient encore à leur félicité. Il n'y avait point de jour qu'ils ne se communiquassent quelques secours ou quelques lumières ; oui, des lumières ; et quand il s'y serait mêlé quelques erreurs, l'homme pur n'en a point de dangereuses à craindre. Ainsi croissaient ces deux enfants de la nature. Aucun souci n'avait ridé leur front, aucune intempérance n'avait corrompu leur sang, aucune passion malheureuse n'avait dépravé leur cœur : l'amour, l'innocence, la piété, développaient chaque jour la beauté de leur âme en grâces ineffables, dans leurs traits, leurs attitudes et leurs mouvements.

1. **Dryades** : déesses de la mythologie grecque liées aux arbres.

Olympe de Gouges

Déclaration des droits de la femme

Préambule

Homme, es-tu capable d'être juste ? C'est une femme qui t'en fait la question ; tu ne lui ôteras pas du moins ce droit. Dis moi ? Qui t'a donné le souverain empire[1] d'opprimer mon sexe ? ta force ? tes talents ? Observe le Créateur dans sa sagesse ; parcours la nature dans toute sa grandeur, dont tu sembles vouloir te rapprocher, et donne-moi, si tu l'oses, l'exemple de cet empire tyrannique.

« La femme naît libre et demeure égale à l'homme en droits. »

Remonte aux animaux, consulte les éléments, étudie les végétaux, jette enfin un coup d'œil sur toutes les modifications de la matière organisée ; et rends-toi à l'évidence quand je t'en offre les moyens ; cherche, fouille et distingue, si tu le peux, les sexes dans l'administration[2] de la nature. Partout tu les trouveras confondus, partout ils coopèrent avec un ensemble harmonieux à ce chef-d'œuvre immortel.

L'homme seul s'est fagoté[3] un principe de cette exception. Bizarre, aveugle, boursouflé de sciences et dégénéré, dans ce siècle de lumières et de sagacité, dans l'ignorance la plus crasse, il veut commander en despote sur un sexe qui a reçu toutes les facultés intellectuelles ; qui prétend jouir de la révolution, et réclamer ses droits à l'égalité, pour ne rien dire de plus.

Les mères, les filles, les sœurs, représentantes de la nation, demandent d'être constituées en assemblée nationale. Considérant que l'ignorance, l'oubli ou le mépris des droits de la femme, sont les seules causes des malheurs publics et de la corruption des gouvernements, ont résolu d'exposer dans une déclaration solennelle, les droits naturels, inaliénables et sacrés de la femme, afin que cette déclaration, constamment présente à tous les membres du corps social[4], leur rappelle sans cesse leurs droits et leurs devoirs, afin que les actes du pouvoir des femmes, et ceux du pouvoir des hommes, pouvant être à chaque instant comparés avec le but de toute institution politique, en soient plus respectés, afin que les réclamations des citoyennes, fondées désormais sur des principes simples et incontestables, tournent toujours au maintien de la constitution, des bonnes mœurs, et au bonheur de tous.

1. **Empire** : autorité. 2. **Administration** : façon dont la nature est constituée. 3. **Fagoté** : constitué à tort. 4. **Corps social** : société.

1791

Olympe de Gouges (1748-1793)

L'auteure et l'œuvre

Marie Gouze, dite Olympe de Gouges, femme de lettres prolifique, polémiste et femme politique, fut l'auteure de nombreuses pièces de théâtre. Ses idéaux révolutionnaires et progressistes la conduisirent à défendre les droits des femmes et à soutenir la cause des anti-esclavagistes. Rédigée en 1791, sa *Déclaration des droits de la femme et de la citoyenne* est cependant refusée par la Convention. Proche des Girondins, opposée à l'exécution de la famille royale, Olympe de Gouges est guillotinée en 1793.

Un plaidoyer féministe

Ce texte constitue à de nombreux égards un plaidoyer en faveur de la cause féministe. Olympe de Gouges fait un pastiche critique de la *Déclaration des droits de l'homme et du citoyen*. Elle garde la structure du texte mais le féminise en transposant aux femmes les droits des hommes. L'article X résonne avec la mort de l'auteure : « la femme a le droit de monter sur l'échafaud ; elle doit avoir également celui de monter à la Tribune. »

Questions

1 • En quoi les tonalités dominantes du texte servent-elles la cause défendue par l'auteure ?

2 • Pourquoi l'auteure convoque-t-elle la nature ?

3 • En quoi les femmes revendiquent-elles le pouvoir à travers cette déclaration ?

Le XIXe siècle

Marqué par l'instabilité politique, les revendications sociales, la révolution industrielle et la naissance du capitalisme, le XIXe siècle littéraire compte aussi bien des artistes résolument engagés dans leur temps que des partisans d'une recherche esthétique dégagée du réel.

Littérature et politique

Des écrivains engagés

• Les **bouleversements politiques** sont tels que **de nombreux écrivains prennent position**, en faveur ou en défaveur des **hommes au pouvoir**. Ainsi Napoléon Ier est-il critiqué par **Chateaubriand**, qui lui reproche le coup d'État de 1799 et sa trahison des idéaux révolutionnaires, tandis que **Hugo** ou **Stendhal** ne cesseront d'admirer l'empereur. Dans l'œuvre de Hugo, Napoléon Ier se fait même l'antithèse de celui qu'il nommera Napoléon le Petit ou « Nabot-Léon » (Napoléon III), qui prend le pouvoir en muselant la République en 1851 (► p. 212).

Joseph Chabord, *Portrait équestre de Napoléon Ier* (1810), huile sur toile (293 x 224 cm), Museo Napoleonico, Rome (Italie).

L'histoire contemporaine au cœur des arts

• **Beaucoup de romanciers se nourrissent de l'histoire contemporaine**. C'est le cas de **Stendhal** dans *Le Rouge et le Noir* (► p. 190), dont l'action se déroule sous la Restauration, un régime associé au plus profond ennui et à la pire des censures. **Balzac**, **Zola** ou **Maupassant** (*Bel-Ami* ► p. 248) entendent eux aussi peindre la France de leur temps et les intrigues qui s'y jouent. Au **théâtre**, les proverbes de **Musset** cherchent à reproduire l'atmosphère des salons de la Restauration, tandis que *Lorenzaccio* transpose l'instabilité politique du XIXe siècle à l'époque d'Alexandre de Médicis, dans l'Italie du XVIe siècle (► p. 197).

• Le siècle se clôt sur l'**affaire Dreyfus** : les Français sont partagés entre dreyfusards – comme **Zola** qui prend la défense de ce capitaine alsacien de confession juive, accusé d'espionnage au profit de l'Allemagne, dans son célèbre article « J'accuse » – et antidreyfusards.

• Les peintres, eux aussi, entendent **capturer l'Histoire dans leurs toiles**, comme **Delacroix** dont *La Liberté guidant le peuple* (► p. 176) rend hommage à la révolution de Juillet 1830 qui mit un terme au règne de Charles X.

1804-1814 Premier Empire | **1814-1830** Restauration | **1830-1848** Monarchie de Juillet | **1848-1852** IIe République

1800 – 1810 – 1820 – 1830 – 1840 – 1850

1804 Sacre de Napoléon Ier

1815 Chute de Napoléon Ier

1830 Révolution de Juillet

1848 Révolution de Février

1851 Coup d'État de Louis-Napoléon Bonaparte

Littérature et société

La révolution industrielle

• Elle se reflète sous la plume de **Zola** dans *La Bête humaine* (1890), ou encore de **Jules Verne** dans *Le Tour du monde en 80 jours* (1872). Le siècle connaît en effet de **nombreuses mutations** : invention de l'électricité, de la photographie, du vaccin… Avec l'essor de l'industrialisation, la **classe bourgeoise** domine le paysage économique, répondant à l'injonction du chef du gouvernement, Guizot, « Enrichissez-vous ! » (1843). Elle est caricaturée par **Flaubert** dans *Bouvard et Pécuchet* (1881).

Vue des magasins *La Belle Jardinière*, devenus *La Samaritaine* (vers 1875), lithographie en couleur, musée Carnavalet (Paris).

Les conflits sociaux

• Les **grands magasins**, saisis par **Zola** dans *Au bonheur des dames* (1883), font leur apparition. Les inégalités s'accentuent : la scission riches / pauvres parcourt le siècle et les **conflits sociaux** entrent en littérature, comme les grèves des mineurs chez Zola (*Germinal*, 1885). Cette scission est également à l'œuvre dans les romans de **Balzac**, qui soulignent aussi bien la pauvreté du peuple (*Le Père Goriot* ▸ p. 198) que la réussite de la bourgeoisie ou les prétentions de la noblesse. Le regard des enfants pauvres qui suscite notre pitié dans « Melancholia » (▸ p. 218) de **Hugo** se retrouve dans « Les yeux des pauvres » de **Baudelaire** (▸ p. 226) ou les nouvelles de **Maupassant** (*Aux champs*, 1882) et de **Zola**.

De l'expression du Moi à l'Art pour l'Art

• Pour de nombreux écrivains, l'écriture est avant tout le moyen d'**exprimer des sentiments personnels,** qu'il s'agisse d'un drame personnel (Nerval, « El Desdichado » ▸ p. 219) ou d'une expérience exaltante (Rimbaud, « Ma Bohème » ▸ p. 239).

• Face à l'impossibilité de réaliser ses rêves dans une société en perpétuelle mutation politique, écrivains et artistes romantiques construisent un **monde parallèle** fait de rêveries ou d'exaltation, à l'instar d'Aloysius Bertrand, inventeur du poème en prose (▸ p. 207). La **sensibilité** est à l'honneur tout au long du siècle, en particulier dans la seconde moitié du XIXe, où poètes et romanciers réfléchissent à leurs pratiques artistiques. Au moment même où s'installent au cœur du roman le réalisme et le naturalisme, qui revendiquent leur **ancrage dans la réalité politique et sociale** de leur temps, se développent des **courants poétiques esthétiques** comme le Parnasse et le symbolisme qui, en réaction au romantisme, cherchent une écriture impersonnelle, fuient le lyrisme et partent en quête d'une forme d'écriture parfaite, célébrant une beauté déifiée (Mallarmé ▸ p. 257).

1852-1870 Second Empire — **1870-1940** IIIe République

1860 — 1870 — 1880 — 1890 — 1900

1871 Commune de Paris

1894-1906 Affaire Dreyfus

1802

François-René de Chateaubriand
(1768-1848)

L'auteur et l'œuvre

Pour écrire *René*, Chateaubriand s'inspire d'une partie de sa jeunesse qu'il raconte par ailleurs dans les *Mémoires d'outre-tombe* (1848). Le personnage est tourmenté, le trop-plein de son cœur le conduit à considérer le monde comme vide, incapable de combler ses attentes. De nombreux jeunes gens se reconnaissent dans le mal de vivre de René et en viennent à se donner la mort : le mal du siècle est né (▶ p. 397).

QUESTIONS

1 • Comment le mal de René s'exprime-t-il ?

2 • Quelle est la tonalité dominante ?

3 • En quoi René est-il un héros romantique ?

Chateaubriand

René

En proie à la mélancolie, le narrateur, René, a voyagé pour tenter de calmer son inquiétude, en vain. Le voilà de retour chez lui, errant dans la nature.

« Levez-vous vite, orages désirés »

Comment exprimer cette foule de sensations fugitives que j'éprouvais dans mes promenades ? Les sons que rendent les passions dans le vide d'un cœur solitaire ressemblent au murmure que les vents et les eaux font entendre dans le silence d'un désert ; on en jouit, mais on ne peut les peindre.

L'automne me surprit au milieu de ces incertitudes : j'entrai avec ravissement dans le mois des tempêtes. Tantôt j'aurais voulu être un de ces guerriers errant au milieu des vents, des nuages et des fantômes ; tantôt j'enviais jusqu'au sort du pâtre[1] que je voyais réchauffer ses mains à l'humble feu de broussailles qu'il avait allumé au coin d'un bois. J'écoutais ses chants mélancoliques, qui me rappelaient que dans tout pays le chant naturel de l'homme est triste, lors même qu'il exprime le bonheur. Notre cœur est un instrument incomplet, une lyre où il manque des cordes, et où nous sommes forcés de rendre les accents de la joie sur le ton consacré aux soupirs.

Le jour, je m'égarais sur de grandes bruyères terminées par des forêts. Qu'il fallait peu de chose à ma rêverie ! une feuille séchée que le vent chassait devant moi, une cabane dont la fumée s'élevait dans la cime dépouillée des arbres, la mousse qui tremblait au souffle du nord sur le tronc d'un chêne, une roche écartée, un étang désert où le jonc flétri murmurait ! Le clocher solitaire, s'élevant au loin dans la vallée, a souvent attiré mes regards ; souvent j'ai suivi des yeux les oiseaux de passage qui volaient au-dessus de ma tête. Je me figurais les bords ignorés, les climats lointains où ils se rendent ; j'aurais voulu être sur leurs ailes. Un secret instinct me tourmentait ; je sentais que je n'étais moi-même qu'un voyageur, mais une voix du ciel semblait me dire : « Homme, la saison de ta migration n'est pas encore venue ; attends que le vent de la mort se lève, alors tu déploieras ton vol vers ces régions inconnues que ton cœur demande. »

« Levez-vous vite, orages désirés, qui devez emporter René dans les espaces d'une autre vie ! » Ainsi disant, je marchais à grands pas, le visage enflammé, le vent sifflant dans ma chevelure, ne sentant ni pluie, ni frimas[2], enchanté, tourmenté, et comme possédé par le démon de mon cœur.

1. **Pâtre** : berger. 2. **Frimas** : brouillard formant des dépôts de givre.

TEXTE ÉCHO

Goethe,

Les Souffrances du jeune Werther (1774)

Werther dresse un tableau de sa sensibilité.

Cette ardente sensibilité de mon cœur pour la nature et la vie, qui m'inondait de tant de volupté, qui du monde autour de moi faisait un paradis, me devient maintenant un insupportable bourreau, un mauvais génie qui me poursuit en tous lieux. Lorsque autrefois du haut du rocher je contemplais, par-delà le fleuve, la fertile vallée jusqu'à la chaîne de ces collines ; que je voyais tout germer et sourdre[1] autour de moi ; que je regardais ces montagnes couvertes de grands arbres touffus depuis leur pied jusqu'à leur cime, ces vallées ombragées dans tous leurs creux de petits bosquets riants, et comme la tranquille rivière coulait entre les roseaux agités, et réfléchissait le léger nuage que le doux vent du soir promenait sur le ciel en le balançant ; qu'alors j'entendais les oiseaux animer autour de moi la forêt ; que je voyais des millions d'essaims de moucherons danser gaiement dans le dernier rayon rouge du soleil, dont le dernier regard mourant délivrait et faisait sortir de l'herbe le hanneton bourdonnant ; que le bruissement et l'activité autour de moi rappelaient mon attention sur mon rocher, et que la mousse qui arrache à la pierre sa nourriture, et le genêt qui croît le long de l'aride colline de sable, m'indiquaient cette vie intérieure, mystérieuse, toujours active, toute-puissante, qui anime la nature ! comme je faisais entrer tout cela dans mon cœur ! [...] des fleuves coulaient sous mes pieds, et je voyais, dans les profondeurs de la terre, agir et réagir toutes les forces impénétrables qui créent, et fourmiller sous la terre et sous le ciel les innombrables races des êtres vivants. Tout, tout est peuplé sous mille formes différentes ; et puis les hommes, dans leurs petites maisons, iront se confortant et se faisant illusion les uns aux autres, et régneront en idée sur le vaste univers ! Pauvre insensé, qui crois tout si peu de chose, parce que tu es si petit ! Depuis les montagnes inaccessibles du désert, qu'aucun pied ne toucha, jusqu'au bout de l'océan inconnu, souffle l'esprit de celui qui crée éternellement ; et ce souffle réjouit chaque atome qui le sent et qui vit...

Ah ! pour lors combien de fois j'ai désiré, porté sur les ailes de la grue qui passait sur ma tête, voler au rivage de la mer immense, boire la vie à la coupe écumante de l'infini, et seulement un instant sentir dans l'étroite capacité de mon sein une goutte des délices de l'Être qui produit tout en lui-même et par lui-même !

Traduit de l'allemand par Aubry (1887).

1. **Sourdre** : jaillir.

L'auteur et l'œuvre

Johann Wolfgang von Goethe est un romancier, poète, essayiste, dramaturge, homme politique et homme de science allemand. Auteur de la célèbre pièce *Faust*, il inaugure le mouvement romantique et influence Lamartine (► p. 186), Vigny (► p. 208) et Chateaubriand. Son premier roman, *Les Souffrances du jeune Werther*, connaît un succès immédiat dans toute l'Europe. Ce roman épistolaire raconte les souffrances de Werther, un jeune homme malheureux en amour, qui finit par se suicider. Selon Mme de Staël, « Werther a causé plus de suicides que la plus belle femme du monde ».

D'UN TEXTE À L'AUTRE

4 • Quels points communs unissent Werther et René dans leur perception de la nature ?

5 • Comment l'éloge de la nature en vient-il à se confondre avec l'éloge de Dieu ?

1807

François-René de Chateaubriand (1768-1848)

L'auteur et l'œuvre

Chateaubriand, après la Révolution, se rallie au Consulat. Bonaparte lui confie un poste à Rome en 1803 puis une charge de ministre. L'assassinat du duc d'Enghien, descendant des Bourbons, change la donne : après avoir publié cet article dans le *Mercure de France*, dont il est propriétaire et rédacteur en chef, Chateaubriand s'exile et s'engage désormais contre l'empereur.

Un pamphlet

Un pamphlet est un court texte satirique dont le sujet est fréquemment politique. Le ton adopté est violent. Chateaubriand, comme dans son *Essai sur les révolutions*, compare les époques pour faire réfléchir son lecteur et l'éclairer sur la situation politique de son temps.

Chateaubriand

Compte-rendu du Voyage de M. de Laborde

Ce qui devait être un compte-rendu de lecture du *Voyage pittoresque et historique de l'Espagne*, par M. de Laborde, devient, sous la plume de Chateaubriand, un véritable pamphlet…

« Si le rôle de l'historien est beau, il est souvent dangereux ! »

Il y a des genres de littérature qui semblent appartenir à certaines époques de la société : ainsi la poésie convient plus particulièrement à l'enfance des peuples, et l'histoire à leur vieillesse. La simplicité des mœurs pastorales ou la grandeur des mœurs héroïques veulent être chantées sur la lyre d'Homère[1] ; la raison et la corruption des nations civilisées demandent le pinceau de Thucydide[2]. Cependant la Muse a souvent retracé les crimes des hommes ; mais il y a quelque chose de si beau dans le langage du poète, que les crimes même en paraissent embellis : l'historien seul peut les peindre sans en affaiblir l'horreur. Lorsque, dans le silence de l'abjection, l'on n'entend plus retentir que la chaîne de l'esclave et la voix du délateur[3] ; lorsque tout tremble devant le tyran, et qu'il est aussi dangereux d'encourir sa faveur que de mériter sa disgrâce, l'historien paraît, chargé de la vengeance des peuples. C'est en vain que Néron[4] prospère, Tacite[5] est déjà né dans l'empire ; il croît inconnu auprès des cendres de Germanicus[6], et déjà l'intègre Providence[7] a livré à un enfant obscur la gloire du maître du monde. […]

Si le rôle de l'historien est beau, il est souvent dangereux ! […] Il y a des autels[8], comme celui de l'honneur, qui, bien qu'abandonnés, réclament encore des sacrifices : le Dieu n'est point anéanti, parce que le temple est désert. Partout où il reste une chance à la fortune, il n'y a point d'héroïsme à la tenter. Les actions magnanimes[9] sont celles dont le résultat prévu est le malheur et la mort. Après tout, qu'importent les revers, si notre nom, prononcé dans la postérité, va faire battre un cœur généreux deux mille ans après notre vie ?

Le Mercure de France, 4 juillet 1807.

1. **Homère** : poète grec de la fin du VIIIe siècle avant J.-C. 2. **Thucydide** : historien grec du Ve siècle avant J.-C. 3. **Délateur** : personne qui en dénonce une autre pour de mauvais motifs. 4. **Néron** : empereur romain du Ier siècle après J.-C. connu pour ses crimes. 5. **Tacite** : historien romain ayant parlé de la mort de Germanicus et des crimes de Néron. 6. **Germanicus** : général romain, héritier présomptif de Tibère. 7. **Providence** : desseins divins. 8. **Autels** : tables sacrées. 9. **Magnanimes** : bienveillantes.

QUESTIONS

1 • Quelles différences établit Chateaubriand entre le poète et l'historien ?

2 • Pourquoi peut-on dire que Chateaubriand se définit en tant qu'historien ?

3 • En quoi cet article est-il polémique ?

Mme de Staël

Corinne ou l'Italie

Lord Oswald Nelvil a rencontré, à Rome, une poétesse d'exception, Corinne. Ils partent ensemble pour Naples, avec leurs amis.

« l'inexprimable bonheur de sentir encore les battements du coeur »

Oswald avait devancé Corinne de quelques pas, parce qu'il voulait faire apporter des flambeaux pour la conduire plus sûrement jusqu'à sa demeure. En passant sur le quai, il vit des Lazzaroni[1] rassemblés qui criaient assez haut : *Ah ! le pauvre homme, il ne peut pas s'en tirer ; il faut avoir patience, il périra.* – Que dites-vous, s'écria lord Nelvil avec impétuosité, de qui parlez-vous ? – *D'un pauvre vieillard,* répondirent-ils, *qui se baignait là-bas, non loin du môle[2], mais qui a été pris par l'orage, et n'a pas assez de force pour lutter contre les vagues et regagner le bord.* Le premier mouvement d'Oswald était de se jeter à l'eau, mais réfléchissant à la frayeur qu'il causerait à Corinne lorsqu'elle approcherait, il offrit tout l'argent qu'il portait avec lui, et en promit le double à celui qui se jetterait dans l'eau pour retirer le vieillard. Les Lazzaroni refusèrent, en disant : *Nous avons trop peur, il y a trop de danger, cela ne se peut pas.* En ce moment, le vieillard disparut sous les flots. Oswald n'hésita plus, et s'élança dans la mer, malgré les vagues qui recouvraient sa tête. Il lutta cependant heureusement contre elles, atteignit le vieillard qui périssait un instant plus tard, le saisit et le ramena sur la rive. Mais le froid de l'eau, les efforts violents d'Oswald contre la mer agitée, lui firent tant de mal, qu'au moment où il apportait le vieillard sur la rive, il tomba sans connaissance, et sa pâleur était telle en cet état, qu'on devait croire qu'il n'existait plus.

Corinne passait alors, ne pouvant pas se douter de ce qui venait d'arriver. Elle aperçut une grande foule rassemblée, et entendant crier : *Il est mort,* elle allait s'éloigner, cédant à la terreur que lui inspiraient ces paroles, lorsqu'elle vit un des Anglais qui l'accompagnaient fendre précipitamment la foule. Elle fit quelques pas pour le suivre, et le premier objet qui frappa ses regards ce fut l'habit d'Oswald, qu'il avait laissé sur le rivage en se jetant dans l'eau. Elle saisit cet habit avec un désespoir convulsif, croyant qu'il ne restait plus que cela d'Oswald ; et quand elle le reconnut enfin lui-même, bien qu'il parût sans vie, elle se jeta sur son corps inanimé avec une sorte de transport, et, le pressant dans ses bras avec ardeur, elle eut l'inexprimable bonheur de sentir encore les battements du cœur d'Oswald, qui se ranimait peut-être à l'approche de Corinne. – Il vit, s'écria-t-elle, il vit ! –.

1. **Lazzaroni** : gens du peuple. 2. **Môle** : partie de la jetée du port.

1807

Mme de Staël
(1766-1817)

L'auteure et l'œuvre

Les essais critiques de Germaine de Staël ont profondément influencé le romantisme français. Dans ses romans, comme *Delphine* (1802) ou *Corinne*, elle défend ses idées sur le génie des femmes et la nécessité de la passion pour accéder au bonheur. Bonaparte la condamne à l'exil à cause de ses positions politiques. Elle se réfugie en Suisse, à Coppet, où, avec des proches dont Benjamin Constant, elle fonde un groupe autour de ses idées.

L'enthousiasme

Les personnages romantiques sont des êtres à part, vivant un idéal de liberté et de passion. Corinne est, à l'image de son auteure, une femme d'exception qui vit ses émotions avec exaltation. La relation passionnelle et tourmentée entre Oswald et Corinne est largement inspirée par celle, réelle, de Mme de Staël et Benjamin Constant (► p. 160), qui a duré quatorze ans.

QUESTIONS

1 • Comment les étapes principales de cet épisode s'enchaînent-elles ?

2 • Quelles caractéristiques du héros romantique reconnaissez-vous ?

3 • Quelles sont la place et la fonction de la passion amoureuse dans cet extrait ?

1816

Constant

Adolphe

Benjamin Constant
(1767-1830)

L'auteur et l'œuvre

Homme politique, Constant a écrit dans sa jeunesse ce roman d'analyse à la première personne, inspiré de sa relation passionnelle avec Mme de Staël. Le prétexte du récit des amours d'Adolphe et Ellénore est un manuscrit trouvé dans une cassette en Italie. Adolphe, jeune homme timide et réservé, tombe amoureux d'Ellénore, la maîtresse officielle d'un comte. Elle est plus âgée. Après une relation passionnelle, il se lasse mais ne parvient pas à rompre.

Nature et romantisme

La nature est le lieu privilégié de l'inspiration romantique. Le procédé du paysage état d'âme est l'un des plus couramment employés : la nature reflète les sentiments des personnages et leur sensibilité. Dans le roman de Benjamin Constant, l'accent mis sur la fin de la passion amoureuse, perçue comme destructrice, constitue toutefois une originalité.

Dans une lettre au baron de T*, un ami de son père, Adolphe s'est engagé à quitter Ellénore, maîtresse qui fait obstacle à sa carrière. Malgré sa promesse, il reste auprès d'elle. Pour hâter leur rupture, le baron fait parvenir cette lettre à Ellénore. Elle vient de la lire et retrouve Adolphe, narrateur de cette histoire.**

« Le cœur aussi ne doit-il pas apprendre à se résigner ? »

C'était une de ces journées d'hiver où le soleil semble éclairer tristement la campagne grisâtre, comme s'il regardait en pitié la terre qu'il a cessé de réchauffer. Ellénore me proposa de sortir. « Il fait bien froid, lui dis-je. – N'importe, je voudrais me promener avec vous. » Elle prit mon bras ; nous marchâmes longtemps sans rien dire ; elle avançait avec peine, et se penchait sur moi presque tout entière. « Arrêtons-nous un instant. – Non, me répondit-elle, j'ai du plaisir à me sentir encore soutenue par vous. » Nous retombâmes dans le silence. Le ciel était serein ; mais les arbres étaient sans feuilles ; aucun souffle n'agitait l'air, aucun oiseau ne le traversait ; tout était immobile, et le seul bruit qui se fît entendre était celui de l'herbe glacée qui se brisait sous nos pas. « Comme tout est calme, me dit Ellénore ; comme la nature se résigne ! Le cœur aussi ne doit-il pas apprendre à se résigner ? » Elle s'assit sur une pierre ; tout à coup elle se mit à genoux, et, baissant la tête, elle l'appuya sur ses deux mains. J'entendis quelques mots prononcés à voix basse. Je m'aperçus qu'elle priait. Se relevant enfin : « Rentrons, dit-elle, le froid m'a saisie. J'ai peur de me trouver mal. Ne me dites rien ; je ne suis pas en état de vous entendre. »

À dater de ce jour, je vis Ellénore s'affaiblir et dépérir. Je rassemblai de toutes parts des médecins autour d'elle : les uns m'annoncèrent un mal sans remède, d'autres me bercèrent d'espérances vaines ; mais la nature sombre et silencieuse poursuivait d'un bras invisible son travail impitoyable. Par moments, Ellénore semblait reprendre à la vie. On eût dit quelquefois que la main de fer qui pesait sur elle s'était retirée. Elle relevait sa tête languissante ; ses joues se couvraient de couleurs un peu plus vives ; ses yeux se ranimaient : mais tout à coup, par le jeu cruel d'une puissance inconnue, ce mieux mensonger disparaissait, sans que l'art en pût deviner la cause. Je la vis de la sorte marcher par degrés à la destruction. Je vis se graver sur cette figure si noble et si expressive les signes avant-coureurs de la mort. Je vis, spectacle humiliant et déplorable, ce caractère énergique et fier recevoir de la souffrance physique mille impressions confuses et incohérentes, comme si, dans ces instants terribles, l'âme, froissée par le corps, se métamorphosait en tous sens pour se plier avec moins de peine à la dégradation des organes.

Caspar David Friedrich, *Un homme et une femme contemplant la lune* (1830), huile sur toile (34 x 44 cm), SMB, Nationalgalerie, Berlin (Allemagne).

Animation
Manuel numérique

QUESTIONS

1 • Sur quelles comparaisons précises la correspondance entre paysage et sentiment se fonde-t-elle ?

2 • Comment le lecteur est-il conduit à la pitié et à la compassion ?

3 • Pourquoi le récit rétrospectif de cet épisode est-il important pour Adolphe ?

DE L'IMAGE AU TEXTE

4 • En quoi la sensibilité d'Adolphe peut-elle être rapprochée de celle qui se dégage du tableau de Friedrich ?

HISTOIRE DES ARTS

L'artiste et l'œuvre

Caspar David Friedrich (1774-1840) est un peintre romantique allemand. S'inspirant du philosophe Schelling, il estime que la nature revêt une forme de spiritualité qu'il appartient à l'artiste de dévoiler. Dans *Un homme et une femme contemplant la lune*, Friedrich utilise des motifs romantiques, comme celui de la finitude de l'homme face à la nature. L'arbre lui-même semble torturé au sein d'un paysage aux couleurs froides et envoûtantes.

1820

Alphonse de Lamartine
(1790-1869)

L'auteur et l'œuvre

Poète, romancier, dramaturge mais aussi homme politique dès 1830 et engagé dans la révolution de 1848, Lamartine connaît le succès dès la publication de son premier recueil en 1820. Chef de file des poètes romantiques, il donne une forme nouvelle à l'expression des sentiments. Ce fameux poème est écrit après sa rencontre, sur les bords du lac du Bourget, avec une jeune femme mariée, Julie Charles. Elle décédera, rapidement après leur rencontre, des suites d'une maladie pulmonaire.

L'exaltation du Moi

Le recueil des *Méditations poétiques* signe l'arrivée du romantisme dans la poésie française. Le poète romantique s'intéresse aux sentiments personnels, comme l'amour et la mélancolie, mais aussi à l'individu et au Moi, à ce qui constitue la personnalité.

Lamartine

Méditations poétiques

Le lac

« Ô temps, suspends ton vol ! »

Ainsi, toujours poussés vers de nouveaux rivages,
Dans la nuit éternelle emportés sans retour,
Ne pourrons-nous jamais sur l'océan des âges
Jeter l'ancre un seul jour ?

Ô lac ! l'année à peine a fini sa carrière,
Et près des flots chéris qu'elle devait revoir,
Regarde ! je viens seul m'asseoir sur cette pierre
Où tu la vis s'asseoir !

Tu mugissais ainsi sous ces roches profondes,
Ainsi tu te brisais sur leurs flancs déchirés,
Ainsi le vent jetait l'écume de tes ondes
Sur ses pieds adorés.

Un soir, t'en souvient-il ? nous voguions en silence ;
On n'entendait au loin, sur l'onde et sous les cieux,
Que le bruit des rameurs qui frappaient en cadence
Tes flots harmonieux.

Tout à coup des accents inconnus à la terre
Du rivage charmé frappèrent les échos :
Le flot fut attentif, et la voix qui m'est chère
Laissa tomber ces mots :

« Ô temps, suspends ton vol ; et vous, heures propices !
Suspendez votre cours :
Laissez-nous savourer les rapides délices
Des plus beaux de nos jours !

« Assez de malheureux ici-bas vous implorent,
Coulez, coulez pour eux ;
Prenez avec leurs jours les soins qui les dévorent,
Oubliez les heureux.

« Mais je demande en vain quelques moments encore,
Le temps m'échappe et fuit ;
Je dis à cette nuit : Sois plus lente ; et l'aurore
Va dissiper la nuit.

« Aimons donc, aimons donc ! de l'heure fugitive,
Hâtons-nous, jouissons !
L'homme n'a point de port, le temps n'a point de rive ;
Il coule, et nous passons ! »

Temps jaloux, se peut-il que ces moments d'ivresse,
Où l'amour à longs flots nous verse le bonheur,
S'envolent loin de nous de la même vitesse
Que les jours du malheur ?

Eh quoi ! n'en pourrons-nous fixer au moins la trace ?
Quoi ! passés pour jamais ! quoi ! tout entiers perdus !
Ce temps qui les donna, ce temps qui les efface,
Ne nous les rendra plus !

Éternité, néant, passé, sombres abymes,
Que faites-vous des jours que vous engloutissez ?
Parlez : nous rendrez-vous ces extases sublimes
Que vous nous ravissez ?

Ô lac ! rochers muets ! grottes ! forêt obscure !
Vous, que le temps épargne ou qu'il peut rajeunir,
Gardez de cette nuit, gardez, belle nature,
Au moins le souvenir.

Qu'il soit dans ton repos, qu'il soit dans tes orages,
Beau lac, et dans l'aspect de tes riants coteaux,
Et dans ces noirs sapins, et dans ces rocs sauvages
Qui pendent sur tes eaux !

Qu'il soit dans le zéphyr qui frémit et qui passe,
Dans les bruits de tes bords par tes bords répétés,
Dans l'astre au front d'argent qui blanchit ta surface
De ses molles clartés !

Que le vent qui gémit, le roseau qui soupire,
Que les parfums légers de ton air embaumé,
Que tout ce qu'on entend, l'on voit ou l'on respire,
Tout dise : ils ont aimé !

1820

Le poète comme prophète

Pour les romantiques, le poète est celui qui vient traduire avec ses mots, à travers ses méditations (comme en témoigne le titre du recueil) les angoisses existentielles des hommes. Sa parole lie les dieux et les hommes, comme un devin de l'Antiquité. Il est le seul capable de s'entretenir avec la nature, interlocutrice privilégiée de ses confidences.

QUESTIONS

1 • Quelles sont les différentes fonctions de la nature ?

2 • Comment les sentiments et les émotions s'expriment-ils dans ce poème ?

3 • Comment le thème de la fuite du temps se déploie-t-il ici ?

1830

Stendhal
(1783-1842)

L'auteur et l'œuvre

Romancier réaliste (▶ p. 398), Henry Beyle, dit Stendhal, assigne au roman le rôle « d'atteindre au vrai ». *Le Rouge et le Noir*, sous-titré « Chronique de 1830 », reflète la société de la Restauration où règne « l'atmosphère empestée des petits intérêts d'argent ». Le protagoniste principal du roman, le fils de charpentier Julien Sorel, choisit la carrière ecclésiastique pour satisfaire ses ambitions. Tour à tour précepteur puis secrétaire, il séduit les femmes pour réussir mais reste un être ambivalent déchiré entre ses ambitions et sa sensibilité.

Stendhal

Le Rouge et le Noir

Julien vient d'être engagé comme précepteur par M. de Rênal, le maire de la petite ville de Verrières. Il rencontre pour la première fois Mme de Rênal.

« Je viens pour être précepteur, madame »

Avec la vivacité et la grâce qui lui étaient naturelles quand elle était loin des regards des hommes, Mme de Rênal sortait par la porte-fenêtre du salon qui donnait sur le jardin, quand elle aperçut près de la porte d'entrée la figure d'un jeune paysan presque encore enfant, extrêmement pâle et qui venait de pleurer. Il était en chemise bien blanche, et avait sous le bras une veste fort propre de ratine[1] violette.

Le teint de ce petit paysan était si blanc, ses yeux si doux, que l'esprit un peu romanesque de Mme de Rênal eut d'abord l'idée que ce pouvait être une jeune fille déguisée, qui venait demander quelque grâce à M. le maire. Elle eut pitié de cette pauvre créature, arrêtée à la porte d'entrée, et qui évidemment n'osait pas lever la main jusqu'à la sonnette. Mme de Rênal s'approcha, distraite un instant de l'amer chagrin que lui donnait l'arrivée du précepteur. Julien, tourné vers la porte, ne la voyait pas s'avancer. Il tressaillit quand une voix douce dit tout près de son oreille :

– Que voulez-vous ici, mon enfant ?

Julien se tourna vivement, et frappé du regard si rempli de grâce de Mme de Rênal, il oublia une partie de sa timidité. Bientôt, étonné de sa beauté, il oublia tout, même ce qu'il venait faire. Mme de Rênal avait répété sa question.

– Je viens pour être précepteur, madame, lui dit-il enfin, tout honteux de ses larmes qu'il essuyait de son mieux.

Mme de Rênal resta interdite[2] ; ils étaient fort près l'un de l'autre à se regarder. Julien n'avait jamais vu un être aussi bien vêtu et surtout une femme avec un teint si éblouissant, lui parler d'un air doux. Mme de Rênal regardait les grosses larmes, qui s'étaient arrêtées sur les joues si pâles d'abord et maintenant si roses de ce jeune paysan. Bientôt elle se mit à rire, avec toute la gaîté folle d'une jeune fille ; elle se moquait d'elle-même et ne pouvait se figurer tout son bonheur. Quoi, c'était là ce précepteur qu'elle s'était figuré comme un prêtre sale et mal vêtu, qui viendrait gronder et fouetter ses enfants !

– Quoi ! monsieur, lui dit-elle enfin, vous savez le latin ?

Ce mot de monsieur étonna si fort Julien qu'il réfléchit un instant.

– Oui, madame, dit-il timidement.

QUESTIONS

1 • Comment le romancier met-il en scène la rencontre des deux personnages ?

2 • En quoi le quiproquo de Mme de Rênal rend-il possible le coup de foudre ?

3 • Quel regard les deux protagonistes portent-ils l'un sur l'autre ? En quoi cette alternance des points de vue est-elle signifiante ?

Mme de Rênal était si heureuse, qu'elle osa dire à Julien :

– Vous ne gronderez pas trop ces pauvres enfants ?

– Moi, les gronder, dit Julien étonné, et pourquoi ?

– N'est-ce pas, monsieur, ajouta-t-elle après un petit silence et d'une voix dont chaque instant augmentait l'émotion, vous serez bon pour eux, vous me le promettez ?

1. **Ratine** : étoffe de laine. 2. **Interdite** : stupéfaite.

TEXTE ÉCHO

Stendhal, *De l'amour* (1822)

Dans cet essai, Stendhal établit quatre amours différents : l'amour-passion, l'amour-goût, l'amour physique et l'amour de vanité. Il s'applique ensuite à étudier le détail des différentes facettes et étapes du sentiment amoureux.

Chapitre 2. De la naissance de l'amour

Voici ce qui se passe dans l'âme :

1° L'admiration.

2° On se dit : « Quel plaisir de lui donner des baisers, d'en recevoir ! etc. »

3° L'espérance. [...]

4° L'amour est né.

Aimer, c'est avoir du plaisir à voir, toucher, sentir par tous les sens, et d'aussi près que possible, un objet aimable et qui nous aime.

5° La première cristallisation commence.

On se plaît à orner de mille perfections une femme de l'amour de laquelle on est sûr ; on se détaille tout son bonheur avec une complaisance infinie. Cela se réduit à s'exagérer une propriété superbe, qui vient de nous tomber du ciel, que l'on ne connaît pas, et de la possession de laquelle on est assuré.

Laissez travailler la tête d'un amant pendant vingt-quatre heures et voici ce que vous trouverez.

Aux mines de sel de Salzbourg, on jette dans les profondeurs abandonnées de la mine un rameau d'arbre effeuillé par l'hiver ; deux ou trois mois après, on le retire couvert de cristallisations brillantes : les plus petites branches, celles qui ne sont pas plus grosses que la patte d'une mésange, sont garnies d'une infinité de diamants mobiles et éblouissants ; on ne peut plus reconnaître le rameau primitif.

Ce que j'appelle cristallisation, c'est l'opération de l'esprit, qui tire de tout ce qui se présente la découverte que l'objet aimé a de nouvelles perfections.

Livre I.

1830

Une théorie amoureuse

Le personnage de Julien Sorel illustre de nombreux aspects de la théorie que Stendhal développe dans son essai *De l'amour*. Dans la première partie, Stendhal se livre à une analyse psychologique du sentiment amoureux tandis que dans la seconde partie, il fait une étude sociologique des mœurs de différents pays en matière d'amour et s'intéresse à l'éducation des femmes. C'est dans le livre I que Stendhal invente le concept de cristallisation.

De la cristallisation en littérature

Le concept de cristallisation est présent dans de nombreux romans, notamment *Aurélien*, d'Aragon (▸ p. 309) et *Du côté de chez Swann*, de Marcel Proust (▸ p. 273).

D'UN TEXTE À L'AUTRE

4 • Cherchez à appliquer les théories de Stendhal aux extraits du roman *Le Rouge et le Noir* (▸ ci-contre et p. 190-191).

1830

Stendhal
(1783-1842)

L'auteur et l'œuvre

Julien, après avoir séduit Mme de Rênal, doit fuir Verrières. Il intègre un séminaire (établissement formant les futurs prêtres), qu'il quitte pour devenir secrétaire de M. de La Mole à Paris. La fille de ce dernier, Mathilde, ne lui plaît guère, du moins jusqu'à ce qu'il se rende au bal…

Discours et récit

Stendhal manie avec virtuosité plusieurs types de discours. On remarquera notamment le discours direct libre qui permet au lecteur de pénétrer sans intermédiaire syntaxique dans les pensées de Julien.

Stendhal

Le Rouge et le Noir

Julien, devenu secrétaire du marquis de La Mole, se trouve au bal du duc de Retz. Il est surpris par l'admiration des autres jeunes gens pour Mathilde de La Mole qu'il est loin d'apprécier…

« C'est la reine du bal »

– C'est la reine du bal, il faut en convenir, disait un jeune homme à moustaches, dont l'épaule entrait dans la poitrine de Julien.

– Mlle Fourmont, qui tout l'hiver a été la plus jolie, lui répondait son voisin, s'aperçoit qu'elle descend à la seconde place, vois son air singulier.

– Vraiment elle met toutes voiles dehors pour plaire. Vois, vois ce sourire gracieux au moment où elle figure seule dans cette contredanse. C'est, d'honneur, impayable.

– Mlle de La Mole a l'air d'être maîtresse du plaisir que lui fait son triomphe, dont elle s'aperçoit fort bien. On dirait qu'elle craint de plaire à qui lui parle.

– Très bien ! voilà l'art de séduire.

Julien faisait de vains efforts pour apercevoir cette femme séduisante : sept ou huit hommes plus grands que lui l'empêchaient de la voir.

– Il y a bien de la coquetterie dans cette retenue si noble, reprit le jeune homme à moustaches.

– Et ces grands yeux bleus qui s'abaissent si lentement au moment où l'on dirait qu'ils sont sur le point de se trahir, reprit le voisin. Ma foi, rien de plus habile.

– Vois comme auprès d'elle la belle Fourmont a l'air commun, dit un troisième.

– Cet air de retenue veut dire : Que d'amabilité je déploierais pour vous, si vous étiez l'homme digne de moi !

– Et qui peut être digne de la sublime Mathilde ? dit le premier ; quelque prince souverain, beau, spirituel, bien fait, un héros à la guerre, et âgé de vingt ans tout au plus.

– Le fils naturel de l'empereur de Russie… auquel, en faveur de ce mariage, on ferait une souveraineté… ou tout simplement le comte de Thaler, avec son air de paysan habillé…

La porte fut dégagée, Julien put entrer.

Puisqu'elle passe pour si remarquable aux yeux de ces poupées, elle vaut la peine que je l'étudie, pensa-t-il. Je comprendrai quelle est la perfection pour ces gens-là.

Comme il la cherchait des yeux, Mathilde le regarda.

Mon devoir m'appelle, se dit Julien ; mais il n'y avait plus d'humeur que dans son expression. La curiosité le faisait avancer avec un plaisir que la robe fort basse des épaules de Mathilde augmenta bien vite, à la vérité d'une manière peu flatteuse pour son amour-propre. Sa beauté a de la jeunesse, pensa-t-il. Cinq ou six jeunes gens, parmi lesquels Julien reconnut ceux qu'il avait entendus à la porte, étaient entre elle et lui.

– Vous, monsieur, qui avez été ici tout l'hiver, lui dit-elle, n'est-il pas vrai que ce bal est le plus joli de la saison ?

Il ne répondait pas.

– Ce quadrille de Coulon me semble admirable et ces dames le dansent d'une façon parfaite.

Les jeunes gens se retournèrent pour voir quel était l'homme heureux dont on voulait absolument avoir une réponse. Elle ne fut pas encourageante.

– Je ne saurais être un bon juge, mademoiselle ; je passe ma vie à écrire : c'est le premier bal de cette magnificence que j'aie vu.

Les jeunes gens à moustaches furent scandalisés.

– Vous êtes un sage, monsieur Sorel, reprit-on avec un intérêt plus marqué ; vous voyez tous ces bals, toutes ces fêtes, comme un philosophe, comme J.-J. Rousseau. Ces folies vous étonnent sans vous séduire.

Un mot venait d'éteindre l'imagination de Julien et de chasser de son cœur toute illusion. Sa bouche prit l'expression d'un dédain un peu exagéré peut-être.

– J.-J. Rousseau, répondit-il, n'est à mes yeux qu'un sot, lorsqu'il s'avise de juger le grand monde ; il ne le comprenait pas, et y portait le cœur d'un laquais parvenu.

– Il a fait le *Contrat social,* dit Mathilde du ton de la vénération.

– Tout en prêchant la république et le renversement des dignités monarchiques, ce parvenu est ivre de bonheur, si un duc change la direction de sa promenade après dîner pour accompagner un de ses amis[1].

– Ah ! oui, le duc de Luxembourg à Montmorency accompagne un M. Coindet du côté de Paris[2]..., reprit Mlle de La Mole avec le plaisir et l'abandon de la première jouissance de pédanterie. Elle était ivre de son savoir, à peu près comme l'académicien qui découvrit l'existence du roi Feretrius[3]. L'œil de Julien resta pénétrant et sévère. Mathilde avait eu un moment d'enthousiasme ; la froideur de son *partner* la déconcerta profondément. Elle fut d'autant plus étonnée, que c'était elle qui avait coutume de produire cet effet-là sur les autres.

1. Julien, en réalité un fervent admirateur de Rousseau, se croit contraint de cacher son admiration afin de réussir dans cette société aristocratique. **2.** Cet épisode est raconté dans les *Confessions* de Rousseau. **3.** **Feretrius** : trait d'ironie de Stendhal : le roi Feretrius n'a jamais existé.

L'amour de vanité

Les théories développées dans *De l'amour* (▸ p. 189) semblent appliquées ici par Stendhal : l'admiration que les jeunes gens éprouvent pour Mathilde déclenche chez Julien ce que Stendhal nomme « l'amour de vanité ». À cela s'ajoute l'amour physique : l'attrait. Mathilde, elle aussi, est attirée par Julien et cela grâce à sa « froideur ». Le dernier paragraphe illustre l'idée stendhalienne suivant laquelle « il faut maltraiter son *partner* » : c'est en ignorant Mathilde et ainsi en la blessant dans son amour-propre, que Julien attire la jeune femme… Plus tard, il fera semblant d'aimer une autre femme, ce qui lui vaudra d'obtenir l'amour de vanité de Mathilde.

QUESTIONS

1 • Montrez que l'écriture de Stendhal est extrêmement théâtrale.

2 • En quoi cet extrait donne-t-il à voir la naissance de l'amour ?

3 • Comment le conflit entre les classes sociales s'exprime-t-il ?

1830

Victor Hugo
(1802-1885)

L'auteur et l'œuvre

Avec *Hernani*, Victor Hugo bouscule la tragédie classique : enjambements et rejets disloquent le vers, les bienséances sont bafouées – les amants meurent sur scène. Lors de sa première représentation, la pièce opposa violemment les partisans du respect des règles classiques aux poètes romantiques : c'est la bataille d'Hernani.

Un héros romantique

Hernani, bandit banni et solitaire, jeune révolté obsédé par la vengeance (le fils du roi a tué son père), conduit à la mort de nombreux partisans et se sent par là maudit : « Tout me quitte, il est temps qu'à la fin ton tour vienne, / Car je dois être seul. Fuis ma contagion. », dit-il à Doña Sol (III, 4). Il meurt, rattrapé par le serment fait à Don Ruy Gomez, sans avoir accompli sa vengeance. On est loin des valeurs défendues par le héros classique (► *Le Cid*, p. 88).

Hugo

Hernani

L'action se passe au XVIe siècle. Hernani et Don Ruy Gomez sont amoureux de Doña Sol. Dans la dernière scène, Don Ruy Gomez exige qu'Hernani, qui lui doit la vie, s'empoisonne. Doña Sol se saisit de la fiole et en boit une partie, laissant son amant l'achever.

« Nous sommes couchés là. C'est notre nuit de noce. »

DOÑA SOL

Viens, ô mon jeune amant,
Dans mes bras.
Ils s'assoient l'un près de l'autre.
Est-ce pas qu'on souffre horriblement ?

HERNANI

Non !

DOÑA SOL

Voilà notre nuit de noce commencée !
Je suis bien pâle, dis, pour une fiancée ?

HERNANI

Ah !

DON RUY GOMEZ

La fatalité s'accomplit.

HERNANI

Désespoir !
Ô tourment ! Doña Sol souffrir, et moi le voir !

DOÑA SOL

Calme-toi. Je suis mieux. — Vers des clartés nouvelles
Nous allons tout à l'heure ensemble ouvrir nos ailes.
Partons d'un vol égal vers un monde meilleur.
Un baiser seulement, un baiser !
Ils s'embrassent.

DON RUY GOMEZ

Ô douleur !

Hernani, *d'une voix affaiblie*

Oh ! Béni soit le ciel qui m'a fait une vie
D'abîmes entourée et de spectres suivie,
Mais qui permet que, las d'un si rude chemin,
Je puisse m'endormir, ma bouche sur ta main !

Don Ruy Gomez

Ils sont encore heureux !

Hernani, *d'une voix de plus en plus faible*

Doña Sol, tout est sombre…
Souffres-tu ?

Doña Sol, *d'une voix également éteinte*

Rien, plus rien.

Hernani

Vois-tu des feux dans l'ombre ?

Doña Sol

Pas encor.

Hernani, *avec un soupir*

Voici…
Il tombe.

Don Ruy Gomez, *soulevant sa tête qui retombe*

Mort !

Doña Sol, *échevelée et se dressant à demi sur son séant*

Mort ! Non pas !… nous dormons.
Il dort ! C'est mon époux, vois-tu, nous nous aimons,
Nous sommes couchés là. C'est notre nuit de noce…
D'une voix qui s'éteint.
Ne le réveillez pas, seigneur duc de Mendoce[1] !…
Il est las…
Elle retourne la figure d'Hernani.
Mon amour, tiens-toi vers moi tourné…
Plus près… plus près encor…
Elle retombe.

Don Ruy Gomez

Morte !… oh ! Je suis damné.
Il se tue.

Acte V, fin de la scène 6.

1. **Duc de Mendoce** : autre titre de noblesse de Don Ruy Gomez.

De Shakespeare à Hugo

Les romantiques se réclamaient du théâtre shakespearien. Dans *Racine et Shakespeare* (1827), Stendhal, fustigeant le carcan des règles classiques, souligne cette parenté. Le dénouement poignant d'*Hernani* résonne d'ailleurs avec celui de *Roméo et Juliette* (1597).

QUESTIONS

1 • Quelles émotions agitent successivement le spectateur ?

2 • Comment se mêlent les thèmes d'Eros et de Thanatos (l'Amour et la Mort) ?

3 • En quoi ce dénouement est-il romantique ?

1831

George Sand
(1804-1876)

L'auteure et l'œuvre

George Sand, pseudonyme masculin d'Aurore Dupin, baronne Dudevant, est à son époque célèbre pour ses pièces de théâtre. Sa vie fait scandale. Elle s'habille en garçon et mène une vie amoureuse tumultueuse. Son audace imprègne également son écriture, novatrice : l'enchaînement des actions et la noirceur des actes rendent la représentation d'*Une conspiration en 1537* impossible.

De l'Histoire à la littérature

George Sand s'est inspirée d'un chroniqueur italien du XVIe siècle, Benedetto Varchi qui, dans *Storia fiorentina*, raconte l'histoire des Médicis de 1527 à 1538. Marguerite de Navarre a déjà évoqué cet épisode historique dans l'*Heptaméron* en 1559. George Sand fait cadeau de cette intrigue à son amant Alfred de Musset, dont le *Lorenzaccio* (► p. 197) ne sera pas non plus destiné à la représentation.

QUESTIONS

1 • Selon vous, pourquoi cet épisode historique inspire-t-il autant les écrivains ?

2 • Quelles caractéristiques de l'écriture théâtrale sont présentes ici ?

3 • Pourquoi cet extrait peut-il choquer le spectateur ?

Sand

Une conspiration en 1537

Lorenzo et Scoronconcolo s'apprêtent à entrer dans la chambre d'Alexandre de Médicis, duc de Florence, qui règne en tyran sur la ville, pour l'assassiner.

« Dépêche-toi de le tuer ! »

LORENZO, *bas à Scoronconcolo, à l'entrée de la chambre.* – Le moment est venu. Tu n'hésites pas ?

SCORONCONCOLO, *bas.* – Tête-Dieu ! En avant !

LORENZO. – Le cœur me bondit avec tant de violence que je ne puis marcher.

SCORONCONCOLO. – Si c'est de peur, laisse-moi passer le premier.

LORENZO *l'arrêtant.* – Eh ! non ! C'est de joie. *(Il marche l'épée à la main vers le lit et entr'ouvre le rideau.)* Seigneur, dormez-vous ? *(Il lui passe son épée au travers du corps.)* C'est fait.

Le Duc roule par terre en rugissant. Scoronconcolo lui enlève une joue d'un coup de dague. Le Duc ensanglanté se relève et court dans la chambre avec égarement.

LORENZO. – Maladroit, tu frappes au visage ! C'est au cœur ! au cœur ! *(Au Duc.)* Holà, seigneur, point tant de bruit ! Acceptez ce bâillon ! *(Il lui met les doigts dans la bouche.)*

SCORONCONCOLO. – Le damné bondit comme une panthère. Où es-tu donc, maître ? Je n'y vois plus.

LORENZO. – Je le tiens, là, sous moi ! *(Il jette le Duc sur le lit.)* Maudit ! Tu mords comme un chien enragé. Mais c'est égal ! Tu mourras de la main de Lorenzaccio.

SCORONCONCOLO. – Ôte-toi de là, maître, que je le frappe !

LORENZO. – Je ne puis. Ce chien furieux tient mon pouce entre ses dents. Il me le broie. Ah ! le cœur me manque. Je souffre ! Dépêche-toi de le tuer ! *(Scoronconcolo enfonce sa dague.)* – Tu éventres le matelas ! Il me coupera le doigt.

SCORONCONCOLO, *tire un couteau de sa poche.* – Eh bien ! saignons-le comme un pourceau ! Lâche-t-il prise ?

LORENZO. – Enfonce le couteau plus avant dans la gorge. Bien. Ses dents s'écartent un peu. Ah ! sa tête retombe, ses muscles se détendent. Il meurt. Regarde, il est hideux à voir.

SCORONCONCOLO. – Encore quatre à cinq coups dans la poitrine. J'aime mieux le voir bien mort.

LORENZO *descend du lit.* – Enfin ! *(Il regarde sa main sanglante.)* Ce doigt sera mutilé pour toujours. Tant mieux ! C'est une glorieuse blessure et j'aurai toujours ce souvenir sous les yeux.

Scène 6 (extrait).

Nerval

Odelettes

Comme d'autres romantiques, Nerval reprend des formes poétiques anciennes, ici l'odelette.

Une allée du Luxembourg[1]

« Elle a passé, la jeune fille »

Elle a passé, la jeune fille
Vive et preste comme un oiseau
À la main une fleur qui brille,
À la bouche un refrain nouveau.

C'est peut-être la seule au monde
Dont le cœur au mien répondrait,
Qui venant dans ma nuit profonde
D'un seul regard l'éclaircirait !

Mais non, – ma jeunesse est finie...
Adieu, doux rayon qui m'as lui, –
Parfum, jeune fille, harmonie...
Le bonheur passait, – il a fui !

1. **Luxembourg** : jardin situé derrière le Sénat, dans le VIe arrondissement de Paris.

1832

Gérard de Nerval
(1808-1855)

L'auteur et l'œuvre

Gérard de Nerval, Gérard Labrunie de son vrai nom, est un poète romantique particulièrement influencé par le romantisme allemand. Il a inspiré Baudelaire, Rimbaud et les surréalistes. C'est un enfant de son époque, pris par ce qu'on a appelé « le mal du siècle ». Il a mené une existence bohème et vagabonde avant de sombrer dans la folie.

Imaginaire et rêverie

Toute l'œuvre de Nerval insiste sur la place primordiale du rêve et de l'imaginaire, seule échappatoire au drame intérieur qu'il vit lors de ses crises de folie. La forme poétique courte de l'odelette, mise à l'honneur dans le recueil *Odelettes rythmiques et lyriques*, permet de jouer sur la musicalité et la fantaisie.

Texte lu
Manuel numérique

QUESTIONS

1 • Quel rôle la rencontre amoureuse joue-t-elle dans ce poème ?

2 • Comment expliquez-vous le choix du titre ?

3 • Comment le poème exploite-t-il les liens entre passé et présent ?

1838

Victor Hugo
(1802-1885)

L'auteur et l'œuvre

La pièce illustre le mélange du grotesque et du sublime défendu par Hugo : le valet Ruy Blas, de condition sociale inférieure, est un « ver de terre amoureux d'une étoile ». Son maître lui fournit l'occasion de se faire aimer de la reine en le faisant passer pour un Grand d'Espagne, mais la vérité éclate. L'amour et le désir de pureté portent Ruy Blas vers le sublime, c'est-à-dire tout ce qui permet d'élever l'âme. L'aveu et le sacrifice final tirent le personnage hors du grotesque, autrement dit, tout ce qui est risible et rabaisse l'âme.

La doctrine romantique

Hugo fonde et impose la doctrine romantique à partir de la réflexion qu'il mène sur le théâtre : dans sa préface de *Cromwell* en 1827, il définit l'art dramatique comme « un point d'optique » nécessaire à l'Homme, à l'Histoire et à l'Art. Pour lui, « le réel résulte de la combinaison toute naturelle de deux types, le sublime et le grotesque, qui se croisent dans le drame comme ils se croisent dans la vie et dans la création ».

Hugo

Ruy Blas

La reine découvre que l'homme qu'elle connaît sous le nom de don César, Grand d'Espagne, est en réalité un valet répondant au nom de Ruy Blas.

« Croyez-moi, je n'ai pas l'âme vile ! »

Ruy Blas fait quelques pas en chancelant vers la reine immobile et glacée, puis il tombe à deux genoux, l'œil fixé à terre, comme s'il n'osait lever les yeux jusqu'à elle. […]

RUY BLAS, *toujours à genoux.*

N'ayez pas peur. Je n'approcherai point.
À votre majesté je vais de point en point
Tout dire. Oh ! croyez-moi, je n'ai pas l'âme vile ! –
Aujourd'hui tout le jour j'ai couru par la ville
Comme un fou. Bien souvent même on m'a regardé.
Auprès de l'hôpital que vous avez fondé,
J'ai senti vaguement, à travers mon délire,
Une femme du peuple essuyer sans rien dire
Les gouttes de sueur qui tombaient de mon front.
Ayez pitié de moi, mon Dieu ! mon cœur se rompt !

LA REINE

Que voulez-vous ?

RUY BLAS, *joignant les mains.*

Que vous me pardonniez, madame !

LA REINE

Jamais.

RUY BLAS

Jamais !
Il se lève et marche lentement vers la table. […]
Bien sûr ?

LA REINE

Non. Jamais !

RUY BLAS

Il prend la fiole[1] *posée sur la table, la porte à ses lèvres et la vide d'un trait.*
Triste flamme,
Éteins-toi !

LA REINE, *se levant et courant à lui.*

Que fait-il ?

Ruy Blas, *posant la fiole.*

Rien. Mes maux sont finis.
Rien. Vous me maudissez, et moi je vous bénis.
Voilà tout.

La Reine, *éperdue.*

Don César !

Ruy Blas

Quand je pense, pauvre ange,
Que vous m'avez aimé !

La Reine

Quel est ce philtre étrange ?
Qu'avez-vous fait ? Dis-moi ! réponds-moi ! parle-moi !
César ! je te pardonne et t'aime et je te crois !

Ruy Blas

Je m'appelle Ruy Blas.

La Reine, *l'entourant de ses bras.*

Ruy Blas, je vous pardonne !
Mais qu'avez-vous fait là ? Parle, je te l'ordonne !
Ce n'est pas du poison, cette affreuse liqueur ?
Dis ?

Ruy Blas

Si ! C'est du poison. Mais j'ai la joie au cœur.
Tenant la reine embrassée et levant les yeux au ciel.
Permettez, ô mon Dieu, justice souveraine,
Que ce pauvre laquais bénisse cette reine,
Car elle a consolé mon cœur crucifié,
Vivant, par son amour, mourant, par sa pitié !

La Reine

Du poison ! Dieu ! c'est moi qui l'ai tué ! – Je t'aime !
Si j'avais pardonné ?...

Ruy Blas, *défaillant.*

J'aurais agi de même.
Sa voix s'éteint. La reine le soutient dans ses bras.
Je ne pouvais plus vivre. Adieu !
Montrant la porte.
Fuyez d'ici !
– Tout restera secret. – Je meurs.
Il tombe.

La Reine, *se jetant sur son corps.*

Ruy Blas !

Ruy Blas, *qui allait mourir, se réveille à son nom prononcé par la reine.*

Merci !

Acte V, scène 4 (extrait).

1838

Le drame romantique

Le carcan imposé au XVIIe siècle par le théâtre classique éclate au XIXe siècle sous l'impulsion de Victor Hugo, et une esthétique nouvelle s'impose : elle mêle tragique et comique, sublime et grotesque, marque la fin de la règle des trois unités, désarticule la versification et privilégie les thèmes historiques. Hugo s'appuie sur une dynamique du spectaculaire, compose des tableaux saisissants où déborde un « flux de sang, de larmes et d'humanité ». Il cherche à satisfaire les trois publics qu'il distingue dans la préface de *Ruy Blas*, « premièrement, les femmes ; deuxièmement, les penseurs ; troisièmement, la foule proprement dite ».

QUESTIONS

1 • Dans quelle mesure ce dénouement est-il celui d'un drame romantique ?
2 • En quoi le héros prend-il une dimension christique ?
3 • Que symbolise sa mort ?

1. Ruy Blas, qui aime la reine mais se sent indigne d'elle, a décidé au début de l'acte V de se tuer en buvant le poison contenu dans une fiole qu'il s'est procurée. Son geste a été retardé par l'urgence de défendre la reine contre don Salluste.

1839

Stendhal
(1783-1842)

L'auteur et l'œuvre

Le héros de *La Chartreuse de Parme*, Fabrice del Dongo, jeune aristocrate italien assoiffé d'aventure et de gloire, rejoint les troupes napoléoniennes. À l'image de son héros, Stendhal a suivi l'armée napoléonienne en Italie où il va découvrir avec enthousiasme l'art et l'opéra.

Un narrateur ironique

Les épisodes historiques sont le décor très théâtral de la vie du jeune Fabrice. Ce personnage de roman se trouve sans cesse bousculé et mis à distance, sous l'œil amusé du narrateur, plus expérimenté, et avec la complicité du lecteur.

Stendhal

La Chartreuse de Parme

Fabrice del Dongo est dans les rangs de l'armée napoléonienne, non loin du champ de bataille de Waterloo.

« Il défaisait un à un tous ses beaux rêves »

Le maréchal des logis s'approcha de Fabrice. À ce moment notre héros entendit dire derrière lui et tout près de son oreille : C'est le seul qui puisse encore galoper. Il se sentit saisir les pieds ; on les élevait en même temps qu'on lui soutenait le corps par-dessous les bras ; on le fit passer par-dessus la croupe de son cheval, puis on le laissa glisser jusqu'à terre, où il tomba assis.

L'aide de camp prit le cheval de Fabrice par la bride ; le général, aidé par le maréchal des logis, monta et partit au galop ; il fut suivi rapidement par les six hommes qui restaient. Fabrice se releva furieux, et se mit à courir après eux en criant : *Ladri* ! *ladri* ! (voleurs ! voleurs !) Il était plaisant de courir après des voleurs au milieu d'un champ de bataille.

L'escorte et le général, comte d'A..., disparurent bientôt derrière une rangée de saules ; Fabrice, ivre de colère, arriva aussi à cette ligne de saules ; il se trouva tout contre un canal fort profond qu'il traversa. Puis, arrivé de l'autre côté, il se remit à jurer en apercevant de nouveau, mais à une très grande distance, le général et l'escorte qui se perdaient dans les arbres. Voleurs ! voleurs ! criait-il maintenant en français. Désespéré, bien moins de la perte de son cheval que de la trahison, il se laissa tomber au bord du fossé, fatigué et mourant de faim. Si son beau cheval lui eût été enlevé par l'ennemi, il n'y eût pas songé ; mais se voir trahir et voler par ce maréchal des logis qu'il aimait tant et par ces hussards[1] qu'il regardait comme des frères ! c'est ce qui lui brisait le cœur. Il ne pouvait se consoler de tant d'infamie, et, le dos appuyé contre un saule, il se mit à pleurer à chaudes larmes. Il défaisait un à un tous ses beaux rêves d'amitié chevaleresque et sublime, comme celle des héros de la *Jérusalem délivrée*[2] . Voir arriver la mort n'était rien, entouré d'âmes héroïques et tendres, de nobles amis qui vous serrent la main au moment du dernier soupir ! mais garder son enthousiasme, entouré de vils fripons !!! Fabrice exagérait comme tout homme indigné. Au bout d'un quart d'heure d'attendrissement, il remarqua que les boulets commençaient à arriver jusqu'à la rangée d'arbres à l'ombre desquels il méditait. Il se leva et chercha à s'orienter.

1. **Hussard** : cavalier de l'armée napoléonienne. 2. **« Jérusalem délivrée »** : poème épique sur la première croisade écrit par le poète italien le Tasse en 1581.

QUESTIONS

1 • À quoi le héros est-il confronté ?
2 • Quelles attentes du personnage sont déçues ?
3 • Par quels procédés le narrateur crée-t-il une mise à distance ironique ?

Bertrand

Gaspard de la nuit

Ondine

« – Écoute ! – Écoute ! – C'est moi, c'est Ondine »

– « Écoute ! – Écoute ! – C'est moi, c'est Ondine qui frôle de ces gouttes d'eau les losanges sonores de ta fenêtre illuminée par les mornes rayons de la lune ; et voici, en robe de moire, la dame châtelaine qui contemple à son balcon la belle nuit étoilée et le beau lac endormi.

« Chaque flot est un ondin qui nage dans le courant, chaque courant est un sentier qui serpente vers mon palais, et mon palais est bâti fluide, au fond du lac, dans le triangle du feu, de la terre et de l'air.

« Écoute ! – Écoute ! – Mon père bat l'eau coassante d'une branche d'aulne verte, et mes sœurs caressent de leurs bras d'écume les fraîches îles d'herbes, de nénuphars et de glaïeuls, ou se moquent du saule caduc et barbu qui pêche à la ligne ! »

*

Sa chanson murmurée, elle me supplia de recevoir son anneau à mon doigt pour être l'époux d'une Ondine, et de visiter avec elle son palais pour être le roi des lacs.

Et comme je lui répondais que j'aimais une mortelle, boudeuse et dépitée, elle pleura quelques larmes, poussa un éclat de rire, et s'évanouit en giboulées qui ruisselèrent blanches le long de mes vitraux bleus.

1842 (posth)

Aloysius Bertrand (1807-1841)

L'auteur et l'œuvre

Gaspard de la nuit est le seul ouvrage du poète romantique Aloysius Bertrand. Écrit en 1835, ce recueil sera publié après sa mort, en 1842. Inventeur du poème en prose, Bertrand est nourri d'inspiration gothique, fantastique.

Un poème en prose

Le poète invente un nouveau genre, le poème en prose, texte court et dense, ciselé comme un bijou, fermé sur lui-même. Ce genre plus souple que le poème versifié sera ensuite développé par Baudelaire dans *Le Spleen de Paris* en 1869 (▸ p. 234).

Texte lu
Manuel numérique

QUESTIONS

1 • En quoi ce texte peut-il être considéré comme un poème ?

2 • Comment le poète crée-t-il un univers onirique ?

3 • Comment passe-t-on de la présence à la disparition du personnage mythique d'Ondine ?

1843

Alfred de Vigny
(1797-1863)

L'auteur et l'œuvre

Figure majeure du romantisme, Vigny est issu d'une famille aristocratique attachée aux valeurs militaires. Poursuivant la tradition familiale, il entame une carrière dans l'armée avant de se tourner définitivement vers la littérature. Il s'essaye alors avec bonheur au roman, à la poésie. Publié de façon posthume en 1864, le recueil *Les Destinées* regroupe les poèmes philosophiques composés par Vigny tout au long de sa vie.

Une poésie philosophique

« La mort du loup » est rédigé en 1838, alors que le poète vient de subir une série d'épreuves personnelles (mort de sa mère, rupture avec l'actrice Marie Dorval) et qu'il s'est retiré du monde. Le poème est marqué par la philosophie antique stoïcienne qui prône une attitude de retrait et d'endurance face aux vicissitudes de l'existence. Le poème sera publié dans *La Revue des Deux Mondes* en 1843 avant d'être repris dans *Les Destinées* en 1864.

Vigny
Les Destinées

La mort du loup

« J'aperçois tout à coup deux yeux qui flamboyaient »

I

Les nuages couraient sur la lune enflammée
Comme sur l'incendie on voit fuir la fumée,
Et les bois étaient noirs jusques à l'horizon.
Nous marchions sans parler, dans l'humide gazon,
Dans la bruyère épaisse et dans les hautes brandes[1],
Lorsque, sous des sapins pareils à ceux des Landes,
Nous avons aperçu les grands ongles marqués
Par les loups voyageurs que nous avions traqués.
Nous avons écouté, retenant notre haleine
Et le pas suspendu. – Ni le bois, ni la plaine
Ne poussaient un soupir dans les airs ; seulement
La girouette en deuil criait au firmament ;
Car le vent, élevé bien au-dessus des terres,
N'effleurait de ses pieds que les tours solitaires,
Et les chênes d'en-bas, contre les rocs penchés,
Sur leurs coudes semblaient endormis et couchés.
Rien ne bruissait donc, lorsque, baissant la tête,
Le plus vieux des chasseurs qui s'étaient mis en quête
A regardé le sable en s'y couchant ; bientôt,
Lui que jamais ici on ne vit en défaut,
A déclaré tout bas que ces marques récentes
Annonçaient la démarche et les griffes puissantes
De deux grands loups-cerviers[2] et de deux louveteaux.
Nous avons tous alors préparé nos couteaux,
Et, cachant nos fusils et leurs lueurs trop blanches,
Nous allions pas à pas en écartant les branches.
Trois s'arrêtent, et moi, cherchant ce qu'ils voyaient,
J'aperçois tout à coup deux yeux qui flamboyaient,
Et je vois au-delà quatre formes légères
Qui dansaient sous la lune au milieu des bruyères,
Comme font chaque jour, à grand bruit sous nos yeux,
Quand le maître revient, les lévriers joyeux.
Leur forme était semblable et semblable la danse ;

Mais les enfants du loup se jouaient en silence,
Sachant bien qu'à deux pas, ne dormant qu'à demi,
Se couche dans ses murs l'homme, leur ennemi.
Le père était debout, et plus loin, contre un arbre,
Sa louve reposait comme celle de marbre
Qu'adoraient les Romains, et dont les flancs velus
Couvaient les demi-dieux Rémus et Romulus[3].
Le loup vient et s'assied, les deux jambes dressées
Par leurs ongles crochus dans le sable enfoncées.
Il s'est jugé perdu, puisqu'il était surpris,
Sa retraite coupée et tous ses chemins pris ;
Alors il a saisi, dans sa gueule brûlante,
Du chien le plus hardi la gorge pantelante,
Et n'a pas desserré ses mâchoires de fer,
Malgré nos coups de feu qui traversaient sa chair
Et nos couteaux aigus qui, comme des tenailles,
Se croisaient en plongeant dans ses larges entrailles,
Jusqu'au dernier moment où le chien étranglé,
Mort longtemps avant lui, sous ses pieds a roulé.
Le loup le quitte alors et puis il nous regarde.
Les couteaux lui restaient au flanc jusqu'à la garde,
Le clouaient au gazon tout baigné dans son sang ;
Nos fusils l'entouraient en sinistre croissant.
Il nous regarde encore, ensuite il se recouche,
Tout en léchant le sang répandu sur sa bouche,
Et, sans daigner savoir comment il a péri,
Refermant ses grands yeux, meurt sans jeter un cri.

(Extrait).

1. **Brande** : bruyère.
2. **Loup-cervier** : loup tueur de cerfs. Ce nom désigne habituellement le lynx, Vigny l'emploie ici pour illustrer la force du loup.
3. **Rémus et Romulus** : dans la mythologie romaine, jumeaux à l'origine de la fondation de Rome. Ils auraient été allaités par une louve.

QUESTIONS

1 • En quoi ce poème se rapproche-t-il d'une fable ? En quoi s'en démarque-t-il ?

2 • Comment le pittoresque de la scène sert-il l'intention du poète ?

3 • Quelle analogie pouvez-vous faire entre la condition du loup et celle de l'homme ?

1843

Un lyrisme symbolique

Moins démonstratif que celui de Lamartine ou Hugo, le lyrisme de Vigny s'exprime par une mise à distance pudique du Moi et par le recours à de grandes figures symboliques d'origine biblique ou allégorique, comme dans « La mort du loup ». L'héroïsation du loup transforme dans ce poème la figure de l'animal en une figure sublime : elle transcende le réel et permet d'accéder à une vérité supérieure.

Un personnage sublime

Le concept de sublime naît dans l'Antiquité : l'auteur grec Pseudo-Longin écrit le *Traité du sublime* où il le désigne comme un « degré d'élévation » qui vise à dépasser « les choses humaines » et à produire un « ravissement ». Au XVIIIe puis au XIXe siècle, la notion rencontre un grand succès et recoupe certains thèmes romantiques, comme l'aspiration à l'infini, l'alliance de sentiments contradictoires (le « grotesque et le sublime » de Hugo), l'aspect grandiose d'un paysage ou encore le courage ou la vertu démesurés de certains personnages.

1847

Prosper Mérimée
(1803-1870)

L'auteur et l'œuvre

Mérimée est l'auteur de nouvelles tantôt réalistes, comme *Carmen*, tantôt fantastiques, comme *La Vénus d'Ille*. Entre influence classique par son style rigoureux et précis et influence romantique par son goût pour l'exotisme et les personnages tragiques, il nourrit ses récits d'un minutieux travail d'enquête, annonçant l'école naturaliste. Dans *Carmen*, présentée comme « une étude de bohémiens », un bandit, don José, raconte au narrateur ses amours avec Carmen, qu'il assassinera par dépit amoureux.

La figure de Carmen

Gitane séductrice, provocante et rebelle, icône de la passion tragique, Carmen est l'archétype de la femme fière et indépendante. Le personnage a donné lieu à une série de réécritures, dont l'opéra *Carmen* de Bizet en 1875 et, plus récemment, le film *Carmen de Khayelitsha* de Mark Dornford-May, en 2006, qui transpose l'histoire dans un township sud-africain.

Texte lu
Manuel numérique

QUESTIONS

1 • En quoi cette scène est-elle un moment clé de la nouvelle ?

2 • Quel portrait de Carmen ce passage propose-t-il ?

3 • Quelles sont les caractéristiques de l'écriture de Mérimée ?

Mérimée

Carmen

Don José Lizarrabengoa est un brigadier. Il est en poste à Séville quand il rencontre Carmen.

« effrontée comme une vraie bohémienne qu'elle était »

Elle avait un jupon rouge fort court qui laissait voir des bas de soie blancs avec plus d'un trou, et des souliers mignons de maroquin rouge attachés avec des rubans couleur de feu. Elle écartait sa mantille afin de faire voir ses épaules et un gros bouquet de cassie qui sortait de sa chemise. Elle avait encore une fleur de cassie dans le coin de la bouche, et elle s'avançait en se balançant sur ses hanches comme une pouliche du haras de Cordoue. Dans mon pays[1], une femme en ce costume aurait obligé le monde à se signer. À Séville, chacun lui adressait quelque compliment gaillard sur sa tournure ; elle répondait à chacun, faisant les yeux en coulisse, le poing sur la hanche, effrontée comme une vraie bohémienne qu'elle était. D'abord elle ne me plut pas, et je repris mon ouvrage ; mais elle, suivant l'usage des femmes et des chats qui ne viennent pas quand on les appelle et qui viennent quand on ne les appelle pas, s'arrêta devant moi et m'adressa la parole :

– Compère, me dit-elle à la façon andalouse, veux-tu me donner ta chaîne pour tenir les clefs de mon coffre-fort ?

– C'est pour attacher mon épinglette[2], lui répondis-je.

– Ton épinglette ! s'écria-t-elle en riant. Ah ! monsieur fait de la dentelle, puisqu'il a besoin d'épingles !

Tout le monde qui était là se mit à rire, et moi je me sentais rougir, et je ne pouvais trouver rien à lui répondre.

– Allons, mon cœur, reprit-elle, fais-moi sept aunes[3] de dentelle noire pour une mantille, épinglier de mon âme !

Et prenant la fleur de cassie qu'elle avait à la bouche, elle me la lança, d'un mouvement du pouce, juste entre les deux yeux. Monsieur, cela me fit l'effet d'une balle qui m'arrivait... Je ne savais où me fourrer, je demeurais immobile comme une planche. Quand elle fut entrée dans la manufacture, je vis la fleur de cassie qui était tombée à terre entre mes pieds ; je ne sais ce qui me prit, mais je la ramassai sans que mes camarades s'en aperçussent et je la mis précieusement dans ma veste.

1. Don José est né dans un petit village du Pays basque espagnol.
2. **Épinglette** : insigne indiquant le grade sur l'uniforme.
3. **Aune** : ancienne mesure de tissu de longueur variable selon les régions (entre 50 cm et 2 m).

Dumas fils
La Dame aux camélias

Une amie de Marguerite écrit à Armand Duval, l'amant de cette dernière.

19 février, minuit.

« La triste journée que celle d'aujourd'hui, mon pauvre monsieur Armand ! Ce matin Marguerite étouffait, le médecin l'a saignée, et la voix est un peu revenue. Le docteur lui a conseillé de voir un prêtre. Elle a dit qu'elle y consentait, et il est allé lui-même chercher un abbé à Saint-Roch.

« elle mourra comme une chrétienne »

« Pendant ce temps, Marguerite m'a appelée près de son lit, m'a priée d'ouvrir son armoire, puis elle m'a désigné un bonnet, une chemise longue toute couverte de dentelles, et m'a dit d'une voix affaiblie : « – Je vais mourir après m'être confessée, alors tu m'habilleras avec ces objets : c'est une coquetterie de mourante.

« Puis elle m'a embrassée en pleurant, et elle a ajouté :

« – Je puis parler, mais, j'étouffe trop quand je parle ; j'étouffe ! de l'air ! » Je fondais en larmes, j'ouvris la fenêtre, et quelques instants après le prêtre entra.

« J'allai au-devant de lui.

« Quand il sut chez qui il était, il parut craindre d'être mal accueilli.

« – Entrez hardiment, mon père », lui ai-je dit.

« Il est resté peu de temps dans la chambre de la malade, et il en est ressorti en me disant :

« – Elle a vécu comme une pécheresse, mais elle mourra comme une chrétienne. [...]

20 février, cinq heures du soir.

« Tout est fini.

« Marguerite est entrée en agonie cette nuit à deux heures environ. Jamais martyre n'a souffert pareilles tortures, à en juger par les cris qu'elle poussait. Deux ou trois fois elle s'est dressée tout debout sur son lit, comme si elle eût voulu ressaisir sa vie qui remontait vers Dieu.

« Deux ou trois fois aussi, elle a dit votre nom, puis tout s'est tu, elle est retombée épuisée sur son lit. Des larmes silencieuses ont coulé de ses yeux et elle est morte. »

1848

Alexandre Dumas fils
(1824-1895)

L'auteur et l'œuvre

Fils du célèbre romancier du même nom, auteur des *Trois Mousquetaires* et du *Comte de Monte-Cristo*, Alexandre Dumas fils a longtemps été plus connu que son père. Pour le personnage de Marguerite Gautier, il s'inspire de Manon Lescaut (► p. 146) et de la jeune courtisane Marie Duplessis dont il est follement épris.

La courtisane au grand cœur

Le fantasme de la courtisane au grand cœur fascine. Le compositeur Verdi voit la pièce de théâtre que Dumas a lui-même adaptée de son propre roman, et décide de la mettre en musique : il écrit *La Traviata* (« courtisane, femme dévoyée » en italien) où Marguerite devient Violetta. Cet opéra, dont la première a été le plus gros échec de la carrière de Verdi, est de nos jours l'un des opéras les plus joués.

Vidéo
G. Verdi, *La Traviata* de J.F. Sivadier (2011)
Manuel numérique

QUESTIONS

1 • Quelles sont les étapes de l'agonie de Marguerite ?

2 • En quoi ce personnage est-il particulièrement touchant ?

3 • Comment expliquer le succès et la dimension mythique de *La Dame aux camélias* ?

1848

Victor Hugo
(1802-1885)

L'auteur et l'œuvre

Dramaturge, poète, romancier, homme politique et excellent orateur, Hugo s'engage contre le despotisme et pour la liberté d'expression. Il s'inscrit dans la lignée d'auteurs comme Chateaubriand, qui avait surnommé en 1828 les lois qui restreignaient la liberté de la presse « les lois vandales », mais aussi Beaumarchais (► p. 168) ou Voltaire (► p. 155).

Un discours convaincant

Hugo s'adresse à l'Assemblée nationale et au public. Il cherche à persuader et à convaincre ses auditeurs que conserver la liberté de la presse est le seul moyen de faire entendre la voix de tous. Il intervient fréquemment en son nom propre et cherche à donner une image de lui qui contribue à la réussite de sa stratégie argumentative.

QUESTIONS

1 • Quelles images Hugo utilise-t-il à la fin de l'extrait pour désigner la liberté de la presse ?

2 • En quoi ce discours est-il argumentatif ?

3 • Quelle image l'orateur cherche-t-il à donner de lui ?

Hugo

Discours pour la liberté de la presse

Dans un discours qu'il tient à l'Assemblée nationale le 11 octobre 1848, Victor Hugo s'oppose violemment à un décret qui autoriserait le pouvoir judiciaire à suspendre les journaux.

« La liberté de la presse, c'est la raison de tous cherchant à guider le pouvoir »

Le droit de suspension des journaux ! Mais, messieurs réfléchissez-y, ce droit participe de la censure par l'intimidation, et de la confiscation par l'atteinte à la propriété. *(C'est vrai !)* La censure et la confiscation sont deux abus monstrueux que votre droit public a rejetés ! et je ne doute pas que le droit de suspension des journaux qui, je le répète, se compose de ces deux éléments abolis et détestables, confiscation et censure, ne soit jugé et prochainement condamné par la conscience publique. Nous l'admettons (ceux du moins qui l'admettent) temporairement, provisoirement. Provisoirement ! messieurs, je me défie du provisoire ! *(Mouvement.)* Nous avons le droit de le dire depuis Février[1], beaucoup de mal durable est souvent fait par les choses provisoires. *(Nouveau mouvement.)* Quant à moi, je verrais avec douleur ce droit fatal entrer dans nos lois ; je m'inclinerais devant la nécessité, mais j'espère que s'il y entrait aujourd'hui, ce serait pour en sortir demain ; j'espère que les circonstances mauvaises qui l'ont apporté l'emporteront. *(Sensation.)*

Je ne puis m'empêcher de vous rappeler à cette occasion un grand souvenir. *(Écoutez ! écoutez !)* Lorsque le droit de suspension des journaux voulut s'introduire dans notre législation sous la Restauration, M. de Chateaubriand le stigmatisa au passage par des paroles mémorables. Et bien, les écrivains d'aujourd'hui ne manqueront pas, à l'exemple que leur a donné le grand écrivain d'alors. *(Sensation.)* Si nous ne pouvons empêcher de reparaître ce droit odieux de suspension, nous le laisserons entrer, mais en le flétrissant. *(À gauche. Très bien !)*

Permettez-moi, messieurs, en terminant ce peu de paroles, de vous dire, de déposer dans vos consciences une pensée qui, je le déclare, devrait, selon moi, dominer cette discussion : c'est que le principe de la liberté de la presse n'est pas moins essentiel, n'est pas moins sacré que le principe du suffrage universel. Ce sont les deux côtés du même fait. *(Oui ! Oui !)* Ces deux principes s'appellent et se complètent réciproquement.

La liberté de la presse à côté du suffrage universel, c'est la pensée de tous éclairant le gouvernement de tous. Attenter à l'une c'est attenter à l'autre. *(Vive approbation à gauche.)*

Eh bien, toutes les fois que ce grand principe sera menacé, il ne manquera pas, sur tous ces bancs, d'orateurs de tous les partis pour se lever et pour protester comme je le fais aujourd'hui.

La liberté de la presse, c'est la raison de tous cherchant à guider le pouvoir dans les voies de la justice et de la vérité. *(Sensations diverses.)* Favorisez, messieurs, favorisez cette grande liberté, ne lui faites pas obstacle ; songez que le jour où, après trente années de développement intellectuel et d'initiative par la pensée, on verrait ce principe sacré, ce principe lumineux, la liberté de la presse, s'amoindrir au milieu de nous, ce serait en France, ce serait en Europe, ce serait dans la civilisation tout entière l'effet d'un flambeau qui s'éteint ! *(Sensation.)*

Messieurs, vous avez le plus beau de tous les titres pour être les amis de la liberté de la presse, c'est que vous êtes les élus du suffrage universel ! *(Très bien ! très bien !)*

1. Allusion à l'insurrection républicaine de février 1848 qui a donné naissance à la IIe République.

Cabu, couverture du livre *Peut-on, encore, rire de tout* ? © Éditions Le Cherche Midi (2012).

Vidéo
Interview de Cabu (2012)
Manuel numérique

1848

HISTOIRE DES ARTS

L'artiste et l'œuvre

Jean Cabut, dit Cabu, est un dessinateur, caricaturiste et auteur de bandes dessinées français qui a publié dans *Charlie Hebdo* et *Le Canard enchaîné*. Il revendique le droit à la caricature et refuse l'autocensure, afin de désamorcer la peur par le rire. De nombreux procès lui ont été intentés par l'armée ou par des hommes politiques. Il a trouvé tragiquement la mort lors de l'attentat de *Charlie Hebdo* le 7 janvier 2015.

L'art de la caricature

Expression dessinée de la satire, la caricature grossit les traits des personnages ou des situations pour mieux les dénoncer. Sur cette couverture, Cabu dénonce explicitement les détracteurs des caricatures, tous ceux qui veulent censurer ses dessins. « Ni les religions et leurs intégristes, ni les idéologies et leurs militants, ni les bien-pensants et leurs préjugés ne doivent pouvoir entraver le droit à la caricature, fût-elle excessive. » (Cabu, cité dans *Le Canard enchaîné*, 14 janvier 2015)

DE L'IMAGE AU TEXTE

4 • **Comment Hugo et Cabu procèdent-ils pour défendre la liberté d'expression ?**

Vie artistique & culturelle

Presse et littérature au XIXe siècle

Le *Journal de Paris*, premier quotidien français, préfigure l'essor de la presse au XIXe siècle. La loi Guizot de 1833, qui exige une école dans chaque commune, élargit l'instruction primaire. La presse ouvre ses colonnes aux écrivains et à leurs œuvres, leur permettant de vivre de leur art et de se faire connaître du plus grand nombre.

Presse et littérature, des destins parallèles

• En 1836, Émile de Girardin lance le journal à un sou, *La Presse*, un « objet de consommation courante ». Caractérisé par ses gros tirages, les réclames autour de produits issus de l'industrie florissante en quête de clients et par **le nouveau genre du roman feuilleton**, *La Presse* s'adresse à un public populaire et connaît un grand succès. Les lecteurs attendent avec impatience l'actualité du jour mais ils se pressent aussi pour découvrir les aventures des héros de ce genre littéraire inédit : D'Artagnan, Rodolphe, Lagardère, Rocambole, Pardaillan, Rouletabille… Marqué par sa réputation de « littérature industrielle » (Sainte-Beuve), réservé au peuple par opposition à la littérature intellectuelle destinée à l'élite, le roman feuilleton domine cependant le marché de la production romanesque au XIXe siècle. Balzac produit le premier **roman-feuilleton** pour la presse, avec *La Vieille fille* en 1836.

Paul Cézanne, Louis-Auguste Cézanne, père de l'artiste lisant *L'Événement* (1866), huile sur toile (200 x 120 cm), National Gallery of Art, Washington (États-Unis).

• Les écrivains se plient aux **exigences des directeurs de journaux** : les œuvres ne doivent pas être trop longues ni trop courtes (six feuilletons) et la publication doit commencer avant le renouvellement des abonnements. Nouvelles, romans romantiques, réalistes ou naturalistes doivent souvent leur succès à une première publication dans la presse. Chateaubriand lui-même confie la première publication de ses *Mémoires d'Outre-tombe* à *La Presse*.

Écriture littéraire, écriture journalistique

• À la fin de la Restauration, les jeunes écrivains du XIXe siècle sont nombreux à vouloir faire leurs armes dans cette presse florissante. Ils prépublient avec succès leurs œuvres par **fragments**. ***Mme Bovary*** est lancée par le scandale suscité par sa publication dans la *Revue de Paris*. Baudelaire produit aussi des articles et des chroniques dans *Le Figaro*. **Zola** fait paraître ses **articles de défense** des impressionnistes dans la presse.

• L'écriture **littéraire influence fortement l'écriture journalistique.** La chronique, la critique, le fait divers, les débats, les articles sur les mœurs, la publicité et plus tard le reportage comme l'interview que l'on peut lire dans les journaux, portent les traces de l'écriture fictionnelle et intime (récit, autobiographie, lettre, journal).

• À l'inverse, **la littérature s'inspire des apports de l'écriture de presse et de sa modernité.** Alphonse Allais, Jules Renard adoptent la structure journalistique dans leurs recueils d'histoires courtes. Des œuvres sont écrites collectivement. *Les soirées de Médan* (1880), par exemple, est au départ, un projet d'écriture d'un recueil de nouvelles à six mains. Daudet, Flaubert, Zola font de leurs brouillons de véritables carnets d'enquête.

Les écrivains critiques de la presse

• Les écrivains, s'ils s'appuient sur la presse, n'hésitent pas à la critiquer. **Balzac** dans *Illusions perdues* et dans *Monographie de la presse parisienne* montre les relations difficiles de l'écrivain avec le monde de la presse et ses intrigues. **Musset**, très virulent, dénonce le caractère impérialiste du journalisme : « D'abord le grand fléau qui nous rend tous malades / Le seigneur Journalisme et ses pantalonnades / Ce droit quotidien qu'un sot a de berner/ Trois ou quatre milliers de sots. »

Une tribune pour les intellectuels

• L'article « J'accuse » de **Zola** (▶ p. 264), publié dans l'*Aurore* le 13 janvier 1898, signe la naissance de la figure de l'écrivain comme **intellectuel engagé** dans les combats de son temps. Aux côtés de Zola, Octave Mirbeau ou Anatole France prennent la défense de l'officier injustement accusé de trahison.

• En 1897, **Marguerite Durand** fonde le premier quotidien féminin et féministe du monde : *La Fronde*.

Cinq Centimes
ERNEST VAUGHAN
L'AURORE
Littéraire, Artistique, Sociale
J'Accuse...!
LETTRE AU PRÉSIDENT DE LA RÉPUBLIQUE
Par ÉMILE ZOLA
LETTRE A M. FÉLIX FAURE
Président de la République

J'Accuse...!, en Une du journal *L'Aurore* du 13 janvier 1898.

RECHERCHES

Sur le site gallica.bnf.fr, consultez les unes des numéros du journal *La Fronde* de décembre 1897. Étudiez la profession de foi des « Frondeuses » en dernière page. Imaginez la une de ce journal telle qu'elle serait aujourd'hui. Appuyez-vous sur notre actualité.

1853

Victor Hugo
(1802-1885)

Un recueil engagé

Après le coup d'État du 2 décembre 1851, Louis Napoléon Bonaparte, président de la IIe République, devient empereur le 2 décembre 1852 sous le nom de Napoléon III. Outré par cette dérive autoritaire, Hugo s'exile en Belgique puis dans les îles Anglo-Normandes jusqu'en 1870.

Renouant avec la grande tradition de la poésie satirique de Juvénal (▶ p. 105) à d'Aubigné (▶ p. 80), il fait de « Napoléon le Petit » la cible de ses accusations en composant ce recueil, qu'il pense d'abord intituler *Les Vengeresses*.

Une œuvre colossale

Œuvre monumentale de plus de six mille vers, les *Châtiments* sont encadrés par deux poèmes, « Nox » et « Lux », qui symbolisent la « nuit » de la dictature et la « lumière » de la liberté à venir. Les quatre-vingt-dix-huit poèmes sont répartis en sept livres dont les titres reprennent ironiquement les slogans du coup d'État (« La société est sauvée », « L'ordre est rétabli »...). Hugo mêle des textes ouvertement satiriques avec des passages épiques ou des visions prophétiques.

Hugo
Châtiments

En exil, Hugo a appris l'exécution publique de trois prisonniers politiques, guillotinés sur l'ordre de l'empereur Napoléon III.

C'était en juin, j'étais à Bruxelle[1] ; on me dit :
Savez-vous ce que fait maintenant ce bandit ?
Et l'on me raconta le meurtre juridique,
Charlet assassiné sur la place publique,
Cirasse, Cuisinier, tous ces infortunés
Que cet homme au supplice a lui-même traînés
Et qu'il a de ses mains liés sur la bascule[2].
Ô Sauveur, ô héros, vainqueur de crépuscule,
César ! Dieu fait sortir de terre les moissons,
La vigne, l'eau courante abreuvant les buissons,
Les fruits vermeils, la rose où l'abeille butine,
Les chênes, les lauriers, et toi, la guillotine.

Prince qu'aucun de ceux qui lui donnent leurs voix[3]
Ne voudrait rencontrer le soir au coin d'un bois !

J'avais le front brûlant ; je sortis par la ville.
Tout m'y parut plein d'ombre et de guerre civile ;
Les passants me semblaient des spectres effarés
Je m'enfuis dans les champs paisibles et dorés ;
Ô contre-coups du crime au fond de l'âme humaine !
La nature ne put me calmer. L'air, la plaine,
Les fleurs, tout m'irritait ; je frémissais devant
Ce monde où je sentais ce scélérat vivant.
Sans pouvoir m'apaiser je fis plus d'une lieue.
Le soir triste monta sous la coupole bleue ;
Linceul frissonnant, l'ombre autour de moi s'accrut ;
Tout à coup la nuit vint, et la lune apparut
Sanglante, et dans les cieux, de deuil enveloppée,
Je regardai rouler cette tête coupée.

Jersey, le 20 mai 1853.

VII, 5.

« Je regardai rouler cette tête coupée. »

1. Licence poétique (l'absence du « s » final permet de compter un alexandrin). 2. **Bascule** : guillotine. 3. Louis Napoléon Bonaparte avait organisé un référendum sur le rétablissement de l'Empire.

Édouard Manet, *L'Exécution de l'Empereur du Mexique Maximilien* (1867), huile sur toile (252 × 305 cm), Kunsthalle, Mannheim (Allemagne).

Animation
Manuel numérique

QUESTIONS

1 • De quelles grandes formes de l'argumentation ce texte se rapproche-t-il ?

2 • En quoi le mélange des tonalités sert-il le propos de l'auteur ?

3 • Comment la forme versifiée renforce-t-elle la dimension argumentative ?

DE L'IMAGE AU TEXTE

4 • Comment s'exprime, dans le poème et dans le tableau, l'opposition au régime napoléonien ?

HISTOIRE DES ARTS

L'artiste et l'œuvre

Édouard Manet (1832-1883), peintre français qui ouvre la voie à l'impressionnisme par son traitement de la couleur et de la lumière, représente ici de façon réaliste l'exécution de l'empereur Maximilien au Mexique (1867). Maximilien, placé au pouvoir par Napoléon III, est destitué au bout de trois ans par les Mexicains. Napoléon III retire alors ses troupes du pays et abandonne l'empereur à son sort. Fervent opposant à Napoléon III, Manet propose cinq versions de cette scène, mais la censure lui interdira d'exposer l'œuvre à Paris.

1853

Hugo
Les Contemplations

Victor Hugo
(1802-1885)

L'auteur et l'œuvre

À la fois dramaturge, romancier, homme politique, grand orateur, poète et chef de file du romantisme, Hugo écrit ce recueil de plus de 150 poèmes, *Les Contemplations,* lors de son exil à Guernesey, loin du régime autoritaire de Napoléon III. Le poète conçoit cette œuvre comme « les mémoires d'une âme », un livre miroir : « J'ai, dans ce livre – écrit-il, enregistré mes jours, / Mes maux, mes deuils, mes cris dans les problèmes sourds, / Mes amours, mes travaux, ma vie heure par heure ».

Le poète prophète

L'émotion de Hugo est sensible. Il s'engage contre le travail des enfants et fait œuvre de « prophète » ; c'est ainsi qu'il définit la mission du poète dans *Les Rayons et les Ombres* : « Il rayonne ! Il jette sa flamme / Sur l'éternelle vérité ». Le poète fait surgir les problèmes de la société en espérant ainsi provoquer une prise de conscience collective en vue d'un avenir meilleur.

QUESTIONS

1 • Comment la versification accentue-t-elle le fait que le travail est une perte de liberté ?

2 • En quoi le travail est-il déshumanisant ?

3 • En quoi la posture adoptée par le poète sert-elle son argumentation ?

Melancholia

Où vont tous ces enfants dont pas un seul ne rit ?
Ces doux êtres pensifs que la fièvre maigrit ?
Ces filles de huit ans qu'on voit cheminer seules ?
Ils s'en vont travailler quinze heures sous des meules
Ils vont, de l'aube au soir, faire éternellement
Dans la même prison le même mouvement.
Accroupis sous les dents d'une machine sombre,
Monstre hideux qui mâche on ne sait quoi dans l'ombre,
Innocents dans un bagne, anges dans un enfer,
Ils travaillent. Tout est d'airain, tout est de fer.
Jamais on ne s'arrête et jamais on ne joue.
Aussi quelle pâleur ! la cendre est sur leur joue.
Il fait à peine jour, ils sont déjà bien las.
Ils ne comprennent rien à leur destin, hélas !
Ils semblent dire à Dieu : « Petits comme nous sommes,
Notre père, voyez ce que nous font les hommes ! »
Ô servitude infâme imposée à l'enfant !
Rachitisme ! travail dont le souffle étouffant
Défait ce qu'a fait Dieu ; qui tue, œuvre insensée,
La beauté sur les fronts, dans les cœurs la pensée,
Et qui ferait – c'est là son fruit le plus certain ! –
D'Apollon un bossu, de Voltaire un crétin !
Travail mauvais qui prend l'âge tendre en sa serre,
Qui produit la richesse en créant la misère,
Qui se sert d'un enfant ainsi que d'un outil !
Progrès dont on demande : « Où va-t-il ? que veut-il ? »
Qui brise la jeunesse en fleur ! qui donne, en somme,
Une âme à la machine et la retire à l'homme !
Que ce travail, haï des mères, soit maudit !
Maudit comme le vice où l'on s'abâtardit,
Maudit comme l'opprobre[1] et comme le blasphème !
Ô Dieu ! qu'il soit maudit au nom du travail même,
Au nom du vrai travail, sain, fécond, généreux,
Qui fait le peuple libre et qui rend l'homme heureux !

Paris, juillet 1838.

(Extrait)

« Jamais on ne s'arrête et jamais on ne joue. »

1. **Opprobre** : déshonneur.

Nerval

1854

Les Chimères

El Desdichado[1]

« et mon luth constellé
Porte le Soleil noir de la Mélancolie »

Je suis le ténébreux, – le veuf, – l'inconsolé,
Le prince d'Aquitaine à la tour abolie :
Ma seule *étoile* est morte, – et mon luth constellé
Porte le *Soleil noir* de la *Mélancolie.*

Dans la nuit du tombeau, toi qui m'as consolé,
Rends-moi le Pausilippe[2] et la mer d'Italie,
La *fleur* qui plaisait tant à mon cœur désolé,
Et la treille où le pampre[3] à la rose s'allie.

Suis-je Amour ou Phébus[4] ?... Lusignan[5] ou Biron[6] ?
Mon front est rouge encor du baiser de la reine ;
J'ai rêvé dans la grotte où nage la syrène...

Et j'ai deux fois vainqueur traversé l'Achéron[7] :
Modulant tour à tour sur la lyre d'Orphée
Les soupirs de la sainte et les cris de la fée[8].

1. **Desdichado** : malheureux (en espagnol). Nerval trouve le terme dans le roman médiéval de Walter Scott, *Ivanohé*, où il figure sur le bouclier d'un mystérieux chevalier.
2. **Pausilippe** : promontoire montagneux près de Naples, où se trouve une grotte au débouché de laquelle se trouverait le tombeau présumé de Virgile.
3. **Pampre** : branche de la vigne grimpante.
4. **Phébus** : nom latin d'Apollon, le dieu des Arts, de la Musique et de la Poésie.
5. **Lusignan** : célèbre famille du Poitou qui compterait parmi ses ancêtres la fée Mélusine, condamnée à se transformer en serpent tous les samedis.
6. **Biron** : compagnon d'armes de Henri IV.
7. **Achéron** : fleuve des Enfers dans la mythologie grecque.
8. **Cris de la fée** : la légende raconte que Mélusine s'envole en criant quand son époux Raymondin rompt sa promesse de ne pas chercher à la surprendre.

Gérard de Nerval
(1808-1855)

L'auteur et l'œuvre

Nerval est un écrivain romantique, influencé par le romantisme allemand. Un héritage lui permet de voyager en Italie et en Allemagne et de mener une vie de bohème à Paris. À partir de 1841, date de son premier internement, les crises de folie s'enchaînent et coïncident avec une activité littéraire intense durant laquelle il écrit *Les Chimères* et *Les Filles du feu* (► p. 222). En janvier 1855, au petit matin, il est retrouvé pendu dans la rue de la Vieille-Lanterne à Paris.

Un parcours initiatique

Dans ce sonnet, le poète s'interroge sur son identité. Les images liées à des époques variées construisent un « je » poétique qui relève de l'imagination et évoquent la chimère, figure fantastique et romantique, qui mêle plusieurs êtres en un seul. Le voyage proposé par ces différentes évocations suggère un parcours initiatique qui n'est pas sans rappeler celui d'Orphée, prince des poètes (► p. 408).

Texte lu
Manuel numérique

QUESTIONS

1 • Quelles sont les particularités du lyrisme de ce sonnet ?
2 • Comment le passage entre le rêve et la réalité est-il suggéré ?
3 • Quels éléments précis évoquent la quête d'Orphée ?

1854

Victor Hugo
(1802-1885)

L'auteur et l'œuvre

Chef de file du romantisme (▶ p. 397) et touche-à-tout de génie, Hugo n'a eu de cesse de s'engager socialement et politiquement. Il est élu député et s'engage en faveur des droits de l'Homme. Après le coup d'État du 2 décembre 1851 qui a vu l'avènement de Napoléon III auquel il est violemment opposé, Hugo est contraint de s'exiler sur les îles anglo-normandes de Jersey puis Guernesey.

Hugo

Aux habitants de Guernesey

En exil sur l'île anglo-normande de Guernesey, Hugo prend la défense d'un homme condamné à mort et adresse une lettre ouverte aux habitants de l'île.

Janvier 1854.

Peuple de Guernesey,

C'est un proscrit qui vient à vous.

C'est un proscrit qui vient vous parler pour un condamné. L'homme qui est dans l'exil tend la main à l'homme qui est dans le sépulcre. Ne le trouvez pas mauvais, et écoutez-moi.

« C'est un proscrit qui vient vous parler pour un condamné »

Le mardi 18 octobre 1853, à Guernesey, un homme, John-Charles Tapner, est entré la nuit chez une femme, Mme Saujon, et l'a tuée ; puis il l'a volée, et il a mis le feu au cadavre et à la maison, espérant que le premier forfait s'en irait dans la fumée du second. Il s'est trompé. Les crimes ne sont pas complaisants, et l'incendie a refusé de cacher l'assassinat. La providence n'est pas une receleuse ; elle a livré le meurtrier.

Le procès fait à Tapner a jeté un jour hideux sur plusieurs autres crimes. Depuis un certain temps des mains, tout de suite disparues, avaient mis le feu à diverses maisons dans l'île ; les présomptions se sont fixées sur Tapner, et il a paru vraisemblable que tous les précédents incendies dussent se résumer dans le sanglant incendiaire du 18 octobre.

Cet homme a été jugé ; jugé avec une impartialité et un scrupule qui honorent votre libre et intègre magistrature. Treize audiences ont été employées à l'examen des faits et à la formation lente de la conviction des juges. Le 3 janvier l'arrêt a été rendu à l'unanimité ; et à neuf heures du soir, en audience publique et solennelle, votre honorable chef-magistrat, le bailli de Guernesey, d'une voix brisée et éteinte, tremblant d'une émotion dont je le glorifie, a déclaré à l'accusé que « la loi punissant de mort le meurtre, » il devait, lui John-Charles Tapner, se préparer à mourir, qu'il serait pendu, le 27 janvier prochain, sur le lieu même de son crime, et que, là où il avait tué, il serait tué.

Ainsi, à ce moment où nous sommes, il y a, au milieu de vous, au milieu de nous, habitants de cet archipel, un homme qui, dans cet avenir plein d'heures obscures pour tous les autres hommes, voit distinctement sa dernière heure ; en cet instant, dans cette minute où nous respirons librement, où nous allons et venons, où nous parlons et sourions, il y a, à quelques pas de nous, et le cœur se serre en y songeant, il y a dans une geôle, sur un grabat de prison, un homme, un misérable homme frissonnant, qui vit l'œil fixé sur un jour de ce mois, sur le 27 janvier, spectre qui grandit et qui approche. Le 27 janvier, masqué pour nous tous comme tous les autres jours qui nous attendent, ne montre qu'à cet homme son visage, la face sinistre de la mort.

Guernesiais, Tapner est condamné à mort ; en présence du texte des codes, votre magistrature a fait son devoir ; elle a rempli, pour me servir des propres termes du chef-magistrat, « son obligation » ; mais prenez garde. Ceci est le talion. Tu as tué, tu seras tué. Devant la loi humaine, c'est juste ; devant la loi divine, c'est redoutable.

Peuple de Guernesey, rien n'est petit quand il s'agit de l'inviolabilité humaine. Le monde civilisé vous demande la vie de cet homme.

Qui suis-je ? rien. Mais a-t-on besoin d'être quelque chose pour supplier ? est-il nécessaire d'être grand pour crier grâce ? Hommes des îles de la Manche, nous proscrits de France, nous vivons au milieu de vous, nous vous aimons. Nous voyons vos voiles passer à l'horizon dans les crépuscules des tempêtes, et nous vous envoyons nos bénédictions et nos prières. Nous sommes vos frères. Nous vous estimons, nous vous honorons ; nous vénérons en vous le travail, le courage, les nuits passées à la mer pour nourrir la femme et les enfants, les mains calleuses du matelot, le front hâlé du laboureur, la France dont nous sommes les fils et dont vous êtes les petits-fils, l'Angleterre dont vous êtes les citoyens et dont nous sommes les hôtes.

Permettez-nous donc de vous adresser la parole, puisque nous sommes assis à votre foyer, et de vous payer votre hospitalité en coopération cordiale. Permettez-nous de nous attrister de tout ce qui pourrait assombrir votre doux pays.

Le plongeur se précipite au fond de la mer et rapporte une poignée de graviers. Nous autres, nous sommes les souffrants, nous sommes les éprouvés, c'est-à-dire les penseurs ; les rêveurs, si vous voulez. – Nous plongeons au fond des choses, nous tâchons de toucher Dieu, et nous rapportons une poignée de vérités.

La première des vérités, la voici : tu ne tueras pas.

Et cette parole est absolue ; elle a été dite pour la loi, aussi bien que pour l'individu.

Guernesiais, écoutez ceci :

Il y a une divinité horrible, tragique, exécrable, païenne. Cette divinité s'appelait Moloch chez les Hébreux et Teutatès chez les Celtes ; elle s'appelle à présent la Peine de Mort. Elle avait autrefois pour pontife, dans l'Orient, le mage, et, dans l'Occident, le druide ; son prêtre aujourd'hui, c'est le bourreau. Le meurtre légal a remplacé le meurtre sacré.

Actes et paroles, « Pendant l'exil ».

1854

Un exil fructueux

L'exil de Victor Hugo et de sa famille durera presque vingt ans pendant lesquels il continue à distance son engagement politique en publiant notamment des tribunes dans les journaux, comme cette lettre parue dans *La Nation*. C'est aussi durant cet exil qu'il rédige ses œuvres parmi les plus célèbres comme *Les Contemplations* (1856) ou *Les Misérables* (1864).

L'engagement contre la peine de mort

Très tôt Hugo s'engage dans un combat contre la peine de mort à travers ses œuvres littéraires (*Le Dernier Jour d'un condamné*, 1829) et son engagement politique. On songe à son discours à l'Assemblée constituante le 15 septembre 1848 dans lequel il affirme : « La peine de mort est le signe spécial et éternel de la barbarie. » En dépit de l'écho rencontré par la lettre d'Hugo, Tapner sera exécuté.

QUESTIONS

1 • Quelles sont les caractéristiques de la lettre ouverte ? En quoi cette lettre relève-t-elle de la littérature d'idées ?

2 • Hugo cherche-t-il davantage à convaincre ou à persuader ?

3 • Ce texte vous paraît-il représentatif du mouvement romantique ?

1854

Gérard de Nerval
(1808-1855)

L'auteur et l'œuvre

Nerval, écrivain romantique, traducteur du *Faust* de Goethe, puise son inspiration dans le XIIIe siècle, la mythologie et les légendes médiévales. Son œuvre est marquée par son amour pour l'actrice Jenny Colon, l'expérience de la folie, le voyage et la mémoire. La nouvelle « Sylvie », sous-titrée « Souvenirs du Valois », met en scène un vertige de souvenirs ou se mêlent les époques et les lieux.

Une prose poétique

L'extrait révèle la puissance de l'imagination. La rêverie prend une forme particulièrement musicale à travers le lexique du chant et de la musique. Dans cette scène, le narrateur transpose la chanson populaire *Nous n'irons plus au bois* : on y retrouve la belle, les lauriers et la ronde.

QUESTIONS

1 • Comment le vertige du souvenir est-il mis en scène ?

2 • Comment comprend-on que le narrateur est envoûté par Adrienne ?

3 • En quoi cet extrait est-il onirique ?

Nerval

Les Filles du feu

Le narrateur mêle souvenirs réels et souvenirs rêvés. Il se souvient d'un château et de jeunes filles qui font une ronde.

« Nous pensions être en paradis. »

À peine avais-je remarqué, dans la ronde où nous dansions, une blonde, grande et belle, qu'on appelait Adrienne. Tout d'un coup, suivant les règles de la danse, Adrienne se trouva placée seule avec moi au milieu du cercle. Nos tailles étaient pareilles. On nous dit de nous embrasser, et la danse et le chœur tournaient plus vivement que jamais. En lui donnant ce baiser, je ne pus m'empêcher de lui presser la main. Les longs anneaux roulés de ses cheveux d'or effleuraient mes joues. De ce moment, un trouble inconnu s'empara de moi. – La belle devait chanter pour avoir le droit de rentrer dans la danse. On s'assit autour d'elle, et aussitôt, d'une voix fraîche et pénétrante, légèrement voilée, comme celle des filles de ce pays brumeux, elle chanta une de ces anciennes romances pleines de mélancolie et d'amour, qui racontent toujours les malheurs d'une princesse enfermée dans sa tour par la volonté d'un père qui la punit d'avoir aimé. La mélodie se terminait à chaque stance par ces trilles chevrotants que font valoir si bien les voix jeunes, quand elles imitent par un frisson modulé la voix tremblante des aïeules.

À mesure qu'elle chantait, l'ombre descendait des grands arbres, et le clair de lune naissant tombait sur elle seule, isolée de notre cercle attentif. – Elle se tut, et personne n'osa rompre le silence. La pelouse était couverte de faibles vapeurs condensées, qui déroulaient leurs blancs flocons sur les pointes des herbes. Nous pensions être en paradis. – Je me levai enfin, courant au parterre du château, où se trouvaient des lauriers, plantés dans de grands vases de faïence peints en camaïeu. Je rapportai deux branches, qui furent tressées en couronne et nouées d'un ruban. Je posai sur la tête d'Adrienne cet ornement, dont les feuilles lustrées éclataient sur ses cheveux blonds aux rayons pâles de la lune. Elle ressemblait à la Béatrice de Dante[1] qui sourit au poète errant sur la lisière des saintes demeures.

Nouvelle « Sylvie », chapitre II, « Adrienne » (extrait).

1. **Dante** : poète médiéval italien qui, dans la *Divine Comédie* (début XIVe), poursuit une quête spirituelle. Il traverse l'Enfer, le Purgatoire et le Paradis où il retrouve Béatrice, la femme aimée.

Balzac

La Comédie humaine

Avant-propos

L'idée première de *La Comédie humaine* fut d'abord chez moi comme un rêve, comme un de ces projets impossibles que l'on caresse et qu'on laisse s'envoler ; une chimère[1] qui sourit, qui montre son visage de femme et qui déploie aussitôt ses ailes en remontant dans un ciel fantastique. Mais la chimère, comme beaucoup de chimères, se change en réalité ; elle a ses commandements et sa tyrannie auxquels il faut céder.

« La Société française allait être l'historien, je ne devais être que le secrétaire. »

Cette idée vint d'une comparaison entre l'Humanité et l'Animalité.

[...] je vis que, sous ce rapport, la Société ressemblait à la Nature. La Société ne fait-elle pas de l'homme, suivant les milieux où son action se déploie, autant d'hommes différents qu'il y a de variétés en zoologie ? Les différences entre un soldat, un ouvrier, un administrateur, un avocat, un oisif, un savant, un homme d'État, un commerçant, un marin, un poète, un pauvre, un prêtre, sont, quoique plus difficiles à saisir, aussi considérables que celles qui distinguent le loup, le lion, l'âne, le corbeau, le requin, le veau marin, la brebis, etc. Il a donc existé, il existera donc de tout temps des Espèces Sociales comme il y a des Espèces Zoologiques. Si Buffon a fait un magnifique ouvrage en essayant de représenter dans un livre l'ensemble de la zoologie, n'y avait-il pas une œuvre de ce genre à faire pour la société ? Mais la Nature a posé, pour les variétés animales, des bornes entre lesquelles la Société ne devait pas se tenir. Quand Buffon peignait le lion, il achevait la lionne en quelques phrases ; tandis que dans la Société la femme ne se trouve pas toujours être la femelle du mâle. Il peut y avoir deux êtres parfaitement dissemblables dans un ménage. La femme d'un marchand est quelquefois digne d'être celle d'un prince, et souvent celle d'un prince ne vaut pas celle d'un artiste. [...] Enfin, entre les animaux, il y a peu de drames, la confusion ne s'y met guère ; ils courent sus les uns aux autres, voilà tout. [...]

La Société française allait être l'historien, je ne devais être que le secrétaire. En dressant l'inventaire des vices et des vertus, en rassemblant les principaux faits des passions, en peignant les caractères, en choisissant les événements principaux de la Société, en composant des types par la réunion des traits de plusieurs caractères homogènes, peut-être pouvais-je arriver à écrire l'histoire oubliée par tant d'historiens, celle des mœurs.

1. **Chimère**: monstre mythologique à tête de lion et à corps de dragon ; rêve coupé de la réalité.

1855 (posth.)

Honoré de Balzac
(1799-1850)

L'auteur et l'œuvre

Éditeur, imprimeur, journaliste et romancier réaliste, Balzac regroupera ses romans sous le titre *La Comédie humaine* à partir de 1842. Cette œuvre comporte 95 livres achevés et 48 ébauchés et plus de deux mille personnages. Balzac entend être le « secrétaire » de la société française.

Les ambitions d'un conquérant

Balzac, entreprenant un projet sans précédent dans l'histoire de la littérature, affirme que « Quatre hommes auront eu une vie immense : Napoléon, Cuvier, O'Connell et je veux être le quatrième. [...] moi, j'aurai porté une société tout entière dans ma tête ». Avant lui, personne n'a jamais entrepris de refléter l'intégralité de la société ni même de donner une telle épaisseur aux personnages : les héros balzaciens ont un véritable état civil et reviennent d'une œuvre à l'autre.

QUESTIONS

1 • **En quoi cet extrait révèle-t-il les ambitions scientifiques de Balzac ?**

2 • **Comment montre-t-il la complexité de son projet ?**

3 • **Quelle place l'auteur s'attribue-t-il dans cet avant-propos ?**

1857

Gustave Flaubert
(1821-1880)

L'auteur et l'œuvre

Flaubert, souvent qualifié d'écrivain réaliste, écrit, selon ses propres mots, « en haine du réalisme » et remet en cause « la fausse réalité dont nous sommes bernés ». Il rêve d'écrire « un livre sur rien » qui ne tiendrait qu'à la force du style. Il s'inflige l'écriture de *Madame Bovary* comme une thérapie pour soigner sa tendance au lyrisme. Inspirée de faits divers, l'œuvre, qui met en scène Emma Bovary, une femme infidèle, fait l'objet d'un procès pour outrage à la morale.

Flaubert
Madame Bovary

Le début du roman raconte l'enfance de Charles Bovary, le futur mari d'Emma, qui entre en 5e dans une nouvelle classe.

« Débarrassez-vous donc de votre casque »

Nous avions l'habitude, en entrant en classe, de jeter nos casquettes par terre, afin d'avoir ensuite nos mains plus libres ; il fallait, dès le seuil de la porte, les lancer sous le banc, de façon à frapper contre la muraille en faisant beaucoup de poussière ; c'était là le *genre*.

Mais, soit qu'il n'eût pas remarqué cette manœuvre ou qu'il n'eût osé s'y soumettre, la prière était finie que le *nouveau* tenait encore sa casquette sur ses deux genoux. C'était une de ces coiffures d'ordre composite, où l'on retrouve les éléments du bonnet à poil, du chapska, du chapeau rond, de la casquette de loutre et du bonnet de coton, une de ces pauvres choses, enfin, dont la laideur muette a des profondeurs d'expression comme le visage d'un imbécile. Ovoïde et renflée de baleines, elle commençait par trois boudins circulaires ; puis s'alternaient, séparés par une bande rouge, des losanges de velours et de poils de lapin ; venait ensuite une façon de sac qui se terminait par un polygone cartonné, couvert d'une broderie en soutache compliquée, et d'où pendait, au bout d'un long cordon trop mince, un petit croisillon de fils d'or, en manière de gland. Elle était neuve ; la visière brillait.

– Levez-vous, dit le professeur.

Il se leva ; sa casquette tomba. Toute la classe se mit à rire.

Il se baissa pour la reprendre. Un voisin la fit tomber d'un coup de coude, il la ramassa encore une fois.

– Débarrassez-vous donc de votre casque, dit le professeur, qui était un homme d'esprit.

Il y eut un rire éclatant des écoliers qui décontenança le pauvre garçon, si bien qu'il ne savait s'il fallait garder sa casquette à la main, la laisser par terre ou la mettre sur sa tête. Il se rassit et la posa sur ses genoux.

– Levez-vous, reprit le professeur, et dites-moi votre nom.

Le *nouveau* articula, d'une voix bredouillante, un nom inintelligible.

– Répétez !

Le même bredouillement de syllabes se fit entendre, couvert par les huées de la classe.

– Plus haut ! cria le maître, plus haut !

QUESTIONS

1 • En quoi Charles est-il un antihéros ?

2 • Dans quelle mesure cet extrait est-il caractéristique d'un « roman sur rien » ?

3 • Comment le comique est-il mis en scène ?

Le *nouveau*, prenant alors une résolution extrême, ouvrit une bouche démesurée et lança à pleins poumons, comme pour appeler quelqu'un, ce mot : *Charbovari*.

Ce fut un vacarme qui s'élança d'un bond, monta en *crescendo*, avec des éclats de voix aigus (on hurlait, on aboyait, on trépignait, on répétait : *Charbovari ! Charbovari !*), puis qui roula en notes isolées, se calmant à grand-peine, et parfois qui reprenait tout à coup sur la ligne d'un banc où saillissait encore çà et là, comme un pétard mal éteint, quelque rire étouffé.

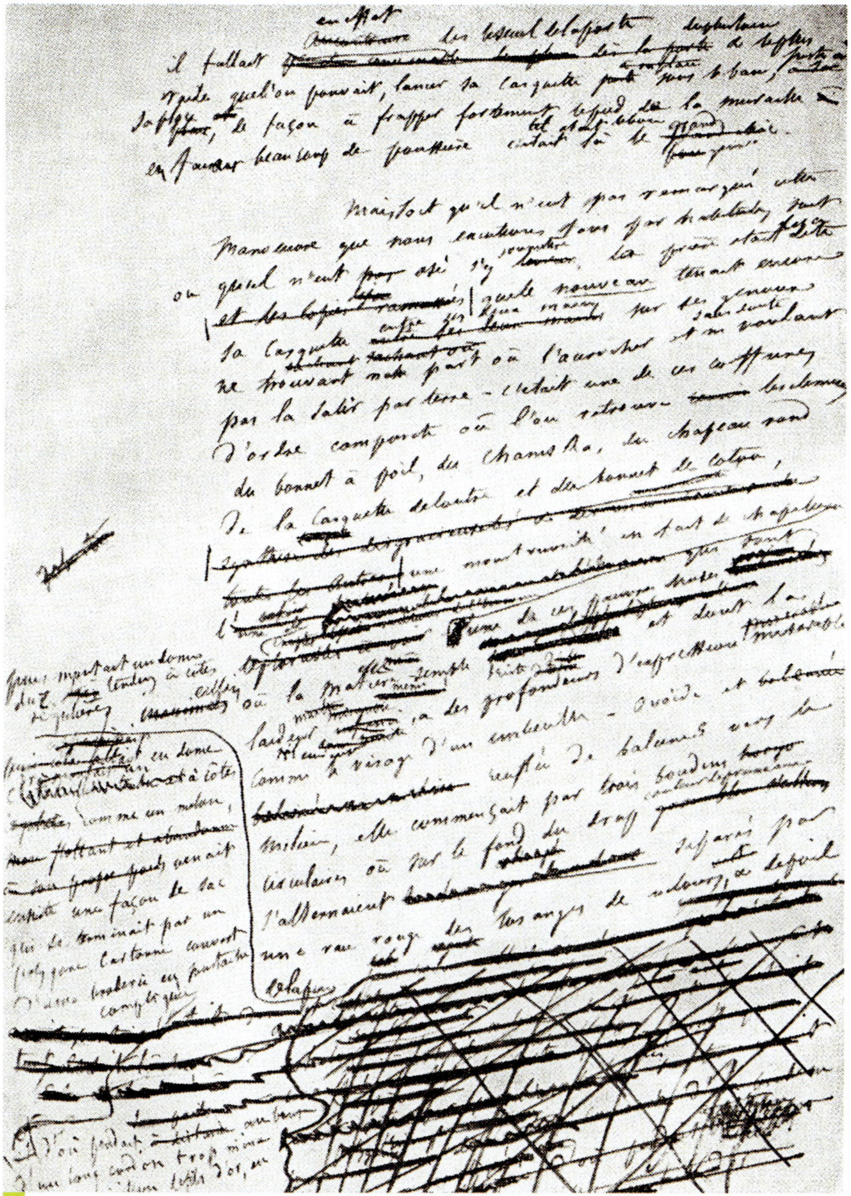

Gustave Flaubert, page du manuscrit de *Madame Bovary* (1857).

1857

La lutte avec les mots

Flaubert vit l'écriture comme une souffrance. Ses manuscrits révèlent les étapes de son travail. Il rédige un premier jet, puis place autour ses corrections. Chaque terme est l'objet d'une réflexion stylistique avant que le texte passe l'épreuve du « gueuloir » : « Les phrases mal écrites ne résistent pas [à l'épreuve de la lecture à voix haute] ; elles oppressent la poitrine, gênent les battements de cœur, et se trouvent ainsi en dehors des conditions de la vie. »

Les manuscrits

La Bibliothèque municipale de Rouen conserve tous les scénarios, brouillons et manuscrits de *Madame Bovary*. Les manuscrits témoignent de l'interminable travail rédactionnel de Flaubert, recherche fiévreuse et obsessionnelle de « l'idéal de la prose ». 42 feuilles de scénario, 1788 feuillets ont ainsi abouti au manuscrit définitif de 490 pages.

D'UN TEXTE À L'AUTRE

4 • Comment le manuscrit révèle-t-il le processus et les principes du travail d'écriture de Flaubert ?

1857

Charles Baudelaire
(1821-1867)

L'auteur et l'œuvre

Baudelaire est poète, critique d'art, journaliste et traducteur d'Edgar Poe. D'abord proche du romantisme puis du Parnasse, il est considéré comme un précurseur du symbolisme. Lorsqu'il publie *Les Fleurs du mal*, certains poèmes choquent les bonnes mœurs, ce qui lui vaut un procès. Le projet poétique de Baudelaire consiste notamment à extraire la beauté du mal par le biais d'une transfiguration poétique. « Tu m'as donné ta boue, et j'en ai fait de l'or », affirme ainsi le poète.

Un paysage intérieur

Le poème propose le tableau d'une prison mentale. L'espace semble se réduire à travers des parois et barreaux symboliques qui encadrent un véritable enfer où le poète paraît en proie à des hallucinations. La poésie constitue un exutoire pour celui qui se sent étouffé par l'angoisse.

QUESTIONS

1 • En quoi ce poème est-il lyrique ?

2 • Dans quelle mesure met-il en scène une allégorie du spleen ?

3 • Comment ce poème sollicite-t-il les sensations ?

Baudelaire

Les Fleurs du mal

Spleen[1]

« Quand le ciel bas et lourd pèse comme un couvercle »

Quand le ciel bas et lourd pèse comme un couvercle
Sur l'esprit gémissant en proie aux longs ennuis,
Et que de l'horizon embrassant tout le cercle
Il nous verse un jour noir plus triste que les nuits ;

Quand la terre est changée en un cachot humide,
Où l'Espérance, comme une chauve-souris,
S'en va battant les murs de son aile timide
Et se cognant la tête à des plafonds pourris ;

Quand la pluie, étalant ses immenses traînées
D'une vaste prison imite les barreaux,
Et qu'un peuple muet d'infâmes araignées
Vient tendre ses filets au fond de nos cerveaux,

Des cloches tout à coup sautent avec furie
Et lancent vers le ciel un affreux hurlement,
Ainsi que des esprits errants et sans patrie
– Qui se mettent à geindre opiniâtrement.

Et de longs corbillards, sans tambours ni musique,
Défilent lentement dans mon âme ; l'Espoir,
Vaincu, pleure, et l'Angoisse atroce, despotique,
Sur mon crâne incliné plante son drapeau noir.

« Spleen et Idéal », LXXVIII. Seconde édition (1861).

1. **Spleen** : mot anglais signifiant « rate » ; dans l'Antiquité, on considérait que la rate produisait la « bile noire », qui provoquait la mélancolie.

Baudelaire

Les Fleurs du mal

Correspondances

« La Nature est un temple »

La Nature est un temple où de vivants piliers
Laissent parfois sortir de confuses paroles ;
L'homme y passe à travers des forêts de symboles
Qui l'observent avec des regards familiers.

Comme de longs échos qui de loin se confondent
Dans une ténébreuse et profonde unité,
Vaste comme la nuit et comme la clarté,
Les parfums, les couleurs et les sons se répondent.

Il est des parfums frais comme des chairs d'enfants,
Doux comme les hautbois, verts comme les prairies,
– Et d'autres, corrompus, riches et triomphants,

Ayant l'expansion des choses infinies,
Comme l'ambre, le musc, le benjoin et l'encens,
Qui chantent les transports de l'esprit et des sens.

« Spleen et Idéal », IV.

QUESTIONS

1 • En quoi ce poème constitue-t-il un art poétique ?

2 • En quoi justifie-t-il son titre ?

3 • Dans quelle mesure la structure musicale du poème participe-t-elle de cet art poétique ?

1857

Charles Baudelaire
(1821-1867)

La théorie des correspondances

Cette théorie chère à Baudelaire est inspirée par le scientifique suédois Swendenborg : les éléments de l'univers seraient liés les uns aux autres, qu'ils soient matériels ou spirituels. Le poète, à la recherche du langage de la vérité, met en œuvre cette théorie dans *Les Fleurs du mal*, et en particulier dans ce sonnet.

Sentir le monde

Baudelaire crée ici un langage magique, fondé sur la synesthésie, figure de style qui repose sur l'alliance de plusieurs perceptions sensorielles dans le langage. L'odorat, le toucher, la vue, l'ouïe sont liés dans une même perception poétique. Ce sonnet ouvre ainsi la voie à la poésie symboliste, dont l'objectif est de suggérer, de faire sentir le réel.

1857

Charles Baudelaire
(1821-1867)

L'auteur et l'œuvre

Inspiré par le monde urbain et son expérience de journaliste, Baudelaire cultive son goût des « choses vues ». Lors de la seconde édition des *Fleurs du mal*, en 1861, il introduit ce poème dans la section du recueil consacrée aux « Tableaux parisiens ». Le regard du poète s'abreuve de la vision créatrice qui conduit à une véritable renaissance. Ce tableau parisien devient aspiration à l'idéal, quête d'une transcendance personnelle et poétique dont l'objet semble échapper au poète.

Un poème lyrique

Le poète, immergé au cœur de l'expérience urbaine, rend compte de ses sensations. Il exprime sa fascination de manière métaphorique et développe le regret de cette apparition éphémère d'une femme inconnue, symbole de la beauté, sorte de divinité inaccessible. Le lyrisme permet ainsi de développer une émotion esthétique.

Texte lu
Manuel numérique

Baudelaire

Les Fleurs du mal

À une passante

« Ô toi que j'eusse aimée,
ô toi qui le savais ! »

La rue assourdissante autour de moi hurlait.
Longue, mince, en grand deuil, douleur majestueuse,
Une femme passa, d'une main fastueuse
Soulevant, balançant le feston et l'ourlet ;

Agile et noble, avec sa jambe de statue.
Moi, je buvais, crispé comme un extravagant,
Dans son œil, ciel livide où germe l'ouragan,
La douceur qui fascine et le plaisir qui tue.

Un éclair... puis la nuit ! – Fugitive beauté
Dont le regard m'a fait soudainement renaître,
Ne te verrai-je plus que dans l'éternité ?

Ailleurs, bien loin d'ici ! trop tard ! *jamais* peut-être !
Car j'ignore où tu fuis, tu ne sais où je vais,
Ô toi que j'eusse aimée, ô toi qui le savais !

« Tableaux parisiens », XCIII. Seconde édition (1861).

QUESTIONS

1 • Pourquoi ce titre, « À une passante » ?

2 • En quoi ce poème est-il révélateur de la beauté baudelairienne ?

3 • Qu'est-ce qui en fait un « tableau parisien » ?

Gustave Caillebotte, *Le Pont de l'Europe* (1876), huile sur toile (124 x 180 cm), musée du Petit Palais, Genève (Suisse).

Animation
Manuel numérique

HISTOIRE DES ARTS

L'artiste et l'œuvre

Caillebotte (1848-1894) est un peintre réaliste français. Ses représentations de scènes de la vie urbaine et ouvrière témoignent de sa grande maîtrise de la couleur et de la lumière. Bénéficiant d'une fortune personnelle, il fut un mécène pour les peintres impressionnistes. *Le Pont de l'Europe* immortalise le pont construit en 1850 qui domine, à Paris, les voies de la gare Saint-Lazare, un des symboles de la modernité et du pouvoir industriel.

La figure du flâneur

Paris, bouleversée par les travaux architecturaux d'Haussmann, présente un paysage nouveau. La promenade permet à l'artiste oisif, observateur de la ville et de ses habitants, véritable dandy sensible au Beau moderne, de recueillir les matériaux utiles à son art.

DE L'IMAGE AU TEXTE

4 • Quelles caractéristiques de la modernité le poème et le tableau mettent-ils en valeur ?

1857

Charles Baudelaire
(1821-1867)

L'auteur et l'œuvre

Baudelaire développe dans son œuvre la figure de l'artiste incompris, rejeté, en proie au spleen et aspirant à l'idéal. Paru d'abord en 1859, « L'albatros », inspiré du voyage de Baudelaire à l'île Bourbon (La Réunion), est intégré à la seconde édition des *Fleurs du mal* en 1861. Il sera mis en musique par Léo Ferré en 1967.

Une allégorie burlesque et tragique

L'albatros, oiseau marginal par son envergure démesurée, et inadapté à la vie au sol, est rapproché du poète, en particulier dans la comparaison finale qui invite à l'interpréter comme une allégorie. L'équipage du navire représente ainsi une société cruelle à laquelle Baudelaire donne un caractère universel. Le choix de cet animal massif et ridicule apporte une dimension burlesque au poète. Puissant mais malmené par les autres, il devient une figure tragique condamnée à l'exclusion et à la solitude.

Baudelaire
Les Fleurs du mal

L'albatros

« Ce voyageur ailé, comme il est gauche et veule ! »

Souvent, pour s'amuser, les hommes d'équipage
Prennent des albatros, vastes oiseaux des mers,
Qui suivent, indolents compagnons de voyage,
Le navire glissant sur les gouffres amers.

À peine les ont-ils déposés sur les planches,
Que ces rois de l'azur, maladroits et honteux,
Laissent piteusement leurs grandes ailes blanches
Comme des avirons traîner à côté d'eux.

Ce voyageur ailé, comme il est gauche et veule[1] !
Lui, naguère si beau, qu'il est comique et laid !
L'un agace son bec avec un brûle-gueule[2],
L'autre mime, en boitant, l'infirme qui volait !

Le Poète est semblable au prince des nuées
Qui hante la tempête et se rit de l'archer ;
Exilé sur le sol au milieu des huées,
Ses ailes de géant l'empêchent de marcher.

« Spleen et Idéal », II.

1. **Veule** : faible.
2. **Brûle-gueule** : pipe au tuyau court.

QUESTIONS

1 • Quelle est la valeur symbolique de l'albatros ? Quelle fonction du poète révèle-t-il ?
2 • Comment le poème exprime-t-il le déchirement du poète entre spleen et idéal ?
3 • Comment caractériser la composition de ce poème ?

Desbordes-Valmore

Poésies

Les séparés

« N'apprenons qu'à mourir à nous-mêmes. »

N'écris pas. Je suis triste, et je voudrais m'éteindre.
Les beaux étés sans toi, c'est la nuit sans flambeau.
J'ai refermé mes bras qui ne peuvent t'atteindre,
Et frapper à mon cœur, c'est frapper au tombeau.
N'écris pas !

N'écris pas. N'apprenons qu'à mourir à nous-mêmes.
Ne demande qu'à Dieu... qu'à toi, si je t'aimais !
Au fond de ton absence écouter que tu m'aimes,
C'est entendre le ciel sans y monter jamais.
N'écris pas !

N'écris pas. Je te crains ; j'ai peur de ma mémoire ;
Elle a gardé ta voix qui m'appelle souvent.
Ne montre pas l'eau vive à qui ne peut la boire.
Une chère écriture est un portrait vivant.
N'écris pas !

N'écris pas ces doux mots que je n'ose plus lire :
Il semble que ta voix les répand sur mon cœur ;
Que je les vois brûler à travers ton sourire ;
Il semble qu'un baiser les empreint sur mon cœur.
N'écris pas !

QUESTIONS

1 • Quelle est la particularité énonciative de ce poème ?

2 • Quelles tonalités s'y expriment ?

3 • Confrontez ce poème avec celui de Lamartine (▶ p. 186) : en quoi leur lyrisme diffère-t-il ?

1860 (posth.)

Marceline Desbordes-Valmore (1786-1859)

L'auteure et l'œuvre

Cantatrice et comédienne, Marceline Desbordes-Valmore fut aussi l'auteure d'un roman autobiographique, de contes et de plusieurs recueils de poésies élégiaques. Femme engagée dans son temps, elle prit notamment parti pour les canuts lyonnais lors de leur révolte en 1831. Marquée par les tracas de l'existence, la perte de ses enfants et une rupture amoureuse douloureuse, son œuvre, entre le cri et la plainte, fait entendre une voix singulière.

Une reconnaissance tardive

Marceline Desbordes-Valmore, longtemps considérée comme « romantique mineure », a été saluée par de nombreux poètes, tels Baudelaire, Hugo et le critique et écrivain Sainte-Beuve, qui ont su reconnaître, à l'image de Verlaine, ses innovations formelles, comme l'utilisation du vers impair, ou la sincérité de son lyrisme. Le poète Yves Bonnefoy a souligné sa difficulté d'être femme dans un courant romantique majoritairement masculin, et l'a qualifiée de « première voix authentique de la poésie féminine des Temps modernes dans notre langue. »

1866

Paul Verlaine
(1844-1896)

L'auteur et l'œuvre

D'abord parnassien, Verlaine laisse ensuite éclore une poésie plus libre empreinte de musicalité, qu'il définit dans son « Art poétique » (► p. 246). Il est considéré comme un précurseur du symbolisme (► p. 401). Il sera bouleversé par sa rencontre avec Arthur Rimbaud d'un point de vue personnel et littéraire. Son premier recueil, les *Poèmes saturniens,* est placé sous le signe de Saturne, emblème de la mélancolie. Les accents romantiques et parnassiens dominent dans cette œuvre de jeunesse qui laisse déjà entendre l'originalité de sa voix.

Le lyrisme des saisons

Dans la lignée de Lamartine et de Baudelaire, Verlaine reste fidèle à la tradition lyrique qui fait de l'automne le symbole du déclin et de la tristesse. Il fait entendre le chant mélancolique d'une saison propice aux émotions.

Verlaine

Poèmes saturniens

Chanson d'automne

*« Les sanglots longs
Des violons
De l'automne »*

Les sanglots longs
Des violons
    De l'automne
Blessent mon cœur
D'une langueur
    Monotone.

Tout suffocant
Et blême, quand
    Sonne l'heure,
Je me souviens
Des jours anciens
    Et je pleure ;

Et je m'en vais
Au vent mauvais
    Qui m'emporte
Deçà, delà,
Pareil à la
    Feuille morte.

« Paysages tristes », V.

QUESTIONS

1 • Comment la musicalité de ce poème s'exprime-t-elle ?

2 • Sur quoi la simplicité du lyrisme de ce poème repose-t-elle ?

3 • Dans quelle mesure ce poème dessine-t-il un paysage intérieur ?

Hugo
L'Homme qui rit

Gwynplaine, dont le visage a été mutilé par des voleurs d'enfants, est devenu saltimbanque.

C'est en riant que Gwynplaine faisait rire. Et pourtant il ne riait pas. Sa face riait, sa pensée non. L'espèce de visage inouï que le hasard ou une industrie bizarrement spéciale lui avait façonné, riait tout seul. Gwynplaine ne s'en mêlait pas. Le dehors ne dépendait pas du dedans. Ce rire qu'il n'avait point mis sur son front, sur ses joues, sur ses sourcils, sur sa bouche, il ne pouvait l'en ôter. On lui avait à jamais appliqué le rire sur le visage. C'était un rire automatique, et d'autant plus irrésistible qu'il était pétrifié. Personne ne se dérobait à ce rictus. Deux convulsions de la bouche sont communicatives, le rire et le bâillement. Par la vertu de la mystérieuse opération probablement subie par Gwynplaine enfant, toutes les parties de son visage contribuaient à ce rictus, toute sa physionomie y aboutissait, comme une roue se concentre sur le moyeu[1] ; toutes ses émotions, quelles qu'elles fussent, augmentaient cette étrange figure de joie, disons mieux, l'aggravaient. Un étonnement qu'il aurait eu, une souffrance qu'il aurait ressentie, une colère qui lui serait survenue, une pitié qu'il aurait éprouvée, n'eussent fait qu'accroître cette hilarité des muscles ; s'il eût pleuré, il eût ri ; et, quoi que fit Gwynplaine, quoi qu'il voulût, quoi qu'il pensât, dès qu'il levait la tête, la foule, si la foule était là, avait devant les yeux cette apparition, l'éclat de rire foudroyant.

« Sa face riait, sa pensée non. »

Qu'on se figure une tête de Méduse[2] gaie.

Tout ce qu'on avait dans l'esprit était mis en déroute par cet inattendu, et il fallait rire.

L'art antique appliquait jadis au fronton des théâtres de la Grèce une face d'airain[3] joyeuse. Cette face s'appelait la Comédie. Ce bronze semblait rire et faisait rire, et était pensif. Toute la parodie, qui aboutit à la démence, toute l'ironie, qui aboutit à la sagesse, se condensaient et s'amalgamaient sur cette figure ; la somme des soucis, des désillusions, des dégoûts et des chagrins se faisait sur ce front impassible, et donnait ce total lugubre, la gaîté ; un coin de la bouche était relevé, du côté du genre humain, par la moquerie, et l'autre coin, du côté des dieux, par le blasphème ; les hommes venaient confronter à ce modèle du sarcasme idéal l'exemplaire d'ironie que chacun a en soi ; et la foule, sans cesse renouvelée autour de ce rire fixe, se pâmait d'aise devant l'immobilité sépulcrale du ricanement.

1. **Moyeu** : partie centrale d'une roue. 2. **Méduse** : monstre mythologique qui pétrifiait d'effroi ceux qui la fixaient. 3. **Airain** : alliage de cuivre.

1869

Victor Hugo
(1802-1885)

L'auteur et l'œuvre

Dans *L'Homme qui rit*, quatre personnages, un faux misanthrope érudit, un loup, le jeune garçon mutilé nommé Gwynplaine et une aveugle, se déplacent à travers l'Angleterre du début du XVIIIe siècle dans une cabane-théâtre et donnent des représentations.

Le grotesque et le sublime

La difformité de Gwynplaine rappelle d'autres personnages de Hugo comme le Quasimodo de *Notre-Dame de Paris*. Il s'inscrit également dans la lignée des personnages de bouffons au théâtre. Cette difformité provoque le comique et correspond à la marque visible du grotesque. La part de sublime (du latin *sublimis*, « haut, élevé ») est portée par les qualités morales du personnage.

QUESTIONS

1 • Quels éléments antithétiques structurent le passage ?

2 • Quels aspects du rire sont mis en relief ?

3 • En quoi le personnage est-il un monstre ? Que révèle-t-il ?

1869 (posth.)

Baudelaire

Le Spleen de Paris

Charles Baudelaire
(1821-1867)

L'auteur et l'œuvre

Le titre *Spleen de Paris* inscrit Baudelaire dans la modernité de la ville de Paris. C'est cette modernité qu'il évoque dans ce poème en prose qui dénonce, entre autres, les travaux d'Haussmann : Paris devient une ville nouvelle, défigurée, étrangère aux yeux du poète. Ce dernier ne peut que déplorer les gravats qui jonchent les rues et le luxe superficiel des cafés comme celui décrit ici.

Le mythe de l'androgyne

Baudelaire s'inspire du mythe décrit par le philosophe grec Platon dans *Le Banquet* : il existait à l'origine l'espèce humaine androgyne, être complet et puissant doté des caractéristiques des hommes et des femmes. Zeus punit les androgynes d'avoir osé s'attaquer aux dieux et les divise en deux à jamais. Depuis, chaque être humain cherche à retrouver sa moitié à travers l'autre.

QUESTIONS

1 • Comment le poète remet-il en question le mythe de l'androgyne ?

2 • Analysez l'opposition riches-pauvres. En quoi est-ce une antithèse ?

3 • Comment le lyrisme se met-il au service de la satire ?

Les yeux des pauvres

« la pensée est incommunicable, même entre gens qui s'aiment »

Ah ! vous voulez savoir pourquoi je vous hais aujourd'hui. Il vous sera sans doute moins facile de le comprendre qu'à moi de vous l'expliquer ; car vous êtes, je crois, le plus bel exemple d'imperméabilité[1] féminine qui se puisse rencontrer.

Nous avions passé ensemble une longue journée qui m'avait paru courte. Nous nous étions bien promis que toutes nos pensées nous seraient communes à l'un et à l'autre, et que nos deux âmes désormais n'en feraient plus qu'une ; – un rêve qui n'a rien d'original, après tout, si ce n'est que, rêvé par tous les hommes, il n'a été réalisé par aucun.

Le soir, un peu fatiguée, vous voulûtes vous asseoir devant un café neuf qui formait le coin d'un boulevard neuf, encore tout plein de gravois[2] et montrant déjà glorieusement ses splendeurs inachevées. Le café étincelait. Le gaz lui-même y déployait toute l'ardeur d'un début, et éclairait de toutes ses forces les murs aveuglants de blancheur, les nappes éblouissantes des miroirs, les ors des baguettes et des corniches, les pages aux joues rebondies traînés par les chiens en laisse, les dames riant au faucon perché sur leur poing, les nymphes et les déesses portant sur leur tête des fruits, des pâtés et du gibier, les Hébés[3] et les Ganymèdes[4] présentant à bras tendu la petite amphore à bavaroises ou l'obélisque bicolore des glaces panachées ; toute l'histoire et toute la mythologie mises au service de la goinfrerie.

Droit devant nous, sur la chaussée, était planté un brave homme d'une quarantaine d'années, au visage fatigué, à la barbe grisonnante, tenant d'une main un petit garçon et portant sur l'autre bras un petit être trop faible pour marcher. Il remplissait l'office de bonne et faisait prendre à ses enfants l'air du soir. Tous en guenilles. Ces trois visages étaient extraordinairement sérieux, et ces six yeux contemplaient fixement le café nouveau avec une admiration égale, mais nuancée diversement par l'âge.

Les yeux du père disaient : « Que c'est beau ! que c'est beau ! on dirait que tout l'or du pauvre monde est venu se porter sur ces murs. » – Les yeux du petit garçon : « Que c'est beau ! que c'est beau ! mais c'est une maison où peuvent seuls entrer les gens qui ne sont pas comme nous. » – Quant aux yeux du plus petit, ils étaient trop fascinés pour exprimer autre chose qu'une joie stupide et profonde.

Les chansonniers disent que le plaisir rend l'âme bonne et amollit le cœur. La chanson avait raison ce soir-là, relativement à moi. Non seulement j'étais attendri par cette famille d'yeux, mais je me sentais un peu honteux de nos verres et de nos carafes, plus grands que notre soif. Je tournais mes regards vers les vôtres, cher amour, pour y lire *ma* pensée ; je plongeais dans vos yeux si beaux et si bizarrement doux, dans vos yeux verts, habités par le Caprice et inspirés par la Lune, quand vous me dites : « Ces gens-là me sont insupportables avec leurs yeux ouverts comme des portes cochères[5] ! Ne pourriez-vous pas prier le maître du café de les éloigner d'ici ? »

Tant il est difficile de s'entendre, mon cher ange, et tant la pensée est incommunicable, même entre gens qui s'aiment !

1. La femme ne laisse rien paraître de ses pensées, ou ne se montre pas sensible aux émotions. 2. **Gravois** : débris venant de la construction ou de la destruction d'un bâtiment. 3. **Hébé** : déesse de la Jeunesse (mythologie grecque). 4. **Ganymède** : amant de Zeus connu pour sa beauté (mythologie grecque). 5. **Porte cochère** : grande porte à deux battants.

TEXTE ÉCHO

Maupassant, « *La rempailleuse* » (1883)

Son père était rempailleur et sa mère rempailleuse. Elle n'a jamais eu de logis planté en terre.

Toute petite, elle errait, haillonneuse, vermineuse, sordide. On s'arrêtait à l'entrée des villages, le long des fossés ; on dételait la voiture ; le cheval broutait ; le chien dormait, le museau sur ses pattes ; et la petite se roulait dans l'herbe pendant que le père et la mère rafistolaient, à l'ombre des ormes du chemin, tous les vieux sièges de la commune. On ne parlait guère, dans cette demeure ambulante. Après les quelques mots nécessaires pour décider qui ferait le tour des maisons en poussant le cri bien connu : « Remmmpailleur de chaises ! » on se mettait à tortiller la paille, face à face ou côte à côte. Quand l'enfant allait trop loin ou tentait d'entrer en relations avec quelque galopin du village, la voix colère du père la rappelait : « Veux-tu bien revenir ici, crapule ! » C'étaient les seuls mots de tendresse qu'elle entendait.

« La rempailleuse » (extrait), dans *Contes de la Bécasse*.

L'auteur et l'œuvre

Guy de Maupassant (1850-1893), fils spirituel de Flaubert, dandy du XIXe siècle, écrit des romans, des contes et nouvelles réalistes dans lesquels il dépeint la société de son temps et, selon ses termes, « l'humble vérité » des êtres (préface d'*Une vie*). Dans la nouvelle « La rempailleuse », il montre, sans lyrisme, le quotidien misérable d'une famille d'artisans ambulants.

D'UN TEXTE À L'AUTRE

4 • Quels différents aspects de la misère sont représentés dans chaque texte ?

1869

Gustave Flaubert
(1821-1880)

L'auteur et l'œuvre

Flaubert est souvent considéré comme un auteur réaliste (▶ p. 398). *L'Éducation sentimentale* est un roman d'apprentissage, ainsi que le suggère son titre : Frédéric Moreau, jeune provincial, s'éprend de la femme d'un autre, Mme Arnoux, avec laquelle il aura une liaison fugace et décevante. C'est aussi un roman historique, qui conte le parcours d'un jeune homme à la fin de la monarchie de Juillet.

Un incipit

Un incipit doit présenter les personnages principaux, les thèmes, les tonalités… Il prépare le lecteur à ce qui va suivre. Dès lors, chaque élément de la description compte. Certains peuvent même avoir une portée symbolique.

Flaubert

L'Éducation sentimentale

Voici le début du roman. Cet incipit est considéré comme un modèle du genre, tant il présente avec concision et précision temps, lieu, intrigue et personnage.

« Un jeune homme de dix-huit ans »

Le 15 septembre 1840, vers six heures du matin, *la Ville-de-Montereau*, près de partir, fumait à gros tourbillons devant le quai Saint-Bernard.

Des gens arrivaient hors d'haleine ; des barriques, des câbles, des corbeilles de linge gênaient la circulation ; les matelots ne répondaient à personne ; on se heurtait ; les colis montaient entre les deux tambours[1] et le tapage s'absorbait dans le bruissement de la vapeur, qui, s'échappant par des plaques de tôle, enveloppait tout d'une nuée blanchâtre, tandis que la cloche, à l'avant, tintait sans discontinuer.

Enfin le navire partit ; et les deux berges, peuplées de magasins, de chantiers et d'usines, filèrent comme deux larges rubans que l'on déroule.

Un jeune homme de dix-huit ans, à longs cheveux et qui tenait un album sous son bras, restait auprès du gouvernail, immobile. À travers le brouillard, il contemplait des clochers, des édifices dont il ne savait pas les noms ; puis il embrassa, dans un dernier coup d'œil, l'île Saint-Louis, la Cité, Notre-Dame ; et bientôt, Paris disparaissant, il poussa un grand soupir.

M. Frédéric Moreau, nouvellement reçu bachelier, s'en retournait à Nogent-sur-Seine, où il devait languir pendant deux mois, avant d'aller *faire son droit*. Sa mère, avec la somme indispensable, l'avait envoyé au Havre voir un oncle, dont elle espérait, pour lui, l'héritage ; il en était revenu la veille seulement ; et il se dédommageait de ne pouvoir séjourner dans la capitale, en regagnant sa province par la route la plus longue.

1. **Tambour** : pierre cylindrique servant à former le fût d'une colonne ou le noyau d'un escalier à vis.

VERS LA LECTURE ANALYTIQUE

1 • Quels aspects du texte le rattachent au romantisme ? au réalisme ?

2 • Quelles sont les fonctions des deux portraits successifs de Frédéric ?

3 • Percevez-vous l'ironie de Flaubert ? Sur quoi porte-t-elle et comment s'exprime-t-elle ?

Flaubert
L'Éducation sentimentale

Voici l'excipit du roman.

« C'est là ce que nous avons eu de meilleur ! »

Et, exhumant leur jeunesse, à chaque phrase, ils se disaient :

« Te rappelles-tu ? » [...]

C'était pendant [les vacances] de 1837 qu'ils avaient été chez la Turque.

On appelait ainsi une femme qui se nommait de son vrai nom Zoraïde Turc ; et beaucoup de personnes la croyaient une musulmane, une Turque, ce qui ajoutait à la poésie de son établissement, situé au bord de l'eau, derrière le rempart ; même en plein été, il y avait de l'ombre autour de sa maison, reconnaissable à un bocal de poissons rouges près d'un pot de réséda sur une fenêtre. Des demoiselles, en camisole blanche, avec du fard aux pommettes et de longues boucles d'oreilles, frappaient aux carreaux quand on passait, et, le soir, sur le pas de la porte, chantonnaient doucement d'une voix rauque.

Ce lieu de perdition projetait dans tout l'arrondissement un éclat fantastique. On le désignait par des périphrases : « L'endroit que vous savez, – une certaine rue –, au bas des Ponts. » Les fermières des alentours en tremblaient pour leurs maris, les bourgeoises le redoutaient pour leurs bonnes, parce que la cuisinière de M. le sous-préfet y avait été surprise ; et c'était, bien entendu, l'obsession secrète de tous les adolescents.

Or, un dimanche, pendant qu'on était aux vêpres[1], Frédéric et Deslauriers, s'étant fait préalablement friser, cueillirent des fleurs dans le jardin de Mme Moreau, puis sortirent par la porte des champs, et, après un grand détour dans les vignes, revinrent par la Pêcherie et se glissèrent chez la Turque, en tenant toujours leurs gros bouquets.

Frédéric présenta le sien, comme un amoureux à sa fiancée. Mais la chaleur qu'il faisait, l'appréhension de l'inconnu, une espèce de remords, et jusqu'au plaisir de voir, d'un seul coup d'œil, tant de femmes à sa disposition, l'émurent tellement, qu'il devint très pâle et restait sans avancer, sans rien dire. Toutes riaient, joyeuses de son embarras ; croyant qu'on s'en moquait, il s'enfuit ; et, comme Frédéric avait l'argent, Deslauriers fut bien obligé de le suivre.

On les vit sortir. Cela fit une histoire, qui n'était pas oubliée trois ans après.

Ils se la contèrent prolixement, chacun complétant les souvenirs de l'autre ; et, quand ils eurent fini :

« C'est là ce que nous avons eu de meilleur ! dit Frédéric.

– Oui, peut-être bien ? C'est là ce que nous avons eu de meilleur ! » dit Deslauriers.

1. **Vêpres** : messe du soir.

1869

Gustave Flaubert
(1821-1880)

Un personnage au bilan bien mince

Frédéric n'a pu vivre qu'un amour platonique avec Mme Arnoux. Il est passé à côté de l'amour physique comme il est passé à côté des grands événements historiques qui ont marqué le siècle : la monarchie constitutionnelle, la révolution de 1848, la IIe République, le Second Empire… Il incarne ainsi une génération qui a eu vingt ans en 1840 et dont tous les espoirs ont été déçus.

La réception de l'œuvre

En 1869, dans le journal *Le Gaulois*, Hippolyte Taine voit dans ce dénouement matière à leçon : « Au total, la leçon est rude et bonne. Quantité de jeunes gens vivent ainsi, et finissent par se dire le mot de la fin : « C'était peut-être ce que nous avons eu de meilleur ! » Tout cela est de l'art objectif. » Si Taine admire Flaubert, d'autres critiques ont considéré à cette époque que ce roman faisait l'apologie du désir, car seule demeure l'idée du plaisir charnel…

VERS LA LECTURE ANALYTIQUE

1 • Quel épisode marquant de sa vie Frédéric retient-il ? Sur quels détails insiste-t-il ?

2 • Comment interpréter l'alternance entre émotion et ironie ?

3 • Quelles sont les leçons possibles de cette fin de roman pour le héros ? pour le lecteur ?

1870

Arthur Rimbaud
(1854-1891)

L'auteur et l'œuvre

Étudiant brillant et révolté, Rimbaud est un poète précoce. Après les fugues qui le conduisent en prison pour vagabondage à la fin de l'été 1870, il est accueilli par son ancien professeur de rhétorique, Georges Izambard, dans sa maison familiale de Douai. Rimbaud confie alors les poèmes des futurs *Cahiers de Douai* au poète et éditeur Paul Demeny, ami d'Izambard. Ces textes également connus comme le *Recueil Demeny*, seront publiés en 1891 sous le titre *Reliquaire, poésies*.

Lyrisme et ironie

Rimbaud évoque avec légèreté le bonheur de sa communion avec l'univers. S'enivrant des sensations printanières, il débride son imagination et se laisse emporter par ses sentiments spontanés face à la beauté d'une femme. La « demoiselle » qui passe rappelle la « passante » de Baudelaire (▸ p. 228). Cependant le jeune poète tempère son lyrisme par une distance ironique.

VERS LA LECTURE ANALYTIQUE

1 • De quelle expérience intime ce poème rend-il compte ?

2 • Comment le titre « Roman » éclaire-t-il votre lecture ?

3 • Comment le jeune poète se met-il à distance dans le texte ?

Rimbaud
Les Cahiers de Douai

Roman

I

On n'est pas sérieux, quand on a dix-sept ans.
– Un beau soir, foin des bocks[1] et de la limonade,
Des cafés tapageurs aux lustres éclatants !
– On va sous les tilleuls verts de la promenade.

Les tilleuls sentent bon dans les bons soirs de juin !
L'air est parfois si doux, qu'on ferme la paupière ;
Le vent chargé de bruits – la ville n'est pas loin, –
A des parfums de vigne et des parfums de bière....

II

– Voilà qu'on aperçoit un tout petit chiffon
D'azur sombre, encadré d'une petite branche,
Piqué d'une mauvaise étoile, qui se fond
Avec de doux frissons, petite et toute blanche...

Nuit de juin ! Dix-sept ans ! – On se laisse griser.
La sève est du champagne et vous monte à la tête...
On divague ; on se sent aux lèvres un baiser
Qui palpite là, comme une petite bête...

III

Le cœur fou Robinsonne à travers les romans,
– Lorsque, dans la clarté d'un pâle réverbère,
Passe une demoiselle aux petits airs charmants,
Sous l'ombre du faux col effrayant de son père...

Et, comme elle vous trouve immensément naïf,
Tout en faisant trotter ses petites bottines,
Elle se tourne, alerte et d'un mouvement vif...
– Sur vos lèvres alors meurent les cavatines[2]...

IV

Vous êtes amoureux. Loué jusqu'au mois d'août.
Vous êtes amoureux. – Vos sonnets La font rire.
Tous vos amis s'en vont, vous êtes mauvais goût.
– Puis l'adorée, un soir, a daigné vous écrire !

– Ce soir-là,... – vous rentrez aux cafés éclatants,
Vous demandez des bocks ou de la limonade...
– On n'est pas sérieux, quand on a dix-sept ans
Et qu'on a des tilleuls verts sur la promenade.

23 septembre 1870.

« On n'est pas sérieux, quand on a dix-sept ans. »

1. **Bock** : verre à bière. 2. **Cavatine** : petit air d'opéra d'une grande douceur.

Rimbaud

Les Cahiers de Douai

Été 1870 : Arthur, brillant lycéen âgé de 16 ans, fait une première fugue.

Ma bohème
(Fantaisie)

« Je m'en allais, les poings dans mes poches crevées »

Je m'en allais, les poings dans mes poches crevées ;
Mon paletot[1] aussi devenait idéal,
J'allais sous le ciel, Muse ! et j'étais ton féal[2] ;
Oh ! là ! là ! que d'amours splendides j'ai rêvées !

Mon unique culotte avait un large trou.
– Petit-Poucet rêveur, j'égrenais dans ma course
Des rimes. Mon auberge était à la Grande-Ourse.
– Mes étoiles au ciel avaient un doux frou-frou.

Et je les écoutais, assis au bord des routes,
Ces bons soirs de septembre où je sentais des gouttes
De rosée à mon front, comme un vin de vigueur ;

Où, rimant au milieu des ombres fantastiques,
Comme des lyres, je tirais les élastiques
De mes souliers blessés, un pied près de mon cœur !

Octobre 1870.

1. **Paletot** : veste d'homme à poches, portée sur les autres vêtements.
2. **Féal** : fidèle à une autorité supérieure.

1870

Arthur Rimbaud
(1854-1891)

Une poésie en liberté

Ce sonnet évoque le souvenir de l'errance du jeune poète fugueur, vécue comme un moment de bonheur, de communion avec l'univers et d'effervescence poétique. La nature devient une muse et une mère protectrice pour l'enfant Petit Poucet. Rimbaud dresse ainsi un portrait de jeunesse dans lequel il affiche une liberté poétique et personnelle qui renouvelle la tradition.

Poésie et musicalité

Ce poème a été mis en musique par Léo Ferré en 1964 puis par Robert Charlebois en 1974, dans des interprétations qui soulignent le lyrisme et le comique rimbaldiens.

VERS LA LECTURE ANALYTIQUE

1 • Quels éléments font de ce poème le récit du souvenir d'une vie de bohème ?

2 • Dans quelle mesure le sous-titre « Fantaisie » éclaire-t-il la lecture du poème ?

3 • Quelles expressions révèlent qu'il s'agit de l'œuvre d'un enfant-poète ?

1871

Arthur Rimbaud
(1854-1891)

Contre le conformisme

Rimbaud se dresse contre « la poésie subjective », à laquelle il oppose « la poésie objective » : au conformisme étroit du « moi » romantique, il préfère l'élan poétique qui accède à l'universel. Il aspire à une poésie qui permettrait de dire le monde, d'agir sur le réel. Il s'insurge contre le conformisme poétique mais aussi contre le conformisme social et moral que représente Izambard.

Le poète voyant

Rimbaud invente une nouvelle définition du « voyant » : pour accéder à l'inconnu, le poète visionnaire doit « trouver une langue » qui redonne sens aux mots. Il y parviendra par « le dérèglement de tous les sens » : cette « méthode » stimule l'imagination poétique et passe aussi bien par l'usage de tous les sens des mots que par la volonté systématique de briser les codes moraux et poétiques.

QUESTIONS

1 • **En quoi la poésie est-elle, pour Rimbaud, inséparable de la vie ?**

2 • **Dans quelle mesure peut-on qualifier cette lettre de cri de révolte ?**

3 • **Montrez que cette lettre constitue une profession de foi poétique.**

Rimbaud

Lettre du voyant

Rimbaud, qui a définitivement arrêté ses études au collège de Charleville en février 1871, adresse en mai une lettre à son professeur Georges Izambard.

« JE est un autre. »

Charleville, 13 mai 1871

Cher Monsieur !

Vous revoilà professeur[1]. On se doit à la Société, m'avez-vous dit ; vous faites partie des corps enseignants : vous roulez dans la bonne ornière. – Moi aussi, je suis le principe : je me fais cyniquement *entretenir* ; je déterre d'anciens imbéciles de collège : tout ce que je puis inventer de bête, de sale, de mauvais, en action et en paroles, je le leur livre : on me paie en bocks et en filles. *Stat mater dolorosa, dum pendet filius*[2]. – Je me dois à la Société, c'est juste ; – et j'ai raison. – Vous aussi, vous avez raison, pour aujourd'hui. Au fond, vous ne voyez en votre principe que poésie subjective : votre obstination à regagner le râtelier universitaire – pardon ! – le prouve. Mais vous finirez toujours comme un satisfait qui n'a rien fait, n'ayant rien voulu faire. Sans compter que votre poésie subjective sera toujours horriblement fadasse. Un jour, j'espère, – bien d'autres espèrent la même chose, – je verrai dans votre principe la poésie objective, je la verrai plus sincèrement que vous ne le feriez ! – Je serai un travailleur : c'est l'idée qui me retient quand les colères folles me poussent vers la bataille de Paris[3] – où tant de travailleurs meurent pourtant encore tandis que je vous écris ! Travailler maintenant, jamais, jamais ; je suis en grève.

Maintenant, je m'encrapule le plus possible. Pourquoi ? Je veux être poète, et je travaille à me rendre *voyant* : vous ne comprendrez pas du tout, et je ne saurais presque vous expliquer. Il s'agit d'arriver à l'inconnu par le dérèglement de *tous les sens*. Les souffrances sont énormes, mais il faut être fort, être né poète, et je me suis reconnu poète. Ce n'est pas du tout ma faute. C'est faux de dire : Je pense : on devrait dire : On me pense[4]. – Pardon du jeu de mots.

JE est un autre.

(Extrait).

1. De retour de l'armée, Izambard accepte un poste d'enseignant à Douai. **2.** « La mère se tient, douloureuse, pendant que son fils pend. » Rimbaud adapte au présent un passage de la lithurgie chrétienne, se moquant au passage des inquiétudes de sa mère le concernant. **3.** Allusion à la Commune de Paris. **4.** Jeu de mots avec le verbe *panser* (soigner) ou inversion ludique du *cogito* du philosophe Descartes (« Je pense, donc je suis ») : on n'accéderait à l'être que si on est pensé par autrui.

Rimbaud

Les Illuminations

1872

Arthur Rimbaud
(1854-1891)

Aube

« J'ai embrassé l'aube d'été. »

J'ai embrassé l'aube d'été.

Rien ne bougeait encore au front des palais. L'eau était morte. Les camps d'ombres ne quittaient pas la route du bois. J'ai marché, réveillant les haleines vives et tièdes, et les pierreries regardèrent, et les ailes se levèrent sans bruit.

La première entreprise fut, dans le sentier déjà empli de frais et blêmes éclats, une fleur qui me dit son nom.

Je ris au wasserfall[1] blond qui s'échevela à travers les sapins : à la cime argentée je reconnus la déesse.

Alors je levai un à un les voiles. Dans l'allée, en agitant les bras. Par la plaine, où je l'ai dénoncée au coq. À la grand'ville elle fuyait parmi les clochers et les dômes, et courant comme un mendiant sur les quais de marbre, je la chassais.

En haut de la route, près d'un bois de lauriers, je l'ai entourée avec ses voiles amassés, et j'ai senti un peu son immense corps. L'aube et l'enfant tombèrent au bas du bois.

Au réveil il était midi.

1. **Wasserfall** : mot allemand désignant une chute d'eau.

L'auteur et l'œuvre

En poète symboliste (► p. 401), Rimbaud expérimente un nouveau langage poétique, apte à rendre compte de l'indicible et à créer une harmonie universelle par la fusion des sens, des mots et du silence, de l'esprit et de la matière. *Les Illuminations* rassemblent quarante-deux poèmes en prose ou en vers libres, composés entre 1871 et 1875 et publiés de manière posthume en 1886. L'auteur y accorde une place importante à la ville, à la féerie et à la recherche poétique.

Une quête poétique et personnelle

« Aube » exprime la quête poétique du poète-enfant, à la recherche de la déesse, allégorie féminisée de la poésie et de la vérité. La marche du poète éveille un monde féerique et onirique. L'éveil à l'érotisme rejoint l'éveil à la poésie.

VERS LA LECTURE ANALYTIQUE

1 • En quoi ce poème peut-il être qualifié de poème du dévoilement ?

2 • Quel lien peut-on établir entre l'aube et l'enfant ou le « je » du poème ?

3 • Pourquoi le terme d'« illumination » est-il particulièrement heureux appliqué à ce poème ?

1874

Jules Barbey d'Aurevilly
(1808-1889)

L'auteur et l'œuvre

Précurseur du symbolisme décadent, Barbey d'Aurevilly exploite le thème du dandysme dans ses œuvres. Mêlant paradoxalement catholicisme et expression d'une vie de débauche, elles feront scandale, notamment le recueil de nouvelles *Les Diaboliques* qui fut censuré pour son évocation des vices et ses références au diable. La nouvelle « Le plus bel amour de Don Juan » révèle à la fois la permanence et le déclin du mythe de Don Juan.

Le mythe de Don Juan

Derrière le comte plane l'ombre de Don Juan et celles des séducteurs célèbres. Les références qui émaillent le texte et participent au portrait du comte sont attachées à différentes époques, de l'Antiquité au XIXe siècle en passant par la Renaissance, et à différentes qualités : art de la séduction, beauté plastique, tempérament excessif. Elles renforcent l'intemporalité de la figure de Don Juan (► p. 417).

QUESTIONS

1 • Comment le portrait de ce Don Juan sur le déclin est-il construit ?

2 • Comment la dimension mystique du personnage est-elle soulignée ?

3 • Quelle réécriture du mythe cet extrait propose-t-il ?

Barbey d'Aurevilly
Les Diaboliques

Le narrateur fait le portrait d'un séducteur vieillissant qui a été invité à souper par douze de ses anciennes conquêtes.

« c'était Don Juan au cinquième acte »

– Un nom providentiel, Madame... Le comte de Ravila de Ravilès, qui, par parenthèse, avait toujours obéi à la consigne de ce nom impérieux, était bien l'incarnation de tous les séducteurs dont il est parlé dans les romans et dans l'histoire, et la marquise Guy de Ruy, – une vieille mécontente, aux yeux bleus, froids et affilés, mais moins froids que son cœur et moins affilés que son esprit, – convenait elle-même que, dans ce temps, où la question des femmes perd chaque jour de son importance, s'il y avait quelqu'un qui pût rappeler Don Juan, à coup sûr ce devait être lui ! Malheureusement, c'était Don Juan au cinquième acte. Le prince de Ligne[1] ne pouvait faire entrer dans sa spirituelle tête qu'Alcibiade[2] eût jamais eu cinquante ans. Or, par ce côté-là encore, le comte Ravila allait continuer toujours Alcibiade. Comme d'Orsay[3], ce dandy taillé dans le bronze de Michel-Ange[4], qui fut beau jusqu'à sa dernière heure, Ravila avait eu cette beauté particulière à la race Juan, – à cette mystérieuse race qui ne procède pas de père en fils, comme les autres, mais qui apparaît çà et là, à de certaines distances, dans les familles de l'humanité.

C'était la vraie beauté, – la beauté insolente, joyeuse, impériale, *juanesque* enfin ; le mot dit tout et dispense de la description ; et – avait-il fait un pacte avec le diable ? – il l'avait toujours... Seulement, Dieu retrouvait son compte ; les griffes de tigre de la vie commençaient à lui rayer ce front divin, couronné des roses de tant de lèvres, et sur ses larges tempes impies apparaissaient les premiers cheveux blancs qui annoncent l'invasion prochaine des Barbares et la fin de l'Empire... Il les portait, du reste, avec l'impassibilité de l'orgueil surexcité par la puissance ; mais les femmes qui l'avaient aimé les regardaient parfois avec mélancolie. Qui sait ? elles regardaient peut-être l'heure qu'il était pour elles à ce front ? Hélas, pour elles comme pour lui, c'était l'heure du terrible souper avec le froid Commandeur de marbre blanc, après lequel il n'y a plus que l'enfer, – l'enfer de la vieillesse, en attendant l'autre ! Et voilà pourquoi peut-être, avant de partager avec lui ce souper amer et suprême, elles pensèrent à lui offrir le leur et qu'elles en firent un chef-d'œuvre.

« Le plus bel amour de Don Juan » (extrait).

1. **Prince de Ligne** : grand séducteur (XVIIIe s.). 2. **Alcibiade** : général athénien d'une grande beauté, excellent orateur (Antiquité). 3. **D'Orsay** : comte collectionneur d'art, célèbre pour sa beauté. 4. **Michel-Ange** : célèbre sculpteur et peintre italien (XVIe s.).

Verlaine
Romances sans paroles

« Il pleure dans mon coeur
Comme il pleut sur la ville »

Il pleure dans mon cœur
Comme il pleut sur la ville ;
Quelle est cette langueur
Qui pénètre mon cœur ?

Ô bruit doux de la pluie
Par terre et sur les toits !
Pour un cœur qui s'ennuie
Ô le chant de la pluie !

Il pleure sans raison
Dans ce cœur qui s'écœure.
Quoi ! nulle trahison ?...
Ce deuil est sans raison.

C'est bien la pire peine
De ne savoir pourquoi
Sans amour et sans haine
Mon cœur a tant de peine !

« Arriettes oubliées », III.

QUESTIONS

1 • Quelle impression principale se dégage de ce poème ?
2 • Comment le poète parvient-il à communiquer ses sentiments ?
3 • Sur quoi la musicalité du poème repose-t-elle ?

1874

Paul Verlaine
(1844-1896)

L'auteur et l'œuvre

Composées entre 1871 et 1873, les *Romances sans paroles* portent la trace des deux années d'errance passées par Verlaine aux côtés de Rimbaud en Angleterre et en Belgique. Elles se concluront tragiquement par l'emprisonnement de Verlaine, condamné pour avoir blessé son ami. Faisant suite à *La Bonne Chanson*, recueil traditionnel composé pour sa jeune épouse Mathilde, *Romances sans paroles,* sous l'influence de Rimbaud, fait preuve d'innovations à la fois formelles et thématiques.

L'art de la musicalité

Ce poème figure dans la section « Ariettes », qui signifie « petit air musical ». Ce titre, ainsi que celui du recueil qui évoque la « romance » (un genre poético-musical), souligne l'importance que Verlaine accorde à la musique qui l'emporte sur le sens : les poèmes cherchent à produire une impression ou à transcrire une sensation plus qu'à décrire un paysage réel. Placés sous le signe du vague, de l'imprécis et de l'impersonnel, ces poèmes dessinent des paysages états d'âme empreints de musicalité.

1877

Gustave Flaubert
(1821-1880)

L'auteur et l'œuvre

Les *Trois Contes* constituent le dernier ouvrage publié par Flaubert. Ce recueil réunit trois nouvelles qui revisitent la thématique de la sainteté à des époques différentes : la période contemporaine (« Un cœur simple »), le Moyen Âge (« La légende de Saint-Julien l'Hospitalier ») et l'Antiquité biblique (« Hérodias »).

Salomé, un mythe littéraire

Dans le Nouveau Testament, Salomé est une princesse juive, fille d'Hérodias, qui séduit le tétrarque Hérode, second époux de sa mère, afin d'obtenir la tête de Jean-Baptiste qui lui sera amenée sur un plateau. La figure de Salomé est un mythe littéraire (► p. 416) très présent à la fin du XIXe siècle où elle devient l'une des incarnations de la femme fatale. On peut citer l'*Atta Troll* de Heinrich Heine (1843), l'*Hérodias* de Flaubert (1877), l'*Hérodiade* de Mallarmé (1887 ► p. 257), la « Salomé » de Laforgue (1887 ► p. 256) ou encore la *Salomé* d'Oscar Wilde (1893).

Flaubert

Hérodias

Hérodias a épousé le frère de son premier mari, le tétrarque Hérode Antipas. Elle cherche à le manipuler pour se venger de Jean-Baptiste, un de ses protégés. À cette fin, elle fait venir sa fille, Salomé, qui vivait éloignée d'elle.

Mais il arriva du fond de la salle un bourdonnement de surprise et d'admiration. Une jeune fille venait d'entrer.

« C'était Hérodias, comme autrefois dans sa jeunesse. »

Sous un voile bleuâtre lui cachant la poitrine et la tête, on distinguait les arcs de ses yeux, les calcédoines[1] de ses oreilles, la blancheur de sa peau. Un carré de soie gorge-de-pigeon[2], en couvrant les épaules, tenait aux reins par une ceinture d'orfèvrerie. Ses caleçons noirs étaient semés de mandragores[3], et d'une manière indolente elle faisait claquer de petites pantoufles en duvet de colibri.

Sur le haut de l'estrade, elle retira son voile. C'était Hérodias, comme autrefois dans sa jeunesse. Puis, elle se mit à danser. [...] Elle se renversait de tous les côtés, pareille à une fleur que la tempête agite. Les brillants de ses oreilles sautaient, l'étoffe de son dos chatoyait ; de ses bras, de ses pieds, de ses vêtements jaillissaient d'invisibles étincelles qui enflammaient les hommes. Une harpe chanta ; la multitude y répondit par des acclamations. Sans fléchir ses genoux en écartant les jambes, elle se courba si bien que son menton frôlait le plancher ; et les nomades habitués à l'abstinence, les soldats de Rome experts en débauches, les avares publicains[4], les vieux prêtres aigris par les disputes, tous, dilatant leurs narines, palpitaient de convoitise.

Ensuite elle tourna autour de la table d'Antipas, frénétiquement, comme le rhombe[5] des sorcières ; et d'une voix que des sanglots de volupté entrecoupaient, il lui disait : « Viens ! viens ! » Elle tournait toujours ; les tympanons[6] sonnaient à éclater, la foule hurlait.

Mais le Tétrarque criait plus fort : « Viens ! viens ! Tu auras Capharnaüm ! la plaine de Tibérias ! mes citadelles ! la moitié de mon royaume ! »

Elle se jeta sur les mains, les talons en l'air, parcourut ainsi l'estrade comme un grand scarabée ; et s'arrêta, brusquement.

1. **Calcédoine** : pierre précieuse blanche. 2. **Gorge-de-pigeon** : couleur allant du rose au bleu. 3. **Mandragore** : plante médicinale à laquelle on accordait une valeur magique en raison de sa forme anthropomorphe. 4. **Publicains** : chargés des impôts, dans l'Antiquité. 5. **Rhombe** : instrument de musique qui provoque des sortilèges. 6. **Tympanon** : instrument à percussion.

QUESTIONS

1 • En quoi la danse de Salomé est-elle à la fois érotique et inquiétante ?

2 • Quels éléments permettent toutefois de montrer que Salomé est manipulée par sa mère ?

3 • Comparez ce texte avec celui de Laforgue (► p. 256).

Huysmans
À rebours

Las de l'agitation parisienne, des Esseintes, aristocrate raffiné à l'extrême, se fait aménager à Fontenay une demeure conforme à ses désirs où le décor de chaque pièce est soigneusement réglé.

« il contemplait de merveilleux poissons mécaniques »

Cette salle à manger ressemblait à la cabine d'un navire avec son plafond voûté, muni de poutres en demi-cercle, ses cloisons et son plancher, en bois de pitchpin[1], sa petite croisée[2] ouverte dans la boiserie, de même qu'un hublot dans un sabord[3].

Ainsi que ces boîtes du Japon qui entrent, les unes dans les autres, cette pièce était insérée dans une pièce plus grande, qui était la véritable salle à manger bâtie par l'architecte.

Celle-ci était percée de deux fenêtres, l'une, maintenant invisible, cachée par la cloison qu'un ressort rabattait cependant, à volonté, afin de permettre de renouveler l'air qui par cette ouverture pouvait alors circuler autour de la boîte de pitchpin et pénétrer en elle ; l'autre, visible, car elle était placée juste en face du hublot pratiqué dans la boiserie, mais condamnée ; en effet, un grand aquarium occupait tout l'espace compris entre ce hublot et cette réelle fenêtre ouverte dans le vrai mur. Le jour traversait donc, pour éclairer la cabine, la croisée, dont les carreaux avaient été remplacés par une glace sans tain, l'eau, et, en dernier lieu, la vitre à demeure du sabord. [...]

Quelquefois, dans l'après-midi, lorsque, par hasard, des Esseintes était réveillé et debout, il faisait manœuvrer le jeu des tuyaux et des conduits qui vidaient l'aquarium et le remplissaient à nouveau d'eau pure, et il y faisait verser des gouttes d'essences colorées, s'offrant, à sa guise ainsi, les tons verts ou saumâtres, opalins ou argentés, qu'ont les véritables rivières, suivant la couleur du ciel, l'ardeur plus ou moins vive du soleil, les menaces plus ou moins accentuées de la pluie, suivant, en un mot, l'état de la saison et de l'atmosphère.

Il se figurait alors être dans l'entre-pont d'un brick, et curieusement il contemplait de merveilleux poissons mécaniques, montés comme des pièces d'horlogerie, qui passaient devant la vitre du sabord et s'accrochaient dans de fausses herbes.

1. **Pitchpin** : conifère très usité en menuiserie. 2. **Croisée** : fenêtre. 3. **Sabord** : ouverture pratiquée dans la paroi d'un navire.

1884

Joris-Karl Huysmans
(1848-1907)

L'auteur et l'œuvre

Romancier, Huysmans fut d'abord proche de Zola avant de souligner les impasses du naturalisme. Dans *À rebours*, roman considéré comme la « bible » du décadentisme (mouvement littéraire fondé sur la recherche des mots rares et le culte de l'artifice), il veut, comme il l'écrit dans la préface, « briser les limites du Roman », pour y « faire entrer l'art, la science, l'histoire ».

Un héros décadent

Le concept de décadence naît avec l'idée qu'après la défaite de 1870 et la Commune, le monde entre en déliquescence, ce qui génère chez certains artistes un pessimisme profond. Dandy esthète, des Esseintes se retire dans sa demeure transformée en musée pour faire de sa vie une œuvre d'art. Ce personnage devient l'incarnation du type « décadent », un personnage soucieux de son apparence, en quête de sensations extrêmes et raffinées.

QUESTIONS

1 • À quel type de voyage l'aménagement de la salle à manger appelle-t-il ?

2 • Comment le texte rend-il compte du caractère obsessionnel du personnage ?

3 • En quoi la présence de poissons mécaniques dans l'aquarium reflète-t-elle la quête esthétique du personnage ?

1884

Paul Verlaine
(1844-1896)

L'auteur et l'œuvre

Si les premiers textes de Verlaine sont composés sous l'influence de Baudelaire, de Hugo ou des poètes du Parnasse, défenseurs de la perfection formelle et de « l'Art pour l'Art », il se libère très vite de tout héritage pour trouver sa manière. Deux influences l'ont cependant marqué : celle de Rimbaud dans la recherche d'une parole authentique et celle de la chanson populaire.

Une chanson

Lorsqu'il parut dans le recueil *Jadis et Naguère* en 1884, ce poème, composé dès 1874, fut considéré comme un manifeste symboliste. Verlaine s'en défendit pourtant en déclarant qu'il n'avait pas « fait de théorie » et que « ce n'était qu'une chanson après tout ». Pourtant ce poème semble recenser les principaux apports de Verlaine à la poésie de son temps.

QUESTIONS

1 • En quoi le titre de ce poème est-il ironique ?

2 • Comment le poète met-il en pratique les idées qu'il énonce ?

3 • Comment comprenez-vous la distinction entre poésie et littérature à la fin du poème ?

Verlaine
Jadis et Naguère

Les « Arts poétiques » sont des écrits théoriques qui s'emploient à codifier la création littéraire. Les plus célèbres sont ceux d'Horace (Ier s. av. J.-C.) et de Boileau (XVIIe siècle).

Art poétique

« De la musique avant toute chose »

De la musique avant toute chose,
Et pour cela préfère l'Impair
Plus vague et plus soluble dans l'air,
Sans rien en lui qui pèse ou qui pose.
Il faut aussi que tu n'ailles point
Choisir tes mots sans quelque méprise[1] :
Rien de plus cher que la chanson grise[2]
Où l'Indécis au Précis se joint.
C'est des beaux yeux derrière des voiles,
C'est le grand jour tremblant de midi ;
C'est, par un ciel d'automne attiédi,
Le bleu fouillis des claires étoiles !
Car nous voulons la Nuance encor[3],
Pas la Couleur, rien que la Nuance !
Oh ! la nuance seule fiance
Le rêve au rêve et la flûte au cor !
Fuis du plus loin la Pointe[4] assassine,
L'Esprit cruel et le Rire impur,
Qui font pleurer les yeux de l'Azur,
Et tout cet ail de basse cuisine !
Prends l'éloquence et tords-lui son cou !
Tu feras bien, en train d'énergie,
De rendre un peu la Rime assagie.
Si l'on n'y veille, elle ira jusqu'où ?
Ô qui dira les torts de la Rime ?
Quel enfant sourd ou quel nègre fou
Nous a forgé ce bijou d'un sou
Qui sonne creux et faux sous la lime ?
De la musique encore et toujours !

Que ton vers soit la chose envolée
Qu'on sent qui fuit d'une âme en allée
Vers d'autres cieux à d'autres amours.
Que ton vers soit la bonne aventure
Éparse au vent crispé du matin
Qui va fleurant la menthe et le thym...
Et tout le reste est littérature.

1. **Méprise** : confusion, erreur. **2.** **Chanson grise** : polysémie : la chanson est en demi-teinte mais aussi un peu « saoule », autre sens de l'adjectif « grise ». **3.** **Encor** : licence poétique. **4.** **Pointe** : trait d'esprit dans un poème satirique.

Paul Cézanne, *Le Rêve du poète* ou *Le Baiser de la muse* (1859), huile sur toile (82 x 66 cm), musée d'Orsay (Paris).

Animation
Manuel numérique

1884

HISTOIRE DES ARTS

L'artiste et l'œuvre

Paul Cézanne (1839-1906) peint, au début de sa carrière, des œuvres exécutées dans des couleurs sombres et s'inspire de maîtres anciens. *Le Baiser de la muse* représente un homme de lettres qui songe. Cette allégorie donne à voir l'inspiration sous la forme d'une femme ailée déposant un baiser sur le front du poète. Cette représentation renvoie à la relation de l'artiste à la création. La muse, intermédiaire entre l'homme qui crée et les dieux, inspire, insuffle et figure l'imagination.

L'artiste démiurge

Dans l'esprit des peintres et des écrivains du XIXe siècle, l'imagination, cette « Reine des facultés » d'après Baudelaire, visite l'artiste dans sa solitude. Elle le fait accéder à un statut de démiurge au même titre que les dieux, souvent au prix de sacrifices et de souffrances. Le démiurge, du grec *dêmi-ourgos*, « créateur de l'univers », est un bâtisseur dont l'œuvre forge un monde inédit grâce à la puissance de son génie et à la qualité de ses savoir-faire.

DE L'IMAGE AU TEXTE

4 • D'où l'inspiration des artistes provient-elle ?

1885

Guy de Maupassant
(1850-1893)

L'auteur et l'œuvre

Guy de Maupassant, originaire de Normandie, est introduit dans le milieu littéraire et artistique par Gustave Flaubert. Remportant rapidement un certain succès avec *Boule de Suif* (1880) et *La Maison Tellier* (1881), il abandonne son emploi au ministère pour se consacrer à l'écriture. Avec *Bel-Ami*, Maupassant, tout en reflétant la France de 1880, retrace le parcours d'un arriviste, Georges Duroy, qui va gravir les échelons de la société grâce à son succès auprès des femmes.

L'art de l'incipit

Tout, dans l'attitude de Georges Duroy, annonce ses futures conquêtes féminines. Le personnage est habilement mis en scène : le lecteur n'éprouve aucune inquiétude pour Duroy malgré sa situation financière précaire et se prépare au contraire à son ascension.

QUESTIONS

1 • Quelle est la situation sociale de Georges Duroy ?

2 • En quoi cet incipit présente-t-il un séducteur ?

3 • En quoi Maupassant est-il bien un auteur réaliste ?

Maupassant
Bel-Ami

Voici l'incipit du roman.

« il gardait une certaine élégance tapageuse »

Quand la caissière lui eut rendu la monnaie de sa pièce de cent sous, Georges Duroy sortit du restaurant.

Comme il portait beau, par nature et par pose d'ancien sous-officier, il cambra sa taille, frisa sa moustache d'un geste militaire et familier, et jeta sur les dîneurs attardés un regard rapide et circulaire, un de ces regards de joli garçon qui s'étendent comme des coups d'épervier[1].

Les femmes avaient levé la tête vers lui, trois petites ouvrières, une maîtresse de musique entre deux âges, mal peignée, négligée, coiffée d'un chapeau toujours poussiéreux et vêtue d'une robe toujours de travers, et deux bourgeoises avec leurs maris, habituées de cette gargote à prix fixe.

Lorsqu'il fut sur le trottoir, il demeura un instant immobile se demandant ce qu'il allait faire. On était au 28 juin, et il lui restait juste en poche trois francs quarante pour finir le mois. Cela représentait deux dîners sans déjeuners, ou deux déjeuners sans dîners, au choix. Il réfléchit que les repas du matin étant de vingt-deux sous, au lieu de trente que coûtaient ceux du soir, il lui resterait, en se contentant des déjeuners, un franc vingt centimes de boni, ce qui représentait encore deux collations au pain et au saucisson, plus deux bocks[2] sur le boulevard. C'était là sa grande dépense et son grand plaisir des nuits ; et il se mit à descendre la rue Notre-Dame-de-Lorette.

Il marchait ainsi qu'au temps où il portait l'uniforme des hussards[3] la poitrine bombée, les jambes un peu entrouvertes comme s'il venait de descendre de cheval ; et il avançait brutalement dans la rue pleine de monde, heurtant les épaules, poussant les gens pour ne point se déranger de sa route. Il inclinait légèrement sur l'oreille son chapeau à haute forme assez défraîchi, et battait le pavé de son talon. Il avait l'air de toujours défier quelqu'un, les passants, les maisons, la ville entière, par chic de beau soldat tombé dans le civil.

Quoique habillé d'un complet de soixante francs, il gardait une certaine élégance tapageuse, un peu commune, réelle cependant. Grand, bien fait, blond, d'un blond châtain vaguement roussi, avec une moustache retroussée, qui semblait mousser sur sa lèvre, des yeux bleus, clairs, troués d'une pupille toute petite, des cheveux frisés naturellement, séparés par une raie au milieu du crâne, il ressemblait bien au mauvais sujet des romans populaires.

1. **Épervier** : filet à poissons. 2. **Bock** : verre à bière. 3. **Hussard** : cavalier militaire.

Maupassant
Bel-Ami

1885

À la fin du roman, Georges Duroy, à présent célèbre journaliste et baron Georges Du Roy, épouse Suzanne Walter dans l'église de la Madeleine, à Paris.

« Il ne pensait qu'à lui. »

Lorsque l'office fut terminé, il se redressa, et donnant le bras à sa femme, il passa dans la sacristie. Alors commença l'interminable défilé des assistants[1]. Georges, affolé de joie, se croyait un roi qu'un peuple venait acclamer. Il serrait des mains, balbutiait des mots qui ne signifiaient rien, saluait, répondait aux compliments : « Vous êtes bien aimable. »

Soudain il aperçut Mme de Marelle ; et le souvenir de tous les baisers qu'il lui avait donnés, qu'elle lui avait rendus, le souvenir de toutes leurs caresses, de ses gentillesses, du son de sa voix, du goût de ses lèvres, lui fit passer dans le sang le désir brusque de la reprendre. Elle était jolie, élégante, avec son air gamin et ses yeux vifs. Georges pensait : « Quelle charmante maîtresse, tout de même. »

Elle s'approcha, un peu timide, un peu inquiète, et lui tendit la main. Il la reçut dans la sienne et la garda. Alors il sentit l'appel discret de ses doigts de femme, la douce pression qui pardonne et reprend. Et lui-même il la serrait, cette petite main, comme pour dire : « Je t'aime toujours, je suis à toi ! »

Leurs yeux se rencontrèrent, souriants, brillants, pleins d'amour. Elle murmura de sa voix gracieuse : « À bientôt, monsieur. »

Il répondit gaiement : « À bientôt, madame. »

Et elle s'éloigna.

D'autres personnes se poussaient. La foule coulait devant lui comme un fleuve. Enfin elle s'éclaircit. Les derniers assistants partirent.

Georges reprit le bras de Suzanne pour retraverser l'église.

Elle était pleine de monde, car chacun avait regagné sa place, afin de les voir passer ensemble. Il allait lentement, d'un pas calme, la tête haute, les yeux fixés sur la grande baie ensoleillée de la porte. Il sentait sur sa peau courir de légers frissons, ces frissons froids que donnent les immenses bonheurs. Il ne voyait personne. Il ne pensait qu'à lui.

Lorsqu'il parvint sur le seuil, il aperçut la foule amassée, une foule noire, bruissante, venue là pour lui, pour lui Georges Du Roy. Le peuple de Paris le contemplait et l'enviait.

Puis, relevant les yeux, il découvrit là-bas, derrière la place de la Concorde, la Chambre des députés[1]. Et il lui sembla qu'il allait faire un bond du portique de la Madeleine au portique du Palais-Bourbon.

Guy de Maupassant
(1850-1893)

Une ascension sociale

Celui qui se nomme désormais Georges Du Roy a obtenu la main de Suzanne, une riche héritière, alors même qu'il avait été l'amant de sa mère. En outre, il est devenu baron et rédacteur en chef de *La Vie française*. Tout, dans ce dénouement, souligne la réussite sociale d'un personnage qui se sent couronné.

Un personnage ambitieux

De nombreux romans réalistes et naturalistes confrontent le lecteur au personnage de l'ambitieux. On le retrouve sous la plume de Balzac avec Rastignac ou encore sous celle de Stendhal avec Julien Sorel (► p. 188).

QUESTIONS

1 • Comment l'orgueil de Georges Du Roy s'exprime-t-il ?

2 • De quelle manière Maupassant traduit-il l'ascension de son personnage ? Comparez cet extrait avec l'incipit.

3 • En quoi ce dénouement est-il ouvert ?

1. **Chambre des députés** : palais Bourbon, où siègent les députés, situé de l'autre côté de la Seine.

1885

Jules Laforgue
(1860-1887)

L'auteur et l'œuvre

À 25 ans, alors qu'il occupe le poste de lecteur auprès de l'impératrice d'Allemagne, Laforgue publie les *Complaintes* chez Vanier, éditeur de l'avant-garde symboliste. Laforgue revisite le genre de la complainte en mêlant humour noir, ironie et tristesse. Il est également l'auteur des *Moralités légendaires* (► p. 256).

L'allégorie de la complainte

Une complainte est un chant plaintif mais aussi une chanson populaire au thème tragique. Laforgue teinte le chant d'humour noir. La passante se fait progressivement allégorie de la complainte : sa bouche est ingénue, traduisant une certaine légèreté qui renvoie à l'apparente insouciance de la complainte ; ses yeux sont « désolés », rappelant ainsi le motif de la plainte inhérent au genre.

Texte lu
Manuel numérique

Laforgue
Les Complaintes

Complainte de la bonne défunte

« Oh ! je rentrerai sans dîner ! »

Elle fuyait par l'avenue ;
Je la suivais illuminé,
Ses yeux disaient : « J'ai deviné
Hélas ! que tu m'as reconnue ! »

Je la suivis illuminé !
Yeux désolés, bouche ingénue,
Pourquoi l'avais-je reconnue,
Elle, loyal rêve mort-né ?

Yeux trop mûrs, mais bouche ingénue ;
Œillet blanc, d'azur trop veiné ;
Oh ! oui, rien qu'un rêve mort-né,
Car, défunte elle est devenue.

Gis, œillet, d'azur trop veiné,
La vie humaine continue
Sans toi, défunte devenue.
– Oh ! je rentrerai sans dîner !

Vrai, je ne l'ai jamais connue.

QUESTIONS

1 • En quoi le poète est-il « illuminé » ?

2 • Comment le thème de la passante, présent chez Baudelaire (► p. 228), est-il revisité ?

3 • Comment Laforgue mêle-t-il dans cette complainte légèreté et tristesse ?

Zola

La Curée

Cette description de l'hôtel Saccard, construit en bordure du parc Monceau à Paris, prend place lors du récit du retour de Renée et Maxime Saccard chez eux, après une promenade.

« style Napoléon III, ce bâtard opulent de tous les styles »

C'était un étalage, une profusion, un écrasement de richesses. L'hôtel disparaissait sous les sculptures. Autour des fenêtres, le long des corniches, couraient des enroulements de rameaux et de fleurs ; il y avait des balcons pareils à des corbeilles de verdure, que soutenaient de grandes femmes nues, les hanches tordues, les pointes des seins en avant ; puis, çà et là, étaient collés des écussons de fantaisies, des grappes, des roses, toutes les efflorescences possibles de la pierre et du marbre. À mesure que l'œil montait, l'hôtel fleurissait davantage. Autour du toit, régnait une balustrade sur laquelle étaient posées, de distance en distance, des urnes où des flammes de pierre flambaient. Et là, entre les œils-de-bœuf des mansardes, qui s'ouvraient dans un fouillis incroyable de fruits et de feuillages, s'épanouissaient les pièces capitales de cette décoration étonnante, les frontons des pavillons, au milieu desquels reparaissaient les grandes femmes nues, jouant avec des pommes, prenant des poses, parmi des poignées de joncs. Le toit, chargé de ces ornements, surmonté encore de galeries de plomb découpées, de deux paratonnerres et de quatre énormes cheminées symétriques, sculptées comme le reste, semblait être le bouquet de ce feu d'artifice architectural.

À droite, se trouvait une vaste serre, scellée au flanc même de l'hôtel, communiquant avec le rez-de-chaussée par la porte-fenêtre d'un salon. Le jardin, qu'une grille basse, masquée par une haie, séparait du parc Monceau, avait une pente assez forte. Trop petit pour l'habitation, si étroit qu'une pelouse et quelques massifs d'arbres verts l'emplissaient, il était simplement comme une butte, comme un socle de verdure, sur lequel se campait fièrement l'hôtel en toilette de gala. À la voir du parc, au-dessus de ce gazon propre, de ces arbustes dont les feuillages vernis luisaient, cette grande bâtisse, neuve encore et toute blafarde, avait la face blême, l'importance riche et sotte d'une parvenue, avec son lourd chapeau d'ardoises, ses rampes dorées, son ruissellement de sculptures. C'était une réduction du nouveau Louvre, un des échantillons les plus caractéristiques du style Napoléon III, ce bâtard opulent de tous les styles.

1886

Émile Zola
(1840-1902)

L'auteur et l'œuvre

Chef de file du naturalisme (▸ p. 399), Zola, inspiré par Balzac et sa *Comédie humaine*, propose le cycle des *Rougon-Macquart*, un ensemble de romans faisant un état des lieux critique de la société française du Second Empire. Dans *La Curée* (moment où les chiens se jettent sur le gibier après la chasse), il étudie le milieu de la spéculation à Paris sous le règne de Napoléon III. Il dresse un portrait critique des parvenus, les nouveaux riches que les bouleversements politiques et économiques liés au régime ont favorisés.

La description naturaliste

La description naturaliste naît de l'observation précise et objective de la réalité que l'auteur retranscrit avec son tempérament propre. Selon la théorie de Zola, la réalité apparaît ainsi comme sur un écran, dispositif d'optique, verre déformant qui enrichit la réalité brute d'une vision personnelle.

QUESTIONS

1 • En quoi cette description est-elle naturaliste ?

2 • Que symbolise l'hôtel Saccard ?

3 • Que critique ici Zola ?

1886

Émile Zola
(1840-1902)

L'auteur et l'œuvre

Chef de file des naturalistes (▸ p. 399), Émile Zola est l'auteur des *Rougon-Macquart : Histoire naturelle et sociale d'une famille sous le Second Empire*. *L'Œuvre* appartient à cette fresque, et raconte la vie du peintre Claude Lantier : « Avec Claude Lantier, je veux peindre la lutte de l'artiste contre la nature, l'effort de la création dans l'œuvre d'art, effort de sang et de larmes pour donner sa chair, faire de la vie : toujours en bataille avec le vrai, et toujours vaincu, la lutte contre l'ange. » Cette idée de lutte à l'origine de la création est fréquente dans la littérature jusqu'à nos jours (Bauchau ▸ p. 354).

Réalisme et naturalisme

Ce texte se rattache au réalisme par les liens qu'il tisse avec le réel mais il est aussi naturaliste : Zola, qui a tenu des carnets d'enquête lors des reportages qu'il a menés auprès de divers groupes sociaux, analyse ici minutieusement la figure du peintre.

VERS LA LECTURE ANALYTIQUE

1 • Qu'apprenez-vous sur les deux personnages ?

2 • Comment la ville est-elle décrite ?

3 • Quels procédés caractéristiques de l'écriture réaliste et naturaliste Zola utilise-t-il dans cet extrait ?

Zola

L'Œuvre

L'incipit du roman permet au lecteur de faire connaissance avec le personnage principal, Claude Lantier, un artiste peintre.

« Le grand air triste des antiques façades »

Claude passait devant l'Hôtel de ville, et deux heures du matin sonnaient à l'horloge, quand l'orage éclata. Il s'était oublié à rôder dans les Halles, par cette nuit brûlante de juillet, en artiste flâneur, amoureux du Paris nocturne. Brusquement, les gouttes tombèrent si larges, si drues, qu'il prit sa course, galopa dégingandé[1], éperdu, le long du quai de la Grève. Mais, au pont Louis-Philippe, une colère de son essoufflement l'arrêta ; il trouvait imbécile cette peur de l'eau ; et, dans les ténèbres épaisses, sous le cinglement de l'averse qui noyait les becs de gaz, il traversa lentement le pont, les mains ballantes.

Du reste, Claude n'avait plus que quelques pas à faire. Comme il tournait sur le quai de Bourbon, dans l'île Saint-Louis, un vif éclair illumina la ligne droite et plate des vieux hôtels rangés devant la Seine, au bord de l'étroite chaussée. La réverbération alluma les vitres des hautes fenêtres sans persiennes, on vit le grand air triste des antiques façades, avec des détails très nets, un balcon de pierre, une rampe de terrasse, la guirlande sculptée d'un fronton. C'était là que le peintre avait son atelier, dans les combles de l'ancien hôtel du Martoy, à l'angle de la rue de la Femme-sans-Tête. Le quai entrevu était aussitôt retombé aux ténèbres, et un formidable coup de tonnerre avait ébranlé le quartier endormi.

Arrivé devant sa porte, une vieille porte ronde et basse, bardée de fer, Claude, aveuglé par la pluie, tâtonna pour tirer le bouton de la sonnette ; et sa surprise fut extrême, il eut un tressaillement en rencontrant dans l'encoignure, collé contre le bois, un corps vivant. Puis, à la brusque lueur d'un second éclair, il aperçut une grande jeune fille, vêtue de noir, et déjà trempée, qui grelottait de peur. Lorsque le coup de tonnerre les eut secoués tous les deux, il s'écria :

« Ah bien ! Si je m'attendais... ! Qui êtes-vous ? Que voulez-vous ? »

Il ne la voyait plus, il l'entendait seulement sangloter et bégayer.

« Oh ! monsieur, ne me faites pas du mal… C'est le cocher que j'ai pris à la gare, et qui m'a abandonnée près de cette porte en me brutalisant… Oui, un train a déraillé, du côté de Nevers. Nous avons eu quatre heures de retard, je n'ai plus trouvé la personne qui devait m'attendre… Mon Dieu ! C'est la première fois que je viens à Paris, monsieur, je ne sais pas où je suis… »

1. **Dégingandé** : avec des mouvements désordonnés.

Claude Monet, *Gare Saint-Lazare* (1877), huile sur toile, collection privée.

HISTOIRE DES ARTS

L'artiste et l'œuvre

Le peintre impressionniste Claude Monet (1840-1926) modernise la technique de la série en se souciant davantage de la manière de peindre que des sujets. Il décline le motif de la Gare Saint-Lazare à Paris en douze tableaux, peints à des heures et sous des angles différents, avec l'ambition de restituer la variété des émotions.

L'impressionnisme

À la fin du XIXe siècle, les peintres impressionnistes s'attachent, à l'aide d'une touche libre et visible, à capturer l'éphémère et à traduire l'impression fugitive que procure un motif exposé à la lumière naturelle. Ils essaient d'en restituer les effets et représentent le monde qu'ils côtoient : paysages naturels et urbains, mais aussi ouvriers et bourgeois aux prises avec la modernité.

DE L'IMAGE AU TEXTE

4 • **Quels points communs relevez-vous entre la technique des peintres impressionnistes et l'écriture de Zola ?**

1887

Maupassant

Pierre et Jean

Guy de Maupassant (1850-1893)

L'auteur et l'œuvre

Maupassant, journaliste, romancier, nouvelliste, s'inscrit comme Flaubert dans « l'école du regard », peignant les personnages en action sans commentaire. Si son approche descriptive, son refus du lyrisme, son intérêt pour « l'humble vérité » le rapprochent des naturalistes, il admet l'introspection et refuse l'« écriture artiste » ou « impressionniste » marquée par l'emploi de mots rares ou de néologismes. La préface de *Pierre et Jean*, intitulée *Le Roman*, définit l'art narratif comme une traduction de la vision du monde propre à chaque romancier.

Le réalisme, un illusionnisme

Maupassant, conscient des limites de la doctrine réaliste, préconise une vision réaliste de l'art mais revendique en même temps les choix subjectifs de l'artiste : les « grands artistes » sont « ceux qui imposent leurs illusions particulières » (préface de *Pierre et Jean*).

Voici un extrait de la préface du roman *Pierre et Jean*, dans laquelle Maupassant définit sa vision du réalisme.

Préface

Le réaliste, s'il est un artiste, cherchera, non pas à nous montrer la photographie banale de la vie, mais à nous en donner la vision plus complète, plus saisissante, plus probante que la réalité même.

« Faire vrai consiste donc à donner l'illusion complète du vrai »

Raconter tout serait impossible, car il faudrait alors un volume au moins par journée, pour énumérer les multitudes d'incidents insignifiants qui emplissent notre existence.

Un choix s'impose donc, – ce qui est une première atteinte à la théorie de toute la vérité.

La vie, en outre, est composée des choses les plus différentes, les plus imprévues, les plus contraires, les plus disparates ; elle est brutale, sans suite, sans chaîne, pleine de catastrophes inexplicables, illogiques et contradictoires qui doivent être classées au chapitre *faits divers*.

Voilà pourquoi l'artiste, ayant choisi son thème, ne prendra dans cette vie encombrée de hasards et de futilités que les détails caractéristiques utiles à son sujet, et il rejettera tout le reste, tout l'à-côté. [...]

La vie encore laisse tout au même plan, précipite les faits ou les traîne indéfiniment. L'art, au contraire, consiste à user de précautions et de préparations, à ménager des transitions savantes et dissimulées, à mettre en pleine lumière, par la seule adresse de la composition, les événements essentiels et à donner à tous les autres le degré de relief qui leur convient, suivant leur importance, pour produire la sensation profonde de la vérité spéciale qu'on veut montrer.

Faire vrai consiste donc à donner l'illusion complète du vrai, suivant la logique ordinaire des faits, et non à les transcrire servilement dans le pêle-mêle de leur succession.

J'en conclus que les Réalistes de talent devraient s'appeler plutôt des Illusionnistes.

QUESTIONS

1 • Maupassant est-il en accord avec la théorie naturaliste, et pourquoi ?

2 • En quoi consiste le travail de l'écrivain, d'après ce passage ?

3 • Comment peut-on comprendre alors le terme de « vision » ?

Feydeau

Un fil à la patte

Lucette, refusant la fin de sa liaison avec Bois-d'Enghien, se précipite chez ce dernier, qui la laisse à la porte après avoir jeté son peignoir sur le palier.

LUCETTE, *indignée.* – Oh !

BOIS-D'ENGHIEN, *rouvrant la porte.* – Tiens, tes mules ! *(Il referme la porte.)*

LUCETTE, *même jeu.* – Oh !... *(À travers la porte, à Bois-d'Enghien.)* Ah ! c'est comme ça ! Eh bien ! tant pis pour toi, tu pourras dire que c'est toi qui m'auras poussée à cette extrémité.

BOIS-D'ENGHIEN. – Hein ?

LUCETTE, *tirant de sa poche le pistolet du deuxième acte.* – Tu sais, mon pistolet ? Eh bien ! je vais me tuer !

BOIS-D'ENGHIEN, *se précipitant au dehors, la porte reste grande ouverte.* – Te tuer ! te tuer ! *(Se jetant sur Lucette.)* Veux-tu me donner ça !

LUCETTE, *se débattant.* – Jamais de la vie !

BOIS-D'ENGHIEN, *essayant de lui arracher le pistolet.* – Veux-tu me donner cela ? *(Au public, tout en lui tenant le bras au bout duquel est le pistolet.)* Oh ! ce pistolet ! je le trouverai donc toujours entre nous ?

LUCETTE, *même jeu.* – Veux-tu me laisser !

BOIS-D'ENGHIEN. – Allons ! allons ! donne-moi ça !

LUCETTE. – Non !

BOIS-D'ENGHIEN. – Si ! *(Il a saisi le pistolet par le canon, Lucette le tire par la crosse, ce qui fait sortir l'éventail de sa gaine. Restant avec le pistolet en main, l'éventail sorti.)* Hein ?

LUCETTE. – Oh !

BOIS-D'ENGHIEN. – Un éventail !

LUCETTE, *furieuse, trépignant de rage.* – Tu sais, Fernand, tu sais...

BOIS-D'ENGHIEN, *avec un rire sarcastique.* – Ah ! ah ! ah ! voilà avec quoi elle se tue, un accessoire de théâtre !

LUCETTE, *même jeu.* – Tu sais, Fernand, tu sais...

BOIS-D'ENGHIEN. – Ah ! ah ! ah ! c'est avec ça qu'elle se tue ! Va donc... cabotine !

LUCETTE, *au comble de la colère.* – Tu ne me reverras jamais ! *(Elle disparaît dans l'escalier.)*

Acte III, scène 5 (extrait).

« voilà avec quoi elle se tue, un accessoire de théâtre ! »

1894

Georges Feydeau
(1862-1921)

L'auteur et l'œuvre

Comme Molière, Feydeau observe ses contemporains et construit des comédies où l'accent est mis sur les ressorts du rire et la satire sociale. Précurseur du théâtre de l'absurde, il insiste sur les conventions et l'artificialité du jeu social. *Un fil à la patte* met en scène la frivolité de la Belle Époque et dresse un portrait acide du mariage bourgeois réduit à une transaction marchande.

Le vaudeville

Chanson satirique au XVe siècle, comédie mêlant dialogues et danses au XVIIIe, « comédie de boulevard » au XIXe, le vaudeville multiplie quiproquos et coups de théâtre. Il s'appuie sur une intrigue complexe ignorant la psychologie des personnages devenus des pantins articulés.

Le burlesque

Parodie de l'épopée, le burlesque dénature par un comique grossier des personnages et des situations héroïques.

QUESTIONS

1 • Quels rôles les accessoires et les éléments du décor jouent-ils ?

2 • Sur quels éléments le burlesque de l'extrait repose-t-il ?

3 • Pourquoi peut-on dire que le rire, ici, se fonde sur une véritable mécanique ?

1896

Alfred Jarry
(1873-1907)

L'auteur et l'œuvre

Au départ, *Ubu roi* est la simple farce d'un lycéen écrite pour se moquer d'un professeur. La première représentation a suscité un véritable scandale. Le premier mot, « Merdre », a d'emblée choqué le spectateur à une époque où triomphent le vaudeville et le théâtre de boulevard.

Le tyran à l'œuvre

Aujourd'hui, dans le langage courant, une situation ubuesque désigne une situation absurde et grotesque, à l'image du Père Ubu. Il ne renonce à aucune lâcheté dans son rôle de tyran qu'il ne parviendra pas à tenir.

Jarry, théoricien provocateur

Sur le modèle des écoles philosophiques grecques de l'Antiquité, Alfred Jarry invente un nouveau Collège de savants où l'on étudie la pataphysique, « science des solutions imaginaires ». Il est ainsi le précurseur de dada, du surréalisme et de l'absurde, mouvements littéraires et artistiques qui bouleversent les codes traditionnels et qui remettent en cause les conventions esthétiques au début du XXe siècle.

QUESTIONS

1 • Quels aspects du langage peuvent surprendre le spectateur ?

2 • Comment la scène de conspiration des tragédies classiques est-elle détournée ?

3 • Quels éléments relèvent de la parodie ? de la farce ?

Jarry

Ubu roi

Ubu est poussé par sa femme à renverser le roi Venceslas et à prendre le pouvoir.

« je lui dirai MERDRE »

La maison du Père Ubu.

GIRON, PILE, COTICE, PÈRE UBU, MÈRE UBU, Conjurés et Soldats, CAPITAINE BORDURE.

PÈRE UBU. – Eh ! mes bons amis, il est grand temps d'arrêter le plan de la conspiration. Que chacun donne son avis. Je vais d'abord donner le mien, si vous le permettez.

CAPITAINE BORDURE. – Parlez, Père Ubu.

PÈRE UBU. – Eh bien, mes amis, je suis d'avis d'empoisonner simplement le roi en lui fourrant de l'arsenic dans son déjeuner. Quand il voudra le brouter il tombera mort, et ainsi je serai roi.

TOUS. – Fi, le sagouin !

PÈRE UBU. – Eh quoi, cela ne vous plaît pas ? Alors, que Bordure donne son avis.

CAPITAINE BORDURE. – Moi, je suis d'avis de lui ficher un grand coup d'épée qui le fendra de la tête à la ceinture.

TOUS. – Oui ! voilà qui est noble et vaillant.

PÈRE UBU. – Et s'il vous donne des coups de pied ? Je me rappelle maintenant qu'il a pour les revues des souliers de fer qui font très mal. Si je savais, je filerais vous dénoncer pour me tirer de cette sale affaire, et je pense qu'il me donnerait aussi de la monnaie.

MÈRE UBU. – Oh ! le traître, le lâche, le vilain et plat ladre[1].

TOUS. – Conspuez le Père Ubu !

PÈRE UBU. – Hé, messieurs, tenez-vous tranquilles si vous ne voulez visiter mes poches[2]. Enfin je consens à m'exposer pour vous. De la sorte, Bordure, tu te charges de pourfendre le roi.

CAPITAINE BORDURE. – Ne vaudrait-il pas mieux nous jeter tous à la fois sur lui en braillant et gueulant ? Nous aurions chance ainsi d'entraîner les troupes.

Père Ubu. – Alors, voilà. Je tâcherai de lui marcher sur les pieds, il regimbera, alors je lui dirai : MERDRE, et à ce signal vous vous jetterez sur lui.

Mère Ubu. – Oui, et dès qu'il sera mort tu prendras son sceptre et sa couronne.

Capitaine Bordure. – Et je courrai avec mes hommes à la poursuite de la famille royale.

Père Ubu. – Oui, et je te recommande spécialement le jeune Bougrelas[3].

(Ils sortent.)

Père Ubu, *courant après et les faisant revenir.* – Messieurs, nous avons oublié une cérémonie indispensable, il faut jurer de nous escrimer vaillamment.

Capitaine Bordure. – Et comment faire ? Nous n'avons pas de prêtre.

Père Ubu. – La Mère Ubu va en tenir lieu.

Tous. – Eh bien, soit.

Père Ubu. – Ainsi vous jurez de bien tuer le roi ?

Tous. – Oui, nous le jurons. Vive le Père Ubu !

FIN DU PREMIER ACTE

Acte I, scène 7.

1. **Ladre** : avare. 2. Menace, image connotant l'enfermement.
3. **Bougrelas** : fils du roi Venceslas et de la reine Rosemonde.

Ubu roi (ou presque), mise en scène de Christian Schiaretti avec Stéphane Bernard (Père Ubu) et Elizabeth Macocco (Mère Ubu), TNP de Villeurbanne (octobre 2017).

1896

Une réflexion sur l'art du théâtre

Ce « drame en cinq actes en prose » parodie les tragédies antiques de Sophocle (*Œdipe roi*), d'Eschyle (*Prométhée enchaîné*), de Shakespeare (*Macbeth* et *Hamlet*), mais aussi les récits de Rabelais. Jarry propose un point de vue résolument novateur dans son article « De l'inutilité du théâtre au théâtre » : le théâtre doit insister sur le principe de l'illusion et ne pas chercher à être réaliste.

HISTOIRE DES ARTS

Une mise en scène de la provocation

En 2017, Schiaretti propose une mise en scène provocatrice d'*Ubu Roi* de Jarry intitulée *Ubu Roi (ou presque)* : des immondices répandus sur le plateau traduisent la « merdre » du Père Ubu.

DE L'IMAGE AU TEXTE

4 • Comment la violence est-elle théâtralisée dans le texte et dans sa mise en scène ?

1897

Edmond Rostand
(1868-1918)

L'auteur et l'œuvre

Écrivain, dramaturge, poète et essayiste, Edmond Rostand est surtout connu pour ses pièces *Cyrano de Bergerac* et *L'Aiglon*. Il met en scène Cyrano de Bergerac en reprenant certaines caractéristiques du Cyrano réel, un homme de lettres affublé d'un long nez et auteur, au XVIIe siècle, des *États et Empires de la lune et du soleil*. Il reprend également la dialectique du sublime et du grotesque instaurée par le romantisme hugolien : Cyrano est grotesque par son apparence mais sublime par ses paroles.

Un quiproquo

Roxane croit que c'est Christian qui lui parle. Cependant Cyrano ne cesse de trahir sa véritable identité. Le décor est important, il permet au quiproquo d'avoir lieu de façon vraisemblable : Roxanne ne voit pas qui lui parle.

Vidéo
Mise en scène de D. Podalydès (2016)
Manuel numérique

Rostand

Cyrano de Bergerac

Cyrano, dissimulé sous le balcon de sa cousine Roxane dont il est amoureux, se fait passer pour Christian, prétendant de Roxane, et insiste pour lui parler sans qu'elle le voie…

« La peur d'être raillé, toujours au coeur me serre… »

CYRANO

Mais oui, c'est adorable. On se devine à peine.
Vous voyez la noirceur d'un long manteau qui traîne,
J'aperçois la blancheur d'une robe d'été :
Moi je ne suis qu'une ombre, et vous qu'une clarté !
Vous ignorez pour moi ce que sont ces minutes !
Si quelquefois je fus éloquent...

ROXANE

Vous le fûtes !

CYRANO

Mon langage jamais jusqu'ici n'est sorti
De mon vrai cœur...

ROXANE

Pourquoi ?

CYRANO

Parce que... jusqu'ici
Je parlais à travers...

ROXANE

Quoi ?

CYRANO

le vertige où tremble
... Quiconque est sous vos yeux !.. Mais, ce soir, il me semble...
Que je vais vous parler pour la première fois !

ROXANE

C'est vrai que vous avez une tout autre voix.

Cyrano, *se rapprochant avec fièvre*

Oui, tout autre, car dans la nuit qui me protège
J'ose être enfin moi-même, et j'ose...
(Il s'arrête, et avec égarement.)
Où en étais-je ?
Je ne sais... tout ceci, – pardonnez mon émoi, –
C'est si délicieux... c'est si nouveau pour moi !

Roxane

Si nouveau ?

Cyrano, *bouleversé, et essayant toujours de rattraper ses mots.*

Si nouveau... mais oui... d'être sincère :
La peur d'être raillé[1], toujours au cœur me serre...

Roxane

Raillé de quoi ?

Cyrano

Mais de... d'un élan !... Oui, mon cœur
Toujours, de mon esprit s'habille, par pudeur :
Je pars pour décrocher l'étoile, et je m'arrête
Par peur du ridicule, à cueillir la fleurette !

Roxane

La fleurette a du bon.

Cyrano

Ce soir, dédaignons-la !

Roxane

Vous ne m'aviez jamais parlé comme cela !

Cyrano

Ah ! si, loin des carquois, des torches et des flèches,
On se sauvait un peu vers des choses... plus fraîches
Au lieu de boire goutte à goutte, en un mignon
Dé à coudre d'or fin, l'eau fade du Lignon[2],
Si l'on tentait de voir comment l'âme s'abreuve
En buvant largement à même le grand fleuve !

Acte III, scène 7 (extrait).

1. **Raillé** : moqué.
2. **Lignon** : fleuve que l'on trouve dans *L'Astrée* d'Honoré d'Urfé (► p. 78).

1897

La satire de la préciosité

Roxane est une précieuse. Le courant de la préciosité s'est développé au XVIIe siècle sous l'influence de *L'Astrée* d'Honoré d'Urfé (► p. 78) et de *Clélie* de Mlle de Scudéry (► p. 92). De ce fait, Roxane attend de Christian / Cyrano que son discours galant suive un certain nombre d'étapes (comme celles définies dans la carte de Tendre ► p. 93), mais Cyrano entend parler non plus d'un sentiment convenu mais d'un sentiment vrai.

QUESTIONS

1 • Comment la vérité manque-t-elle de se dévoiler ?
2 • Que fait Cyrano pour la cacher ?
3 • Quelles conceptions de l'amour s'opposent dans cette scène ?

1898

Émile Zola
(1840-1902)

L'affaire Dreyfus

Louis Dreyfus, militaire juif alsacien, est condamné pour trahison militaire, à tort. Il est déporté en Guyane. Une fois établie la falsification de son dossier, deux camps s'affrontent pour ou contre la révision de son procès : Émile Zola s'engage en faveur du capitaine, dans ce combat qui va diviser la France pendant des années.

L'avènement de l'intellectuel engagé

C'est à partir de cet article polémique que va naître la figure de l'intellectuel engagé. Le mot « intellectuel » est d'abord employé par les adversaires de Dreyfus pour désigner les écrivains, dont Zola, qui le défendent. Ce terme a donc eu dans un premier temps une connotation négative, pour désigner un homme de lettres coupé de la réalité.

Zola

J'accuse

En janvier 1898, Émile Zola prend position en faveur du capitaine Dreyfus et lance un appel public au président de la République Félix Faure. Voici la fin de sa lettre.

« Je n'ai qu'une passion, celle de la lumière »

Mais cette lettre est longue, monsieur le Président, et il est temps de conclure.

J'accuse le lieutenant-colonel du Paty de Clam d'avoir été l'ouvrier diabolique de l'erreur judiciaire, en inconscient, je veux le croire, et d'avoir ensuite défendu son œuvre néfaste, depuis trois ans, par les machinations les plus saugrenues et les plus coupables.

J'accuse le général Mercier de s'être rendu complice, tout au moins par faiblesse d'esprit, d'une des plus grandes iniquités du siècle.

J'accuse le général Billot d'avoir eu entre les mains les preuves certaines de l'innocence de Dreyfus et de les avoir étouffées, de s'être rendu coupable de ce crime de lèse-humanité et de lèse-justice, dans un but politique, et pour sauver l'état-major compromis.

J'accuse le général de Boisdeffre et le général Gonse de s'être rendus complices du même crime, l'un sans doute par passion cléricale, l'autre peut-être par cet esprit de corps qui fait des bureaux de la guerre l'arche sainte, inattaquable.

J'accuse le général de Pellieux et le commandant Ravary d'avoir fait une enquête scélérate, j'entends par là une enquête de la plus monstrueuse partialité, dont nous avons, dans le rapport du second, un impérissable monument de naïve audace.

J'accuse les trois experts en écritures, les sieurs Belhomme, Varinard et Couard, d'avoir fait des rapports mensongers et frauduleux, à moins qu'un examen médical ne les déclare atteints d'une maladie de la vue et du jugement.

J'accuse les bureaux de la guerre d'avoir mené dans la presse, particulièrement dans *L'Éclair* et dans *L'Écho de Paris*, une campagne abominable, pour égarer l'opinion et couvrir leur faute.

J'accuse enfin le premier conseil de guerre d'avoir violé le droit, en condamnant un accusé sur une pièce restée secrète, et j'accuse le second conseil de guerre d'avoir couvert cette illégalité, par ordre, en commettant à son tour le crime juridique d'acquitter sciemment un coupable.

En portant ces accusations, je n'ignore pas que je me mets sous le coup des articles 30 et 31 de la loi sur la presse du 29 juillet 1881, qui punit les délits de diffamation. Et c'est volontairement que je m'expose.

QUESTIONS

1 • Quelles sont les accusations formulées ici ?

2 • Sur quels éléments l'efficacité de l'argumentation repose-t-elle ?

3 • Comment expliquer la fonction du destinataire et du ton polémique ?

1898

Quant aux gens que j'accuse, je ne les connais pas, je ne les ai jamais vus, je n'ai contre eux ni rancune ni haine. Ils ne sont pour moi que des entités, des esprits de malfaisance sociale. Et l'acte que j'accomplis ici n'est qu'un moyen révolutionnaire pour hâter l'explosion de la vérité et de la justice.

Je n'ai qu'une passion, celle de la lumière, au nom de l'humanité qui a tant souffert et qui a droit au bonheur. Ma protestation enflammée n'est que le cri de mon âme. Qu'on ose donc me traduire en cour d'assises et que l'enquête ait lieu au grand jour !

J'attends.

Veuillez agréer, Monsieur le Président, l'assurance de mon profond respect.

Extrait de l'article « J'accuse » paru dans *L'Aurore*, le 13 janvier 1898.

TEXTE ÉCHO

Proust, *Sodome et Gomorrhe (1921)*

– Je ne discuterai pas politique avec vous, Froberville[1], dit M. de Guermantes[2], mais, pour ce qui concerne Swann[3], je peux dire franchement que sa conduite à notre égard a été inqualifiable. Patronné jadis dans le monde par nous, par le duc de Chartres, on me dit qu'il est ouvertement dreyfusard. Jamais je n'aurais cru cela de lui, de lui un fin gourmet, un esprit positif, un collectionneur, un amateur de vieux livres, membre du Jockey[4], un homme entouré de la considération générale, un connaisseur de bonnes adresses qui nous envoyait le meilleur porto qu'on puisse boire, un dilettante, un père de famille. Ah ! j'ai été bien trompé. Je ne parle pas de moi, il est convenu que je suis une vieille bête, dont l'opinion ne compte pas, une espèce de va-nu-pieds, mais rien que pour Oriane[5], il n'aurait pas dû faire cela, il aurait dû désavouer ouvertement les Juifs et les sectateurs[6] du condamné.

1. Le général de Froberville, ami de Swann, est inspiré par le ministre de la guerre, le général de Galliffet.
2. Le duc de Guermantes, ami du père du narrateur, est conscient de sa supériorité de classe.
3. Dandy fortuné et intellectuel qui constitue un double du narrateur proustien.
4. Jockey club, club huppé.
5. Oriane, duchesse de Guermantes.
6. **Sectateur** : artisan.

Proust et l'affaire Dreyfus

Dreyfusard, Proust entend rendre compte de l'affaire dans son œuvre : le nom Dreyfus et ses dérivés apparaissent 219 fois dans la *Recherche*. Le personnage du duc de Guermantes est d'abord anti-dreyfusard. Il changera bientôt d'avis après avoir fréquenté, lors d'une cure thermale, trois ferventes dreyfusardes.

D'UN TEXTE À L'AUTRE

4 • **Comment caractériseriez-vous le personnage de M. de Guermantes ?**

5 • **Confrontez les stratégies adoptées par Zola et Proust pour défendre Dreyfus.**

Les XXe et XXIe siècles

Le XXe siècle littéraire est marqué par le questionnement des genres : tandis que les surréalistes révolutionnent l'écriture en faisant place au rêve et à l'inconscient, le théâtre de l'absurde interroge le langage et le Nouveau Roman fustige le réalisme, remettant en question la notion même de personnage.
Si les débuts du XXIe siècle reflètent l'inquiétude des écrivains face aux violentes crises économiques et politiques, un certain romanesque, teinté de mélancolie, semble de retour.

Le surréalisme

MÉMO ▸ p. 402

Auteurs et œuvres clés

1926 Éluard, *Capitale de la douleur*
1928 Breton, *Nadja*
1930 Desnos, *Corps et biens*
1931 Breton, *Union libre*

Animation
Manuel numérique

René Magritte, *Les Valeurs personnelles* (1952), huile sur toile (78 x 100 cm), Museum of Modern Art, San Francisco (États-Unis).

Jusqu'en 1940 IIIe République	1940-1944 Régime de Vichy	1946-1958 IVe République	Depuis 1958 Ve République

Le surréalisme

L'absurde

Le Nouveau Roman

L'absurde

MÉMO ▶ p. 403

Auteurs et œuvres clés

1942 Camus, *L'Étranger*
1950 Ionesco, *La Cantatrice chauve*
1952 Beckett, *En attendant Godot*
1956 Camus, *La Chute*
1959 Ionesco, *Rhinocéros*

Sandro Chia, *L'Oisiveté de Sisyphe* (1981), huile sur toile (310 x 387 cm), Museum of Modern Art, New York (États-Unis).

Alberto Giacometti, *L'Homme qui marche I* (1960), bronze (181 x 27 x 97 cm), fondation Alberto et Annette Giacometti (Paris).

Le Nouveau Roman

MÉMO ▶ p. 404

Auteurs et œuvres clés

1953 Robbe-Grillet, *Les Gommes*
1957 Butor, *La Modification*
1975 Perec, *W ou le Souvenir d'enfance*

Les XXe et XXIe siècles

Vigilantes face aux transformations rapides de la société et aux bouleversements de ses repères opérés par la science et les technologies, le développement du capitalisme et les désastres de deux guerres mondiales, les littératures des XXe et XXIe siècles cherchent à éclairer les rapports de l'être humain à lui-même et au monde.

Littérature et politique

Otto Dix, *Les Sept Péchés capitaux* (1933), huile et gouache sur toile (179 x 120 cm), détail, Kunsthalle, Karlsruhe (Allemagne).

De l'insouciance…

• Le XXe siècle s'ouvre sur **la Belle Époque**, une période d'optimisme et de liberté favorisée par la stabilité politique et l'expansion économique, dont **Proust** témoigne à travers la peinture des mœurs de cette société insouciante (*Du côté de chez Swann* ▸ p. 273).

… à l'horreur

• **La Grande Guerre** propulse la jeunesse vers l'horreur du front, que **Céline** évoquera à travers le personnage de Bardamu (▸ p. 294). La paix signée en 1919 ne constituera qu'une trêve avant **la montée des nationalismes**.

• Si **les Années folles** sont, entre les deux guerres, une période d'effervescence et de plaisirs, des écrivains comme **Giraudoux** sont sensibles à **l'impuissance des démocraties** face à la menace (*La guerre de Troie n'aura pas lieu* ▸ p. 296).

• Les années noires de **l'occupation allemande** conduisent de nombreux écrivains dont **Malraux**, **Éluard**, **Camus**, **Char**, **Aragon** à rejoindre la Résistance, faisant de la littérature une **arme de combat** contre l'oppresseur (*Feuillets d'Hypnos* ▸ p. 311).

• En 1945, la **découverte des camps de concentration** et l'explosion des **bombes atomiques au Japon** disent toute la barbarie dont l'être humain est capable. **Ionesco** dans *Rhinocéros* montre cette solitude de l'homme confronté à lui-même et au Mal (▸ p. 333).

Des Trente Glorieuses au retour des crises

• Cependant que les peuples colonisés réclament une reconnaissance, le concept de **négritude** défendu par **Aimé Césaire** (▸ p. 300) revendique la dignité et les valeurs communes des peuples noirs face à la civilisation occidentale. **Le monde colonial se délite**. Genet (*Les Paravents* ▸ p. 336) et Kateb Yacine (▸ p. 329) témoignent quant à eux des horreurs commises en Algérie.

Jusqu'en **1940** IIIe République

1900 — 1910 — 1920 — 1930 — 1940 — 1950

1905 Séparation de l'Église et de l'État

1914-1918 Première Guerre mondiale

1933 Hitler au pouvoir en Allemagne

1939-1945 Seconde Guerre mondiale

Littérature et société

La contestation de la société : naissance du surréalisme

• **Entre les deux guerres**, les valeurs rationnelles de la société sont contestées radicalement par une génération de jeunes artistes prônant une **vision nouvelle de l'univers**, guidée par les **lois de l'inconscient et du hasard**. La revue ***La Révolution surréaliste*** unit pour un temps des écrivains comme Breton, Éluard, Desnos et les peintres Duchamp, Dalí, De Chirico et Magritte.

Entre libération des entraves…

• La condition de l'homme en général et celle de la femme en particulier préoccupent l'époque contemporaine. **Sartre** notamment pose la question de la **responsabilité** à travers celle de l'**engagement** (*Les Mouches* ► p. 307). Simone de Beauvoir revendique, quant à elle, qu'une véritable place soit enfin accordée à la femme, ce *Deuxième Sexe* (► p. 321).

• Au début des années cinquante, les **avant-gardes** du théâtre et du roman se libèrent des cadres imposés par la tradition (Ionesco, *La Cantatrice chauve* ► p. 324 ; Butor, *La Modification* ► p. 330). Le cinéma de la **Nouvelle Vague** avec Truffaut, Godard ou Resnais suit ce **mouvement d'émancipation**.

… et aliénation de la consommation de masse

• Marque de la société occidentale des Trente Glorieuses décrite par **Elsa Triolet** dans *Roses à crédit* (► p. 332) et **Annie Ernaux** dans *Les Années* (► p. 378), le **consumérisme** asservit plutôt qu'il ne sert l'individu. Les auteurs dénoncent les fausses valeurs de la société de consommation alors que l'**objet** tend à envahir toujours plus la société au risque d'éclipser la figure humaine (Robbe-Grillet, *Les Gommes* ► p. 328) ou de la dévorer (Toussaint, *La Télévision* ► p. 362).

Andy Warhol, *Campbell's Soup I* (1968), sérigraphie (90 x 59 cm), collection privée.

Effervescence et renouvellement de l'art

• Au début du XXe siècle, **Apollinaire** glorifie la modernité (*Zone* ► p. 271), pendant qu'une communauté d'artistes, dont **Gauguin** (► p. 159) et **Picasso** (► p. 279), fait de **Paris le centre de l'art**.

• Le fauvisme, le cubisme, l'expressionnisme et l'Art nouveau **renouvellent l'art et la perception du réel** jusqu'à faire disparaître toute représentation figurative avec l'**art abstrait**. La forme et la couleur restent seules capables de représenter graphiquement un état d'âme.

• **La crise de l'art contemporain** stigmatise les rapports de l'art avec le réel. **Yasmina Reza** transforme la question de l'art en une étude des pulsions contemporaines (*Art* ► p. 358) alors que **Houellebecq** en fait le prétexte à la satire du capitalisme (► p. 382).

1946-1958 IVe République | **Depuis 1958** Ve République

1960 — 1970 — 1980 — 1990 — 2000

1962 Indépendance de l'Algérie

1968 Révoltes étudiantes

1989 Chute du mur de Berlin

2001 Attentats du 11 septembre aux États-Unis

1911

Saint-John Perse
(1887-1975)

L'auteur et l'œuvre

Poète et diplomate, Prix Nobel de littérature, Saint-John Perse (Alexis Leger de son vrai nom) est issu d'une famille de colons installée en Guadeloupe. À jamais marqué par une enfance idyllique au contact de la nature et imprégné par la culture créole, il consacre le recueil *Éloges*, publié alors qu'il n'a qu'une vingtaine d'années, à la célébration de ce paradis perdu.

Des versets

Ce texte, le premier de la section « Pour fêter une enfance », peut se lire comme un hymne à l'enfance. Saint-John Perse utilise le verset, une forme intermédiaire entre le vers libre et le poème en prose héritée de la Bible, qui donne une dimension incantatoire à sa poésie.

QUESTIONS

1 • En quoi ce poème peut-il se rattacher au titre de la section dans laquelle il se trouve mais aussi au titre du recueil ?

2 • Comment le « je » poétique mêle-t-il la temporalité de l'enfant et celle de l'adulte ?

3 • Montrez comment le poème glisse du réel au mythe pour rendre compte des temps paradisiaques de l'enfance.

Saint-John Perse

Éloges

« Alors on te baignait dans l'eau-de-feuilles-vertes »

I

Palmes... !

Alors on te baignait dans l'eau-de-feuilles-vertes ; et l'eau encore était du soleil vert ; et les servantes de ta mère, grandes filles luisantes, remuaient leurs jambes chaudes près de toi qui tremblais...

(Je parle d'une haute condition, alors, entre les robes, au règne de tournantes clartés.)

Palmes ! et la douceur
d'une vieillesse des racines... ! La terre
alors souhaita d'être plus sourde, et le ciel plus profond où des arbres trop grands, las d'un obscur dessein, nouaient un pacte inextricable...

(J'ai fait ce songe, dans l'estime : un sûr séjour entre les toiles enthousiastes.)

Et les hautes
racines courbes célébraient
l'en allée des voies prodigieuses, l'invention des voûtes et des nefs
et la lumière alors, en de plus purs exploits féconde, inaugurait le blanc royaume où j'ai mené peut-être un corps sans ombre...

(Je parle d'une haute condition, jadis, entre des hommes et leurs filles, et qui mâchaient de telle feuille.)

Alors, les hommes avaient
une bouche plus grave, les femmes avaient des bras plus lents ;
alors, de se nourrir comme nous de racines, de grandes bêtes taciturnes s'ennoblissaient ;
et plus longues sur plus d'ombre se levaient les paupières...
(J'ai fait ce songe, il nous a consumés sans reliques.)

Section « Pour fêter une enfance », I (extrait)

Apollinaire

Alcools

Zone

« Bergère ô tour Eiffel »

À la fin tu es las de ce monde ancien

Bergère ô tour Eiffel le troupeau des ponts bêle ce matin

Tu en as assez de vivre dans l'antiquité grecque et romaine

Ici même les automobiles ont l'air d'être anciennes
La religion seule est restée toute neuve la religion
Est restée simple comme les hangars de Port-Aviation

Seul en Europe tu n'es pas antique ô Christianisme
L'Européen le plus moderne c'est vous Pape Pie X
Et toi que les fenêtres observent la honte te retient
D'entrer dans une église et de t'y confesser ce matin
Tu lis les prospectus les catalogues les affiches qui chantent tout haut
Voilà la poésie ce matin et pour la prose il y a les journaux
Il y a les livraisons à 25 centimes pleines d'aventures policières
Portraits des grands hommes et mille titres divers

J'ai vu ce matin une jolie rue dont j'ai oublié le nom
Neuve et propre du soleil elle était le clairon
Les directeurs les ouvriers et les belles sténo-dactylographes
Du lundi matin au samedi soir quatre fois par jour y passent
Le matin par trois fois la sirène y gémit
Une cloche rageuse y aboie vers midi
Les inscriptions des enseignes et des murailles
Les plaques les avis à la façon des perroquets criaillent
J'aime la grâce de cette rue industrielle
Située à Paris entre la rue Aumont-Thiéville et l'avenue des Ternes

Voilà la jeune rue et tu n'es encore qu'un petit enfant
Ta mère ne t'habille que de bleu et de blanc
Tu es très pieux et avec le plus ancien de tes camarades René Dalize
Vous n'aimez rien tant que les pompes de l'Église
Il est neuf heures le gaz est baissé tout bleu vous sortez du dortoir en
[cachette

(Extrait).

1913

Guillaume Apollinaire (1880-1918)

L'auteur et l'œuvre

Apollinaire incarne « l'esprit nouveau », selon l'expression qu'il utilisera dans une conférence de 1917. Cet « esprit nouveau » consiste à approfondir la réflexion déjà engagée à la fin du XIXe siècle sur la forme et le langage poétiques. La poésie d'Apollinaire célèbre à la fois la beauté du monde moderne, la mélancolie, la solitude, la ville et l'identité du poète.

Un poème résolument moderne

Placé en tête de recueil, « Zone » est significatif du renouveau poétique que propose Apollinaire. Le poème évoque la vie moderne dans ses aspects les plus réalistes et intègre les derniers progrès technologiques, comme l'automobile et l'aviation. La succession des vers offre une vision simultanée du passé et du présent. Les ruptures chronologiques audacieuses bouleversent les habitudes poétiques.

QUESTIONS

1 • En quoi ce poème marque-t-il une rupture avec la poésie du XIXe siècle ?

2 • Pourquoi peut-on dire qu'il s'agit d'une poésie du quotidien ?

3 • Dans quelle mesure ce poème est-il un vagabondage lyrique ?

1913

Guillaume Apollinaire (1880-1918)

L'auteur et l'œuvre

Inspiré par un séjour du poète au bord du Rhin, ce poème fait partie de la section intitulée « Rhénanes » du recueil *Alcools*. Les poèmes de cette section évoquent tantôt des légendes, tantôt des scènes de la vie réelle.

L'artiste et l'œuvre

Avec Picasso, Georges Braque (1882-1963) est à l'origine du mouvement cubiste, influencé par l'œuvre de Cézanne et les arts africains. Le cubisme décompose le réel en formes géométriques selon plusieurs points de vue de manière simultanée. Il constitue une rupture très forte avec l'esthétique du XIXe siècle.

QUESTIONS

1 • En quoi ce poème décrit-il un espace de rêves et de légendes ?

2 • Comment l'ivresse est-elle suggérée ? De quelles manières le retour à la réalité se manifeste-t-il ?

3 • Dans quelle mesure peut-on rapprocher l'esthétique cubiste des poèmes d'Apollinaire ?

Apollinaire

Alcools

Nuit rhénane

« Écoutez la chanson lente »

Mon verre est plein d'un vin trembleur comme une flamme
Écoutez la chanson lente d'un batelier
Qui raconte avoir vu sous la lune sept femmes
Tordre leurs cheveux verts et longs jusqu'à leurs pieds

Debout chantez plus haut en dansant une ronde
Que je n'entende plus le chant du batelier
Et mettez près de moi toutes les filles blondes
Au regard immobile aux nattes repliées

Le Rhin le Rhin est ivre où les vignes se mirent
Tout l'or des nuits tombe en tremblant s'y refléter
La voix chante toujours à en râle-mourir
Ces fées aux cheveux verts qui incantent l'été

Mon verre s'est brisé comme un éclat de rire

« Rhénanes ».

Georges Braque, *Composition à l'as de trèfle* (1913), fusain, huile et crayon sur toile (81 x 60 cm), Centre Pompidou (Paris).

Proust

Du côté de chez Swann

Swann, un personnage aristocratique et élégant, rencontre Odette de Crécy, une femme entretenue aux mœurs légères.

« un genre de beauté qui lui était indifférent »

Mais, tandis que chacune de ces liaisons, ou chacun de ces flirts, avait été la réalisation plus ou moins complète d'un rêve né de la vue d'un visage ou d'un corps que Swann avait, spontanément, sans s'y efforcer, trouvés charmants, en revanche, quand un jour au théâtre il fut présenté à Odette de Crécy par un de ses amis d'autrefois, qui lui avait parlé d'elle comme d'une femme ravissante avec qui il pourrait peut-être arriver à quelque chose, mais en la lui donnant pour plus difficile qu'elle n'était en réalité afin de paraître lui-même avoir fait quelque chose de plus aimable en la lui faisant connaître, elle était apparue à Swann non pas certes sans beauté, mais d'un genre de beauté qui lui était indifférent, qui ne lui inspirait aucun désir, lui causait même une sorte de répulsion physique, de ces femmes comme tout le monde a les siennes, différentes pour chacun, et qui sont l'opposé du type que nos sens réclament. Pour lui plaire elle avait un profil trop accusé, la peau trop fragile, les pommettes trop saillantes, les traits trop tirés. Ses yeux étaient beaux, mais si grands qu'ils fléchissaient sous leur propre masse, fatiguaient le reste de son visage et lui donnaient toujours l'air d'avoir mauvaise mine ou d'être de mauvaise humeur. Quelque temps après cette présentation au théâtre, elle lui avait écrit pour lui demander à voir ses collections qui l'intéressaient tant, « elle, ignorante qui avait le goût des jolies choses », disant qu'il lui semblait qu'elle le connaîtrait mieux, quand elle l'aurait vu dans « son home » où elle l'imaginait « si confortable avec son thé et ses livres », quoiqu'elle ne lui eût pas caché sa surprise qu'il habitât ce quartier qui devait être si triste et « qui était si peu *smart*[1] pour lui qui l'était tant ». Et après qu'il l'eut laissée venir, en le quittant, elle lui avait dit son regret d'être restée si peu dans cette demeure où elle avait été heureuse de pénétrer, parlant de lui comme s'il avait été pour elle quelque chose de plus que les autres êtres qu'elle connaissait, et semblant établir entre leurs deux personnes une sorte de trait d'union romanesque qui l'avait fait sourire.

1. **Smart** : terme anglais signifiant « raffiné ».

1913

Marcel Proust
(1871-1922)

L'auteur et l'œuvre

La fresque que constituent les sept tomes d'*À la recherche du temps perdu* est l'histoire de la vocation d'écrivain du narrateur-personnage, Marcel. Le premier tome, intitulé *Du côté de chez Swann*, contient la partie « Un amour de Swann ». Marcel examine avec une précision « radiographique », dit-il, la société contemporaine et toutes les nuances du sentiment amoureux.

Une rencontre singulière

La scène de rencontre amoureuse est un moment attendu, un *topos* du genre romanesque. En regard des scènes de première vue traditionnelles comme celle de *La Princesse de Clèves* (▶ p. 122) ou de *Manon Lescaut* (▶ p. 146), celle-ci fait preuve d'une originalité singulière : Swann ne tombe pas immédiatement sous le charme d'Odette. Il souffrira cependant par la suite les affres d'une passion tourmentée.

QUESTIONS

1 • Quelles sont les caractéristiques du portrait d'Odette ?

2 • Comment le narrateur semble-t-il expliquer la naissance du sentiment amoureux ?

3 • Qu'apprend-on du genre humain et des sentiments ?

1913

Blaise Cendrars
(1887-1961)

L'auteur et l'œuvre

Frédéric Louis Sauser, dit Blaise Cendrars, poète et romancier, ambitionne de refléter le monde moderne. *La Prose du Transsibérien,* poème de 445 vers, est juxtaposée à une longue image, dans un dépliant de deux mètres qui constitue le premier livre-objet : à gauche, des collages de couleurs réalisés par Sonia Delaunay ; à droite, le récit poétique d'un voyage imaginaire en train depuis Moscou jusqu'à Kharbine, dans le nord de la Chine.

La modernité

Les artistes de l'avant-garde expriment les expériences nouvelles de la société technique et industrielle. Cet « esprit nouveau », tel que le définit Apollinaire, met la surprise au cœur de la création. L'aéroplane, le cinéma par exemple, sources de mouvement et de vitesse, ou la tour Eiffel, symbole de la modernité, inspirent les peintres comme les poètes.

VERS LA LECTURE ANALYTIQUE

1 • Quelle vision Cendrars donne-t-il de Moscou ?

2 • Comment le motif du voyage se développe-t-il ici ?

3 • En quoi ce passage traduit-il une modernité poétique ?

Cendrars

Prose du Transsibérien et de la petite Jehanne de France

« Le Kremlin était comme un immense gâteau tartare »

En ce temps-là j'étais en mon adolescence
J'avais à peine seize ans et je ne me souvenais déjà plus de mon enfance
J'étais à 16 000 lieues du lieu de ma naissance
J'étais à Moscou, dans la ville des mille et trois clochers et des sept gares
Et je n'avais pas assez des sept gares et des mille et trois tours
Car mon adolescence était si ardente et si folle
Que mon cœur, tour à tour, brûlait comme le temple d'Éphèse[1] ou comme la Place Rouge de Moscou
Quand le soleil se couche.
Et mes yeux éclairaient des voies anciennes.
Et j'étais déjà si mauvais poète
Que je ne savais pas aller jusqu'au bout.

Le Kremlin était comme un immense gâteau tartare
Croustillé d'or,
Avec les grandes amandes des cathédrales toutes blanches
Et l'or mielleux des cloches...

Un vieux moine me lisait la légende de Novgorode[2]
J'avais soif
Et je déchiffrais des caractères cunéiformes
Puis, tout à coup, les pigeons du Saint-Esprit s'envolaient sur la place
Et mes mains s'envolaient aussi, avec des bruissements d'albatros
Et ceci, c'était les dernières réminiscences du dernier jour
Du tout dernier voyage
Et de la mer.

Pourtant, j'étais fort mauvais poète.
Je ne savais pas aller jusqu'au bout.
J'avais faim
Et tous les jours et toutes les femmes dans les cafés et tous les verres
J'aurais voulu les boire et les casser
Et toutes les vitrines et toutes les rues
Et toutes les maisons et toutes les vies

Et toutes les roues des fiacres qui tournaient en tourbillon sur les mauvais pavés
J'aurais voulu les plonger dans une fournaise de glaives
Et j'aurais voulu broyer tous les os
Et arracher toutes les langues
Et liquéfier tous ces grands corps étranges et nus sous les vêtements qui m'affolent...
Je pressentais la venue du grand Christ rouge de la révolution russe...
Et le soleil était une mauvaise plaie
Qui s'ouvrait comme un brasier.

1. **Éphèse** : cité grecque d'Asie Mineure (Turquie actuelle). Son temple détruit par un incendie au IVe siècle av. J.-C. était l'une des Sept Merveilles du monde. 2. **Novgorode ou Novgorod** : ville de Russie. « La légende de Novgorode » serait un long poème en vers libres écrit par Cendrars en 1907, dans lequel il rapporte ses années en Russie.

Sonia Delaunay, illustration de *La Prose du Transsibérien et de la petite Jehanne de France* (1913), éd. des Hommes Nouveaux, limitée à 150 exemplaires (208 x 36 cm), Museum of Modern Art, New York (États-Unis).

HISTOIRE DES ARTS

L'artiste et l'œuvre

Sonia Delaunay (1885-1979), née en Ukraine, est, avec son mari Robert Delaunay, une pionnière de l'abstraction. Elle mène des recherches autour de la lumière et des rapports entre les couleurs. Elle étudie les contrastes simultanés, c'est-à-dire les effets du rapprochement d'une couleur avec sa complémentaire. Son goût éclectique la porte vers la création de vêtements, la décoration et la réalisation de collages et de reliures de recueils poétiques.

Une carte routière surprenante

La composition rythmique illustrant le poème de Cendrars agence des formes géométriques en une éclatante carte routière. L'œil du lecteur saisit simultanément la danse des couleurs et des formes ainsi que celle des mots.

DE L'IMAGE AU TEXTE

4 • Dans quelle mesure la couleur constitue-t-elle un thème à part entière, tant dans le poème de Cendrars que dans l'œuvre que Sonia Delaunay lui associe ?

1914

Guillaume Apollinaire
(1880-1918)

L'auteur et l'œuvre

Poète de la modernité, Apollinaire use régulièrement de calligrammes qu'il nomme d'abord idéogrammes. Dans « À Lou. Hommage », le poète développe un lyrisme visuel. Il met en relation simultanément l'écriture et le dessin figuratif et s'approprie l'espace de la page, rappelant ainsi les rapports étroits du poème avec l'objet artistique et l'étymologie même du mot « poème » : du grec *poiein*, « faire, créer ».

Le calligramme

Ce terme, forgé par Apollinaire lui-même, signifie étymologiquement « belle lettre » (du grec *kallos* « beau » et *gramma* « signe d'écriture, lettre »). Le poète s'adresse à Lou, la femme qu'il aime, sous une forme originale qui lie la poésie, le tableau et la calligraphie. L'écriture non linéaire et la mise en forme complexe obligent le lecteur à reprendre le trajet de création du poète dans un mouvement perpétuel de l'œil et de l'esprit.

Apollinaire

Poèmes à Lou

À Lou. Hommage

« Apprenez ô Lou à me connaître afin de m'oublier »

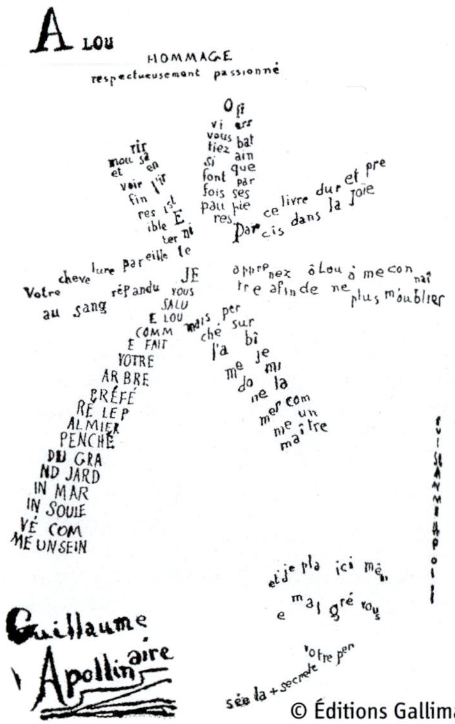

© Éditions Gallimard.

Transcription :

À LOU
HOMMAGE
respectueusement passionné

Oliviers vous battiez ainsi que font parfois ses paupières

Par ce livre dur et précis dans la joie
Apprenez ô Lou à me connaître afin de m'oublier

Mais penché sur l'abîme je domine la mer comme un maître

JE VOUS SALUE LOU
COMME FAIT VOTRE ARBRE PRÉFÉRÉ
LE PALMIER PENCHÉ
DU GRAND JARDIN MARIN
SOULÈVE COMME UN SEIN

Votre chevelure pareille
au sang répandu

Mourir et savoir enfin l'irrésistible
Éternité

Guillaume Apollinaire

et je place ici même malgré
vous votre pensée la + secrète

Guillaume Apollinaire

QUESTIONS

1 • Comment Apollinaire lie-t-il étroitement amour, poésie et dessin ?

2 • Quelle est la place du sacré dans le poème ?

3 • Quelles fonctions de la poésie ce calligrame illustre-t-il ?

Valéry

Charmes

Les pas

« Ne hâte pas cet acte tendre. »

Tes pas, enfants de mon silence,
Saintement, lentement placés,
Vers le lit de ma vigilance
Procèdent muets et glacés.

Personne pure, ombre divine,
Qu'ils sont doux, tes pas retenus !
Dieux !... tous les dons que je devine
Viennent à moi sur ces pieds nus !

Si, de tes lèvres avancées,
Tu prépares pour l'apaiser,
À l'habitant de mes pensées
La nourriture d'un baiser,

Ne hâte pas cet acte tendre,
Douceur d'être et de n'être pas,
Car j'ai vécu de vous attendre,
Et mon cœur n'était que vos pas.

1922

Paul Valéry
(1871-1945)

L'auteur et l'œuvre

Poète, essayiste, critique, Paul Valéry accorde une place prééminente à la vie de l'esprit et au regard, considéré comme la source de la connaissance, et affirme « je suis ce que je vois ». Par son titre, *Charmes* fait allusion aux poèmes de l'Antiquité romaine, les *carmina* (chants, incantations). Le poème « Les pas » double l'hommage à l'Antiquité par l'allusion au baiser de la Muse.

Le baiser de la Muse

Le philosophe grec Platon explique l'inspiration poétique par l'action des Muses, intermédiaires entre les dieux et l'artiste. De nombreux peintres, sculpteurs et poètes ont imaginé le baiser de la Muse comme l'union mystérieuse et fondatrice de l'homme avec la création (▶ p. 246).

QUESTIONS

1 • Comment le désir amoureux s'exprime-t-il dans le poème ?

2 • Dans quelle mesure Valéry peint-il également ici le poète au travail ?

3 • En quoi peut-on dire que le texte est une méditation poétique sur la condition humaine ?

1922

Colette
(1873-1954)

L'auteure et l'œuvre

Sidonie-Gabrielle Colette, femme de lettres à la réputation sulfureuse, privilégie, dans ses romans, la sensualité et la poésie. Dans *Le Blé en herbe,* elle aborde le thème de l'initiation sexuelle à une époque où ce sujet est tabou.

La figure de l'initiatrice

Le jeune Philippe reçoit son initiation d'une femme plus âgée que lui, figure mystérieuse reprise du personnage de Lycénion dans *Daphnis et Chloé* de l'auteur grec Longus (IIe-IIIe siècle). Le texte rapporte une des premières rencontres entre Phil et son initiatrice, rencontre fondatrice de l'éveil du désir qui hantera le jeune homme. À la même époque, Raymond Radiguet fait scandale en publiant *Le Diable au corps,* récit des amours d'un jeune garçon et d'une femme mûre.

Colette

Le Blé en herbe

Par un après-midi brûlant, Camille Dalleray invite le jeune Philippe, rencontré quelques jours auparavant, à prendre un rafraîchissement chez elle.

« Le feu d'un diamant brilla »

Il entra et crut perdre pied en pénétrant dans une pièce noire, fermée aux rayons et aux mouches. La basse température qu'entretenaient persiennes et rideaux tirés lui coupa le souffle. Il heurta du pied un meuble mou, chut sur un coussin, entendit un petit rire démoniaque, venu d'une direction incertaine, et faillit pleurer d'angoisse. Un verre glacé toucha sa main.

– Ne buvez pas tout de suite, dit la voix de Mme Dalleray. Totote, tu es folle d'avoir mis de la glace. La cave est assez froide.

Une main blanche plongea trois doigts dans le verre et les retira aussitôt. Le feu d'un diamant brilla, reflété dans le cube de glace que serraient les trois doigts. La gorge serrée, Philippe but, en fermant les yeux, deux petites gorgées, dont il ne perçut même pas le goût d'orange acide ; mais quand il releva les paupières, ses yeux habitués discernèrent le rouge et le blanc d'une tenture, le noir et l'or assourdi des rideaux. Une femme, qu'il n'avait pas vue, disparut, emportant un plateau tintant. Un ara rouge et bleu, sur son perchoir, ouvrit son aile avec un bruit d'éventail, pour montrer son aisselle couleur de chair émue...

– Il est beau, dit Phil d'une voix enrouée.

– D'autant plus beau qu'il est muet, dit Mme Dalleray.

Elle s'était assise assez loin de Philippe, et la fumée verticale d'un parfum qui brûlait, répandant hors d'une coupe l'odeur de la résine et du géranium, montait entre eux. Philippe croisa l'une sur l'autre ses jambes nues, et la Dame en blanc[1] sourit, pour accroître la sensation de somptueux cauchemar, d'arrestation arbitraire, d'enlèvement équivoque qui ôtait à Philippe tout son sang-froid.

1. Mme Dalleray.

QUESTIONS

1 • Quelles causes expliquent le malaise du jeune homme ?

2 • Comment l'inquiétant se trouve-t-il mêlé à la banalité ?

3 • Quelle interprétation symbolique peut-on donner à cette scène ?

Tzara

Sept manifestes dada

Pour faire un poème dadaïste

Pour faire un poème dadaïste
Prenez un journal.
Prenez des ciseaux.
Choisissez dans ce journal un article ayant la longueur que vous comptez donner à votre poème.
Découpez l'article.
Découpez ensuite avec soin chacun des mots qui forment cet article et mettez-les dans un sac.
Agitez doucement.
Sortez ensuite chaque coupure l'une après l'autre.
Copiez-les consciencieusement dans l'ordre où elles ont quitté le sac.
Le poème vous ressemblera.
Et vous voilà un écrivain infiniment original et d'une sensibilité charmante, encore qu'incomprise du vulgaire.

Pablo Picasso, *Portrait de Nusch* **(1937), huile sur toile (55 x 46 cm), Nationalgalerie, Museum Berggruen, Berlin (Allemagne).**

1924

Tristan Tzara
(1896-1963)

L'auteur et l'œuvre

Poète, artiste, essayiste et journaliste, Tristan Tzara est né en Roumanie mais c'est en Suisse qu'il fonde le Cabaret Voltaire, un lieu de culture qui édite, à partir de 1917, la revue *Dada*. Il écrit plusieurs manifestes contre la guerre mais aussi contre l'art et la littérature académiques de l'époque. Il cherche à déconstruire le langage. « Pour faire un poème dadaïste », écrit vers 1920, montre la volonté de rupture du mouvement dada.

L'artiste et l'œuvre

Peintre, dessinateur et sculpteur espagnol, Picasso a marqué l'histoire de l'art en fondant de nombreux mouvements artistiques et en particulier le cubisme. Le processus de création de ce mouvement pictural déstructure la perception du réel pour réorganiser celui-ci sous forme géométrique en remettant en cause le principe de la perspective.

QUESTIONS

1 • Qu'est-ce qu'un poème dada, d'après ce poème ?

2 • En quoi ce texte a-t-il une dimension satirique ?

3 • Qu'ont de commun l'entreprise de Tzara et celle de Picasso ?

1925

André Gide
(1869-1951)

L'auteur et l'œuvre

Alors que le genre romanesque connaît une période de crise et de rejet du réalisme dans les années 1920, Gide pose la question de l'esthétique romanesque à la fois dans *Les Faux-monnayeurs* et dans son *Journal des faux-monnayeurs*. Si le roman est un récit d'apprentissage (Bernard et son ami Olivier se construisent autour d'Édouard, un romancier en train d'écrire *Les Faux-monnayeurs*), il ne met pas moins en scène les querelles esthétiques contemporaines.

Un personnage en construction

L'ange intervient lorsque Bernard, guidé jusqu'alors par le démon, est en quête d'une spiritualité sans Dieu puisqu'il n'est pas croyant et ne connaît pas de prière. Gide explicitera son point de vue dans son journal intime : « Je crois que souvent ce que la société appelle le mal (du moins celui qui n'est pas le fait d'une simple carence, mais bien une manifestation d'énergie) est d'une plus grande vertu éducatrice et initiatrice que ce que vous appelez le bien. » Bernard affronte cette double-entité ange/démon pour se construire.

La lutte avec l'ange

Dans la Bible, Jacob lutte toute une nuit sans connaître l'identité de son adversaire : un ange qui lui accorde, au terme de la lutte, la descendance d'Israël (► p. 415). La lutte avec l'ange est devenue un *topos* des arts et de la littérature. Elle permet au personnage ou à l'artiste de se dépasser, de progresser.

Gide

Les Faux-monnayeurs

Bernard vit à la pension Vedel. Boris, Sarah, Rachel, Bronja gravitent autour de lui. Alors qu'il est aux prises avec sa conscience, Bernard rencontre un ange. Il se prépare à lutter avec lui.

« et toute la nuit, jusqu'au matin, ils luttèrent »

Puis l'ange mena Bernard dans de pauvres quartiers dont Bernard ne soupçonnait pas auparavant la misère. Le soir tombait. Ils errèrent longtemps entre de hautes maisons sordides qu'habitaient la maladie, la prostitution, la honte, le crime et la faim. C'est alors seulement que Bernard prit la main de l'ange, et l'ange se détournait de lui pour pleurer.

Bernard ne dîna pas ce soir-là ; et quand il rentra à la pension, il ne chercha pas à rejoindre Sarah[1] ainsi qu'il avait fait les autres soirs, mais monta tout droit à cette chambre qu'il occupait avec Boris.

Boris était déjà couché, mais ne dormait pas encore. Il relisait, à la clarté d'une bougie, la lettre qu'il avait reçue de Bronja le matin même de ce jour.

« Je crains, lui disait son amie, de ne jamais plus te revoir. J'ai pris froid à mon retour en Pologne. Je tousse ; et bien que le médecin me le cache, je sens que je ne peux plus vivre longtemps. »

En entendant approcher Bernard, Boris cacha la lettre sous son oreiller et souffla précipitamment la bougie.

Bernard s'avança dans le noir. L'ange était entré dans la chambre avec lui mais, bien que la nuit ne fût pas très obscure, Boris ne voyait que Bernard.

« Dors-tu ? » demanda Bernard à voix basse. Et comme Boris ne répondait pas, Bernard en conclut qu'il dormait.

« Alors, maintenant, à nous deux », dit Bernard à l'ange.

Et toute la nuit, jusqu'au matin, ils luttèrent.

Boris voyait confusément Bernard s'agiter. Il crut que c'était sa façon de prier et prit garde de ne point l'interrompre. Pourtant il aurait voulu lui parler, car il sentait une grande détresse. S'étant levé, il s'agenouilla au pied de son lit. Il aurait voulu prier, mais ne pouvait que sangloter :

« Ô Bronja, toi qui vois les anges, toi qui devais m'ouvrir les yeux, tu me quittes ! Sans toi, Bronja, que deviendrai-je ? Qu'est-ce que je vais devenir ? »

Bernard et l'ange étaient trop occupés pour l'entendre. Tous deux luttèrent jusqu'à l'aube. L'ange se retira sans qu'aucun des deux fût vainqueur.

Lorsque, plus tard, Bernard sortit à son tour de la chambre, il croisa Rachel[2] dans le couloir.

« J'ai à vous parler », lui dit-elle. Sa voix était si triste que Bernard comprit aussitôt tout ce qu'elle avait à lui dire. Il ne répondit rien, courba la tête et, par grande pitié pour Rachel, soudain prit Sarah en haine et le plaisir qu'il goûtait avec elle en horreur.

XIV

Vers six heures, Bernard s'amena chez Édouard, avec un sac à main qui suffisait à contenir le peu de vêtements, de linge et de livres qu'il possédait. Il avait pris congé d'Azaïs et de madame Vedel[3], mais n'avait pas cherché à revoir Sarah.

Bernard était grave. Sa lutte avec l'ange l'avait mûri. Il ne ressemblait déjà plus à l'insouciant voleur de valise[4] qui croyait qu'en ce monde il suffit d'oser. Il commençait à comprendre que le bonheur d'autrui fait souvent les frais de l'audace.

1. **Sarah** : Bernard entretient une relation avec elle. 2. **Rachel** : sœur de Sarah. 3. Propriétaires de la pension. 4. Allusion au début du roman.

1925

QUESTIONS

1 • Comment l'extrait traduit-il une forme de tragique humain ?

2 • En quoi ce passage constitue-t-il une réécriture de l'épisode biblique de « la lutte de Jacob avec l'ange » ? (▶ p. 415)

3 • Dans quelle mesure la lutte peut-elle être considérée comme un rite initiatique ?

TEXTE ÉCHO

Gide, *Journal des faux-monnayeurs* (1927)

27 mai [1924]

Le mauvais romancier construit ses personnages ; il les dirige et les fait parler. Le vrai romancier les écoute et les regarde agir ; il les entend parler dès avant que de les connaître, et c'est d'après ce qu'il leur entend dire qu'il comprend peu à peu *qui* ils sont.

J'ai ajouté : les regarde agir – car, pour moi, c'est plutôt le langage que le geste qui renseigne, et je crois que je perdrais moins, perdant la vue, que perdant l'ouïe. Pourtant je *vois* mes personnages ; non point tant leurs détails que leur masse, et plutôt encore leurs gestes, leur allure, le rythme de leurs mouvements. Je ne souffre point de ce que les verres de mes lunettes ne me les présentent pas tout à fait « au point » ; tandis que les moindres inflexions de leurs voix, je les perçois avec la netteté la plus vive.

J'ai écrit le premier dialogue entre Olivier[1] et Bernard et les scènes entre Passavant et Vincent, sans du tout savoir ce que je ferais de ces personnages, ni qui ils étaient. Ils se sont imposés à moi quoi que j'en aie. Rien de miraculeux là-dedans. Je m'explique assez bien la formation d'un personnage imaginaire, et de quel rebut de soi-même il est fait.

1. Bernard est le personnage principal des *Faux-monnayeurs*. Olivier est un de ses amis proches, Vincent est le frère aîné d'Olivier et Passavant incarne le type-même de l'écrivain à la mode.

Une réflexion sur l'écriture

Dans son journal, qui est aussi un « cahier d'étude », André Gide commente la composition du roman. Il veut sortir de l'« ornière réaliste », regrette que l'école symboliste ait montré peu de curiosité devant la vie et pense que l'épique est la voie à suivre, c'est-à-dire celle qui permet de parvenir à une connaissance de soi. Il revient plusieurs fois sur la notion de personnage et souhaite, tour à tour, « céder la place d'honneur » à chacun d'entre eux.

D'UN TEXTE À L'AUTRE

4 • En quoi le journal éclaire-t-il l'extrait du roman ?

Paul Éluard
(1895-1952)

L'auteur et l'œuvre

Eugène Grindel, dit Paul Éluard, est un poète surréaliste (▸ p. 402) connu pour son lyrisme et son engagement dans la Résistance. *Capitale de la douleur* est parfois considéré comme le journal poétique des années qu'il a passées avec sa femme Gala en compagnie du peintre Max Ernst. Gala semble préférer Ernst à Éluard, qui souffre de cette situation, comme l'évoque le titre de la troisième section du recueil : « Mourir de ne pas mourir ».

Une réécriture du mythe d'Orphée

Orphée a perdu sa compagne Eurydice, mordue par un serpent. Fou de douleur, il descend aux Enfers pour la retrouver et la ramener avec lui. Les dieux y consentent à une seule condition : Orphée doit marcher jusqu'au monde des vivants sans se retourner pour la regarder. Trop impatient, il se retourne et perd Eurydice à tout jamais. Dans *Absences II*, le poète transforme ce mythe (▸ p. 408).

Texte lu
Manuel numérique

QUESTIONS

1 • Comment la femme aimée est-elle représentée ?

2 • En quoi peut-on dire que le poète est un nouvel Orphée ?

3 • Comment l'esthétique surréaliste s'exprime-t-elle dans ce poème ?

Éluard
Capitale de la douleur

Le poète, tel Orphée, descend aux Enfers chercher la femme qu'il aime.

Absences
II

« Je sors au bras des ombres »

Je sors au bras des ombres,
Je suis au bas des ombres,
Seul.

La pitié est plus haut et peut bien y rester,
La vertu se fait l'aumône de ses seins
Et la grâce s'est prise dans les filets de ses paupières.
Elle est plus belle que les figures des gradins,
Elle est plus dure,
Elle est en bas avec les pierres et les ombres.
Je l'ai rejointe.

C'est ici que la clarté livre sa dernière bataille.
Si je m'endors, c'est pour ne plus rêver.
Quelles seront alors les armes de mon triomphe ?
Dans mes yeux grands ouverts le soleil fait les joints,
Ô jardin de mes yeux !
Tous les fruits sont ici pour figurer des fleurs,
Des fleurs dans la nuit.
Une fenêtre de feuillage
S'ouvre soudain dans son visage.
Où poserai-je mes lèvres, nature sans rivage ?

Une femme est plus belle que le monde où je vis
Et je ferme les yeux.
Je sors au bras des ombres,
Je suis au bas des ombres
Et des ombres m'attendent.

Section « Nouveaux poèmes »

1926

Animation
Manuel numérique

Salvador Dalí, *Rêve causé par le vol d'une abeille autour d'une pomme-grenade une seconde avant le réveil* (1944), huile sur bois (51 x 41 cm), musée Thyssen-Bornemisza, Madrid (Espagne).

HISTOIRE DES ARTS

L'artiste et l'œuvre

Salvador Dalí (1904-1989), peintre, sculpteur et scénariste catalan excentrique, est marqué successivement par le futurisme, le cubisme et le surréalisme. Ce tableau convoque les thèmes chers au surréalisme : le rêve et l'inconscient, l'association libre d'éléments appartenant à des réalités très éloignées, l'érotisme du corps de la femme.

Le mythe de la muse

L'amour et l'érotisme sont considérés par les surréalistes comme les sources mêmes de la création. Gala, femme d'Éluard, maîtresse de Max Ernst, épouse en secondes noces Dalí, dont elle va devenir le modèle et la muse.

DE L'IMAGE AU TEXTE

4 • Quels sont les points de convergence entre le poème d'Éluard et le tableau de Dalí ?

1926

Paul Éluard
(1895-1952)

L'auteur et l'œuvre

La peinture, selon Éluard, est capable « d'éveiller notre regard ». Le poète applique à la poésie la technique picturale du frottage inventée par le peintre Max Ernst : on applique une feuille sur un objet, on la frotte avec un fusain, une forme se détache et on laisse aller son imagination pour créer autre chose.

L'artiste et l'œuvre

Giorgio De Chirico (1888-1978) est le fondateur de la peinture métaphysique pour laquelle l'art doit être en rupture avec son époque historique et sociale afin de poser des questions métaphysiques, c'est-à-dire interroger l'existence d'une transcendance. Dans ses tableaux situés hors du temps, Chirico cherche à « révolutionner notre regard » et rend extraordinaires des choses ordinaires par le traitement de la lumière.

Texte lu
Manuel numérique

Éluard

Capitale de la douleur

Giorgio De Chirico

« Ô tour de mon amour autour de mon amour »

Un mur dénonce un autre mur
Et l'ombre me défend de mon ombre peureuse,
Ô tour de mon amour autour de mon amour,
Tous les murs filaient blanc autour de mon silence.

Toi, que défendais-tu ? Ciel insensible et pur
Tremblant tu m'abritais. La lumière en relief
Sur le ciel qui n'est plus le miroir du soleil,
Les étoiles de jour parmi les feuilles vertes,

Le souvenir de ceux qui parlaient sans savoir,
Maîtres de ma faiblesse et je suis à leur place
Avec des yeux d'amour et des mains trop fidèles
Pour dépeupler un monde dont je suis absent.

Giorgio De Chirico, *Place d'Italie* (1950), huile sur toile (51 x 61 cm), collection privée.

VERS LA LECTURE ANALYTIQUE

1 • En quoi évoquer la peinture devient-il prétexte pour parler de soi ?

2 • Quelles tonalités parcourent ce poème ?

3 • Confrontez ce poème au tableau de De Chirico.

Proust

Le Temps retrouvé

Le personnage-narrateur doute de ses « dons littéraires ».

« je la reconnus, c'était Venise »

En roulant les tristes pensées que je disais il y a un instant, j'étais entré dans la cour de l'hôtel de Guermantes et dans ma distraction je n'avais pas vu une voiture qui s'avançait ; au cri du wattman[1], je n'eus que le temps de me ranger vivement de côté, et je reculai assez pour buter malgré moi contre les pavés assez mal équarris[2] derrière lesquels était une remise. Mais au moment où, me remettant d'aplomb, je posai mon pied sur un pavé qui était un peu moins élevé que le précédent, tout mon découragement s'évanouit devant la même félicité qu'à diverses époques de ma vie m'avaient donnée la vue d'arbres que j'avais cru reconnaître dans une promenade en voiture autour de Balbec[3], la vue des clochers de Martinville[3], la saveur d'une madeleine trempée dans une infusion[3], tant d'autres sensations dont j'ai parlé et que les dernières œuvres de Vinteuil[4] m'avaient paru synthétiser. Comme au moment où je goûtais la madeleine, toute inquiétude sur l'avenir, tout doute intellectuel étaient dissipés. Ceux qui m'assaillaient tout à l'heure au sujet de la réalité de mes dons littéraires et même de la réalité de la littérature se trouvaient levés comme par enchantement.

Sans que j'eusse fait aucun raisonnement nouveau, trouvé aucun argument décisif, les difficultés, insolubles tout à l'heure, avaient perdu toute importance. Mais cette fois, j'étais bien décidé à ne pas me résigner à ignorer pourquoi, comme je l'avais fait le jour où j'avais goûté d'une madeleine trempée dans une infusion. [...] Et presque tout de suite je la reconnus, c'était Venise[5], dont mes efforts pour la décrire et les prétendus instantanés pris par ma mémoire ne m'avaient jamais rien dit et que la sensation que j'avais ressentie jadis sur deux dalles inégales du baptistère[6] de Saint-Marc m'avait rendue avec toutes les autres sensations jointes ce jour-là à cette sensation-là, et qui étaient restées dans l'attente, à leur rang, d'où un brusque hasard les avait impérieusement fait sortir, dans la série des jours oubliés.

1. **Wattman** : conducteur de véhicule automobile. 2. **Équarris** : taillés à angle droit, carrés. 3. Ces trois moments ont déclenché une réminiscence dans les précédents romans de la *Recherche*. 4. **Vinteuil** : personnage musicien de la *Recherche*. 5. **Venise** : ville où le narrateur a séjourné avec sa mère dans le roman *Albertine disparue*. 6. **Baptistère** : chapelle servant au baptême.

1927 (posth.)

Marcel Proust (1871-1922)

L'auteur et l'œuvre

Le Temps retrouvé est le septième et dernier tome de la fresque romanesque *À la Recherche du temps perdu*, que Proust construit selon une architecture complexe : présent et passé se font écho et les liens entre les romans qui la composent sont nombreux.

La réminiscence

Dite aussi mémoire involontaire, elle naît d'une sensation commune à un moment passé et présent. Dans d'autres passages de la *Recherche*, notamment dans *Du côté de chez Swann*, la madeleine, les clochers de Martinville, la petite phrase musicale de Vinteuil – en sollicitant respectivement le goût, la vue et l'ouïe – ont déjà provoqué la rencontre entre passé et présent. Ici, c'est le toucher qui permet au narrateur de retrouver Venise.

L'histoire d'une vocation

La réminiscence permet au narrateur d'apaiser ses doutes et de trouver un sens à la littérature dans la réinvention permanente du passé.

QUESTIONS

1 • Comment la réminiscence se manifeste-t-elle dans cet épisode ?

2 • Comment s'était-elle manifestée auparavant ?

3 • Quelles sont ses conséquences ?

1927

Mauriac

Thérèse Desqueyroux

François Mauriac
(1885-1970)

L'auteur et l'œuvre

Écrivain catholique, François Mauriac prend pour cible dans ses romans la bourgeoisie provinciale bien-pensante dont il est issu. La question du mystère du mal est au cœur de son œuvre. Thérèse Desqueyroux, engluée dans une vie bourgeoise qu'elle déteste, a essayé d'empoisonner son mari, Bernard, mais ce dernier a étouffé l'affaire pour éviter le scandale.

De l'incipit à l'excipit

Traditionnellement, l'excipit conclut l'action du roman, dresse un bilan des événements narrés et situe l'évolution des personnages par rapport à l'incipit. Le premier chapitre du roman s'ouvre sur la fin du procès de Thérèse et l'annonce du non-lieu en sa faveur. Il est précédé d'une préface de l'auteur qui se termine par une phrase qui résonne avec la fin du texte : « Du moins, sur ce trottoir où je t'abandonne, j'ai l'espérance que tu n'es pas seule. »

À la fin du roman, Thérèse retrouve, dans un café à Paris, son mari Bernard qui a accepté de lui rendre sa liberté. Ce dernier vient de quitter le café.

« Elle riait seule comme une bienheureuse. »

Elle regarda longtemps la goutte de porto au fond du verre de Bernard ; puis de nouveau dévisagea les passants. Certains semblaient attendre, allaient et venaient. Une femme se retourna deux fois, sourit à Thérèse (ouvrière, ou déguisée en ouvrière ?). C'était l'heure où se vident les ateliers de couture. Thérèse ne songeait pas à quitter la place ; elle ne s'ennuyait ni n'éprouvait de tristesse. Elle décida de ne pas aller voir, cet après-midi, Jean Azévédo, – et poussa un soupir de délivrance : elle n'avait pas envie de le voir : causer encore ! chercher des formules ! Elle connaissait Jean Azévédo ; mais les êtres dont elle souhaitait l'approche, elle ne les connaissait pas ; elle savait d'eux seulement qu'ils n'exigeraient guère de paroles. Thérèse ne redoutait plus la solitude. Il suffisait qu'elle demeurât immobile : comme son corps, étendu dans la lande du Midi, eût attiré les fourmis, les chiens, ici elle pressentait déjà autour de sa chair une agitation obscure, un remous. Elle eut faim, se leva, vit dans une glace d'Old England[1] la jeune femme qu'elle était : ce costume de voyage très ajusté lui allait bien. Mais de son temps d'Argelouse[2], elle gardait une figure comme rongée : ces pommettes trop saillantes, ce nez court. Elle songea : « Je n'ai pas d'âge. » Elle déjeuna (comme souvent dans ses rêves) rue Royale. Pourquoi rentrer à l'hôtel puisqu'elle n'en avait pas envie ? Un chaud contentement lui venait, grâce à cette demi-bouteille de Pouilly. Elle demanda des cigarettes. Un jeune homme, d'une table voisine, lui tendit son briquet allumé, et elle sourit. La route de Villandraut, le soir, entre ces pins sinistres, dire qu'il y a une heure à peine, elle souhaitait de s'y enfoncer aux côtés de Bernard ! Qu'importe d'aimer tel pays ou tel autre, les pins ou les érables, l'Océan ou la plaine ? Rien ne l'intéressait que ce qui vit, que les êtres de sang et de chair. « Ce n'est pas la ville de pierres que je chéris, ni les conférences, ni les musées, c'est la forêt vivante qui s'y agite, et que creusent des passions plus forcenées qu'aucune tempête. Le gémissement des pins d'Argelouse, la nuit, n'était émouvant que parce qu'on l'eût dit humain. »

Thérèse avait un peu bu et beaucoup fumé. Elle riait seule comme une bienheureuse. Elle farda ses joues et ses lèvres, avec minutie ; puis, ayant gagné la rue, marcha au hasard.

1. **Old England** : boutique. 2. **Argelouse** : ville des Landes où vivait Thérèse.

QUESTIONS

1 • Comment entre-t-on dans l'intériorité du personnage ?

2 • Comment l'auteur montre-t-il que Thérèse est en train de s'émanciper de sa vie antérieure ?

3 • En quoi peut-on parler d'une fin ouverte ?

Breton

Nadja

Je venais de traverser ce carrefour dont j'oublie ou ignore le nom, là, devant une église. Tout à coup, alors qu'elle est peut-être encore à dix pas de moi, venant en sens inverse, je vois une jeune femme, très pauvrement vêtue, qui, elle aussi, me voit ou m'a vu. Elle va la tête haute, contrairement à tous les autres passants. Si frêle qu'elle se pose à peine en marchant. Un sourire imperceptible erre peut-être sur son visage. Curieusement fardée, comme quelqu'un qui, ayant commencé par les yeux, n'a pas eu le temps de finir, mais le bord des yeux si noir pour une blonde. Le bord, nullement la paupière (un tel éclat s'obtient et s'obtient seulement si l'on ne passe avec soin le crayon que sous la paupière. Il est intéressant de noter, à ce propos, que Blanche Derval, dans le rôle de Solange[1], même vue de très près, ne paraissait en rien maquillée. Est-ce à dire que ce qui est très faiblement permis dans la rue mais est recommandé au théâtre ne vaut à mes yeux qu'autant qu'il est passé outre à ce qui est défendu dans un cas, ordonné dans l'autre ? Peut-être). Je n'avais jamais vu de tels yeux. Sans hésitation j'adresse la parole à l'inconnue, tout en m'attendant, j'en conviens du reste, au pire. Elle sourit, mais très mystérieusement, et, dirai-je, comme *en connaissance de cause*, bien qu'alors je n'en puisse rien croire. Elle se rend, prétend-elle, chez un coiffeur du boulevard Magenta (je dis : prétend-elle, parce que sur l'instant j'en doute et qu'elle devait reconnaître par la suite qu'elle allait sans but aucun). Elle m'entretient bien avec une certaine insistance de difficultés d'argent qu'elle éprouve, mais ceci, semble-t-il, plutôt en manière d'excuse et pour expliquer l'assez grand dénuement de sa mise. Nous nous arrêtons à la terrasse d'un café proche de la gare du Nord. Je la regarde mieux. Que peut-il bien passer de si extraordinaire dans ces yeux ? Que s'y mire-t-il à la fois obscurément de détresse et lumineusement d'orgueil ? C'est aussi l'énigme que pose le début de confession que, sans m'en demander davantage, avec une confiance qui pourrait (ou bien qui ne pourrait ?) être mal placée elle me fait. À Lille, ville dont elle est originaire et qu'elle n'a quittée qu'il y a deux ou trois ans, elle a connu un étudiant qu'elle a peut-être aimé, et qui l'aimait.

« Je n'avais jamais vu de tels yeux. »

1. **Solange** : personnage de la pièce *Les Détraquées* de Pierre Palau.

1928

André Breton
(1896-1966)

L'auteur et l'œuvre

Chef de file du mouvement surréaliste (► p. 402), André Breton se propose de révolutionner l'art et le monde, principes qu'il exprime en 1924 dans le *Manifeste du surréalisme*. Marqué par la psychanalyse, il affranchit son écriture des règles pour libérer l'inconscient, notamment à travers l'écriture automatique. On retrouve cette technique dans *Nadja*. L'œuvre comprend 44 photographies et s'inspire de la vie de Breton.

Un roman contre le roman

Nadja, c'est Léona Delcourt, qu'André Breton rencontre en octobre 1926. Il donne au récit de cette rencontre la forme d'un journal. Refusant toute « affabulation romanesque », l'auteur veut rendre compte spontanément des détails de cet événement, d'une réalité dont il serait le « témoin hagard », selon ses propres termes. Cependant, l'œuvre s'ancre dans la fiction dans la mesure où Léona devient Nadja ; la femme devient le point de départ de l'inspiration.

QUESTIONS

1 • Dans quelle mesure cette rencontre amoureuse est-elle atypique ?

2 • Quel portrait de Nadja le narrateur propose-t-il ?

3 • Comment les yeux de la jeune femme sont-ils mis en scène ?

1930

Desnos

Corps et Biens

Robert Desnos
(1900-1945)

L'auteur et l'œuvre

Dès 1922, Desnos participe au mouvement surréaliste (▸ p. 402) et se révèle comme l'un des pionniers de l'écriture automatique. À partir de 1930, il prend ses distances avec le groupe surréaliste sans renier pour autant les principes esthétiques qui en sont à l'origine : la célébration de l'amour fou, l'abandon de la logique et le recours à l'inconscient et au rêve. Le recueil *Corps et Biens* rassemble dix années d'écriture poétique.

Le renouvellement du lyrisme amoureux

Le titre du recueil lui-même invite à une traversée de l'œuvre marquée par les errances et les naufrages de l'expérience amoureuse. La section « À la mystérieuse » s'affranchit du surréalisme et privilégie l'expression d'un lyrisme amoureux que Desnos situe dans la tradition de Ronsard et de Baudelaire. La forme hésite entre vers et prose mais exalte toutefois la dimension lyrique et incantatoire de la poésie.

Texte lu
Manuel numérique

Le poème fait partie de la section « À la mystérieuse », dédiée à la chanteuse et comédienne Yvonne George à laquelle Desnos voua un amour éperdu.

J'ai tant rêvé de toi

« J'ai tant rêvé de toi que tu perds ta réalité. »

J'ai tant rêvé de toi que tu perds ta réalité.

Est-il encore temps d'atteindre ce corps vivant et de baiser sur cette bouche la naissance de la voix qui m'est chère ?

J'ai tant rêvé de toi que mes bras habitués en étreignant ton ombre à se croiser sur ma poitrine ne se plieraient pas au contour de ton corps, peut-être.

Et que, devant l'apparence réelle de ce qui me hante et me gouverne depuis des jours et des années je deviendrais une ombre sans doute,

Ô balances sentimentales.

J'ai tant rêvé de toi qu'il n'est plus temps sans doute que je m'éveille. Je dors debout, le corps exposé à toutes les apparences de la vie et de l'amour et toi, la seule qui compte aujourd'hui pour moi, je pourrais moins toucher ton front et tes lèvres que les premières lèvres et le premier front venu.

J'ai tant rêvé de toi, tant marché, parlé, couché avec ton fantôme qu'il ne me reste plus peut-être, et pourtant, qu'à être fantôme parmi les fantômes et plus ombre cent fois que l'ombre qui se promène et se promènera allégrement sur le cadran solaire de ta vie.

Section « À la mystérieuse »

VERS LA LECTURE ANALYTIQUE

1 • Comment le poète cherche-t-il à atteindre la femme aimée ?

2 • Comment le glissement de la réalité vers le rêve se produit-il ?

3 • En quoi la parole poétique permet-elle le dépassement de la douleur amoureuse ?

Gustav Klimt, *Le Baiser* (1908), huile sur toile et feuille d'or (180 x 180 cm), palais du Belvédère, Vienne (Autriche).

DE L'IMAGE AU TEXTE

4 • Comment le poète et le peintre rendent-ils compte du pouvoir de l'amour ?

5 • Quelles intentions leur sont communes ?

HISTOIRE DES ARTS

L'artiste et l'œuvre

Gustav Klimt (1862-1918), peintre autrichien, tient à Vienne un rôle très actif dans la recherche d'un art nouveau. Inspirée des mosaïques byzantines de Ravenne, des icônes de l'art byzantin et des peintres italiens de la Renaissance tel Botticelli, sa peinture décorative, raffinée et troublante, resplendit de couleurs émaillées et de matériaux précieux.

1931

André Breton
(1896-1966)

L'auteur et l'œuvre

Breton engage l'écriture poétique sur la voie d'une liberté inédite. Il affirme avec les surréalistes la nature essentiellement poétique de l'homme et conteste les valeurs de la société bourgeoise qui a conduit à la boucherie de la Grande Guerre. L'amour comme l'imagination et le rêve sont, pour Breton, les révélateurs possibles de la surréalité. *Union libre,* seul poème d'un recueil laissé en suspens, célèbre à la fois la femme aimée, la muse et la poésie.

L'écriture de Breton

L'écriture surréaliste fonctionne à partir d'associations : associations d'idées (liées à la forme évoquée ou aux connotations d'un mot) ou associations sonores. Elles commandent alors la rencontre entre des mots qui peuvent sembler opposés, pour atteindre le « point extrême » dont parle Breton dans son *Manifeste du surréalisme* : « le haut et le bas ne sont plus perçus contradictoirement ».

Un blason

Breton joue ici avec le genre littéraire du blason, poème qui décrit une ou plusieurs parties du corps féminin (► p. 50).

Vidéo
L. Buñuel,
Un chien andalou (1929)
Manuel numérique

Breton

Union libre

« Ma femme à la taille de loutre entre les dents du tigre »

Ma femme à la chevelure de feu de bois
Aux pensées d'éclairs de chaleur
À la taille de sablier
Ma femme à la taille de loutre entre les dents du tigre
Ma femme à la bouche de cocarde[1] et de bouquet d'étoiles de dernière grandeur
Aux dents d'empreintes de souris blanche sur la terre blanche
À la langue d'ambre et de verre frottés
Ma femme à la langue d'hostie poignardée
À la langue de poupée qui ouvre et ferme les yeux
À la langue de pierre incroyable
Ma femme aux cils de bâtons d'écriture d'enfant
Aux sourcils de bord de nid d'hirondelle
Ma femme aux tempes d'ardoise de toit de serre
Et de buée aux vitres
Ma femme aux épaules de champagne
Et de fontaine à têtes de dauphins sous la glace
Ma femme aux poignets d'allumettes
Ma femme aux doigts de hasard et d'as de cœur
Aux doigts de foin coupé
Ma femme aux aisselles de martre[2] et de fênes[3]
De nuit de la Saint-Jean
De troène et de nid de scalares[4]
Aux bras d'écume de mer et d'écluse
Et de mélange du blé et du moulin
Ma femme aux jambes de fusée
Aux mouvements d'horlogerie et de désespoir
Ma femme aux mollets de moelle de sureau[5]
Ma femme aux pieds d'initiales
Aux pieds de trousseaux de clés aux pieds de calfats[6] qui boivent
Ma femme au cou d'orge imperlé[7]
Ma femme à la gorge de Val d'or[8]
De rendez-vous dans le lit même du torrent
Aux seins de nuit
Ma femme aux seins de taupinière marine

Ma femme aux seins de creuset du rubis
Aux seins de spectre de la rose sous la rosée

Clair de terre (extrait) © Éditions Gallimard.

1. Cocarde : insigne de couleur. La cocarde tricolore est l'emblème de l'engagement révolutionnaire à partir de 1792 en France. **2. Martre** : petit mammifère à la fourrure fine et lustrée. **3. Fênes** : variante de faines, fruits du hêtre à l'aspect hérissé. **4. Scalares** : mis pour scalaire, poisson tropical d'aquarium fin et élégant. **5. Sureau** : arbuste. La moelle à l'intérieur des branches est très tendre. **6. Calfat** : petit oiseau de Java ou ouvrier qui calfate les bateaux. **7. Imperlé** : néologisme formé du préfixe « -in » et du substantif « perle » : en forme de perle. **8. Val d'or** : allusion à une ville du Québec réputée pour ses mines d'or et de cuivre.

Man Ray, *Noire et Blanche* (1926), photographie, Museum of Modern Art, New York (États-Unis).

HISTOIRE DES ARTS

L'artiste et l'œuvre

Man Ray (1890-1976) peintre, photographe et cinéaste dadaïste puis surréaliste, a travaillé à New York et à Paris. Il s'inscrit dans le contexte culturel foisonnant de l'entre-deux-guerres, période où les avant-gardes européennes se passionnent pour les civilisations extra-occidentales. *Noire et Blanche* unit sur l'espace de la photographie, par-delà les oppositions, un masque africain en ébène et le visage maquillé du célèbre modèle Kiki de Montparnasse, rapprochés dans un ovale parfait.

VERS LA LECTURE ANALYTIQUE

1 • Quel regard particulier le poète pose-t-il sur la femme aimée ?

2 • Comment ce texte opère-t-il un retour aux sources de la poésie autant qu'il propose de nouvelles techniques d'écriture ?

3 • En quoi ce poème est-il surréaliste ?

DE L'IMAGE AU TEXTE

4 • Confrontez la photographie et le poème. Quelle place la femme prend-elle dans l'art surréaliste ?

1932

Jean Cocteau
(1889-1963)

L'auteur et l'œuvre

Jean Cocteau s'exprime par le théâtre, le roman, la poésie, le dessin, la peinture, le cinéma, la danse. Il renouvelle l'écriture des grands mythes littéraires par l'utilisation de l'anachronisme et les actualise pour souligner leur permanence. Dans *La Machine infernale*, il modernise le mythe d'Œdipe (► p. 408) que retrace Sophocle au Ve siècle avant J.-C. dans *Œdipe roi*. Il mêle le vaudeville et le mélodrame au tragique, mais respecte les grandes étapes du parcours d'Œdipe, depuis son ascension jusqu'à son écrasement par la machine implacable du destin.

Le sphinx

Le sphinx (ou la sphinge), monstre de la mythologie grecque au visage et à la poitrine de femme, aux ailes d'oiseau, aux pattes et à la queue de lion, soumet aux voyageurs une énigme que seul Œdipe parvient à résoudre. Il reçoit pour épouse en récompense de son exploit Jocaste, dont il ignore qu'elle est sa mère. Chez Cocteau, le sphinx prend les traits d'une jeune fille espiègle de dix-sept ans qui s'éprend d'Œdipe.

QUESTIONS

1 • **Comment le destin se manifeste-t-il ici ?**

2 • **En quoi ce passage a-t-il une dimension onirique ?**

3 • **Pourquoi peut-on dire que le sphinx de Cocteau est aussi une représentation du poète au travail ?**

Cocteau
La Machine infernale

À l'acte II, la machine infernale se met en route : Œdipe rencontre le sphinx qui l'interroge sans ménagement.

> « Inutile de fermer les yeux, de détourner la tête. »

ŒDIPE.– Je sais ce que valent vos amabilités. *(Il se crispe des pieds à la tête. On voit qu'il lutte contre un charme.)*

LE SPHINX.– Abandonne-toi. N'essaie pas de te crisper, de résister. Abandonne-toi. Si tu résistes, tu ne réussiras qu'à rendre ma tâche plus délicate, et je risque de te faire du mal.

ŒDIPE.– Je résisterai ! *(Il ferme les yeux, détourne la tête.)*

LE SPHINX.– Inutile de fermer les yeux, de détourner la tête. Car ce n'est ni par le chant, ni par le regard que j'opère. Mais, plus adroit qu'un aveugle, plus rapide que le filet des gladiateurs, plus subtil que la foudre, plus raide qu'un cocher, plus lourd qu'une vache, plus sage qu'un élève tirant la langue sur des chiffres, plus gréé, plus voilé, plus ancré, plus bercé qu'un navire, plus incorruptible qu'un juge, plus vorace que les insectes, plus sanguinaire que les oiseaux, plus nocturne que l'œuf, plus ingénieux que les bourreaux d'Asie, plus fourbe que le cœur, plus désinvolte qu'une main qui triche, plus fatal que les astres, plus attentif que le serpent qui humecte sa proie de salive ; je sécrète, je tire de moi, je lâche, je dévide, je déroule, j'enroule de telle sorte qu'il me suffira de vouloir ces nœuds pour les faire et d'y penser pour les tendre ou pour les détendre ; si mince qu'il t'échappe, si souple que tu t'imagineras être victime de quelque poison, si dur qu'une maladresse de ma part t'amputerait, si tendu qu'un archet obtiendrait entre nous une plainte céleste ; bouclé comme la mer, la colonne, la rose, musclé comme la pieuvre, machiné comme les décors du rêve, invisible surtout, invisible et majestueux comme la circulation du sang des statues, un fil qui te ligote avec la volubilité des arabesques folles du miel qui tombe sur du miel.

ŒDIPE.– Lâchez-moi !

LE SPHINX.– Et je parle, je travaille, je dévide, je déroule, je calcule, je médite, je tresse, je vanne, je tricote, je natte, je croise, je passe, je repasse, je noue et dénoue et renoue, retenant les moindres nœuds qu'il me faudra te dénouer ensuite sous peine de mort ; et je serre, je desserre, je me trompe, je reviens sur mes pas, j'hésite, je corrige, enchevêtre, désenchevêtre, délace, entrelace, repars ; et j'ajuste, j'agglutine, je garrotte, je sangle, j'entrave, j'accumule, jusqu'à ce que tu te sentes, de la pointe des pieds à la racine des cheveux, vêtu de toutes les boucles d'un seul reptile dont la moindre respiration coupe la tienne et te rende pareil au bras inerte sur lequel un dormeur s'est endormi.

Œdipe, *d'une voix faible.* – Laissez-moi ! Grâce...

Le Sphinx.– Et tu demanderais grâce et tu n'aurais pas à en avoir honte, car tu ne serais pas le premier, et j'en ai entendu de plus superbes appeler leur mère, et j'en ai vu de plus insolents fondre en larmes, et les moins démonstratifs étaient encore les plus faibles, car ils s'évanouissaient en route, et il me fallait imiter les embaumeurs entre les mains desquels les morts sont des ivrognes qui ne savent même plus se tenir debout !

Œdipe.– Mérope !... Maman !

Le Sphinx.– Ensuite, je te commanderais d'avancer un peu et je t'aiderais en desserrant tes jambes. Là ! Et je t'interrogerais. Et je te demanderais par exemple : Quel est l'animal qui marche sur quatre pattes le matin, sur deux pattes à midi, sur trois pattes le soir ?

Acte II (extrait)

Mise en scène de Jean Cocteau avec Jean Marais, Jeanne Moreau, Alain Nobis, théâtre des Bouffes-Parisiens (1954, Paris).

1932

La figure de la fileuse divine

Des divinités féminines, appelées Moires chez les Grecs, Parques chez les Romains, gouvernent le destin humain et disposent du fil de la vie de chaque mortel. La sphinge est à la fois Clotho qui tient la quenouille et file la destinée, Lachésis, qui tourne le fuseau et enroule le fil de l'existence, et Atropos qui peut couper le fil et déterminer le moment de la mort.

HISTOIRE DES ARTS

Antiquité et modernité

En faisant figurer dans cette scène Anubis (dieu égyptien de la mort et de l'embaumement), Cocteau mélange les références à l'Antiquité grecque et égyptienne, se faisant ainsi l'écho de ce que le mot « sphinx » connote pour le spectateur. Avec humour, il nous met face à une jeune fille et non pas face au monstre de la mythologie grecque.

DE L'IMAGE AU TEXTE

4 • Quels sont les choix de mise en scène de Cocteau ?

1932

Céline
(1894-1961)

L'auteur et l'œuvre

D'origine modeste, Louis-Ferdinand Destouches, dit Céline, s'engage dès les débuts de la Grande Guerre. Devenu médecin, il entreprend la rédaction du *Voyage au bout de la nuit* après une série de voyages qui serviront, comme l'expérience traumatisante de la guerre, de matière à son ouvrage. Considéré par certains comme l'un des plus grands écrivains du siècle, ses positions collaborationnistes et violemment antisémites en font un auteur très controversé.

Un renouvellement du langage romanesque

Nourrie de mots d'argots, de répétitions et d'onomatopées, marquée par de fréquentes ruptures de style, la langue célinienne, à mi-chemin entre l'oral et l'écrit, provoque une onde de choc dans le paysage littéraire des années trente.

Texte lu
Manuel numérique

QUESTIONS

1 • Comment le témoignage de Bardamu est-il retranscrit ?

2 • Quels éléments font de ce personnage un antihéros ?

3 • En quoi ce texte constitue-t-il une violente et originale dénonciation de l'absurdité de la guerre ?

Céline

Voyage au bout de la nuit

Bardamu s'est engagé dans l'armée sur un coup de tête.

Serais-je donc le seul lâche sur la terre ? pensais-je. Et avec quel effroi !... Perdu parmi deux millions de fous héroïques et déchaînés et armés jusqu'aux cheveux ? Avec casques, sans casques, sans chevaux, sur motos, hurlants, en autos, sifflants, tirailleurs, comploteurs, volants, à genoux, creusant, se défilant, caracolant dans les sentiers, pétaradant, enfermés sur la terre comme dans un cabanon, pour y tout détruire, Allemagne, France et Continents, tout ce qui respire, détruire, plus enragés que les chiens, adorant leur rage (ce que les chiens ne font pas), cent, mille fois plus enragés que mille chiens et tellement plus vicieux ! Nous étions jolis ! Décidément, je le concevais, je m'étais embarqué dans une croisade apocalyptique.

« je m'étais embarqué dans une croisade apocalyptique »

On est puceau de l'Horreur comme on l'est de la volupté. Comment aurais-je pu me douter moi de cette horreur en quittant la place Clichy ? Qui aurait pu prévoir, avant d'entrer vraiment dans la guerre, tout ce que contenait la sale âme héroïque et fainéante des hommes ? À présent, j'étais pris dans cette fuite en masse, vers le meurtre en commun, vers le feu... Ça venait des profondeurs et c'était arrivé.

Le colonel ne bronchait toujours pas, je le regardais recevoir, sur le talus, des petites lettres du général qu'il déchirait ensuite menu, les ayant lues sans hâte, entre les balles. Dans aucune d'elles, il n'y avait donc l'ordre d'arrêter net cette abomination ? On ne lui disait donc pas d'en haut qu'il y avait méprise ? Abominable erreur ? Maldonne ? Qu'on s'était trompé ? Que c'était des manœuvres pour rire qu'on avait voulu faire, et pas des assassinats ! Mais non ! « Continuez, colonel, vous êtes dans la bonne voie ! » Voilà sans doute ce que lui écrivait le général des Entrayes, de la division, notre chef à tous, dont il recevait une enveloppe chaque cinq minutes, par un agent de liaison, que la peur rendait chaque fois un peu plus vert et foireux. J'en aurais fait mon frère peureux de ce garçon-là ! Mais on n'avait pas le temps de fraterniser non plus.

Donc pas d'erreur ? Ce qu'on faisait à se tirer dessus, comme ça, sans même se voir, n'était pas défendu ! Cela faisait partie des choses qu'on peut faire sans mériter une bonne engueulade. C'était même reconnu, encouragé sans doute par les gens sérieux, comme le tirage au sort, les fiançailles, la chasse à courre !... Rien à dire. Je venais de découvrir d'un coup la guerre tout entière. J'étais dépucelé.

1933

André Malraux
(1901-1976)

L'auteur et l'œuvre

Dans les années 1920, Malraux mène une vie d'aventurier qui le conduit en Asie du Sud-Est où il est sensibilisé à la lutte anticolonialiste. De retour en France, il publie une série d'ouvrages militants dont *La Condition humaine* qui raconte le soulèvement de Shanghai en 1927, durant lequel les militants communistes sont massacrés par les troupes nationalistes du général Tchang Kaï-chek. Écrivain engagé, Malraux participe à la guerre d'Espagne puis entre dans la Résistance. Il devient ministre de la Culture en 1959.

Une méditation sur l'humain

Avec ce roman, Malraux livre une fresque historique qui célèbre l'héroïsme d'un groupe de révolutionnaires communistes. Le texte se veut aussi une méditation sur le tragique de l'existence et sur la solitude inéluctable de l'être humain, fût-il engagé dans une lutte collective.

Malraux

La Condition humaine

Voici l'incipit du roman. Tchen, jeune révolutionnaire, s'apprête à assassiner un homme pour la première fois.

21 MARS 1927

Minuit et demi.

« Tchen tenterait-il de lever la moustiquaire ? »

Tchen tenterait-il de lever la moustiquaire ? Frapperait-il au travers ? L'angoisse lui tordait l'estomac ; il connaissait sa propre fermeté, mais n'était capable en cet instant que d'y songer avec hébétude, fasciné par ce tas de mousseline blanche qui tombait du plafond sur un corps moins visible qu'une ombre, et d'où sortait seulement ce pied à demi incliné par le sommeil, vivant quand même – de la chair d'homme. La seule lumière venait du building voisin : un grand rectangle d'électricité pâle, coupé par les barreaux de la fenêtre dont l'un rayait le lit juste au-dessous du pied comme pour en accentuer le volume et la vie. Quatre ou cinq klaxons grincèrent à la fois. Découvert ? Combattre, combattre des ennemis qui se défendent, des ennemis éveillés !

La vague de vacarme retomba : quelque embarras de voitures (il y avait encore des embarras de voitures, là-bas, dans le monde des hommes...). Il se retrouva en face de la tache molle de la mousseline et du rectangle de lumière, immobiles dans cette nuit où le temps n'existait plus.

Il se répétait que cet homme devait mourir. Bêtement : car il savait qu'il le tuerait. Pris ou non, exécuté ou non, peu importait. Rien n'existait que ce pied, cet homme qu'il devait frapper sans qu'il se défendît, – car, s'il se défendait, il appellerait.

Les paupières battantes, Tchen découvrait en lui, jusqu'à la nausée, non le combattant qu'il attendait, mais un sacrificateur. Et pas seulement aux dieux qu'il avait choisis : sous son sacrifice à la révolution grouillait un monde de profondeurs auprès de quoi cette nuit écrasée d'angoisse n'était que clarté. « Assassiner n'est pas seulement tuer... » Dans ses poches, ses mains hésitantes tenaient, la droite un rasoir fermé, la gauche un court poignard. Il les enfonçait le plus possible, comme si la nuit n'eût pas suffi à cacher ses gestes. Le rasoir était plus sûr, mais Tchen sentait qu'il ne pourrait jamais s'en servir ; le poignard lui répugnait moins.

QUESTIONS

1 • Pourquoi cet incipit est-il déroutant ?

2 • Comment le lecteur entre-t-il dans la conscience du personnage ?

3 • En quoi la narration peut-elle être qualifiée de cinématographique ?

1935

Jean Giraudoux
(1882-1944)

L'auteur et l'œuvre

Romancier puis dramaturge, Giraudoux réécrit les mythes antiques pour éclairer son époque. Il développe dans ses pièces sa vision de l'homme et participe aux grands débats de son temps, comme la guerre, la paix, l'engagement. *La guerre de Troie n'aura pas lieu* reprend, en le parodiant, l'épisode de la guerre de Troie relaté par Homère dans *L'Iliade* au VIIIe siècle av. J.-C. La dimension tragique reste sensible et les menaces qui pèsent sur l'Europe des années 1930 se mêlent à cet arrière-plan antique de convention.

Une tragédie

Dans le mythe, Hélène, femme d'une grande beauté, porte la responsabilité de la guerre de Troie : le Troyen Pâris l'enlève et son époux, le Grec Ménélas, entraîne les autres rois grecs dans une guerre visant à la délivrer. Chez Giraudoux, Hélène, indifférente, insaisissable, est dépassée par sa propre importance et symbolise la fatalité qui mène au conflit. Elle incarne l'inexorabilité du destin.

QUESTIONS

1 • En quoi les personnages du mythe de la guerre de Troie sont-ils, ici, désacralisés ?

2 • Comment la tonalité comique de la scène se manifeste-t-elle ?

3 • Quels sont les enjeux principaux de la scène ?

Giraudoux

La guerre de Troie n'aura pas lieu

Le héros troyen Hector a ordonné à sa sœur Cassandre de lui amener leur frère Pâris, qui a enlevé Hélène à son époux, le Grec Ménélas. Il essaie de le convaincre de renvoyer Hélène.

« Les barbes sont blanches et les visages rouges. »

Pâris. – [...] La séparation d'avec une femme, fût-ce la plus aimée, comporte un agrément que je sais goûter mieux que personne. La première promenade solitaire dans les rues de la ville au sortir de la dernière étreinte, la vue du premier petit visage de couturière, tout indifférent et tout frais, après le départ de l'amante adorée au nez rougi par les pleurs, le son du premier rire de blanchisseuse ou de fruitière, après les adieux enroués par le désespoir, constituent une jouissance à laquelle je sacrifie bien volontiers les autres... Un seul être vous manque, et tout est repeuplé... Toutes les femmes sont créées à nouveau pour vous, toutes sont à vous, et cela dans la liberté, la dignité, la paix de votre conscience... Oui, tu as bien raison, l'amour comporte des moments vraiment exaltants, ce sont les ruptures... Aussi ne me séparerai-je jamais d'Hélène, car avec elle j'ai l'impression d'avoir rompu avec toutes les autres femmes, et j'ai mille libertés et mille noblesses au lieu d'une.

Hector. – Parce qu'elle ne t'aime pas. Tout ce que tu dis le prouve.

Pâris. – Si tu veux. Mais je préfère à toutes les passions cette façon dont Hélène ne m'aime pas.

Hector. – J'en suis désolé. Mais tu la rendras.

Pâris. – Tu n'es pas le maître ici.

Hector. – Je suis ton aîné, et le futur maître.

Pâris. – Alors commande dans le futur. Pour le présent, j'obéis à notre père.

Hector. – Je n'en demande pas davantage ! Tu es d'accord pour que nous nous en remettions au jugement de Priam ?

Pâris. – Parfaitement d'accord.

Hector. – Tu le jures ? Nous le jurons ?

Cassandre. – Méfie-toi, Hector ! Priam est fou d'Hélène. Il livrerait plutôt ses filles.

Hector. – Que racontes-tu là ?

PÂRIS. – Pour une fois qu'elle dit le présent au lieu de l'avenir, c'est la vérité.

CASSANDRE. – Et tous nos frères, et tous nos oncles, et tous nos arrière-grands-oncles !... Hélène a une garde d'honneur, qui assemble tous nos vieillards. Regarde. C'est l'heure de sa promenade... Vois aux créneaux toutes ces têtes à barbe blanche... On dirait les cigognes caquetant sur les remparts.

HECTOR. – Beau spectacle. Les barbes sont blanches et les visages rouges.

CASSANDRE. – Oui. C'est la congestion. Ils devraient être à la porte du Scamandre, par où entrent nos troupes et la victoire. Non, ils sont aux portes Scées, par où sort Hélène.

HECTOR. – Les voilà qui se penchent tout d'un coup, comme les cigognes quand passe un rat.

CASSANDRE. – C'est Hélène qui passe...

PÂRIS. – Ah oui ?

CASSANDRE. – Elle est sur la seconde terrasse. Elle rajuste sa sandale, debout, prenant bien soin de croiser haut la jambe.

HECTOR. – Incroyable. Tous les vieillards de Troie sont là à la regarder d'en haut.

CASSANDRE. – Non. Les plus malins regardent d'en bas.

CRIS AU-DEHORS. – Vive la Beauté !

Acte I, scène 4 (extrait) © Grasset.

Le Jugement de Pâris (vers 60-80 ap. J.-C.), fresque de Pompéi (60 x 58 cm), musée National d'Archéologie, Naples (Italie).

HISTOIRE DES ARTS

L'artiste et l'œuvre

La ville de Pompéi regorge de fresques, témoins de l'art antique, qui décoraient les habitations, les temples, les édifices publics et faisaient partie du quotidien des habitants. Cette fresque illustre l'épisode du choix de Pâris : ce dernier doit désigner la déesse la plus belle entre Aphrodite, Héra et Athéna. Il choisit Aphrodite, qui lui a promis Hélène en récompense, déclenchant ainsi la guerre de Troie.

DE L'IMAGE AU TEXTE

4 • D'après le texte et cette fresque, le tragique est-il d'origine divine ou humaine ?

1936

Marguerite Yourcenar
(1903-1987)

L'auteure et l'œuvre

Issue de la vieille bourgeoisie franco-belge, Marguerite de Crayencour, dite Marguerite Yourcenar, a passé sa jeunesse à voyager : son œuvre se nourrit de références et d'expériences humaines très variées. Dans *Feux*, écrit après une passion amoureuse, neuf proses lyriques mêlent principalement des figures de l'Antiquité grecque et les pensées de l'auteure. Elles modernisent les mythes à la lumière de l'histoire littéraire ou de l'histoire de l'art, autour du thème de l'amour absolu.

Une œuvre néoclassique

Souvent qualifiée de néoclassique, l'œuvre de Yourcenar est avant tout celle d'une grande lettrée, passionnée par les textes antiques. Son ambition est d'être « historien-poète et romancier », comme elle l'écrit dans son autobiographie *Le Labyrinthe du monde*.

Yourcenar

Feux

Phèdre ou le Désespoir

« Phèdre accomplit tout. »

Phèdre accomplit tout. Elle abandonne sa mère au taureau, sa sœur à la solitude[1] : ces formes d'amour ne l'intéressent pas. Elle quitte son pays comme on renonce à ses rêves ; elle renie sa famille comme on brocante ses souvenirs. Dans ce milieu où l'innocence est un crime, elle assiste avec dégoût à ce qu'elle finira par devenir. Son destin, vu du dehors, lui fait horreur : elle ne le connaît encore que sous forme d'inscriptions sur la muraille du Labyrinthe : elle s'arrache par la fuite à son affreux futur. Elle épouse distraitement Thésée, comme sainte Marie l'Égyptienne[2] payait avec son corps le prix de son passage ; elle laisse s'enfoncer à l'Ouest dans un brouillard de fable les abattoirs géants de son espèce d'Amérique crétoise. Elle débarque, imprégnée de l'odeur du ranch et des poissons d'Haïti, sans se douter qu'elle porte avec soi la lèpre contractée sous un torride Tropique du cœur. Sa stupeur à la vue d'Hippolyte est celle d'une voyageuse qui se trouve avoir rebroussé chemin sans le savoir : le profil de cet enfant lui rappelle Cnossos, et la hache à deux tranchants[3]. Elle le hait, elle l'élève ; il grandit contre elle, repoussé par sa haine, habitué de tout temps à se méfier des femmes, forcé dès le collège, dès les vacances du jour de l'An, à sauter les obstacles que dresse autour de lui l'inimitié d'une belle-mère. Elle est jalouse de ses flèches, c'est-à-dire de ses victimes, de ses compagnons, c'est-à-dire de sa solitude. Dans cette forêt vierge qui est le lieu d'Hippolyte, elle plante malgré soi les poteaux indicateurs du palais de Minos : elle trace à travers ces broussailles le chemin à sens unique de la Fatalité. À chaque instant, elle crée Hippolyte ; son amour est bien un inceste ; elle ne peut tuer ce garçon sans une espèce d'infanticide. Elle fabrique sa beauté, sa chasteté, ses faiblesses ; elle les extrait du fond d'elle-même ; elle isole de lui cette pureté détestable pour pouvoir la haïr sous la figure d'une fade vierge : elle forge de toutes pièces l'inexistante Aricie[4]. Elle se grise du goût de l'impossible, le seul alcool qui sert toujours de base à tous les mélanges du malheur. Dans le lit de Thésée, elle a l'amer plaisir de tromper en fait celui qu'elle aime, et en imagination celui qu'elle n'aime pas. Elle est mère : elle a des enfants comme elle aurait des remords. Entre ses draps moites de fiévreuse, elle se console à l'aide de chuchotements de confession qui remontent aux aveux de l'enfance balbutiés dans le cou de la nourrice ; elle tette son malheur ; elle devient enfin la misérable servante de Phèdre. Devant la froideur d'Hippolyte, elle imite le soleil quand il heurte un cristal : elle se change en spectre ; elle n'habite plus son corps que comme son propre enfer. Elle reconstruit au fond de soi-même un Labyrinthe où elle ne peut que se retrouver : le fil d'Ariane ne lui permet plus d'en sortir, puisqu'elle se l'embobine au cœur. Elle devient veuve ; elle peut enfin pleurer sans qu'on lui demande pourquoi ; mais le noir messied à cette figure sombre : elle en veut à son deuil de donner le change sur sa douleur. Débarrassée de Thésée, elle porte son espérance comme une honteuse grossesse posthume. Elle fait de la politique pour se distraire d'elle-même : elle accepte la Régence comme elle commencerait à se tricoter un châle. Le retour de Thésée se produit trop tard pour la ramener dans le monde de formules où se cantonne cet homme d'État ; elle n'y peut rentrer que par la fente d'un subterfuge ; elle s'invente joie par joie le viol dont elle accuse Hippolyte, de sorte que son mensonge est pour elle un assouvissement. Elle dit vrai : elle a subi les pires outrages ; son imposture est une traduction. Elle prend du poison, puisqu'elle est mithridatisée[5] contre elle-même ; la disparition d'Hippolyte fait le vide autour d'elle ; aspirée par ce vide, elle s'engouffre dans la mort. Elle se confesse avant de mourir, pour avoir une dernière fois le plaisir de parler de son crime. Sans changer de lieu, elle rejoint le palais familial où la faute est une innocence. Poussée par la cohue de ses ancêtres, elle glisse le long de ces corridors de métro, pleins d'une odeur de bête, où les rames fendent l'eau grasse du Styx[6], où les rails luisants ne proposent que le suicide ou le départ. Au fond des galeries de mine de sa Crète souterraine, elle finira bien par rencontrer le jeune homme défiguré par ses morsures de fauve, puisqu'elle a pour le rejoindre tous les détours de l'éternité. Elle ne l'a pas revu depuis la grande scène du troisième acte ; c'est à cause de lui qu'elle est morte ; c'est à cause d'elle qu'il n'a pas vécu ; il ne lui doit que la mort ; elle lui doit les sursauts d'une inextinguible agonie.

1. Ariane, sœur de Phèdre qui a été séduite puis abandonnée par Thésée qu'elle avait aidé à quitter le Labyrinthe. 2. **Sainte Marie l'Égyptienne** : sainte chrétienne qui monnaya ses charmes pour se rendre à Jérusalem. 3. **Cnossos** : le palais de Cnossos, découvert en 1900 en Crète, passe pour être celui du roi Minos. La hache à double tranchant est l'un de ses emblèmes. Il est aussi celui des Amazones. 4. **Aricie** : princesse retenue captive par Thésée, personnage inventé par Racine qui en fait l'amante d'Hippolyte dans *Phèdre*. 5. Le roi Mithridate s'était immunisé contre le poison en en prenant chaque jour une petite quantité. 6. **Styx** : un des fleuves des Enfers.

1936

La modernisation du personnage

Chez Racine, Phèdre est une victime consciente des forces qui la dépassent et qui reflètent une vision janséniste (courant rigoriste du catholicisme) de la destinée. Yourcenar actualise cette conscience du tragique en plongeant dans l'intériorité du personnage racinien : « Phèdre n'est nullement la Phèdre athénienne, c'est l'ardente coupable que nous tenons de Racine » (préface de l'auteure).

La réécriture du mythe

Dans la mythologie grecque (▶ p. 412), Phèdre est la descendante d'Hélios (le Soleil) qui a dénoncé les amours adultères d'Arès et Aphrodite. Aphrodite condamne alors les femmes de sa lignée à éprouver des sentiments contre-nature : Pasiphaé, la mère de Phèdre, s'accouplera avec un taureau et donnera naissance au Minotaure, et Phèdre aimera son beau-fils Hippolyte.

QUESTIONS

1 • **Comment le récit lyrique de Yourcenar dialogue-t-il avec la pièce de Racine (▶ p. 120) ?**

2 • **Par quels moyens l'auteure actualise-t-elle le mythe et abolit-elle le temps et l'espace ?**

3 • **Comment le lyrisme s'exprime-t-il ? En quoi justifie-t-il le choix du titre ?**

1939

Aimé Césaire
(1913-2008)

L'auteur et l'œuvre

Né en Martinique, Aimé Césaire, étudiant à Paris, crée avec le Sénégalais Léopold Sédar Senghor la revue anticolonialiste *L'Étudiant noir*. De retour en Martinique, il écrit *Cahier d'un retour au pays natal,* un puissant poème-manifeste dans lequel il exhorte le peuple martiniquais à renouer avec ses racines africaines pour dépasser les meurtrissures infligées à son île. Poète engagé, il fonde la revue *Tropiques,* qui devient un organe de résistance durant la Seconde Guerre mondiale, puis entame une carrière politique sans cesser de poursuivre son combat anticolonialiste.

La négritude

Avec Senghor (▶ p. 284), Césaire est le pionnier et le défenseur de la « négritude » qui revendique la « simple reconnaissance du fait d'être noir » et la légitimité de la culture africaine. Il s'agit de redonner une dignité aux victimes de la servitude ou de la colonisation, en utilisant la langue française qui devient le réceptacle de la souffrance du peuple noir. Il s'agit aussi de montrer comment le rythme de la langue africaine peut enrichir le français.

Texte lu
Manuel numérique

Césaire

Cahier d'un retour au pays natal

« Cette ville, ma face de boue »

Et moi, et moi,
Moi qui chantais le poing dur
Il faut savoir jusqu'où je poussai la lâcheté.
Un soir dans un tramway en face de moi, un nègre.

C'était un nègre grand comme un pongo[1] qui essayait de se faire tout petit sur un banc de tramway. Il essayait d'abandonner sur ce banc crasseux de tramway ses jambes gigantesques et ses mains tremblantes de boxeur affamé. Et tout l'avait laissé, le laissait. Son nez qui semblait une péninsule en dérade[2] et sa négritude même qui se décolorait sous l'action d'une inlassable mégie[3]. Et le mégissier était la Misère. Un gros oreillard[4] subit dont les coups de griffes sur ce visage s'étaient cicatrisés en îlots scabieux[5]. Ou plutôt, c'était un ouvrier infatigable, la Misère, travaillant à quelque cartouche[6] hideux. On voyait très bien comment le pouce industrieux et malveillant avait modelé le front en bosse, percé le nez de deux tunnels parallèles et inquiétants, allongé la démesure de la lippe[7], et par un chef-d'œuvre caricatural, raboté, poli, verni la plus minuscule mignonne petite oreille de la création.

C'était un nègre dégingandé sans rythme ni mesure.

Un nègre dont les yeux roulaient une lassitude sanguinolente.

Un nègre sans pudeur et ses orteils ricanaient de façon assez puante au fond de la tanière entrebâillée de ses souliers.

La misère, on ne pouvait pas dire, s'était donné un mal fou pour l'achever.

Elle avait creusé l'orbite, l'avait fardée d'un fard de poussière et de chassie mêlées.

Elle avait tendu l'espace vide entre l'accrochement solide des mâchoires et les pommettes d'une vieille joue décatie. Elle avait planté dessus les petits pieux luisants d'une barbe de plusieurs jours. Elle avait affolé le cœur, voûté le dos.

Et l'ensemble faisait parfaitement un nègre hideux, un nègre grognon, un nègre mélancolique, un nègre affalé, ses mains réunies en prière sur un bâton noueux. Un nègre enseveli dans une vieille veste élimée.

1939

Un nègre comique et laid[8] et des femmes derrière moi ricanaient en le regardant.

Il était COMIQUE ET LAID,
COMIQUE ET LAID pour sûr.
J'arborai un grand sourire complice...
Ma lâcheté retrouvée !

Je salue les trois siècles qui soutiennent mes droits civiques et mon sang minimisé.

Mon héroïsme, quelle farce !

Cette ville est à ma taille.

Et mon âme est couchée. Comme cette ville dans la crasse et dans la boue couchée.

Cette ville, ma face de boue.

Je réclame pour ma face la louange éclatante du crachat !...

Alors, nous étant tels, à nous l'élan viril, le genou vainqueur, les plaines à grosses mottes de l'avenir ?

Tiens, je préfère avouer que j'ai généreusement déliré, mon cœur dans ma cervelle ainsi qu'un genou ivre.

Une forme poétique originale

Le terme de « cahier » annonce la difficulté de classer cette œuvre dans un genre littéraire. On y trouve aussi bien des passages versifiés que des paragraphes rédigés en prose assortis d'une typographie proche du calligramme. L'emploi d'un vocabulaire trivial se double d'une recherche lexicale qui combine mots archaïques et néologismes.

1. **Pongo** : grand singe. 2. **En dérade** : à la dérive. 3. **Mégie** : terme ancien. Préparation des peaux par le tanneur (mégissier). 4. **Oreillard** : chauve-souris. 5. **Scabieux** : galeux. 6. **Cartouche** : partie d'une carte où est inscrite la légende. 7. **Lippe** : lèvre inférieure proéminente. 8. Référence au poème « L'albatros » de Baudelaire (▸ p. 200) dans lequel le Poète est par analogie comparé à ce « prince des nuées » dont « les ailes de géant l'empêchent de marcher ».

QUESTIONS

1 • **Comment le texte passe-t-il d'une simple anecdote à une réflexion universelle ?**

2 • **Comment expliquez-vous l'attitude du poète ?**

3 • **En quoi la référence à Baudelaire est-elle significative ? Quelle dimension donne-t-elle au « nègre » ?**

1939

Albert Camus
(1913-1960)

Camus reporter

Pascal Pia, homme de lettres et journaliste engagé, embauche le jeune Albert Camus pour créer un journal de gauche. Il l'envoie parcourir la Kabylie et ses articles dénoncent les brutalités policières et la misère qu'il voit. Ils prennent résolument parti contre des conditions de vie très difficiles, qu'il a lui-même connues enfant dans le quartier populaire de Belcourt à Alger.

Les combats d'un juste

Trois mois après le début de la guerre, Camus s'interroge sur le rôle d'un journaliste en temps de guerre. Cet article peut se lire comme un véritable manifeste pour la liberté de la presse et une forme de journalisme éthique et critique. Le ton employé, ses avis sans détour sont résolument militants contre ce qu'il combat : le colonialisme, la guerre et la barbarie.

Camus

La liberté de la presse

Éditorial censuré du quotidien algérois *Le Soir républicain* du 25 novembre 1939, publié par *Le Monde* le 18 mars 2012.

« L'ironie demeure une arme »

Il est difficile aujourd'hui d'évoquer la liberté de la presse sans être taxé d'extravagance, accusé d'être Mata-Hari[1], de se voir convaincre d'être le neveu de Staline.

Pourtant cette liberté parmi d'autres n'est qu'un des visages de la liberté tout court et l'on comprendra notre obstination à la défendre si l'on veut bien admettre qu'il n'y a point d'autre façon de gagner réellement la guerre.

Certes, toute liberté a ses limites. Encore faut-il qu'elles soient librement reconnues. Sur les obstacles qui sont apportés aujourd'hui à la liberté de pensée, nous avons d'ailleurs dit tout ce que nous avons pu dire et nous dirons encore, et à satiété, tout ce qu'il nous sera possible de dire. En particulier, nous ne nous étonnerons jamais assez, le principe de la censure une fois imposé, que la reproduction des textes publiés en France et visés par les censeurs métropolitains soit interdite au *Soir républicain*[2], par exemple. Le fait qu'à cet égard un journal dépend de l'humeur ou de la compétence d'un homme démontre mieux qu'autre chose le degré d'inconscience où nous sommes parvenus.

Un des bons préceptes d'une philosophie digne de ce nom est de ne jamais se répandre en lamentations inutiles en face d'un état de fait qui ne peut plus être évité. La question en France n'est plus aujourd'hui de savoir comment préserver les libertés de la presse. Elle est de chercher comment, en face de la suppression de ces libertés, un journaliste peut rester libre. Le problème n'intéresse plus la collectivité. Il concerne l'individu.

Et justement ce qu'il nous plairait de définir ici, ce sont les conditions et les moyens par lesquels, au sein même de la guerre et de ses servitudes, la liberté peut être, non seulement préservée, mais encore manifestée. Ces moyens sont au nombre de quatre : la lucidité, le refus, l'ironie et l'obstination. La lucidité suppose la résistance aux entraînements de la haine et au culte de la fatalité. Dans le monde de notre expérience, il est certain que tout peut être évité. La guerre elle-même, qui est un phénomène humain, peut être à tous les moments évitée ou arrêtée par des moyens humains. Il suffit de connaître l'histoire des dernières années de la politique européenne pour être certains que la guerre, quelle qu'elle soit, a des causes évidentes. Cette vue claire des choses exclut la haine aveugle et le désespoir qui laisse faire. Un journaliste libre, en 1939, ne désespère pas et lutte pour ce qu'il croit vrai comme si son action pouvait influer sur le cours des événements. Il ne publie rien qui puisse exciter à la haine ou provoquer le désespoir. Tout cela est en son pouvoir.

En face de la marée montante de la bêtise, il est nécessaire également d'opposer quelques refus. Toutes les contraintes du monde ne feront pas qu'un esprit un peu propre accepte d'être malhonnête. Or, et pour peu qu'on connaisse le mécanisme des informations, il est facile de s'assurer de l'authenticité d'une nouvelle. C'est à cela qu'un journaliste libre doit donner toute son attention. Car, s'il ne peut dire tout ce qu'il pense, il lui est possible de ne pas dire ce qu'il ne pense pas ou qu'il croit faux. Et c'est ainsi qu'un journal libre se mesure autant à ce qu'il dit qu'à ce qu'il ne dit pas. Cette liberté toute négative est, de loin, la plus importante de toutes, si l'on sait la maintenir. Car elle prépare l'avènement de la vraie liberté. En conséquence, un journal indépendant donne l'origine de ses informations, aide le public à les évaluer, répudie le bourrage de crâne, supprime les invectives[3], pallie par des commentaires l'uniformisation des informations et, en bref, sert la vérité dans la mesure humaine de ses forces. Cette mesure, si relative qu'elle soit, lui permet du moins de refuser ce qu'aucune force au monde ne pourrait lui faire accepter : servir le mensonge.

Nous en venons ainsi à l'ironie. On peut poser en principe qu'un esprit qui a le goût et les moyens d'imposer la contrainte est imperméable à l'ironie. On ne voit pas Hitler, pour ne prendre qu'un exemple parmi d'autres, utiliser l'ironie socratique[4]. Il reste donc que l'ironie demeure une arme sans précédent contre les trop puissants. Elle complète le refus en ce sens qu'elle permet, non plus de rejeter ce qui est faux, mais de dire souvent ce qui est vrai. Un journaliste libre, en 1939, ne se fait pas trop d'illusions sur l'intelligence de ceux qui l'oppriment.

1. **Mata-Hari** : danseuse et courtisane néerlandaise, fusillée pour espionnage, à Paris en 1917.
2. *Le Soir républicain* : journal, publié à Alger, dont Albert Camus était rédacteur en chef à l'époque.
3. **Invectives** : injures.
4. **Ironie socratique** : le philosophe Socrate interroge ses interlocuteurs de façon faussement naïve pour faire progresser leur réflexion.

1939

La censure

Ses articles, qui embarrassent le Gouverneur général en Algérie, sont souvent censurés et interdits de publication. Le journal sera définitivement interdit le 10 janvier 1940 après 117 numéros, sur ordre du Gouverneur. Désormais au chômage, Camus doit s'exiler à Paris où on lui a offert un poste de secrétaire de rédaction à *Paris-Soir*.

QUESTIONS

1 • **Quelle est la stratégie argumentative employée par Camus ?**

2 • **Quel portrait du journaliste idéal dresse-t-il ici ?**

3 • **Comment situer Camus par rapport aux journalistes d'aujourd'hui ?**

1942

Albert Camus
(1913-1960)

L'auteur et l'œuvre

Romancier, dramaturge, journaliste, philosophe français né en Algérie, militant engagé dans la Résistance, Albert Camus initie le mouvement de l'absurde (▸ p. 403) qu'il illustre dans son essai *Le Mythe de Sisyphe*. L'absurde y est défini comme la conscience de « la fracture entre le monde et mon esprit ». *L'Étranger* a été tiré à plus de six millions d'exemplaires et traduit dans une quarantaine de langues.

Un procès absurde

Le procès de Meursault peut rappeler *Le Procès* de Kafka. Chez Kafka, on ignore ce qui est reproché au protagoniste. Ici, Meursault est davantage condamné pour n'avoir pas pleuré à la mort de sa mère que pour avoir tué « l'Arabe ».

QUESTIONS

1 • En quoi Meursault est-il un « étranger » ?

2 • Comment le procureur s'y prend-il pour persuader et convaincre son auditoire ?

3 • En quoi ce texte illustre-t-il l'absurde ?

Camus

L'Étranger

Le jour où il a appris la mort de sa mère, Meursault était à Alger. Il n'a pas versé une larme. Il est jugé pour le meurtre d'un Arabe.

« un visage d'homme où je ne lis rien que de monstrueux »

Et j'ai essayé d'écouter encore parce que le procureur s'est mis à parler de mon âme.

Il disait qu'il s'était penché sur elle et qu'il n'avait rien trouvé, messieurs les jurés. Il disait qu'à la vérité, je n'en avais point, d'âme, et que rien d'humain, et pas un des principes moraux qui gardent le cœur des hommes ne m'était accessible. « Sans doute, ajoutait-il, nous ne saurions le lui reprocher. Ce qu'il ne saurait acquérir, nous ne pouvons nous plaindre qu'il en manque. Mais quand il s'agit de cette cour, la vertu toute négative de la tolérance doit se muer en celle, moins facile, mais plus élevée, de la justice. Surtout lorsque le vide du cœur tel qu'on le découvre chez cet homme devient un gouffre où la société peut succomber. » C'est alors qu'il a parlé de mon attitude envers maman. Il a répété ce qu'il avait dit pendant les débats. Mais il a été beaucoup plus long que lorsqu'il parlait de mon crime, si long même que, finalement, je n'ai plus senti que la chaleur de cette matinée. Jusqu'au moment, du moins, où l'avocat général s'est arrêté et, après un moment de silence, a repris d'une voix très basse et très pénétrée : « Cette même cour, messieurs, va juger demain le plus abominable des forfaits : le meurtre d'un père. » Selon lui, l'imagination reculait devant cet atroce attentat. Il osait espérer que la justice des hommes punirait sans faiblesse. Mais, il ne craignait pas de le dire, l'horreur que lui inspirait ce crime le cédait presque à celle qu'il ressentait devant mon insensibilité. Toujours selon lui, un homme qui tuait moralement sa mère se retranchait de la société des hommes au même titre que celui qui portait une main meurtrière sur l'auteur de ses jours. Dans tous les cas, le premier préparait les actes du second, il les annonçait en quelque sorte et il les légitimait. « J'en suis persuadé, messieurs, a-t-il ajouté en élevant la voix, vous ne trouverez pas ma pensée trop audacieuse, si je dis que l'homme qui est assis sur ce banc est coupable aussi du meurtre que cette cour devra juger demain. Il doit être puni en conséquence. » Ici, le procureur a essuyé son visage brillant de sueur. Il a dit enfin que son devoir était douloureux, mais qu'il l'accomplirait fermement. Il a déclaré que je n'avais rien à faire avec une société dont je méconnaissais les règles les plus essentielles et que je ne pouvais pas en appeler à ce cœur humain dont j'ignorais les réactions élémentaires. « Je vous demande la tête de cet homme, a-t-il dit, et c'est le cœur léger que je vous la demande. Car s'il m'est arrivé au cours de ma déjà longue carrière de réclamer des peines capitales, jamais autant qu'aujourd'hui, je n'ai senti ce pénible devoir compensé, balancé, éclairé par la conscience d'un commandement impérieux et sacré et par l'horreur que je ressens devant un visage d'homme où je ne lis rien que de monstrueux. »

TEXTE ÉCHO

Kafka, *Le Procès* (1925)

On vient arrêter K. chez lui. Celui-ci est dans l'incompréhension la plus complète. Il demande quelque justification au gardien, qui est accompagné de deux hommes, Franz et Willem.

« Il n'y a aucune erreur là-dedans. Les autorités que nous représentons – encore ne les connais-je que par les grades inférieurs – ne sont pas de celles qui recherchent les délits de la population, mais de celles qui, comme la loi le dit, sont « attirées », sont mises en jeu par le délit et doivent alors nous expédier, nous autres gardiens. Voilà la loi, où y aurait-il une erreur ?

– Je ne connais pas cette loi, dit K.

– Vous vous en mordrez les doigts, dit le gardien.

– Elle n'existe certainement que dans votre tête », répondit K.

Il aurait voulu trouver un moyen de se glisser dans la pensée de ses gardiens, de la retourner en sa faveur ou de la pénétrer complètement. Mais le gardien éluda toute explication en déclarant :

« Vous verrez bien quand vous la sentirez passer ! »

Franz s'en mêla :

« Tu vois ça, Willem, dit-il, il reconnaît qu'il ignore la loi, et il affirme en même temps qu'il n'est pas coupable !

– Tu as parfaitement raison, dit l'autre, il n'y a rien à lui faire comprendre. »

K. ne répondit plus.

L'auteur et l'œuvre

Franz Kafka (1883-1924) est un écrivain tchèque de langue allemande. L'univers kafkaïen présente des situations sans issue, des atmosphères oppressantes, des espaces labyrinthiques. *Le Procès* raconte l'histoire de Joseph K., arrêté puis exécuté sans raison. Le roman veut montrer que l'État peut se révéler terroriste à l'égard des individus.

Kafka et l'absurde

Kafka conçoit l'existence comme un combat perdu d'avance ; c'est pourquoi il décrit des parcours de personnages dont on ne peut comprendre ni l'origine ni le but. La mécanique bureaucratique, sociale ou politique, est poussée jusqu'à l'absurde.

D'UN TEXTE À L'AUTRE

4 • En quoi les textes de Camus et de Kafka proposent-ils une vision absurde de la justice ?

1942

Francis Ponge
(1899-1988)

L'auteur et l'œuvre

Francis Ponge travaille d'abord dans l'édition avant de devenir écrivain. Il publie son premier recueil de poèmes en 1942, *Le Parti pris des choses*, où il introduit l'objet en poésie. En 1949, il publie les *Proèmes*, textes mêlant prose, poésie et discours savant. Par son travail poétique novateur, Ponge fait percevoir le monde différemment.

Une poésie novatrice

Ponge refuse d'évoquer l'actualité et ne recherche pas le lyrisme. Il est en rupture aussi bien avec la poésie surréaliste qu'avec la poésie engagée. Pour lui, la poésie ne doit pas refléter les sentiments mais se laisser envahir par les choses qui entourent le poète : les objets. Il ne recherche donc pas le beau et évoque des objets jusqu'alors absents de la poésie : le cageot, le morceau de viande, la mousse, l'huître…

Ponge
Le Parti pris des choses

L'huître

« une formule perle
à leur gosier de nacre »

L'huître, de la grosseur d'un galet moyen, est d'une apparence plus rugueuse, d'une couleur moins unie, brillamment blanchâtre. C'est un monde opiniâtrement clos. Pourtant on peut l'ouvrir : il faut alors la tenir au creux d'un torchon, se servir d'un couteau ébréché et peu franc, s'y reprendre à plusieurs fois. Les doigts curieux s'y coupent, s'y cassent les ongles : c'est un travail grossier. Les coups qu'on lui porte marquent son enveloppe de ronds blancs, d'une sorte de halos.

À l'intérieur l'on trouve tout un monde, à boire et à manger : sous un *firmament* (à proprement parler[1]) de nacre, les cieux d'en-dessus s'affaissent sur les cieux d'en-dessous, pour ne plus former qu'une mare, un sachet visqueux et verdâtre, qui flue et reflue à l'odeur et à la vue, frangé d'une dentelle noirâtre sur les bords.

Parfois très rare une formule[2] perle à leur gosier de nacre, d'où l'on trouve aussitôt à s'orner.

1. **Firmament** : voûte céleste mais appui, soutien au sens étymologique.
2. **Formule** : petite forme (sens 1) ; expression (sens 2).

QUESTIONS

1 • En quoi Ponge propose-t-il une définition objective de l'huître ?

2 • Pourquoi peut-on affirmer que ce texte est un « proème » ?

3 • Dans quelle mesure l'huître symbolise-t-elle ici la poésie ?

Sartre

Les Mouches

Dans cette dernière scène de tragédie, Oreste, qui a tué sa mère Clytemnestre et son beau-père et oncle Égisthe, roi du pays d'Argos, affronte la foule.

CRIS DANS LA FOULE. – À mort ! À mort ! Lapidez-le ! Déchirez-le ! À mort !

ORESTE, *sans les entendre.* – Le soleil !

LA FOULE. – Sacrilège ! Assassin ! Boucher. On t'écartèlera. On versera du plomb fondu dans tes blessures.

UNE FEMME. – Je t'arracherai les yeux.

UN HOMME. – Je te mangerai le foie.

ORESTE, *s'est dressé.* – Vous voilà donc, mes sujets très fidèles ! Je suis Oreste, votre roi, le fils d'Agamemnon, et ce jour est le jour de mon couronnement. *(La foule gronde, décontenancée.)* Vous ne criez plus ? *(La foule se tait.)* Je sais : je vous fais peur. Il y a quinze ans, jour pour jour, un autre meurtrier s'est dressé devant vous, il avait des gants rouges jusqu'au coude, des gants de sang, et vous n'avez pas eu peur de lui car vous avez lu dans ses yeux qu'il était des vôtres et qu'il n'avait pas le courage de ses actes. Un crime que son auteur ne peut supporter, ce n'est plus le crime de personne, n'est-ce pas ? C'est presque un accident. Vous avez accueilli le criminel comme votre roi, et le vieux crime s'est mis à rôder entre les murs de la ville, en gémissant doucement, comme un chien qui a perdu son maître. Vous me regardez, gens d'Argos, vous avez compris que mon crime est bien à moi ; je le revendique à la face du soleil, il est ma raison de vivre et mon orgueil, vous ne pouvez ni me châtier ni me plaindre, et c'est pourquoi je vous fais peur. Et pourtant, ô mes hommes, je vous aime, et c'est pour vous que j'ai tué. Pour vous. J'étais venu réclamer mon royaume et vous m'avez repoussé parce que je n'étais pas des vôtres. À présent, je suis des vôtres, ô mes sujets, nous sommes liés par le sang, et je mérite d'être votre roi. Vos fautes et vos remords, vos angoisses nocturnes, le crime d'Égisthe, tout est à moi, je prends tout sur moi. Ne craignez plus vos morts, ce sont *mes* morts. Et voyez : vos mouches fidèles vous ont quittés pour moi. Mais n'ayez crainte, gens d'Argos : je ne m'assiérai pas, tout sanglant, sur le trône de ma victime : un Dieu me l'a offert et j'ai dit non. Je veux être un roi sans terre et sans sujets. Adieu, mes hommes, tentez de vivre : tout est neuf ici, tout est à commencer. Pour moi aussi la vie commence. Une étrange vie.

« Je veux être un roi sans terre et sans sujets. »

Acte III, scène 6 (extrait) © Éditions Gallimard.

1943

Jean-Paul Sartre
(1905-1980)

L'auteur et l'œuvre

Jean-Paul Sartre est un écrivain engagé, marxiste, philosophe et maître de l'existentialisme. Il est avec sa compagne, Simone de Beauvoir, une figure mythique du quartier Saint-Germain-des-Prés à Paris où il vit, écrit et milite. *Les Mouches,* tragédie en trois actes, réécrit le mythe antique d'Électre (▸ p. 410). Jouée pour la première fois sous l'Occupation allemande, la pièce propose une réflexion sur l'exercice de la liberté, l'action, l'engagement et met à l'épreuve du théâtre la philosophie existentialiste de Sartre.

L'existentialisme

La philosophie existentialiste défendue par Sartre postule la liberté de l'homme, qui n'est pas déterminé par sa nature, mais qui n'existe et ne se construit qu'au travers de ses actes et de ses relations avec la société, c'est-à-dire au travers de son existence. Pour Sartre, l'homme est sa propre mesure, seul devant ses choix, « condamné à être libre ».

QUESTIONS

1 • Comment Oreste est-il présenté ?

2 • Comment le personnage gagne-t-il sa liberté ?

3 • En quoi Oreste permet-il de redéfinir la tragédie ?

1943

Robert Desnos
(1900-1945)

L'auteur et l'œuvre

Desnos rejoint le groupe surréaliste en 1922. Seront notamment publiés *Deuil pour deuil* (1924), *La Liberté ou l'Amour* (1927), *Corps et biens* (1930). Cette même année 1930 signe sa séparation du groupe d'André Breton. En 1934, il adhère aux mouvements d'intellectuels antifascistes. En 1942, il entre dans la Résistance. Arrêté en 1944, il meurt en déportation. *Calixto* et *Contrée* seront publiés à titre posthume.

De Callisto à Calixto

Les ébauches manuscrites font état de Callisto, en référence à une nymphe qui, selon l'étymologie, est « la plus belle ». « Érotique-voilée », devenue Calixto, elle possèderait ces qualités « explosante-fixe » et « magique-circonstancielle » définissant « la beauté convulsive » selon Breton. Mais il existe aussi un Calixto Garcia, général qui a lutté pour libérer Cuba. Desnos connaît son histoire.

QUESTIONS

1 • En quoi peut-on dire que ce poème est d'inspiration « classique » ?

2 • À qui peut s'adresser le poète ?

3 • Pourquoi le poète a-t-il recours à des mots familiers ? Quels sont les effets produits ?

Desnos

Calixto

« Que fureur soit ton cri ! »

Que fureur soit ton cri ! Les laves et les neiges
Se mêlent dans ce cœur vomissant les rayons,
Les dents mordant la langue et tranchant le bâillon
Plus dures qu'à ta chair les mâchoires du piège.

Et tournant et ruant autour de ton manège,
Soleil d'algèbre et son moyeu de tourbillons
Et tire et brise et scelle un à un les maillons
D'une chaîne enserrant les membres du cortège.

Râle, à quoi bon les cris, la bave et le salpêtre
Un sommeil de mangeaille et de pourpre renaître
Tu, vous, les autres, nous, clames, clamez, clamons,

Trois serpents plein la gueule et l'averse d'ordure
Qui tombe sur tes yeux et dans ta chevelure.
Le jour qui t'effaça disperse les démons.

Aragon

Aurélien

Voici l'incipit du roman.

« La première fois qu'Aurélien vit Bérénice, il la trouva franchement laide. »

La première fois qu'Aurélien vit Bérénice, il la trouva franchement laide. Elle lui déplut, enfin. Il n'aima pas comment elle était habillée. Une étoffe qu'il n'aurait pas choisie. Il avait des idées sur les étoffes. Une étoffe qu'il avait vue sur plusieurs femmes. Cela lui fit mal augurer de celle-ci qui portait un nom de princesse d'Orient sans avoir l'air de se considérer dans l'obligation d'avoir du goût. Ses cheveux étaient ternes ce jour-là, mal tenus. Les cheveux coupés, ça demande des soins constants. Aurélien n'aurait pas pu dire si elle était blonde ou brune. Il l'avait mal regardée. Il lui en demeurait une impression vague, générale, d'ennui et d'irritation. Il se demanda même pourquoi. C'était disproportionné. Plutôt petite, pâle, je crois... Qu'elle se fût appelée Jeanne ou Marie, il n'y aurait pas repensé, après coup. Mais Bérénice. Drôle de superstition. Voilà bien ce qui l'irritait.

Il y avait un vers de Racine que ça lui remettait dans la tête, un vers qui l'avait hanté pendant la guerre, dans les tranchées, et plus tard démobilisé. Un vers qu'il ne trouvait même pas un beau vers, ou enfin dont la beauté lui semblait douteuse, inexplicable, mais qui l'avait obsédé, qui l'obsédait encore :

Je demeurai longtemps errant dans Césarée...

En général, les vers, lui... Mais celui-ci revenait et revenait. Pourquoi ? c'est ce qu'il ne s'expliquait pas. Tout à fait indépendamment de l'histoire de Bérénice... l'autre, la vraie... D'ailleurs il ne se rappelait que dans ses grandes lignes cette romance, cette scie. Brune alors, la Bérénice de la tragédie. Césarée, c'est du côté d'Antioche, de Beyrouth. Territoire sous mandat. Assez moricaude même, des bracelets en veux-tu en voilà, et des tas de chichis, de voiles. Césarée... un beau nom pour une ville. Ou pour une femme. Un beau nom en tout cas. Césarée... *Je demeurai longtemps...* je deviens gâteux. Impossible de se souvenir : comment s'appelait-il, le type qui disait ça, une espèce de grand bougre ravagé, mélancolique, flemmard, avec des yeux de charbon, la malaria... qui avait attendu pour se déclarer que Bérénice fût sur le point de se mettre en ménage, à Rome, avec un bellâtre potelé, ayant l'air d'un marchand de tissus qui fait l'article, à la manière dont il portait la toge. Tite. Sans rire. Tite.

Je demeurai longtemps errant dans Césarée...

1944

Louis Aragon
(1897-1982)

L'auteur et l'œuvre

Poète, romancier et journaliste ayant d'abord appartenu au mouvement surréaliste, Aragon publie des romans en prise avec le réel. Il est connu pour son engagement au parti communiste et dans la Résistance durant la Seconde Guerre mondiale.

Une cristallisation

La façon dont Aurélien tombe progressivement amoureux de Bérénice évoque la cristallisation stendhalienne (▶ p. 189). Ici, c'est un détail, le prénom de Bérénice, qui captive toute l'attention d'Aurélien.

L'intertextualité

Le prénom Bérénice est emprunté à une pièce de Racine. Bérénice, reine orientale, doit épouser l'empereur Titus mais le peuple romain s'oppose à leur amour. Cet intertexte prépare la suite du roman : le lecteur comprend qu'il va lire une histoire d'amour impossible.

QUESTIONS

1 • Pourquoi cet incipit est-il surprenant ?

2 • Comment les deux personnages principaux sont-ils présentés ?

3 • Qu'annonce symboliquement cet incipit pour la suite de l'histoire ?

1945

Albert Camus
(1913-1960)

L'auteur et l'œuvre

Entre août 1944 et juin 1974, Albert Camus rejoint son ami Pascal Pia en tant que rédacteur en chef et éditorialiste à *Combat*, journal d'abord clandestin de la Résistance. Dans l'éditorial ci-contre, il affirme son point de vue sur un événement très important de l'actualité, la bombe atomique qui vient d'être lancée à Hiroshima, une opinion à contre-courant des journaux de l'époque.

Un écrivain face à l'Histoire

Camus met en regard la fonction de journaliste et la nécessité de l'homme qui doit prendre position et défendre une vision du monde et de la société, voire une pensée philosophique. Il illustre ainsi sa définition de la révolte dans *L'Homme révolté* : la révolte, « c'est l'effort pour imposer l'Homme face à ce qui le nie ».

Camus

Hiroshima

« la civilisation mécanique vient de parvenir à son dernier degré de sauvagerie. »

[...] On nous apprend, en effet, au milieu d'une foule de commentaires enthousiastes que n'importe quelle ville d'importance moyenne peut être totalement rasée par une bombe de la grosseur d'un ballon de football. Des journaux américains, anglais et français se répandent en dissertations élégantes sur l'avenir, le passé, les inventeurs, le coût, la vocation pacifique et les effets guerriers, les conséquences politiques et même le caractère indépendant de la bombe atomique. Nous nous résumerons en une phrase : la civilisation mécanique vient de parvenir à son dernier degré de sauvagerie. Il va falloir choisir, dans un avenir plus ou moins proche, entre le suicide collectif ou l'utilisation intelligente des conquêtes scientifiques.

En attendant, il est permis de penser qu'il y a quelque indécence à célébrer ainsi une découverte, qui se met d'abord au service de la plus formidable rage de destruction dont l'homme ait fait preuve depuis des siècles. Que dans un monde livré à tous les déchirements de la violence, incapable d'aucun contrôle, indifférent à la justice et au simple bonheur des hommes, la science se consacre au meurtre organisé, personne sans doute, à moins d'idéalisme impénitent, ne songera à s'en étonner.

Les découvertes doivent être enregistrées, commentées selon ce qu'elles sont, annoncées au monde pour que l'homme ait une juste idée de son destin. Mais entourer ces terribles révélations d'une littérature pittoresque ou humoristique, c'est ce qui n'est pas supportable. [...]

Qu'on nous entende bien. Si les Japonais capitulent après la destruction d'Hiroshima et par l'effet de l'intimidation, nous nous en réjouirons. Mais nous nous refusons à tirer d'une aussi grave nouvelle autre chose que la décision de plaider plus énergiquement encore en faveur d'une véritable société internationale, où les grandes puissances n'auront pas de droits supérieurs aux petites et aux moyennes nations, où la guerre, fléau devenu définitif par le seul effet de l'intelligence humaine, ne dépendra plus des appétits ou des doctrines de tel ou tel État.

Devant les perspectives terrifiantes qui s'ouvrent à l'humanité, nous apercevons encore mieux que la paix est le seul combat qui vaille d'être mené. Ce n'est plus une prière, mais un ordre qui doit monter des peuples vers les gouvernements, l'ordre de choisir définitivement entre l'enfer et la raison.

Éditorial du journal *Combat*, 8 août 1945.

QUESTIONS

1 • Comment l'opinion de l'auteur est-elle visible ?

2 • Quel est le rôle de la presse et des journalistes d'après Albert Camus ?

3 • Quelle est la part de l'information et de la réflexion ?

Char

Feuillets d'Hypnos

Le « Capitaine Alexandre » écrit une note à son second, LS.

Fragment 87

« Contrariez les habitudes monotones. »

LS, je vous remercie pour l'homodépôt[1] Durance 12. Il entre en fonction dès cette nuit. Vous veillerez à ce que la jeune équipe affectée au terrain ne se laisse pas entraîner à apparaître trop souvent dans les rues de Duranceville[2]. Filles et cafés dangereux plus d'une minute. Cependant ne tirez pas trop sur la bride. Je ne veux pas de mouchard dans l'équipe. Hors du réseau, qu'on ne communique pas. Stoppez vantardise. Vérifiez à deux sources corps renseignements. Tenez compte cinquante pour cent romanesque dans la plupart des cas. Apprenez à vos hommes à prêter attention, à rendre compte exactement, à savoir poser l'arithmétique des situations. Rassemblez les rumeurs et faites synthèse. Point de chute et boîte à lettres chez l'ami des blés. Éventualité opération Waffen[3], camp des étrangers, les Mées[2], avec débordement sur Juifs et Résistance. Républicains espagnols très en danger. Urgent que vous les préveniez. Quant à vous, évitez le combat. Homodépôt sacré. Si alerte, dispersez-vous. Sauf pour délivrer camarade capturé, ne donnez jamais à l'ennemi signe d'existence. Interceptez suspects. Je fais confiance à votre discernement. Le camp ne sera jamais montré. Il n'existe pas de camp, mais des charbonnières[4] qui ne fument pas. Aucun linge d'étendu au passage des avions, et tous les hommes sous les arbres et dans le taillis. Personne ne viendra vous voir de ma part, l'ami des blés et le Nageur exceptés. Avec les hommes de l'équipe soyez rigoureux et attentionné. Amitié ouate discipline. Dans le travail, faites toujours quelques kilos de plus que chacun, sans en tirer orgueil. Mangez et fumez visiblement moins qu'eux. N'en préférez aucun à un autre. N'admettez qu'un mensonge improvisé et gratuit. Qu'ils ne s'appellent pas de loin. Qu'ils tiennent leur corps et leur literie propres. Qu'ils apprennent à chanter bas et à ne pas siffler d'air obsédant, à dire telle qu'elle s'offre la vérité. La nuit, qu'ils marchent en bordure des sentiers. Suggérez les précautions ; laissez-leur le mérite de les découvrir. Émulation excellente. Contrariez les habitudes monotones. Inspirez celles que vous ne voulez pas trop tôt voir mourir. Enfin, aimez au même moment qu'eux les êtres qu'ils aiment. Additionnez, ne divisez pas. Tout va bien ici. Affection. HYPNOS[5].

1. **Homodépôt** : terrain de parachutage. 2. Lieux réels. 3. **Waffen** : les SS. 4. **Charbonnière** : endroit où l'on fait le charbon. 5. **Hypnos** : dieu du Sommeil (mythologie grecque) et nom de guerre de René Char.

1946

René Char
(1907-1988)

L'auteur et l'œuvre

Durant la Seconde Guerre mondiale, René Char fut le chef d'un maquis en haute Provence sous le nom de « Capitaine Alexandre ». Les 237 « notes » des *Feuillets d'Hypnos* constituent une sorte de carnet de guerre atypique dans lequel sont consignés des récits de guerre, des anecdotes, des instantanés, des bribes de conversation qui tous « marquent la résistance d'un humanisme conscient de ses devoirs » comme l'écrit le poète dans une introduction au texte.

L'empreinte de l'Histoire

Les feuillets mêlent à la fois différents contenus et différentes formes : aphorismes, récits, poèmes en prose… La présence de dates précises, de noms de lieux réels, de noms de code les inscrit dans une réalité historique et vient en contrepoint du caractère fragmentaire de l'œuvre.

QUESTIONS

1 • **Quels éléments ancrent ce texte dans une réalité historique ?**

2 • **Quels procédés participent de la poésie du texte ?**

3 • **En quoi la figure d'Hypnos, signataire du texte et inscrit dans le titre de l'œuvre, est-elle une allégorie du poète en temps de guerre ?**

1946

Jacques Prévert
(1900-1977)

L'auteur et l'œuvre

Poète, parolier et scénariste proche des surréalistes, Prévert connaît le succès avec le recueil *Paroles* publié après la Libération. Anarchiste, il prend fermement position en faveur de la liberté et manifeste un rejet des institutions susceptibles de la museler : famille, école, église, armée.

Une parole libre

Si le propos de Prévert est teinté d'anarchisme et d'une sensibilité populaire, la forme de l'écriture est aussi libérée de la versification et de la rime, au profit du travail sur les répétitions, les sons et le rythme. Son expression poétique proche de l'oral est mise en valeur par un vocabulaire simple et un ton familier.

Texte lu
Manuel numérique

Prévert

Paroles

La grasse matinée

*« le petit bruit
de l'oeuf dur cassé sur
un comptoir d'étain »*

Il est terrible
le petit bruit de l'œuf dur cassé sur un comptoir d'étain
il est terrible ce bruit
quand il remue dans la mémoire de l'homme qui a faim
elle est terrible aussi la tête de l'homme
la tête de l'homme qui a faim
quand il se regarde à six heures du matin
dans la glace du grand magasin
une tête couleur de poussière
ce n'est pas sa tête pourtant qu'il regarde
dans la vitrine de chez Potin
il s'en fout de sa tête l'homme
il n'y pense pas
il songe
il imagine une autre tête
une tête de veau par exemple
avec une sauce de vinaigre
ou une tête de n'importe quoi qui se mange
et il remue doucement la mâchoire
doucement
et il grince des dents doucement
car le monde se paye sa tête
et il ne peut rien contre ce monde
et il compte sur ses doigts un deux trois
un deux trois
cela fait trois jours qu'il n'a pas mangé
et il a beau se répéter depuis trois jours
Ça ne peut pas durer
ça dure
trois jours

trois nuits
sans manger
et derrière ces vitres
ces pâtés ces bouteilles ces conserves
poissons morts protégés par les boîtes
boîtes protégées par les vitres
vitres protégées par les flics
flics protégés par la crainte
que de barricades pour six malheureuses sardines...

Un peu plus loin le bistro
café-crème et croissants chauds
l'homme titube
et dans l'intérieur de sa tête
un brouillard de mots
un brouillard de mots
sardines à manger
œuf dur café crème
café arrosé rhum
café-crème
café-crème
café-crime arrosé sang !...
Un homme très estimé dans son quartier
a été égorgé en plein jour
l'assassin le vagabond lui a volé
deux francs
soit un café arrosé
zéro franc soixante-dix
deux tartines beurrées
et vingt-cinq centimes pour le pourboire du garçon.

Il est terrible
le petit bruit de l'œuf dur cassé sur un comptoir d'étain
il est terrible ce bruit
quand il remue dans la mémoire de l'homme qui a faim.

1946

Un engagement contre la misère

Dans la lignée de Baudelaire (▶ p. 226), Prévert dénonce les inégalités sociales et interpelle le lecteur. La focalisation interne permet de ressentir les souffrances de l'homme qui a faim tandis que l'absence de ponctuation laisse une certaine liberté d'interprétation au lecteur.

Du poème à la chanson

Les poèmes de Prévert ont souvent été mis en musique. Marianne Oswald a été la première à chanter « La grasse matinée » en 1957 sur une musique de Joseph Kosma. Serge Reggiani en a fait une lecture célèbre en 1966.

QUESTIONS

1 • Comment la tension dramatique progresse-t-elle ?
2 • En quoi la forme poétique renforce-t-elle le propos ?
3 • Quelles cibles Prévert vise-t-il dans ce poème ?

1946

Boris Vian
(1920-1959)

L'auteur et l'œuvre

Romancier, ingénieur, musicien de jazz, membre du collège de Pataphysique créé par Jarry, Boris Vian invente un langage fait de néologismes et de jeux de mots. Les univers fantaisistes et poétiques de ses romans révèlent une lecture décalée de la réalité. Proche du conte, *L'Écume des jours* propose des personnages loufoques. L'humour et la fantaisie se teintent cependant d'une dimension tragique et d'une critique de la société. L'œuvre sera adaptée au cinéma en 2013 par Michel Gondry.

Un monde étrange

Boris Vian présente souvent dans ses romans un monde réinventé. Entre surréel (synthèse du réel et de l'imaginaire) et absurde, il métamorphose l'espace du quotidien, qui devient alors étrange sans toutefois paraître étranger. Le personnage s'y dissout peu à peu, jusqu'à l'effacement.

QUESTIONS

1 • De quelle manière l'aspect mécanique de l'usine est-il souligné ?

2 • Comment cet extrait traduit-il l'aliénation de l'homme ?

3 • Comment l'espace et le temps sont-ils mis en scène ?

Vian

L'Écume des jours

Ruiné par son addiction aux œuvres et objets de l'écrivain Jean-Sol Partre[1], Chick doit travailler et se rend quotidiennement à l'usine.

« devant chaque machine trapue, un homme se débattait »

Sous ses pieds, la tôle bosselée était chaude, crevée par endroits, et l'on apercevait par les trous la gueule rouge sombre des fours de pierre, tout en bas. Les fluides passaient en ronflant dans de gros tuyaux peints en gris et rouge, au-dessus de sa tête, et à chaque pulsation du cœur mécanique que les chauffeurs mettaient sous pression, la charpente s'infléchissait légèrement vers l'avant avec un faible retard et une vibration profonde. Des gouttes se formaient sur la paroi, se détachant parfois lors d'une pulsation plus forte et quand une de ces gouttes lui tombait sur le cou, Chick frissonnait. C'était une eau terne et qui sentait l'ozone. Le passage tournait tout au bout, et le sol, à claire-voie maintenant, dominait les ateliers.

En bas, devant chaque machine trapue, un homme se débattait, luttant pour ne pas être déchiqueté par les engrenages avides. Au pied droit de chacun, un lourd anneau de fer était fixé ; on ne l'ouvrait que deux fois par jour, au milieu de la journée et le soir. Ils disputaient aux machines les pièces métalliques qui sortaient en cliquetant des étroits orifices ménagés sur le dessus. Les pièces retombaient presque immédiatement, si on ne les recueillait pas à temps, dans la gueule grouillante de rouages, où s'effectuait la synthèse.

Il y avait des appareils de toutes les tailles. Chick connaissait bien ce spectacle. Il travaillait au bout de l'un des ateliers et devait contrôler la bonne marche des machines et donner aux hommes des indications pour les remettre en état lorsqu'elles s'arrêtaient après leur avoir arraché un morceau de chair.

Pour purifier l'atmosphère, de longs jets d'essence traversaient obliquement la pièce, luisant de reflets, par places, et condensant autour d'eux les poussières et les fumées de métal et d'huile chaude qui montaient en colonnes droites et minces au-dessus de chaque machine. Chick releva la tête, les tuyaux le suivaient toujours. Il arriva à la cage de la plate-forme de descente, entra et referma la porte derrière lui. Il tira de sa poche un livre de Partre, pressa le bouton de commande et se mit à lire en attendant d'atteindre le sous-sol.

1. **Jean-Sol Partre** : philosophe imaginaire qui a écrit *Le Vomi* quand son illustre modèle, Jean-Paul Sartre, a écrit *La Nausée*.

Giono

Un roi sans divertissement

Le roman s'achève sur le récit du suicide de Langlois. Les habitants du village où il a vécu interrogent une femme fruste, l'un des derniers personnages à l'avoir vu vivant. Elle raconte qu'il lui a demandé de couper la tête d'une oie, sous le hangar de sa maison. Elle lui a obéi.

– Et Langlois, qu'est-ce qu'il faisait ?
– Se tenait à l'écart.
– Où ?
– Dehors le hangar.
– Dans la neige ?
– Oh ! il y en avait si peu.
– Mais parle. Et on la bouscule.
– Vous m'ennuyez à la fin, dit-elle, je vous dis que c'est tout. Si je vous dis que c'est tout c'est que c'est tout, nom de nom. Il m'a dit : « Donne. » J'y ai donné l'oie. Il l'a tenue par les pattes. Eh bien, il l'a regardée saigner dans la neige. Quand elle a eu saigné un moment, il me l'a rendue. Il m'a dit : « Tiens, la voilà. Et va-t'en. » Et je suis rentrée avec l'oie. Et je me suis dit : « Il veut sans doute que tu la plumes. » Alors, je me suis mise à la plumer. Quand elle a été plumée, j'ai regardé. Il était toujours au même endroit. Planté. Il regardait à ses pieds le sang de l'oie. J'y ai dit : « L'est plumée, monsieur Langlois. » Il ne m'a pas répondu et n'a pas bougé. Je me suis dit : « Il n'est pas sourd, il t'a entendue. Quand il la voudra, il viendra la chercher. » Et j'ai fait ma soupe. Est venu cinq heures. La nuit tombait. Je sors prendre du bois. Il était toujours là au même endroit. J'y ai de nouveau dit : « L'est plumée, monsieur Langlois, vous pouvez la prendre. » Il n'a pas bougé. Alors, je suis rentrée chercher l'oie pour la lui porter, mais, quand je suis sortie, il était parti.

« il fumait une cartouche de dynamite »

Eh bien, voilà ce qu'il dut faire. Il remonta chez lui et il tint le coup jusqu'après la soupe. Il attendit que Saucisse[1] ait pris son tricot d'attente et que Delphine[2] ait posé ses mains sur ses genoux. Il ouvrit, comme d'habitude, la boîte de cigares, et il sortit pour fumer.

Seulement, ce soir-là, il ne fumait pas un cigare : il fumait une cartouche de dynamite. Ce que Delphine et Saucisse regardèrent comme d'habitude, la petite braise, le petit fanal de voiture, c'était le grésillement de la mèche. Et il y eut, au fond du jardin, l'énorme éclaboussement d'or qui éclaira la nuit pendant une seconde. C'était la tête de Langlois qui prenait, enfin, les dimensions de l'univers.

Qui a dit : « *Un roi sans divertissement est un homme plein de misères* » ?

1947

Jean Giono
(1895-1970)

L'auteur et l'œuvre

Giono, auteur autodidacte très cultivé, conteur de talent, se livre dans ses nombreux romans à une étude minutieuse de l'âme humaine. *Un roi sans divertissement*, chronique d'événements sanglants perpétrés dans une communauté villageoise, démontre l'attrait de la cruauté et du mal chez Langlois, un homme rongé par l'ennui.

Une esthétique baroque

Ce texte de Giono unit le tragique et le burlesque, la trivialité et le sublime, la langue parlée et la poésie. La mort apparaît comme un spectacle divertissant et la souffrance d'autrui provoque un plaisir esthétique. L'apothéose à la fin du roman évoque le lyrisme poétique.

QUESTIONS

1 • En quoi cet épilogue est-il théâtral ?

2 • Comment le passage éclaire-t-il la citation tirée du « Divertissement » de Pascal (▶ p. 114) : « un roi sans divertissement est un roi plein de misère » ?

3 • En quoi Langlois est-il « un roi sans divertissement » ?

1. **Saucisse** : tenancière de café qui vit avec Langlois et sa femme.
2. **Delphine** : épouse de Langlois.

1947

Jean Genet
(1910-1986)

L'auteur et l'œuvre

Dramaturge, romancier et poète marginal, délinquant, mais aussi militant et engagé du côté des exclus, Genet évoque la violence de l'humiliation dans *Les Bonnes*. Le sujet rappelle un fait divers de 1933 : deux bonnes, les sœurs Papin, ont assassiné leurs maîtresses. Ce fait divers est aussi au cœur de deux films, *La Cérémonie* (1995) de Claude Chabrol et *Les Blessures assassines* (2000) de Jean-Pierre Denis. Genet a cependant toujours nié s'être inspiré de l'histoire des sœurs Papin.

Un travestissement étrange

Claire se déguise avec les habits de sa maîtresse et Solange continue à jouer la bonne pendant l'absence de leur patronne. Ce jeu, mis en place dès la scène d'exposition, permet de saisir les enjeux des relations entre les personnages.

Genet

Les Bonnes

Claire et Solange, deux sœurs, sont les domestiques de « Madame ». Voici le début de la pièce.

« Menace-moi. Insulte ta maîtresse. »

La chambre de Madame. Meubles Louis XV. Au fond, une fenêtre ouverte sur la façade de l'immeuble en face. À droite, le lit. À gauche, une porte et une commode. Des fleurs à profusion. C'est le soir. L'actrice qui joue Solange est vêtue d'une petite robe noire de domestique. Sur une chaise, une autre petite robe noire, des bas de fil noirs, une paire de souliers noirs à talons plats.

Claire, *debout, en combinaison, tournant le dos à la coiffeuse. Son geste – le bras tendu – et le ton seront d'un tragique exaspéré.* – Et ces gants ! Ces éternels gants ! Je t'ai dit souvent de les laisser à la cuisine. C'est avec ça, sans doute, que tu espères séduire le laitier. Non, non, ne mens pas, c'est inutile. Pends-les au-dessus de l'évier. Quand comprendras-tu que cette chambre ne doit pas être souillée ? Tout, mais tout ! ce qui vient de la cuisine est crachat. Sors. Et remporte tes crachats ! Mais cesse !

Pendant cette tirade, Solange jouait avec une paire de gants de caoutchouc, observant ses mains gantées, tantôt en bouquet, tantôt en éventail.

Ne te gêne pas, fais ta biche. Et surtout ne te presse pas, nous avons le temps. Sors !

Solange change soudain d'attitude et sort humblement, tenant du bout des doigts les gants de caoutchouc. Claire s'assied à la coiffeuse.

Elle respire les fleurs, caresse les objets de toilette, brosse ses cheveux, arrange son visage.

Préparez ma robe. Vite le temps presse. Vous n'êtes pas là ? *(Elle se retourne.)* Claire ! Claire !

Entre Solange.

Solange. – Que Madame m'excuse, je préparais le tilleul *(Elle prononce tillol.)* de Madame.

Claire. – Disposez mes toilettes. La robe blanche pailletée. L'éventail, les émeraudes.

SOLANGE. – Tous les bijoux de Madame ?

CLAIRE. – Sortez-les. Je veux choisir. *(Avec beaucoup d'hypocrisie.)* Et naturellement les souliers vernis. Ceux que vous convoitez depuis des années.

Solange prend dans l'armoire quelques écrins qu'elle ouvre et dispose sur le lit.

Pour votre noce sans doute. Avouez qu'il vous a séduite ! Que vous êtes grosse[1] ! Avouez-le !

Solange s'accroupit sur le tapis et, crachant dessus, cire des escarpins vernis.

Je vous ai dit, Claire, d'éviter les crachats. Qu'ils dorment en vous, ma fille, qu'ils y croupissent. Ah ! ah ! vous êtes hideuse, ma belle. Penchez-vous davantage et vous regardez dans mes souliers. *(Elle tend son pied que Solange examine.)* Pensez-vous qu'il me soit agréable de me savoir le pied enveloppé par les voiles de votre salive ? Par la brume de vos marécages ?

SOLANGE, *à genoux et très humble.* – Je désire que Madame soit belle.

CLAIRE, *elle s'arrange dans la glace.* – Vous me détestez, n'est-ce pas ? Vous m'écrasez sous vos prévenances, sous votre humilité, sous les glaïeuls et le réséda. *(Elle se lève et d'un ton plus bas.)* On s'encombre inutilement. Il y a trop de fleurs. C'est mortel. *(Elle se mire encore.)* Je serai belle. Plus que vous ne le serez jamais. Car ce n'est pas avec ce corps et cette face que vous séduirez Mario. Ce jeune laitier ridicule vous méprise, et s'il vous a fait un gosse...

SOLANGE. – Oh ! mais, jamais je n'ai...

CLAIRE. – Taisez-vous, idiote ! Ma robe !

SOLANGE, *elle cherche dans l'armoire, écartant quelques robes.* – La robe rouge. Madame mettra la robe rouge.

CLAIRE. – J'ai dit la blanche, à paillettes.

SOLANGE, *dure.* – Madame portera ce soir la robe de velours écarlate.

CLAIRE, *naïvement.* – Ah ? Pourquoi ?

SOLANGE, *froidement.* – Il m'est impossible d'oublier la poitrine de Madame sous le drapé de velours. Quand Madame soupire et parle à Monsieur de mon dévouement ! Une toilette noire servirait mieux votre veuvage.

CLAIRE. – Comment ?

SOLANGE. – Dois-je préciser ?

CLAIRE. – Ah ! tu veux parler... Parfait. Menace-moi. Insulte ta maîtresse. Solange, tu veux parler, n'est-ce pas, des malheurs de Monsieur. Sotte. Ce n'est pas l'instant de le rappeler, mais de cette indication je vais tirer un parti magnifique. Tu souris ? Tu en doutes ?

1. **Grosse** : enceinte.

1947

Une mise en abyme du théâtre

Le lecteur, grâce aux didascalies, comprend plus vite que le spectateur que les personnages ne jouent pas leur rôle : Claire est Madame et Solange est Claire. Nous sommes face à une mise en abyme du comédien.

QUESTIONS

1 • Quelles sont les étapes du jeu mis en place entre les sœurs Claire et Solange ?

2 • Qu'apprend-on des personnages et de leurs caractères ?

3 • Comment le mélange entre imaginaire et vérité crée-t-il une tension dramatique ?

1947

Primo Levi
(1919-1987)

L'auteur et l'œuvre

Primo Levi, jeune Juif et résistant italien, survivant de la Shoah, fut déporté par les Nazis au camp d'extermination d'Auschwitz en 1944. Libéré en 1945, il attendra deux ans pour publier son premier livre, *Si c'est un homme*. Il s'agit d'un récit autobiographique, le journal de sa déportation, l'un des tout premiers témoignages sur l'horreur des camps. L'auteur en appelle au devoir de mémoire et à la vigilance contre une barbarie susceptible de se reproduire si l'on ne combat pas la xénophobie et l'antisémitisme.

La littérature concentrationnaire

Des déportés comme Primo Levi ou encore Jorge Semprun (1923-2011) ont survécu à l'horreur des camps. Ils ont alors témoigné de leurs souffrances, et cherché à comprendre ce qui leur avait permis de rester des hommes. On nomme cette littérature « littérature concentrationnaire ».

QUESTIONS

1 • En quoi le camp est-il un lieu de déshumanisation ?

2 • Comment les préjugés des civils sont-ils mis en scène ?

3 • Dans quelle mesure cet extrait exprime-t-il un espoir dans les valeurs humaines ?

Levi

Si c'est un homme

Primo Levi est détenu dans un camp de concentration.

« une lointaine possibilité de bonté »

Car pour les civils[1], nous sommes des parias[2]. Plus ou moins explicitement, et avec toutes les nuances qui vont du mépris à la commisération, les civils se disent que pour avoir été condamnés à une telle vie, pour en être réduits à de telles conditions, il faut que nous soyons souillés de quelque faute mystérieuse et irréparable. Ils nous entendent parler dans toutes sortes de langues qu'ils ne comprennent pas et qui leur semblent aussi grotesques que des cris d'animaux. Ils nous voient ignoblement asservis, sans cheveux, sans honneur et sans nom, chaque jour battus, chaque jour plus abjects, et jamais ils ne voient dans nos yeux le moindre signe de rébellion, ou de paix, ou de foi. Ils nous connaissent chapardeurs et sournois, boueux, loqueteux et faméliques, et, prenant l'effet pour la cause, nous jugent dignes de notre abjection. Qui pourrait distinguer nos visages les uns des autres ? Pour eux, nous sommes « Kazett »[3], neutre singulier.

Bien entendu, cela n'empêche pas que beaucoup d'entre eux nous jettent de temps à autre un morceau de pain ou une pomme de terre, ou qu'ils nous confient leur gamelle à racler et à laver après la distribution de la « Zivilsuppe »[4] au chantier. Mais s'ils le font, c'est surtout pour se débarrasser d'un regard famélique[5] un peu trop insistant, ou dans un accès momentané de pitié, ou tout bonnement pour le plaisir de nous voir accourir de tous côtés et nous disputer férocement le morceau, jusqu'à ce que le plus fort l'avale, et que tous les autres s'en repartent, dépités et claudicants[6].

Or, entre Lorenzo et moi, il ne se passa rien de tout cela. À supposer qu'il y ait un sens à vouloir expliquer pourquoi ce fut justement moi, parmi des milliers d'autres êtres équivalents, qui pus résister à l'épreuve, je crois que c'est justement à Lorenzo que je dois d'être encore vivant aujourd'hui, non pas tant pour son aide matérielle que pour m'avoir constamment rappelé, par sa présence, par sa façon si simple et facile d'être bon, qu'il existait encore, en dehors du nôtre, un monde juste, des choses et des êtres encore purs et intègres que ni la corruption ni la barbarie n'avaient contaminés, qui étaient demeurés étrangers à la haine et à la peur ; quelque chose d'indéfinissable, comme une lointaine possibilité de bonté, pour laquelle il valait la peine de se conserver vivant.

1. **Civils** : ouvriers allemands. 2. **Parias** : exclus de la société. 3. **Kazett** : camp de concentration. 4. **Zivilsuppe** : soupe. 5. **Famélique** : affamé. 6. **Claudicants** : qui boitent.

Éluard

Poèmes politiques

Dit de la Force de l'Amour

« Tu rêvais d'être libre et je te continue »

Entre tous mes tourments entre la mort et moi
Entre mon désespoir et la raison de vivre
Il y a l'injustice et ce malheur des hommes
Que je ne peux admettre il y a ma colère

Il y a les maquis couleur de sang d'Espagne
Il y a les maquis couleur du ciel de Grèce
Le pain le sang le ciel et le droit à l'espoir
Pour tous les innocents qui haïssent le mal

La lumière toujours est tout près de s'éteindre
La vie toujours s'apprête à devenir fumier
Mais le printemps renaît qui n'en a pas fini
Un bourgeon sort du noir et la chaleur s'installe

Et la chaleur aura raison des égoïstes
Leurs sens atrophiés n'y résisteront pas
J'entends le feu parler en riant de tiédeur
J'entends un homme dire qu'il n'a pas souffert

Toi qui fus de ma chair la conscience sensible
Toi que j'aime à jamais toi qui m'as inventé
Tu ne supportais pas l'oppression ni l'injure
Tu chantais en rêvant le bonheur sur la terre
Tu rêvais d'être libre et je te continue

1948

Paul Éluard
(1895-1952)

L'auteur et l'œuvre

Après sa séparation d'avec Gala, Éluard trouve d'autres sources d'inspiration auprès de sa nouvelle compagne, Nush, et dans son engagement politique au Parti communiste. Résistant durant la guerre, son poème « Liberté » connaît le destin le plus singulier de la littérature : il est parachuté par la Royal Air Force au-dessus du sol français pendant l'Occupation. Le « Dit de la Force de l'Amour », écrit deux ans après la mort de Nush, lie de manière forte l'amour et la réflexion sur le monde.

Une volonté de transparence

Pour Éluard, la poésie doit être accessible. Il emploie volontairement un vocabulaire simple. Cette apparente simplicité des mots s'accompagne d'un travail sur le pouvoir évocatoire des images et des figures de rhétorique comme l'anaphore.

QUESTIONS

1 • Quels thèmes ce poème aborde-t-il ?

2 • Quelles sont les particularités du lyrisme déployé ?

3 • Pourquoi peut-on parler de poème politique ?

1948

Léopold Sédar Senghor
(1906-2001)

L'auteur et l'œuvre

Senghor est un écrivain sénégalais (premier Africain à siéger à l'Académie française) et homme politique (ministre en France puis premier président du Sénégal quand cette colonie obtient l'indépendance). Il écrit ce poème en 1940. Le recueil *Hosties Noires* comporte des poèmes écrits durant la Seconde Guerre mondiale dans lesquels il souligne le sacrifice des Noirs pour le salut de l'Europe.

La négritude

La négritude est, pour Senghor, « l'ensemble des valeurs culturelles de l'Afrique noire ». Elle s'exprime ici par le rythme mais aussi par des références à la culture africaine : le sorong, instrument de musique peul, remplace la lyre, tandis que le poète apostrophe Sîra-Badral, fondatrice du royaume du Saloum (royaume du Sénégal aux XIIIe et XIVe siècles).

QUESTIONS

1 • **En quoi ce poème est-il engagé ?**

2 • **Comment le lyrisme s'inscrit-il dans le corps du poème ?**

3 • **Pourquoi le locuteur se dit-il « divisé » ?**

Texte lu
Manuel numérique

Senghor

Hosties noires

« Qui pourra vous chanter ? »

Vous Tirailleurs Sénégalais[1], mes frères noirs à la main chaude sous la glace et la mort
Qui pourra vous chanter si ce n'est votre frère d'armes, votre frère de sang ?

Je ne laisserai pas la parole aux ministres, et pas aux généraux
Je ne laisserai pas – non ! – les louanges de mépris vous enterrer furtivement.
Vous n'êtes pas des pauvres aux poches vides sans honneur
Mais je déchirerai les rires *banania* sur tous les murs de France.
Car les poètes chantaient les fleurs artificielles des nuits de Montparnasse
Ils chantaient la nonchalance des chalands sur les canaux de moire et de simarre
Ils chantaient le désespoir distingué des poètes tuberculeux
Car les poètes chantaient les rêves des clochards sous l'élégance des ponts blancs
Car les poètes chantaient les héros, et votre rire n'était pas sérieux, votre peau noire pas classique.

Ah ! ne dites pas que je n'aime pas la France – je ne suis pas la France, je le sais –
Je sais que ce peuple de feu, chaque fois qu'il a libéré ses mains
A écrit la fraternité sur la première page de ses monuments
Qu'il a distribué la faim de l'esprit comme de la liberté
À tous les peuples de la terre conviés solennellement au festin catholique.
Ah ! ne suis-je pas assez divisé ? Et pourquoi cette bombe
Dans le jardin si patiemment gagné sur les épines de la brousse ?
Pourquoi cette bombe sur la maison édifiée pierre à pierre ?

Pardonne-moi, Sîra-Badral, pardonne étoile du Sud de mon sang
Pardonne à ton petit-neveu s'il a lancé sa lance pour les seize sons du sorong
Notre noblesse nouvelle est non de dominer notre peuple, mais d'être son rythme et son cœur
Non de paître les terres, mais comme le grain de millet de pourrir dans la terre
Non d'être la tête du peuple, mais bien sa bouche et sa trompette.
Qui pourra vous chanter si ce n'est votre frère d'armes, votre frère de sang
Vous Tirailleurs Sénégalais, mes frères noirs à la main chaude, couchés sous la glace et la mort ?

Poème liminaire © Seuil (1964).

1. Régiment placé en première ligne durant la Première Guerre mondiale.

Beauvoir
Le Deuxième Sexe

« la femme n'a jamais eu ses chances »

Les accomplissements personnels sont presque impossibles dans les catégories humaines collectivement maintenues dans une situation inférieure. « Avec des jupes, où voulez-vous qu'on aille ? » demandait Marie Bashkirtseff[1]. Et Stendhal : « Tous les génies qui naissent *femmes* sont perdus pour le bonheur du public. » À vrai dire, on ne naît pas génie : on le devient ; et la condition féminine a rendu jusqu'à présent ce devenir impossible.

Les antiféministes tirent de l'examen de l'histoire deux arguments contradictoires : 1° les femmes n'ont jamais rien créé de grand ; 2° la situation de la femme n'a jamais empêché l'épanouissement des grandes personnalités féminines. Il y a de la mauvaise foi dans ces deux affirmations ; les réussites de quelques privilégiées ne compensent ni n'excusent l'abaissement systématique du niveau collectif ; et que ces réussites soient rares et limitées prouve précisément que les circonstances leur sont défavorables. Comme l'ont soutenu Christine de Pisan, Poulain de la Barre, Condorcet, Stuart Mill, Stendhal[2], dans aucun domaine la femme n'a jamais eu ses chances. C'est pourquoi aujourd'hui un grand nombre d'entre elles réclament un nouveau statut ; et encore une fois, leur revendication n'est pas d'être exaltées dans leur féminité : elles veulent qu'en elles-mêmes comme dans l'ensemble de l'humanité la transcendance[3] l'emporte sur l'immanence[3] ; elles veulent qu'enfin leur soient accordés les droits abstraits et les possibilités concrètes sans la conjugaison desquels la liberté n'est qu'une mystification.

Cette volonté est en train de s'accomplir. Mais la période que nous traversons est une période de transition ; ce monde qui a toujours appartenu aux hommes est encore entre leurs mains ; les institutions et les valeurs de la civilisation patriarcale[4] en grande partie se survivent. Les droits abstraits sont bien loin d'être partout intégralement reconnus aux femmes : en Suisse, elles ne votent pas encore ; en France la loi de 1942 maintient sous une forme atténuée les prérogatives[5] de l'époux. Et les droits abstraits, nous venons de le dire, n'ont jamais suffi à assurer à la femme une prise concrète sur le monde : entre les deux sexes, il n'y a pas aujourd'hui encore de véritable égalité.

1. **Marie Bashkirtseff** : peintre et écrivain ukrainienne du XIXe siècle. **2.** **Christine de Pisan** (XVe s.), **Poulain de la Barre** (XVIIe s.), **Condorcet** (XVIIIe s.), **Stuart Mill** (XIXe s.), **Stendhal** (XIXe s.), ont tous écrit en faveur des femmes. **3.** **Transcendance** : la transcendance oriente l'être vers l'extérieur et vers ce qui est supérieur et s'oppose à l'immanence, la nature intérieure de l'être. **4.** **Patriarcale** : qui réserve le pouvoir aux mâles. **5.** **Prérogatives** : privilèges, pouvoirs.

1949

Simone de Beauvoir (1908-1986)

L'auteure et l'œuvre

Simone de Beauvoir, essayiste, critique, autobiographe, romancière existentialiste, défend une écriture engagée. Figure remarquable, comme Sartre, du Paris de l'après-guerre, elle milite pour les droits des femmes. *Le Deuxième Sexe* étudie en deux tomes l'histoire des femmes, avant d'explorer les voies possibles de leur libération. En montrant qu'« On ne naît pas femme, on le devient », Simone de Beauvoir revendique l'émancipation des femmes et l'égalité des sexes.

Le féminisme

À travers l'Histoire, la femme défend libertés et droits pour elle-même. La lutte pour une plus grande égalité prend de l'ampleur aux XVIIIe, XIXe et XXe siècles. Simone de Beauvoir considère la femme comme un sujet libre. Les premières assemblées du Mouvement de libération des femmes (MLF), dans les années 1970, ouvrent une période de revendications. Le droit à la contraception et à l'avortement, l'égalité professionnelle et parentale, la loi sur la parité figurent parmi les avancées concrètes obtenues depuis.

QUESTIONS

1 • Quelles images de la condition féminine se dégagent du passage ?

2 • Comment Beauvoir défend-elle la validité de sa thèse ?

3 • En quoi ce texte est-il toujours d'actualité ?

1949

Albert Camus
(1913-1960)

L'auteur et l'œuvre

Albert Camus, écrivain engagé à l'écoute de l'actualité politique du XXe siècle, porte avec Jean-Paul Sartre les aspirations de la génération de l'après-guerre. Il témoigne de la solitude existentielle de l'homme et propose un nouvel humanisme. *Les Justes*, tragédie morale, lyrique et politique qui questionne la violence, oppose à l'injustice du monde la responsabilité et la révolte.

Camus

Les Justes

Yanek Kaliayev et Dora, deux jeunes révolutionnaires, s'apprêtent à commettre un attentat contre le grand-duc, despote de Moscou.

« nous sommes des justes. »

Kaliayev, *se levant, dans une grande agitation.* – Aujourd'hui, je sais ce que je ne savais pas. Tu avais raison, ce n'est pas si simple. Je croyais que c'était facile de tuer, que l'idée suffisait, et le courage. Mais je ne suis pas si grand et je sais maintenant qu'il n'y a pas de bonheur dans la haine. Tout ce mal, tout ce mal, en moi et chez les autres. Le meurtre, la lâcheté, l'injustice... Oh il faut, il faut que je le tue... Mais j'irai jusqu'au bout ! Plus loin que la haine !

Dora. – Plus loin ? Il n'y a rien.

Kaliayev. – Il y a l'amour.

Dora. – L'amour ? Non, ce n'est pas ce qu'il faut.

Kaliayev. – Oh Dora, comment dis-tu cela, toi dont je connais le cœur...

Dora. – Il y a trop de sang, trop de dure violence. Ceux qui aiment vraiment la justice n'ont pas droit à l'amour. Ils sont dressés comme je suis, la tête levée, les yeux fixes. Que viendrait faire l'amour dans ces cœurs fiers ? L'amour courbe doucement les têtes, Yanek. Nous, nous avons la nuque raide.

Kaliayev. – Mais nous aimons notre peuple.

Dora. – Nous l'aimons, c'est vrai. Nous l'aimons d'un vaste amour sans appui, d'un amour malheureux. Nous vivons loin de lui, enfermés dans nos chambres, perdus dans nos pensées. Et le peuple, lui, nous aime-t-il ? Sait-il que nous l'aimons ? Le peuple se tait. Quel silence, quel silence...

Kaliayev. – Mais c'est cela l'amour, tout donner, tout sacrifier sans espoir de retour.

Dora. – Peut-être. C'est l'amour absolu, la joie pure et solitaire, c'est celui qui me brûle en effet. À certaines heures pourtant, je me demande si l'amour n'est pas autre chose, s'il peut cesser d'être un monologue, et s'il n'y a pas une réponse, quelquefois. J'imagine cela, vois-tu : le soleil brille, les têtes se courbent doucement, le cœur quitte sa fierté, les bras s'ouvrent. Ah ! Yanek, si l'on pouvait oublier, ne fût-ce qu'une heure, l'atroce misère de ce monde et se laisser aller enfin. Une seule petite heure d'égoïsme, peux-tu penser à cela ?

Kaliayev. – Oui, Dora, cela s'appelle la tendresse.

Dora. – Tu devines tout, mon chéri, cela s'appelle la tendresse. Mais la connais-tu vraiment ? Est-ce que tu aimes la justice avec la tendresse ?

Kaliayev se tait.

Est-ce que tu aimes notre peuple avec cet abandon et cette douceur, ou, au contraire, avec la flamme de la vengeance et de la révolte ? (*Kaliayev se tait toujours.*) Tu vois. (*Elle va vers lui et d'un ton très faible.*) Et moi, m'aimes-tu avec tendresse ?

Kaliayev la regarde.

Kaliayev, *après un silence.* – Personne ne t'aimera jamais comme je t'aime.

Dora. – Je sais. Mais ne vaut-il pas mieux aimer comme tout le monde ?

Kaliayev. – Je ne suis pas n'importe qui. Je t'aime comme je suis.

Dora. – Tu m'aimes plus que la justice, plus que l'Organisation ?

Kaliayev. – Je ne vous sépare pas, toi, l'Organisation et la justice.

Dora. – Oui, mais réponds-moi, je t'en supplie, réponds-moi. M'aimes-tu dans la solitude, avec tendresse, avec égoïsme ? M'aimerais-tu si j'étais injuste ?

Kaliayev. – Si tu étais injuste, et que je puisse t'aimer, ce n'est pas toi que j'aimerais.

Dora. – Tu ne réponds pas. Dis-moi seulement, m'aimerais-tu si je n'étais pas dans l'Organisation ?

Kaliayev. – Où serais-tu donc ?

Dora. – Je me souviens du temps où j'étudiais. Je riais. J'étais belle alors. Je passais des heures à me promener et à rêver. M'aimerais-tu légère et insouciante ?

Kaliayev, *il hésite et très bas.* – Je meurs d'envie de te dire oui.

Dora, *dans un cri.* – Alors, dis oui, mon chéri, si tu le penses et si cela est vrai. Oui, en face de la justice, devant la misère et le peuple enchaîné. Oui, oui, je t'en supplie, malgré l'agonie des enfants, malgré ceux qu'on pend et ceux qu'on fouette à mort...

Kaliayev. – Tais-toi, Dora.

Dora. – Non, il faut bien une fois au moins laisser parler son cœur. J'attends que tu m'appelles, moi, Dora, que tu m'appelles par-dessus ce monde empoisonné d'injustice...

Kaliayev, *brutalement.* – Tais-toi. Mon cœur ne me parle que de toi. Mais tout à l'heure, je ne devrai pas trembler.

Dora, *égarée.* – Tout à l'heure ? Oui, j'oubliais... (*Elle rit comme si elle pleurait.*) Non, c'est très bien, mon chéri. Ne sois pas fâché, je n'étais pas raisonnable. C'est la fatigue. Moi non plus, je n'aurais pas pu le dire. Je t'aime du même amour un peu fixe, dans la justice et les prisons. L'été, Yanek, tu te souviens ? Mais non, c'est l'éternel hiver. Nous ne sommes pas de ce monde, nous sommes des justes. Il y a une chaleur qui n'est pas pour nous. (*Se détournant.*) Ah ! pitié pour les justes !

Acte troisième (extrait)

1949

La révolte des « justes »

Ces hommes révolutionnaires, que Camus définit dans son essai *L'Homme révolté* (1942), se dressent contre l'absurdité du monde, considèrent que la lutte ne justifie pas tout et s'engagent à ne pas verser du sang innocent. L'amour de la vie et la justice sociale paraissent incompatibles. Choisir l'une au détriment de l'autre est un déchirement que les « justes » décident d'assumer. La question reste lancinante : peut-on tuer pour une idée ?

QUESTIONS

1 • Quelle image des « justes » se dégage du texte ?

2 • En quoi cet extrait peut-il se lire comme une réflexion sur l'engagement ?

3 • Comment l'absurdité de la condition humaine est-elle rendue ?

1950

Eugène Ionesco
(1909-1994)

L'auteur et l'œuvre

Ionesco, tour à tour farceur et pessimiste, montre le caractère dérisoire de l'existence humaine à travers un théâtre à la fois quotidien et insolite, réaliste et dadaïste (en rupture avec tout), burlesque et tragique. Dans *Notes et contre-notes* (1962), le dramaturge explique rechercher le « grossissement des effets » qu'il travaille à « accentuer au maximum ». *La Cantatrice chauve* met en scène une conversation entre deux couples dans laquelle la cantatrice sera tout juste évoquée au détour d'une phrase.

L'absurde en scène

La Cantatrice chauve ou l'anti-pièce s'éloigne de toute vraisemblance. Elle fait exploser le langage aussi bien que les codes sociaux et les conventions du théâtre. Le sens tragique d'une conversation vide conduit à la violence et à une forme de comique grinçant. La pièce confronte ainsi le spectateur à la vacuité, au ridicule et à l'absurdité des habitudes sociales.

Ionesco
La Cantatrice chauve

Au cours de cette dernière scène, la conversation absurde entre deux couples anglais stéréotypés, les Smith et les Martin, dérape. Le langage est pulvérisé.

« Bizarre, beaux-arts, baisers ! »

Mme Martin, *ouvrant tout grand la bouche.* – Ah ! oh ! ah ! oh ! laissez-moi grincer des dents.

M. Smith. – Caïman !

M. Martin. – Allons gifler Ulysse.

M. Smith. – Je m'en vais habiter ma Cagna dans mes cacaoyers.

Mme Martin. – Les cacaoyers des cacaoyères donnent pas des cacahuètes, donnent du cacao ! Les cacaoyers des cacaoyères donnent pas des cacahuètes, donnent du cacao ! Les cacaoyers des cacaoyères donnent pas des cacahuètes, donnent du cacao.

Mme Smith. – Les souris ont des sourcils, les sourcils n'ont pas de souris.

Mme Martin. – Touche pas ma babouche !

M. Martin. – Bouge pas la babouche !

M. Smith. – Touche la mouche, mouche pas la touche.

Mme Martin. – La mouche bouge.

Mme Smith. – Mouche ta bouche.

M. Martin. – Mouche le chasse-mouche, mouche le chasse-mouche.

M. Smith. – Escarmoucheur escarmouché !

Mme Martin. – Scaramouche !

Mme Smith. – Sainte-Nitouche !

M. Martin. – T'en as une couche !

M. Smith. – Tu m'embouches.

Mme Martin. – Sainte Nitouche touche ma cartouche.

Mme Smith. – N'y touchez pas, elle est brisée.

M. Martin. – Sully !

M. Smith. – Prudhomme !

M. Martin, M. Smith. – François.

Mme Smith, M. Martin. – Coppée.

Mme Martin, M. Smith. – Coppée Sully !

Mme Smith, M. Martin. – Prudhomme François.

Mme Martin. – Espèces de glouglouteurs, espèces de glouglouteuses.

M. Martin. – Mariette, cul de marmite !

Mme Smith. – Khrishnamourti, Khrishnamourti, Khrishnamourti.

M. Smith. – Le pape dérape ! Le pape n'a pas de soupape. La soupape a un pape.

Mme Martin. – Bazar, Balzac, Bazaine !

M. Martin. – Bizarre, beaux-arts, baisers !

M. Smith. – A, c, i, o, u, a, c, i, o, u, a, c, i, o, u, i !

Mme Martin. – B, c, d, f, g, l, m, n, p, r, s, t, v, w, x, z !

M. Martin. – De l'ail à l'eau, du lait à l'ail !

Mme Smith, *imitant le train.* – Teuff, teuff, teuff, teuff, teuff, teuff, teuff, teuff, teuff, teuff, teuff !

M. Smith. – C'est !

Mme Martin. – Pas !

M. Martin. – Par !

Mme Smith. – Là !

M. Smith. – C'est !

Mme Martin. – Par !

M. Martin. – I !

Mme Smith. – Ci !

Tous ensemble, au comble de la fureur, hurlent les uns aux oreilles des autres. La lumière s'est éteinte. Dans l'obscurité on entend sur un rythme de plus en plus rapide :

Tous ensemble. – C'est pas par là, c'est par ici, c'est pas par là, c'est par ici, c'est pas par là, c'est par ici, c'est pas par là, c'est par ici, c'est pas par là, c'est pas par là, c'est par ici, c'est pas par là, c'est par ici !

Les paroles cessent brusquement. De nouveau, lumière. M. et Mme Martin sont assis comme les Smith au début de la pièce. La pièce recommence avec les Martin, qui disent exactement les répliques des Smith dans la première scène, tandis que le rideau se ferme doucement.

Scène XI (extrait)

L'échec du langage

Selon le philosophe grec Aristote, le *logos*, « discours » et « raison » en grec, a deux visées principales : l'organisation de la pensée et sa communication. Une des caractéristiques du langage est sa pertinence : l'émetteur s'attache à ne dire que ce qui est pertinent, recherchant une compréhension pleine et efficace du destinataire. Au XXe siècle, la démonstration de l'échec du langage par les écrivains (Beckett, *En attendant Godot* ► p. 326 ; Sarraute, *Pour un oui ou pour un non* ► p. 347) renvoie à l'image d'un monde devenu fou.

QUESTIONS

1 • En quoi ce dénouement rompt-il avec les conventions du théâtre ?

2 • Pourquoi peut-on dire que nous assistons ici à « une tragédie du langage » (Ionesco, *Notes et contre-notes*) ?

3 • Comment Ionesco insiste-t-il sur l'absurde dans cette scène ?

1952

Samuel Beckett
(1906-1989)

L'auteur et l'œuvre

Beckett, qui s'inscrit dans le théâtre de l'absurde (▸ p. 403), propose une dramaturgie du rien : il fonde un théâtre sans action où la parole théâtrale meuble le vide de l'espace scénique. Dans *En attendant Godot,* que le sous-titre de la version anglaise désigne comme une tragicomédie, Vladimir et Estragon, deux vagabonds, attendent en rase campagne Godot, un personnage providentiel et mystérieux qui ne viendra jamais.

Un anti-théâtre

Chez Beckett, les répliques sont non plus supports de communication mais simples marqueurs de l'existence des personnages. Elles cherchent également à communiquer une expérience humaine authentique dans ses aspects les plus simples ou les plus incongrus. Le duo clownesque formé par Vladimir et Estragon, entre comique, pathétique et absurde, revisite la tradition théâtrale du bouffon, et s'inscrit dans le débat du XXe siècle autour du langage et de l'écriture.

Godot, l'expression d'un espoir dérisoire ?

Godot constitue un point de repère énigmatique dans le vide qui entoure Vladimir et Estragon. Personnage ou symbole, certaines interprétations associent son nom à *God*, « dieu » en anglais, mais Beckett déclare que ce sont les termes argotiques « godillot » et « godasse » qui lui ont inspiré le titre.

Beckett

En attendant Godot

Voici le début de la pièce.

« Il n'y a rien à voir. »

Route à la campagne, avec arbre.

Soir.

Estragon, assis sur une pierre, essaie d'enlever sa chaussure. Il s'y acharne des deux mains, en ahanant. Il s'arrête, à bout de forces, se repose en haletant, recommence. Même jeu.

Entre Vladimir.

Estragon (*renonçant à nouveau*). – Rien à faire.

Vladimir (*s'approchant à petits pas raides, les jambes écartées*). – Je commence à le croire. (*Il s'immobilise.*) J'ai longtemps résisté à cette pensée, en me disant, Vladimir, sois raisonnable. Tu n'as pas encore tout essayé. Et je reprenais le combat. (*Il se recueille, songeant au combat. À Estragon.*) Alors, te revoilà, toi.

Estragon. – Tu crois ?

Vladimir. – Je suis content de te revoir. Je te croyais parti pour toujours.

Estragon. – Moi aussi.

Vladimir. – Que faire pour fêter cette réunion ? (*Il réfléchit.*) Lève-toi que je t'embrasse. (*Il tend la main à Estragon.*)

Estragon (*avec irritation*). – Tout à l'heure, tout à l'heure.

Silence.

Vladimir (*froissé, froidement*). – Peut-on savoir où monsieur a passé la nuit ?

Estragon. – Dans un fossé.

Vladimir (*épaté*). – Un fossé ! Où ça ?

Estragon (*sans geste*). – Par là.

Vladimir. – Et on ne t'a pas battu ?

Estragon. – Si... Pas trop.

Vladimir. – Toujours les mêmes ?

Estragon. – Les mêmes ? Je ne sais pas.

Silence.

Vladimir. – Quand j'y pense... depuis le temps... je me demande... ce que tu serais devenu... sans moi... (*Avec décision.*) Tu ne serais plus qu'un petit tas d'ossements à l'heure qu'il est, pas d'erreur.

Estragon (*piqué au vif*). – Et après ?

Vladimir (*accablé*). – C'est trop pour un seul homme. (*Un temps. Avec vivacité.*) D'un autre côté, à quoi bon se décourager à présent, voilà ce que je me dis. Il fallait y penser il y a une éternité, vers 1900.

Estragon. – Assez. Aide-moi à enlever cette saloperie.

Vladimir. – La main dans la main on se serait jeté en bas de la tour Eiffel, parmi les premiers. On portait beau alors. Maintenant il est trop tard. On ne nous laisserait même pas monter. (*Estragon s'acharne sur sa chaussure.*) Qu'est-ce que tu fais ?

Estragon. – Je me déchausse. Ça ne t'est jamais arrivé, à toi ?

Vladimir. – Depuis le temps que je te dis qu'il faut les enlever tous les jours. Tu ferais mieux de m'écouter.

Estragon (*faiblement*). – Aide-moi !

Vladimir. – Tu as mal ?

Estragon. – Mal ! Il me demande si j'ai mal !

Vladimir (*avec emportement*). – Il n'y a jamais que toi qui souffres ! Moi je ne compte pas. Je voudrais pourtant te voir à ma place. Tu m'en dirais des nouvelles.

Estragon. – Tu as eu mal ?

Vladimir. – Mal ! Il me demande si j'ai eu mal !

Estragon (*pointant l'index*). – Ce n'est pas une raison pour ne pas te boutonner.

Vladimir (*se penchant*). – C'est vrai. (*Il se boutonne.*) Pas de laisser-aller dans les petites choses.

Estragon. – Qu'est-ce que tu veux que je te dise, tu attends toujours le dernier moment...

Vladimir (*rêveusement*). – Le dernier moment. (*Il médite.*) C'est long, mais ce sera bon. Qui disait ça ?

Estragon. – Tu ne veux pas m'aider ?

Vladimir. – Des fois je me dis que ça vient quand même. Alors je me sens tout drôle. (*Il ôte son chapeau, regarde dedans, y promène sa main, le secoue, le remet.*) Comment dire ? Soulagé et en même temps... (*il cherche*) ...épouvanté. (*Avec emphase.*) É-POU-VAN-TÉ. (*Il ôte à nouveau son chapeau, regarde dedans.*) Ça alors ! (*Il tape dessus comme pour en faire tomber quelque chose, regarde à nouveau dedans, le remet.*) Enfin... (*Estragon, au prix d'un suprême effort, parvient à enlever sa chaussure. Il regarde dedans, y promène sa main, la retourne, la secoue, cherche par terre s'il n'en est pas tombé quelque chose, ne trouve rien, passe sa main à nouveau dans sa chaussure, les yeux vagues.*) Alors ?

Estragon. – Rien.

Vladimir. – Fais voir.

Estragon. – Il n'y a rien à voir.

Vladimir. – Essaie de la remettre.

Estragon (*ayant examiné son pied*). – Je vais le laisser respirer un peu.

Vladimir. – Voilà l'homme tout entier, s'en prenant à sa chaussure alors que c'est son pied le coupable.

1952

Le clown

Le clown (de *clod,* « motte de terre » ou « personnage balourd » en anglais) renvoie à un personnage grotesque originaire d'Angleterre, qui l'a emprunté au *gracioso* ou paysan-bouffon du théâtre de l'Âge d'or espagnol (fin du XVIe et début du XVIIe siècle). Dans les pièces anglaises de cette même époque, par exemple dans celles de Shakespeare, le clown, souvent domestique du héros, amuse le public par ses reparties plaisantes ou niaises. Le clown passe ensuite au cirque. Il retrouve chez Beckett une fonction théâtrale et acquiert une dimension métaphysique.

QUESTIONS

1 • Montrez que cette scène repose sur l'attente.

2 • Quelles sont les caractéristiques propres de chaque personnage ? Quels principes essentiels régissent leurs rapports ?

3 • Comment cette exposition met-elle à l'épreuve les règles de la représentation ?

1953

Alain Robbe-Grillet
(1922-2008)

L'auteur et l'œuvre

Alain Robbe-Grillet est l'un des plus fervents opposants à la conception traditionnelle du roman, à côté de Nathalie Sarraute (▶ p. 347), Claude Simon, Michel Butor (▶ p. 330) et Marguerite Duras (▶ p. 348). Il revendique un autre rapport au personnage, notion désormais périmée selon lui, et à la chronologie de la narration.

Le Nouveau Roman

« Nos romans n'ont pour but ni de faire vivre des personnages ni de raconter des histoires », écrit Robbe-Grillet dans *Pour un nouveau roman* (1963). La narration adopte par cercles successifs le point de vue et la conscience de chaque personnage, ici ceux du patron.

Une dimension tragique

La structure du roman (un prologue, cinq parties et un épilogue) rappelle celle de la tragédie antique et notamment *Œdipe Roi* de Sophocle, référence en creux de tout le roman.

QUESTIONS

1 • Qu'apprend-on de l'histoire et des personnages ?

2 • Comment le personnage du patron est-il décrit ?

3 • En quoi ce passage propose-t-il une nouvelle esthétique ?

Robbe-Grillet

Les Gommes

Dans une ville sans nom, Wallas, agent spécial du ministère de l'Intérieur, mène l'enquête sur la mort supposée du professeur Daniel Dupont. Il loue une chambre dans un obscur bistrot de la rue des Arpenteurs.

« Le Patron, nébuleuse triste »

Quand tout est prêt, la lumière s'allume...

Un gros homme est là debout, le patron, cherchant à se reconnaître au milieu des tables et des chaises. Au-dessus du bar, la longue glace où flotte une image malade, le patron, verdâtre et les traits brouillés, hépatique et gras dans son aquarium.

De l'autre côté, derrière la vitre, le patron encore qui se dissout lentement dans le petit jour de la rue. C'est cette silhouette sans doute qui vient de mettre la salle en ordre ; elle n'a plus qu'à disparaître. Dans le miroir tremblote, déjà presque entièrement décomposé, le reflet de ce fantôme ; et au-delà, de plus en plus hésitante, la kyrielle indéfinie des ombres : le patron, le patron, le patron... Le Patron, nébuleuse triste, noyé dans son halo.

Péniblement le patron émerge. Il repêche au hasard quelques bribes qui surnagent autour de lui. Pas besoin de se presser, il n'y a pas beaucoup de courant à cette heure-ci.

Il s'appuie des deux mains sur la table, le corps incliné en avant, pas bien réveillé, les yeux fixant on ne sait quoi : ce crétin d'Antoine avec sa gymnastique suédoise tous les matins. Et sa cravate rose l'autre jour, hier. Aujourd'hui c'est mardi ; Jeannette vient plus tard.

Drôle de petite tache ; une belle saloperie ce marbre, tout y reste marqué. Ça fait comme du sang. Daniel Dupont hier soir ; à deux pas d'ici. Histoire plutôt louche : un cambrioleur ne serait pas allé exprès dans la chambre éclairée, le type voulait le tuer, c'est sûr. Vengeance personnelle, ou quoi ? Maladroit en tout cas. C'était hier. Voir ça dans le journal tout à l'heure. Ah oui, Jeannette vient plus tard. Lui faire acheter aussi... non, demain.

Un coup de chiffon distrait, comme alibi, sur la drôle de tache. Entre deux eaux des masses incertaines passent, hors d'atteinte ; ou bien ce sont des trous tout simplement.

Il faudra que Jeannette allume le poêle tout de suite ; le froid commence tôt cette année.

Yacine

Nedjma

Rachid est amoureux de Nedjma, fille d'un Algérien, Mokhtar, et d'une Française. Emprisonné, il pense à elle et à ce que lui a dit Mokhtar.

« Mais jamais tu ne l'épouseras ! »

« Tu dois songer à la destinée de ce pays d'où nous venons, qui n'est pas une province française, et qui n'a ni bey ni sultan ; tu penses peut-être à l'Algérie toujours envahie, à son inextricable passé, car nous ne sommes pas une nation, pas encore, sache-le : nous ne sommes que des tribus décimées. Ce n'est pas revenir en arrière que d'honorer notre tribu, le seul lien qui nous reste pour nous réunir et nous retrouver, même si nous espérons mieux que cela... Je ne pouvais te parler là-bas, sur les lieux du désastre. Ici, entre l'Égypte et l'Arabie, les pères de Keblout[1] sont passés, ballottés comme nous sur la mer, au lendemain d'une défaite. Ils perdaient un empire. Nous ne perdons qu'une tribu. Et je vais te dire : j'avais une fille, la fille d'une Française. J'ai commencé par me séparer de la femme à Marseille, puis j'ai perdu la fille (la photographie que montra Si[2] Mokhtar faillit se perdre dans le vent ; c'était l'inconnue de la clinique)... Les gens à qui je l'avais confiée, au temps de mon amitié avec ton père, et qui étaient nos parents, l'ont toujours éloignée de moi ; et la mère adoptive vient de marier ma fille. Je n'y puis rien. Tous les torts sont de mon côté. Mais je sais bien que Nedjma s'est mariée contre son gré ; je le sais, à présent qu'elle a retrouvé ma trace, m'a écrit, et qu'elle me rend visite, c'est ainsi que tu l'as vue à Constantine, lorsque son époux l'y conduit de temps à autre avec lui... Je connaissais le prétendant depuis longtemps. Je l'ai vu naître. Son père était de ma génération, celle de ton père et de Sidi Ahmed. Je n'ai jamais pu aimer ce jeune homme. Pourtant j'avais des raisons, certaines raisons... À vrai dire j'étais presque le tuteur de celui qui devait s'octroyer Nedjma sans me le dire... Mais savait-il ? Et me voilà doublement humilié, deux fois trahi dans mon sang... À toi, Rachid, c'est à toi que je songe... Mais jamais tu ne l'épouseras. Je suis décidé à l'enlever moi-même, sans ton aide, mais je t'aime aussi comme un fils... Nous irons vivre au Nadhor, elle et toi, mes deux enfants, moi le vieil arbre qui ne peut plus nourrir, mais vous couvrira de son ombre... Et le sang Keblout retrouvera sa chaude, son intime épaisseur. Et toutes nos défaites, dans le secret tribal – comme dans une serre – porteront leurs fruits hors de saison. Mais jamais tu ne l'épouseras ! S'il faut s'éteindre malgré tout, au moins serons-nous barricadés pour la nuit, au fond des ruines reconquises... Mais sache-le : jamais tu ne l'épouseras. »

1956

Kateb Yacine
(1929-1989)

L'auteur et l'œuvre

Écrivain algérien engagé contre toutes les formes d'aliénation, Kateb Yacine écrit en français, langue qu'il considère comme « un butin de guerre ». Les émeutes de Sétif du 8 mai 1945, évoquées dans le roman, bouleversent radicalement et définitivement sa conception du monde. *Nedjma* est considérée comme une œuvre fondatrice de la littérature algérienne de langue française.

Une narration complexe

Les récits multiplient les points de vue et les histoires s'enchevêtrent. Le destin individuel se mêle au mythe du récit national dans une écriture fragmentée qui peut dérouter le lecteur au premier abord. Nedjma, « étoile » en arabe, femme mystérieuse, fatale et envoûtante, représente tout un peuple et une nation : l'Algérie.

QUESTIONS

1 • Sur quoi la réflexion du personnage porte-t-elle ?

2 • Comment le récit mêle-t-il l'individuel et l'universel ?

3 • Quelles particularités le lyrisme présente-il ici ?

1. **Keblout** : tribu berbère dont est issu l'auteur et dont l'histoire se confond avec celle de la nation.
2. **Si, Sidi** : titres de respect devant le nom propre d'une personne.

1957

Butor

La Modification

Michel Butor
(1926-2016)

L'auteur et l'œuvre

Romancier, poète, essayiste, Butor expérimente de nouvelles manières de représenter le monde et renouvelle l'écriture de l'espace et du temps romanesques. Dans *La Modification*, le personnage principal explore le labyrinthe de sa vie au cours d'une nuit passée dans un compartiment de train. L'itinéraire matériel de Paris à Rome se double d'un itinéraire spirituel.

Le laboratoire du Nouveau Roman

Le compartiment de train devient le lieu d'une expérience intérieure, un laboratoire pour le personnage et le lecteur. Cet espace très réduit, tel un livre, devient le point de départ d'un imaginaire très large. Il constitue ainsi une mise en abyme et participe du questionnement de l'écriture que mène le Nouveau Roman (▸ p. 404).

À la fin du roman, après une nuit passée dans un train entre Paris et Rome, le narrateur revit son passé de jeune marié et décide d'écrire un livre.

« faire revivre sur le mode de la lecture cet épisode crucial »

vous caressiez des yeux les gens, les rues, les monuments, persuadés tous les deux qu'il ne s'agissait là que d'une première mise en contact.

Puis après quelques très rapides journées de cette déambulation délicieuse, injuriant tous les deux doucement en plein accord les innombrables uniformes que vous rencontriez à chaque détour, il a fallu reprendre le chemin de l'ancienne minable crasseuse Stazione Termini tout à fait indigne de Rome, et comme le train s'ébranlait, vous lui murmuriez : « Dès que nous le pourrons, nous reviendrons. »

Un autre homme passe la tête par la porte et regarde des deux côtés (peut-être est-ce celui-ci qui était assis pendant quelques heures sur la banquette auprès de ce jeune marié).

Vous dites : je te le promets, Henriette, dès que nous le pourrons, nous reviendrons ensemble à Rome, dès que les ondes de cette perturbation se seront calmées, dès que tu m'auras pardonné ; nous ne serons pas si vieux.

Le train s'est arrêté ; vous êtes à Rome dans la moderne Stazione Termini. Il fait encore nuit noire.

Vous êtes seul dans le compartiment avec les deux jeunes époux qui ne descendent pas ici, qui s'en vont jusqu'à Syracuse.

Vous entendez les cris des porteurs, les sifflets, les halètements, les crissements des autres trains.

Vous vous levez, remettez votre manteau, prenez votre valise, ramassez votre livre.

Le mieux, sans doute, serait de conserver à ces deux villes leurs relations géographiques réelles

et de tenter de faire revivre sur le mode de la lecture cet épisode crucial de votre aventure, le mouvement qui s'est produit dans votre esprit accompagnant le déplacement de votre corps d'une gare à l'autre à travers tous les paysages intermédiaires,

vers ce livre futur et nécessaire dont vous tenez la forme dans votre main.

Le couloir est vide. Vous regardez la foule sur le quai. Vous quittez le compartiment.

QUESTIONS

1 • Comment temps et espaces sont-ils associés ?

2 • Quelles relations se tissent entre les voyages évoqués et l'écriture ?

3 • Quelle place ce passage final donne-t-il au livre ? En quoi ce texte surprend-il ?

Camus

Discours de Suède

Le 10 décembre 1957, Camus prononce à Stockholm son discours de réception après l'obtention du prix Nobel de littérature.

L'art n'est pas à mes yeux une réjouissance solitaire. Il est un moyen d'émouvoir le plus grand nombre d'hommes en leur offrant une image privilégiée des souffrances et des joies communes. Il oblige donc l'artiste à ne pas s'isoler ; il le soumet à la vérité la plus humble et la plus universelle. Et celui qui, souvent, a choisi son destin d'artiste parce qu'il se sentait différent, apprend bien vite qu'il ne nourrira son art, et sa différence, qu'en avouant sa ressemblance avec tous. L'artiste se forge dans cet aller-retour perpétuel de lui aux autres, à mi-chemin de la beauté dont il ne peut se passer et de la communauté à laquelle il ne peut s'arracher. C'est pourquoi les vrais artistes ne méprisent rien ; ils s'obligent à comprendre au lieu de juger. Et, s'ils ont un parti à prendre en ce monde, ce ne peut être que celui d'une société où, selon le grand mot de Nietzsche[1], ne régnera plus le juge, mais le créateur, qu'il soit travailleur ou intellectuel.

« L'art n'est pas à mes yeux une réjouissance solitaire. »

Le rôle de l'écrivain, du même coup, ne se sépare pas de devoirs difficiles. Par définition, il ne peut se mettre aujourd'hui au service de ceux qui font l'histoire : il est au service de ceux qui la subissent. Ou, sinon, le voici seul et privé de son art. Toutes les armées de la tyrannie avec leurs millions d'hommes ne l'enlèveront pas à la solitude, même et surtout s'il consent à prendre leur pas. Mais le silence d'un prisonnier inconnu, abandonné aux humiliations à l'autre bout du monde, suffit à retirer l'écrivain de l'exil, chaque fois, du moins, qu'il parvient, au milieu des privilèges de la liberté, à ne pas oublier ce silence et à le faire retentir par les moyens de l'art.

Aucun de nous n'est assez grand pour une pareille vocation. Mais, dans toutes les circonstances de sa vie, obscur ou provisoirement célèbre, jeté dans les fers de la tyrannie ou libre pour un temps de s'exprimer, l'écrivain peut retrouver le sentiment d'une communauté vivante qui le justifiera, à la seule condition qu'il accepte, autant qu'il peut, les deux charges qui font la grandeur de son métier : le service de la vérité et celui de la liberté. Puisque sa vocation est de réunir le plus grand nombre d'hommes possible, elle ne peut s'accommoder du mensonge et de la servitude qui, là où ils règnent, font proliférer les solitudes.

(Extrait)

1. **Nietzsche** : philosophe allemand (1844-1900) penseur du nihilisme (du latin *nihil*, « rien »), théorie philosophique qui rejette toute croyance, toute valeur bourgeoise ou contrainte sociale.

Albert Camus (1913-1960)

L'auteur et l'œuvre

Né en Algérie, Camus, romancier et dramaturge, fut également un journaliste militant que ce soit pendant la Seconde Guerre mondiale où il fut rédacteur en chef du journal résistant *Combat* ou durant la guerre d'Algérie, au cours de laquelle il s'efforça de défendre une position modérée. Son œuvre, à la fois philosophique et littéraire (▸ p. 322), est marquée par la question de l'absurde qui fait, après les horreurs des deux guerres mondiales, le constat d'une existence dénuée de sens.

De l'absurde à la révolte

En 1942, dans *Le Mythe de Sisyphe*, Camus prône à la fois l'acceptation de cette condition absurde, contre laquelle l'homme ne peut rien, mais aussi la révolte qui doit en découler. La solidarité et l'action collective sont les vecteurs de cette révolte et permettent de réécrire le célèbre *cogito* du philosophe Descartes (« Je pense donc je suis ») en « Je me révolte donc nous sommes » (*L'Homme révolté*, 1951).

QUESTIONS

1 • En quoi ce texte est-il un discours ?

2 • Quels procédés l'auteur met-il en place pour convaincre son auditoire ?

3 • Quelles sont les principales fonctions de l'artiste selon Camus ?

1959

Elsa Triolet
(1896-1970)

L'auteure et l'œuvre

Romancière d'origine russe, compagne et inspiratrice de Louis Aragon (*Le Fou d'Elsa* ▸ p. 337), avec lequel elle dialogue par romans interposés, Elsa Triolet interroge dans son œuvre les évolutions que connaît son époque. Membre du Parti communiste, elle dénonce les travers de la société de consommation dans la trilogie de « L'Âge de Nylon » dont *Roses à crédit* est le premier tome.

Une fable satirique

Si Triolet apparaît dans *Roses à crédit* comme une auteure réaliste socialiste, soucieuse de prouver, ainsi qu'elle l'écrit dans l'avertissement au lecteur, que « le confort moderne asservit ceux qu'il devrait servir », son roman prend aussi des allures de fable satirique ou d'anti-conte de fées. Issue d'un milieu misérable, mariée à l'homme qui l'a fait rêver depuis l'enfance, Martine est une sorte de Cendrillon égarée que sa passion consumériste conduira à une cruelle déchéance.

QUESTIONS

1 • Comment l'auteure fait-elle entrer le lecteur dans la conscience du personnage ?

2 • Pourquoi peut-on parler de critique sociale ?

3 • Comment interprétez-vous l'opposition entre le matelas à ressorts, objet de la convoitise de Martine, et les roses chères à Daniel ?

Triolet

Roses à crédit

Jeune manucure, Martine vient d'emménager avec son époux, Daniel, élève à l'école d'horticulture et lui-même issu d'une famille de rosiéristes.

« On achèterait tout à crédit. »

Martine passa à ses songes familiers : elle ne pouvait se décider pour le lit… un matelas à ressorts, c'est entendu, mais de quelle marque ? Un matelas à ressorts est garanti quinze ans. Ce n'est pas beaucoup. Un lit, c'est fait pour la vie, quand on achète un lit, c'est pour y dormir jusqu'à la mort, pour y mourir. Et Martine n'avait pas l'intention de mourir dans quinze ans, il faudrait faire des réparations ? Il y avait aussi la question de la toile : à ramages[1], c'est entendu… mais blanc sur gris, ou bleu ciel et gris ? Martine se tourmentait. Ah, il fallait que Daniel se dépêchât de gagner sa vie. On achèterait tout à crédit. On payerait insensiblement, mais quand même il fallait aussi avoir de quoi vivre. Martine était tout à fait décidée à ne pas aller s'enterrer à la ferme du père Donelle[2]. Et d'abord, ils n'en avaient pas les moyens : avant que Daniel ne gagne même son petit salaire de manucure… Pour autant qu'elle avait pu s'en rendre compte, M. Donelle logeait et nourrissait les membres de la famille qui travaillaient chez lui, mais c'était bien tout… C'est très joli, la rose à parfum, mais Martine se trouvait finalement de l'avis du père de Daniel : cela pouvait devenir plus coûteux que la Bourse ou les cartes. Elle espérait bien que la passion de Daniel se tasserait, il ne fallait pas le brusquer, mais la décision de Martine était prise : Daniel se ferait « paysagiste », puisque, à son école, il y avait maintenant un cours spécial pour la création de parcs et jardins… Il aurait un bureau à Paris, « paysagerait » les propriétés de gens riches et gagnerait beaucoup d'argent. En attendant, toutes les fois que la question de l'appartement revenait sur le tapis, il se renfrognait et disait qu'il ne comprenait pas pourquoi cet appartement à Paris, puisque de toute façon ils allaient vivre à la ferme. Elle le laissait dire… Bêta ! Martine se sentait attendrie par la naïveté de Daniel : il croyait vraiment qu'il pourrait se faire rosiériste ! Martine pensait à Daniel : elle allait dormir toutes les nuits dans ses bras, sur un merveilleux matelas à ressorts.

1. **À ramages** : représentant un décor de fleurs ou de feuilles.
2. **Père Donelle** : père de Daniel.

Ionesco
Rhinocéros

Tous les personnages de la pièce, à l'exception de Bérenger, se sont transformés en rhinocéros. Voici le dénouement.

« Ce sont eux qui sont beaux. J'ai eu tort ! »

Bérenger. – [...] C'est moi, c'est moi. *(Lorsqu'il accroche les tableaux, on s'aperçoit que ceux-ci représentent un vieillard, une grosse femme, un autre homme. La laideur de ces portraits contraste avec les têtes des rhinocéros qui sont devenues très belles. Bérenger s'écarte pour contempler les tableaux.)* Je ne suis pas beau, je ne suis pas beau. *(Il décroche les tableaux, les jette par terre avec fureur, il va vers la glace.)* Ce sont eux qui sont beaux. J'ai eu tort ! Oh ! comme je voudrais être comme eux. Je n'ai pas de corne, hélas ! Que c'est laid, un front plat. Il m'en faudrait une ou deux, pour rehausser mes traits tombants. Ça viendra peut-être, et je n'aurai plus honte, je pourrai aller tous les retrouver. Mais ça ne pousse pas ! *(Il regarde les paumes de ses mains.)* Mes mains sont moites. Deviendront-elles rugueuses ? *(Il enlève son veston, défait sa chemise, contemple sa poitrine dans la glace.)* J'ai la peau flasque. Ah, ce corps trop blanc, et poilu ! Comme je voudrais avoir une peau dure et cette magnifique couleur d'un vert sombre, une nudité décente, sans poils, comme la leur ! *(Il écoute les barrissements.)* Leurs chants ont du charme, un peu âpre, mais un charme certain ! Si je pouvais faire comme eux. *(Il essaye de les imiter.)* Ahh, ahh, brr ! Non, ça n'est pas ça ! Essayons encore, plus fort ! Ahh, ahh, brr ! non, non, ce n'est pas ça, que c'est faible, comme cela manque de vigueur ! Je n'arrive pas à barrir. Je hurle seulement. Ahh, ahh, brr ! Les hurlements ne sont pas des barrissements ! Comme j'ai mauvaise conscience, j'aurais dû les suivre à temps. Trop tard maintenant ! Hélas, je suis un monstre, je suis un monstre. Hélas, jamais je ne deviendrai rhinocéros, jamais, jamais ! Je ne peux plus changer. Je voudrais bien, je voudrais tellement, mais je ne peux pas. Je ne peux plus me voir. J'ai trop honte ! *(Il tourne le dos à la glace.)* Comme je suis laid ! Malheur à celui qui veut conserver son originalité ! *(Il a un brusque sursaut.)* Eh bien tant pis ! Je me défendrai contre tout le monde ! Ma carabine, ma carabine ! *(Il se retourne face au mur du fond où sont fixées les têtes des rhinocéros, tout en criant :)* Contre tout le monde, je me défendrai ! Je suis le dernier homme, je le resterai jusqu'au bout ! Je ne capitule pas !

RIDEAU.

Acte III (extrait)

1959

Eugène Ionesco
(1909-1994)

L'auteur et l'œuvre

Eugène Ionesco est un dramaturge d'origine roumaine, représentant de l'anti-théâtre. Il revendique un refus des genres traditionnels au profit du spectacle et met en scène de manière burlesque les attitudes conformistes et la destruction du langage (▸ p. 324). En 1957, Ionesco publie, dans *Les Lettres nouvelles*, une nouvelle intitulée « Rhinocéros », point de départ de cette pièce en trois actes dans laquelle des personnages se transforment en rhinocéros.

Une parabole

On a considéré *Rhinocéros* comme une parabole de la montée du nazisme. Ionesco a lui-même dit qu'il voulait rendre compte de « la métamorphose mentale de [la] collectivité ».

Vidéo
Mise en scène de E. Demarcy-Mota (2006)
Manuel numérique

QUESTIONS

1 • Comment la lutte de Bérenger s'exprime-t-elle ?

2 • En quoi Bérenger est-il un héros tragique ?

3 • Quelle est la part de farce dans ce dénouement ? La part de tragique ?

1960

Diop

Leurres et lueurs

Birago Diop
(1906-1989)

L'auteur et l'œuvre

Birago Diop naît et grandit à Dakar, puis ses études de vétérinaire le mèneront à Toulouse, et c'est comme vétérinaire de brousse, de retour en Afrique, qu'il exercera son métier. Il rencontre Senghor en 1933 et s'associe au mouvement de la négritude. Plus connu pour ses *Contes d'Amadou Koumba*, il publie des poèmes « hantés par le spectre de la mélancolie / Où viennent sombrer ses pensers ».

L'expression de la Négritude

Chez Birago Diop, il semble que la Négritude s'exprime d'une façon différente de celle de Césaire (▸ p. 300), Senghor (▸ p. 320) ou Depestre (▸ p. 338). Quand ceux-ci choisissent le discours de la révolte, parfois allégorique, Diop préfère les sentiments moins violents de la nostalgie et de la mélancolie.

Sagesse

« Je jetterai tout ce qui me dévore »

Sans souvenir, sans désirs et sans haine
Je retournerai là-bas au pays,
Dans les grandes nuits, dans leur chaude haleine
Enterrer tous mes tourments vieillis.
Sans souvenir, sans désirs et sans haine,

Je rassemblerai les lambeaux qui restent
De ce que j'appelais jadis mon cœur
Mon cœur qu'a meurtri chacun de vos gestes ;
Et si tout n'est pas mort de sa douleur
J'en rassemblerai les lambeaux qui restent.

Dans le murmure infini de l'aurore
Au gré de ses quatre Vents, alentour
Je jetterai tout ce qui me dévore,
Puis, sans rêves, je dormirai – toujours –
Dans le murmure infini de l'aurore.

QUESTIONS

1 • Comment caractériser ce poème ? Quelles sont ses tonalités ?

2 • Quel effet produit la répétition des vers ?

3 • Comment justifier le titre de ce poème ?

Jean-Michel Basquiat, *Untitled* (1982), bâton d'huile et peinture acrylique en aérosol sur toile (183 x 173 cm), fondation d'art contemporain Maezawa (Tokyo).

HISTOIRE DES ARTS

L'auteur et l'œuvre

Jean-Michel Basquiat (1960-1988) est un artiste new-yorkais. Il débute en faisant des graffitis. Andy Warhol en fera son protégé. On a pour habitude de le classer dans le néo-expressionnisme. Outre Picasso, il est influencé par W. de Kooning, J. Dubuffet ou Twombly. Ses œuvres traduisent une certaine violence au travers de visages défigurés.

DE L'IMAGE AU TEXTE

4 • Pourquoi peut-on dire que le tableau de Basquiat, tout comme le poème de Diop, interroge l'identité ?

1961

Jean Genet
(1910-1986)

L'auteur et l'œuvre

Jean Genet est un dramaturge et poète français. Il décide de vivre aux marges de la société : « m'inhumaniser est ma tendance profonde », écrit-il dans son roman *Notre-Dame-des-Fleurs*. Il commence à écrire en prison et se fera le chantre des petites gens, des homosexuels, des voyous. Encouragé par Sartre, il devient rapidement célèbre. *Les Paravents* s'attache à dresser un tableau des forces qui s'opposent dans toute guerre.

La bataille des *Paravents*

La pièce compte 25 tableaux et près de 100 personnages. Jouée intégralement, elle dure cinq heures. Le 6 mai 1966, lors de sa représentation au théâtre de l'Odéon dans une mise en scène de Roger Blin, une bataille a lieu dans la salle. Elle s'étend dans la presse, dans la rue et jusqu'à l'Assemblée nationale. Genet semblait prendre le parti des Algériens dans le cadre du conflit franco-algérien.

QUESTIONS

1 • Comment la guerre est-elle représentée ?

2 • Dans quelle mesure Kadidja fait-elle office de chef de guerre ?

3 • En quoi s'avère-t-elle être également un double du metteur en scène ?

Genet

Les Paravents

La guerre oppose Arabes et colons. Le fantôme de Kadidja, une femme tuée par les colons, apparaît à des combattants arabes et leur demande ce qu'ils ont fait pour combattre le colonialisme.

« Et faites tout en silence, on nous écoute »

KADIDJA, *d'une voix sévère.* – [...] Pour que le mal l'emporte, qu'est-ce que tu as fait ?

Toute la scène qui va suivre se déroulera très vite – paroles et gestes – presque comme une bousculade organisée.

très rapide

KADDOUR, *d'une voix sourde, mais fière.* – Leur gueule est encore chaude – mets ta main dessus – regarde : j'ai ramassé deux revolvers.

KADIDJA, *sèche.* – Pose-les là !... Le canon fumant... l'œil féroce et farceur...

Kaddour, très vite, avec un fusain, dessine les revolvers sur le paravent. Puis il se place à gauche de la scène. Les dessins doivent représenter les objets monstrueusement agrandis.

KADIDJA, *elle aura toujours la même voix sévère.* – M'Barek ! (*Entre M'Barek.*) Tu as fait ?

M'BAREK. – Sur le coup de midi éventré trois de leurs vaches. Et pleines. Voici les cornes.

KADIDJA. – Et faites tout en silence, on nous écoute. Lahoussine !

Comme les précédents, entre Lahoussine, à droite. À partir de la réplique suivante, on ne parlera plus que sur un ton violent, mais assourdi.

LAHOUSSINE. – Sous les orangers, violé une de leurs filles, je t'apporte la tache de sang.

Il dessine en rouge la tache sur le paravent et sort. Maintenant les Arabes entrent à un rythme plus rapide. Ils attendent à droite, pressés d'entrer.

KADIDJA, *sévère.* – Ça, c'est ta jouissance et la sienne. Mais le crime qui nous sert.

LAHOUSSINE, *fort.* – Celui qui après moi la baisera ne verra jamais ses yeux quand elle regardait par en dessous la couleur des oranges dans le ciel.

KADIDJA, *riant.* – Boutonne ta braguette, gamin.

Tableau 12 (extrait) © Marc Barbezat, L'Arbalète (1961) © Éditions Gallimard.

Aragon

Le Fou d'Elsa

Les mains d'Elsa

« Donne-moi tes mains pour l'inquiétude »

Donne-moi tes mains pour l'inquiétude
Donne-moi tes mains dont j'ai tant rêvé
Dont j'ai tant rêvé dans ma solitude
Donne-moi tes mains que je sois sauvé

Lorsque je les prends à mon pauvre piège
De paume et de peur de hâte et d'émoi
Lorsque je les prends comme une eau de neige
Qui fuit de partout dans mes mains à moi

Sauras-tu jamais ce qui me traverse
Ce qui me bouleverse et qui m'envahit
Sauras-tu jamais ce qui me transperce
Ce que j'ai trahi quand j'ai tressailli

Ce que dit ainsi le profond langage
Ce parler muet des sens animaux
Sans bouche et sans yeux miroir sans image
Ce frémir d'aimer qui n'a pas de mots

Sauras-tu jamais ce que les doigts pensent
D'une proie entre eux un instant tenue
Sauras-tu jamais ce que leur silence
Un éclair aura connu d'inconnu

Donne-moi tes mains que mon cœur s'y forme
S'y taise le monde au moins un moment
Donne-moi tes mains que mon âme y dorme
Que mon âme y dorme éternellement

1963

Louis Aragon
(1897-1982)

L'auteur et l'œuvre

Poète et romancier prolifique, Aragon est l'un des fers de lance du mouvement surréaliste avec André Breton, Philippe Soupault et Paul Éluard. Son engagement politique au Parti communiste, qui durera toute sa vie, accélère la rupture avec ce mouvement. La poésie d'Aragon est marquée par la figure de sa compagne, Elsa Triolet, rencontrée en 1928 et qui restera sa muse jusqu'à la mort de cette dernière en 1970.

La célébration de la femme

Inscrit dans le « Cycle d'Elsa », *Le Fou d'Elsa* est un ouvrage d'ampleur à la lisière entre poème et roman. Il renvoie à la chute de la ville arabo-andalouse de Grenade devant les chevaliers chrétiens au XVe siècle. Le poète est incarné par le Medjnoûn, c'est-à-dire le fou, un chanteur des rues qui célèbre une femme du futur nommée Elsa.

QUESTIONS

1 • **Montrez en quoi ce poème se rapproche davantage d'une prière que d'un blason poétique (célébration d'une partie du corps de la femme).**

2 • **Sur quels éléments la musicalité du poème repose-t-elle ?**

3 • **Comment le poète met-il en place une vision mystique de l'amour ?**

1964

René Depestre
(né en 1926)

L'auteur et l'œuvre

Né à Jacmel (Haïti), où s'enracine sa poésie, Depestre est « exilé à vie » : il a vécu dans différents pays. En 1991, il s'installe en France. Fasciné par *Cahier d'un retour au pays natal* de Césaire, il participe au climat insurrectionnel qui, en 1945, chasse du pouvoir haïtien le dictateur Élie Lescot. Porteuse d'une formidable force vitale, son œuvre est marquée par la révolution et la démesure.

Un poète engagé

Le poème souffle un vent de liberté sur l'oppression. Le poète peut s'affirmer « Agoué Taroyo », grand monstre marin qui jette sur ses ennemis le reflux de ses vagues. Mais il est aussi, selon Aimé Césaire, « poète de la fraîcheur » ou du « fleuve de l'espoir ». L'amour est sa « règle d'innocence ».

QUESTIONS

1 • À qui s'adresse le poète ? Caractérisez son discours.

2 • En quoi peut-on dire que ce poème est à la fois violent et plein d'enthousiasme ?

3 • Comment l'expression d'« œuvre-vie » explique-t-elle ce poème ?

Depestre
Journal d'un animal marin

Pour la poésie

« Donne ta bouche au feu de ma bouche »

À la porte deux fois tu as sonné
Une fois au nom de l'amour qui à mon chant
Donna sa première goutte de rosée.
Une fois au nom de la Révolution
Qui apprend aux nègres à imiter la mer.

Tu es maintenant le sel, la lumière,
La table, le lit, l'odeur de ma maison,
Tu es le sang rebelle de mes veines,
Tu es la nuit d'été qui cherche sa patrie,
Son étoile, ses jasmins, sa chanson pour dormir.

Donne-moi un bateau donne-moi des racines
Donne ta bouche au feu de ma bouche
Donne ton ventre à la faim de mon ventre
Donne le dernier salut, l'île dernière
Où poser en pleurant mes poumons enflammés.

Me voici libéré par tes eaux somptueuses
Mon soleil de nouveau va sortir dans la rue
Nous allons tenir le front qui est assigné
À mes vers réveillés, à la folle charrue
Qui sème la beauté, la tendresse et l'amour.

Cohen

Belle du Seigneur

Déguisé en vieillard répugnant, Solal, un haut fonctionnaire, s'introduit armé chez la femme d'un de ses subordonnés et lui déclare son amour.

« tu partiras avec moi, extasiée et les yeux frits ! »

Ridiculement, il plia le genou devant elle, puis il se leva et il alla vers elle et leur premier baiser, alla avec son noir sourire de vieillesse, les mains tendues vers celle qui rachetait toutes les femmes, la première humaine, qui soudain recula, recula avec un cri rauque, cri d'épouvante et de haine, heurta la table de chevet, saisit le verre vide, le lança contre la vieille face. Il porta la main à sa paupière, essuya le sang, considéra le sang sur sa main, et soudain il eut un rire, et il frappa du pied.

– Tourne-toi, idiote ! dit-il.

Elle obéit, se tourna, resta immobile avec la peur de recevoir une balle dans la nuque, cependant qu'il ouvrait les rideaux, se penchait à la fenêtre, portait deux doigts à ses lèvres, sifflait. Puis il se débarrassa du vieux manteau et de la toque de fourrure, ôta la fausse barbe, détacha le sparadrap noir qui recouvrait les dents, ramassa la cravache derrière les rideaux.

– Retourne-toi, ordonna-t-il.

Dans le haut cavalier aux noirs cheveux désordonnés, au visage net et lisse, sombre diamant, elle reconnut celui que son mari lui avait, en chuchotant, montré de loin, à la réception brésilienne.

– Oui, Solal et du plus mauvais goût, sourit-il à belles dents. Bottes ! montra-t-il, et de joie il cravacha sa botte droite. Et il y a un cheval qui m'attend dehors ! Il y avait même deux chevaux ! Le second était pour toi, idiote, et nous aurions chevauché à jamais l'un près de l'autre, jeunes et pleins de dents, j'en ai trente-deux, et impeccables, tu peux vérifier et les compter, ou même je t'aurais emportée en croupe, glorieusement vers le bonheur qui te manque ! Mais je n'ai plus envie maintenant, et ton nez est soudain trop grand, et de plus il luit comme un phare, et c'est tant mieux, et je vais partir ! Mais d'abord, femelle, écoute ! Femelle, je te traiterai en femelle, et c'est bassement que je te séduirai, comme tu le mérites et comme tu le veux. À notre prochaine rencontre, et ce sera bientôt, en deux heures je te séduirai par les moyens qui leur plaisent à toutes, les sales, sales moyens, et tu tomberas en grand imbécile amour, et ainsi vengerai-je les vieux et les laids, et tous les naïfs qui ne savent pas vous séduire, et tu partiras avec moi, extasiée et les yeux frits !

1968

Albert Cohen
(1895-1981)

L'auteur et l'œuvre

Né sur l'île grecque de Corfou au sein d'une importante communauté juive, le romancier Albert Cohen témoigne dans son œuvre de la culture dont il est issu. Dans le cycle romanesque *Solal et les Solal ou la Geste des Juifs*, débuté en 1930, il narre les aventures truculentes d'une famille de juifs orientaux. *Belle du Seigneur*, troisième tome de cette saga, explore le thème de l'amour fou et des ravages de la passion en même temps qu'il dénonce avec humour l'étroitesse du monde des hauts fonctionnaires.

Entre lyrisme et comique

À l'époque où le personnage traditionnel tend à disparaître sous l'impulsion du Nouveau Roman, Cohen s'inscrit dans la tradition du roman d'analyse mais aussi du récit d'aventures. Très inventive, son écriture mêle lyrisme sensuel et verve comique, présentant des procédés novateurs, comme des monologues intérieurs servis par l'utilisation d'une syntaxe hachée qui transcrit le flot de pensées des personnages.

QUESTIONS

1 • Quel effet le mélange des tonalités produit-il ?

2 • En quoi Solal apparaît-il comme un héros de roman d'aventures ?

3 • Dans quelle mesure ce texte rompt-il avec les codes de la séduction amoureuse ?

1972

Ionesco

Macbett

Eugène Ionesco
(1909-1994)

L'auteur et l'œuvre

Après avoir parodié le théâtre de boulevard dans *La Cantatrice chauve* (▸ p. 324), Ionesco propose une réécriture de la célèbre tragédie de Shakespeare, *Macbeth*. Le général Macbett renverse le roi Duncan, qui règne en tyran, pour devenir à son tour un tyran effroyablement sanguinaire. Le thème de la prise du pouvoir est traité à la fois par la tragédie et la farce, de manière à souligner l'absurdité et la barbarie de la nature humaine.

La figure du tyran

Dans la lignée d'*Ubu roi* d'Alfred Jarry (▸ p. 260), le tyran est montré en actes et en paroles. Il parvient à ses fins par la force de la conviction, mais son destin est inéluctablement tragique. Alexandre, dans *Une conspiration en 1537* (Sand ▸ p. 194) ou *Lorenzaccio* (Musset ▸ p. 196), Macbett et Ubu composent des figures de tyran différentes, mais toujours sanglantes.

Le général Macbett cherche à tuer le roi Duncan pour s'emparer du pouvoir et de sa femme, avec l'aide de Banco, un autre général.

« Jurons de tuer le tyran ! »

BANCO. – Avec le sang que nous avons versé pour lui[1]...

MACBETT. – Les périls dans lesquels il nous engage...

BANCO. – Dix mille volailles, dix mille chevaux, dix mille jeunes gens... Qu'est-ce qu'il en fait ? Il ne peut pas tout manger. Le reste pourrit.

MACBETT. – Et mille jeunes filles.

BANCO. – Nous savons bien ce qu'il en fait.

MACBETT. – Il nous doit tout.

BANCO. – Bien plus encore.

MACBETT. – Sans compter le reste.

BANCO. – Mon honneur...

MACBETT. – Ma gloire...

BANCO. – Mes droits ancestraux...

MACBETT. – Mon bien...

BANCO. – Le droit d'accroître nos richesses.

MACBETT. – L'autonomie.

BANCO. – Seul maître de mon espace.

MACBETT. – Il faut l'en expulser.

BANCO. – Il faut l'expulser de partout. À bas Duncan !

MACBETT. – À bas Duncan !

BANCO. – Il faut l'abattre.

MACBETT. – J'allais vous le proposer... Nous nous partagerons la principauté. Chacun aura sa part, je prendrai le trône. Je serai votre souverain. Vous serez mon vizir[2].

BANCO. – Le premier après vous.

MACBETT. – Le troisième. Car ce que l'on va faire n'est pas facile. Nous serons aidés. Il y a une troisième personne dans le complot : c'est Lady Duncan.

BANCO. – Ça alors..., ça alors... D'accord ! Heureusement.

MACBETT. – Elle est indispensable.

Entre par le fond Lady Duncan.

BANCO. – Madame !... Quelle surprise !

QUESTIONS

1 • Qu'apprend-on des relations entre les personnages ?

2 • Comment le complot se met-il en place ?

3 • Quels aspects du pouvoir sont dénoncés ?

Mise en scène de Céline Sorin avec François Juillard (Banco), Samir Dib (Duncan) et Pierre-François Doireau (Macbett), Espace culturel Armorica (Plouguerneau, 2015).

Macbett, *à Banco.* – C'est ma fiancée.

Banco. – La future Lady Macbett ? ça alors... *(À l'un et l'autre :)* Toutes mes félicitations.

Il baise la main de Lady Duncan.

Lady Duncan. – À la vie, à la mort !

Ils sortent tous les trois un poignard, ils lèvent les bras, croisent les poignards.

Ensemble. – Jurons de tuer le tyran !

Macbett. – L'usurpateur.

Banco. – À bas le dictateur !

Lady Duncan. – Le despote.

Macbett. – Ce n'est qu'un mécréant.

Banco. – Un ogre.

Lady Duncan. – Un âne.

Macbett. – Une oie.

Banco. – Un pou.

Lady Duncan. – Jurons de l'exterminer.

Les trois, *ensemble.* – Nous jurons de l'exterminer.

1. Le roi Duncan. 2. **Vizir** : ministre d'un souverain oriental.

HISTOIRE DES ARTS

La noirceur de l'Histoire

La mise en scène de Céline Sorin prend le parti de souligner la dimension militaire et autoritaire par le choix des décors et des costumes, tout en évoquant Brecht et sa pièce *La Résistible Ascension d'Arturo Ui*. Elle forge ainsi le caractère impitoyable du pouvoir, dénaturé dès lors qu'il ne s'agit plus de servir le bien commun mais d'asservir le commun des mortels.

DE L'IMAGE AU TEXTE

4 • Comment les costumes et le décor soulignent-ils les heures sombres de l'Histoire ?

5 • Par quelles attitudes et quels accessoires l'abus de pouvoir est-il dénoncé ?

1975

Georges Perec
(1936-1982)

L'auteur et l'œuvre

Perec, membre de l'OuLiPo (OUvroir de LIttérature POtentielle) expérimente de nouvelles formes d'écriture : *Les Choses* est un récit sous forme d'inventaire, *La Vie mode d'emploi* un roman-puzzle, *La Disparition* un roman écrit sans la lettre « e ». Dans *W ou le Souvenir d'enfance*, Perec fouille sa mémoire et tente de reconstituer son passé, *W* renvoyant au mot allemand *Wahrheit*, « vérité ». Le récit alterne les souvenirs lacunaires de son enfance et une dystopie (une contre-utopie) rapportant la vie sur l'île fictive W.

Les camps de la mort

L'écriture permet à l'auteur d'approcher l'indicible, à savoir la monstruosité de l'histoire collective du totalitarisme qui a privé Perec de ses parents, morts dans les camps de concentration. Cette particularité de l'histoire personnelle de l'auteur est une clé de lecture essentielle pour saisir l'enjeu de son roman : les horreurs décrites renvoient aux camps de la mort.

QUESTIONS

1 • D'après cet extrait, en quoi le roman est-il une contre-utopie ?

2 • On a pu dire de la démarche de Perec qu'elle est « oblique ». Pourquoi, d'après ce passage ?

3 • Quel usage du tragique le romancier fait-il ici ?

Perec

W ou le Souvenir d'enfance

Dans l'île imaginaire de W, dont la devise est « Plus haut, plus fort, plus vite », les compétitions sportives forment le socle de l'organisation sociale.

« Il y a deux mondes, celui des Maîtres et celui des esclaves. »

Il y a deux mondes, celui des Maîtres et celui des esclaves. Les Maîtres sont inaccessibles et les esclaves s'entre-déchirent. Mais même cela, l'Athlète W ne le sait pas. Il préfère croire à son Étoile. Il attend que la chance lui sourie. Un jour, les Dieux seront avec lui, il sortira le bon numéro, il sera celui que le hasard élira pour amener jusqu'au brûloir central la Flamme olympique, ce qui, lui donnant le grade de Photophore officiel, le dispensera à jamais de toute corvée, lui assurera, en principe, une protection permanente. Et il semble bien que toute son énergie soit consacrée à cette seule attente, à ce seul espoir d'un miracle misérable qui lui permettra d'échapper aux coups, au fouet, à l'humiliation, à la peur. L'un des traits ultimes de la société W est que l'on y interroge sans cesse le destin : avec de la mie de pain longtemps pétrie, les Sportifs se fabriquent des osselets, des petits dés. Ils interprètent le passage des oiseaux, la forme des nuages, des flaques, la chute des feuilles. Ils collectionnent des talismans : une pointe de la chaussure d'un Champion olympique, un ongle de pendu. Des jeux de cartes ou de tarots circulent dans les chambrées : la chance décide du partage des paillasses, des rations et des corvées. Tout un système de paris clandestins, que l'Administration contrôle en sous-main par l'intermédiaire de ses petits officiels, accompagne les Compétitions. Celui qui donne dans l'ordre les numéros matricules des trois premiers d'une Épreuve olympique a droit à tous leurs privilèges ; celui qui les donne dans le désordre est invité à partager leur repas de triomphe.

Les orphéons aux uniformes chamarrés jouent *L'Hymne à la joie*. Des milliers de colombes et de ballons multicolores sont lâchés dans le ciel. Précédés d'immenses étendards aux anneaux entrelacés que le vent fait claquer, les Dieux du Stade pénètrent sur les pistes, en rangs impeccables, bras tendus vers les tribunes officielles où les grands Dignitaires W les saluent.

Il faut les voir, ces Athlètes qui, avec leurs tenues rayées, ressemblent à des caricatures de sportifs 1900, s'élancer coudes au corps, pour un sprint grotesque. Il faut voir ces lanceurs dont les poids sont des boulets, ces sauteurs aux chevilles entravées, ces sauteurs en longueur qui retombent lourdement dans une fosse emplie de purin. Il faut voir ces lutteurs enduits de goudron et de plume, il faut voir ces coureurs de fond sautillant à cloche-pied ou à quatre pattes, il faut voir ces rescapés du marathon, éclopés, transis [...].

Christian Boltanski, *Réserve* (1990), installation (vêtements, lampes), Centre Pompidou (Paris).

HISTOIRE DES ARTS

L'artiste et l'œuvre

Christian Boltanski (né en 1944), plasticien français d'origine juive marqué par l'Holocauste, explore les thèmes de la mémoire, de l'inconscient, de l'enfance et de la mort. Dans *Réserve*, il dresse en rangs serrés des vêtements dépositaires de la mémoire de ceux qui les ont portés, faisant ainsi allusion aux monceaux d'effets personnels des déportés entreposés par les nazis dans les camps d'extermination.

Une installation émouvante

L'installation invite le spectateur à expérimenter une sensation d'oppression issue de l'accumulation et une émotion née de l'absence des corps dont le vêtement témoigne de la disparition. Boltanski entonalité d'ailleurs les battements du cœur des visiteurs de ses expositions.

DE L'IMAGE AU TEXTE

4 • En quoi la démarche de Boltanski rejoint-elle celle de Perec ?

5 • Comment le corps, chez Perec comme chez Boltanski, est-il le support du témoignage, voire de la dénonciation ?

1978

Jean Anouilh
(1910-1987)

L'auteur et l'œuvre

Jean Anouilh alterne dans son répertoire dramatique « pièces roses » et « pièces noires », comédies et tragédies. Il aime reprendre des mythes antiques, comme dans *Antigone* (1944) ou ici dans *Œdipe ou le Roi boiteux*, qui propose une traduction infidèle d'*Œdipe roi* de Sophocle et s'appuie sur les travaux de Freud concernant l'inconscient psychique et le complexe d'Œdipe. D'emblée, dans le titre de la pièce, Anouilh joue avec le nom Œdipe qui signifie, en grec, « celui qui a les pieds enflés ».

Une réécriture du mythe d'Œdipe

Cette réécriture du mythe (▸ p. 409) intègre la pensée freudienne et joue avec un autre texte, « La chèvre de monsieur Seguin » (1869) d'Alphonse Daudet : Œdipe est la chèvre dévorée par le loup qui pourrait être la fatalité ou son inconscient. Le Chœur présente la théorie psychanalytique du complexe d'Œdipe comme une loi à laquelle se soumettent les hommes, une loi qui veut que le petit garçon souhaite évincer son père pour prendre sa place dans la relation qu'il entretient avec sa mère.

Anouilh

Œdipe ou le Roi boiteux

Le berger vient de révéler à Œdipe son identité : ce dernier est le père et le frère de ses enfants…

« Les Érinnyes ont fait le ménage. »

Le Berger. – J'ai pas voulu le mal.

Œdipe. – Personne ne veut le mal. Mais il est là. Je suis l'enfant qu'on ne voulait pas et j'ai accompli mon destin.

Il regarde le soleil un moment et dit simplement :

La lumière du jour me blesse.

Il se détourne et entre dans le palais sans un mot.

Le berger, l'homme et les gens du peuple sortent, commentant à voix basse les événements.

Le Chœur reste seul.

Le Chœur, *au public.* – Et voilà. Tout est accompli. De très anciennes lois qui viennent du fond du gouffre obscur au-dessus duquel l'homme surnage, accroché à sa pauvre raison, disent qu'il faut tuer son père pour « être » et retourner au ventre de sa mère, la terre, où tout retourne et d'où tout est venu. L'homme croit au bonheur et se bat pour lui avec courage, toute la nuit, contre la nuit – mais quand il croit voir se lever l'aube, il est mangé tout de même comme la chèvre dans le conte. Et tout rentre dans l'ordre incompréhensible des dieux. Les Érinnyes[1] ont fait le ménage. Le reste n'est plus que du détail.

Le messager sort du palais, bouleversé. Il est tout jeune.

Le Chœur lui demande, posément :

Comment cela s'est-il passé ?

Le Messager, *tout pâle.* – Jocaste est morte.

Le Chœur. – Bien sûr. Les femmes, elles, en meurent.

1. **Érinnyes** : divinités persécutrices associées au châtiment (mythologie grecque).

QUESTIONS

1 • En quoi l'homme apparaît-il comme aliéné par les dieux ?

2 • En quoi est-il également aliéné par son inconscient ?

3 • Quelle définition de la tragédie cet extrait propose-t-il ?

TEXTE ÉCHO

Sophocle, *Œdipe Roi* (425 av. J.-C.)

Œdipe vient d'apprendre qu'il est parricide et incestueux. Il se rue dans le palais. Le chœur commente l'action.

Quatrième stasimon, chant du chœur

Modéré.

LE CHŒUR. – Pauvres générations humaines, je ne vois en vous qu'un néant !

Quel est, quel est donc l'homme qui obtient plus de bonheur qu'il en faut pour paraître heureux, puis, cette apparence donnée, disparaître de l'horizon ?

Ayant ton sort pour exemple, ton sort à toi, ô malheureux Œdipe, je ne puis plus juger heureux qui que ce soit parmi les hommes. Il avait visé au plus haut. Il s'était rendu maître d'une fortune et d'un bonheur complets. Il avait détruit, ô Zeus, la devineresse aux serres aiguës[1]. Il s'était dressé devant notre ville comme un rempart contre la mort. Et c'est ainsi, Œdipe, que tu avais été proclamé notre roi, que tu avais reçu les honneurs les plus hauts, que tu régnais sur la puissante Thèbes.

Plus vif.

Et maintenant qui pourrait être dit plus malheureux que toi ? Qui a subi désastres, misères plus atroces, dans un pareil revirement ? Ah ! Noble et cher Œdipe ! Ainsi la chambre nuptiale a vu le fils après le père entrer au même port terrible ! Comment, comment le champ labouré par ton père a-t-il pu si longtemps, sans révolte, te supporter, ô malheureux ? Le temps, qui voit tout, malgré toi l'a découvert. Il condamne l'hymen[2], qui n'a rien d'un hymen, d'où naissaient à la fois et depuis tant de jours, un père et des enfants. Ah ! Fils de Laïos. Que j'aurais donc voulu ne jamais, ne jamais te connaître ! Je me désole, et des cris éperdus s'échappent de ma bouche. Il faut dire la vérité : par toi jadis j'ai recouvré la vie, et par toi aujourd'hui je ferme à jamais les yeux !

Traduit du grec ancien par P. Mazon et P. Brunet © Les Belles Lettres, Paris, 1989.

1. Périphrase qui désigne le Sphinx.
2. **Hymen** : mariage.

L'auteur et l'œuvre

Dramaturge grec du Ve siècle avant J.-C, Sophocle présente sa pièce au concours de tragédies d'Athènes. Il ne remporte aucun prix, mais c'est pourtant à *Œdipe Roi* que se référera Aristote dans sa *Poétique* pour définir la tragédie comme une pièce pleine de péripéties et de retournements suscitant la catharsis. La pièce alterne épisodes et chants versifiés pris en charge par le Chœur.

La particularité d'*Œdipe Roi*

Tragédie à l'intrigue policière, *Œdipe Roi* est la première œuvre où le héros se confond avec l'objet de sa quête. Elle pose des questions identitaires. Elle sera réécrite de nombreuses fois, que ce soit par Voltaire, Anouilh, Cocteau (▸ p. 292) ou encore Wajdi Mouawad (▸ p. 371).

D'UN TEXTE À L'AUTRE

4 • Comparez le texte d'Anouilh à celui de Sophocle. Quelles différences pouvez-vous relever dans la manière dont le Chœur commente l'action ?

1980

Jean-Marie Gustave Le Clézio
(né en 1940)

L'auteur et l'œuvre

Romancier, nouvelliste, essayiste, prix Nobel en 2008, Le Clézio écrit d'abord des textes placés sous le signe du Nouveau Roman. Il revient ensuite à une narration plus traditionnelle et développe une thématique humaniste, tournée vers des cultures lointaines et la recherche d'une harmonie entre l'homme et le monde. *Désert* raconte, à cent ans d'écart, l'histoire croisée de deux enfants, Nour et Lalla, tous deux descendants des hommes bleus du désert saharien mais dont les destins s'opposent.

Un roman en forme de parabole

La parabole est une allégorie renfermant une idée morale. Le roman de Le Clézio dépeint le passé fabuleux d'êtres voués à disparaître, comme les tribus nomades du désert, ou à devenir des figures de l'exil et de la misère des grandes villes, comme le personnage de Lalla.

QUESTIONS

1 • Sur quelles tonalités cet incipit s'appuie-t-il ?

2 • Quelles sont les fonctions de la description dans ce passage ?

3 • Comment l'auteur donne-t-il une dimension symbolique aux personnages ?

Le Clézio

Désert

Voici l'incipit du roman.

Saguiet el Hamra, hiver 1909-1910

« Ils étaient nés du désert »

Ils sont apparus, comme dans un rêve, au sommet de la dune, à demi cachés par la brume de sable que leurs pieds soulevaient. Lentement ils sont descendus dans la vallée, en suivant la piste presque invisible. En tête de la caravane, il y avait les hommes, enveloppés dans leurs manteaux de laine, leurs visages masqués par le voile bleu. Avec eux marchaient deux ou trois dromadaires, puis les chèvres et les moutons harcelés par les jeunes garçons. Les femmes fermaient la marche. C'étaient des silhouettes alourdies, encombrées par les lourds manteaux, et la peau de leurs bras et de leurs fronts semblait encore plus sombre dans les voiles d'indigo.

Ils marchaient sans bruit dans le sable, lentement, sans regarder où ils allaient. Le vent soufflait continûment, le vent du désert, chaud le jour, froid la nuit. Le sable fuyait autour d'eux, entre les pattes des chameaux, fouettait le visage des femmes qui rabattaient la toile bleue sur leurs yeux. Les jeunes enfants couraient, les bébés pleuraient, enroulés dans la toile bleue sur le dos de leur mère. Les chameaux grommelaient, éternuaient. Personne ne savait où on allait.

Le soleil était encore haut dans le ciel nu, le vent emportait les bruits et les odeurs. La sueur coulait lentement sur le visage des voyageurs, et leur peau sombre avait pris le reflet de l'indigo, sur leurs joues, sur leurs bras, le long de leurs jambes. Les tatouages bleus sur le front des femmes brillaient comme des scarabées. Les yeux noirs, pareils à des gouttes de métal, regardaient à peine l'étendue de sable, cherchaient la trace de la piste entre les vagues des dunes.

Il n'y avait rien d'autre sur la terre, rien, ni personne. Ils étaient nés du désert, aucun autre chemin ne pouvait les conduire. Ils ne disaient rien. Ils ne voulaient rien. Le vent passait sur eux, à travers eux, comme s'il n'y avait personne sur les dunes. Ils marchaient depuis la première aube, sans s'arrêter, la fatigue et la soif les enveloppaient comme une gangue. La sécheresse avait durci leurs lèvres et leur langue. La faim les rongeait. Ils n'auraient pas pu parler. Ils étaient devenus, depuis si longtemps, muets comme le désert, pleins de lumière quand le soleil brûle au centre du ciel vide, et glacés de la nuit aux étoiles figées.

Sarraute

Pour un oui ou pour un non

Deux amis, nommés H1 et H2, se sont éloignés. H1 vient demander des explications.

« Ne me dis pas qu'on a eu des mots… »

H2, *piteusement.* – Je te dis : ce n'est rien qu'on puisse dire… rien dont il soit permis de parler…

H1. – Allons, vas-y…

H2. – Eh bien, c'est juste des mots…

H1. – Des mots ? Entre nous ? Ne me dis pas qu'on a eu des mots… ce n'est pas possible… et je m'en serais souvenu…

H2. – Non, pas des mots comme ça… d'autres mots… pas ceux dont on dit qu'on les a « eus »… Des mots qu'on n'a pas « eus », justement… On ne sait pas comment ils vous viennent…

H1. – Lesquels ? Quels mots ? Tu me fais languir… tu me taquines…

H2. – Mais non, je ne te taquine pas… Mais si je te les dis…

H1. – Alors ? Qu'est-ce qui se passera ? Tu me dis que ce n'est rien…

H2. – Mais justement, ce n'est rien… Et c'est à cause de ce rien…

H1. – Ah on y arrive… C'est à cause de ce rien que tu t'es éloigné ? Que tu as voulu rompre avec moi ?

H2, *soupire.* – Oui… c'est à cause de ça… Tu ne comprendras jamais… Personne, du reste, ne pourra comprendre…

H1. – Essaie toujours… Je ne suis pas si obtus…

H2. – Oh si… pour ça, tu l'es. Vous l'êtes tous, du reste.

H1. – Alors, chiche… on verra…

H2. – Eh bien… tu m'as dit il y a quelque temps… tu m'as dit… quand je me suis vanté de je ne sais plus quoi… de je ne sais plus quel succès… oui… dérisoire… quand je t'en ai parlé… tu m'as dit : « C'est bien… ça… »

H1. – Répète-le, je t'en prie… j'ai dû mal entendre.

H2, *prenant courage.* – Tu m'as dit : « C'est bien… ça… » Juste avec ce suspens… cet accent…

H1. – Ce n'est pas vrai. Ça ne peut pas être ça… ce n'est pas possible…

H2. – Tu vois, je te l'avais bien dit… à quoi bon ?…

1982

Nathalie Sarraute
(1900-1999)

L'auteure et l'œuvre

D'origine russe, Nathalie Sarraute pose les bases du Nouveau Roman avec le recueil d'articles *L'Ère du soupçon*, publié en 1956 (► p. 404). Ses nouvelles considérations sur le personnage et l'écriture trouvent aussi une place au théâtre. Elle cherche à comprendre ce qu'elle appelle les tropismes, les mouvements secrets et imperceptibles qui provoquent nos gestes et nos paroles.

Le langage en question

Le titre emprunte une expression courante qui participe à l'intention de la pièce : interroger l'essence du langage et le rapport à la parole dans la société contemporaine. Le dramaturge, tout comme le romancier, ne cherche plus à comprendre la « psychologie », mais à retrouver les « sous-conversations » cachées dans les méandres de la conscience et leurs significations.

QUESTIONS

1 • Quels sont les motifs de la conversation et les formes d'expression de la dispute ?

2 • En quoi le « rien » constitue-t-il le cœur de l'intrigue ?

3 • Quelles sont les particularités du langage théâtral de Nathalie Sarraute ?

1984

Marguerite Duras
(1914-1996)

L'auteure et l'œuvre

Dans ce roman, pour lequel elle obtient le prix Goncourt, Marguerite Duras, romancière mais aussi dramaturge et cinéaste, revient sur un épisode de sa jeunesse qu'elle a déjà évoqué dans un roman précédent, *Un barrage contre le Pacifique* (1950). Au moment où Jean-Jacques Annaud adapte son récit au cinéma, en 1992, elle en propose une autre version intitulée *L'Amant de la Chine du Nord*.

Une inspiration autobiographique

La rencontre puis la liaison de cette jeune fille de 15 ans avec un homme de 28 ans sont inspirées de ce que Marguerite Duras a vécu dans sa jeunesse indochinoise. Face à la moiteur tropicale, à l'ennui de la société coloniale, au poids du silence social et à l'enfermement de la cellule familiale, l'amour et les pulsions du désir sont les seules issues.

QUESTIONS

1 • **Quels sont les éléments traditionnels de cette scène de rencontre amoureuse ?**

2 • **Pourquoi la narration peut-elle dérouter le lecteur ?**

3 • **En quoi l'écriture se rapproche-t-elle de l'écriture cinématographique ?**

Duras

L'Amant

Dans l'Indochine des années 1930, la narratrice, une jeune fille de quinze ans, rejoint sa pension à Saïgon, traversant le fleuve Mékong sur un bac.

« Elle est si jolie »

L'homme élégant est descendu de la limousine, il fume une cigarette anglaise. Il regarde la jeune fille au feutre d'homme et aux chaussures d'or. Il vient vers elle lentement. C'est visible, il est intimidé. Il ne sourit pas tout d'abord. Tout d'abord il lui offre une cigarette. Sa main tremble. Il y a cette différence de race, il n'est pas blanc, il doit la surmonter, c'est pourquoi il tremble. Elle lui dit qu'elle ne fume pas, non merci. Elle ne dit rien d'autre, elle ne lui dit pas laissez-moi tranquille. Alors il a moins peur. Alors il lui dit qu'il croit rêver. Elle ne répond pas. Ce n'est pas la peine qu'elle réponde, que répondrait-elle. Elle attend. Alors il le lui demande : mais d'où venez-vous ? Elle dit qu'elle est la fille de l'institutrice de l'école de filles de Sadec. Il réfléchit et puis il dit qu'il a entendu parler de cette dame, sa mère, de son manque de chance avec cette concession qu'elle aurait achetée au Cambodge, c'est bien ça n'est-ce pas ? Oui c'est ça.

Il répète que c'est tout à fait extraordinaire de la voir sur ce bac. Si tôt le matin, une jeune fille belle comme elle l'est, vous ne vous rendez pas compte, c'est très inattendu, une jeune fille blanche dans un car indigène. Il lui dit que le chapeau lui va bien, très bien même, que c'est… original… un chapeau d'homme, pourquoi pas ? Elle est si jolie, elle peut tout se permettre.

Elle le regarde. Elle lui demande qui il est. Il dit qu'il revient de Paris où il a fait ses études, qu'il habite Sadec lui aussi, justement sur le fleuve, la grande maison avec les grandes terrasses aux balustrades de céramique bleue. Elle lui demande ce qu'il est. Il dit qu'il est chinois, que sa famille vient de la Chine du Nord, de Fou-Chouen. Voulez-vous me permettre de vous ramener chez vous à Saïgon ? Elle est d'accord. Il dit au chauffeur de prendre les bagages de la jeune fille dans le car et de les mettre dans l'auto noire.

Chinois. Il est de cette minorité financière d'origine chinoise qui tient tout l'immobilier populaire de la colonie. Il est celui qui passait le Mékong ce jour-là en direction de Saïgon.

Elle entre dans l'auto noire. La portière se referme. Une détresse à peine ressentie se produit tout à coup, une fatigue, la lumière sur le fleuve.

Je ne ferai plus jamais le voyage en car pour indigènes.

Finkielkraut

La Sagesse de l'amour

« l'Autre s'immobilise dans son effigie »

« Avant la naissance de l'amour, écrit Stendhal, la beauté est nécessaire comme enseigne, elle prédispose à cette passion par les louanges qu'on entend donner à ce qu'on aimera. » Le désir commençant a besoin d'être pris par la main et rassuré sur son propre compte : il faut que son objet soit beau, et surtout que les autres lui accordent ce label suprême. Swann[1] est d'abord émerveillé de trouver une ressemblance entre le visage d'Odette et le portrait de Zéphora par Botticelli[2] qu'on voit dans une fresque de la chapelle Sixtine. C'est comme si la peinture du maître florentin ratifiait[3] l'excellence de son attachement. Mais la passion brise avec la Beauté, même si elle lui doit son émergence. Une fois gagné par le sentiment amoureux, le sujet se détache du visible pour ne s'intéresser qu'au visage. Peu lui importent, alors, la rumeur et les prestigieuses cautions[4] qui pourraient justifier son choix. Il est délivré à la fois de la Beauté et du conformisme, libre du jugement public et des images qui, en temps normal, exercent sur lui une irrésistible fascination. C'est en ce sens – celui d'une asocialité, ou mieux, d'une « agrégarité »[5] radicale – qu'on peut légitimement parler d'amour fou.

Cependant, le regard se ré-esthétise à mesure que s'épuise la passion. À la fin, l'Autre s'immobilise dans son effigie, chute au rang d'image. Tous feux éteints, on ne considère les choses que dans leur rapport de fidélité ou de désertion à l'idéal plastique, auquel, amoureux, on avait témoigné tant d'indifférence. On *dévisage* celle ou celui qu'on avait littéralement perdu de vue, car si l'amour rend aveugle, sa décadence, à l'inverse, fait de vous un œil sévère, et jamais content. La fatigue du partenaire n'est plus la distance qui fait peur, mais l'affaissement soudain qui brouille ou qui ravage les traits. Quand il est gagné par l'épuisement, le visage aimé s'absente et me laisse là « comme un déchet »[6], sans que je puisse rien faire contre cet abandon. La fatigue, en revanche, s'exhibe comme un symptôme sur le visage que je n'aime plus : ce n'est pas une fuite ou un retrait, c'est une marque visible.

Ainsi le désir, qui s'en était évadé, est-il de nouveau prisonnier du spectacle : il s'adressait au visage, il ne vise désormais que son seul apparat[7]. La parenthèse peut se fermer. Un instant bousculée par l'amour, la Beauté a retrouvé son trône.

1. Personnage de Proust. 2. Peintre de la Renaissance italienne. 3. **Ratifiait** : approuvait. 4. **Cautions** : garanties. 5. **Agrégarité** : néologisme, fait de s'opposer à l'instinct grégaire. 6. Citation de R.Barthes, *Fragments d'un discours amoureux*. 7. **Apparat** : magnificence.

1984

Alain Finkielkraut
(né en 1949)

L'auteur et l'œuvre

Alain Finkielkraut est un philosophe, essayiste et homme de radio français. Connu pour ses prises de position polémiques, il se veut avant tout penseur. Dans *La Sagesse de l'amour*, il cherche à sortir de « la sphère de l'illusion » la notion d'amour du prochain pour l'envisager de façon moins désabusée.

De la philosophie à la littérature

Finkielkraut croise les théories du philosophe Levinas sur le regard – le regard est connaissance, perception – et des extraits d'œuvres de Stendhal (*De l'amour* ► p. 189) ou encore de Proust (*Un amour de Swann* ► p. 273). La littérature est un support pour lire le réel. Elle permet au lecteur d'apprendre à mieux se connaître.

QUESTIONS

1 • Quelle place occupe le regard d'autrui dans la naissance du sentiment amoureux ?

2 • Qu'est-ce que l'amour fou ?

3 • Quelles sont les conséquences de l'extinction du sentiment amoureux ?

1986

Jacques Roubaud
(né en 1932)

L'auteur et l'œuvre

Jacques Roubaud, mathématicien, poète, essayiste et romancier, intègre l'OuLiPo (OUvroir de LIttérature POtentielle) sur proposition de Raymond Queneau en 1966. Il publie *Quelque chose noir* peu après la mort de son épouse, Alix Cléo. Un temps tenté par le silence, car il souhaitait que son prochain recueil soit accompagné de photographies réalisées par son épouse, il écrit malgré tout pour exprimer la douleur de l'absence.

Dialogue avec l'absente

Alix Cléo est l'auteur d'une séquence de dix-sept photographies qu'elle avait intitulée *Si quelque chose noir.* C'est à cette séquence que répond le recueil de Roubaud. De nombreux poèmes dialoguent avec des fragments du journal d'Alix Cléo publié par le poète. Ce dialogisme est illusoire : le poète se heurte à l'absence, au noir.

Texte lu
Manuel numérique

QUESTIONS

1 • Quelle définition de la poésie Roubaud propose-t-il ?

2 • Quel rôle le lecteur joue-t-il dans la construction du sens du poème ?

3 • Observez les blancs et la ponctuation. En quoi participent-ils à la construction du sens ?

Roubaud

Quelque chose noir

« lecteur lecteur ou lecteur auteur »

Dialogue

Je n'ai jamais pensé à un poème comme étant un monologue parti
quelque part de l'arrière de ma bouche ou de ma main

Un poème se place toujours dans les conditions d'un dialogue virtuel

L'hypothèse d'une rencontre   l'hypothèse d'une réponse
l'hypothèse de quelqu'un

Même dans la page : la réponse supposée par la ligne, les déplacements,
les formats

Quelque chose va sortir   du silence, de la ponctuation, du blanc
remonter jusqu'à moi

Quelqu'un de vivant, de nommé :   un poème d'amour

Même quand l'omission, l'indirection, l'adresse pronominale rendent
possible cette translation : qu'un lecteur soit devant la page, devant la voix
du poème comme au moment de sa naissance

Ou de sa réception : lecteur lecteur   ou   lecteur auteur

Ce poème t'est adressé et ne rencontrera rien

Ben Jelloun

La Nuit sacrée

Zahra, une femme âgée, raconte le décès de son père, survenu des années plus tôt lors d'une Nuit sacrée, la vingt-septième du mois de ramadan. Par honte de n'avoir pas d'héritier mâle, il l'avait élevée comme un garçon jusqu'à l'âge de 20 ans, mais au seuil de la mort, il lui rend sa condition de femme.

« La Nuit du Destin te nomme Zahra »

Après un temps d'arrêt, il se mit à parler vite. Je ne comprenais pas tout. Il voulait dire l'essentiel, mais son œil s'égarait, partait de l'autre côté, revenait sur moi, sa main serrait toujours la mienne :

– Je demande que ton pardon me soit accordé... Après, Celui qui possède mon âme pourra l'emporter où il veut, dans ses jardins fleuris, dans ses rivières paisibles, ou la jeter dans le cratère d'un volcan. Mais avant, accorde-moi la grâce de l'oubli. C'est cela le pardon. Tu es libre à présent. Va-t'en, quitte cette maison maudite, fais des voyages, vis !... Vis !... Et ne te retourne pas pour voir le désastre que je laisse. Oublie et prends le temps de vivre... Oublie cette ville... En cette nuit j'ai su que ton destin serait meilleur que celui de toutes les femmes de ce pays. Je suis lucide, je n'invente rien. Je vois ton visage auréolé d'une lumière extraordinaire. Tu viens de naître, cette nuit, la vingt-septième... Tu es une femme... Laisse ta beauté te guider. Il n'y a plus rien à craindre. La Nuit du Destin te nomme Zahra[1], fleur des fleurs, grâce, enfant de l'éternité, tu es le temps qui se maintient dans le versant du silence... sur le sommet du feu... parmi les arbres... sur le visage du ciel qui descend... Il se penche et me prend... C'est toi que je vois, c'est ta main qui se tend, ah ! ma fille, tu me prends avec toi... mais où m'emmènes-tu ? Je suis trop fatigué pour te suivre... J'aime ta main qui s'approche de mes yeux... Il fait sombre, il fait froid... Où es-tu, ton visage... Je ne vois plus... Tu me tires... c'est la neige, ce champ blanc ? Il n'est plus blanc... Je ne vois plus rien... Ton visage se crispe, tu es en colère... Tu es pressée... Est-ce cela ton pardon ?... Zah... ra...

Un rayon de soleil pénétra dans la chambre. Tout était fini. Je retirai difficilement ma main de la sienne. Je relevai le drap sur son visage et éteignis la bougie.

1. **Zahra** : « fleur éclatante » en langue arabe. On note une homophonie avec « Shahrazâd » dans *Les Mille et Une Nuits*.

1987

Tahar Ben Jelloun
(né en 1944)

L'auteur et l'œuvre

L'œuvre de Tahar Ben Jelloun, romancier marocain de langue française engagé contre le racisme, est nourrie par la culture orientale, les contes et les mythes. Après *L'Enfant de sable* qui met en scène Ahmed, en réalité Zahra, une jeune fille élevée comme un garçon, *La Nuit sacrée* confie la narration à Zahra devenue vieille femme. Ces deux romans, dont le second a obtenu le prix Goncourt, révèlent le cheminement difficile d'une femme vers sa libération, ainsi que sa lutte contre une société fondée sur la seule lignée masculine.

La nuit sacrée

Ben Jelloun choisit comme titre *La Nuit sacrée* au lieu de « La Nuit du destin », traduction littérale de *Leïlet El Qadr*, « celle qui renvoie à la parole divine ». Cette nuit est évoquée dans la quatre-vingt-dix-septième sourate du Coran. « Sacré » vient du latin *sacer*, « ce qui ne peut être touché », « pur et impur ». Zahra signifie « la fleur » et connote la blancheur, la pureté, en arabe.

Texte lu
Manuel numérique

QUESTIONS

1 • En quoi assiste-t-on à la naissance d'une femme ?

2 • Dans quelle mesure est-ce une prise de conscience pour le père ?

3 • Quel rôle le sacré joue-t-il dans ce texte ?

1988

Bernard-Marie Koltès
(1948-1989)

L'auteur et l'œuvre

Marginal, révolté, le dramaturge Bernard-Marie Koltès fait entendre dans son œuvre une poésie puissante et universelle qui exprime la solitude des hommes dans un monde tragique. S'inspirant d'un fait divers, Koltès, dans *Roberto Zucco*, fait d'un parricide et criminel un véritable héros. La pièce sera censurée dès sa création : on considérait que la figure du tueur en série y était sublimée.

Le travail de l'écrivain

Koltès modifie certains éléments du fait divers : il change le nom du personnage – Succo devient Zucco. Il modifie également l'ordre des événements : Succo a tué conjointement sa mère et son père à 19 ans et plus tard s'évadera de l'hôpital psychiatrique où on l'a interné. Succo se suicide en prison avec l'aide d'une recharge de gaz tandis que Zucco se suicide, à la fin de la pièce, en se jetant du haut d'un toit, aveuglé par la lumière du soleil, superposant ainsi le mythe d'Icare et celui de Mithra à l'histoire du meurtrier.

Koltès

Roberto Zucco

« Comment as-tu quitté les rails, Roberto ? »

Roberto Zucco, emprisonné pour le meurtre de son père, vient de s'évader. Il arrive chez sa mère pour chercher des vêtements. Celle-ci refuse de lui ouvrir.

Zucco défonce la porte.

La Mère. – Roberto, ne t'approche pas de moi.

Zucco. – Je suis venu chercher mon treillis.

La Mère. – Ton quoi ?

Zucco. – Mon treillis : ma chemise kaki et mon pantalon de combat.

La Mère. – Cette saloperie d'habit militaire. Qu'est-ce que tu as besoin de cette saloperie d'habit militaire ? Tu es fou, Roberto. On aurait dû comprendre cela quand tu étais au berceau et te foutre à la poubelle.

Zucco. – Bouge-toi, dépêche-toi, ramène-le-moi tout de suite.

La Mère. — Je te donne de l'argent. C'est de l'argent que tu veux. Tu t'achèteras tous les habits que tu veux.

Zucco. – Je ne veux pas d'argent. C'est mon treillis que je veux.

La Mère. – Je ne veux pas, je ne veux pas. Je vais appeler les voisins.

Zucco. – Je veux mon treillis.

La Mère. – Ne crie pas, Roberto, ne crie pas, tu me fais peur ; ne crie pas, tu vas réveiller les voisins. Je ne peux pas te le donner, c'est impossible : il est sale, il est dégueulasse, tu ne peux pas le porter comme cela. Laisse-moi le temps de le laver, de le faire sécher, de le repasser.

Zucco. – Je le laverai moi-même. J'irai à la laverie automatique.

La Mère. – Tu dérailles, mon pauvre vieux. Tu es complètement dingue.

Zucco. – C'est l'endroit du monde que je préfère. C'est calme, c'est tranquille, et il y a des femmes.

La Mère. – Je m'en fous. Je ne veux pas te le donner. Ne m'approche pas, Roberto. Je porte encore le deuil de ton père, est-ce que tu vas me tuer à mon tour ?

Zucco. – N'aie pas peur de moi, maman. J'ai toujours été doux et gentil avec toi. Pourquoi aurais-tu peur de moi ? Pourquoi est-ce que tu ne me donnerais pas mon treillis ? J'en ai besoin, maman, j'en ai besoin.

La Mère. – Ne sois pas gentil avec moi, Roberto. Comment veux-tu que j'oublie que tu as tué ton père, que tu l'as jeté par la fenêtre, comme on jette une cigarette ? Et maintenant, tu es gentil avec moi. Je ne veux pas oublier que tu as tué ton père, et ta douceur me ferait tout oublier, Roberto.

Zucco. – Oublie, maman. Donne-moi mon treillis, ma chemise kaki et mon pantalon de combat ; même sales, même froissés, donne-les-moi. Et puis je partirai, je te le jure.

La Mère. – Est-ce moi, Roberto, est-ce moi qui t'ai accouché ? Est-ce de moi que tu es sorti ? Si je n'avais pas accouché de toi ici, si je ne t'avais pas vu sortir, et suivi des yeux jusqu'à ce qu'on te pose dans ton berceau ; si je n'avais pas posé, depuis le berceau, mon regard sur toi sans te lâcher, et surveillé chaque changement de ton corps au point que je n'ai pas vu les changements se faire et que je te vois là, pareil à celui qui est sorti de moi dans ce lit, je croirais que ce n'est pas mon fils que j'ai devant moi. Pourtant, je te reconnais, Roberto. Je reconnais la forme de ton corps, ta taille, la couleur de tes cheveux, la couleur de tes yeux, la forme de tes mains, ces grandes mains fortes qui n'ont jamais servi qu'à caresser le cou de ta mère, qu'à serrer celui de ton père, que tu as tué. Pourquoi cet enfant, si sage pendant vingt-quatre ans, est-il devenu fou brusquement ? Comment as-tu quitté les rails, Roberto ? Qui a posé un tronc d'arbre sur ce chemin si droit pour te faire tomber dans l'abîme ? Roberto, Roberto, une voiture qui s'est écrasée au fond d'un ravin, on ne la répare pas. Un train qui a déraillé, on n'essaie pas de le remettre sur ses rails. On l'abandonne, on l'oublie. Je t'oublie, Roberto, je t'ai oublié.

Zucco. – Avant de m'oublier, dis-moi où est mon treillis.

La Mère. – Il est là, dans le panier. Il est sale et tout froissé. (*Zucco sort le treillis.*) Et maintenant, va-t'en, tu me l'as juré.

Zucco. – Oui, je l'ai juré.

Il s'approche, la caresse, l'embrasse, la serre ; elle gémit.

Il la lâche et elle tombe, étranglée.

Zucco se déshabille, enfile son treillis et sort.

1988

Le meurtre comme rituel ?

Zucco semble liquider l'ordre familial puis l'ordre social en tuant sur scène les représentants de la famille et de l'État (un policier). Les didascalies finales présenteront l'arrivée du soleil comme la conséquence des actes de Zucco, comme si ses meurtres relevaient plus du sacrifice que de l'assassinat, dans une évidente référence à Mithra. Dans cette religion antique d'Asie Mineure, des prières préparaient les mouvements du soleil. La liturgie de Mithra est citée dès le début de la pièce par Koltès lui-même : « Après la seconde prière, tu verras le disque solaire se déployer ».

QUESTIONS

1 • Comment cette scène révèle-t-elle l'incompréhension de la mère ?

2 • À l'aide de quels moyens Zucco cherche-t-il à obtenir son treillis ?

3 • En quoi cette scène est-elle tragique ?

1990

Jean-Luc Lagarce
(1957-1995)

L'auteur et l'œuvre

Après des études de philosophie, Lagarce devient metteur en scène puis dramaturge. Les relations familiales, les difficultés de communication et l'échec du langage sont des thèmes récurrents de son théâtre.

Le prologue, un héritage antique

Le prologue est un héritage du théâtre de l'Antiquité grecque. Il vient rappeler l'intrigue avant l'arrivée du chœur et doit permettre aux spectateurs de comprendre l'action et les personnages. Lagarce s'inscrit dans la tradition antique mais aussi dans celle plus moderne de Molière dans *Amphitryon* et *Le Malade imaginaire,* ou encore d'Anouilh dans *Antigone*.

Lagarce
Juste la fin du monde

Après une longue absence, Louis revient voir sa famille pour annoncer sa mort prochaine.

« l'annoncer moi-même, en être l'unique messager »

Prologue

Louis. – Plus tard, l'année d'après
– j'allais mourir à mon tour –
j'ai près de trente-quatre ans maintenant et c'est à cet âge que je mourrai,
l'année d'après,
de nombreux mois déjà que j'attendais à ne rien faire, à tricher, à ne plus savoir,
de nombreux mois que j'attendais d'en avoir fini,
l'année d'après,
comme on ose bouger parfois,
à peine,
devant un danger extrême, imperceptiblement, sans vouloir faire de bruit ou commettre un geste trop violent qui réveillerait l'ennemi et vous détruirait aussitôt,
l'année d'après,
malgré tout,
la peur,
prenant ce risque et sans espoir jamais de survivre,
malgré tout,
l'année d'après,
je décidai de retourner les voir, revenir sur mes pas, aller sur mes traces et faire le voyage,
pour annoncer, lentement, avec soin, avec soin et précision
– ce que je crois –
lentement, calmement, d'une manière posée
– et n'ai-je pas toujours été pour les autres et eux, tout précisément, n'ai-je pas toujours été un homme posé ?,
pour annoncer,
dire,
seulement dire,
ma mort prochaine et irrémédiable,
l'annoncer moi-même, en être l'unique messager,
et paraître

QUESTIONS

1 • En quoi peut-on parler ici de poésie ?
2 • Quelles réflexions sur la mort et la solitude ce texte porte-t-il ?
3 • Pourquoi ce prologue est-il singulier ?

Carrière

La Controverse de Valladolid

En 1550, un tribunal ecclésiastique espagnol doit décider si les Indiens ont ou non une âme. Les hommes d'Église Sépulvéda et Las Casas s'affrontent sur ce point. Sépulvéda s'exprime le premier.

« nous ne voyons que ce qu'ils imitent de nous ! »

– Oui, Éminence, les habitants du Nouveau Monde sont des esclaves par nature. En tout point conformes à la description d'Aristote[1].

– Cette affirmation demande des preuves, dit doucement le prélat[2].

Sépulvéda n'en disconvient pas. D'ailleurs, sachant cette question inévitable, il a préparé tout un dossier. Il en saisit le premier feuillet.

– D'abord, dit-il, les premiers qui ont été découverts se sont montrés incapables de toute initiative, de toute invention. En revanche, on les voyait habiles à copier les gestes et les attitudes des Espagnols, leurs supérieurs. Pour faire quelque chose, il leur suffisait de regarder un autre l'accomplir. Cette tendance à copier, qui s'accompagne d'ailleurs d'une réelle ingéniosité dans l'imitation, est le caractère même de l'âme esclave. Âme d'artisan, âme manuelle pour ainsi dire.

– Mais on nous chante une vieille chanson ! s'écrie Las Casas. De tout temps les envahisseurs, pour se justifier de leur mainmise, ont déclaré les peuples conquis indolents, dépourvus, mais très capables d'imiter ! César racontait la même chose des Gaulois qu'il asservissait ! Ils montraient, disait-il, une étonnante habileté pour copier les techniques romaines ! Nous ne pouvons pas retenir ici cet argument ! César s'aveuglait volontairement sur la vie véritable des peuples de la Gaule, sur leurs coutumes, leurs langages, leurs croyances et même leurs outils ! Il ne voulait pas, et par conséquent ne pouvait pas voir tout ce que cette vie offrait d'original. Et nous faisons de même : nous ne voyons que ce qu'ils imitent de nous ! Le reste, nous l'effaçons, nous le détruisons à jamais, pour dire ensuite : ça n'a pas existé !

Le cardinal[2] qui n'a pas interrompu le dominicain[3] semble attentif à cette argumentation nouvelle, qui s'intéresse aux coutumes des peuples. Il fait remarquer qu'il s'agit là d'un terrain de discussion des plus délicats, où nous risquons d'être constamment ensorcelés par l'habitude, prise depuis l'enfance, que nous avons de nos propres usages, lesquels nous semblent de ce fait très supérieurs aux usages des autres.

1. **Aristote** : philosophe grec. 2. Représentant du pape, arbitre des débats. 3. Las Casas.

1992

Jean-Claude Carrière
(né en 1931)

L'auteur et l'œuvre

Jean-Claude Carrière est un romancier, scénariste, parolier, dramaturge, acteur et metteur en scène connu pour son humanisme. Il a notamment collaboré avec le cinéaste espagnol surréaliste Luis Buñuel en 1964 sur le scénario du *Journal d'une femme de chambre* ou, plus récemment, avec Atiq Rahimi sur l'adaptation cinématographique de *Syngué Sabour* (▶ p. 376). *La Controverse de Valladolid* a été portée à l'écran par Jean-Daniel Verhaeghe en 1992, sur un scénario adapté par Carrière lui-même.

Une fiction nourrie d'histoire

Ce dialogue reflète un débat qui eut lieu en deux temps, en 1550 puis en 1551, sous l'égide de Charles Quint, qui voulait conduire une réflexion sur la façon dont les colons devaient se comporter envers les habitants du Nouveau Monde : la conquête peut-elle être perçue comme un droit ? Carrière met en scène Sépulvéda et Las Casas, qui ne se sont peut-être jamais rencontrés : leurs échanges réels sont épistolaires.

QUESTIONS

1 • Quel type de raisonnement Sépulvéda développe-t-il ? Comment Las Casas le contre-t-il ?

2 • Pourquoi peut-on dire que Las Casas cherche surtout à persuader son auditoire ?

3 • Que dénonce cet extrait ?

1994

Yasmina Reza
(née en 1959)

L'auteure et l'œuvre

Auteure de théâtre, scénariste et romancière, Yasmina Reza étudie les difficultés des relations humaines et fait la satire de l'époque contemporaine par le biais de personnages aux profils psychologiques et sociaux typiques. *Art* met en scène l'affrontement de trois amis devant un tableau d'art contemporain et démontre l'impossibilité de dire la vérité, celle d'une œuvre comme celle d'une personne.

La crise de l'art contemporain

Elle oppose avec violence, dans les années 1990, les détracteurs d'un art en rupture radicale avec les canons académiques et ses défenseurs. Pour l'art contemporain, l'œuvre existe essentiellement en tant qu'expérience menée aussi bien par l'artiste que par le spectateur et fait débat. Les artistes qui privilégient la recherche intellectuelle d'un concept, moins soucieux de la beauté des formes, créent des œuvres dont la singularité déroutante questionne le statut et la définition mêmes de l'objet d'art.

QUESTIONS

1 • Sur quels procédés comiques la scène repose-t-elle ?

2 • Quels rôles le tableau joue-t-il ?

3 • Sur quels éléments la théâtralité de la scène s'appuie-t-elle ?

Reza

Art

Serge a acheté un tableau entièrement blanc, d'un célèbre peintre, Antrios. Il le montre à son ami Marc.

« Tu as acheté cette merde deux cent mille francs ? ! »

MARC. – Serge, tu n'as pas acheté ce tableau deux cent mille francs ?
SERGE. – Mais mon vieux, c'est le prix. C'est un ANTRIOS !
MARC. – Tu n'as pas acheté ce tableau deux cent mille francs !
SERGE. – J'étais sûr que tu passerais à côté.
MARC. – Tu as acheté cette merde deux cent mille francs ? !

*

Serge, comme seul.
SERGE. – Mon ami Marc, qui est un garçon intelligent, garçon que j'estime depuis longtemps, belle situation, ingénieur dans l'aéronautique, fait partie de ces intellectuels, nouveaux, qui, non contents d'être ennemis de la modernité en tirent une vanité incompréhensible.
Il y a depuis peu, chez l'adepte du bon vieux temps, une arrogance vraiment stupéfiante.

*

Les mêmes. Même endroit. Même tableau.
SERGE (*après un temps*). – Comment peux-tu dire « cette merde » ?
MARC. – Serge, un peu d'humour ! Ris !... Ris, vieux, c'est prodigieux que tu aies acheté ce tableau !
Marc rit.
Serge reste de marbre.
SERGE. – Que tu trouves cet achat prodigieux tant mieux, que ça te fasse rire, bon, mais je voudrais savoir ce que tu entends par « cette merde ».
MARC. – Tu te fous de moi !
SERGE. – Pas du tout. « Cette merde » par rapport à quoi ? Quand on dit telle chose est une merde, c'est qu'on a un critère de valeur pour estimer cette chose.
MARC. – À qui tu parles ? À qui tu parles en ce moment ? Hou hou !...
SERGE. – Tu ne t'intéresses pas à la peinture contemporaine, tu ne t'y es jamais intéressé. Tu n'as aucune connaissance dans ce domaine, donc comment peux-tu affirmer que tel objet, obéissant à des lois que tu ignores, est une merde ?
MARC. – C'est une merde. Excuse-moi.

Darrieussecq

Truismes

La narratrice travaille en tant que « démonstratrice-masseuse » dans une grande parfumerie. Petit à petit, son corps se métamorphose.

« Le pire, c'était les poils. »

Mes journées pour le moment se passaient à guetter la moindre minute où je pourrais m'échapper entre deux clients. Le directeur m'avait reproché un certain laisser-aller vestimentaire, mais il ne se rendait pas compte que ma vieille blouse, qu'il avait cru bon me laisser, n'était plus du tout aussi sexy qu'avant. Elle était beaucoup trop étroite, le blanc s'était terni et mes bourrelets avaient fait craquer trop de coutures. J'avais sans doute l'air un peu minable. J'étais tellement fatiguée. Mes cheveux se hérissaient comme du crin et tombaient par poignées, ils devenaient difficiles à discipliner. Je mettais des baumes, je me faisais des mises en plis cache-misère, mais mon manque de goût pour tout ça devenait, lui, nettement perceptible. J'avais toujours des éruptions cutanées impossibles à dissimuler puisque je ne pouvais plus supporter ni la poudre ni les fonds de teint ; et bien entendu je ne me maquillais plus, plus de rimmel, plus de mascara, c'étaient tous ces produits qui me donnaient des allergies. Mes yeux dans le miroir me semblaient maintenant plus petits et plus rapprochés qu'avant, et sans poudre mon nez prenait un petit air porcin tout à fait désastreux. Il n'y avait que le rouge à lèvres que je supportais encore. Le directeur de la chaîne m'a forcée à baisser mes prix, et pour ne pas nuire à l'entreprise j'ai dû réduire mon pourcentage, je ne gagnais plus que de quoi payer les transports en commun et la nourriture, le reste je le donnais à Honoré pour le loyer. La clientèle s'est mise à changer de nouveau. Comme les prix baissaient et que j'avais l'air moins chic, moins difficile aussi, les meilleurs clients se sont offusqués et sont partis. Le pire, je vous l'ai encore caché. Le pire, c'était les poils. Ils me venaient sur les jambes, et même sur le dos, de longs poils fins, translucides et solides, qui résistaient à toutes les crèmes dépilatoires. J'étais obligée d'utiliser en cachette le rasoir d'Honoré, mais à la fin de la journée je devenais râpeuse sur tout le corps. Les clients n'appréciaient pas beaucoup. Heureusement, il restait des fidèles, une poignée de doux dingues. Ceux-là me faisaient toujours mettre à quatre pattes, me reniflaient, me léchaient, et faisaient leurs petites affaires en bramant, poussaient des cris de cerfs en rut, enfin, ce genre de choses.

1996

Marie Darrieussecq (née en 1969)

L'auteure et l'œuvre

Marie Darrieussecq, écrivaine et psychanalyste, publie *Truismes*, son premier roman, en 1996. Il s'agit du récit de la transformation d'une jeune femme en truie. Ce conte moral, sensuel et plein d'humour, présente une satire sociale sur fond d'aliénation humaine. Cette confession d'une femme mystérieuse à l'« écriture de cochon » n'hésite pas à manier excès langagiers et ironie.

Une métamorphose

Le motif de la métamorphose est fréquent en littérature. On le trouve dans l'Antiquité avec *Les Métamorphoses* d'Ovide ou *L'Âne d'or* d'Apulée où la métamorphose est souvent la manifestation d'une punition divine. Au XXe siècle, Kafka renouvelle le motif dans *La Métamorphose* (1915) : Gregor Samsa se transforme en cafard sans que l'on comprenne pourquoi. Avec Darrieussecq, la métamorphose semble, initialement, symboliser la nature profonde d'un personnage à l'attitude superficielle qui se vautre dans les plaisirs de la société de consommation.

QUESTIONS

1 • Comment la métamorphose du personnage est-elle racontée ?

2 • Comment le texte révèle-t-il le caractère inhumain des clients ?

3 • En quoi l'extrait propose-t-il une critique sociale ?

1997

Toussaint
La Télévision

Jean-Philippe Toussaint
(né en 1957)

L'auteur et l'œuvre

Jean-Philippe Toussaint est un romancier, photographe et réalisateur belge de langue française. Successeur des auteurs du Nouveau Roman, il écrit des récits minimalistes qui s'appuient sur l'observation du quotidien de la société contemporaine. *La Télévision*, son cinquième roman, met en scène un historien de l'art qui décide d'arrêter de regarder la télévision pour se consacrer à une étude sur le peintre italien Titien.

Un acteur social

Toussaint s'inscrit dans la réflexion contemporaine initiée par le sociologue Bourdieu dans son essai *Sur la télévision* : source d'addiction, la télévision consomme métaphoriquement l'homme comme l'homme la consomme.

Le narrateur explique, dès les premières pages du roman, pourquoi il a décidé d'arrêter de regarder la télévision.

La télévision n'occupait pas une très grande place dans ma vie. Non. Je la regardais en moyenne une ou deux heures par jour (il se peut même que ce soit moins, mais je préfère grossir le trait et ne pas chercher à tirer avantage d'une sous-estimation flatteuse.) En dehors des grands événements sportifs, que je suivais toujours avec plaisir, des informations ou de quelques soirées électorales qu'il m'arrivait de regarder de temps en temps, je ne regardais pas grand-chose à la télévision. Par principe et par commodité, je ne regardais jamais de films à la télévision, par exemple (de la même manière que je ne lis pas de livres en braille). Il me semblait même, à ce moment-là, mais sans l'avoir jamais vraiment vérifié, que j'aurais pu m'arrêter de regarder la télévision du jour au lendemain sans qu'il m'en coutât le moins du monde, sans que j'en ressentisse le moindre désagrément, en d'autres termes que je n'en étais nullement dépendant.

« j'aurais pu m'arrêter de regarder la télévision »

Depuis quelques mois, cependant, j'avais constaté une très légère dérive dans mon comportement. Je restais presque tous les après-midi à la maison, pas rasé et vêtu d'un vieux pull en laine des plus confortables, et je regardais la télévision pendant trois ou quatre heures d'affilée à moitié allongé dans le canapé, un peu comme un chat dans sa litière pour ce qui est des privautés que j'avais prises, les pieds nus et la main sous les parties. Moi, quoi. Il s'est trouvé, en effet, cette année-là, que, contrairement aux autres années, j'ai suivi de bout en bout le déroulement des internationaux de France de tennis à la télévision. Au début, je ne regardais qu'un match de temps à autre, puis, arrivé au stade des quarts de finale, j'ai commencé à m'intéresser vraiment à l'issue du tournoi, ou tout du moins c'est ce que j'expliquais à Delon[1] pour tâcher de justifier ces longs après-midi d'inactivité passés devant l'écran. J'étais généralement seul à la maison ces jours-là, mais, parfois, il y avait la femme de ménage aussi, qui repassait mes chemises à côté de moi dans le salon, muette d'indignation contenue.

QUESTIONS

1 • Comment cet extrait révèle-t-il l'addiction du narrateur à la télévision ?

2 • Comment le narrateur s'efface-t-il devant cet objet ?

3 • Dans quelle mesure l'écriture de ce texte est-elle ludique ?

1. Amie et compagne du narrateur.

Modiano
Dora Bruder

Le narrateur a lu un avis de recherche daté du 31 décembre 1941 : Dora Bruder, 15 ans, a disparu. Toutes les informations susceptibles d'aider ses parents à la retrouver sont à adresser rue Ornano, une rue que connaît parfaitement le narrateur.

« tout cela n'était pas dû simplement au hasard »

D'hier à aujourd'hui. Avec le recul des années, les perspectives se brouillent pour moi, les hivers se mêlent l'un à l'autre. Celui de 1965 et celui de 1942.

En 1965, je ne savais rien de Dora Bruder. Mais aujourd'hui, trente ans après, il me semble que ces longues attentes dans les cafés du carrefour Ornano, ces itinéraires, toujours les mêmes – je suivais la rue du Mont-Cenis pour rejoindre les hôtels de la Butte Montmartre : l'hôtel Roma, l'Alsina ou le Terrass, rue Caulaincourt –, et ces impressions fugitives que j'ai gardées : une nuit de printemps où l'on entendait des éclats de voix sous les arbres du square Clignancourt, et l'hiver, de nouveau, à mesure que l'on descendait vers Simplon et le boulevard d'Ornano, tout cela n'était pas dû simplement au hasard. Peut-être, sans que j'en éprouve encore une claire conscience, étais-je sur la trace de Dora Bruder et de ses parents. Ils étaient là, déjà, en filigrane.

J'essaye de trouver des indices, les plus lointains dans le temps. Vers douze ans, quand j'accompagnais ma mère au marché aux Puces de Clignancourt, un juif polonais vendait des valises, à droite, au début de l'une de ces allées bordées de stands, marché Malik, marché Vernaison... Des valises luxueuses, en cuir, en crocodile, d'autres en carton bouilli, des sacs de voyage, des malles-cabines portant des étiquettes de compagnies transatlantiques – toutes empilées les unes sur les autres. Son stand à lui était à ciel ouvert. Il avait toujours au coin des lèvres une cigarette et, un après-midi, il m'en avait offert une.

Je suis allé quelquefois au cinéma, boulevard Ornano. Au Clignancourt Palace, à la fin du boulevard, à côté de « Verse Toujours ». Et à l'Ornano 43. J'ai appris plus tard que l'Ornano 43 était un très ancien cinéma. On l'avait reconstruit au cours des années trente, en lui donnant une allure de paquebot. Je suis retourné dans ces parages au mois de mai 1996. Un magasin a remplacé le cinéma. On traverse la rue Hermel et l'on arrive devant l'immeuble du 41 boulevard Ornano, l'adresse indiquée dans l'avis de recherche de Dora Bruder.

1997

Patrick Modiano
(né en 1945)

L'auteur et l'œuvre

Marqué par la Seconde Guerre mondiale, Modiano privilégie dans son œuvre la période de l'Occupation et développe les thèmes de la mémoire, de l'identité et de l'enfance. Ses romans se présentent comme des enquêtes identitaires. Il reçoit le prix Nobel de littérature en 2014 pour son « art de la mémoire ». *Dora Bruder* raconte l'enquête menée par le narrateur pour retrouver une jeune fille portée disparue en 1941.

Un devoir de mémoire

Le narrateur se confond ici avec l'auteur. Modiano, après avoir lu l'avis de recherche, a enquêté sur Dora Bruder pendant six ans, tout en écrivant des romans comme *Voyages de noces* pour combler les lacunes de l'Histoire. Il a trouvé le nom de Dora Bruder dans la liste des déportés publiée par Serge Klarsfeld, ainsi que ceux de son père et de sa mère. Dora a disparu deux fois : à 15 ans puis à 16 ans dans l'un des premiers convois partis de Drancy pour Auschwitz.

QUESTIONS

1 • En quoi la lecture de l'avis de recherche invite-t-elle le narrateur à relire son propre passé ?

2 • Pourquoi peut-on dire que le narrateur nous invite à réfléchir sur le passage du temps ?

3 • Comment cherche-t-il à rendre vivants ses souvenirs ?

2001

Bonnefoy
Les Planches courbes

Yves Bonnefoy
(1923-2016)

L'auteur et l'œuvre

Critique, traducteur, essayiste et poète, Bonnefoy déclare chercher, par le langage poétique, « à fonder un nouvel espoir ». Refusant une poésie hermétique et les jeux surréalistes sur le langage, il propose une langue directe et limpide permettant de toucher le cœur de l'homme.

La légende de Cérès

Le poème appartient à « La pluie d'été », la première partie du recueil, que Bonnefoy place sous le signe de Cérès, nom latin de la déesse grecque Déméter. Il associe sa quête des souvenirs d'un passé heureux révolu à l'errance de la déesse de la Terre, partie à la recherche de sa fille Perséphone qu'Hadès, le dieu des Enfers, a enlevée. Cérès représente la beauté, le manque et l'errance, la quête du bonheur perdu et de l'amour que l'on recherche sans relâche avec un fol espoir.

Texte lu
Manuel numérique

QUESTIONS

1 • Sur quels éléments le lyrisme de ce passage repose-t-il ?
2 • Comment le poème met-il en lien quotidien et réflexion spirituelle ?
3 • En quoi la poésie permet-elle de lutter contre la mort ?

Que ce monde demeure !

*« Je redresse une branche
Qui s'est rompue. »*

I

Je redresse une branche
Qui s'est rompue. Les feuilles
Sont lourdes d'eau et d'ombre
Comme ce ciel, d'encore

Avant le jour. Ô terre,
Signes désaccordés, chemin épars,
Mais beauté, absolue beauté,
Beauté de fleuve,

Que ce monde demeure,
Malgré la mort !
Serrée contre la branche
L'olive grise.

II

Que ce monde demeure,
Que la feuille parfaite
Ourle à jamais dans l'arbre
L'imminence du fruit !

Que les huppes, le ciel
S'ouvrant, à l'aube,
S'envolent à jamais, de dessous le toit
De la grange vide,

Puis se posent, là-bas
Dans la légende,
Et tout est immobile
Une heure encore.

Adam Elsheimer, *La Dérision de Cérès ou Cérès et Stellio* (1608), huile sur cuivre (30 x 25 cm), musée du Prado, Madrid (Espagne).

III

Que ce monde demeure !
Que l'absence, le mot
Ne soient qu'un, à jamais,
Dans la chose simple.

L'un à l'autre ce qu'est
La couleur à l'ombre,
L'or du fruit mûr à l'or
De la feuille sèche.

Et ne se dissociant
Qu'avec la mort
Comme brillance et eau quittent la main
Où fond la neige.

IV

Oh, que tant d'évidence
Ne cesse pas
Comme s'éteint le ciel
Dans la flaque sèche,

Que ce monde demeure
Tel que ce soir,
Que d'autres que nous prennent
Au fruit sans fin,

Que ce monde demeure,
Qu'entre, à jamais,
La poussière brillante du soir d'été
Dans la salle vide,

Et ruisselle à jamais
Sur le chemin
L'eau d'une heure de pluie
Dans la lumière.

HISTOIRE DES ARTS

L'artiste et l'œuvre

Adam Elsheimer (1578-1610), peintre allemand, illustre la quête de Cérès racontée par Ovide dans *Les Métamorphoses*. La déesse boit avec empressement tandis qu'un petit garçon, Stellio, se moque d'elle. Pour se venger, Cérès le transforme en lézard. Selon Bonnefoy, qui s'est inspiré du tableau pour écrire *Les Planches courbes*, cette œuvre porte une « pensée nouvelle » : poétique et mystérieuse, elle exprime l'amour, la présence forte et immuable de la terre et la conscience de la fragilité de l'existence.

DE L'IMAGE AU TEXTE

4 • Comment le poème et le tableau oscillent-ils entre rêve et réalité?

2002

Jean Echenoz
(né en 1947)

L'auteur et l'œuvre

Jean Echenoz explore de façon ludique les formes du romanesque. Il peint des personnages souvent en errance, dont il se moque tantôt avec une ironie discrète, tantôt avec exagération et apprécie la parodie. En s'adressant souvent à son lecteur, Echenoz installe un nouveau type de connivence, une complicité sous-tendue de réflexions sociales.

Disparition ou évolution du personnage ?

Les personnages de cet incipit n'ont pas de nom. Le lecteur assiste à une forme de disparition du personnage, d'autant plus que la mort de l'un des deux est annoncée. Pourtant, avec Echenoz, il ne s'agit pas, comme dans le Nouveau Roman, de mettre en scène des numéros de matricule, mais de faire du personnage un archétype.

Echenoz

Au piano

Voici l'incipit du roman.

« Deux hommes paraissent »

Deux hommes paraissent au fond du boulevard de Courcelles, en provenance de la rue de Rome.

L'un, de taille un peu plus haute que la moyenne, ne parle pas. Sous un vaste imperméable clair et boutonné jusqu'au cou, il porte un costume noir ainsi qu'un nœud papillon noir, et de petits boutons de manchette montés en quartz-onyx ponctuent ses poignets immaculés. Bref, il est très bien habillé mais son visage livide, ses yeux fixés sur rien de spécial dénotent une disposition d'esprit soucieuse. Ses cheveux blancs sont brossés en arrière. Il a peur. Il va mourir violemment dans vingt-deux jours mais, comme il l'ignore, ce n'est pas de cela qu'il a peur.

L'autre qui l'accompagne est d'apparence tout opposée : plus jeune, nettement moins grand, menu, volubile et souriant trop, il est coiffé d'un petit chapeau à carreaux bruns et beiges, vêtu d'un pantalon décoloré par plaques et d'un chandail informe porté à même la peau, chaussé de mocassins marbrés d'humidité.

Il est bien, ton chapeau, finit par observer l'homme très bien habillé alors qu'ils vont atteindre les grilles du parc Monceau. Ce sont les premiers mots qu'il prononce depuis une heure. Vous trouvez, s'inquiète l'autre. Il est pratique en tout cas, c'est un fait, mais esthétiquement je ne sais pas trop qu'en penser. C'est de la récupération, n'est-ce-pas, je n'aurais pas acheté ça moi-même. Non, non, dit l'élégant, il est bien. C'est mon beau-fils qui l'a trouvé dans le train, précise l'autre, quelqu'un avait dû l'oublier. Mais il était trop étroit pour lui, voyez-vous, la boîte crânienne de mon beau-fils est extrêmement volumineuse, d'ailleurs il a un énorme QI. Moi, c'est juste à ma taille, ce qui ne m'empêche pas d'être plus bête, je veux dire pas plus bête qu'un autre. Tiens, si on se faisait un petit tour dans le parc.

De part et d'autre de la rotonde où se tiennent les agents de surveillance du parc, les deux portails monumentaux en fer forgé surchargé d'or étaient ouverts. Les deux hommes les franchirent, pénétrèrent dans le parc et, un moment, le plus jeune parut hésiter quant à la direction à prendre. Il masquait son hésitation en parlant sans cesse, comme s'il n'était là que pour distraire l'autre, pour tenter de lui faire oublier sa peur. Et c'était en effet son rôle mais il semblait, bien que s'y employant avec conscience, n'y parvenir pas toujours parfaitement. Avant d'arriver au parc, il avait développé divers sujets d'ordre politique, culturel et sexuel, mais sans que son monologue déclenchât le moindre échange, sans que

QUESTIONS

1 • Comment les personnages sont-ils présentés ?

2 • Quelles marques d'ironie relevez-vous dans ce passage du roman d'Echenoz ?

3 • Quel effet l'écriture du dialogue en continu produit-elle ?

tout cela s'épanouît en conversation. Depuis l'entrée du parc, il projeta un regard giratoire méfiant, des tulipiers de Virginie aux néfliers du Japon : cascade, rochers, pelouses. L'autre paraissait ne regarder rien d'autre que l'intérieur terrorisé de lui-même.

2002

TEXTE ÉCHO

Flaubert, *Bouvard et Pécuchet* (1881)

Voici l'incipit du roman.

Comme il faisait une chaleur de 33 degrés, le boulevard Bourdon se trouvait absolument désert.

Plus bas, le canal Saint-Martin, fermé par les deux écluses, étalait en ligne droite son eau couleur d'encre. Il y avait au milieu un bateau plein de bois, et sur la berge deux rangs de barriques.

Au-delà du canal, entre les maisons que séparent des chantiers, le grand ciel pur se découpait en plaques d'outremer, et sous la réverbération du soleil, les façades blanches, les toits d'ardoises, les quais de granit éblouissaient. Une rumeur confuse montait au loin dans l'atmosphère tiède ; et tout semblait engourdi par le désœuvrement du dimanche et la tristesse des jours d'été.

Deux hommes parurent.

L'un venait de la Bastille, l'autre du Jardin des Plantes. Le plus grand, vêtu de toile, marchait le chapeau en arrière, le gilet déboutonné et sa cravate à la main. Le plus petit, dont le corps disparaissait dans une redingote marron, baissait la tête sous une casquette à visière pointue.

Quand ils furent arrivés au milieu du boulevard, ils s'assirent, à la même minute, sur le même banc.

Pour s'essuyer le front, ils retirèrent leurs coiffures, que chacun posa près de soi ; et le petit homme aperçut, écrit dans le chapeau de son voisin : Bouvard ; pendant que celui-ci distinguait aisément dans la casquette du particulier en redingote le mot : Pécuchet.

– Tiens, dit-il, nous avons eu la même idée, celle d'inscrire notre nom dans nos couvre-chefs.

– Mon Dieu, oui, on pourrait prendre le mien à mon bureau !

– C'est comme moi, je suis employé.

Alors ils se considérèrent.

L'aspect aimable de Bouvard charma de suite Pécuchet.

L'auteur et l'œuvre

Publié à titre posthume, le roman *Bouvard et Pécuchet* prétend, selon Flaubert, peindre la vacuité de l'existence au XIXe siècle. Son ambition était de réaliser une « encyclopédie de la bêtise humaine » en présentant l'histoire de « deux cloportes ». Profitant d'un héritage, les deux hommes vont s'essayer sans méthode et sans succès à l'agriculture, aux mathématiques, aux sciences, à l'archéologie, à l'histoire, à la littérature, à la politique, à la gymnastique, à la philosophie…

Une parodie de rencontre amoureuse

Flaubert parodie ici une scène de rencontre amoureuse : les deux hommes semblent attirés l'un par l'autre. Leur description est à la fois antithétique et parallèle. Tout semble les prédestiner à se rencontrer tant ils paraissent complémentaires.

D'UN TEXTE À L'AUTRE

4 • Lisez l'incipit de *Bouvard et Pécuchet*, de Flaubert. En quoi l'extrait de *Au piano* en est-il une réécriture ?

2002

Laurent Gaudé
(né en 1972)

L'auteur et l'œuvre

Laurent Gaudé est romancier et dramaturge. Il obtient le prix des Libraires et le Goncourt des lycéens pour son roman *La Mort du roi Tsongor*, qui croise les genres du roman, de l'épopée et de la tragédie. Dans un monde imaginaire légendaire, Tsongor fonde un vaste royaume en semant la désolation. Lors de sa longue agonie, ses fils se déchirent et il assiste, impuissant, à la destruction de son royaume.

Une tradition épique

La Mort du roi Tsongor fait écho à de nombreux mythes antiques : les combats héroïques de *L'Iliade* ; le fratricide au cœur de la légende de Romulus et Rémus ou de celle d'Étéocle et Polynice, les fils d'Œdipe qui s'entretuent pour le royaume de Thèbes.

QUESTIONS

1 • En quoi Liboko est-il un héros épique ?

2 • Pourquoi la réaction de Sango Kerim face à la mort de Liboko surprend-elle ?

3 • Quelles visions du monde cet extrait propose-t-il ?

Gaudé
La Mort du roi Tsongor

Le roi Tsongor est entre la vie et la mort. L'un de ses fils, Liboko, règne provisoirement sur le royaume. Mais Sango Kerim, qui a été élevé par le roi comme un fils, a pris les armes. Suivi par la tribu des cendrés, il réussit à entrer dans la ville royale de Massaba.

« Liboko, comme un démon, se rua sur l'ennemi. »

La nouvelle courut de maison en maison. Que les cendrés avançaient. Qu'ils tuaient tout sur leur passage. Lorsqu'elle parvint jusqu'à lui, le jeune Liboko se précipita au-devant des ennemis. Une poignée d'hommes de la garde spéciale de Tsongor le suivit. La rage illuminait son visage. Ils tombèrent sur la troupe des cendrés au moment où ces derniers envahissaient la place de la Lune – une petite place où se réunissaient autrefois les diseurs de bonne aventure et où bruissait, les nuits d'été, le doux murmure des fontaines. Liboko, comme un démon, se rua sur l'ennemi. Il perça des ventres, sectionna des membres. Il transperça des torses et défigura des hommes. Liboko se battait sur son sol, pour défendre sa ville et l'ardeur qui l'animait semblait ne jamais devoir le quitter. Il frappait sans cesse. Éventrant les lignes ennemies de toute sa fureur. Les ennemis tombaient à la renverse sous la force de ses charges. Soudain, il suspendit son bras. Un homme était à ses pieds. Là. À sa merci. Il pouvait lui fendre le crâne mais ne le faisait pas. Il resta ainsi. Le bras suspendu. Un temps infini. Il avait reconnu son ennemi. C'était Sango Kerim. Leurs yeux se croisèrent. Liboko regardait le visage de cet homme qui, pendant si longtemps, avait été son ami. Il ne pouvait se résoudre à frapper. Il sourit doucement. C'est alors qu'Orios[1] s'élança. Il avait vu toute la scène. Il voyait que Sango Kerim pouvait mourir à tout moment. Il n'hésita pas et de tout le poids de sa masse, écrasa le visage de Liboko. Son corps s'affaissa. La vie, déjà, l'avait quitté. Un puissant grognement de satisfaction sortit de la poitrine d'Orios. Sango Kerim, abattu, s'effondra à genoux. Il lâcha ses armes, enleva son casque et prit dans ses bras le corps de celui qui n'avait pas voulu le tuer. Son visage était un cratère de chair. Et c'est en vain que Sango Kerim y cherchait le regard qu'il avait croisé quelques secondes auparavant. Il pleurait sur Liboko tandis que la bataille faisait rage autour de lui. La garde spéciale avait assisté à la scène et une fureur profonde souleva les hommes. Ils poussèrent de toutes leurs forces les cendrés. Ils voulaient récupérer le corps de leur chef. Ne pas l'abandonner à l'ennemi. Ils voulaient l'enterrer avec ses armes auprès de son père. Et devant leur violente poussée, Orios dut reculer. Ils abandonnèrent le corps. Ils abandonnèrent la place de la Lune, ils prirent avec eux Sango Kerim qui n'avait plus de force et ressortirent de l'enceinte pour échapper aux hommes de la garde qui les poursuivaient en hurlant.

La nouvelle de la mort de Liboko s'abattit en même temps sur Massaba et sur le camp des nomades. Sango Kerim ordonna le repli de ses troupes. Cette journée, pour lui, était maudite et plus aucun coup ne devait être porté.

1. **Orios** : guerrier qui fait partie du camp de Sango Kerim.

2002

L'auteur et l'œuvre

Homère serait un poète grec du VIIIe siècle avant J.-C., auteur de *L'Iliade* et de *L'Odyssée*. *L'Iliade* raconte un épisode de la guerre de Troie qui oppose durant dix ans les Grecs aux Troyens. Il s'agissait pour les Grecs de sauver Hélène, femme de Ménélas, enlevée par Pâris, prince de Troie et frère d'Hector. Les dieux eux-mêmes prennent parti dans l'œuvre pour l'un ou l'autre camp.

La tradition épique

Homère fonde ce qui va devenir une tradition épique : lexique du combat et comparaisons notamment contribuent à transformer de simples hommes en héros invincibles.

TEXTE ÉCHO

Homère, *L'Iliade* (VIIIe s. av. J.-C.)

Le héros troyen Hector affronte le héros grec Achille.

Il parla ainsi en brandissant sa longue pique, et il la lança ; et elle frappa, sans dévier, le milieu du bouclier du fils de Pelée[1] ; mais le bouclier la repoussa au loin. Et Hector, irrité qu'un trait inutile se fût échappé de sa main, resta troublé, car il n'avait que cette lance. Et il appela à grands cris Déiphobe[2] au bouclier brillant, et il lui demanda une autre lance ; mais, Déiphobe ayant disparu, Hector, dans son esprit, comprit quel était son destin, et il dit :

– Malheur à moi ! voici que les dieux m'appellent à la mort. Je croyais que le héros Déiphobe était auprès de moi ; mais il est dans nos murs. C'est Athéna qui m'a trompé[2]. La mort terrible est proche ; la voilà, plus de refuge. Ceci plaisait dès longtemps à Zeus et au fils de Zeus, Apollon, qui tous deux cependant m'étaient bienveillants. Et voici que le destin va me rattraper ! Mais, certes, je ne mourrai ni lâchement, ni sans gloire, et j'accomplirai une grande action qu'apprendront les hommes futurs.

Il parla ainsi, et, tirant l'épée aiguë qui pendait, grande et lourde, sur son flanc, il se jeta sur Achille, semblable à l'aigle qui, planant dans les hauteurs, descend dans la plaine à travers les nuées obscures, afin d'enlever la faible brebis ou le lièvre timide. Ainsi se ruait Hector, en brandissant l'épée aiguë. Et Achille, emplissant son cœur d'une rage féroce, se rua aussi sur le fils de Priam[3]. Et il portait son beau bouclier devant sa poitrine, et secouait son casque éclatant, aux quatre cônes et aux splendides crinières d'or mouvantes qu'Héphaïstos[4] avait fixées au sommet. Comme Hespéros, la plus belle des étoiles, se lève au milieu des astres de la nuit, ainsi resplendissait l'éclair de la pointe d'airain que le fils de Pelée brandissait, pour la perte d'Hector, cherchant sur son beau corps la place où il frapperait. Les belles armes d'airain que le fils de Priam avait arrachées au cadavre de Patrocle[5] le couvraient en entier, sauf à la jointure du cou et de l'épaule, là où la fuite de l'âme est la plus prompte. C'est là que le divin Achille enfonça sa lance, dont la pointe traversa le cou d'Hector.

Chant XXII (extrait). Adapté par les auteurs à partir de la traduction de Leconte de Lisle (1866).

D'UN TEXTE À L'AUTRE

4 • En quoi ces textes exploitent-ils la tonalité épique ?

1. Achille. 2. **Déiphobe** : frère d'Hector, fils de Priam. Athéna a pris son apparence pour tromper Hector. 3. Hector. 4. **Héphaïstos** : dieu du Feu et des Forgerons. 5. **Patrocle** : ami d'Achille tué par Hector.

2002

Yasmina Khadra
(né en 1955)

L'auteur et l'œuvre

Yasmina Khadra, de son vrai nom Mohammed Moulessehoul, est un écrivain francophone né en Algérie. Ses romans évoquent les tensions religieuses à l'œuvre dans le monde arabo-musulman, en particulier entre hommes et femmes. *Les Hirondelles de Kaboul*, *L'Attentat* et *Les Sirènes de Bagdad* forment une trilogie qui explore l'emprise de l'obscurantisme religieux dans les villes du Moyen-Orient.

La psychologie de masse

C'est parce qu'il est entraîné par la foule que Mohsen va contribuer à lapider cette femme. Le père de la psychanalyse, Sigmund Freud, a montré dans *Psychologie de masse et analyse du moi* (1921) que l'individu au sein d'une foule est profondément transformé. Il en vient à commettre des actes que, seul, il n'accomplirait pas.

Khadra

Les Hirondelles de Kaboul

À Kaboul, le mollah[1] organise la lapidation publique d'une prostituée. Mohsen, l'un des personnages principaux du roman, y participe. Le mollah harangue la foule :

« un déluge de projectiles s'abat sur la suppliciée »

– [...] Cette femme n'ignorait rien de ce qu'elle faisait. L'ivresse de la fornication l'a détournée de la voie du Seigneur. Aujourd'hui, c'est le Seigneur qui lui tourne le dos. Elle n'a droit ni à sa miséricorde ni à la pitié des croyants. Elle va mourir dans le déshonneur comme elle y a vécu.

Il se tait pour se racler la gorge, déplie une feuille de papier dans un silence assourdissant.

– *Allahou aqbar*[2] ! s'écrie-t-on au fond de la foule.

Le mollah lève une main majestueuse pour apaiser le hurleur. Après la récitation d'un verset coranique, il lit quelque chose qui ressemble à une sentence, remet la feuille de papier dans une poche intérieure de son gilet et, au bout d'une brève méditation, il invite la foule à s'armer de pierres. C'est le signal. Dans une ruée indescriptible, les gens se jettent sur les monceaux de cailloux que l'on avait intentionnellement disposés sur la place quelques heures plus tôt. Aussitôt, un déluge de projectiles s'abat sur la suppliciée qui, bâillonnée, vibre sous la furie des impacts sans un cri. Mohsen ramasse trois pierres et les lance sur la cible. Les deux premières se perdent à cause de la frénésie alentour mais, à la troisième tentative, il atteint la victime en pleine tête et voit, avec une insondable jubilation, une tache rouge éclore à l'endroit où il l'a touchée. Au bout d'une minute, ensanglantée et brisée, la suppliciée s'écroule et ne bouge plus. Sa raideur galvanise davantage les lapideurs qui, les yeux révulsés et la bouche salivante, redoublent de férocité comme s'ils cherchaient à la ressusciter pour prolonger son supplice. Dans leur hystérie collective, persuadés d'exorciser leurs démons à travers ceux du succube[3], d'aucuns ne se rendent pas compte que le corps criblé de partout ne répond plus aux agressions, que la femme immolée gît sans vie, à moitié ensevelie, tel un sac d'horreur jeté aux vautours.

QUESTIONS

1 • Quel regard la foule porte-t-elle sur cette femme ?

2 • Comment le mollah manipule-t-il la foule ?

3 • De quelle manière le phénomène d'hystérie collective se manifeste-t-il ?

1. **Mollah** : homme de loi religieux (islam). 2. **Allahou aqbar** : « Dieu est grand » en arabe.
3. **Succube** : démon femelle.

Mouawad

Incendies

Sawda a assisté à un effroyable massacre dans un camp de réfugiés. Elle le raconte à son amie Nawal.

« Tout brûlait, tout cramait ! »

SAWDA. – Je ne veux pas ! Je ne veux pas me consoler, Nawal. Je ne veux pas que tes idées, tes images, tes paroles, tes yeux, ton amitié, toute notre vie côte à côte, je ne veux pas qu'ils me consolent de ce que j'ai vu et entendu ! Ils sont entrés dans les camps comme des fous furieux. Les premiers cris ont réveillé les autres et rapidement on a entendu la fureur des miliciens ! Ils ont commencé par lancer les enfants contre le mur, puis ils ont tué tous les hommes qu'ils ont pu trouver. Les garçons égorgés, les jeunes filles brûlées. Tout brûlait autour, Nawal, tout brûlait, tout cramait ! Il y avait des vagues de sang qui coulaient des ruelles. Les cris montaient des gorges et s'éteignaient et c'était une vie en moins. Un milicien préparait l'exécution de trois frères. Il les a plaqués contre le mur. J'étais à leurs pieds, cachée dans le caniveau. Je voyais le tremblement de leurs jambes. Trois frères. Les miliciens ont tiré leur mère par les cheveux, l'ont plantée devant ses fils et l'un d'eux lui a hurlé : « Choisis ! Choisis lequel tu veux sauver. Choisis ! Choisis ou je les tue tous ! Tous les trois ! Je compte jusqu'à trois, à trois je les tire tous les trois ! Choisis ! Choisis ! » Et elle, incapable de parole, incapable de rien, tournait la tête à droite et à gauche et regardait chacun de ses trois fils ! Nawal, écoute-moi, je ne te raconte pas une histoire. Je te raconte une douleur qui est tombée à mes pieds. Je la voyais, entre le tremblement des jambes de ses fils. Avec ses seins trop lourds et son corps vieilli pour les avoir portés, ses trois fils. Et tout son corps hurlait : « Alors, à quoi bon les avoir portés si c'est pour les voir ensanglantés contre un mur ! » Et le milicien criait toujours : « Choisis ! Choisis ! » Alors elle l'a regardé et elle lui a dit, comme un dernier espoir : « Comment peux-tu, regarde-moi, je pourrais être ta mère ! » Alors il l'a frappée : « N'insulte pas ma mère ! Choisis ! » et elle a dit un nom, elle a dit : « Nidal. Nidal ! » Et elle est tombée et le milicien a abattu les deux plus jeunes. Il a laissé l'aîné en vie, tremblant ! Il l'a laissé et il est parti. Les deux corps sont tombés. La mère s'est relevée et au cœur de la ville qui brûlait, qui pleurait de toute sa vapeur, elle s'est mise à hurler que c'était elle qui avait tué ses fils. Avec son corps trop lourd, elle disait qu'elle était l'assassin de ses enfants !

Chapitre 25 (extrait) © Actes Sud Papiers/Leméac (2009).

2003

Wajdi Mouawad
(né en 1968)

L'auteur et l'œuvre

Wajdi Mouawad, dramaturge et metteur en scène francophone, est né au Liban et a vécu au Québec avant de s'installer en France. *Incendies* est le second volet de la tétralogie « Le Sang des promesses ». La réécriture du mythe d'Œdipe – Nawal est violée dans une prison par Abou Tarek, qui s'avérera être le fils qu'elle a abandonné à sa naissance – se met au service d'une dénonciation de la guerre, où toutes les valeurs sont mises à mal dès lors qu'un milicien peut torturer une femme qui pourrait être sa mère.

La guerre au théâtre

Mouawad s'inspire ici du massacre des camps de Sabra et Chatila en 1982, durant la guerre du Liban. Le tableau saisissant que brosse la tirade de Sawda, par un procédé appelé hypotypose, rappelle des images d'actualité récente et permet de représenter la guerre sur scène de manière indirecte. Lors de la création, Wajdi Mouawad a demandé à l'actrice qui jouait Sawda de déclamer cette tirade calmement, afin que les mots « décapitent le spectateur ».

Texte lu
Manuel numérique

QUESTIONS

1 • Quelles sont les fonctions de cette scène ?

2 • En quoi est-elle tragique ?

3 • Quelles tonalités relevez-vous ?

2005

Amélie Nothomb
(née en 1967)

L'auteure et l'œuvre

Romancière belge d'expression française, Amélie Nothomb publie un livre par an depuis 1992. Son œuvre, traduite dans de nombreuses langues, aborde des thématiques variées et se nourrit souvent d'éléments autobiographiques. *Acide sulfurique,* son quatorzième roman, est une dystopie : dans un futur proche, une émission de télévision recrée le camp d'extermination d'Auschwitz et gaze les participants choisis par les téléspectateurs. L'ouvrage a suscité une vive polémique lors de sa publication.

Une étude de la cruauté

Amélie Nothomb semble s'être inspirée de l'expérience de Stanford : en 1971, aux États-Unis, le Dr Zimbardo place des étudiants en situation carcérale, dans les fonctions de gardiens et de détenus, afin d'étudier l'influence d'une situation déterminée sur l'agressivité du comportement.

QUESTIONS

1 • Quels éléments renvoient aux déportations nazies ?

2 • Quelles images de Pannonique et de Zdena cet extrait propose-t-il ?

3 • Comment Amélie Nothomb se sert-elle de ses personnages pour dénoncer la téléréalité ?

Nothomb

Acide sulfurique

Dans une émission de téléréalité, des personnes sont déportées puis torturées par des kapos, comme durant la Seconde Guerre mondiale.

« le mièvre c'est fini »

Ce matin-là, Pannonique était partie se promener au Jardin des Plantes. Les organisateurs vinrent et passèrent le parc au peigne fin. La jeune fille se retrouva dans un camion.

C'était avant la première émission : les gens ne savaient pas encore ce qui allait leur arriver. Ils s'indignaient. À la gare, on les entassa dans un wagon à bestiaux. Pannonique vit qu'on les filmait : plusieurs caméras les escortaient qui ne perdaient pas une miette de leur angoisse.

Elle comprit alors que leur révolte non seulement ne servirait à rien, mais serait télégénique. Elle resta donc de marbre pendant le long voyage. Autour d'elle pleuraient des enfants, grondaient des adultes, suffoquaient des vieillards.

On les débarqua dans un camp semblable à ceux pas si anciens des déportations nazies, à une notoire exception près : des caméras de surveillance étaient installées partout.

Aucune qualification n'était nécessaire pour être organisateur. Les chefs faisaient défiler les candidats et retenaient ceux qui avaient « les visages les plus significatifs ». Il fallait ensuite répondre à des questionnaires de comportement.

Zdena fut reçue, qui n'avait jamais réussi aucun examen de sa vie. Elle en conçut une grande fierté. Désormais, elle pourrait dire qu'elle travaillait à la télévision. À vingt ans, sans études, un premier emploi : son entourage allait enfin cesser de se moquer d'elle.

On lui expliqua les principes de l'émission. Les responsables lui demandèrent si cela la choquait.

– Non. C'est fort, répondit-elle.

Pensif, le chasseur de têtes lui dit que c'était exactement ça.

– C'est ce que veulent les gens, ajouta-t-il. Le chiqué, le mièvre, c'est fini.

Elle satisfit à d'autres tests où elle prouva qu'elle était capable de frapper des inconnus, de hurler des insultes gratuites, d'imposer son autorité, de ne pas se laisser émouvoir par des plaintes.

– Ce qui compte, c'est le respect du public, dit un responsable. Aucun spectateur ne mérite notre mépris.

Zdena approuva.

Germain

Magnus

Voici un extrait de l'incipit du roman, intitulé « Ouverture »[1].

« Écrire, c'est descendre dans la fosse du souffleur »

D'un lambeau de papyrus ou d'un morceau de poterie, on peut remonter vers une civilisation disparue depuis des millénaires. À partir de la racine d'un mot, on peut rayonner à travers une constellation de vocables[2] et de sens. Les restes, les noyaux gardent toujours un infrangible[3] grain de vigueur.

Dans tous les cas, l'imagination et l'intuition sont requises pour aider à dénouer les énigmes.

D'un homme à la mémoire lacunaire, longtemps plombée de mensonges puis gauchie[4] par le temps, hantée d'incertitudes, et un jour soudainement portée à incandescence, quelle histoire peut-on écrire ?

Une esquisse de portrait, un récit en désordre, ponctué de blancs, de trous, scandé d'échos, et à la fin s'effrangeant.

Tant pis pour le désordre, la chronologie d'une vie humaine n'est jamais aussi linéaire qu'on le croit. Quant aux blancs, aux creux, aux échos et aux franges, cela fait partie intégrante de toute écriture, car de toute mémoire. Les mots d'un livre ne forment pas davantage un bloc que les jours d'une vie humaine, aussi abondants soient ces mots et ces jours, ils dessinent juste un archipel de phrases, de suggestions, de possibilités inépuisées sur un vaste fond de silence. Et ce silence n'est ni pur ni paisible, une rumeur y chuchote tout bas, continûment. Une rumeur montée des confins du passé pour se mêler à celle affluant de toutes parts du présent. Un vent de voix, une polyphonie de souffles.

En chacun la voix d'un souffleur[5] murmure en sourdine, incognito – voix apocryphe[6] qui peut apporter des nouvelles insoupçonnées du monde, des autres et de soi-même, pour peu qu'on tende l'oreille.

Écrire, c'est descendre dans la fosse du souffleur pour apprendre à écouter la langue respirer là où elle se tait, entre les mots, autour des mots, parfois au cœur des mots.

1. **Ouverture** : introduction musicale jouée par l'orchestre avant un spectacle. 2. **Vocables** : mots. 3. **Infrangible** : qui ne peut être brisé. 4. **Gauchie** : déformée. 5. **Souffleur** : au théâtre, personne dissimulée dans l'avant-scène et chargée de souffler leur texte aux comédiens en cas de défaillance de la mémoire. 6. **Apocryphe** : à l'authenticité incertaine.

2005

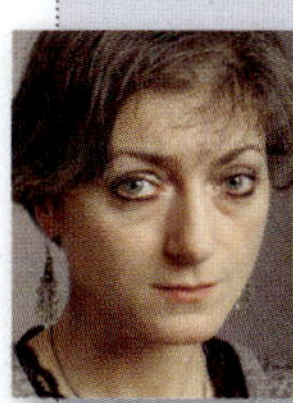

Sylvie Germain
(née en 1954)

L'auteure et l'œuvre

Après des études de philosophie, Sylvie Germain a rédigé une trentaine d'ouvrages marqués par la question du mal et de la souffrance humaine, mais aussi par l'aspiration à une forme de spiritualité. *Magnus* se déroule durant la Seconde Guerre mondiale. Le personnage principal a perdu la mémoire à l'âge de cinq ans et vit dans le mensonge inventé par des parents qui lui ont créé un passé fictif. Un seul objet le relie à son passé : un ourson en peluche sur lequel est brodé le prénom Magnus.

Une reconstitution de la mémoire

Magnus évoque la question de la mémoire, de la quête d'identité et de la reconstruction après un traumatisme, sujets récurrents dans l'œuvre de Sylvie Germain. L'ouvrage est rédigé par fragments, parcouru de « notules » (annotations) explicatives, de poèmes ou d'extraits d'ouvrages qui sont autant de pièces de puzzle servant à reconstituer la mémoire défaillante du personnage.

QUESTIONS

1 • **Quelles informations ce texte donne-t-il sur le personnage que le roman va construire ?**

2 • **En quoi le romancier est-il un traqueur de mémoire ?**

3 • **Selon vous, pourquoi l'auteure a-t-elle intitulé ce texte *Ouverture* ?**

2006

Py

Illusions comiques

Olivier Py
(né en 1965)

L'auteur et l'œuvre

Olivier Py, dramaturge, metteur en scène et comédien, est le premier directeur artiste du festival d'Avignon depuis Jean Vilar, créateur du festival en 1947. Py met la parole théâtrale au centre de sa réflexion et cherche en parlant du théâtre à parler du monde avec le plus d'exactitude possible. *Illusions comiques,* dont le titre renvoie à la pièce de Corneille (▶ p. 86), reprend l'aventure de Molière dans *L'Impromptu de Versailles* (▶ p. 98). À travers une mise en abyme similaire, il place sa troupe sur scène et fait du théâtre le propos principal de sa pièce.

Illusion et théâtre contemporain

Le théâtre est traditionnellement un art de l'artifice qui cherche à créer, le temps de la représentation, une illusion du vrai. Le théâtre contemporain renverse souvent cette illusion pour exhiber les coulisses du théâtre. Par les changements à vue de costumes, de décors, le théâtre apparaît dans son état de fabrique et cherche l'essentiel : « une connaissance du fait humain » (préface des *Illusions comiques*).

QUESTIONS

1 • Sur quelles dimensions du théâtre cet extrait insiste-t-il ?

2 • Comment le lyrisme se manifeste-t-il ?

3 • En quoi ce texte peut-il être considéré comme baroque ?

À la fin de la pièce, les personnages proposent cent définitions du théâtre. Voici les premières.

> « Le théâtre est une épine dans la chair de l'autre. »

Monsieur Balazuc. – 1. *Sapiens sapiens* se plante une épine dans le pied. Il voit que sa douleur n'est pas partagée par ses camarades, alors il invente le théâtre.

Monsieur Girard. – 2. Non, *Sapiens sapiens* voit que son collègue s'est planté une épine dans le pied et en ressent la douleur, c'est lui qui a inventé le théâtre.

Le théâtre est une épine dans la chair de l'autre.

Mademoiselle Mazev. – 3. Le théâtre est la première pensée humaine et sa dernière question.

Monsieur Fau. – 4. Je n'aime pas le théâtre, dit-elle en mettant du rouge à lèvres.

L'adolescent. – 5. Nous sommes libres, voilà l'horreur, le théâtre est la musique de cette liberté.

Dieu. – 6. Le théâtre est le lieu où les choses cachées depuis le début des temps sont révélées sans qu'on puisse toutefois les comprendre absolument.

Le pape. – 7. Le soleil ni la mort ne se peuvent contempler fixement, ô mort tu as perdu ton aiguillon dans le miroir du théâtre. Ô soleil, une lampe suffit à te vieillir. Le théâtre est vainqueur des dieux, il est le seul qui laisse la Nécessité sans voix.

Maman. – 8. Le théâtre a commencé sous le soleil et s'est continué sous les lampes, c'est bien la preuve qu'il est le rabatteur[1] de la liberté humaine.

Monsieur Fau. – 9. Le théâtre est le miroir du monde qui est le miroir du théâtre.

Tante Geneviève. – Et notre présence au monde y est inversée et illisible.

Monsieur Fau. – 10. Le miroir est ce qui écrit en lettres inversées, et comme le monde marche à l'envers le théâtre le remet à l'endroit.

Monsieur Fau. – 11. Le théâtre est un miroir au cœur de la ville qui sert à nous rappeler que tout est théâtre.

1. **Rabatteur** : lors de la chasse, il pousse le gibier vers le chasseur. Dans un sens plus général, le rabatteur fournit des clients à un vendeur, des marchandises à un acheteur.

Littell

Les Bienveillantes

Le narrateur, Maximilien Aue, un officier nazi, doit recevoir une récompense de la main d'Hitler, dont il est un fervent admirateur.

« c'était clairement un nez slave ou bohémien »

Au fur et à mesure que le Führer se rapprochait de moi – j'étais presque en bout de ligne – mon attention se fixait sur son nez. Je n'avais jamais remarqué à quel point ce nez était large et mal proportionné. De profil, la petite moustache distrayait moins l'attention et cela se voyait plus clairement : il avait une base épaisse et des ailes plates, une petite cassure de l'arête en relevait le bout ; c'était clairement un nez slave ou bohémien, presque mongolo-ostique. Je ne sais pas pourquoi ce détail me fascinait, je trouvais cela presque scandaleux. Le Führer se rapprochait et je continuais à l'observer. Puis il fut devant moi. Je constatai avec étonnement que sa casquette m'arrivait à peine au niveau des yeux ; et pourtant je ne suis pas grand. Il marmottait son compliment et cherchait la médaille à tâtons. Son haleine âcre, fétide, acheva de me vexer : c'était vraiment trop à supporter. Alors je me penchai et mordis son nez bulbeux à pleines dents, jusqu'au sang. Aujourd'hui encore je serais incapable de vous dire pourquoi j'ai fait cela : je n'ai simplement pas pu me retenir. Le Führer poussa un cri strident et bondit en arrière dans les bras de Bormann[1]. Il y eut un moment où personne ne bougea. Puis plusieurs hommes me tombèrent dessus à bras raccourcis. Je fus frappé, projeté au sol ; roulé en boule sur le tapis trempé, je tentais de me protéger le mieux possible des coups de botte. On criait, le Führer braillait. Enfin on me remit sur mes pieds. Ma casquette était tombée, je voulais au moins ajuster ma cravate, mais on me tenait fermement les bras. Bormann poussait le Führer vers sa chambre et hurlait : « Fusillez-le ! » Thomas[2], derrière la foule, m'observait en silence, l'air à la fois déçu et railleur.

1. **Bormann** : haut dignitaire nazi, conseiller d'Hitler. Personnage réel. 2. **Thomas** : officier nazi, ami du narrateur. Personnage fictif.

2006

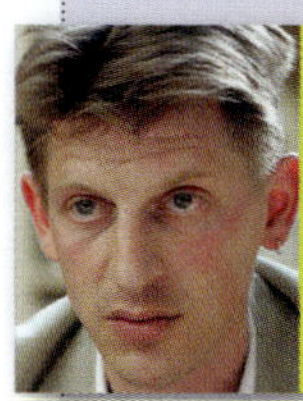

Jonathan Littell
(né en 1967)

L'auteur et l'œuvre

Écrivain et journaliste franco-américain, Littell obtient la nationalité française grâce aux *Bienveillantes* qui remporte le prix Goncourt et le grand prix du roman de l'Académie française. La publication de ce roman, dont l'action se situe pendant la Seconde Guerre mondiale, fait scandale : le narrateur est un officier allemand fervent défenseur des doctrines nazies. Littell mêle habilement fiction et réalité et laisse le lecteur douter de sa position politique personnelle.

Histoire et fiction

Le roman de Littell se nourrit de l'Histoire au point que certains critiques l'ont accusé d'avoir paraphrasé des œuvres comme *La Destruction des Juifs d'Europe* de Raul Hilberg (1988). Pour autant, certains passages, comme celui-ci, relèvent de la pure fiction et interrogent le lecteur : qu'aurait-il fait s'il avait vécu à cette époque-là ?

QUESTIONS

1 • Quelles sont les caractéristiques physiques du Führer ?

2 • Pourquoi surprennent-elles le narrateur ?

3 • Comment le geste d'Aue peut-il être interprété ?

2008

Atiq Rahimi
(né en 1962)

L'auteur et l'œuvre

Atiq Rahimi, qui a obtenu l'asile politique en France, a reçu le prix Goncourt pour ce roman dans lequel il dénonce la condition des femmes afghanes. Tout au long du récit, le lecteur assiste au monologue d'une femme qui dévoile ses secrets à son mari qui n'est pas supposé se réveiller. Le lecteur vit de l'intérieur le quotidien de femmes contraintes de se cacher, de se voiler symboliquement, ne se montrant jamais telles qu'elles sont à leurs époux. Le roman a été porté à l'écran en 2013 par Atiq Rahimi lui-même.

L'esthétique du dévoilement

Cette confession à valeur cathartique revêt, sous la plume d'Atiq Rahimi, une dimension argumentative. La femme accède à la parole, dévoile ses secrets. Lever le voile n'est alors pas sans conséquences.

Rahimi

Syngué Sabour. Pierre de patience

En Afghanistan, en temps de guerre, une jeune femme veille son mari, plongé dans le coma. Ne croyant plus en son réveil, elle se sert de lui comme d'une « syngué sabour », une pierre de patience, et se confie à lui. Elle lui a raconté son secret le plus terrible : comment elle s'est prostituée pour tomber enceinte d'un autre afin de n'être pas répudiée. Voici le dénouement.

« Regarde-toi, tu es Dieu. Tu existes, et tu ne bouges pas. »

Ses lèvres, de plus en plus exsangues, s'animent, marmonnent quelque chose comme une prière. Et soudain elle commence à parler avec une voix étrangement solennelle : « Si toute religion est une histoire de révélation, la révélation d'une vérité, alors, ma *syngué sabour*, notre histoire à nous, elle aussi est une religion. Notre religion à nous ! » Elle marche. « Oui, le corps est notre révélation. » Elle s'arrête. « Nos corps à nous, leurs secrets, leurs blessures, leurs souffrances, leurs plaisirs... » Elle se rue vers l'homme, tout illuminée, comme si elle avait dans ses mains la vérité et elle l'offrait à l'homme : « Mais oui, ma *syngué sabour*... tu sais quel est le quatre-vingt-dix-neuvième, c'est-à-dire le dernier nom de Dieu ? C'est *Al-Sabour*, le Patient ! Regarde-toi, tu es Dieu. Tu existes, et tu ne bouges pas. Tu entends, et tu ne parles pas. Tu vois, et tu n'es pas visible ! Comme Dieu, tu es patient, paralytique. Et moi, je suis ta Messagère ! Ton Prophète ! Je suis ta voix ! Je suis ton regard ! Je suis tes mains ! Je te révèle ! *Al-Sabour* ! » Elle écarte complètement le rideau vert. Et, d'un seul geste, elle se tourne, ouvre ses bras comme si elle s'adressait à un public et s'écrie : « Voilà la Révélation : *Al-Sabour !* » Sa main désigne l'homme, son homme au regard absent, face à une création absente.

Elle est emportée par cette révélation. Hors d'elle, elle s'avance d'un pas pour reprendre son discours, mais une main, derrière elle, l'attrape par le poignet. Elle se retourne. C'est l'homme, son homme, qui la tient. Elle reste inerte. Foudroyée. Bouche grande ouverte. Les mots suspendus. Il se dresse brusquement, telle une roche, raide et sèche, que l'on soulève d'un seul coup.

« C'est... c'est un miracle ! C'est la Résurrection ! » fait-elle d'une voix étranglée par la terreur, « je savais que mes secrets te ramèneraient à la vie, à moi... je le savais... » L'homme l'attire à lui, attrape ses cheveux et envoie sa tête cogner contre le mur. Elle tombe. Elle ne crie ni ne pleure.

Niki de Saint Phalle, *Les Trois Grâces* (1999), fibre de glace et mosaïque, National museum of women in the Arts, Washington (États-Unis).

« Ça y est… tu éclates ! » Son regard, halluciné, traverse ses mèches en désordre. Sa voix ricane : « Ma *syngué sabour* éclate ! », puis elle crie : « *Al-Sabour !* », et ferme les yeux, « merci, *Al-Sabour !* Je suis enfin délivrée de mes souffrances », et enlace les pieds de l'homme.

(Les deux personnages s'entre-tuent.)

QUESTIONS

1 • Qu'y a-t-il d'extatique dans le comportement de la femme ?

2 • En quoi ce passage illustre-t-il le titre de l'œuvre ?

3 • Quelle vision du monde cet extrait propose-t-il ?

DE L'IMAGE AU TEXTE

4 • Quelles images de la femme ces œuvres défendent-elles ?

HISTOIRE DES ARTS

L'artiste et l'œuvre

Niki de Saint Phalle (1930-2002), plasticienne, peintre et sculptrice française, crée d'abord des « tableaux surprises » où le spectateur intervient lui-même en tirant à la carabine sur des poches de couleur. Son œuvre est souvent liée à l'espace de la ville. Elle collabore avec Jean Tinguely, son époux, pour l'élaboration de la *Fontaine Stravinski*, près du Centre Pompidou à Paris, matérialisant les liens entre la sexualité, le jeu et la mort. Ses sculptures, *Les Nanas*, que l'artiste décline sous plusieurs formes et dimensions, comme dans *Les Trois Grâces*, représentent des femmes aux formes rebondies débordant de vitalité.

2008

Ernaux

Les Années

Annie Ernaux
(née en 1940)

L'auteure et l'œuvre

Annie Ernaux a publié une vingtaine de récits autobiographiques dans lesquels elle explore les matériaux de sa propre vie et de sa famille depuis l'après-guerre. Le récit *Les Années* se donne pour mission de retrouver, selon Annie Ernaux elle-même, « la mémoire de la mémoire collective dans une mémoire individuelle » et de « rendre la dimension vécue de l'Histoire » dans une « autobiographie collective ».

L'image, support de l'écriture

À l'instar de nombreux auteurs contemporains, Ernaux fait appel à la photographie afin d'ancrer son récit dans le réel. Si l'écriture dépend entièrement de l'image, cette dernière n'est pas matériellement reproduite mais seulement décrite, comme si l'auteur résistait, selon ses propres termes, à « la mise en images effrénée qui caractérise notre époque » (Annie Ernaux et Marc Marie, *L'Usage de la photo,* 2005).

La narratrice décrit l'une des treize photographies de famille qui constituent le fil de trame du récit.

« Elle s'est abreuvée d'existentialisme. »

Elle est la fille du milieu, aux cheveux coiffés en bandeaux à l'imitation de George Sand, aux épaules larges et dénudées, la plus « femme ». Ses poings serrés émergent bizarrement de dessous son buste couché. Pas de lunettes. La photo a été prise dans la période séparant le passage des examens et les résultats. C'est un temps de nuits blanches, de discussions dans les bars et les chambres en ville, suivies de caresses déshabillées jusqu'au seuil d'imprudence sur fond de *Javanaise*. De sommeils dans l'après-midi d'où elle sort avec l'impression coupable de s'être mise hors du monde, comme le jour où le Tour de France et Jacques Anquetil étaient passés depuis longtemps quand elle s'est réveillée. Elle est entrée dans la fête et elle s'y ennuie. Les deux filles qui l'entourent sur la photo appartiennent à la bourgeoisie. Elle ne se sent pas des leurs, plus forte et plus seule. À trop les fréquenter, à les accompagner dans les surboums, elle a l'impression de déchoir. Elle ne pense pas non plus avoir rien de commun maintenant avec le monde ouvrier de son enfance, le petit commerce de ses parents. Elle est passée de l'autre côté mais ne saurait dire de quoi, derrière elle sa vie est constituée d'images sans lien. Elle ne se sent nulle part, seulement dans le savoir et la littérature.

À cet instant les connaissances abstraites de cette fille ne pourraient être répertoriées, non plus que ses lectures, la licence de lettres modernes qu'elle achève n'étant qu'un indicateur moyen de niveau. Elle s'est abreuvée d'existentialisme[1], de surréalisme, a lu Dostoïevski, Kafka, tout Flaubert, également éperdue de nouveauté, Le Clézio et le Nouveau Roman, comme si seuls les livres récents étaient capables d'apporter le regard le plus juste sur le monde d'ici et maintenant.

Plus encore qu'un moyen d'échapper à la pauvreté, les études lui paraissent l'instrument privilégié de lutte contre l'enlisement de ce féminin qui lui inspire de la pitié, cette tentation qu'elle a connue de se perdre dans un homme (cf. photo de lycée, cinq ans avant) dont elle a honte. Aucune envie de se marier ou d'avoir des enfants, le maternage et la vie de l'esprit lui semblent incompatibles. Elle est sûre que, de toute façon, elle serait une mauvaise mère. Son idéal est l'union libre d'un poème d'André Breton.

1. **Existentialisme** : philosophie fondée par Sartre, qui définit la liberté et l'existence de l'homme par ses actes.

QUESTIONS

1 • Comment l'écriture devient-elle, ici, un outil original d'exploration du temps ?

2 • Quelles sont les différentes fonctions de l'image dans ce passage ?

3 • Comment le texte mêle-t-il écriture romanesque, Histoire et sociologie ? Dans quel but ?

Kerangal

Corniche Kennedy

Tout près de Marseille, des adolescents plongent dans la mer depuis les rochers, malgré l'interdiction de la police.

« faire un Just Do It »

Ceux de la Plate[1] y déboulent, chahutent, y opèrent un appel du pied tandis que l'autre s'envole pointe tendue vers la ligne d'horizon, pour enjamber cette ligne justement, bras, tête et buste l'accompagnant dans une même asymptote[2] de flèche, et leur corps est propulsé à l'avant, à l'avant de la corniche[3], à l'avant de la ville, à l'avant du bourbier qu'ils laissent dans leur dos, le bourbier de l'enfance et des secrets pourris, et dans la chute ils hurlent, ça dure une, deux secondes, pas plus, trois mètres ce n'est pas long, leur cri déchire l'espace dans le sens de la hauteur comme le cutter fend la toile du tableau et l'entrouvre, pour s'y engouffrer, pour s'y perdre, aaaah !, ooooh !, banzaaai !, un cri de fin du monde, n'importe quoi, un rire peut-être – mais pas encore de terreur, je rappelle que nous n'en sommes qu'au premier promontoire, celui où l'on rigole, où l'on se met en jambes, puisqu'il faut marcher dans l'air, ici, on est des figures de cartoon, on court, genoux-poitrine et bras cassés à hauteur des coudes, on s'active, on mouline l'atmosphère, on s'élance le plus loin possible, là est le jeu, la petite compète, et soudain le vide, tangible, et la chute ouaaaaaahhhh ! – alors l'eau se troue paf dans un bruit de détonation, cratère inversé, bouillon écumeux, le corps disparaît dans les éclaboussures, la tête resurgit la première, faut voir ça, elle reperfore la surface par le dessous, et aussitôt ce mouvement animal pour repousser à l'arrière du front les cheveux collés sur la figure, geste du frimeur, signature du beau gosse de la Côte d'Azur, les cheveux aspergent alentour, des centaines de gouttes prisment[4] l'arc-en-ciel, les cils et les dents perlent, le corps est dressé alors, haussé à la verticale de l'eau jusqu'aux épaules, droit comme un I, la bouche ouverte souffle et crache, puis lentement le dos bascule, vient à nouveau s'étendre à fleur d'eau, crawl ou nage indienne, une ou deux brasses pour atteindre à nouveau la base du Cap, le regard qui se lève vers le promontoire où les autres attendent renversés tête en bas, crient, se marrent, daubent t'as fait le lapin surpris dans les phares, t'as fait la mouche, le ouistiti, alors qu'il faut bouffer le ciel, puis, une fois remontés sur la pointe suivant un escalier naturel inventé dans la paroi, ils gagnent le deuxième promontoire, celui qu'ils nomment entre eux le Just Do It – ils disent aussi faire un Just Do It.

1. **La Plate** : rocher en surplomb d'où plongent les adolescents. 2. **Asymptote** : ligne droite qui s'approche d'une courbe sans la couper. 3. La Corniche Kennedy, boulevard de Marseille le long du front de mer. 4. **Prisment** : créent un prisme dans lequel apparaît l'arc-en-ciel (néologisme).

2008

Maylis de Kerangal (née en 1967)

L'auteure et l'œuvre

Après des études d'histoire, de philosophie et d'ethnologie, Maylis de Kerangal rédige des guides de voyage. De cette première expérience professionnelle, elle a gardé un goût pour l'ancrage de ses personnages dans la topographie d'un lieu. Son écriture s'attache à la banalité du quotidien, tout en laissant affleurer une poésie apte à, selon ses propres termes, susciter un « enchantement du réel par l'écriture ». Dans *Corniche Kennedy*, l'auteure s'attache à un groupe d'adolescents marseillais qui bravent l'autorité.

Un nouveau réalisme

Corniche Kennedy laisse une grande place à la description qui devient un « élément moteur du récit » comme le dit l'auteure elle-même. L'originalité de son réalisme vient de l'utilisation d'une écriture singulière qui intègre le discours à la narration comme des « flux indissociables » permettant de pénétrer dans l'intériorité des personnages.

QUESTIONS

1 • Comment l'auteure fait-elle entrer le lecteur dans l'univers des adolescents ?

2 • Comment son écriture rend-elle compte de cet univers ?

3 • En quoi le saut devient-il une métaphore de l'adolescence ?

2009

Marie NDiaye
(née en 1967)

L'auteure et l'œuvre

Marie NDiaye publie son premier roman, *Quant au riche avenir*, dès l'âge de 18 ans. Elle reçoit le prix Femina en 2001 pour *Rosie Carpe* et le prix Goncourt à l'unanimité en 2009 pour *Trois femmes puissantes*, qui raconte le parcours de trois femmes d'origine africaine, Norah, Fanta et Khady.

Une œuvre engagée

Auteure engagée, Marie NDiaye dénonce le sort réservé aux migrants. Après la mort de son mari, la jeune Khady se replie sur elle-même et se mure dans le silence. Envoyée en France par sa belle-famille, elle refuse une première fois de monter dans une frêle embarcation destinée aux migrants. Reprenant son destin en main, elle se prostitue pour gagner de quoi fuir son pays et meurt en exécutant son projet.

NDiaye
Trois femmes puissantes

Khady, une jeune femme africaine, cherche à rejoindre l'Europe avec un groupe de migrants. Ils doivent escalader un grillage. Il s'agit de l'excipit de la seconde partie du roman.

« C'est moi, Khady Demba. »

Ils arrivèrent enfin dans une zone déserte éclairée de lumières blanches comme un éclat lunaire porté à incandescence, et Khady aperçut le grillage dont ils parlaient tous.

Et des chiens se mirent à gueuler comme ils progressaient toujours et des claquements rebondirent dans le ciel et Khady entendit : Ils tirent en l'air, énoncé d'une voix que l'anxiété rendait stridente, inégale, puis la même voix peut-être lança le cri convenu, une seule interjection, et tout le monde se mit à courir vers l'avant.

Elle courait aussi, la bouche ouverte mais incapable d'inspirer, les yeux fixes, la gorge bloquée, et déjà le grillage était là et elle y appuyait son échelle, et la voilà qui montait barreau après barreau jusqu'à ce que, le dernier degré atteint, elle agrippât le grillage.

Et elle pouvait entendre autour d'elle les balles claquer et des cris de douleur et d'effroi, ne sachant pas si elle criait également ou si c'était les martèlements du sang dans son crâne qui l'enveloppaient de cette plainte continue, et elle voulait monter encore et se rappelait qu'un garçon lui avait dit qu'il ne fallait jamais, jamais s'arrêter de monter avant d'avoir gagné le haut du grillage, mais les barbelés arrachaient la peau de ses mains et de ses pieds et elle pouvait maintenant s'entendre hurler et sentir le sang couler sur ses bras, ses épaules, se disant jamais s'arrêter de monter, jamais, répétant les mots sans plus les comprendre et puis abandonnant, lâchant prise, tombant en arrière avec douceur et pensant alors que le propre de Khady Demba, moins qu'un souffle, à peine un mouvement de l'air, était certainement de ne pas toucher terre, de flotter éternelle, inestimable, trop volatile pour s'écraser jamais, dans la clarté aveuglante et glaciale des projecteurs.

C'est moi, Khady Demba, songeait-elle encore à l'instant où son crâne heurta le sol, et où, les yeux grands ouverts, elle voyait planer lentement par-dessus le grillage un oiseau aux longues ailes grises – c'est moi, Khady Demba, songea-t-elle dans l'éblouissement de cette révélation, sachant qu'elle était cet oiseau et que l'oiseau le savait.

QUESTIONS

1 • Ce dénouement est-il tragique ?

2 • En quoi cet extrait met-il en scène « une femme puissante » ?

3 • Pourquoi peut-on parler de texte engagé ?

Eco / Carrière

N'espérez pas vous débarrasser des livres

Umberto Eco, universitaire et écrivain, débat avec Jean-Claude Carrière, auteur et scénariste, sur un de leurs sujets de prédilection : les livres et la culture.

Umberto Eco : Le livre va-t-il disparaître du fait de l'apparition d'Internet ? [...] Avec Internet, nous sommes revenus à l'ère alphabétique. Si jamais nous avions cru être entrés dans la civilisation des images, voilà que l'ordinateur nous réintroduit dans la galaxie de Gutenberg et tout le monde se trouve désormais obligé de lire. Pour lire, il faut un support. Ce support ne peut pas être le seul ordinateur. Passez deux heures sur votre ordinateur à lire un roman et vos yeux deviennent des balles de tennis. J'ai chez moi des lunettes Polaroïd qui me permettent de me protéger les yeux contre les nuisances d'une lecture continue de l'écran. D'ailleurs l'ordinateur dépend de la présence de l'électricité et ne peut pas être lu dans une baignoire, même pas couché sur le côté dans un lit. Le livre se présente donc comme un outil plus flexible.

« Avec Internet, nous sommes revenus à l'ère alphabétique »

De deux choses l'une : ou bien le livre demeurera le support de la lecture, ou bien il existera quelque chose qui ressemblera à ce que le livre n'a jamais cessé d'être, même avant l'invention de l'imprimerie. Les variations autour de l'objet livre n'en ont pas modifié la fonction, ni la syntaxe, depuis plus de cinq cents ans. Le livre est comme la cuiller, le marteau, la roue ou le ciseau. Une fois que vous les avez inventés, vous ne pouvez pas faire mieux. Vous ne pouvez pas faire une cuillère qui soit mieux qu'une cuillère. Des designers tentent d'améliorer par exemple le tire-bouchon, avec des succès très mitigés, et la plupart d'ailleurs ne fonctionnent pas. Philippe Starck a essayé d'innover du côté des presse-citrons, mais le sien (pour sauvegarder une certaine pureté esthétique) laisse passer les pépins. Le livre a fait ses preuves et on ne voit pas comment, pour le même usage, nous pourrions faire mieux que le livre. Peut-être évoluera-t-il dans ses composantes, peut-être ses pages ne seront-elles plus en papier. Mais il demeurera ce qu'il est.

2009

Umberto Eco (1932-2016)
Jean-Claude Carrière (né en 1931)

Un plaidoyer pour les livres

Les entretiens entre ces deux érudits proposent de manière drôle et savante de comprendre le poids des livres dans notre société, à contre-courant de la doxa actuelle. Leurs arguments prennent sens si l'on considère l'étymologie du mot « livre » : *liber*, « tissu conducteur de la sève » – ce qui nous nourrit intellectuellement et spirituellement.

Une réflexion sur l'ère numérique et la mémoire

Pour reprendre le titre d'un des chapitres de ce livre : « les poules ont mis un siècle pour apprendre à ne pas traverser la route » : les innovations ne sont pas toujours sources de progrès. Umberto Eco pose la question de la mémoire et de la pérennité du support numérique avec humour.

QUESTIONS

1 • Quels sont la thèse et les arguments déployés ici ?

2 • Comment peut-on expliquer la nécessité des livres ?

3 • Dans quelle mesure l'humour et la réflexion décalée sont-ils sensibles ici ?

2010

Michel Houellebecq (né en 1956)

L'auteur et l'œuvre

Écrivain polémique par ses prises de position parfois jugées xénophobes et par ses œuvres, dont *Les Particules élémentaires* qui confrontent le lecteur à la misère sexuelle et affective de l'homme, Houellebecq reçoit le prix Goncourt pour *La Carte et le Territoire*. Le roman fait la satire de la société capitaliste, des médias, du marché de l'art contemporain. L'œuvre raconte la vie du photographe Jed Martin.

Un trompe-l'œil

L'incipit du roman donne l'impression d'assister à une scène réunissant Jeff Koons et Damien Hirst, artistes actuels en vogue sur le marché artistique, dans un démarrage *in medias res* (en pleine action). Il s'agit en réalité de la description d'une toile que Jed Martin est en train d'achever. Cette ambiguïté naît du brouillage temporel habilement instillé par l'écriture.

QUESTIONS

1 • En quoi cet incipit fait-il la satire du marché de l'art contemporain ?

2 • Quels portraits des personnages propose-t-il ?

3 • Comment met-il en scène le geste de l'artiste ?

Houellebecq
La Carte et le Territoire

Voici l'incipit du roman.

« un enchevêtrement babylonien »

Jeff Koons[1] venait de se lever de son siège, les bras lancés en avant dans un élan d'enthousiasme. Assis en face de lui sur un canapé de cuir blanc partiellement recouvert de soieries, un peu tassé sur lui-même, Damien Hirst[2] semblait sur le point d'émettre une objection ; son visage était rougeaud, morose. Tous deux étaient vêtus d'un costume noir – celui de Koons, à fines rayures – d'une chemise blanche et d'une cravate noire. Entre les deux hommes, sur la table basse, était posée une corbeille de fruits confits à laquelle ni l'un ni l'autre ne prêtait aucune attention ; Hirst buvait une Budweiser Light.

Derrière eux, une baie vitrée ouvrait sur un paysage d'immeubles élevés qui formaient un enchevêtrement babylonien de polygones gigantesques, jusqu'aux confins de l'horizon ; la nuit était lumineuse, l'air d'une limpidité absolue. On aurait pu se trouver au Qatar, ou à Dubaï ; la décoration de la chambre était en réalité inspirée par une photographie publicitaire, tirée d'une publication de luxe allemande, de l'hôtel *Emirates* d'Abu Dhabi.

Le front de Jeff Koons était légèrement luisant ; Jed[3] l'estompa à la brosse, se recula de trois pas. Il y avait décidément un problème avec Koons. Hirst était au fond facile à saisir : on pouvait le faire brutal, cynique, genre « je chie sur vous du haut de mon fric » ; on pouvait aussi le faire *artiste révolté* (mais quand même riche) poursuivant un *travail angoissé sur la mort* ; il y avait enfin dans son visage quelque chose de sanguin et de lourd, typiquement anglais, qui le rapprochait d'un fan de base d'Arsenal. En somme il y avait différents aspects, mais que l'on pouvait combiner dans le portrait cohérent, représentable, d'un artiste britannique typique de sa génération. Alors que Koons semblait porter en lui quelque chose de double, comme une contradiction insurmontable entre la rouerie[4] ordinaire du technico-commercial et l'exaltation de l'ascète[5]. Cela faisait déjà trois semaines que Jed retouchait l'expression de Koons se levant de son siège, les bras lancés en avant dans un élan d'enthousiasme comme s'il tentait de convaincre Hirst ; c'était aussi difficile que de peindre un pornographe mormon[6].

1. **Jeff Koons** : plasticien américain né en 1955 (► p. 405). 2. **Damien Hirst** : artiste britannique né en 1965. 3. **Jed** : personnage principal du roman. 4. **Rouerie** : ruse malhonnête. 5. **Ascète** : personne menant une vie austère. 6. **Mormon** : fidèle d'un groupe religieux américain revendiquant la chasteté.

Bonnefoy

L'heure présente

2011

Yves BONNEFOY
(1923-2016)

La beauté

« Suis-je belle, ô mortels ? »

Suis-je belle, ô mortels,
Comme un rêve de pierre ? Non, ce n'est pas
Ce triste assentiment que j'attends de vous.
L'enfant pleure sur le chemin et je l'oublie,

Ne suis-je la beauté
Que parce que je flatte votre rêve ?
Non, j'ai au fond de moi des yeux grand ouverts,
Je suis tapie, effrayée, je suis prête

À me jeter en avant, à griffer,
Ou à faire la morte si je sens
Que ma cause est perdue dans vos regards.

Demandez-moi d'être plus que le monde.
Souffrez que je ne sois que ce corps inerte,
Pansez-moi de vos vœux, de vos souvenirs.

L'auteur et l'œuvre

Yves Bonnefoy est considéré comme un poète majeur de la seconde moitié du XXe siècle et du début du XXIe siècle. Traducteur de Shakespeare et de Yeats, il a été élu en 1981 au Collège de France, à la Chaire d'études comparées de la fonction poétique. Son poème s'affirme comme la quête du « vrai lieu », un espace dans lequel il pourra sentir la présence.

Le retour de la beauté

La présence, mot clé de l'œuvre, permettrait d'entrer en contact avec la beauté, ou générerait de la beauté. Toutefois, il ne s'agit pas d'une expérience contemplative. Pour Yves Bonnefoy, la beauté « ruine l'être » et, dans le même temps, elle « éveille l'imaginaire, elle le guide, elle lui permet de reprendre sur nous son pouvoir un instant vaincu ».

QUESTIONS

1 • Comment est construit ce sonnet ?

2 • La beauté se contente-t-elle, comme dans un poème de Baudelaire, d'être belle comme un rêve de pierre ?

3 • Qu'apporte le fait de donner la parole à une figure abstraite (prosopopée) à la réflexion sur la beauté ?

2011

Joël Pommerat
(né en 1963)

L'auteur et l'œuvre

Joël Pommerat, dramaturge et metteur en scène, développe un processus d'écriture dramatique dont la première étape est la scène. Écrivain de plateau, il cherche la plus grande justesse possible, élaborant le texte, les éléments de scénographie et de lumière simultanément au travail des acteurs dans l'espace. Il a adapté *Le Petit Chaperon rouge*, *Cendrillon* et *Pinocchio*, les transformant en espaces d'expérimentation de la peur, du désir, du manque et surtout d'interactions entre personnages. Son œuvre, fondée sur l'observation du réel, étudie les relations à la famille, au pouvoir.

Une réécriture

Cendrillon reprend la trame et les personnages du conte de Perrault mais retravaille le récit sous l'angle du deuil, de la culpabilité et de l'ambivalence de la relation au bien et au mal. L'œuvre de Pommerat accorde une place importante à la perte de la mère, et se rapproche à ce titre de la version des frères Grimm.

Une histoire universelle

Qu'elle soit inspirée de Perrault ou des frères Grimm, cette histoire se veut avant tout réflexion universelle sur le travail du deuil. Sandra dit à la fin de la pièce : « Je ne me rappelle plus si cette histoire est la mienne ou bien l'histoire de quelqu'un d'autre. Mais ça n'a pas d'importance. »

Pommerat

Cendrillon

« Ce qui est important, c'est que je dois penser à ma mère »

Sandra refuse de faire le deuil de sa mère. Régulièrement, la jeune fille fait sonner une montre pour se souvenir d'elle. Une nuit, une fée étrange sort de l'armoire de la chambre et tente d'engager un dialogue. Sandra refuse d'écouter et de parler puis se ravise et explique ce qui la tient éveillée.

La très jeune fille. – [...] Ce qui est important, c'est que je dois penser à ma mère, parce qu'elle me l'a demandé et que c'est important.

(La montre de la très jeune fille se met à sonner.)

Voilà ce que je dois faire.

La fée. – Même la nuit elle sonne ta montre ?

La très jeune fille. – Oui !

Un temps.

La fée. – Pas gaie ta vie !

La très jeune fille. – Qu'est-ce que j'ai dit[1] !

La fée. – Pardon !

La très jeune fille. – Merci.

La fée. – C'est vrai, elle est chiante ta vie, tu te marres jamais, y a pas de distractions dans ta vie. Pendant ce temps, les autres, i'se marrent, tu sais ça ?!

La très jeune fille. – Je m'en fous des autres, j'ai pas besoin de m'amuser, c'est pour les petits de s'amuser. Moi, j'ai autre chose à faire de plus important et de plus adulte que de me distraire. Et de toute façon, pour se distraire, faut l'avoir mérité et moi, je mérite pas, voilà c'est dit ! Maintenant, *ciao*. Fermez votre bouche qui déblatère des grosses âneries à la chaîne et fermez l'armoire en sortant !

(Un temps.)

Si ça se trouve, je suis une vraie salope... Et j'ai oublié de penser à ma mère pendant je sais pas combien de temps, et peut-être qu'à cause de ça, ma mère elle est tombée dans la vraie mort maintenant... Voilà l'histoire, vous êtes contente !

Elle est très émue, au bord des larmes.

La fée. – Tu vas pleurer ? Oh non ! Je supporte pas qu'on chiale à côté de moi, surtout les mômes.

La très jeune fille, *vexée, explosant.* – Je chiale pas, qu'est-ce que vous racontez ! Non mais dis donc vous ! Ça commence à bien faire de me faire insulter comme ça, ça va suffire oui, vous êtes qui pour me parler comme ça vous d'abord ?

La fée. – Je suis qui ?

La très jeune fille, *très en colère.* – Oui, vous êtes qui vous d'abord ?

La fée. – Moi ?

La très jeune fille. – Oui, t'es qui toi pour te foutre de ma gueule continûment ? Ça va bien cinq minutes ! Alors ?

La fée. – Alors ?

La très jeune fille. – T'es qui ?

La fée. – Je suis qui ?

La très jeune fille. – Oui t'es qui ? Dépêche-toi.

La fée. – La fée.

La très jeune fille. – La fée de qui ?

La fée. – Quoi, la fée de qui ? La fée de toi ! Ta fée quoi !

La très jeune fille. – Ma fée quoi ? J'ai une fée moi ?

La fée. – Ben oui, ça arrive !

La très jeune fille. – Et c'est comme ça, une fée ?

La fée. – Hé ho dis donc, tu me connais pas encore !

La très jeune fille. – J'ai jamais demandé à avoir une fée moi.

Première partie, scène 13 (extrait) © Actes Sud Papiers.

1. Sandra, au début de la scène, dit qu'elle ne veut plus écouter la fée ni lui parler.

Mise en scène de **Joël Pommerat** avec Deborah Rouach (Cendrillon), Odéon-Théâtre de l'Europe aux Ateliers Berthier (Paris, 2011).

QUESTIONS

1 • Quelles tonalités se mêlent dans ce passage et avec quels effets ?

2 • Quels rôles joue le personnage de la fée ?

3 • Quel portrait se dégage de Sandra/Cendrillon ?

DE L'IMAGE AU TEXTE

4 • Comment Pommerat place-t-il sa mise en scène au service de son texte ?

HISTOIRE DES ARTS

Une exploration analytique du personnage

Le dispositif de la loupe entraîne à la fois magie et réalisme. La disproportion entre la tête et le corps de Cendrillon plonge le spectateur dans l'étrangeté et souligne la complexité du personnage. Le spectateur, transformé en analyste, scrute les émotions de cette petite fille d'aujourd'hui qui n'a plus rien d'une princesse.

2011

Frédéric Beigbeder
(né en 1965)

L'auteur et l'œuvre

Romancier, critique littéraire, animateur de télévision et cinéaste, Frédéric Beigbeder est un touche-à-tout mondain qui revendique une certaine désinvolture. Portant un regard décalé sur notre époque, il s'inspire de ses propres expériences comme dans son roman *99 francs* qui égratigne le milieu de la publicité.

Pour ou contre le livre numérique

Si Beigbeder voit dans le développement du numérique une menace pour la littérature, François Bon, pionnier de l'édition dématérialisée en France avec son site publie.net, et auteur *d'Après le livre* (2011), y voit une mutation irréversible qu'il faut aborder de manière constructive pour développer de nouveaux modes de transmission.

QUESTIONS

1 • Quelle figure de style renferme l'expression « tigre de papier » ? Comment la comprenez-vous ?

2 • En quoi ce texte est-il un plaidoyer en faveur du livre en papier ?

3 • Quelle est la cible de l'auteur ? Son jugement vous paraît-il légitime ?

Beigbeder

Premier bilan après l'apocalypse

Dans cette préface, l'auteur livre la liste de ses cent livres préférés.

« Les livres sont des tigres de papier »

Les livres sont des tigres de papier, aux dents de carton, des fauves fatigués, sur le point de se laisser dévorer. Pourquoi s'obstiner à lire sur un objet pareil ? Des feuilles fragiles, inflammables, reliées, imprimées, sans batterie électrique ? Tu es obsolète, ô vieux livre bientôt jauni, nid à poussière, cauchemar de déménageur, ralentisseur de temps, usine à silence. Tu as perdu la guerre du goût. Les lecteurs de livres en papier sont de vieux maniaques, chaque jour plus vieux, chaque soir plus maniaques. Ils préfèrent caresser un ouvrage qu'ils peuvent respirer, plier, annoter, poser et reprendre, n'importe où, n'importe quand, sans avoir à le brancher sur le secteur. Tragédie de la sénilité. Le fait même de lire un texte sur papier fait de nous des débris, comme Montag dans *Fahrenheit 451* de Ray Bradbury, roman de science-fiction qui anticipa en 1953 le monde dans lequel nous vivons aujourd'hui. Un monde où les livres de papier étaient interdits et où des pompiers pyromanes étaient payés pour les brûler. Le seul point sur lequel Bradbury, aveuglé par les autodafés des nazis, s'est trompé, c'est le feu : les industriels se sont aperçus que le pilon[1] est nettement plus discret que la cheminée. Le reste de sa prédiction est en passe de se réaliser : d'ici à quelques années, les tigres de papier vont être remplacés par des écrans plats appartenant à trois compagnies américaines (Apple, Google et Amazon), une japonaise (Sony) et une française (Fnac).

Vous tenez entre les mains un tigre de papier qui n'est pas « dématérialisé » et qui prétend même mordre encore un peu. Il veut défendre ses congénères, parents et bienfaiteurs : d'autres vieux fauves menacés d'extinction, aussi impressionnants qu'un tas de peluches abandonnées dans un grenier. Le livre de papier, souviens-toi, fut inventé par un Allemand nommé Johannes Gutenberg il y a environ six siècles. Le roman moderne est apparu peu après, grâce à Rabelais, puis Cervantès. On peut donc déduire de l'extinction du livre de papier que le roman va également disparaître : les deux étaient liés. Lire un roman demandait du temps, un fauteuil et un codex (objet livre relié, dont on tourne les pages) : essayez de lire *À l'ombre des jeunes filles en fleurs* en cliquant sur un iPad et l'on en reparle.

1. **Pilon** : livre destiné à être détruit.

Rouzeau

Vrouz

« avec trop peu d'espèces pas de quoi »

Le garçon rend la mangue trop chère à la caissière
Pas assez dans son porte-monnaie pas moyen là
Pas assez transpiré pas assez de liquide
D'euros d'heures au boulot pas touché le gros lot
Il a l'œil noir le sourcil inquiété
La peau cuivrée d'aimer bien le soleil
La mangue pèse pour la peine soudain la mangue
Sur la petite balance aux fruits et aux légumes
La mangue sent le Pérou le Brésil et encore
L'oléorésine[1] jaune ou brune térébenthine[2]
La meilleure est celle du Mali qu'on ne trouve pas
En France où le garçon travaille et maintenant
Rien il repart voilà comme il était venu
Avec trop peu d'espèces pas de quoi.

1. Oléorésine : sécrétion naturelle composée d'essence et de résine exhalant une odeur puissante produite par certains arbres ou arbustes, le plus souvent exotiques. **2. Térébenthine** : oléorésine de couleur jaune ou brunâtre récoltée à partir de résineux.

QUESTIONS

1 • Comment la pauvreté du garçon est-elle exprimée ?
2 • Quels jeux de mots peut-on lire dans ce poème ? Comment en enrichissent-ils le sens ?
3 • Que dénonce le poème ?

Texte lu
Manuel numérique

2012

Valérie Rouzeau
(née en 1967)

L'auteure et l'œuvre

Poétesse, traductrice et parolière de chansons, notamment pour le groupe Indochine, Valérie Rouzeau reçoit le prix Apollinaire en 2012 pour son recueil *Vrouz*. 151 sonnets y retracent avec humour la vie quotidienne, ou plutôt la vie comme elle va. Comme dans deux de ses précédents recueils, *Pas revoir* et *Va où*, sous une apparente légèreté se cache une grande profondeur de sens.

L'absence de ponctuation

Comme chez de nombreux poètes depuis Apollinaire, l'absence de ponctuation – de même que la déstructuration du vers – génère des ambiguïtés de sens. Ainsi la poétesse parvient-elle, tout en enrichissant son poème de nombreux jeux de mots (homophonie, polysémie…), à dénoncer des travers humains et à décrire de graves situations avec humour.

La jubilation de la langue

Lorsqu'on demande à Valérie Rouzeau ce qui est important dans l'écriture d'un poème, celle-ci répond qu'elle veut « voir les mots sonner, vibrer », et qu'elle considère chacun d'eux « comme une note de musique ». Elle entend d'abord des sons dans la langue, écrit à partir de la sonorité des mots. Le sens, lui, se produit « par une espèce de jubilation ».

2013

Pierre Lemaitre
(né en 1951)

L'auteur et l'œuvre

Auteur de romans policiers, Pierre Lemaitre publie en 2013 *Au revoir là-haut*, roman historique et picaresque, dont l'intrigue se situe pendant la Première Guerre mondiale et l'après-guerre. Il reçoit le prix Goncourt et son roman est adapté au cinéma en 2017 par Albert Dupontel. Les quelques secondes d'oxygène que gagne Albert lui permettent d'être sauvé par un autre soldat, Édouard, blessé par un éclat d'obus qui fera de lui une gueule cassée. Le roman s'attache à suivre l'impossible réadaptation des deux soldats à la société.

Texte lu
Manuel numérique

Lemaitre

Au revoir là-haut

Au début du roman, lors d'un assaut sur le front, le lieutenant Pradelle lance un obus. Le soldat Albert Maillard se retrouve enterré vivant dans le cratère provoqué par l'explosion, près de la tête d'un cheval mort.

« Alors au revoir, au revoir là-haut, ma Cécile, dans longtemps. »

Il appelle Cécile[1], il voudrait se retrouver entre ses jambes, serré à n'en plus pouvoir, mais les traits de Cécile ne remontent pas jusqu'à lui, comme si elle était trop loin pour lui parvenir et c'est ça qui lui fait le plus mal, de ne pas la voir à cet instant, qu'elle ne l'accompagne pas. Il n'y a que son nom, Cécile, parce que le monde dans lequel il s'enfonce n'a plus de corps, que des mots. Il voudrait la supplier de venir avec lui, il a épouvantablement peur de mourir. Or c'est inutile, il va mourir seul, sans elle.

Alors au revoir, au revoir là-haut, ma Cécile, dans longtemps.

Puis le nom de Cécile s'efface à son tour pour laisser la place au visage du lieutenant Pradelle, avec son insupportable sourire.

Albert gesticule en tous sens. Ses poumons se remplissent de moins en moins, ça siffle quand il force. Il se met à tousser, il serre le ventre. Plus d'air.

Il agrippe la tête de cheval, parvient à saisir les grasses babines dont la chair se dérobe sous ses doigts, il attrape les grandes dents jaunes et, dans un effort surhumain, écarte la bouche qui exhale un souffle putride qu'Albert respire à pleins poumons. Il gagne ainsi quelques secondes de survie, son estomac se révulse, il vomit, son corps tout entier est de nouveau secoué de tremblements, mais tente de se retourner sur lui-même à la recherche d'une once d'oxygène, c'est sans espoir.

La terre est si lourde, presque plus de lumière, juste encore les soubresauts de la terre fracassée par les obus qui là-haut continuent de pleuvoir, après quoi plus rien n'entre en lui. Rien. Seulement un râle.

Puis une grande paix l'envahit. Il ferme les yeux.

Il est pris d'un malaise, son cœur s'effondre, sa raison s'éteint, il sombre.

Albert Maillard, soldat, vient de mourir.

1. **Cécile** : jeune femme dont Albert est profondément amoureux.

QUESTIONS

1 • Comment le narrateur parvient-il à faire ressentir au lecteur de la pitié pour ce soldat ?

2 • En quoi cet extrait éclaire-t-il le titre ?

3 • Quel rôle la tête du cheval joue-t-elle dans cet extrait ?

Houellebecq

La liberté d'expression

Michel Houellebecq réagit à l'attentat contre le journal *Charlie Hebdo* en janvier 2015.

Nous sommes réunis aujourd'hui pour défendre un « journal irresponsable », et qui le rappelait régulièrement, en première page. Je suis ici aussi, à titre personnel, parce que Bernard Maris[1] était un ami, et je n'aime pas qu'on tue mes amis. Charlie est plutôt un journal de dessinateurs (ça fait trois fois que je réécris ce texte sur mon carnet, à chaque fois, sans le vouloir, je remets « était », pourtant quand j'en parle je fais semblant d'être optimiste, mais je mesure le courage qu'il faudra au premier dessinateur qui refera une caricature de Mahomet). Pendant plusieurs siècles, les écrivains ont été en première ligne, en matière de liberté d'expression ; lorsqu'on décide d'écrire on sait qu'on pourra être amené, un jour, à redire certaines choses.

« La liberté d'expression a le droit de jeter de l'huile sur le feu »

La liberté d'expression est la liberté de communiquer une œuvre de l'esprit à d'autres esprits. Elle ne saurait, sinon, se voir assigner de mission particulière ; ce serait une contradiction dans les termes. La relation entre l'auteur et son lecteur est unique et personnelle ; elle se tient en dehors des limitations morales et sociales habituelles. La censure, seule instance en droit d'intervenir dans cette relation, est sous la responsabilité de la collectivité tout entière ; elle ne saurait être exercée par aucun individu, ni aucun groupe. La liberté d'expression n'a pas à s'arrêter devant ce que tel ou tel tient pour sacré, ni même à en tenir compte. Elle a le droit de jeter de l'huile sur le feu. Elle n'a pas vocation à maintenir la cohésion sociale, ni l'unité nationale ; le « vivre ensemble » ne la concerne nullement. On ne saurait lui enjoindre de se montrer responsable ; elle ne l'est pas. Ces différents points ne sont pas négociables.

Les Inrockuptibles, 15 janvier 2015.

1. **Bernard Maris** : économiste français, tué dans l'attentat contre *Charlie Hebdo*.

2015

Michel Houellebecq
(né en 1956)

L'auteur et l'œuvre

Michel Houellebecq est un romancier, essayiste et poète français reconnu internationalement. Analyste acéré de son époque dont il critique les travers, on a pu rapprocher son style de celui des naturalistes, mais aussi de Céline dont il partage parfois le goût de la provocation. Au lendemain des attentats il exprime son émotion dans un éditorial pour le magazine culturel *Les Inrockuptibles*.

Charlie Hebdo et la tradition du pamphlet

Le 7 janvier 2015, le journal satirique *Charlie Hebdo* est la cible d'un attentat terroriste qui fait 12 victimes dont la quasi-totalité de l'équipe de rédaction. Journal athée et anticlérical, *Charlie Hebdo* se situe dans la tradition française du pamphlet et de la lutte contre la censure politique et religieuse qui remonte au XVIIIe siècle et à la Révolution.

QUESTIONS

1 • Comment comprenez-vous l'adjectif « irresponsable » (l. 1) ?

2 • Montrez comment cette argumentation passe du registre personnel à l'universel.

3 • En quoi ce texte est-il un plaidoyer en faveur de la liberté d'expression ?

Henri Matisse, *La fenêtre ouverte à Collioure* (1905), huile sur toile (55 x 46 cm), National Gallery of Art, Washington (États-Unis).

Mémos Bac

Mouvements littéraires

Mythes et légendes

Genres littéraires et artistiques

Outils transversaux

Testez vos connaissance en histoire littéraire

L'humanisme

Mouvement intellectuel et culturel attaché à la Renaissance, apparu en Italie au début du XVe siècle et se diffusant ensuite jusqu'à la fin du XVIe siècle en Europe, l'humanisme place l'Homme et le savoir au centre des préoccupations.

1486 Pic de La Mirandole, grand érudit italien, affirme dans *De la dignité de l'homme* (► p. 40), véritable **manifeste de l'esprit de la Renaissance**, qu'« il n'y a rien de plus admirable dans le monde que l'Homme » et lui accorde un **libre arbitre**.

1513 L'Anglais Thomas More conçoit *Utopie* (► p. 135), un **modèle de cité parfaite** dans laquelle l'ordre politique repose sur une loi non plus divine mais humaine. Il participe à la réflexion des humanistes sur **l'organisation de la société et du pouvoir**.

1532-1534 Avec *Pantagruel* puis *Gargantua*, Rabelais interroge le **programme d'éducation humaniste**. Gargantua, dans le premier roman, écrit à son fils Pantagruel sa conception d'une éducation complète se proposant de développer toutes les facultés de l'Homme : intellectuelle (étude des textes de l'Antiquité, observation de la nature et expériences), spirituelle (lecture de la Bible) et physique (hygiène et exercice du corps). À la fin de *Gargantua*, la devise des habitants de l'abbaye de Thélème : « Fay ce que vouldras » (► p. 49) livre l'image enthousiaste d'une **liberté politique et religieuse possible**.

1580-1588 Montaigne annonce dans ses *Essais* (► p. 64) vouloir « s'entretenir soy-mesme » en même temps qu'il dialogue avec plusieurs des nombreux auteurs grecs et latins qu'il apprécie. L'œuvre témoigne du goût des humanistes pour **la conversation et le colloque** qui favorisent l'expression de la diversité et la mise en avant du caractère relatif des opinions et doctrines. *Les Essais* inaugurent un genre qui **place l'Homme au centre de l'étude**. Si Montaigne cherche à répondre à la question fondamentale « Qu'est-ce que l'Homme ? », il se saisit aussi de tous les sujets qui se présentent à sa pensée « à sauts et à gambades », les étudie selon des perspectives volontiers contradictoires et offre au lecteur une véritable « marqueterie » traduisant, avec une grande lucidité, à la fois **la diversité et l'instabilité du monde**.

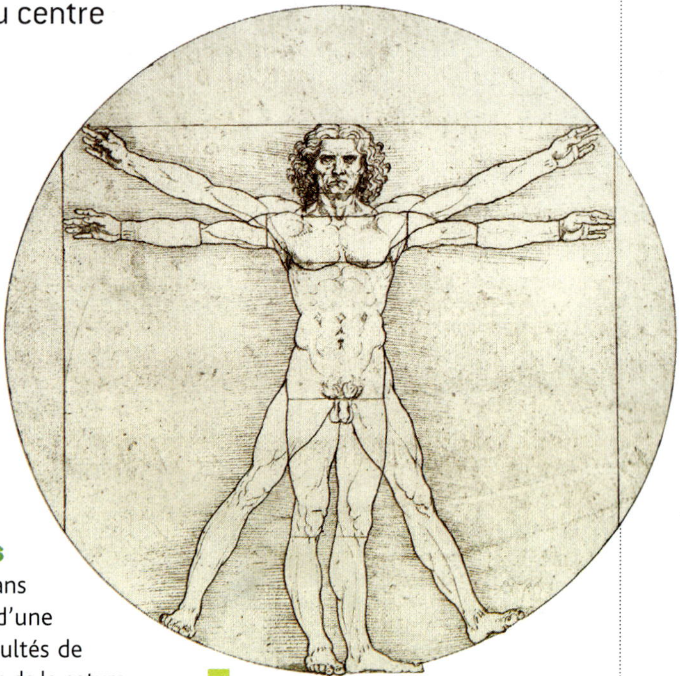

Léonard de Vinci, ***Le Canon de Vitruve*** **(vers 1490), plume et encre brune (35 x 25 cm), Galerie de l'Académie, Venise (Italie).**

Le Canon de Vitruve, allégorie de l'humanisme, représente un homme au centre de l'univers et pourvu de toutes les qualités.

Thèmes clés

Éducation et pédagogie • Réflexion sur le pouvoir et la société idéale • Religion et morale • Altérité

La **Pléiade**

Au milieu du XVIe siècle, sept poètes, dont Ronsard et Du Bellay, se regroupent au sein de la Pléiade : ils veulent valoriser et rénover la langue française, dédaignée par les humanistes qui lui préfèrent le latin.

1549 Du Bellay publie *Défense et Illustration de la langue française*, manifeste qui cherche à **renouveler le français** pour concurrencer le latin valorisé par les humanistes. Du Bellay prône, entre autres, l'**enrichissement de la langue poétique** (création lexicale, figures de rhétorique…).

Lorenzo Costa le Jeune, *Zodiac* (1579), fresque (détail), Palais ducal, Mantoue (Italie).

« Ne crains donc, poète futur, d'innover quelque terme en un long poème, principalement, avec modestie toutefois, analogie et jugement de l'oreille, et ne te soucie qui le trouve bon ou mauvais : espérant que la postérité l'approuvera. »

Du Bellay, *Défense et Illustration de la langue française* (1549)

Ce **nouvel art poétique** abandonne les formes du Moyen Âge (ballade, rondeau) au profit des **grands genres de l'Antiquité** : épigramme, ode, élégie… Le **sonnet**, jugé novateur, est emprunté au poète italien Pétrarque (▸ p. 57).

1550-1552 Ronsard met à l'œuvre ces principes dans ses *Odes* (▸ p. 52). Elles respectent la **composition antique** et introduisent des **néologismes**, des **archaïsmes**, des **régionalismes**… Ronsard y rend hommage aux Grands de son temps, qu'il magnifie en les comparant à des **figures mythologiques**. Les *Odes* peignent aussi un poète en proie à la « **fureur poétique** » : ex-statique (sorti de lui-même), inspiré par les Muses et animé par la « flamme divine », il ne peut empêcher ses vers de se déverser :

« Dieu est en nous, et par nous fait miracles,
Si que les vers d'un poète écrivant,
Ce sont des dieux les secrets et oracles,
Que par sa bouche ils poussent en avant. »

Ronsard, *Odes*, II, 2 (1550-1552)

1578 Les *Sonnets pour Hélène* évoquent l'amour platonique de Ronsard pour Hélène de Surgères (▸ p. 62). Ils rendent **hommage à Pétrarque** qui fixa la forme du sonnet dans le *Canzoniere* (▸ p. 57) **et à l'Antiquité**, la figure d'Hélène de Troie venant fréquemment se superposer à celle d'Hélène de Surgères.

Thèmes clés

Amour • Célébration de la femme et des Grands • Mythologie • La France • Le poète « en furieux »

Le **baroque**

En opposition à la rationalité optimiste des humanistes, le baroque littéraire naît vers 1570 et s'étend jusqu'en 1660. Comme l'indique son origine portugaise (*barroco* signifie « perle irrégulière »), l'esthétique baroque se fonde sur l'absence de règles et l'ornementation.

1588 ***Stances et sonnets sur la mort*** **de Jean de Sponde** (▸ p. 72) ouvre la période baroque et dit la fragilité de la vie.

1621 Les œuvres poétiques de Théophile de Viau manifestent une grande liberté de ton et reposent sur une **esthétique du changement** que suivront **Marbeuf** (▸ p. 83) ou encore **Saint-Amant** (▸ p. 94).

> « La règle me déplaît, j'écris confusément »
> **Viau, « Élégie à une dame » (1621)**

1616 ***Les Tragiques*** **d'Agrippa d'Aubigné** (▸ p. 80) montre à quel point la France est marquée par les guerres de Religion : **l'instabilité politique et religieuse** est représentée par les deux jumeaux – allégories du protestantisme et du catholicisme – qui s'entre-déchirent sur le sein de leur mère, la France. Le royaume est instable. Ce **motif de l'instabilité** domine toute la littérature baroque.

1635-1636 Corneille publie deux pièces baroques, ***Médée*** (▸ p. 84) et ***L'Illusion comique*** (▸ p. 86). Toutes deux jouent sur le **merveilleux** : Médée est une **magicienne** qui quittera la scène sur un char ailé après avoir tué ses propres enfants ; toute l'action de *L'Illusion comique* repose sur la magie : le mage Alcandre fait apparaître des images animées de la vie de Clindor devenu acteur, personnage **protéiforme** par définition. Le monde est alors perçu par le spectateur comme un **théâtre**. Un autre personnage, Matamore, se veut baroque : il est au même moment l'incarnation du courage et de la lâcheté, autrement dit, de l'**inconstance**.

1665 Avec *Dom Juan*, Molière reprend les principales caractéristiques du baroque en mettant en scène un **personnage inconstant**. Dom Juan est en effet un **libertin** qui n'hésite pas à multiplier les conquêtes.

> « **Sganarelle :** Tu me dis qu'il a épousé ta maîtresse : crois qu'il aurait plus fait pour sa passion, et qu'avec elle il aurait encore épousé toi, son chien et son chat. »
> **Molière, *Dom Juan*, I, 1 (1665)**

Baroque, la pièce l'est également par la **profusion des lieux de l'action** et le ***deus ex machina*** qui introduit le merveilleux dans le dénouement : la statue du commandeur s'anime pour punir Dom Juan. Le sol s'ouvre sous les pieds de ce dernier, qui se trouve alors comme happé par les flammes de l'Enfer (▸ p. 100).

Philippe de Champaigne, *Vanité* ou *Allégorie de la vie humaine* (1646), huile sur bois (29 x 38 cm), musée de Tessé (Le Mans).

Thèmes clés

Fugacité du temps • Instabilité du monde • Illusions (déguisement, miroir) • Être et paraître • Magie

Le **classicisme**

Dominant la seconde partie du XVIIe siècle, le classicisme traduit la vision du monde propre à la monarchie absolue. Ce mouvement se caractérise par le souci de la perfection, l'imitation des Anciens et la recherche de l'équilibre, à travers le culte de la Beauté et de la Raison.

1663 Dans *La Critique de l'École des femmes*, Molière rappelle le principe de l'**imitation de la nature**, la *mimesis* chère à Aristote et la règle d'Horace, *ut pictura poesis* : l'art doit imiter la nature.

« Lorsque vous peignez les hommes, il faut peindre d'après nature. On veut que ces portraits se ressemblent ; et vous n'avez rien fait, si vous n'y faites reconnaître les gens de votre siècle. »

Molière, *La Critique de l'École des femmes* (1663)

La Fontaine dans ses *Fables* (▸ p. 126) et La Bruyère dans *Les Caractères* (▸ p. 130). représentent eux aussi leurs contemporains.

1667-1677 Racine donne sept tragédies inspirées de la mythologie ou de l'histoire antiques, qui l'imposent comme un maître. Dans les préfaces de ses pièces, il rappelle les principes de son écriture : imitation des Anciens, pureté et équilibre, **volonté de plaire et d'instruire**. Saisis de terreur et de pitié, les spectateurs sont amenés à suivre les règles morales.

« Il y a longtemps que je voulais essayer si je pouvais faire une tragédie avec cette simplicité d'action qui a été si fort du goût des Anciens. Car c'est un des premiers préceptes qu'ils nous ont laissés : « Que ce que vous ferez, dit Horace, soit toujours simple et ne soit qu'un. » [...] La principale règle est de plaire et de toucher. Toutes les autres ne sont faites que pour parvenir à cette première. »

Racine, Préface de *Bérénice* (1670)

1674 *L'Art poétique* de Boileau est le **manifeste du classicisme**. Inspiré de la *Poétique* d'Aristote, il codifie les règles classiques, notamment au théâtre : règle des trois unités (temps, lieu, action), vraisemblance, bienséance.

1678 *La Princesse de Clèves* de Madame de La Fayette est l'un des premiers romans d'analyse (▸ p. 122). La princesse, modèle de vertu, ne cédera pas à la passion amoureuse et restera fidèle à son mari. On y trouve les **modèles** de l'honnête homme et de l'honnête femme.

Claude Gellée dit **le Lorrain**, *Paysage avec Énée à Délos* (1672), huile sur toile (100 x 134 cm), National Gallery, Londres (Royaume-Uni).

Thèmes clés

Mythologie et Histoire antiques • Peinture des mœurs • Pouvoir politique • Plaisir et morale • Honnête homme

Les **Lumières**

Ce mouvement intellectuel couvre le XVIIIe siècle et l'ensemble des pays européens. Il marque le passage d'un monde ancien à une ère nouvelle, où l'obscurantisme politique et religieux est combattu par la raison. L'ignorance est réduite par la réflexion et l'idée de fatalité écartée par l'exercice de la liberté.

1721 Montesquieu fonde « l'esprit des Lumières » et son relativisme avec les *Lettres persanes* (▸ p. 140). Il critique les fanatismes et se livre à une **satire** de la société française ainsi que du régime monarchique.

1751 Parution du premier volume de l'*Encyclopédie* ou *Dictionnaire raisonné des sciences, des arts et des métiers* (▸ p. 150) dont l'ambition est un **savoir total**. Diderot et d'Alembert, entourés par une société de gens de lettres dont le maître mot est **philosopher**, vont poursuivre jusqu'en 1772 cette entreprise monumentale.

« J'ai dit qu'il n'appartenait qu'à un siècle philosophe de tenter une encyclopédie [...]. Il faut tout examiner [...] rendre aux sciences et aux arts une liberté qui leur est si précieuse [...]. Il fallait un temps raisonneur, où l'on ne chercha plus les règles dans les auteurs mais dans la nature. »

Diderot, prospectus pour l'*Encyclopédie* (1750)

Jean-Honoré Fragonard,
Portrait de Denis Diderot (vers 1769), huile sur toile (81 x 65 cm), musée du Louvre (Paris).

1761 *La Nouvelle Héloïse* de Jean-Jacques Rousseau et son succès prodigieux confirment qu'aux côtés de la prééminence accordée à la raison, une sensibilité et une esthétique nouvelles sont apparues, **prémices du romantisme**.

Marivaux avait commencé d'étudier les jeux délicats et les surprises de l'amour (▸ p. 144). **Diderot** et **Beaumarchais**, qui s'intéressent aux passions, cherchent avec le **drame bourgeois** à susciter au théâtre, par des tableaux édifiants, une émotion vertueuse.

« Il n'y a que le sentiment qui puisse donner des nouvelles un peu sûres de nous. »

Marivaux, *Le Cabinet du philosophe* (1730)

1794 Condorcet affirme sa foi dans le genre humain et le progrès dans son *Esquisse d'un tableau historique des progrès de l'esprit humain*. La figure du despote éclairé par la raison fournit un **modèle d'autorité**, et le « **cri de guerre**, *raison, tolérance, humanité* » que Condorcet fait retentir avec les lettrés de son époque est celui du **philosophe** et de la **bourgeoisie montante**, qui défend les valeurs du **mérite**, du **travail** et de la **libre entreprise**.

Thèmes clés

Raison • Politique • Religion • Liberté • Science • Éducation • Égalité • Fraternité

Le **romantisme**

Le romantisme est un mouvement littéraire et culturel européen qui se déploie dans la première moitié du XIXe siècle. La génération romantique se libère des rigueurs du classicisme et s'intéresse au « Moi » et à l'histoire contemporaine.

1802 Avec *René*, Chateaubriand inaugure le romantisme en France (▸ p. 180), alors qu'il est déjà installé en Europe, notamment en Allemagne où Goethe publie en 1774 *Les Souffrances du jeune Werther* (▸ p. 181). De nombreux jeunes gens se reconnaissent dans le personnage de René dont l'**exaltation,** le **désabusement**, la **sensibilité**, illustrent ce que Chateaubriand nomme le **vague des passions** :

> « On est détrompé sans avoir joui ; il reste encore des désirs, et l'on n'a plus d'illusions. L'imagination est riche, abondante et merveilleuse, l'existence pauvre, sèche et désenchantée. On habite, avec un cœur plein, un monde vide, et sans avoir usé de rien, on est désabusé de tout. »
>
> **Chateaubriand, *Génie du christianisme* (1802)**

Cette mélancolie s'explique par un **contexte politique instable** : comment se projeter dans une société qui passe de la monarchie à l'Empire, la Restauration, la République ? *René*, illustrant un état d'âme que l'auteur prétend dénoncer, engendre une vague de suicides. Le mal de René est devenu le **mal du siècle**. En 1836, avec la *Confession d'un enfant du siècle*, Musset à son tour insiste sur ce désabusement éprouvé par une génération qui a du mal à se positionner politiquement.

1827 Avec Victor Hugo, grotesque et sublime viennent côtoyer le mal de vivre. Le personnage peut être **grotesque** par son apparence ou son statut social mais devenir **sublime** par ses idées ou son attitude, tel le sacrifice de Ruy Blas, « ver de terre amoureux d'une étoile » (▸ p. 204).

Dans la célèbre préface de *Cromwell*, Hugo définit le **drame romantique** fondé sur la destruction des trois unités : « l'action encadrée de force dans les 24 h » est invraisemblable, elle devrait occuper plusieurs lieux et s'étendre sur une durée plus longue.

La **révolution romantique**, marquée par la **bataille d'*Hernani*** qui opposa en **1830** les partisans du respect strict des règles classiques aux poètes romantiques, est également à l'origine d'un **bouleversement du vers**, qui disloque l'unité mètre-sens, et renouvelle le **vocabulaire poétique** :

> « J'ai foulé le bon goût et l'ancien vers français / Sous mes pieds [...] Je mis un bonnet rouge au vieux dictionnaire. »
>
> **Hugo, *Réponse à un acte d'accusation* (1834)**

Caspar David Friedrich, ***Le Voyageur au-dessus de la mer de nuages*** **(1818), huile sur toile (95 x 75 cm), Kunsthalle, Hambourg (Allemagne).**

Thèmes clés

Engagement • Rêve et exotisme • Exaltation de la nature • Culte du moi • Spleen • Romantisme noir • Mal du siècle

Le **réalisme**

Apparu au milieu du XIXe siècle en réaction à l'idéalisme romantique, le réalisme veut rendre compte du réel le plus objectivement possible.

1830 Dans *Le Rouge et le Noir*, sous-titré « Chronique de 1830 », Stendhal fait figure de **précurseur** en s'inspirant d'un **fait divers** récent. Il brosse le portrait d'un jeune arriviste qui n'hésite pas à utiliser l'amour des femmes pour s'élever socialement (▸ p. 188).

« Un roman est un miroir qui se promène sur une grande route. Tantôt il reflète à vos yeux l'azur des cieux, tantôt la fange des bourbiers de la route. »
Stendhal, *Le Rouge et le Noir* (1830)

1842-1848 Avec *La Comédie humaine*, Balzac se fait l'historien des mœurs de son temps. Vaste fresque sociale inspirée de l'*Histoire naturelle* de Buffon, ces quelque cent romans ont pour projet de « rendre intéressant le drame à trois mille ou quatre mille personnages que présente une société ». S'appuyant sur une **abondante documentation**, il veut **transposer** à l'espèce humaine les **travaux des naturalistes** sur la nomenclature et la classification des espèces animales. À travers la création de plus de deux mille personnages, Balzac entend « faire concurrence à l'état civil » :

« La Société française allait être l'historien, je ne devais être que le secrétaire. En dressant l'inventaire des vices et des vertus, en rassemblant les principaux faits des passions, en peignant les caractères, en choisissant les événements principaux de la Société, en composant des types par la réunion des traits de plusieurs caractères homogènes, peut-être pouvais-je arriver à écrire l'histoire oubliée par tant d'historiens, celle des mœurs. »
Balzac, avant-propos de *La Comédie humaine* (1842)

Edgar Degas, *Repasseuses* (vers 1885), huile sur toile (76 x 82 cm), musée d'Orsay (Paris).

1857 Flaubert fait scandale avec *Madame Bovary*, ouvrage inspiré par un fait divers, qui sera aussitôt **traduit en justice pour outrage** aux bonnes mœurs et à la religion : les descriptions sont jugées trop lascives et le comportement de l'héroïne (adultère, suicide) immoral (▸ p. 224). Pour Flaubert, la question essentielle est moins la **représentation mimétique du réel** que celle du **style**. Ainsi il soumet ses textes à l'épreuve du « gueuloir » en les déclamant d'une voix forte pour juger de leur qualité sonore.

Thèmes clés

Paris / Province • Arrivisme de la nouvelle bourgeoisie • Pouvoir de l'argent • Industrialisation • Recherche de la vérité dans la peinture des mœurs et des classes sociales

Le **naturalisme**

Dans la continuité du réalisme, le naturalisme s'attache à peindre l'influence des milieux sociaux sur les individus, en adoptant une démarche expérimentale inspirée des dernières découvertes scientifiques sur la folie et l'hérédité.

1867 Dans la préface de *Thérèse Raquin*, Zola met en place les **principes** qui seront ceux des *Rougon-Macquart* :

> « J'ai choisi des personnages souverainement dominés par leurs nerfs et leur sang, dépourvus de libre arbitre, entraînés à chaque acte de leur vie par les fatalités de leur chair. »
>
> Zola, préface de *Thérèse Raquin* (1867)

1871 Début des *Rougon-Macquart* (vingt romans) dont le sous-titre programmatique est : *Histoire naturelle et sociale d'une famille sous le second Empire*. Il s'agit de « tout voir, tout dire, tout savoir », de « coucher l'humanité sur une page blanche », en appliquant une méthode inspirée des **sciences expérimentales** et notamment des travaux sur l'**hérédité**. Zola voyage, observe, tient des carnets d'enquêtes, dessine… : chacun de ses personnages témoigne rigoureusement d'une **réalité scientifique transférée dans la fiction**. Faisant de ses romans une sorte de **laboratoire**, Zola s'attache au **destin** des descendants de deux branches d'une même famille, l'une légitime (les Rougon) l'autre illégitime (les Macquart), sur quatre générations et les regarde **évoluer dans toutes les strates de la société** du second Empire.

1880 Dans *Le Roman expérimental*, manifeste du mouvement naturaliste, Zola déclare que le principal **modèle** auquel il a eu recours est celui de l'*Introduction à l'étude de la médecine expérimentale* de **Claude Bernard** (1865). Il réaffirme la **nécessité de l'enquête** comme préalable nécessaire à la construction romanesque :

> « Nous autres romanciers, nous sommes les juges d'instruction des hommes et de leurs passions. »
>
> Zola, préface au *Roman expérimental* (1880)

1888 Maupassant formule son propre art du roman, qui module les principes à l'origine du réalisme et du naturalisme :

> « Faire vrai consiste donc à donner l'illusion complète du vrai, suivant la logique ordinaire des faits, et non à les transcrire servilement dans le pêle-mêle de leur succession. J'en conclus que les Réalistes de talent devraient plutôt s'appeler des Illusionnistes. »
>
> Maupassant, préface de *Pierre et Jean* (1888)

Jean-François Millet, *Les Glaneuses* (1857), huile sur toile (84 x 111 cm), musée d'Orsay (Paris).

Thèmes clés

Monde de l'industrie, du commerce et de l'argent • Conflit du capital et du travail • Rôle de l'hérédité et du milieu social • Destin tragique (alcoolisme, folie, misère)

Le **Parnasse**

À l'origine, le mont Parnasse est une montagne de Grèce consacrée à Apollon, où séjournent les neuf Muses. Les poètes Parnassiens s'érigent contre le lyrisme et l'engagement romantiques pour privilégier la Beauté formelle.

1835 D'abord fervent romantique, Théophile Gautier prend ses distances et inaugure la théorie de **l'Art pour l'Art** suivant laquelle la poésie n'aurait d'autre but qu'elle-même :

> « Il n'y a de vraiment beau que ce qui ne peut servir à rien ; tout ce qui est utile est laid, car c'est l'expression de quelque besoin, et ceux de l'homme sont ignobles et dégoûtants, comme sa pauvre et infirme nature. »
> **Gautier, préface à *Mademoiselle de Maupin* (1835)**

1852 Leconte de Lisle, dans sa préface aux *Poèmes antiques*, rejette le lyrisme romantique : « Le thème personnel et ses variations trop répétées ont épuisé l'attention. » Il s'agit de **ne pas s'épancher** devant un public qui ne le comprendrait plus. La même année, Théophile Gautier publie la première édition d'*Émaux et Camées* et consacre le poème comme une **pièce d'orfèvrerie** :

> « Sculpte, lime, cisèle ; / Que ton rêve flottant / Se scelle /
> Dans le bloc résistant ! »
> **Gautier, *Émaux et Camées* (1852)**

Marque de l'éditeur A. Lemerre, (1838-1912), célèbre pour ses publications des poètes du Parnasse. La devise latine *Fac et Spera* signifie « Agis et espère ».

1866 Parution du premier recueil collectif *Le Parnasse contemporain*. Ce recueil, qui permet à de **jeunes auteurs** de se faire connaître, accueille des contributions aussi différentes que celles de Baudelaire, Banville, Gautier, Leconte de Lisle, Heredia, Verlaine ou Mallarmé. En dépit de leurs divergences, ces poètes sont liés par le même **rejet de l'émotion**, la volonté d'**impersonnalité**, le goût pour le **mot rare** et la **versification parfaite**.

1881 Banville publie son *Petit Traité de la poésie française* dans lequel il souhaite « rendre vivante » la tradition poétique, celle-ci ayant été selon lui « tuée, embaumée et momifiée » à partir du XVIIe siècle. Soulignant les **richesses de la versification**, il consacre un chapitre entier à ce qu'il appelle des « curiosités poétiques », comme le pantoum, auquel Baudelaire et Verlaine donneront ses lettres de noblesse, et **remet à l'honneur des formes héritées du Moyen Âge et de la Renaissance**, comme la ballade, le madrigal, le sonnet et l'ode.

Thèmes clés

Mythes • Civilisations disparues • Beauté • Bijoux • Statues

Le **symbolisme**

Le symbolisme est un mouvement littéraire et artistique qui se développe dans la seconde partie du XIXe siècle. Il est formalisé par Jean Moréas en 1886 dans un Manifeste.

1857 Le sonnet de Baudelaire « Correspondances » ouvre la voie au symbolisme en **rapprochant par des analogies des réalités distinctes** (▸ p. 227) :

> « Il est des parfums frais comme des chairs d'enfant,
> Doux comme des hauts bois, verts comme les prairies »
> **Baudelaire, « Correspondances » (1857)**

Le poète doit **interpréter les mystères de l'univers**, atteindre une réalité transcendante, pour la suggérer au lecteur par un **langage suggestif et musical**. La poésie devient un instrument de connaissance en marge du rationalisme du XIXe siècle.

1871 Rimbaud évoque sa quête d'un nouveau langage poétique dans ses « lettres du voyant » (▸ p. 240). Rompant avec les codes sociaux et poétiques traditionnels par un « **dérèglement de tous les sens** », il cherche à **dire l'indicible**.

1874 « L'Art poétique » fait de Verlaine le chef de file du symbolisme. Il y prescrit les principes d'une poésie fluide et musicale par l'utilisation du **vers impair** et le choix de **la nuance** (▸ p. 246) :

> « De la musique avant toute chose,
> Et pour cela préfère l'Impair
> Plus vague et plus soluble dans l'air,
> Sans rien en lui qui pèse ou qui pose. »
> **Verlaine, « Art poétique » (1874)**

Il s'agit de **suggérer** et de **stimuler l'imagination** plutôt que d'expliquer ou de décrire le monde.

1884 Stéphane Mallarmé est l'apôtre d'un langage poétique nouveau et suggestif, dont il revendique l'hermétisme :

> « *Nommer* un objet, c'est supprimer les trois quarts de la jouissance du poème qui est faite de deviner peu à peu : le *suggérer*, voilà le rêve. C'est le parfait usage de ce mystère qui constitue le symbole. »
> **Mallarmé (1891)**

Le symbolisme s'étend également à la **musique** avec Claude Debussy, à l'**opéra** ou au **théâtre** avec Maurice Maeterlinck, à la **peinture** avec Odilon Redon.

Pierre Puvis de Chavannes, *Prométhée*, huile sur toile, The Barnes Foundation, Philadelphie (États-Unis).

Thèmes clés

Rêve • Mystères de l'univers • Musique • Mélancolie • Création poétique • Quête de la vérité

Le **surréalisme**

En réaction aux horreurs de la Première Guerre mondiale, le surréalisme bannit la logique, célèbre le « hasard objectif » et s'engage dans la voie de l'inconscient.

1917 Apollinaire est le premier à employer le mot « surréalisme ». Sans participer directement au mouvement, il fait partie d'une avant-garde qui **célèbre le monde moderne** (▸ p. 271) et met en place **l'éclatement des formes** à travers l'abandon progressif de la ponctuation ou l'invention du **poème-objet** (▸ p. 276).

1919 Premier numéro de la revue *Littérature*, animée par **André Breton**, **Philippe Soupault** et **Louis Aragon**. Anti-bourgeois et provocateur, le groupe surréaliste entend « tuer l'art », dans la lignée du mouvement anarchiste dada lancé par Tristan Tzara avec lequel il fusionne un temps.

1924 Breton publie le *Manifeste du surréalisme*. Il y exalte **l'imagination et l'émerveillement**, et célèbre le pouvoir de l'image surréaliste :

> « Le surréalisme repose sur la croyance à la réalité supérieure de certaines formes d'associations négligées jusqu'à lui, à la toute-puissance du rêve, au jeu désintéressé de la pensée. »
>
> Breton, *Manifeste du surréalisme* (1924)

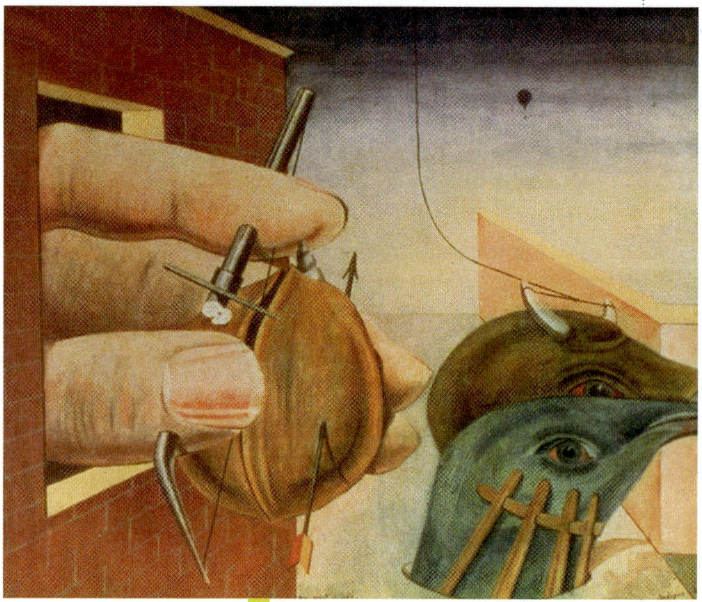

Max Ernst, *Œdipus rex* (1922), huile sur toile (93 x 102 cm), collection privée.

1924 *La Révolution surréaliste* devient la nouvelle revue du groupe. Elle généralise les pratiques de l'**écriture automatique** définie comme une « pensée parlée », l'intérêt pour le **rêve** et la **psychanalyse** et met la notion de **Révolution** au cœur de son projet. Les surréalistes développent également des liens avec les arts plastiques, notamment à travers la pratique du **collage** et du **frottage** (Éluard, « Giorgio De Chirico » ▸ p. 284). La femme devient la médiatrice de l'art et l'**amour fou** est célébré comme mode d'accès au sens (*Nadja* ▸ p. 287).

1930 *Second Manifeste du surréalisme*. Censé fédérer le groupe autour d'un objectif, à la fois **poétique** et **politique**, matérialisé par le rapprochement avec le parti communiste, ce second manifeste contribuera au contraire à **diviser le groupe**. Durant la Seconde Guerre mondiale, si certains comme Breton choisissent la voie de l'exil, d'autres comme Char, Aragon ou Éluard prennent une part active dans la Résistance.

Thèmes clés

Rêve • Inconscient • Hasard • Amour fou

L'absurde

Fortement marqué par le désastre humain des deux guerres mondiales, le courant absurde exprime la difficulté à continuer à croire en l'être humain.

Samuel Beckett, *En attendant Godot*, mise en scène de Jean-Pierre Vincent avec Abbès Zahmani (Estragon) et Charlie Nelson (Vladimir), Théâtre des Bouffes du Nord, 2015 (Paris).

1942 Dans *Le Mythe de Sisyphe*, essai sur l'absurde, Camus s'interroge sur les actions que l'Homme peut mener face à un monde dénué de sens. Le personnage mythologique de **Sisyphe**, condamné à rouler sur une pente une pierre qui retombe toujours, est selon Camus le **symbole de la condition humaine**, car l'être humain est voué à « un travail inutile et sans espoir ». La même année, *L'Étranger* (▸ p. 304) est une illustration romanesque de cette théorie, tandis que *Caligula* et *Le Malentendu* en assurent la démonstration théâtrale.

> « L'absurde naît de cette confrontation entre l'appel humain et le silence déraisonnable du monde. »
> Camus, *Le Mythe de Sisyphe* (1942)

1950 *La Cantatrice chauve* de Ionesco (▸ p. 324) est l'une des œuvres les plus marquantes du « Nouveau Théâtre », baptisé par la critique « Théâtre de l'Absurde ». La pièce, inspirée par les formules aberrantes des méthodes d'apprentissage des langues, exploite la **dimension conventionnelle et loufoque d'un langage** qui finit par ne plus rien vouloir dire, enrayant ainsi toute possibilité de communication. En 1960, *Rhinocéros* (▸ p. 333), métaphore de la montée du fascisme en Europe dans les années 1930, marque le passage du délire verbal à une **dénonciation des totalitarismes et de l'absurdité du monde**.

> « Est absurde ce qui n'a pas de but [...]. Coupé de ses racines religieuses ou métaphysiques, l'homme est perdu, toute sa démarche devient insensée, inutile, étouffante. »
> Ionesco, *Notes et Contre-notes* (1962)

1952 *En attendant Godot* de Beckett (▸ p. 326) consacre le théâtre de l'absurde en créant une **tragédie moderne** dans laquelle les personnages attendent en vain Godot – peut-être *God*, Dieu ? Utilisant un langage désarticulé fait de discontinuités et de ruptures, Beckett crée une véritable révolution dramaturgique qui sera révélée par la mise en scène de Georges Blin en 1953.

> « ESTRAGON : En attendant, essayons de converser sans nous exalter puisque nous sommes incapables de nous taire.
> VLADIMIR : C'est vrai, nous sommes intarissables.
> ESTRAGON : C'est pour ne pas penser.
> Beckett, *En attendant Godot* (1952)

Thèmes clés

Non-sens • Délire verbal • Incommunicabilité • Tragédie moderne • Révolution théâtrale

Le **Nouveau Roman**

À partir des années 1950, un groupe de romanciers refuse les modèles traditionnels du roman français. Rejetant la dimension psychologique du personnage, le Nouveau Roman ouvre une période d'expérimentations formelles sur l'écriture, qui devient l'objet principal du récit.

1953 *Les Gommes* d'Alain Robbe-Grillet (▸ p. 328) rompt la chronologie de la narration, ne dénoue pas l'histoire et **bouscule les habitudes du lecteur**. Les descriptions d'objets saturent la narration, expriment l'étrangeté du monde et réduisent la part de l'humain. Le personnage devient une **mécanique** sans âme.

1956 Nathalie Sarraute publie *L'Ère du soupçon*, un essai considéré comme un **manifeste** du Nouveau Roman. La romancière met l'accent sur la méfiance qui entache les relations entre l'auteur et le lecteur autour de la question du personnage. L'**effet de réel** et le **personnage tout-puissant** sont **rejetés**. L'exploration des **flux de conscience** constitue l'essentiel du travail du romancier.

> « [Le personnage] a, peu à peu, tout perdu : ses ancêtres, sa maison soigneusement bâtie [...], ses propriétés et ses titres de rente, ses vêtements, son corps, son visage, ce bien précieux entre tous, son caractère qui n'appartient qu'à lui, souvent jusqu'à son nom. »
>
> Sarraute, *L'Ère du soupçon* (1956)

1956 *La Modification* de Michel Butor (▸ p. 330) ne raconte plus l'aventure d'un personnage mais celle de l'écriture et de la narration. Depuis un compartiment de train, le personnage explore les labyrinthes du passé et de sa conscience.

> « Le roman est l'expression d'une société qui change ; il devient bientôt celle d'une société qui a conscience de changer. »
>
> Butor, *Répertoire*, II (1964)

1957 Alain Robbe-Grillet, dans *Pour un nouveau roman*, confirme la mort du personnage. La voix, le regard sans identité stable ne témoignent que d'une **perception fragmentaire du monde**. Le roman s'émancipe ainsi des conventions du genre et s'aventure sur la voie d'une création totalement libre.

> « Le livre crée pour lui seul ses propres règles. Encore le mouvement de l'écriture doit-il souvent conduire à les mettre en péril, en échec, peut-être, et à les faire éclater. »
>
> Robbe-Grillet, *Pour un nouveau roman* (1963)

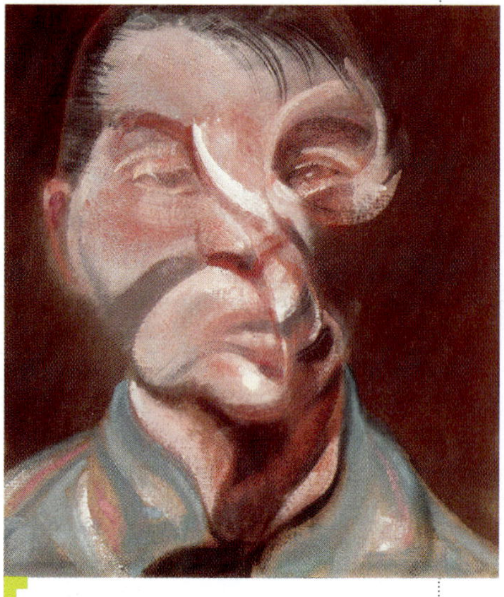

Francis Bacon, *Autoportrait* (1972), huile sur toile (35,5 x 30,5 cm), collection privée.

Thèmes clés

Vie contemporaine • Objets • Monde intérieur • Difficulté de communication • Mise en abyme de l'écriture

La **littérature contemporaine**

À partir des années 1970, le personnage refait son apparition tandis que le *je* lyrique s'affirme de nouveau : la littérature contemporaine se veut en prise avec le réel tout en cherchant à renouveler les genres littéraires.

1988 Koltès met en scène un tueur en série, Roberto Zucco (▸ p. 352). La pièce interroge ce qui fait qu'un homme ordinaire bascule du côté du mal. L'écriture contemporaine s'appuie souvent sur l'immédiat contemporain du **fait divers** :

> « Une réalité aussi complète, parfaite et cohérente que celle que l'on découvre parfois au hasard des voyages ou de l'existence, aucune imagination ne peut l'inventer. »
>
> **Koltès, *Une part de ma vie* (2010, posthume)**

1994 Yasmina Reza porte sur scène les interrogations contemporaines sur l'art (▸ p. 358) : un tableau blanc sur fond blanc avec des liserés blancs peut-il être considéré comme une œuvre d'art ? Cette réflexion sera prolongée en 2010 par Michel Houellebecq dans *La Carte et le Territoire* (▸ p. 382) avec notamment le rôle joué par les médias dans la construction d'une renommée artistique.

Jeff Koons, *Pink Balloon Dog* (2008), LACMA, Los Angeles (États-Unis).

1997 Avec *La Télévision*, Toussaint questionne notre addiction aux images, dans une « écriture ludique » qui révèle avec humour les problèmes du quotidien et la vacuité de l'existence. Le roman **critique** l'art de masse, la société de consommation et les médias à l'origine de l'inculture (▸ p. 362).

2002 Yasmina Khadra dénonce la lapidation subie par les prostituées dans *Les Hirondelles de Kaboul* (▸ p. 370). Il s'agit de **faire réfléchir le lecteur au monde qui l'entoure** et de lui montrer, à l'instar de Marie Darieussecq dans *Truismes* (▸ p. 359), que la société tend à nous aliéner, nous animaliser. Les auteurs contemporains croient au pouvoir de la littérature :

> « J'ai choisi les mots comme seule arme, j'ai une confiance tout à fait illimitée en leur pouvoir. »
>
> **Michel Houellebecq**

2003 Avec *Incendies*, Wajdi Mouawad (▸ p. 371) mêle au théâtre roman et poésie : La littérature contemporaine **renouvelle les formes et mélange des genres**.

Thèmes clés

Quotidien • Condition des femmes • Violence • Médias • Société de consommation • Animalisation

L'Âge d'or

« Ce pays semble avoir conservé les délices de l'âge d'or. » (Fénelon)

Un paradis perdu

L'Âge d'or et le Paradis représentent deux figures du **bonheur originel perdu**.

- **Hésiode**, dans ***Les Travaux et les Jours***, expose au VIIIe s. av. J.-C. les différentes générations qui vivaient à une époque plus heureuse que la nôtre. La première, celle de l'**Âge d'or**, renvoie à un état de **bonheur originel des hommes**, dans une **nature prospère en harmonie avec les dieux**, sous le règne de **Cronos**, le père de **Zeus**. À la destitution de Cronos par Zeus, **l'Âge d'argent** abolit l'Âge d'or. Les hommes connaissent alors le travail, le mal et la douleur. Se succèdent ensuite **l'Âge de bronze**, guerrier, celui des **héros**, et enfin **l'Âge de fer**, dans lequel nous vivons, marqué par le **chaos**.
- Dans la Bible, le livre de **la Genèse** décrit le **jardin d'Éden**, un **paradis terrestre** où vivent **Adam et Ève** dans l'**insouciance** d'une **nature opulente**. Dieu leur interdit un seul acte : goûter au fruit de l'arbre de la connaissance. Tentés par le serpent, qui incarne le Mal, Adam et Ève désobéissent et croquent le fruit défendu : ce **péché originel** marque la **fin d'un âge d'or**. Dieu les chasse aussitôt du paradis. Une nouvelle ère, plus austère, débute pour l'humanité.

La postérité du mythe

- Les **poètes latins** du Ier siècle av. J.-C., **Ovide** dans ***Les Métamorphoses***, et **Virgile** dans les ***Géorgiques*** et les ***Bucoliques***, présentent ce mythe de l'Âge d'or.
- En **1699**, dans ***Les Aventures de Télémaque***, **Fénelon** s'inspire de Virgile pour décrire la vie simple et agricole des habitants d'un pays utopique, la Bétique (▸ p. 134). L'harmonie règne dans cette société idéale basée sur l'autosuffisance et la juste mesure que Fénelon érige en **modèle de bonne gouvernance**.
- En **1755**, **Rousseau** introduit le mythe du « bon sauvage » dans le ***Discours sur l'origine et les fondements de l'inégalité parmi les hommes***. Selon Rousseau, l'homme est **naturellement bon** à l'état de Nature, c'est la société qui le corrompt (▸ p. 151).
- En **1772**, dans le ***Supplément au voyage de Bougainville***, **Diderot**, par la voix d'un vieux Tahitien, dresse un réquisitoire sévère contre l'explorateur taxé de « chef des brigands », venu menacer l'équilibre de la société tahitienne dont la douceur des mœurs constituait un nouvel âge d'or (▸ p. 158).
- En **1736**, **Voltaire** rédige dans le poème « Le Mondain » une **satire du mythe de l'Âge d'or** en faisant l'éloge des biens matériels et du progrès (▸ p. 148).

Jérôme Bosch, *Le Jardin des délices* (1490-1500), huile sur bois, détail du panneau central, musée du Prado, Madrid (Espagne).

Prométhée

« Je me trouve mieux d'être asservi à ce rocher que d'être le fidèle messager de Zeus. » (Eschyle)

Un rival des dieux

* Zeus confie à **Prométhée** (le « prévoyant ») et à son frère **Épiméthée** (« qui réfléchit trop tard ») la mission de **créer les êtres vivants**. Épiméthée ayant doté les animaux des meilleurs dons, Prométhée doit **voler aux dieux le feu et les arts** pour assurer la survie des hommes.
* Agacé par l'**insolence** de Prométhée, Zeus se venge d'abord des hommes en créant… la première femme, **Pandore** (« qui a tous les dons »), et lui offre une **boîte** dans laquelle chaque dieu a mis une chose nuisible. Dévorée par la **curiosité**, Pandore ouvre la boîte malgré l'interdiction des dieux, laissant ainsi s'échapper tous les **maux, crimes et chagrins** qui depuis affligent l'humanité.
* Zeus se venge ensuite de Prométhée en l'attachant à un **rocher** où un **aigle** vient tous les jours lui dévorer le **foie**, qui se reforme chaque nuit.

Jan Cossiers, *Prométhée transportant le feu* (1637), huile sur toile (182 x 113 cm), musée du Prado, Madrid (Espagne).

La postérité du mythe

* Il apparaît dans la ***Théogonie*** du poète grec **Hésiode** (VIIIe s. av. J.-C.).
* Dans son ***Prométhée enchaîné***, le dramaturge grec **Eschyle** (VIe-Ve s. av. J.-C.) fait du héros un personnage coupable de **démesure** (*hubris*), qui entend rivaliser avec Zeus en apportant aux hommes non seulement le feu, mais aussi les arts et les sciences.
* En **1373**, dans sa ***Généalogie des dieux païens***, l'écrivain italien **Boccace** fait de Prométhée le symbole du **savant avide de connaissances**. L'aigle qui le dévore devient l'image des pensées qui ne cessent de le tourmenter. Il libère les hommes de leur condition primitive et leur permet de s'accomplir.
* En **1773**, dans son drame inachevé ***Prometheus***, l'écrivain romantique allemand **Goethe** fait du héros l'éducateur des hommes et le **fondateur d'une société juste**, mais aussi la figure du poète de génie et de l'artiste révolté qui se place en créateur face à Dieu.
* En **1818**, l'écrivaine britannique **Mary Shelley** donne à voir un aspect malfaisant et ambigu du personnage dans ***Frankenstein ou le nouveau Prométhée*** (▸ p. 153). L'œuvre **questionne doublement le mythe** : le créateur, le docteur Frankenstein, veut égaler Dieu en créant un homme artificiel ; la créature, à la fois monstrueuse et pitoyable, essaie de devenir un homme.
* En **1899**, **Gide** publie ***Le Prométhée mal enchaîné*** et livre une **version satirique et critique** du mythe : Prométhée s'échappe du Caucase et vient déambuler dans le Paris contemporain affublé de son aigle, métaphore des passions qui le dévorent.

Orphée

« Je suis au bas des ombres. » (Éluard)

Le pouvoir de la musique

* **Orphée** est le fils du **roi de Thrace**, Œagre, et de la **muse de la poésie lyrique**, Calliope. Apollon lui offre de nombreux dons et une **lyre**. Il incarne la **figure du poète** par excellence : sa musique calme les éléments déchaînés, charme les plantes, les animaux, les hommes et même les dieux.
* En voulant échapper aux avances trop pressantes du berger Aristée, son épouse, Eurydice, est mordue mortellement par un serpent. Fou de douleur, **Orphée descend aux Enfers** pour la retrouver. **Hadès** et **Perséphone**, dieu et déesse des Enfers, consentent à laisser partir Eurydice à une seule condition : Orphée doit marcher jusqu'au royaume des vivants sans se retourner pour la regarder. Alors qu'il arrive à la fin du sentier, trop impatient, il se retourne et **perd Eurydice à tout jamais**.
* Veuf inconsolable, il délaisse les femmes de son pays. Les Ménades, jalouses de son amour pour sa femme défunte, se déchaînent contre lui, le démembrent et jettent sa tête dans un fleuve.

Orphée charmant les animaux, détail d'une mosaïque romaine du IIIe siècle, (122 x 130 cm), musée archéologique d'El Djem (Tunisie).

La postérité du mythe

* Le mythe d'Orphée est rapporté par les poètes latins du Ier s. av. J.-C., **Virgile** (*Les Géorgiques*) et **Ovide** (*Les Métamorphoses*).
* En **1607**, ***L'Orfeo*** de **Monteverdi** est le premier opéra connu de l'histoire. Il relate l'amour d'Orphée pour Eurydice, et sa descente aux Enfers.
* En **1854**, avec « El Desdichado » (▸ p. 219), **Gérard de Nerval** décrit le parcours initiatique, long et douloureux, du poète en quête d'identité. Il s'assimile à Orphée et espère faire remonter celle qu'il aime du royaume des morts.
* En **1858**, **Offenbach**, dans l'opéra-comique ***Orphée aux enfers***, transforme cet amour malheureux en adultère, dénonçant par la parodie l'hypocrisie des mœurs de son époque.
* En **1910**, **Guillaume Apollinaire**, avec ***Le Bestiaire ou Cortège d'Orphée*** illustré par Raoul Dufy, reprend la tradition des bestiaires médiévaux et montre la capacité du poète à charmer et à enchanter le monde.
* En **1926**, dans **« Absences II »**, **Paul Éluard** (▸ p. 282) donne une dimension universelle à son amour pour Gala. Tel Orphée, il reste « au bas des ombres », refusant de renoncer à celle qu'il aime.
* En **1950**, le film ***Orphée*** de **Jean Cocteau** insiste sur le tragique de la destinée : Orphée ramène Eurydice dans le monde des vivants, mais il n'a toujours pas le droit de la regarder, ce qui fait vivre au couple un enfer, jusqu'à ce que la mort les délivre.

Œdipe

« Je me révèle le fils de qui je ne devais pas naître, l'époux de qui je ne devais pas l'être, le meurtrier de qui je ne devais pas tuer. » (Sophocle)

La quête identitaire de l'Homme

- **Laïos** et **Jocaste**, qui règnent sur **Thèbes**, vivent sous le coup d'une punition infligée par Apollon : **si Laïos engendre un fils, celui-ci le tuera**. À la naissance de leur fils, Laïos et Jocaste demandent donc à un berger de tuer le nouveau-né. Le berger désobéit et offre l'enfant au roi de **Corinthe**, **Polybe**, et à son épouse, **Mérope**, qui l'élèvent comme leur propre fils et le nomment Œdipe.
- Adulte, Œdipe se rend à l'oracle de Delphes et apprend qu'il est condamné au **parricide** et à l'**inceste**. Ignorant ses origines et voulant **fuir la prophétie**, il se précipite vers son destin. Il rencontre **Laïos** sur son chemin. **Il le tue**. Le frère de Jocaste, **Créon**, annonce que celui qui parviendra à répondre à l'énigme jusqu'alors irrésolue du Sphinx épousera sa sœur et régnera sur Thèbes. Œdipe y parvient, **épouse Jocaste** et **devient roi**.
- Des années plus tard, alors qu'Œdipe et Jocaste ont eu quatre enfants, la ville est ravagée par la peste car elle abrite le meurtrier impuni du roi Laïos. Œdipe mène une enquête et découvre qu'il est parricide et incestueux. **Il se crève les yeux** tandis que Jocaste, elle, se suicide.
- **Freud** définit les principes du **complexe d'Œdipe** dans *L'Interprétation des rêves* (1899) :

> « Le roi Œdipe, qui a tué son père, Laïos, et épousé sa mère, Jocaste, n'est que l'accomplissement d'un désir de notre enfance. »

Gustave Moreau, *Œdipe et le Sphinx* (1864), huile sur toile (206 x 105 cm), The Metropolitan Museum of Art, New York (États-Unis).

La postérité du mythe

- L'*Odyssée* comporte la première version de l'histoire d'Œdipe, rapportée par Ulysse au cours de sa descente aux Enfers (chant XI).
- Au **Ve siècle** avant notre ère, **Eschyle** l'adapte pour la première fois au théâtre dans sa **trilogie thébaine**, *Laïos*, *Œdipe* et *Les Sept contre Thèbes*.
- Vers **430** avant notre ère, **Sophocle** réécrit le mythe dans ***Œdipe roi***. Ne mentionnant pas la cause de la malédiction d'Œdipe, il renforce le tragique destin du héros.
- En **1934**, **Jean Cocteau** met en scène ***La Machine infernale*** (▸ p. 292), une réécriture parodique du complexe d'Œdipe, jouet cruel des dieux.
- En **1978**, avec ***Œdipe ou le Roi boiteux*** (▸ p. 344), **Jean Anouilh** montre le rôle de l'inconscient dans les décisions prises par Œdipe.
- En **2003**, ***Incendies*** (▸ p. 371) de **Wajdi Mouawad** réécrit le mythe sur fond de guerre. Le tragique est d'autant plus accentué que le nouvel Œdipe, Nihad, est non le mari mais le violeur de sa mère.

Électre

« Je les hais d'une haine qui n'est pas à moi. » (Giraudoux)

Histoire d'une malédiction

- Électre, **fille** d'**Agamemnon** et de **Clytemnestre**, est la **sœur** de **Chrysothémis**, **Iphigénie** et **Oreste**. Elle appartient à la famille des **Atrides**, les descendants d'Atrée qui, d'après la pièce d'Eschyle, fit manger à son frère, Thyeste, ses propres enfants. Depuis, une malédiction s'abat sur cette famille.
- La fatalité touche d'abord **Iphigénie** : pour permettre aux Grecs de poursuivre leur navigation vers Troie et reprendre la belle Hélène, femme de Ménélas lui-même frère d'Agamemnon, enlevée par Pâris, **les dieux demandent à Agamemnon de leur sacrifier Iphigénie**. Eschyle dans son texte la fait périr alors que chez Euripide, la déesse Artémis la remplace *in extremis* par une biche.
- **De retour de la guerre de Troie, Agamemnon est tué** dans son bain par **Clytemnestre** et son amant **Égisthe**, fils de Thyeste.
- Électre, dévastée par la mort de son père, **pousse Oreste à tuer** Clytemnestre et Égisthe pour venger Agamemnon. Poursuivi par les déesses de la culpabilité, les **Érinyes** ou, ironiquement, les Euménides (les « Bienveillantes »), Oreste devient fou. Il sera finalement acquitté par les dieux.

La postérité du mythe

- Le mythe est d'abord introduit par **Homère** dans ***L'Iliade*** puis repris au Ve siècle avant notre ère par les trois plus grands tragiques de la Grèce antique, **Eschyle**, **Sophocle** et **Euripide**.
- En **1909**, **Strauss** et **Hofmannsthal** font du mythe un **opéra** teinté de violence.
- En **1937**, **Giraudoux**, dans ***Électre***, fait mener une enquête policière au personnage éponyme. Le mythe est désacralisé par l'utilisation du comique qui passe notamment par l'ajout de personnages de condition inférieure, par exemple le mendiant.
- En **1943**, **Sartre**, dans ***Les Mouches*** (► p. 307), illustre sa philosophie : dans un monde sans dieux, l'homme est libre. Ainsi, **Oreste** ne sombre pas dans la folie mais **affirme sa liberté** face à des déesses de la culpabilité devenues des mouches et face à un Zeus qui ne l'effraie pas.
- En **2006**, ***Les Bienveillantes*** de **Jonathan Littell** (► p. 375) relatent les relations troubles d'un frère et d'une sœur dans l'Allemagne nazie. Comme Oreste, le frère tue – peut-être – sa mère avec une hache et se voit poursuivi par des Euménides modernes, deux policiers qui l'accusent de ce meurtre.

Sophocle, *Électre*, mise en scène de Philippe Calvario, avec Jane Birkin et Sophie Tellier, théâtre Le Quartz, 2006 (Brest).

Médée

« Tu es savante, habile aux arts néfastes. » (Euripide)

Une magicienne barbare et criminelle

Eugène Delacroix, *Médée furieuse* (1862), huile sur toile (122 x 84 cm), musée du Louvre (Paris).

- Fille du roi Æétès de Colchide, **nièce** de la magicienne **Circé**, Médée accomplit nombre de crimes, d'abord pour aider **Jason**, dont elle est éprise, puis pour le punir de l'avoir abandonnée.
- **Médée** met sa magie au service de **Jason**, venu conquérir la **Toison d'or** sur l'ordre du roi **Pélias**. Lors de leur fuite, elle tue son propre frère et disperse les morceaux de son cadavre afin que les poursuivants, soucieux d'apporter une sépulture au mort, soient ralentis.
- Pour se venger du **roi Pélias**, Médée abuse de la crédulité de ses filles et les pousse à le tailler en pièces et à le faire bouillir.
- Réfugiés à **Corinthe**, Jason et Médée vivent heureux jusqu'à ce que Jason s'éprenne de **Créüse**, la fille du roi Créon, et répudie la magicienne. Médée, furieuse, empoisonne la robe de noces de Créüse, tuant ainsi la mariée et son père. Médée **égorge** ensuite **ses propres enfants** devant Jason.
- Le personnage de Médée représente l'amante prête à trahir, s'exiler et tuer ses enfants pour **se venger de celui qu'elle aime**. Bafouée par Jason, elle apparaît aussi comme la **figure de la femme abandonnée**, protestant contre l'injuste condition des femmes. Elle est enfin **la mère**, qui aime ses enfants avec sincérité et doit subir la violence de Jason qui lui arrache la chair de sa chair. Soumise à ses passions, Médée est un **personnage tragique**.

La postérité du mythe

- Médée se trouve au centre des tragédies éponymes d'**Euripide** (Ve s. av. J.-C.) et de **Sénèque** (Ier s. ap. J.-C.). Si Euripide présente une Médée humaine en butte à la lâcheté de Jason, Sénèque la dépeint comme un monstre.
- En **1635**, **Corneille** souligne l'instabilité baroque de Médée dont les hésitations déchirantes face à l'infanticide se déploient dans plusieurs monologues (► p. 84).
- En **1946**, **Anouilh** fait de Médée une bohémienne qui met le feu à la roulotte où se trouvent ses enfants.
- **Pasolini** en **1969** porte *Médée* à l'écran et demande à la cantatrice Maria Callas d'incarner le personnage.
- Avec ***Médée Kali***, **Laurent Gaudé** met en scène, en **2003**, une Médée venue déterrer ses enfants pour les rendre aux rites funéraires de son pays d'origine – l'Inde et non plus la Colchide. Chaque scène s'ouvre sur la voix des enfants effrayés par une mère qui les déterre, les brûle puis les noie. La catharsis est renforcée.

Phèdre

« Ni tout à fait coupable, ni tout à fait innocente. » (Racine)

Histoire d'une malédiction

- **Phèdre**, petite-fille du Soleil, subit la **malédiction** d'**Aphrodite** depuis que le **dieu Soleil** a révélé ses amours adultérines avec Arès. Aphrodite se venge sur sa descendance.
- **Pasiphaé**, fille du Soleil et mère de **Phèdre** et d'**Ariane**, touchée par la malédiction, s'éprend d'un taureau blanc. Elle conçoit le **Minotaure**, monstre mi-homme, mi-taureau. Son époux Minos, roi de Crète, fait enfermer le Minotaure dans un labyrinthe. Chaque année, de jeunes Athéniens lui sont offerts en sacrifice. **Thésée** délivre Athènes de ce tribut sanglant en tuant le Minotaure avec l'aide d'**Ariane**, qui lui a conseillé de dérouler un fil derrière lui pour retrouver son chemin dans le labyrinthe. Thésée trahit l'amour d'Ariane pour Phèdre.
- **Phèdre** épouse **Thésée**, devenu roi d'Athènes, mais tombe amoureuse d'**Hippolyte**, le fils né des amours de Thésée avec la reine des Amazones. Alors qu'elle croit Thésée mort, **Phèdre avoue ses sentiments incestueux** à Hippolyte, qui la repousse. Au retour de Thésée, Phèdre accuse Hippolyte d'avoir voulu la séduire. Thésée maudit son fils et demande l'intervention de Neptune : un monstre marin effraie les chevaux du char d'Hippolyte qui le tuent, en le traînant sur les rochers. Prise de remords, Phèdre avoue la vérité à Thésée et se pend.

Jean Racine, *Phèdre*, mise en scène de Patrice Chéreau avec Dominique Blanc dans le rôle de Phèdre, Odéon-Théâtre de l'Europe aux Ateliers Berthier, 2003 (Paris).

La postérité du mythe

- Le personnage de Phèdre apparaît pour la première fois dans ***L'Odyssée*** d'**Homère**. Il est ensuite repris au Ve siècle avant notre ère par le tragique grec **Euripide** (*Hippolyte porte-couronne*), par le dramaturge latin **Sénèque** au Ier siècle (*Phèdre*), puis par **Robert Garnier** en **1573** (*Hippolyte*), **Jean Racine** en **1677** (*Phèdre* ▸ p. 120), avant d'être parodié par **Pierre Dac** dans *Phèdre (à repasser)* (1935).
- **En 1871**, **Émile Zola**, dans ***La Curée*** fait de Phèdre, Renée et d'Hippolyte, Maxime qui, lui, cède aux avances de Renée. L'inceste est consommé et la nouvelle Phèdre ne ressent pas de remords jusqu'à ce qu'elle assiste à une représentation de *Phèdre*, où elle prend conscience de ce parallèle troublant.
- **En 1927**, **François Mauriac** affilie son héroïne, Thérèse Desqueyroux (▸ p. 286) à Phèdre : elle éprouve le même sentiment de fatalité que celui qui étreint l'héroïne tragique.
- **En 1936**, **Marguerite Yourcenar** lui consacre une nouvelle (▸ p. 298) dans laquelle Phèdre n'a plus honte de son amour.

Abel et Caïn

« Les uns descendent d'Abel, les autres de Caïn. » (Balzac)

Le péché de jalousie

- **Caïn** et **Abel** sont les enfants d'**Adam** et **Ève**. À l'occasion d'une offrande, **Caïn**, paysan, **offre à Dieu du blé**, alors que son frère berger, **Abel**, lui **offre un agneau**. Dieu montre ostensiblement sa préférence pour l'offrande d'Abel. Caïn est saisi d'une **jalousie dévorante**. Dieu s'en aperçoit et lui demande de **se dominer**. Caïn n'y parvient pas et **tue son frère**.
- Pour punir Caïn, Dieu rend sa **terre infertile** et le condamne à **errer** tel un vagabond. Caïn pense pouvoir échapper à cette malédiction par la mort, mais Dieu le marque d'un **signe sur le front** pour que personne ne le tue et n'abrège ainsi sa punition.
- Saint Augustin au IVe siècle qualifie ce récit d'**allégorie du Bien et du Mal**.

Caïn tuant Abel, détail du retable de **Nikolaus von Verdun** (1181), émail sur cuivre, église conventuelle de Klosterneuburg (Autriche).

La postérité du récit

- En **1616**, **Agrippa d'Aubigné** dans ***Les Tragiques*** (▸ p. 80) désigne par « Les Caïns » les catholiques en guerre contre leurs frères protestants qui ne trouvent de repos nulle part.
- En **1843**, le personnage de Vautrin, dans les ***Illusions perdues*** (▸ p. 202) de **Balzac**, s'identifie autant à Caïn qu'à Abel : « Les uns descendent d'Abel, les autres de Caïn ; moi, je suis un sang-mêlé : Caïn pour mes ennemis, Abel pour mes amis, et malheur à qui réveille Caïn ! »
- En **1853**, le poème « **Abel et Caïn** » de **Baudelaire** met l'accent sur l'injustice ressentie par Caïn et l'engage à se révolter.
- En **1859, Victor Hugo** dans le poème « **La conscience** » montre le patriarche Caïn qui ne peut se libérer de l'œil de Dieu : la fuite n'est pas une issue pour l'homme rongé par le **remords**. La conscience humaine apparaît comme une image obsédante, tel cet œil qui ne cesse de regarder Caïn.
- En **1869, Leconte de Lisle** réhabilite la figure de Caïn dans ses ***Poèmes barbares*** et explique le désintérêt à venir des hommes pour Dieu à partir de cette injustice subie par Caïn.
- En **1951,** le mythe sert à la réflexion philosophique et politique de **Camus** dans ***L'Homme révolté***. Pour lui, « la race de Caïn a triomphé de plus en plus au cours des siècles ».
- En **1970, Michel Tournier** dans ***Le Roi de Aulnes*** met en parallèle le mythe d'Abel et Caïn avec les génocides nazis : les nazis sont les nouveaux Caïns, les juifs et les tsiganes, les fils d'Abel.

Le sacrifice d'**Isaac**

« Qui meurt suivant Dieu est heureux. » (Théodore de Bèze)

La mise à l'épreuve

- L'histoire du sacrifice d'Isaac est racontée dans la Bible, au chapitre 22 de la **Genèse**.
- **Isaac** est le **fils unique**, longtemps désiré, d'**Abraham** et de **Sara**. Alors que Sara, âgée, s'était résolue à ne jamais enfanter, elle voit dans sa grossesse un clin d'œil malicieux de Dieu, et nomme son fils Isaac, « que Dieu rie » en hébreu.
- Un jour, Dieu demande à Abraham de lui **offrir son fils en sacrifice**. Obéissant, Abraham conduit Isaac au lieu indiqué par Dieu. Lorsque Isaac demande à son père où se trouve l'animal qui doit être sacrifié, Abraham lui répond que Dieu s'en charge.
- Au moment où Abraham lève la main pour tuer son fils, **un ange l'arrête et substitue un bélier à l'enfant**. Mis à l'épreuve, Abraham a prouvé à Dieu qu'il le craignait.
- Le sacrifice humain, courant dans les religions polythéistes, est remis en question par cet épisode, fondateur des trois religions monothéistes.

La postérité du récit

- **En 1550, l'humaniste Théodore de Bèze**, dans ***Abraham sacrifiant***, première tragédie en français, porte au théâtre l'épisode biblique souvent exploité dans les mystères médiévaux. Converti au protestantisme, il entend présenter un modèle de foi aux protestants et aux huguenots persécutés.
- **Vers 1602, le peintre le Caravage** représente la souffrance d'Isaac au moment où son père le saisit à la gorge pour le tuer (► ci-contre).
- **En 1674, Racine** dans ***Iphigénie*** (► p. 118) superpose le sacrifice d'Iphigénie à celui d'Isaac.
- **En 1970,** dans le poème « **Le couteau** », issu du recueil *Jacob,* **le poète Pierre Emmanuel** revisite l'histoire d'Abraham en se plaçant du point de vue d'Isaac. Le lecteur accède ainsi aux émotions de ce fils qui ne comprend pas pourquoi son père est prêt à le sacrifier.
- **En 1987, Sarah Kofman,** dans ***Paroles suffoquées***, montre que l'histoire d'Isaac a pu conduire certains juifs à accepter la déportation, la jugeant alors comme une épreuve destinée à éprouver leur foi en Dieu.

Michelangelo Merisi, dit **le Caravage,** *Le Sacrifice d'Isaac* (vers 1602), huile sur toile (104 x 135 cm), Galerie des Offices, Florence (Italie).

La lutte de **Jacob** avec l'ange

« J'ai vu Dieu face à face et j'ai eu la vie sauve. » (Genèse, 32)

Des frères rivaux

* L'histoire de **Jacob** (« Dieu protège » en hébreu), fils d'**Isaac** et de **Rebecca**, est racontée dans la **Genèse**.
* Son enfance est marquée par la **rivalité** qui l'oppose à son **frère jumeau**, Ésaü, qui dispose du droit d'aînesse. Parce que Jacob est plus sage que son frère intrépide, il est le préféré de sa mère. C'est avec son aide qu'il **usurpe le statut d'aîné** à son frère auprès de leur père. Dupé, **Ésaü menace de mort Jacob** qui fuit son pays.
* Durant son voyage, **Jacob fait un songe** au cours duquel lui apparaît une échelle qui relie la terre au ciel. À travers ce songe, **Dieu lui promet une terre** qui portera son nom et une **descendance multiple**.
* Pendant ses années d'exil, Jacob se marie et engendre douze fils.
* Après vingt années loin de ses terres, Jacob retourne dans son pays sur l'ordre de Dieu. Sur le chemin, **il combat un mystérieux adversaire**. Il sort blessé mais vainqueur de cette lutte. Son adversaire le rebaptise **Israël**, ce qui veut dire « **celui qui a lutté avec Dieu** ».

Marc Chagall, *La Lutte de Jacob et de L'ange* (vers 1965), huile sur toile collée sur contreplaqué (25 x 18 cm), musée national Marc-Chagall (Nice).

L'acte de création : lutte éternelle de l'artiste

* Ce récit biblique a inspiré en **1849** à **Eugène Delacroix** l'une des trois fresques de l'église Saint-Sulpice à Paris (▸ p. 355), achevée en 1861 au terme d'un travail de création tourmenté que le peintre qualifie dans son journal de « combat éternel » qui, **au lieu de l'abattre, le relève**. La lutte de Jacob devient emblématique du **combat poétique de l'artiste**.
* **Victor Hugo** en **1859**, dans son poème « **Booz endormi** », dans le recueil *La Légende des siècles*, s'inspire du mythe de Jacob pour le personnage de Booz qui voit, lors d'un songe, apparaître Dieu au sommet d'un chêne lui prédisant l'engendrement d'une race.
* En **1925**, **André Gide** dans *Les Faux-monnayeurs* (▸ p. 280) met en scène le combat de Bernard avec un ange mystérieux. Au terme de cette lutte, Bernard trouve sa voie et prend conscience de son identité : l'ange n'est plus le messager de Dieu mais l'inconscient de Bernard.
* En **1990**, dans *Œdipe sur la route* (▸ p. 354) de **Henry Bauchau**, le combat avec l'ange devient le symbole du combat de l'écrivain avec son inconscient. Ni l'ange, ni le nouveau Jacob ne doit sortir vainqueur de ce combat : cela mettrait fin à la création artistique.

Le **roman** : évolution et enjeux

Considéré comme un art mineur jusqu'au XVIIIe siècle pour sa futilité ou son immoralisme, le roman acquiert ses lettres de noblesse au XIXe siècle. Il affirme depuis lors son extrême **liberté de forme et de ton,** brandissant la fiction comme l'art de toucher au plus près la vérité des êtres et des choses.

Petite histoire du roman

« Le roman est le seul genre en devenir, et encore inachevé. Il se constitue sous nos yeux. »
Bakhtine, *Esthétique et Théorie du roman* (1978)

Né au Moyen Âge, le **roman** désigne d'abord des textes en vers écrits en **langue romane**. Les premiers romans sont des **romans de chevalerie**, tel *Lancelot ou le Chevalier de la charrette* de Chrétien de Troyes. Les personnages sont des héros dont les **valeurs** suscitent l'admiration des lecteurs.

Avec l'invention de l'imprimerie au XVe siècle et l'ordonnance de Villers-Cotterêts au XVIe siècle, par laquelle François Ier impose la langue française comme langue unique, les romans connaissent un **plus large public** : les récits de Rabelais, écrits dans une langue populaire et savoureuse, conjuguent **fantaisie et réflexion ironique** sur la nature humaine (► p. 48).

Dès lors, au **XVIIe siècle**, **le genre se diversifie** : romans pastoraux (*L'Astrée* d'Honoré d'Urfé ► p. 78) et romans d'analyse (*La Princesse de Clèves* de Mme de La Fayette ► p. 122) seront suivis au XIXe siècle par les romans d'aventures et les romans fantastiques par exemple, au XXe siècle par les romans de science-fiction et les romans policiers.

Au **XVIIIe siècle**, le roman se fait **protéiforme**, assemblant des lettres (*Les Liaisons dangereuses* de Laclos ► p. 166), ou mêlant au récit des dialogues de théâtre (*Jacques le Fataliste* de Diderot ► p. 150).

Au **XIXe siècle**, le roman connaît son **âge d'or** avec le réalisme et le naturalisme (Balzac, Flaubert, Zola). C'est à cette époque aussi que de nombreux romanciers **questionnent** le roman et ses fonctions. Certains, comme Maupassant (► p. 258), considèrent que le roman doit être **en prise avec le réel**, qu'il le reflète et peut le modifier, tandis que pour d'autres comme Huysmans (► p. 245), la **fonction esthétique prime**.

Aux **XXe** et **XXIe siècles**, le roman demeure un **genre majeur**. Il intègre les découvertes de la **psychanalyse**. Le roman reflète ainsi les contradictions de l'**individu** et se complexifie (*À la recherche du temps perdu* de Proust ► p. 273). De même, le thème de la **mort de Dieu**, hérité du philosophe Nietzsche, irrigue la littérature : l'être humain, certes libre, se trouve tantôt confronté à un monde absurde (*L'Étranger* de Camus ► p. 304), tantôt à un monde qu'il détruit lui-même progressivement (*Les Bienveillantes* de Littell ► p. 375).

Héros et anti-héros

Aux **XVIe** et **XVIIe siècles, le personnage de roman est idéalisé** : ses traits sont grossis, dans le sens d'une **caricature** (*Le Quart Livre* de Rabelais ► p. 54) ou d'une **exaltation** (*La Princesse de Clèves* de Mme de La Fayette ► p. 122).

Au **XVIIIe siècle**, le héros de roman devient support d'une **réflexion philosophique**, par exemple sous la plume de Diderot dans *Jacques le Fataliste* (► p. 162).

Au **XIXe siècle**, revêtu des qualités et des défauts humains, il se fait **double du lecteur** : le personnage de roman reflète alors les hommes et les femmes ordinaires (*Madame Bovary* ► p. 224). Le héros positif ou négatif laisse ainsi place à l'**antihéros**.

« Le réaliste, s'il est un artiste, cherchera, non pas à nous montrer la photographie banale de la vie, mais à nous en donner la vision plus complète, plus saisissante, plus probante que la réalité même. »
Maupassant, préface de *Pierre et Jean* (1887)

Après la Seconde Guerre mondiale, le Nouveau Roman **efface le personnage** au profit de la narration – Robbe-Grillet le qualifiera même de « momie ». Butor, dans *La Modification* (► p. 330), renouvelle la notion de personnage en choisissant d'utiliser le pronom « vous » au lieu de « je » ou « il ».

Les objets occupent une place de plus en plus importante dans le récit, comme dans *La Jalousie* de Robbe-Grillet dont le titre réfère tout autant au sentiment du narrateur qu'au volet à travers lequel il épie sa femme.

> « En fait, les créateurs de personnages, au sens traditionnel, ne réussissent plus à nous proposer que des fantoches auxquels eux-mêmes ont cessé de croire. Le roman de personnages appartient bel et bien au passé, il caractérise une époque : celle qui marqua l'apogée de l'individu. »
> **Robbe-Grillet, *Pour un nouveau roman* (1963) © éd. de Minuit**

✱ **Le personnage de roman incarne avant tout la vision du monde de son auteur**. Ainsi, Bardamu dans *Voyage au bout de la nuit* de Céline (▸ p. 294), ou Meursault dans *L'Étranger* de Camus (▸ p. 304) : leur regard souligne pour l'un l'horreur de l'Histoire dans laquelle il est immergé – la Première Guerre mondiale –, pour l'autre l'absurdité du monde qui l'entoure, un monde qui le condamne moins pour avoir tué un homme que pour n'avoir pas pleuré à la mort de sa mère.

Les fonctions du roman

Divertir et émouvoir

✱ Un roman comme *Le Quart Livre* (Rabelais, 1552) déclenche le **rire** au point que l'épisode des « moutons de Panurge » est resté dans toutes les mémoires (▸ p. 54). Le **roman d'aventures**, quant à lui, permet au lecteur de **s'évader de son quotidien**, ainsi du *Tour du monde en quatre-vingts jours* (Jules Verne, 1872). D'autres romans **émeuvent** le lecteur, comme *Le Père Goriot* (Balzac, 1835) : Goriot meurt seul, pauvre et délaissé par ses deux filles pour qui il a tout sacrifié.

Instruire

> « Le roman est un miroir qui se promène sur une grande route. »
> **Stendhal, *Le Rouge et le Noir* (1830)**

✱ Le roman **reflète une époque**, un régime politique. Dans *Le Rouge et le Noir*, Stendhal traduit l'ennui qui étreint la société française sous la Restauration. Le romancier nous fait aussi découvrir l'horreur de la guerre, comme Sartre dans *Les Chemins de la liberté* (1945-1949), trilogie romanesque dans laquelle l'Histoire vient heurter de plein fouet les personnages. De même Céline, avec *Voyage au bout de la nuit* (1932), place son narrateur-personnage, Bardamu, face à la guerre et à la pauvreté.

Faire réfléchir

✱ Inviter le lecteur à **mieux se connaître**, c'est ce qu'entreprend un auteur comme Proust lorsqu'il analyse les rouages de la jalousie dans les sept tomes d'*À la recherche du temps perdu* (1913-1927). En lisant des romans, nous réfléchissons également au **monde qui nous entoure** : *Le Dernier Jour d'un condamné* (Hugo, 1829) nous dresse contre la peine de mort en nous plongeant dans l'intériorité d'un condamné ; *Les Hirondelles de Kaboul* (Khadra, 2002 ▸ p. 370) provoque notre révolte contre les outrances de l'intégrisme en nous faisant assister à une scène de lapidation.

> « Nous autres romanciers, nous sommes les juges d'instruction des hommes et de leurs passions. »
> **Balzac, *Le Roman expérimental* (1880)**

✱ **Les romans entretiennent donc une relation certaine avec le réel**, y compris ceux qui prétendent s'opposer au réalisme. Un roman reflète son **époque**, mais aussi des **sentiments** et des **sensations** qui pourraient être les nôtres, que ces sentiments se confondent avec l'amour tel que le décrit Boris Vian dans *L'Écume des jours* (1947) ou Aragon dans *Aurélien* (▸ p. 309), ou avec la colère des mineurs dans *Germinal* de Zola (1885). Pierre Lemaître, dans *Au-revoir là-haut* (▸ p. 388), nous fait ressentir la sensation d'étouffement qui étreint Albert au moment où il se trouve enterré vivant après l'explosion d'un obus.

Ces « êtres de papier » ressentent les mêmes choses que leurs créateurs ; il est jusqu'au diable qui tombe amoureux sous la plume de Cazotte (*Le Diable amoureux*, 1772). Le roman permet souvent aux romanciers de défendre leurs idées, comme le fait Victor Hugo dans *L'Homme qui rit* (▸ p. 233).

Certes, **le romancier nous ment : il invente**. C'est ce qu'Aragon nomme **« le mentir-vrai »**, la fiction devenant un moyen pour atteindre des **vérités universelles**.

> « L'art du roman est de savoir mentir. »
> **Aragon, *J'abats mon jeu* (1959) © Mercure de France**

La **nouvelle** : évolution et enjeux

Récit court, la nouvelle séduit de nombreux lecteurs. Elle les plonge dans un **univers fictionnel saisissant et clos,** conçu pour qu'ils s'interrogent au-delà du temps de lecture.

Définition

- La nouvelle, en tant que genre littéraire, se distingue du roman par sa **brièveté**.
- C'est un récit de fiction court avec un nombre limité de personnages, dont les caractéristiques sont peu développées. Le récit **se concentre** sur un événement particulier dans un temps et un lieu précis. La nouvelle est donc **elliptique** : elle ne peut pas tout dire et fait appel à l'imagination du lecteur. **Le début annonce tout le récit** ; la **fin**, rapide et inattendue, est appelée **chute**.
- **Genre protéiforme**, la nouvelle varie selon les époques et les auteurs : une nouvelle peut être réaliste, fantastique, policière, de science-fiction…

Naissance de la nouvelle

- **Au Moyen Âge** apparaissent les fabliaux et les lais, récits courts en prose ou en vers. **Vers 1350**, l'auteur italien **Boccace** rassemble, dans *Le Décaméron*, cent récits relatés par dix jeunes gens réunis à la campagne pour fuir une épidémie de peste à Florence.
- **En 1558**, **Marguerite de Navarre**, sœur du roi François Ier, reprend ce procédé dans *L'Heptaméron*, qui contient les premières nouvelles en langue française, soixante-douze récits de dix personnages rassemblés dans une abbaye lors d'un violent orage (▸ p. 58).
- **À partir du XVIIe siècle**, les termes **nouvelle** et **conte** s'emploient indifféremment. Le conte libertin (*Contes et nouvelles en vers* de La Fontaine) ou philosophique (*Contes philosophiques* de Voltaire ▸ p. 154) peut faire appel au merveilleux.

Un genre à succès

- **Au XIXe siècle**, la nouvelle connaît un véritable **succès** grâce à sa large diffusion dans la **presse**. Les nouvelles ont un **ancrage réaliste** et font écho aux **faits divers** des journaux. Elles peuvent être aussi bien réalistes que fantastiques chez Villiers de L'Isle-Adam et Barbey d'Aurevilly, **Mérimée** (*Carmen* ▸ p. 210) et **Maupassant** (*Contes de la bécasse*), sont considérés comme les maîtres du genre.
- **En 1856**, Baudelaire traduit les nouvelles d'Edgar **Poe**, écrivain américain précurseur du roman policier. Ses *Histoires extraordinaires* recourent au fantastique et jouent sur la « **seconde d'hésitation** » entre l'explication rationnelle et irrationnelle.
- **Au XXe siècle**, le genre de la nouvelle **triomphe dans le monde entier**. De nombreux Anglo-Saxons affectionnent ces *short stories*, histoires condensées en une page, voire en quelques lignes.
- De grands noms de la **littérature étrangère** concourent au succès du genre : les Italiens Luigi Pirandello, Italo Calvino, Dino Buzzati ; les Argentins Julio Cortázar et Jorge Luis Borges ; l'Allemand Thomas Mann ; le Tchèque Franz Kafka ; l'Irlandais James Joyce ; Jack London et Ernest Hemingway aux États-Unis.

Citations clés

« Une nouvelle, c'est la cristallisation d'un instant arbitrairement choisi où un personnage est en conflit avec un autre personnage, avec son milieu ou avec lui-même. »

Faulkner, *Lettre du 8 janvier 1953*

« Cette lecture, qui peut être accomplie tout d'une haleine, laisse dans l'esprit un souvenir bien plus puissant qu'une lecture brisée, interrompue souvent par le tracas des affaires et le soin des intérêts mondains. »

Baudelaire, *Notes sur les nouvelles d'Edgar Poe* (1884)

Les **outils** pour l'analyse d'un **récit**

L'analyse d'un texte narratif invite à distinguer **fiction** et **narration**. La fiction, c'est l'histoire racontée ; la narration, c'est la façon dont l'histoire est racontée, les choix à partir desquels l'auteur organise son récit.

Auteur, narrateur, personnage

✷ **L'auteur** est la personne réelle qui écrit un texte. **Le narrateur** est celui qui raconte l'histoire. **Le personnage** est un être de fiction qui joue un rôle dans l'histoire.

✷ Le **narrateur** peut être :
– un personnage **présent** dans l'histoire, le récit est alors mené à la 1re personne (▸ Céline, p. 294) ;
– **absent** de l'histoire, le récit est alors mené à la 3e personne, **mais le narrateur peut intervenir** par des commentaires à l'adresse du lecteur (▸ Stendhal p. 188).

La focalisation (ou point de vue)

Elle détermine **comment** et **par qui** est vue l'action.

✷ **La focalisation interne** : le narrateur adopte le point de vue d'un personnage, l'histoire est racontée uniquement à travers ce que sait, voit et ressent ce personnage. Mais l'histoire n'est pas toujours racontée à la 1re personne (▸ *L'Œuvre*, p. 252).

✷ **La focalisation externe** : le narrateur est un témoin extérieur à l'histoire, il ne connaît pas les pensées des personnages.

✷ **La focalisation zéro** : le narrateur sait et voit tout, il est omniscient (▸ Balzac, *Le Père Goriot* p. 198).

Les paroles rapportées

Les paroles des personnages sont essentielles : elles nous informent sur leur vision du monde et les autres.

✷ Le **discours direct** rapporte fidèlement les paroles prononcées par un personnage, qui sont **insérées** dans le récit par des guillemets ou des tirets.

✷ Le **discours indirect** reste fidèle aux paroles, qui sont **intégrées grammaticalement** à la narration (verbe introducteur + proposition subordonnée).

✷ Le **discours indirect libre** fait entendre la voix d'un personnage (vocabulaire, intonation) qui est absorbée par les personnes et le temps du récit (ni verbe introducteur ni subordination).

✷ Le **discours direct libre** rapporte les paroles sans guillemets ni verbe de parole. C'est le cas dans de nombreux textes de Stendhal, Aragon ou Duras.

✷ Le **discours narrativisé** résume la teneur des propos d'un personnage, sans les transmettre fidèlement.

Le rythme du récit

✷ La façon d'exprimer le temps joue sur **l'impression de réalité** et met en valeur certains événements. Le narrateur peut ainsi varier le rythme de son récit :
– en racontant l'action en temps réel (**scène**) ;
– en la ralentissant par la description d'un lieu, l'analyse psychologique d'un personnage (**pause**) ;
– en l'accélérant : événement passé sous silence (**ellipse**) ou brièvement résumé (**sommaire**) ;
– en bouleversant l'ordre chronologique : retour en arrière (**analepse**) ou saut en avant (**prolepse**).

Les fonctions de la description

✷ **Fonction informative** : informations détaillées sur le lieu…
✷ **Fonction argumentative** : la description permet de défendre une thèse.
✷ **Fonction explicative** : la description aide à comprendre l'histoire.
✷ **Fonction symbolique** : la description ne se contente pas de décrire un lieu. Elle renvoie à autre chose, par exemple à une personne (la pension Vauquer explique Mme Vauquer ▸ Balzac, p. 172)
✷ **Fonction narrative** : la description joue un rôle dans le récit.
✷ **Fonction poétique** : la description peut être un exercice de style (▸ Huysmans, p. 245).

Le **théâtre** : évolution et enjeux

Le théâtre, **art de l'imitation**, exprime une action à travers la parole de personnages. L'étymologie (du grec *thea*, « action de regarder ») insiste sur sa dimension essentielle de **spectacle**.

Petite histoire du théâtre

> « C'est une formule donnée par le vieil Eschyle, c'est un protocole vieux de 3 000 ans. »
> **Diderot, *Paradoxe sur le comédien* (1773-1777)**

- **Le théâtre naît au VIe siècle av. J.-C.** à partir des dionysies, cérémonies festives en l'honneur du dieu du théâtre. Les **grandes Dionysies** s'ouvrent sur des représentations de tragédies auxquelles succèdent des comédies.

Les dramaturges de l'Antiquité retracent dans les **tragédies** des événements historiques (*Les Perses* d'Eschyle) ou **légendaires** (la guerre de Troie dans *Électre* d'Euripide) ou les **grands mythes** (*Œdipe roi* de Sophocle), et rassemblent les citoyens autour d'une **culture commune**.

Dans *La Poétique*, Aristote, vers 335 av. J.-C., caractérise la **tragédie** comme « l'imitation d'une action noble, conduite jusqu'à sa fin […] qui passe […] du bonheur au malheur ». La **comédie** conduit au contraire du malheur au bonheur, représente des **situations quotidiennes grotesques** et provoque le rire.

- **Au Moyen Âge**, le théâtre conserve sa double dimension : sacrée avec les **mystères**, des pièces religieuses jouées sur le parvis des églises, et profane avec des **farces** fondées sur la ruse (*La Farce de Maître Pathelin*) ou des **sotties** dans lesquelles la satire domine, moquant la bêtise et le pouvoir.

- **Pendant la Renaissance**, au XVIe siècle, la *commedia dell'arte* en Italie enrichit le théâtre de personnages nouveaux comme Arlequin, Colombine, Pantalon.

- **Au XVIIe siècle**, avec le mouvement **baroque**, le théâtre traduit la complexité du monde. La **tragicomédie**, genre hybride, mêle comédie et tragédie. Le *theatrum mundi,* théâtre miroir de la réalité, présente le monde comme un théâtre où chacun joue un rôle. Théâtre foisonnant représenté en France par **Corneille**, il exprime l'**instabilité**, la **réversibilité** (*L'Illusion comique* ▸ p. 86) et brille par la complexité et la variété des situations, la violence des sentiments et des actes des personnages (*Le Cid*).

- Dans **la seconde partie du XVIIe siècle**, la rigueur et la mesure du **classicisme** opposent aux débordements baroques le naturel et les règles strictes de **vraisemblance** et de **bienséance**, de l'**unité de ton**, de **lieu**, de **temps** et d'**action**.

> « Qu'en un lieu, qu'en un jour, un seul fait accompli
> Tienne jusqu'à la fin le théâtre rempli. »
> **Boileau, *L'Art poétique* (1674)**

Le classicisme est l'âge d'or de la **comédie**, développée à partir de la farce et défendue par **Molière** (*L'École des femmes* ▸ p. 96), et de la **tragédie**, représentée par **Racine** (*Andromaque* ▸ p. 106).

La **comédie** cherche à **corriger les mœurs** par le rire. La **tragédie**, fidèle à l'héritage antique, vise un idéal de pureté et d'unité et cherche à **susciter crainte et pitié** à travers la *catharsis,* c'est-à-dire la purgation des passions.

> « Ce n'est point une nécessité qu'il y ait du sang et des morts dans une tragédie ; il suffit que l'action en soit grande, que les acteurs en soient héroïques, que les passions y soient excitées, et que tout s'y ressente de cette tristesse majestueuse qui fait tout le plaisir de la tragédie. »
> **Racine, préface de *Bérénice* (1670)**

- **Au XVIIIe siècle,** le théâtre se dégage de la tutelle antique et devient une expérience esthétique et morale placée sous le signe de l'**affectivité exacerbée**. **Marivaux** emprunte au Théâtre-italien les personnages de la *commedia dell'arte* et la vivacité du jeu de ses acteurs pour explorer le sentiment amoureux (*Le Jeu de l'amour et du hasard* ▸ p. 144) ou critiquer le comportement des maîtres à l'égard des valets dans *L'Île des esclaves* (▸ p. 143). **Beaumarchais** propulse sur le devant de la scène un valet, Figaro, qui défend la justice et la liberté (*Le Mariage de Figaro* ▸ p. 168). Il bouscule les limites du théâtre par l'importance accordée au **mouvement** et à la **franche gaieté**.

Le XIXe siècle rompt avec la tradition classique.

> « L'action, encadrée de force dans les vingt-quatre heures, est aussi ridicule qu'encadrée dans le vestibule. »
> **Hugo, préface de *Cromwell* (1827)**

La préface de *Cromwell* de Hugo pose les principes du **drame romantique** : traduire la diversité de la vie humaine et imiter la réalité dans une visée sociale et politique. **Hugo** exprime l'espoir du peuple dans *Ruy Blas* (▸ p. 204) et **Musset** dénonce la lâcheté politique dans *Lorenzaccio* (▸ p. 197).
La comédie légère, le **vaudeville** (Labiche, Feydeau ▸ p. 229) portent à rire, tout en critiquant les travers de la bourgeoisie.

Au XXe siècle, le théâtre exprime le **tragique contemporain** lié à la **violence de l'Histoire** ; il recourt aux mythes antiques (Giraudoux, *La guerre de Troie n'aura pas lieu* ▸ p. 296 ; Cocteau, *La Machine infernale* ▸ p. 292). Sartre avec *Les Mouches* (▸ p. 307), et Camus dans *Les Justes* (▸ p. 322) proposent un **théâtre engagé** où l'Homme, responsable de ses actions, exerce sa liberté. L'**absurdité de la condition humaine** est affirmée par le Nouveau théâtre. **Genet** met en scène les humiliés (*Les Bonnes* ▸ p. 316). **Ionesco** *(La Cantatrice chauve* ▸ p. 324) et **Beckett** (*En attendant Godot* ▸ p. 326) rompent avec l'action. L'individu se réduit à la trivialité de ses besoins tandis que le langage ne traduit plus que le vide de la pensée et la **perte de sens**. Le rire lui-même devient sinistre.

> « Le comique étant l'intuition de l'absurde, il me semble plus désespérant que le tragique. »
> **Ionesco, *Notes et Contre-notes* (1966)**

Au XXIe siècle, la psychanalyse et le mythe permettent aux dramaturges d'exprimer la **violence collective** (Wajdi Mouawad, *Incendies* ▸ p. 371) **ou individuelle** (Joël Pommerat, *Cendrillon* ▸ p. 384). Le théâtre moque le monde contemporain et ses faux-semblants (Yasmina Reza, *Art* ▸ p. 358) ou se met en abyme (Olivier Py, *Illusions comiques* ▸ p. 374).

> « Le théâtre n'est pas un genre littéraire. Il est une pratique scénique. »
> **Anne Ubersfeld, *Lire le théâtre* (1996)**

Théâtre et représentation, du XVIIe siècle à nos jours

> « [...] les gens viennent là le soir [...] et il arrive quelque chose sur la scène comme si c'était vrai. »
> **Claudel, *L'Échange* (1894)**

Dès le XVIIe siècle, le lieu de la représentation est un **lieu social et mondain** où l'on se rend pour **voir** autant que pour **être vu** ; il le restera jusqu'au XIXe siècle.

> « On sait que les comédies ne sont faites que pour être jouées et je ne conseille de lire celles-ci qu'aux personnes qui ont des yeux pour découvrir dans la lecture tout le jeu du théâtre. »
> **Molière, *L'Amour médecin,* « Avis au lecteur » (1665)**

Au XVIIIe siècle, la mise en scène acquiert ses lettres de noblesse. Beaumarchais multiplie les indications scéniques dans son théâtre. Il transforme la scène en **tribune**. Diderot, dans *Le Paradoxe sur le comédien*, insiste sur le fait que le comédien joue d'autant mieux qu'il ne s'identifie pas à son personnage, garde une distance avec lui.

Au XIXe siècle, la représentation est l'occasion de **combats esthétiques autant que politiques**. En 1830, *Hernani* de Hugo déclenche une bataille entre classiques et romantiques. Musset, lui, préfère le « spectacle dans un fauteuil » et prétend que le lecteur est capable de créer lui-même une sorte de représentation intérieure grâce aux didascalies.

Au XXe siècle, la représentation cherche à **créer une impression plutôt qu'une illusion du vrai**. Les mises en scène sophistiquées ou épurées à l'extrême mais toujours ingénieuses cherchent à marquer le public. Démystifié, le théâtre se démocratise, s'adressant à un public diversifié. L'illusion théâtrale jugée mensongère est inutile, et le spectateur exerce son esprit critique. Les coulisses de la représentation s'exhibent et le public peut suivre les changements de costumes ou de décor à vue.

Au XXIe siècle, la représentation, avec les projections vidéo, la musique, privilégie les **sensations du spectateur**. Elle le pousse à une expérience émotive radicale pendant laquelle les sensations priment sur la compréhension et tendent à court-circuiter l'intelligence logique, renvoyant le spectateur à l'intérieur de lui-même.

Les **outils** pour l'analyse d'un texte de **théâtre**

Analyser le texte théâtral impose d'étudier tous les aspects de la pièce : le texte, les personnages et leurs **échanges**, l'**intrigue**, les **intentions** du dramaturge et la **représentation** qui vient donner vie au texte théâtral.

Le texte

✱ Le **titre** et le **sous-titre**, le **nom de l'auteur**, la **date de création** peuvent renseigner sur les thèmes abordés, les personnages, les intentions du dramaturge, le genre de la pièce et les caractéristiques principales de l'écriture mise en œuvre.

✱ Les **didascalies** ou **indications scéniques externes** donnent en lettres **capitales** les noms des personnages et les indications d'acte et de scène.

Les **didascalies externes en italique** indiquent le lieu, le décor, les accessoires, le moment de l'action, les déplacements, les entrées ou les sorties des personnages, le ton, les gestes et les jeux de scène, les apartés des personnages.

Les **didascalies internes** se trouvent dans les répliques des personnages (Musset, *On ne badine pas avec l'amour* ▸ p. 196).

✱ Les indications d'**acte** et de **scène** révèlent le moment de l'action et son évolution (exposition, nœud, dénouement). La **scène d'exposition**, au début de la pièce, informe le lecteur sur les personnages, l'action, le lieu et l'époque. On change de scène en fonction des entrées et sorties des personnages.

✱ Les **noms des personnages** livrent souvent des indices sur leur **caractère** (Agnès, d'agneau, innocente ; Pyrrhus, l'homme au caractère de feu ; Géronte, le vieil homme ; Arnolphe et Bartholo, les barbons) ou leur **type** (Horace et Léandre sont les jeunes amoureux de comédie ; Sganarelle, de *sganare* « mentir », est le valet fourbe ; Rosine, la jeune ingénue curieuse. La liste des personnages renseigne aussi sur l'importance de chaque personnage et ses relations avec les autres protagonistes.

✱ **Le lieu de l'action et la condition des personnages** (noble, bourgeois, valet...) renseignent sur le genre de la pièce, les tonalités et les types de personnages attendus, les thèmes de la pièce.

Dans le **théâtre classique**, la **tragédie** se déroule dans un **palais** et confronte des personnages de **haut rang** (rois, reines) habités de **passions**, autour des questions de **pouvoir** ; la **comédie**, qui prend place dans une **maison bourgeoise** ou son voisinage, soulève les questions de l'**autorité des pères** et du **mariage** des jeunes gens.

Les **drames bourgeois** et **romantique** mêlent les conditions, introduisent le lecteur dans les **espaces intimes** des personnages et ouvrent le théâtre à une sensibilité nouvelle : l'action renvoie souvent le lecteur/spectateur à sa propre vie.

Le **théâtre contemporain** bouleverse les codes du théâtre traditionnel : dans *Les Bonnes* de Genet (▸ p. 316), la scène d'exposition identifie les personnages de façon imprécise : le spectateur pense être face à Madame et à sa bonne alors qu'il est confronté à deux bonnes.

✱ **La dramaturgie de l'objet** : parmi les accessoires, certains objets peuvent jouer un rôle déterminant, surtout à partir du XVIIIe siècle. Ils deviennent **moteurs de l'action** et quelquefois même lieu scénique de repli, un troisième lieu différent de la scène ou des coulisses (*Ruy Blas* ▸ p. 204).

La parole

✱ **La parole** ou l'absence de parole du personnage **est action** : au théâtre, dire c'est faire. La longueur des répliques, le lexique employé, les modalités de phrase (exclamative, interrogative...), les figures utilisées, les sonorités dominantes révèlent l'état émotionnel, les intentions du personnage et la nature de l'action.

✱ **Les répliques** sont les paroles prononcées par les personnages.

✱ **La tirade** est une longue réplique d'un seul personnage.

✱ **La stichomythie** est une succession de répliques très courtes et vives échangées entre deux personnages.

✱ **Le monologue** est prononcé par un personnage seul en scène pour le seul public, ou pour lui-même dans le cadre d'un monologue délibératif.

✱ **Un aparté** correspond à la parole d'un personnage adressée à un personnage en particulier et/ou au public, que les autres personnages, par convention, ne sont pas susceptibles d'entendre.

Le personnage

✷ Du latin *persona*, « masque », **le personnage est le vecteur de l'action** et de la parole théâtrale qu'il adresse à la fois à un autre personnage et au public, selon le principe de la **double énonciation**. Le dramaturge s'adresse au public à travers lui.

L'échange entre personnages, égal ou inégal, suggère les rapports de force.

✷ **Le personnage seul en scène** livre ses pensées, ses sentiments dans un monologue informatif ou délibératif (il pèse le pour et le contre avant de prendre une décision).

✷ **Les personnages existent par leurs relations qui mettent souvent en scène un conflit** à résoudre (en grec *agon,* conflit : on parle de scène agonistique). Dans des scènes à deux personnages, on assiste, selon le cas, à un duel ou à un duo. Les couples maître/valet, barbon/pupille, dominant/dominé sont souvent représentés au théâtre.

✷ **Le personnage** ou les groupes de personnages ont une fonction dans l'action et se répartissent, selon le **schéma actantiel**, entre un sujet qui accomplit l'action, un destinateur qui incite à l'action, des adjuvants (aides) et des opposants et enfin un destinataire à qui bénéficie l'action.

✷ **Le personnage est incarné** sur la scène **par un comédien** qui interprète un rôle, une partition fixée par le texte et orchestrée par le metteur en scène.

L'action

✷ **Au centre de la pièce se trouve l'action** (*drama*), menée par des personnages qui agissent par la parole et le corps dans un espace et un temps donnés. L'absence de narrateur place le lecteur/spectateur en prise directe avec l'action, sauf dans les cas du Prologue ou du Chœur (théâtre antique).

✷ **Le schéma dramatique** divise l'action en plusieurs temps :
- **l'exposition** présente les éléments essentiels à la compréhension du lecteur (personnage, lieu et époque de l'action, action principale),
- le **nœud** (cœur de l'action où les événements sont intriqués),
- le **dénouement** (heureux dans le cas de la comédie ou funeste pour la tragédie) présente la résolution de tous les problèmes posés par l'action.

La représentation

✷ Elle complète le texte et fournit **une interprétation de la pièce**. Le metteur en scène dirige la place des personnages sur scène, le jeu des regards, la position des corps des comédiens, leurs mimiques ; il décide du décor (réaliste, naturaliste, symboliste…), des costumes, de la présence d'accessoires, des espaces vides ou pleins, du rôle de la lumière et du son, des contrastes.

✷ Dans une tragédie, la représentation déclenche **la catharsis** (purgation des passions) chez le spectateur qui éprouve de la terreur et de la pitié face à ce qu'il voit (Corneille, *Médée* ▸ p. 84) ou entend (Racine, *Phèdre* ▸ p. 120).

✷ La représentation renforce le **comique** lié aux mots (Marivaux, *Le Jeu de l'amour et du hasard* ▸ p. 144), aux gestes (Beaumarchais, *Le Barbier de Séville* ▸ p. 160), au caractère (Corneille, personnage de Matamore ▸ p. 86), à la situation (Molière, *Le Tartuffe* ▸ p. 108), à la répétition (Ionesco, *La Cantatrice chauve* ▸ p. 324).

✷ **Grâce à l'illusion théâtrale**, le spectateur a l'impression que ce qu'il voit est vrai. Des dramaturges choisissent de briser cette illusion par une mise en abyme, comme Olivier Py dans *Illusions comiques* (▸ p. 374), ou par une mise à distance plus radicale, comme dans le théâtre de Brecht.

Intentions du dramaturge	Fonctions du théâtre
divertir	fonction ludique
provoquer et combattre	fonction polémique
critiquer en se moquant	fonction satirique
enseigner	fonction didactique
purifier	fonction cathartique

La **littérature d'idées**

La littérature d'idées rend compte des **grands débats** qui se font jour dans une société. Elle s'exprime à travers **divers genres littéraires** : récit, roman, discours, article, essai, pamphlet, plaidoirie, portraits, dialogue d'idées, lettre ouverte, etc. Elle peut reposer sur une **argumentation directe** ou **indirecte** fondée sur la fiction.

Naissance de la rhétorique

Art de l'**éloquence** et de la **persuasion**, la rhétorique prend son origine en Sicile, au Ve siècle avant J.-C. Pour aider des paysans à faire valoir leurs droits face aux tyrans qui les avaient expropriés, **Corax**, un sophiste, mit au point un traité composé d'exemples concrets. La rhétorique fut par la suite popularisée par **Aristote** et occupa une grande place dans la **démocratie athénienne** qui encourageait la prise de parole publique au sein de l'Agora.

XVIe siècle : la diffusion des idées humanistes

Au XVIe siècle, la littérature d'idées s'exprime aussi bien à travers le **récit** (Rabelais) que l'**essai** (Montaigne), le **discours** (La Boétie) ou le **récit satirique** (Érasme). Il s'agit pour les humanistes de diffuser leurs idées progressistes auprès de leurs contemporains, que ce soit en matière de tolérance religieuse, d'art de vivre mais aussi de politique.

XVIIe siècle : la critique et l'amélioration des mœurs

Au XVIIe, selon l'historien Norbert Élias, « par l'étiquette, la société de cour procède à son autoreprésentation [...] chacun et tous ensemble s'administrant la preuve de la valeur absolue de leur existence ». Certains auteurs dénoncent ce **règne des apparences** et proposent une **réflexion sur les mœurs**. Ces moralistes classiques critiquent les us et coutumes de leurs contemporains et mettent l'accent sur leur vanité (La Bruyère) ou leur pauvreté spirituelle (Pascal). Ils utilisent souvent une **forme brève** (le portrait pour La Bruyère) ou **fragmentaire** (les pensées pour Pascal) qui permet de fixer les esprits.

XVIIIe siècle : le siècle des idées

Les philosophes des Lumières dénoncent **au nom de la raison** les inégalités et les injustices morales et politiques de leur temps. Ils s'emparent, à travers des formes littéraires très variées, de grandes questions comme celle de l'**esclavage** (Montesquieu, Voltaire), de l'**autoritarisme** (Diderot) ou du **droit des femmes** (Olympe de Gouges).

XIXe siècle : la naissance de la presse de masse

La multiplication et la diffusion des journaux à plus grande échelle permettent de toucher un public plus important et de le sensibiliser à des grandes causes comme la **peine de mort** (Victor Hugo) ou à des débats qui divisent le pays comme **l'affaire Dreyfus** (Zola). C'est l'acte de naissance de la figure de l'**intellectuel engagé**, homme d'une cause, celui qui exerce une influence sur l'opinion.

XXe et XXIe siècles : la liberté d'expression et ses écueils

Depuis le milieu du XXe siècle l'**engagement des intellectuels**, journalistes, dessinateurs, écrivains s'est développé pour dénoncer toutes les formes d'oppression en France ou ailleurs et défendre la **liberté d'expression**. Le développement des nouvelles technologies a permis de multiplier les moyens d'expression mais pose le problème de son utilisation illimitée (*fake news*, théories du complot...) Il s'agit dès lors d'adopter sur elles un **regard critique**.

Les **outils** pour l'analyse d'un **texte de littérature d'idées**

Pour analyser un texte relevant de la littérature d'idées, il faut connaître les outils permettant de **convaincre** et de **persuader**, tout en possédant quelques notions de **rhétorique** afin d'aborder au mieux le genre du discours.

Convaincre

* On fait appel à la raison. Pour cela, on défend une **thèse** (idée) à l'aide d'**arguments** (qui prouvent que l'idée est valide) et d'**exemples**.

On peut se servir de plusieurs formes de raisonnement :

* **Le raisonnement par déduction** : à partir d'une loi générale, on déduit un cas particulier. C'est le cas dans les **syllogismes** utilisés par Montesquieu dans « De l'esclavage des nègres » (▸ p. 149) : on comprend que les Princes ne font que des conventions inutiles puisqu'ils n'en signent pas une pour abolir l'esclavage.

* **Le raisonnement par induction** : à partir d'un cas particulier, on déduit une loi générale. Il est utilisé au terme de nombreuses fables de La Fontaine, comme « Le philosophe scythe » (▸ p. 128)

* **Le raisonnement par analogie** : il est fondé sur une **comparaison**. Montaigne, dans « sur les Cannibales », montre que de même que les fruits sauvages sont meilleurs que les fruits cultivés, les Indiens sont meilleurs que les colons.

* **Le raisonnement par concession** : on fait semblant d'adhérer à une partie de la thèse de l'adversaire pour mieux détruire ses arguments.

* **Le raisonnement par l'absurde** : on imagine quelles seraient les conséquences absurdes d'un argument pour mieux le réfuter.

Persuader

* On fait appel aux sentiments en utilisant les **tonalités** (▸ p. 436).

* Cicéron, dans *De oratore*, distingue trois moyens de s'attirer l'adhésion de l'interlocuteur : *placere*, **plaire** ; *movere*, **émouvoir** ; *docere*, **instruire**.

Ainsi La Boétie, dans son *Discours de la servitude volontaire* (▸ p. 61), nous plaît par son **écriture** et les **images** qu'il convoque (le pouvoir royal est un colosse aux pieds d'argile), il nous **émeut** (nos fils donnent leur vie pour le roi) et nous **instruit** (nous sommes nous-mêmes à l'origine de notre asservissement). Son discours suit les étapes de **la rhétorique antique : exorde** (entrée en matière), **accusation**, **narration**, **digression** (six questions rhétoriques impliquant l'auditoire), **péroraison** (conclusion : La Boétie nous exhorte à nous révolter).

> « L'homme le plus simple qui a de la passion persuade mieux que le plus éloquent qui n'en a point. »
> La Rochefoucauld, *Maximes* (1664)

Démontrer et délibérer

* **Démontrer** permet de prouver que l'on a raison de façon évidente en se servant d'arguments mais aussi de preuves. Ainsi, Simone de Beauvoir (▸ p. 321) démontre que la femme n'est en rien l'inférieure de l'homme.

* **Délibérer** consiste à peser le pour et le contre, seul ou avec un interlocuteur, afin de prendre une décision.

L'*ethos*

* Pour mieux convaincre et/ou persuader, les auteurs cherchent à donner une certaine **image** d'eux-mêmes. C'est l'*ethos*. Il peut être parfois problématique. C'est le cas dans *Tartuffe* de Molière (▸ p. 108) : Tartuffe adopte le langage et la posture d'un homme d'église tout en cherchant à séduire Elmire, ce qui est contradictoire avec son statut social (un dévot).

Réquisitoire ou plaidoyer ?

* Il est important de bien analyser quelle est la thèse défendue par un auteur afin de savoir s'il fait un réquisitoire ou un plaidoyer :
– un **réquisitoire** permet d'**attaquer** quelqu'un ou quelque chose (Hugo, *Les Châtiments* ▸ p. 216) ;
– un **plaidoyer** permet de **plaider la cause** de quelqu'un (Olympe de Gouges, *Déclaration des droits de la femme et de la citoyenne* ▸ p. 175).

La **poésie** : évolution et enjeux

La poésie est un **art de la création**. Le genre poétique se caractérise par une quête de nouveauté à travers des recherches formelles et thématiques dont l'objectif est de « trouver » une langue.

Petite histoire de la poésie : formes et significations

> « La poésie est l'ambition d'un discours qui soit chargé de plus de sens et mêlé de plus de musique que le langage ordinaire n'en porte et ne peut en porter. »
> **Valéry, *Tel quel* (1941)**

✱ **Née dans l'Antiquité, la poésie** est associée par les Grecs à des divinités, comme Apollon, dieu de la musique et de la poésie, et Dionysos, dieu de l'ivresse créatrice, qui communiqueraient la fureur poétique aux artistes. Le **mythe** d'**Orphée** (▸ p. 408), relaté dans *Les Métamorphoses* d'Ovide, révèle le charme de la lyre et du chant capable de vaincre la mort. Dans sa *Poétique*, Aristote regroupe, sous l'appellation « poésie », l'épopée, l'ode et le théâtre.

✱ **Au Moyen Âge,** les troubadours et trouvères chantent les héros ou les saints dans les **chansons de gestes** (*La Chanson de Roland* ▸ p. 24) généralement en octosyllabes ou décasyllabes. Se développe également la poésie lyrique avec ses **rondeaux**, **ballades** (François Villon, « La ballade des pendus » ▸ p. 38) et **lais**. Marie de France notamment exalte la *fin'amor* (*Lais*, « Le chèvrefeuille » ▸ p. 28) dans la tradition de la **courtoisie**, qui repose sur une relation vassalique entre la dame et le chevalier, en proie à un amour pur et chaste.

✱ **Au XVIe siècle,** afin d'exalter la langue et la poésie françaises, les poètes de la Pléiade utilisent des formes fixes (Du Bellay, « Heureux qui, comme Ulysse… » ▸ p. 60). Ils introduisent en particulier **le sonnet venu d'Italie** et développent l'alexandrin. La poésie sert alors le **lyrisme amoureux** (Ronsard, « Mignonne, allons voir si la rose… » ▸ p. 52) notamment à travers le genre du **blason** qui chante le corps de la femme (Marot, « Blason du beau tétin » ▸ p. 47). **La fuite du temps et la vanité** humaine sont des thèmes privilégiés de cette période (Ronsard, « Mignonne, allons voir si la rose… » ▸ p. 52).

Entre l'humanisme et le classicisme, **la poésie baroque** dénonce les vices (d'Aubigné, *Les Tragiques* ▸ p. 80) et exalte les sentiments face à la mort, l'amour ou la nature, en cultivant le goût du contraste et de l'exagération.

> « Qu'est-ce de notre vie ? Un mensonge frivole
> Qui sous ombre du vrai nous vient à décevoir. »
> **Chassignet (XVIIe siècle)**

✱ **Le XVIIe siècle, sous le rayonnement de Louis XIV,** impose la rigueur. Le vers est formalisé par Boileau dans son *Art poétique* : la poésie est présentée comme un travail d'orfèvre, non plus comme une transe d'origine divine. Ainsi recommande-t-il au poète :
« Cent fois sur le métier remettez votre ouvrage. »
Le poète doit exprimer **l'idéal de l'honnête homme**. **Imitant les poètes de l'Antiquité**, les auteurs réécrivent des œuvres en les adaptant à la société contemporaine (Boileau, « Les embarras de Paris » ▸ p. 104 ; La Fontaine, « Le pouvoir des fables » ▸ p. 126).

✱ La poésie du **XVIIIe siècle** joue sur les *topoï* tels que l'amour (Fabre d'Églantine) et prépare le romantisme (Chénier).

✱ Il faut attendre **le XIXe siècle** pour que la poésie **commence à se libérer des contraintes formelles**. Victor Hugo « dislo[que] ce grand niais d'alexandrin » et propose d'introduire les mots courants pour **une poésie qui révèle ou dénonce la réalité**.

Les romantiques vont exalter les sentiments et la contemplation de la nature pour une poésie plus proche de l'individu (Nerval, « El Desdichado » ▸ p. 219).

> « Les plus désespérés sont les chants les plus beaux,
> Et j'en sais d'immortels qui sont de purs sanglots. »
> **Musset, « La nuit de mai » (1835)**

De nouvelles formes, plus souples, se développent, comme **le poème en prose** inventé par Aloysius Bertrand (« Ondine »

▸ p. 207), tandis que Verlaine prône « la musique avant toute chose » à travers le vers impair (« Art poétique » ▸ p. 246).

✷ **Au XXe siècle**, les poètes créent de nouvelles formes comme **le vers libre ou le calligramme** (Apollinaire ▸ p. 276). **« L'esprit nouveau »** prôné par Apollinaire ouvre une nouvelle ère poétique : il s'agit de créer des modes d'expression en prise avec **l'évolution industrielle, sociale et artistique** afin que la poésie révèle le quotidien (« Zone » ▸ p. 271). Apollinaire est un précurseur **du dadaïsme et du surréalisme** qui prônent **une révolution esthétique et culturelle.** Les formes du **collage**, du **récit de rêve** apparaissent et s'affranchissent des règles pour une **liberté totale de création**.

> « Je crois à la résolution future de ces deux états, en apparence si contradictoires, que sont le rêve et la réalité, en une sorte de réalité absolue, de surréalité, si l'on peut dire ainsi. »
>
> **Breton, *Manifeste du surréalisme* (1924)**

✷ À la fin du siècle, des poètes feront du langage une manière de dire l'indicible en travaillant sur **les silences exprimés par les blancs du texte** (Jacques Roubaud, *Quelque chose noir* ▸ p. 350).

Fonctions de la poésie et rôles du poète

La poésie pour chanter les dieux et les hommes

> « La poésie doit être le miroir terrestre de la Divinité, et réfléchir, par les couleurs, les sons et les rythmes, toutes les beautés de l'univers. »
>
> **Madame De Staël, *De l'Allemagne* (1810)**

✷ Dans l'Antiquité, le poète est le réceptacle de la parole divine. Au Moyen Âge, il fait l'apologie de la chrétienté. S'inspirant de l'épopée virgilienne, au XXe siècle, Aragon écrit dans *Les Yeux d'Elsa* : **« je chante les armes et les hommes »,** faisant de la poésie un chant humaniste afin de créer une solidarité entre tous.

La poésie pour réfléchir

✷ Dès l'Antiquité, **la poésie permet de susciter la réflexion**.

✷ Au **XVIIe siècle**, les poètes comme La Fontaine réécrivent **les fables** antiques en vers (« Le philosophe scythe » ▸ p. 128) afin d'éveiller l'esprit critique et de proposer une satire de la société.

La poésie comme expression des sentiments

✷ **La poésie lyrique** permet au poète **d'exprimer des sentiments** en créant une empathie avec le lecteur (Verlaine, « Chanson d'automne » ▸ p. 232). La poésie véhicule des **émotions et sentiments universels comme la mélancolie ou l'amour** (Éluard, « Dit de la force et de l'amour » ▸ p. 319).

La poésie pour dénoncer et guider

✷ **Au XIXe siècle,** dans *Les Rayons et les Ombres,* Victor Hugo compare le poète à **un « prophète »** qui analyse le monde et met en garde le peuple. **L'« homme des utopies »** qui a, lui seul, **« le front éclairé »**, guide les hommes dans leurs combats et révèle les injustices.

✷ **Au XXe siècle, la poésie engagée** incite les hommes **à l'union et la vigilance face aux horreurs de la guerre.** La poésie suscite alors l'action et sert **le devoir de mémoire.** Jacques Prévert, dans « La grasse matinée » (▸ p. 312), cherche à éveiller les consciences : il confronte le lecteur à « l'homme qui a faim », un homme qui se perd dans un « brouillard de mots » qui le conduit à rêver d'un café-crème, quitte à passer par un café-crime. Les poètes s'engagent donc contre les inégalités mais aussi contre la guerre (Aragon) ou la discrimination (Senghor ▸ p. 320).

La poésie pour décrypter et transmettre le réel

✷ À partir du XIXe siècle, les poètes cherchent à **déchiffrer le monde** (Baudelaire, « Correspondances » ▸ p. 277). Il s'agit **d'accéder à la face cachée du réel** et « d'arriver à l'inconnu » (Rimbaud ▸ p. 240). **Le poète « voyant »** est celui qui voit au-delà des apparences.

> « Le poète se fait voyant par un long, immense et raisonné dérèglement de tous les sens. »
>
> **Rimbaud, *Lettre du voyant* (1871)**

La poésie comme quête d'un nouveau langage

✷ À partir du XIXe siècle, en particulier avec **le mouvement symboliste** (▸ p. 401), le poète a pour mission de « **trouver une langue** », à l'instar de Rimbaud, en s'affranchissant du langage ordinaire. Le poète tend à s'effacer au profit d'une **exploration du langage**.

✷ La poésie du XIXe siècle à nos jours s'affirme comme instrument d'une **quête de la construction de soi**.

Les **outils** pour l'analyse d'un **poème**

Pour analyser un poème, il faut être sensible au **rythme**, aux **sonorités** (autrement dit à la musicalité) mais surtout au **langage poétique** (les images présentes dans le poème) et, dans le cas du poème en vers, il faut en analyser les procédés de versification.

Les formes poétiques

* **Le rondeau** : poème à forme fixe composé de treize vers de huit ou dix syllabes regroupés dans trois strophes construites sur deux rimes avec des répétitions.

* **La ballade** : elle est composée de trois couplets et d'une demi-strophe, appelée envoi. Chaque strophe se clôt sur un refrain (Villon, « La ballade des pendus » ▸ p. 38).

* **L'ode** : étymologiquement, l'ode est un chant. Elle est destinée à célébrer quelqu'un ou quelque chose (Ronsard, « Ode à Cassandre » ▸ p. 52).

* **Le sonnet** : il est composé de deux quatrains et deux tercets. Les quatrains sont construits sur deux rimes embrassées et alternent les rimes féminines et masculines. Les deux tercets reposent sur trois nouvelles rimes qui respectent aussi l'alternance rime féminine/rime masculine. Les sonnets sont écrits en décasyllabes ou alexandrins (Louise Labé ▸ p. 56).

* **Le poème en prose** : un texte en prose peut être poétique par sa musicalité due à son rythme et ses sonorités, mais aussi par la force des images poétiques déployées (« Ondine » ▸ p. 207).

* **Le calligramme** : les mots dessinent une forme. La forme correspond alors parfaitement au fond (« À Lou. Hommage » ▸ p. 276).

Les vers

* **Le vers pair** est le plus courant jusqu'au XIXe siècle.
– Un **sizain** = 6 syllabes.
– Un **octosyllabe** = 8 syllabes.
– Un **décasyllabe** = 10 syllabes.
– Un **alexandrin** = 12 syllabes.

* Le **vers impair** a son importance depuis Verlaine, qui le met à l'honneur :

« De la musique avant toute chose,
Et pour cela préfère l'Impair,
Plus vague et plus soluble dans l'air,
Sans rien en lui qui pèse ou qui pose. »

Verlaine, « Art poétique »

* Quand un poème comporte le même type de vers du début à la fin, il est **isométrique**, sinon il est **hétérométrique**.

* Dans un poème en prose ou dans un poème en vers libres, voire dans un roman, on peut trouver des « **vers blancs** » : des alexandrins, des décasyllabes ou autres types de vers. Cela crée un effet de sens qui doit être interprété.

Le décompte des syllabes

Pour déterminer le **mètre** d'un vers (le nombre de syllabes), il faut savoir quand le **-e** compte et quand il ne compte pas (il est alors dit **muet**).

* Il y a élision du **-e** en fin de mot s'il est suivi d'un mot commençant par une voyelle ou s'il est placé en fin de vers :

De/main/ dès/ l'au/b(e) à/ l'heu/r(e) où/ blan/chit/ la/ cam/pagn(e)

Hugo, « Demain dès l'aube » (1856)

12 syllabes = un alexandrin

* **Cas particuliers** : la **diérèse** dissocie en deux syllabes ce qu'on formule ordinairement en une seule :

Si/ ce/ la/ c'est/ ai/ mer,/ fu/ ri/ eux/, je / vous/ aime :
1 2 3 4 5 6 7 8 9 10 11 12

Ronsard, « Madrigal » (1578)

La **synérèse** propose la prononciation de deux voyelles en une seule syllabe. Elle s'oppose à la **diérèse**.

Le dessin et la couleur

Le dessin est considéré par Léonard de Vinci comme l'instrum
essentiel de la connaissance (*Le Canon de Vitruve* ▸ p. 392)

✱ **Les lignes droites**, signes de stabilité, sont à distinguer
arabesques qui suggèrent l'énergie (Chagall, *La Lutte de J*
et de l'Ange ▸ p. 415) ou le désordre.

✱ Pour Michel-Ange, Philippe de Champaigne, Po
Le Brun (*Hercule*), le dessin prime sur la couleur
Rubens et Mignard, à l'image du Titien, défend
de la couleur.

Les courants esthétiques

Courants	Caractéristiques
Baroque XVIe, 1re partie du XVIIe siècle	Arabesques, instabilité, l jeux entre la lumière et l
Classicisme 2e partie du XVIIe siècle	Droites, équilibre, symét
Lumières XVIIIe siècle	Délicatesse, couleurs est
Romantisme 1re partie du XIXe siècle	Obscurité, vigueur, violer
Réalisme 2e partie du XIXe siècle	Crudité
Impressionnisme 2e partie du XIXe siècle	Lumière
Fauvisme 2e partie du XIXe siècle	La couleur comme expre sublime
Art nouveau Fin XIXe, 1re partie du XXe siècle	Aspect décoratif, lignes c asymétrie
Cubisme 1re partie du XXe siècle	Multiplication des points Géométrie. Fragmentatio et des surfaces
Dada 1re partie du XXe siècle	Provocation
Surréalisme 1re partie du XXe siècle	Décalage
Abstraction XXe siècle	Absence de figure

Les strophes

✱ Une **strophe** est un groupe de vers séparé des autres groupes de vers par une ligne blanche :
un distique = 2 vers ; un tercet = 3 vers ; un quatrain = 4 vers ; un quintil = 5 vers ; un sizain = 6 vers.

Le rythme

✱ Le poème naît de l'émotion et provoque de l'émotion. Celle-ci passe par le souffle, le rythme. Le rythme engage à la fois le mot, l'organisation syntaxique et la structure du poème.

✱ Ce rythme peut être régulier dans le cas des alexandrins. On parle de **rythme binaire** :

> « Avançons hardiment. Tout le corps me frissonne. »
> **Corneille, *L'Illusion comique***

Si le vers se découpe en trois parties, on parle de **rythme ternaire** :

> « Que ce travail, haï des mères, soit maudit ! »
> **Hugo, « Melancholia »**

✱ Dans les poèmes du XXe siècle, des **blancs** peuvent venir interrompre le déroulement linéaire des vers, pour séparer des mots ou participer à l'énonciation poétique au même titre que les mots.

> « Quelqu'un de vivant, de nommé :   un poème d'amour »
> **Roubaud, *Quelque chose noir***

Les rimes

✱ Les rimes sont toujours organisées selon un **schéma** précis.
– **Rimes embrassées** : abba (Louise Labé, « je vis, je meurs », quatrains ▸ p. 56).
– **Rimes croisées** : abab (Louise Labé, « Je vis, je meurs », tercets ▸ p. 56).
– **Rimes suivies** (ou plates) : aabb (Hugo, « Melancholia » ▸ p. 218).

✱ Une rime qui se termine par un **-e** muet est dite **féminine**. Les autres sont dites **masculines**. La poésie traditionnelle est construite sur l'alternance rimes masculines/rimes féminines (Ronsard, « Madrigal » ▸ p. 62).

✱ On distingue :
– les **rimes riches** (trois sons communs). Ex. : colline/ mandoline.
– Les **rimes suffisantes** (deux sons communs). Ex. : beauté / volupté.
– les **rimes pauvres** (un son commun). Ex. : ami / parti.

✱ Les rimes sont souvent **signifiantes**. Ainsi, la rime fer / enfer dans « Melancholia » de Hugo (▸ p. 218) contribue à la critique de l'industrialisation.

Les procédés de mise en relief dans le vers

Le poète met en valeur un mot par sa place dans le vers :

✱ À la **césure** : soit 6/6 pour l'alexandrin, soit 4/6 ou 6/4 pour le décasyllabe :

> « J'allais sous le ciel, **Muse** ! et j'étais ton féal ! »
> **Rimbaud, « Ma bohème »**

✱ En brisant l'unité syntaxique de la phrase, soit en plaçant un mot ou un groupe de mots courts au début du vers suivant (**rejet**), soit à la fin du vers précédent (**contre-rejet**) :

> « Défilent lentement dans mon âme ; <u>l'Espoir</u> (contre-rejet)
> <u>Vaincu</u>, pleure, et l'Angoisse atroce, despotique, »
> (rejet)
> **Baudelaire, « Spleen »**

✱ L'**enjambement** permet de mettre en relief l'intégralité du vers : le sens entamé dans un vers se poursuit jusqu'à la fin du vers suivant.

> « Et qui ferait – c'est là son fruit le plus certain ! –
> <u>D'Apollon un bossu, de Voltaire un crétin !</u> »
> **Hugo, « Melancholia »**

✱ En **diérèse** : le mot est ainsi accentué.
✱ À **l'attaque du vers** suivi d'une ponctuation forte. (Desbordes-Valmore ▸ p. 231).
✱ À l'aide d'une **anadiplose** : la fin d'un vers et le début d'un autre sont identiques (Ronsard, « Madrigal » ▸ p. 62).

Les sonorités

✱ Elles sont porteuses de sens. On distingue :
– les **allitérations** (retour d'une même consonne) ;
– les **assonances** (retour d'une même voyelle).

Les **outils** pou

L'image **représente, té**
au masque mortuaire en
d'en recueillir les traits e
et l'intelligence sont soll

L'identité de l'image

Le nom de l'artiste, le titre de l'œuvre, la date de créati renseignent sur la période esthétique et les thèmes abordé

Les dimensions de l'œuvre, le support, les matéria utilisés varient. La peinture officielle de célébration ou d'appa ainsi que la peinture engagée privilégient les grandes dimensio pour impressionner le spectateur (Manet, *L'Exécution Maximilien* ▸ p. 217).

Le sujet traité

Il dépend du choix de l'artiste de décrire un événement, d'hor rer un responsable public, un mécène ou de témoigner d'un i tant de vie (Vermeer, *Jeune Femme écrivant une lettre* ▸ p. 11 Jusqu'au début du XXᵉ siècle, toute peinture est figurative.

Au Moyen Âge, les sujets sont religieux et enseignent foi. **Les premiers sujets laïques** apparaissent au XIVᵉ siècle mettent en images des récits profanes (tapisserie de *La Dar à la licorne* ▸ p. 20).

La peinture d'histoire célèbre l'action des grands homm La hiérarchie des genres la place au premier rang à partir règne de Louis XIV. L'artiste peut rester fidèle au genre cho ou le détourner (Courbet, *Un enterrement à Ornans* ▸ p. 17 Il peut sublimer l'événement en une allégorie (Delacroix, *Liberté guidant le peuple* ▸ p. 176).

Au XIXᵉ siècle, les peintres étudient le **réel**. Les impre sionnistes préfèrent **peindre d'après le motif** plutôt que da leurs ateliers afin de rendre pleinement les effets de la lumiè (Monet, *Gare Saint-Lazare* ▸ p. 253).

Le portrait privé ou public immortalise un personna (Raphaël, *Portrait de l'artiste avec un ami* ▸ p. 67). La représe tation de face d'une personne immobile, en majesté, cherc souvent à la diviniser.

Les **outils** pour étudier le **cinéma**

Au cinéma, l'image devient mobile. Le réalisateur cherche à créer des émotions par la manière dont il **met en scène** le **scénario**. Les mouvements de caméra font autant sens que le choix des plans ou des angles de vue.

L'identité de l'image

Pour décrire une image cinématographique, il faut tout d'abord identifier le **nom du réalisateur**, le **titre** et la **date de création** du film.

Le **courant cinématographique** : expressionnisme, réalisme poétique, nouvelle vague…

Le genre du film : film d'auteur, film d'action, film d'horreur, film de science-fiction, comédie, drame…

La composition

Les séquences cinématographiques sont des ensembles de plans correspondant à une unité de lieu et à une unité de temps. Généralement, un film se compose de plusieurs séquences.

L'ordre des séquences a un sens, qu'il convient d'interpréter : s'agit-il d'un flash-back (retour en arrière) ? d'un flash-forward (saut en avant dans le temps) ? La narration suit-elle une chronologie clairement établie ? Plusieurs histoires se superposent-elles dans le même laps de temps ? Quel est l'effet créé ? Le début et la fin du film se répondent-ils ?

Le cadrage

Le champ est l'espace délimité par le cadrage de la caméra. On parle de **champ/contrechamp** quand on passe d'un plan filmant un personnage à un plan filmant son interlocuteur.

La profondeur de champ correspond à la distance entre le premier plan et le dernier plan net d'une image (dans cette zone de l'image, aucun élément n'est flou).

Les plans

Plan	Définition	Analyse, interprétation
Plan général	Montre un vaste paysage sans personnage	Valeur descriptive : situe l'action, crée l'atmosphère.
Plan d'ensemble	Montre un personnage dans un décor (paysage ou pièce)	Valeur narrative : distingue un personnage dans un contexte. Importance donnée au personnage en action. Cible l'action.
Plan américain	Coupe au niveau des cuisses	Ce plan met en relief le colt porté par les cow-boys dans les films américains. Il prépare aux scènes de duel.
Plan moyen	Coupe au niveau de l'estomac	Spectateur et sujet de l'image au même niveau. Objectivité.
Plan rapproché	Coupe au niveau des épaules	Spectateur en position de domination.
Gros plan	La caméra entre dans l'espace intime du personnage. Plan des émotions	Le personnage est analysé. Ses émotions sont mises en relief. Ce plan induit l'identification du spectateur au personnage ou bien le rejet.
Très gros plan ou Insert	La caméra est centrée sur un détail (œil, main, objet, etc.)	Il s'agit d'un détail qui va jouer un rôle dans l'action.

L'angle de vue

✱ L'angle de vue représente la position du cinéaste par rapport au sujet. Il indique le rapport entretenu avec le sujet.

Angle de vue	Interprétation
Vue frontale	Sensation d'égalité avec le sujet ou neutralité
Vue en plongée	Sensation de dominer le sujet
Vue en contre-plongée	Sensation que le sujet domine le spectateur

Les mouvements de caméra

✱ **Le travelling** est le déplacement de la caméra durant la prise de vue. La caméra suit un sujet. Le travelling peut être avant ou arrière. Il produit un effet de réel.

✱ **Le panoramique** s'obtient lorsque la caméra pivote sur place et permet d'embrasser la scène d'un coup d'œil circulaire.

✱ Au cours d'un **zoom**, au contraire, la caméra ne bouge pas.

Les transitions

L'enchaînement des plans peut être mené de différentes manières. Chacune est porteuse de sens.

Enchaînement	Technique
Fondu au noir	On passe d'un plan à l'autre par l'intermédiaire d'un écran noir.
Fondu enchaîné	L'image disparaît progressivement pour passer à l'image suivante.
Montage cut	Passage net d'un plan au suivant, sans transition.
Raccord regard	Le regard du personnage permet de passer au plan suivant.
Raccord mouvement	Le plan suivant propose la continuité du mouvement entrepris par le personnage.

Images extraites du film *Au-revoir là-haut*, d'Albert Dupontel (2017).

Plan d'ensemble : le personnage principal est au centre de l'image dans un décor qui situe l'action.

Plan moyen ou **Plan taille** : le personnage est coupé à la ceinture. Ce plan met en relief l'action du personnage.

Plan rapproché : plan coupé au niveau des épaules. Il centre le regard sur l'expression des personnages. Les objets (lampe, écriteau) sont mis en valeur.

Les **tonalités**

L'identification de la tonalité dépend de l'**effet produit sur le lecteur**. Les tonalités sont associées à des thèmes et à des procédés stylistiques précis.

La tonalité lyrique

La tonalité lyrique repose sur l'expression des **sentiments**. Le mot lyrisme dérive de « lyre », par association avec la lyre d'Orphée (▸ p. 408) capable de convoquer aussi bien Éros (le désir amoureux) que Thanatos (la mort).

Breton, « Union libre » ▸ p. 290.

Effets recherchés	Procédés d'écriture
Exprimer ses sentiments personnels, l'amour, l'admiration, le désespoir, la mélancolie	– Présence forte du « je » – Hyperboles, anaphores – Champ lexical des sentiments – Phrases exclamatives, interrogatives

La tonalité tragique

La tonalité tragique est associée à la **mort**, au **destin** qui s'abat implacablement sur le personnage. Sa violence est telle qu'elle reflète le *tragos* (bouc) *odé* (chant), le cri du bouc au moment où on le sacrifiait lors des représentations des grandes dionysies.

Racine, *Phèdre* ▸ p. 120.

Effets recherchés	Procédés d'écriture
Exprimer le sentiment de la fatalité face à un destin inéluctable, d'impuissance et de souffrance avant la mort	– Champs lexicaux de la fatalité, de la séparation, de la mort, du destin, de la religion – Phrases interrogatives et exclamatives qui insistent sur la détresse du personnage

La tonalité élégiaque

La tonalité élégiaque est associé à un **chant funèbre** plaintif. Elle est particulièrement utilisée en poésie.

Lamartine, « Le lac » ▸ p. 186.

Effets recherchés	Procédés d'écriture
Exprimer une plainte douloureuse	– Phrases exclamatives – Lexique de la plainte – Présence du « je » – Sonorités tristes

La tonalité pathétique

La tonalité pathétique est associée à la **plainte**. Le mot « pathétique » vient du grec *pathos*, la souffrance.

Dumas, *La Dame aux camélias* ▸ p. 211.

Effets recherchés	Procédés d'écriture
Susciter la pitié et chercher la compassion, toucher la sensibilité du lecteur	– Gradations, hyperboles, figures d'amplification – Champ lexical de la douleur et des larmes – Phrases interrogatives et exclamatives, interjections et points de suspension

La tonalité polémique

✱ Du grec *polemos*, la guerre, cette tonalité permet d'**attaquer violemment** une personne ou des idées.

Chateaubriand ▸ p. 182.

Effets recherchés	Procédés d'écriture
– Combattre des opinions, défendre des idées – Choquer le destinataire	– Anaphores, répétitions, hyperboles, antithèses, questions rhétoriques – Lexique valorisant, dévalorisant – Ironie

La tonalité didactique

✱ Du grec *didaskein*, enseigner, cette tonalité permet de **transmettre ses connaissances**.

La Fontaine, « Le philosophe scythe » ▸ p. 128.

Effets recherchés	Procédés d'écriture
Enseigner, transmettre des connaissances	– Expression de l'ordre et du conseil, mode injonctif – Arguments, énumérations, définitions, exemples – Liens logiques – Lexique scientifique

La tonalité satirique

✱ La tonalité satirique rejoint en partie la tonalité polémique à laquelle elle ajoute la notion de **raillerie**.

La Bruyère, *Les Caractères* ▸ p. 130.

Effets recherchés	Procédés d'écriture
– Faire rire et faire réfléchir – Tourner en dérision dans le but de dénoncer	– Antiphrases – Hyperboles – Humour – Ironie

La tonalité comique

✱ Cette tonalité repose sur l'utilisation de l'**humour**. « Comique » vient du grec *komos* (relatif à la comédie).

Corneille, *L'Illusion comique* ▸ p. 86.

Effets recherchés	Procédés d'écriture
Faire rire, sourire ou amuser	– Jeu sur les mots, les gestes, le caractère, les répétitions, l'absurde – Procédés de répétition – Effets de contraste, de décalage

La tonalité épique

✱ Elle permet de faire l'éloge des **hauts faits guerriers**.

Béroul, *Tristan et Yseut* ▸ p. 25.

Effets recherchés	Procédés d'écriture
Susciter l'admiration	– Hyperboles, accumulations, métaphores – Verbes d'action – Vocabulaire guerrier – Épithètes homériques – Adverbes d'intensité, superlatifs, comparatifs

La tonalité élogieuse

✱ Elle permet de faire l'**éloge**.

Mme de La Fayette, *La Princesse de Clèves* ▸ p. 122.

Effets recherchés	Procédés d'écriture
Déclencher l'admiration du lecteur	– Vocabulaire mélioratif – Procédés liés à la description ou au portrait

Les **figures** de **style**

Les figures de style permettent d'**agir** sur le sens du texte.

Figures de l'insistance

* **L'énumération** énonce successivement des termes de même nature pour accentuer ou amplifier le propos.

> « Avec casques, sans casques, sans chevaux, sur motos, hurlants, en autos, sifflants, tirailleurs, comploteurs, volants, à genoux, creusant, se défilant, caracolant dans les sentiers, pétaradant, enfermés sur la terre comme dans un cabanon »
> Céline, *Voyage au bout de la nuit*

* **L'accumulation** est une succession de mots de même valeur grammaticale. Elle cherche à tout dire sur une question.

> « Et je parle, je travaille, je dévide, je déroule, je calcule, je médite, je tresse, je vanne, je tricote, je natte, je croise, je passe, je repasse, je noue et dénoue et renoue »
> Cocteau, *La Machine infernale*

* **La gradation** est une énumération croissante ou décroissante.

> « Va, cours, vole et nous venge. »
> Corneille, *Le Cid* (I, 5)
>
> « Il aurait encore épousé toi, son chien et son chat. »
> Molière, *Dom Juan* (I, 1)

* **L'hyperbole** est une exagération.

> « Je peux attendre des heures sous la pluie »
> Modiano, *Dora Bruder*

* **L'anaphore** est la répétition d'un mot ou d'un groupe de mots au début de phrases ou vers qui se suivent.

> « Et toutes les vitrines et toutes les rues
> Et toutes les maisons et toutes les vies
> Et toutes les roues des fiacres qui tournaient en tourbillon sur les mauvais pavés »
> Cendrars, *Prose du Transsibérien*

* **Le parallélisme** aligne deux énoncés qui présentent la même syntaxe, la même construction (abab).

> « Si l'un ou l'une d'entre eux disait : « buvons », tous buvaient ; s'il disait : « jouons », tous jouaient. »
> Rabelais, *Gargantua*

* **Le chiasme** est un parallélisme inversé (abba). C'est une construction en miroir qui joue sur une répétition stricte ou l'emploi de synonymes.

> « Les doigts curieux s'y coupent, s'y cassent les ongles »
> Ponge, « L'huître »

* **La périphrase** est une construction plus longue que le terme qu'elle remplace.

> « La fille de Minos et de Pasiphaé. »
> Racine, *Phèdre*
>
> C'est ainsi qu'Hippolyte désigne Phèdre.

* **Le polyptote** est une construction qui répète un mot, mais en changeant sa terminaison.

> « ... les jeunes filles brûlées. Tout brûlait. »
> Mouawad, *Incendies*

* **L'hypotypose** donne l'impression que l'action a lieu sous nos yeux (Wajdi Mouawad, *Incendies* ► p. 371).

Figures de l'opposition

L'antithèse fait coexister dans un même paragraphe deux termes ou deux expressions qui s'opposent.

« Lui, naguère si beau, qu'il est comique et laid ! »
Baudelaire, « L'albatros »

L'oxymore est l'association dans un même groupe nominal ou verbal de deux termes antithétiques.

« le Soleil noir de la Mélancolie »
Nerval, « El Desdichado »

L'antiphrase est une figure de style ironique : elle exprime le contraire de ce que pense le locuteur.

« Je puis tout imprimer librement. »
Beaumarchais, *Le Mariage de Figaro* (V, 3)

Figures de l'analogie

La comparaison est un rapprochement de deux termes qui ont un élément commun. Ce rapprochement s'effectue à l'aide d'un outil comparant *(comme, ainsi que, de la même façon que…)*.

« Elle quitte son pays comme on renonce à ses rêves »
Yourcenar, *Feux*

La métaphore est une comparaison sans outil comparant. Si la métaphore se poursuit, on parle de métaphore filée.

« Ma femme aux cils de bâtons d'écriture d'enfant »
Breton, « L'Union libre »

La personnification : un objet, un être inanimé, une chose, une idée devient une personne.

L'allégorie : une idée abstraite prend une apparence concrète.

« On est puceau de l'Horreur comme on l'est de la volupté »
Céline, *Voyage au bout de la nuit*

Figures de l'atténuation

La litote consiste à dire le moins pour suggérer le plus. C'est ce que fait Chimène dans *Le Cid*, lorsque, face au meurtrier de son père, Rodrigue, qui était auparavant son promis, elle dit :

« Va, je ne te hais point. »
Corneille, *Le Cid* (III, 4)

Ce qui signifie qu'elle ressent encore quelque chose pour lui.

L'euphémisme atténue la réalité afin de ne pas gêner, choquer, attrister. (ex. : Il est parti = il est mort)

Figures de la contiguïté

La métonymie désigne un mot par un autre, qui lui est associé logiquement : le contenant pour le contenu, la cause pour la conséquence… (ex. : Je boirais bien un verre. Un verre = un verre de quelque chose)

La synecdoque rapproche deux termes qui sont associés dans un rapport d'inclusion : la partie pour le tout, le genre pour l'espèce ou l'espèce pour le genre.

« les voiles au loin descendant vers Harfleur. »
Hugo, « Demain, dès l'aube »

Les voiles désignent ici les navires.

Figures de rupture de construction

L'aposiopèse est une interruption de phrase. Elle est matérialisée par la présence des points de suspension.

L'anacoluthe est une rupture de la cohésion syntaxique de la phrase.

« Exilé sur le sol au milieu des huées,
Ses ailes de géants l'empêchent de marcher. »
Baudelaire, « L'albatros »

Les **outils grammaticaux**

La grammaire est au service de l'**interprétation** des textes et de la qualité de l'**expression**.

Le verbe : valeurs temporelles

Le présent a plusieurs valeurs :
– **le présent d'énonciation** correspond avec le moment où le locuteur parle, le moment où l'auteur écrit.

> « Tu suis ton ancien maître dans ses voyages. »
> Montesquieu, *Lettres persanes*

– **le présent de narration** est utilisé dans le récit des faits passés. Il donne l'impression au lecteur qu'il participe à l'action, que celle-ci se déroule sous ses yeux. Il crée un effet d'hypotypose (Wajdi Mouawad, *Incendies* ▸ p. 371).
– **le présent de vérité générale** exprime un fait valable de tout temps.

Le futur présente l'action à venir comme certaine. Le futur peut avoir une valeur injonctive (donner des ordres).

Les temps du passé
– **L'imparfait** est le temps de l'arrière-plan. On l'utilise pour raconter les actions de second plan. Il exprime parfois l'habitude.

– **Le passé simple** est le temps du passé dit de premier plan : quelque chose se passe dans le cours linéaire d'un récit mené principalement à l'imparfait.

> « Le fils du Roi qui revenait de la chasse la rencontra. »
> Perrault, *Les Fées*

Le verbe : valeurs aspectuelles

L'aspect d'un verbe désigne l'action envisagée dans son déroulement. On distingue :
– **l'aspect accompli** : l'action est achevée. Cela se traduit par des temps composés.

> « Il a tourné sa tête du côté de la gent païenne. »
> *La Chanson de Roland* (1098)

– **l'aspect inaccompli** : l'action n'est pas terminée. Elle est décrite avec des temps simples.

> « Tristan monta seul dans une barque et cingla vers l'île Saint-Samson. »
> Béroul, *Tristan et Iseut* (XIIe)

– **l'aspect itératif** : l'action se reproduit plusieurs fois.

> « Vers sept heures du matin, le chat de madame Vauquer précède sa maîtresse, saute sur les buffets, y flaire le lait ».
> Balzac, *Le Père Goriot* (1835)

Le verbe : valeurs modales

Il y a **trois modes personnels** :
– **l'indicatif** désigne un fait dont on est certain et qui est situable dans le temps (elle danse).
– **le subjonctif** traduit la crainte ou le souhait.
– **l'impératif** exprime un ordre ou une injonction.

Il y a **deux modes impersonnels** :
– **l'infinitif** peut avoir une valeur d'ordre (« Prendre un poème ») ou exprimer une interrogation (« Que faire ? »). Il peut être substantivé (le dîner).
– **le participe présent** présente une action en train de se dérouler.

Juxtaposition, coordination, subordination

La parataxe désigne la juxtaposition. Les propositions sont placées les unes à côté des autres sans mot outil pour les relier.

> « il s'en fout de sa tête / il n'y pense pas / il songe / il imagine une autre tête »
> Prévert, *Paroles* (1946)
>
> La parataxe crée une **accélération du rythme**.

La coordination : les propositions sont reliées par une conjonction de coordination : *mais*, *ou*, *et*, *donc*, *or*, *ni*, *car*. La coordination permet de véhiculer au mieux les sentiments et émotions ainsi que les **liens logiques** entre les propositions.

La subordination traduit une relation de dépendance d'une proposition envers une autre nommée principale.

Les propositions subordonnées relatives sont des expansions du nom : elles lui ajoutent du sens.

« La tête de l'homme qui a faim. »
Prévert, *Paroles* (1946)

Les propositions subordonnées circonstancielles peuvent traduire la cause, la conséquence, le but, la concession, la condition, le temps…

« Lorsque […] l'on n'entend plus retentir que la chaîne de l'esclave et la voix du délateur […] l'historien paraît »
Chateaubriand, *Compte-rendu du Voyage de M. de Laborde* (1807)

La proposition subordonnée circonstancielle de temps introduite par « lorsque » se charge d'une nuance causale : c'est parce que et quand le despotisme règne que l'historien doit intervenir.

L'interrogative indirecte est introduite par un verbe de parole. Le point d'interrogation disparaît ainsi que l'inversion du sujet. Par exemple « Où va-t-il ? », question au discours direct posée par Hugo dans *Melancholia* en 1853 deviendrait : nous demandons où il va. L'interrogative indirecte est notamment utile pour l'**annonce des plans** : « nous verrons comment se manifeste la mélancolie du poète », et non « nous verrons comment la mélancolie se manifeste-t-elle ».

L'expression de la négation

Les **adverbes de négation** sont nombreux et traduisent le niveau de langue adopté par l'auteur. Leur ellipse partielle renvoie au style familier (« je vois pas »), tandis que des adverbes de négation comme « goutte » ou « mie » sont associés à un langage considéré comme soutenu ou désuet (« je n'y vois goutte »).

Parmi **les phrases négatives**, on peut retenir :
– **les négations restrictives** : « je n'aime que les pommes ».
– **les négatives explétives** : « je crains qu'il ne vienne », « ne » n'est plus négatif.
– **la préfixation** : la négation peut être véhiculée par des préfixes privatifs. Dans « La ballade des pendus » (Villon, 1463), la décomposition des corps est traduite par des mots négatifs comportant des préfixes privatifs : « débués », « desséchés ».
- **l'antonymie** : certains écrivains utilisent les antonymes, mots présentant un sens contraire à un autre.

Les adjectifs

Les adjectifs peuvent être **mélioratifs** ou **péjoratifs**.

« Cette princesse était d'une parfaite beauté. »
Mme de La Fayette, *La Princesse de Clèves* (1678)

L'adjectif mélioratif « parfaite » contribue à faire de la princesse de Clèves une héroïne positive.

L'adjectif peut subir le **degré**, c'est-à-dire se trouver dans une construction comparative ou superlative.

« Iphis a le plus joli maintien »
La Bruyère, *Les Caractères* (1688)

Le superlatif souligne le ridicule du personnage.

L'expression de la comparaison

On peut utiliser des comparatives d'**égalité** (*aussi… que*), d'**infériorité** (*moins… que*) et de **supériorité** (*plus… que*).

« Une femme est plus belle que le monde où je vis. »
Éluard, *Absences II* (1926)

L'éloge de la femme passe par l'utilisation de cette comparative de supériorité qui fait de la femme une beauté surréelle.

La comparaison peut être introduite avec l'aide d'outils de comparaison : *comme*, *tel*, *semblable à*…

Les déictiques

Du grec *deixis*, « action de montrer », cette catégorie permet de **préciser la situation d'énonciation.** Elle regroupe :

Les indices personnels de 1e et 2e personnes : *je*, *tu*, *nous*, *vous*, *moi*, *toi*, *nôtre*, *vos*…

Les indices spatio-temporels (adverbes et locutions prépositionnelles) : *maintenant, ici, à côté, là*…

Les déterminants démonstratifs : *ce*, *cette*…

Les pronoms démonstratifs : *celui-ci*, *celle-ci*…

L'**ironie** et l'**implicite**

L'ironie comme l'implicite demandent au lecteur d'**élucider** le contenu d'un message ou d'en **dévoiler** toutes les subtilités.

L'ironie

Définition et caractéristiques

* L'ironie est une figure de pensée qui consiste à **dire le contraire de ce que l'on veut faire comprendre** afin de produire un effet sur le lecteur, pour se moquer d'un personnage, dénoncer une situation, un fait historique...

* Le terme **ironie** vient du grec *eironeia* qui signifie « interrogation » : l'ironie oblige le lecteur à **s'interroger sur les véritables intentions de l'auteur**, et à replacer ses propos dans leur contexte.

* L'ironie est très souvent présente dans les textes argumentatifs et en particulier polémiques. Elle est l'**arme privilégiée** des philosophes des Lumières au XVIIIe siècle.

* L'ironie a parfois des **effets comiques** (dans le cas de la moquerie) mais elle se distingue de l'humour, qui n'a pas d'autre finalité que lui-même, en ce qu'elle fait réfléchir le lecteur.

Principaux procédés de l'ironie

* L'ironie repose sur **un décalage** entre ce que l'on dit et ce que l'on pense, ce qui n'est pas toujours facile à déceler : un énoncé peut être pris au premier degré (l'auteur nous transmet clairement son message) ou au second degré (il y a un message caché que le lecteur doit décrypter).

* **Le raisonnement par l'absurde** utilise des arguments illogiques ou aberrants qui en viennent à s'annuler eux-mêmes, laissant percevoir la véritable intention de l'auteur.

> « Les peuples d'Europe ayant exterminé ceux de l'Amérique, ils ont dû mettre en esclavage ceux de l'Afrique, pour s'en servir à défricher tant de terres. »
>
> **Montesquieu, « De l'esclavage des nègres » (1748)**

* **L'antiphrase** est le procédé roi de l'ironie. Il consiste à dire le contraire de ce que l'on pense.

L'antiphrase la plus célèbre de Voltaire dans *Candide* est « nous vivons dans le meilleur des mondes possibles » alors qu'il parle d'un monde dominé par la guerre, l'Inquisition, l'intolérance...

* **L'antithèse** consiste à employer des termes, expressions ou situations qui s'opposent entre eux, générant un contraste.

Dans ses *Caractères*, La Bruyère fait la satire de la société en juxtaposant volontairement les portraits de Giton – figure du riche que chacun cherche à séduire – et celui de Phédon – figure du pauvre que tous méprisent.

L'implicite

Définition et caractéristiques

* Est implicite **ce qui relève du non-dit**, du caché ou du sous-entendu et qui doit être décrypté par le lecteur ; à l'opposé, est explicite **ce qui est énoncé de manière directe**.

* L'implicite est souvent présent dans les récits argumentatifs comme l'**apologue**, le **conte** ou la **fable**.

Principaux procédés de l'implicite

* **Le sous-entendu** présente un énoncé qui donne une information tout en la passant sous silence. Il faut se servir du contexte pour comprendre.
Ex. : « J'ai chaud ». Cette information dépend du contexte dans lequel on la donne : elle peut donner une information factuelle comme signifier à l'interlocuteur d'ouvrir la fenêtre.

* **Le présupposé** donne une information qui s'appuie sur une autre, supposée connue du lecteur. L'information est contenue dans la phrase même si elle n'est pas clairement formulée.
Ex. : « Pense à prendre ton parapluie ». La personne à qui l'on s'adresse est supposée savoir que si on lui demande de prendre son parapluie, c'est qu'il va pleuvoir. Elle partage des informations communes avec le locuteur.

Moyen Âge et XVIe siècle

PLUSIEURS RÉPONSES SONT SOUVENT POSSIBLES.

Quiz
hatier-clic.fr/antho1

1 La fin'amor est :
a) un art de vivre ;
b) réservée à la littérature ;
c) une façon d'aimer de façon courtoise ;
d) l'amour de Dieu.

2 Au Moyen Âge, un roman est :
a) un texte écrit en langue romane ;
b) un personnage ;
c) un texte en vers ;
d) un texte en prose.

3 Quel est l'objectif des romans arthuriens ?
a) Montrer que les enchanteurs existent.
b) Donner une histoire nationale au peuple.
c) Effrayer les gens.
d) Valoriser le français moderne.

4 La ballade :
a) est une promenade ;
b) comporte un envoi ;
c) contient un refrain ;
d) est une forme fixe de la poésie du Moyen Âge.

5 Qu'est-ce qu'un lai ?
a) le récit abrégé d'une légende ;
b) un chapitre d'une épopée ;
c) une plainte ;
d) un synonyme du mot « poème ».

6 « La ballade des pendus » :
a) a été écrite par Rutebeuf ;
b) a été écrite par François Villon ;
c) est autobiographique ;
d) a été écrite quand son auteur pensait être sur le point d'être pendu.

7 Replacez ces œuvres dans l'ordre chronologique :
a) *Tristan et Iseult*
b) *Les Lais*, de Marie de France
c) *La Chanson de Roland*
d) *La Quête du Graal*

8 Qu'est-ce qui est à l'origine de l'humanisme ?
a) une décision politique ;
b) une révolution ;
c) les voyages, les échanges ;
d) la diffusion des textes.

9 *L'Homme de Vitruve*, de Léonard de Vinci :
a) est la représentation des proportions idéales du corps humain ;
b) représente un homme dans un rectangle ;
c) symbolise le fait que l'homme est placé au centre des préoccupations des humanistes.

10 *L'Éloge de la folie*, d'Érasme :
a) est un éloge paradoxal ;
b) est une critique de la folie ;
c) relève de l'argumentation directe ;
d) relève de l'argumentation indirecte.

11 Dans le prologue de *Gargantua*, Rabelais :
a) définit son projet humaniste : derrière le rire se cache une réflexion sérieuse ;
b) fait œuvre d'humaniste en multipliant les références à l'Antiquité ;
c) dit que son œuvre est uniquement destinée à faire rire car « rire est le propre de l'homme ».

12 Dans son *Discours de la servitude volontaire*, La Boétie :
a) cherche à ouvrir les yeux du peuple sur sa condition ;
b) présente le Roi comme un homme ordinaire ;
c) dénonce l'oppression subie par le peuple ;
d) fait l'éloge de la monarchie absolue.

13 Les poètes de la Pléiade veulent :
a) enrichir la langue française ;
b) concurrencer le latin et l'italien ;
c) supprimer les rimes ;
d) accorder une place à la prose en poésie.

XVIIᵉ siècle

PLUSIEURS RÉPONSES SONT SOUVENT POSSIBLES.

Quiz
hatier-clic.fr/antho2

1 Le mouvement baroque :

a) est l'une des conséquences des horreurs des guerres de Religion ;
b) repose sur l'exubérance et le foisonnement des formes ;
c) traduit le goût des écrivains pour les règles.

2 Quels poètes baroques connaissez-vous ?

a) Théophile de Viau
b) Jean de La Fontaine
c) Jean de Sponde
d) Pierre de Marbeuf

3 Au XVIIᵉ siècle se développe également la préciosité.

a) Ce mouvement est tourné en dérision par Molière dans *Les Précieuses ridicules*.
b) La carte de Tendre est symptomatique de ce mouvement.
c) La préciosité repose sur des codes qui définissent le langage amoureux.
d) Ses œuvres valaient très cher.

4 Quels auteurs précieux connaissez-vous ?

a) Jean de La Fontaine
b) Jean de Sponde
c) Vincent Voiture
d) Madeleine de Scudéry

5 Sur quel principe repose le classicisme ?

a) Rire et éclairer.
b) Chercher à libérer les hommes.
c) Faire rêver.
d) Plaire et instruire.

6 Quelles sont les règles du théâtre classique définies par Boileau dans *L'Art poétique* ?

a) Il faut respecter les unités de temps, de lieu et d'action.
b) L'action doit être vraie.
c) Il faut suivre les bienséances et la vraisemblance.
d) Il faut surprendre le spectateur.

7 *Dom Juan* de Molière et *Médée* de Corneille :

a) sont des pièces classiques ;
b) comportent chacune un *deus ex machina* ;
c) sont des pièces baroques ;
d) ont pour personnages principaux des valets.

8 Quels moralistes connaissez-vous ?

a) La Bruyère
b) La Rochefoucauld
c) La Fontaine
d) Scarron

9 Du côté du roman, quel personnage incarne l'idéal classique ?

a) La religieuse portugaise de Guilleragues.
b) La troupe d'acteurs du *Roman comique* de Scarron.
c) Clélie dans le roman éponyme de Mme de Scudéry.
d) La princesse de Clèves dans le roman éponyme de Mme de La Fayette.

10 La querelle des Anciens et des Modernes survient à la fin du XVIIᵉ siècle. Parmi ces auteurs, lequel est « Moderne » ?

a) Charles Perrault
b) Nicolas Boileau
c) Jean Racine
d) Jean de La Fontaine

11 Quel auteur propose une utopie ?

a) La Bruyère, dans ses *Caractères* ;
b) Pascal, dans ses *Pensées* ;
c) Fénelon, dans *Les Aventures de Télémaque* ;
d) Scarron, dans le *Roman comique*.

12 À quoi est due la querelle du *Cid* (1637) ?

a) au vocabulaire vulgaire utilisé par Corneille ;
b) à l'absence de bienséance et de vraisemblance de la pièce ;
c) au fait que Racine ait ajouté l'admiration en tant que ressort de la catharsis.

13 Citez trois femmes qui ont marqué la littérature du XVIIᵉ siècle.

XVIIIe siècle

PLUSIEURS RÉPONSES SONT SOUVENT POSSIBLES.

Quiz
hatier-clic.fr/antho3

1 **Le mouvement des Lumières commence :**

a) au XVIIe siècle, avec Pascal ;
b) avec *Les Lettres Persanes* de Montesquieu ;
c) avec le projet de l'Encyclopédie ;
d) avec *Candide* de Voltaire.

2 **Quelle œuvre défend le principe d'égalité ?**

a) *Le Mariage de Figaro* de Beaumarchais ;
b) *Le Mondain* de Voltaire ;
c) *Paul et Virginie* de Bernardin de Saint-Pierre ;
d) « Je t'aime tant » de Fabre d'Églantine.

3 **Le XVIIIe siècle livre un combat contre la tyrannie. Ce combat a été porté par :**

a) Laclos dans *Les Liaisons dangereuses* ;
b) Mme du Châtelet dans son *Discours sur le bonheur* ;
c) Diderot dans son article « Autorité politique » ;
d) Bernardin de Saint-Pierre dans *Paul et Virginie.*

4 **La lutte pour l'égalité hommes-femmes est elle aussi renforcée. Quel auteur ne s'est pas engagé pour les droits des femmes ?**

a) Olympes de Gouges
b) Choderlos de Laclos
c) Mme du Châtelet
d) Voltaire

5 **Qui sont les fondateurs de l'Encyclopédie ?**

a) Diderot et D'Alembert
b) Diderot et Rousseau
c) Diderot et Voltaire
d) Diderot et Montesquieu

6 **Qui est l'auteur de *L'Esprit des lois* et que dénonce-t-il dans le chapitre présenté dans votre manuel ?**

a) Montesquieu. Il dénonce l'esclavage.
b) Montesquieu. Il s'attaque à la justice.
c) Rousseau. Il dénonce le contrat social.
d) Rousseau. Il dénonce l'injustice sociale.

7 **Au XVIIIe siècle, on publie des contes. Quelles œuvres appartiennent à ce genre littéraire ?**

a) *La Belle et la bête* de Mme de Beaumont ;
b) *Candide* de Voltaire ;
c) *Les Liaisons dangereuses* de Laclos ;
d) « De l'esclavage des nègres » de Montesquieu.

8 **Voltaire manie particulièrement bien l'ironie. Dans quelles œuvres ?**

a) *Candide*
b) *De l'horrible danger de la lecture*
c) *Le Mondain*
d) « Autorité politique »

9 **Quels changements apparaissent dans le genre du théâtre ?**

a) Les personnages principaux ne sont plus toujours des nobles.
b) Le théâtre peut servir de « tribune ».
c) Les pièces sont toujours en vers.
d) Il y a toujours des mises en abyme.

10 **La poésie n'est pas tout à fait absente de ce siècle. Quels poètes du XVIIIe identifiez-vous ?**

a) Diderot
b) Rousseau
c) Chénier
d) Fabre d'Églantine

11 **Pour Rousseau, quelle est l'origine de l'inégalité parmi les hommes ?**

a) le travail ;
b) la politique ;
c) la propriété ;
d) le hasard.

12 **Classez dans l'ordre chronologique :**

a) *Le Jeu de Paume* de Chénier ;
b) *Le Mariage de Figaro* de Beaumarchais ;
c) *Jacques le fataliste* de Diderot ;
d) *Les Lettres persanes* de Montesquieu ;
e) *De l'Esprit des lois* de Montesquieu.

XIXe siècle

PLUSIEURS RÉPONSES SONT SOUVENT POSSIBLES.

Quiz
hatier-clic.fr/antho4

1 On dit que l'instabilité du contexte politique au XIXe siècle a donné naissance au romantisme. Classez dans l'ordre chronologique ces différents régimes politiques :

a) la monarchie de Juillet ;
b) l'Empire ;
c) la IIe République ;
d) la Restauration ;
e) le Second Empire.

2 Qu'est-ce que le « mal du siècle » romantique ?

a) un synonyme du spleen baudelairien ;
b) une maladie attrapée par les écrivains ;
c) le sentiment d'être né trop tard ;
d) une forme de désabusement.

3 Qui a fondé, en France, le romantisme ?

a) Victor Hugo
b) Alfred de Vigny
c) Alfred de Musset
d) François-René de Chateaubriand

4 Quelle caractéristique du romantisme est conceptualisée par Hugo dans la préface de *Cromwell* ?

a) l'exaltation des sentiments ;
b) le mal de vivre ;
c) la dialectique du grotesque et du sublime ;
d) la mélancolie.

5 Qu'est-ce que la bataille d'*Hernani* (1830) ?

a) l'acte de naissance du théâtre romantique ;
b) un combat entre les romantiques et les classiques dans l'enceinte même d'un théâtre ;
c) la suite de la querelle du *Cid* (1637) ;
d) une vraie guerre.

6 Baudelaire est un poète :

a) de la modernité ;
b) symboliste ;
c) romantique ;
d) surréaliste.

7 Les poètes symbolistes sont représentés par :

a) Lamartine
b) Mallarmé
c) Rimbaud
d) Hugo

8 Quelle conception de la poésie est défendue par les Parnassiens ?

a) L'art pour l'art.
b) L'art doit être impersonnel.
c) La poésie doit être engagée.
d) La poésie doit être écrite en prose.

9 Qui signe l'acte de naissance du poème en prose ?

a) Baudelaire
b) Hugo
c) Lamartine
d) Aloysius Bertrand

10 *À Rebours* de Huysmans est un roman :

a) d'aventures ;
b) où il ne se passe rien ;
c) réaliste ;
d) décadent.

11 Classez ces œuvres par ordre chronologique :

a) *Ubu Roi* de Jarry ;
b) *Hérodias* de Flaubert ;
c) *L'Œuvre* de Zola ;
d) *Hernani* de Hugo ;
e) *Cyrano de Bergerac* d'Edmond Rostand.

12 Citez un écrivain romantique puis un écrivain naturaliste particulièrement engagés.

13 Le réalisme naît en réaction au romantisme. Citez deux auteurs réalistes.

14 Au XIXe siècle, certains écrivains se servent de la presse comme d'une arme. Quels sont ces écrivains ?

15 Citez trois femmes qui ont marqué ce siècle. Citez au moins une de leurs œuvres.

Testez vos connaissances en histoire littéraire

PLUSIEURS RÉPONSES SONT SOUVENT POSSIBLES.

XXe et XXIe siècles

Quiz
hatier-clic.fr/antho5

1 L'histoire du XXe siècle est marquée par la violence des guerres et le développement de l'industrie guerrière. Parmi ces guerres, lesquelles ont marqué le siècle ?

a) la Grande Guerre ;
b) la guerre de Troie ;
c) la Seconde Guerre mondiale ;
d) la guerre d'Algérie.

2 Le dadaïsme, représenté par Tristan Tzara, recherche :

a) la destruction du passé ;
b) des chevaux ;
c) à remettre à la mode le sonnet.

3 Qui est l'auteur du *Manifeste du surréalisme* ?

a) Éluard
b) Desnos
c) Aragon
d) Breton

4 L'image surréaliste est :

a) le « stupéfiant image », à en croire Aragon
b) une blague ;
c) une simple métaphore ;
d) « la rencontre fortuite sur une table de dissection d'un parapluie et d'une machine à coudre », pour reprendre une phrase de Lautréamont.

5 Pour retrouver le temps perdu, Marcel Proust a recours :

a) au « stupéfiant image », à en croire Aragon ;
b) à la réminiscence, ou mémoire involontaire ;
c) au cinéma ;
d) à son disque dur.

6 Deux romanciers du XXe siècle semblent avoir recours à la cristallisation décrite par Stendhal au XIXe siècle. Lesquels ?

a) Giraudoux
b) Aragon
c) Proust
d) Malraux

7 Quel auteur décrit violemment la guerre dans une partie de son roman ?

a) Céline dans *Voyage au bout de la nuit* ;
b) Camus dans *L'Étranger* ;
c) Breton dans *Nadja* ;
d) Mauriac dans *Thérèse Desqueyroux.*

8 Suite aux deux guerres mondiales naît le mouvement de l'absurde. Il est représenté par :

a) Camus dans *L'Étranger* ;
b) Beckett dans *En attendant Godot* ;
c) Giraudoux dans *La guerre de Troie n'aura pas lieu* ;
d) Perec dans *W ou le souvenir d'enfance.*

9 Au théâtre, les dramaturges réécrivent des mythes antiques. Qui s'intéresse au mythe d'Œdipe ?

a) Anouilh
b) Giraudoux
c) Mouawad
d) Ionesco

10 La société de consommation est décriée dans l'un de ces romans. Lequel ?

a) *Roses à crédit* d'Elsa Triolet ;
b) *Aurélien* de Louis Aragon ;
c) *L'Amant* de Marguerite Duras ;
d) *Désert* de J. M. G. Le Clézio.

11 L'inconscient psychique a fait son apparition en littérature au XXe siècle. Quels auteurs lui accordent une place importante dans leurs œuvres ?

a) Aragon et Elsa Triolet
b) Desnos et Breton
c) Anouilh et Bauchau
d) Gaudé et Khadra

12 De nombreux récits évoquent la Shoah. Citez-en trois.

13 Quels auteurs francophones connaissez-vous ? Citez une de leurs œuvres.

14 Citez deux écrivains journalistes qui se sont servis de la presse comme d'une tribune.

Mark Rothko, ***Sans titre*** **(1969), acrylique sur papier (117 x 106 cm), The Art Institute of Chicago (États-Unis).**

Les épreuves du Bac

La dissertation

Sujet : L'amour suit-il des lois ? (Stendhal, *Le Rouge et le Noir*)

Le commentaire de texte

Sujet : Fabre d'Églantine, « Je t'aime tant »

La contraction de texte et l'essai

Sujet : Camus, « La liberté de la presse »

L'oral

Méthode *pour réussir le* **commentaire de texte**

DÉFINITION

Le commentaire est un **exercice d'argumentation et d'analyse** permettant de révéler le sens et les émotions créées par un texte. Il s'agit de montrer **comment les choix d'écriture créent du sens** en analysant des citations du texte dans un devoir argumenté et construit.

SUJET

Fabre d'Églantine, « Je t'aime tant » (▸ p. 172)

Étape 1 Lire activement le texte

→ Lisez le texte une première fois pour le saisir dans sa **globalité** en prêtant attention aux **impressions** qui s'en dégagent.

→ Notez au brouillon vos impressions de lecture sous forme de mots clés : **émotions**, **atmosphère**, **ton**, **idées**, sans entrer encore dans l'analyse du texte. Ces impressions permettront de définir la problématique et le plan de votre devoir.

> **Exemple :** Dans « Je t'aime tant » de Fabre d'Églantine : *lyrisme, déclaration d'amour, aliénation, femme muse, déesse.*

Étape 2 Formuler la problématique

→ Formulez une problématique qui questionne le texte. Cette problématique peut interroger :

- **des émotions ou idées** qui paraissent **contradictoires** dans le texte ;

> **Exemples :** En quoi, tout en semblant aliénant, l'amour est-il nécessaire à la création poétique ?
> En quoi, tout en disant l'insuffisance du langage pour dire l'amour, le poète accède-t-il à la création ?

- **une émotion ou une idée qui domine** le texte.

> **Exemples :** Comment se traduit l'émotion qui étreint le poète lorsqu'il pense à l'être aimé ?
> Comment, pour construire son poème, Fabre d'Églantine joue-t-il avec les *topoï* de la poésie amoureuse ?

→ La problématique est le **fil directeur** du devoir et va permettre l'organisation d'un plan de réponse.

Étape 3 Élaborer un plan détaillé au brouillon

→ Élaborez un plan **qui réponde à votre problématique**. Les **parties du plan** doivent s'organiser progressivement.

→ Le commentaire peut être **linéaire** : il suit alors les mouvements (parties) du texte – ou **composé**. Dans ce cas, on part de l'idée la moins importante ou la plus simple à démontrer pour terminer le devoir sur l'idée la plus importante.

→ Le plan d'un commentaire composé s'organise en **2 ou 3 axes** (maximum) composés de **2 ou 3 sous-parties** chacun. Les axes et sous-parties sont issus de vos impressions de lecture.

- **Le 1er axe** répond à la question : **Quoi ?** Il permet d'analyser le thème, les motifs et le genre du texte.
- **Le 2e axe** répond à la question : **Comment ?** Il permet d'analyser de quelle manière l'idée indiquée dans la problématique est mise en scène par l'écriture du texte.
- **Le 3e axe** répond à la question : **Pourquoi ?** Il permet d'analyser les visées du texte.

→ Dans un premier temps, construisez la **structure du plan** avec des **titres d'axes et de sous-parties**. Les sous-parties choisies sont des **arguments**.

> I. Une déclaration d'amour
> 1. L'éloge de la femme aimée
> On se demande pourquoi on pense être face à une déclaration d'amour. On comprend que c'est parce que le poème repose d'abord sur l'éloge de l'être aimé.

→ Complétez ensuite votre plan par des **citations du texte** (3 ou 4 citations par sous-partie) que vous analyserez en indiquant le **procédé littéraire** employé (Genres et outils transversaux, ▸ p. 426-441).

> I. Une déclaration d'amour
> 2. Une déclaration qui tend à l'universel → pronoms nominaux (« je », « tu »), présent de vérité générale (« je t'aime tant »), etc.

Étape 4 Rédiger le devoir

→ Structurez votre **introduction** en suivant ces étapes (en un seul paragraphe) :

- **une amorce** qui présente le contexte historique et/ou littéraire, en lien avec le texte étudié. Si ceux-ci vous sont inconnus, la phrase d'amorce peut permettre de présenter le thème du texte ;

  Exemple : La déclaration d'amour est un *topos* de la poésie amoureuse.

- **une présentation de l'auteur** (éléments utiles pour l'analyse du texte) et de l'œuvre si vous les connaissez ;
- **une présentation du texte**, un bref résumé ;
- **une annonce de la problématique** et **de vos axes d'étude.**

→ **Présentation** : Sautez une ligne entre l'introduction et la première partie, entre chaque partie, et avant de passer à la conclusion. Marquez un alinéa au début de chaque paragraphe.

→ Construisez chaque **axe** et **sous-partie** ainsi :

- annonce de l'**idée de l'axe** ;
- annonce de l'**argument directeur de la sous-partie** ;
- **analyses** progressives des citations (sans faire de liste) ;
- **conclusion partielle**.

→ Terminez votre devoir par une **conclusion** en trois étapes :

- un **résumé** des arguments développés ;
- une **réponse** à la problématique ;
- un **rapprochement** entre le texte étudié et une autre œuvre.

  Exemple : Cette déclaration d'amour de Fabre d'Églantine peut résonner avec certaines déclarations de Guillaume de Machaut dans *Le Livre du Voir Dit*.

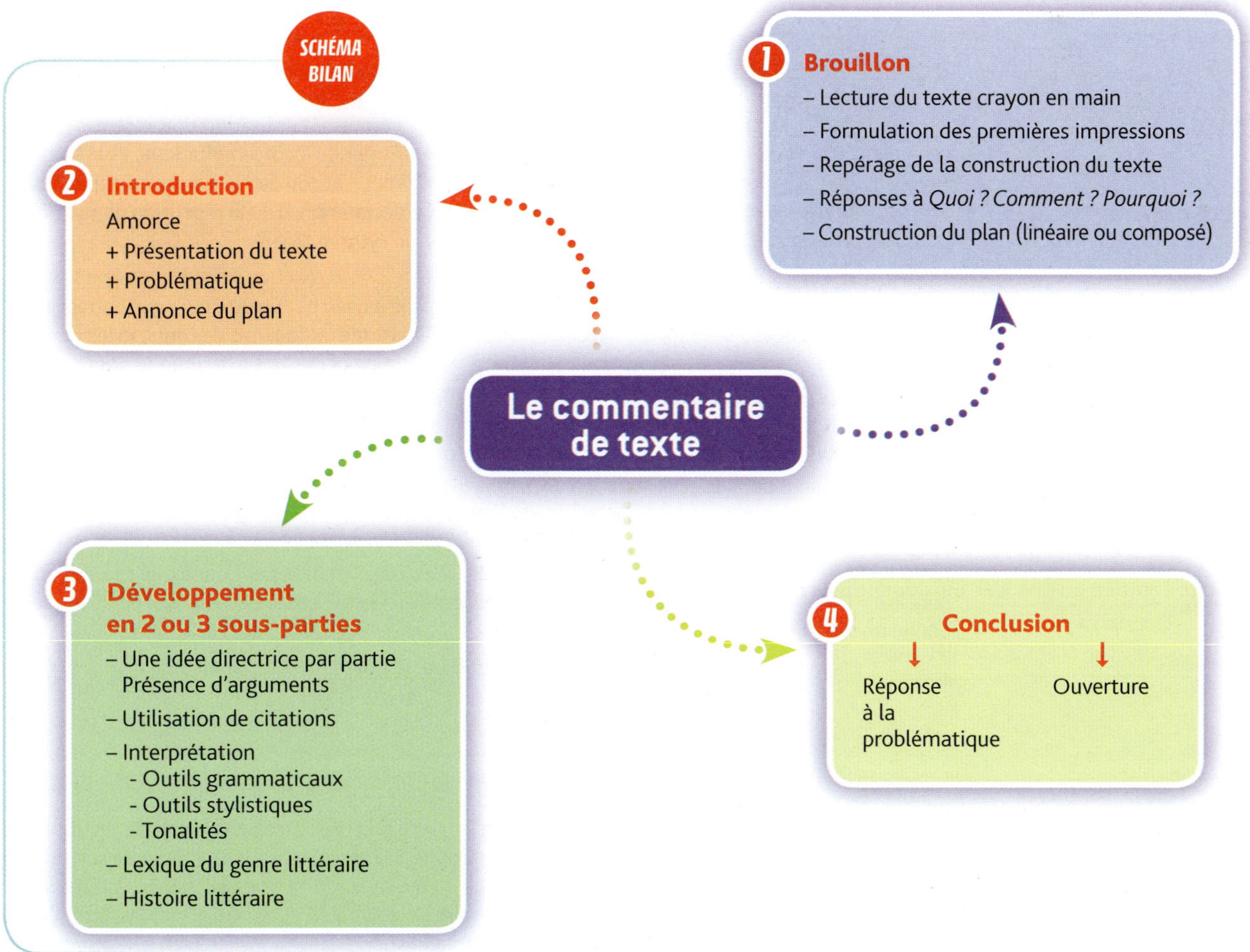

Le commentaire : *exemple rédigé et commenté*

SUJET FABRE D'ÉGLANTINE, « Je t'aime tant » ▸ p. 172.

Introduction

Amorce — Lien avec le texte à commenter — Forme du poème — Problématique — Annonce du plan

La déclaration d'amour constitue un *topos* de la poésie amoureuse. Il n'est alors pas étonnant que le poète Fabre d'Églantine se soit emparé de ce *topos* dans « Je t'aime tant », poème composé de cinq huitains d'octosyllabes aux rimes croisées. Le poète exprime sa passion amoureuse de façon lyrique et affirme que celle qu'il aime est présente en permanence sous ses yeux. Comment Fabre d'Églantine joue-t-il avec les *topoï* de la poésie amoureuse ? Nous verrons d'abord en quoi ce poème constitue une déclaration puis nous mesurerons à quel point le poète est aliéné. Enfin, il s'agira de voir que le poète accède au délire amoureux, source de création poétique.

Développement : Partie I

Entrée en matière — Argument I — Référence grammaticale et interprétation — Lexique de la poésie

Le poète fait une déclaration à la femme aimée. Cette déclaration prend des allures universelles, favorisant l'identification du lecteur. En effet, le poète utilise le pronom nominal « t' » pour évoquer la femme aimée. Ce pronom n'a aucun référent. Il peut s'agir de n'importe quelle femme, tout comme le « je » lyrique peut renvoyer à n'importe quel locuteur. En outre, l'utilisation du présent de vérité générale permet de s'extraire de toute temporalité pour affirmer de façon emphatique, avec l'aide de l'intensif « tant », la force de l'amour du poète. Le verbe « aimer » et son dérivé « amour » apparaissent sept fois dans le poème : il s'agit bel et bien de scander une déclaration, d'où la répétition de « je t'aime tant » répartie dans les deux segments du vers 1, suivant un rythme binaire.

Argument II — Référence culturelle — Citations — Analyse

Afin que sa déclaration touche la femme aimée, le poète réactive le mythe de l'androgyne, exploité par Platon dans *Le Banquet* : nous passons notre vie à chercher un être qui nous corresponde, notre moitié. Le poète semble, lui, l'avoir trouvé lorsqu'il affirme : « Tous tes discours, je les devine » ou encore « ce que tu sens, je l'imagine ». « Deviner » et « imaginer » sont à la rime : le poète se sent si uni à la femme aimée qu'il ressent ce qu'elle ressent, se projette dans ses émotions. Il semble alors lui correspondre parfaitement. L'indéfini totalisant « tous » dit à quel point rien de ce que peut dire la femme ne peut échapper à l'imaginaire du poète.

Argument III — Référence culturelle — Exploitation citation — Référence grammaticale

Enfin, pour parfaire sa déclaration, le poète cherche, dans le dernier huitain, à diviniser la femme aimée : il réécrit la conclusion des prières eucharistiques. « Par lui, avec lui et en lui » devient « en toi, par toi, pour toi ». La femme prend la place de Dieu ; elle est même la « loi » que suit le poète. Elle se fait origine de sa vie : « je respire ». Sans elle, il n'est rien. Le poème ne peut donc que se clore sur la phrase exclamative « que je t'aime ! » et le désir du poète de l'aimer encore et toujours plus : elle seule donne un sens à sa vie.

Transition

Cet amour extrêmement fort et vital ressenti par le poète est aussi aliénant.

Développement : Partie II

Idée directrice — Argument I — Référence grammaticale — Figure de style

Le poète est aliéné par la femme aimée. Il ne cesse de penser à elle : dès la première strophe, il utilise le verbe « répéter », montrant ainsi qu'il est pris dans un cycle. Il ne cesse de penser à elle où qu'il se trouve comme le montrent les compléments de lieu « de près, de loin » dans la première strophe et « en ville, aux champs, chez moi, dehors » dans la strophe 3. Rien ne saurait le distraire de son unique pensée. Même la lecture ne peut l'éloigner de celle qu'il aime : « je te lis dans chaque volume ». De même, aucun autre visage féminin ne peut le distraire de celle qu'il aime : « Qu'une beauté m'offre ses traits / je te cherche sur son visage ». La synecdoque « une beauté » insiste bien sur la séduction qui devrait être associée à certaines autres femmes qui se présentent sous ses yeux mais rien n'y fait. Le présent de vérité générale dit combien cette situation aliénante fait partie du quotidien du poète.

Argument II
Grammaire / Citation
Figure de style
Place dans l'histoire littéraire

L'image de la femme aimée envahit même le sommeil du poète, aux vers 19 et 20. S'endormir en pensant à elle prolonge l'aliénation de nuit. Il a, dans la strophe 4, conscience de son amour avant même d'avoir conscience du lever du jour : la comparative de supériorité « Mon cœur est plus vite à toi / Que n'est le jour à ma paupière » permet de comprendre à quel point son cœur est empli d'amour. Fabre d'Églantine use là d'hyperboles qu'il hérite en partie des poètes de la Pléiade et de Pétrarque. Il multiplie les *topoï* en décrivant une aliénation diurne et nocturne.

Argument III
Culture littéraire
Citation

Il présente cet amour aliénant comme une source de paradoxe : « absent, je ne te quitte pas ». L'adjectif « absent » est associé à la séparation mais elle est purement spatiale, le poète continuant à penser à celle qu'il aime, même s'il est loin d'elle. Fabre d'Églantine utilise ici le *topos* de la présence-absence de l'être aimé, *topos* présent au vers 5 alors qu'il écrit « absent, présent, de près, de loin, / Je t'aime est le mot que je trouve ». Il n'y a alors jamais véritablement de séparation géographique. Le poète dit la force de la pensée, la force de l'amour : la femme aimée reste toujours présente, même en étant loin de lui.

Transition

Le poète est bel et bien aliéné par l'être aimé mais, paradoxalement, cette aliénation est recherchée par le poète.

Développement : Partie III

Idée directrice
Argument I
Citations et références grammaticales
Interprétation

Le poète accède à la création. L'aliénation est voulue, ainsi que le laisse comprendre l'utilisation du verbe « vouloir » : « je veux retrouver ton image ». Il sait que l'amour qu'il ressent lui permet d'accéder à la création poétique : « Tracer je t'aime en cent façons / Est le seul travail de ma plume ». L'adjectif « seul » réduit la création poétique à l'élaboration du discours amoureux. Le complément de manière « en cent façons » laisse mesurer la puissance de la poésie, capable de décliner le verbe *aimer* « en cent façons » – peut-être le poète pense-t-il à toutes les formes poétiques, et pas seulement à des jeux graphiques. Aussi peut-il utiliser la métaphore du trésor derrière la tournure hypocoristique « mon trésor ».

Argument II
Sémantique

Nous sommes loin de l'idée d'un amour malheureux véhiculée dans de nombreux poèmes d'amour. Le poète, dans la strophe 1, peut « prouver » son amour à sa dame : « Seul, avec toi, devant témoin, / ou je le pense ou je le prouve ». L'alternative est claire : le verbe « prouver » renvoie aux possibilités qu'a le poète d'apporter des preuves physiques de son amour à sa dame. Si le poète reprend des *topoï* pétrarquistes, il accorde une place à l'amour charnel. La strophe 3 évoque une caresse donnée au portrait », tandis que la dernière strophe affirme que le poète respire « en [elle] »...il y a bien une dimension charnelle qui participe à la naissance de l'inspiration.

Argument III
Versification
Références littéraires et culturelles

La femme est à l'origine du discours poétique, comme on peut le lire dans l'enjambement qui relie les vers 9 et 10 et dans la strophe 3 : « je te chante ». Ce poème était originellement chanté : nous assistons là à une mise en abyme de la chanson. C'est dans l'avant-dernière strophe que Fabre d'Églantine reprend les *topoï* associés à l'inspiration poétique ; il se présente comme en proie au « délire » – on pense à l'image que Platon donne du poète dans *Ion* –, et parle du « souffle » qu'il aspire, le souffle de la femme qui devient son souffle. Le souffle est celui qui donne vie à la poésie. La femme est bien à l'origine du dire poétique.

Conclusion

Réponse à la problématique
Ouverture sur l'histoire littéraire

Cette déclaration d'amour reprend un certain nombre de *topoï* de la poésie amoureuse, que ce soit le *topos* de l'absence-présence ou encore ceux de l'aliénation du poète et de la divinisation de l'être aimé. Elle contient aussi l'idée de l'absolue nécessité de l'amour pour qui veut accéder au délire poétique. Écrivant au XVIIIe siècle, Fabre d'Églantine transmet toutefois une vision plus heureuse de l'amour que ses prédécesseurs : nous sommes face à un amour d'opérette, heureux et peut-être consommé. Les poètes romantiques renoueront avec une approche plus mélancolique de l'amour.

Méthode *pour réussir*
la **contraction de texte** *et l'***essai**

DÉFINITION

La contraction de texte consiste à **résumer au quart un texte** relevant d'une **forme moderne ou contemporaine de la littérature d'idées**. Elle est suivie d'un essai qui vous invite à **approfondir le thème abordé par le texte à contracter** en vous appuyant sur l'œuvre et les **textes du parcours** étudiés dans le cadre de l'objet d'étude « La littérature d'idées du XVIe au XVIIIe siècle ».

SUJET

Contraction du texte de Camus, « La liberté de la presse » (▸ p. 302).

Après avoir résumé le texte de Camus en 190 mots (marge d'erreur 10%), vous montrerez que les écrivains portent un regard « lucide » et « ironique » sur le monde qui nous entoure pour nous ouvrir les yeux sur ses dysfonctionnements.

La contraction de texte

1 Description

→ Contracter un texte suppose de le **réduire à l'essentiel**. Pour les épreuves anticipées de Français, il s'agit de réduire le texte au quart, avec une marge de 10%. Par exemple, pour un texte de 1000 mots, la contraction peut compter entre 225 et 275 mots.

→ La contraction permet de vérifier :

- que vous avez **compris le texte** et que vous êtes capable de mettre en avant son thème et sa thèse ;
- que vous savez **hiérarchiser les idées** du texte et rendre compte de sa **progression** de manière objective ;
- que vous êtes capable d'adopter un **style clair et efficace**.

2 Contraintes

→ Votre contraction doit être **impersonnelle** : n'y introduisez **pas d'idée extérieure**.

→ **Respectez le nombre de mots** demandé. Indiquez ce nombre à la fin de votre contraction.

→ **Évitez toute paraphrase**.

→ Vous ne pouvez **pas citer le texte**.

→ Vous ne devez **pas écrire** : « l'auteur dit que », « ce texte parle de »...

→ Conservez **le même système d'énonciation** que le texte d'origine (mêmes temps, mêmes pronoms...).

3 Décompte des mots

- **Tout mot compte**, dès qu'il est séparé d'un autre par un blanc ou un signe typographique, à l'exception du « t » euphonique.

  Exemples : « un éléphant » = 2 mots
  « y a-t-il » = 3 mots.

- **Dans les mots composés**, chaque mot compte sauf si les éléments, pris séparément, ne constituent pas un mot en lui-même.

  Exemple : « aujourd'hui » = 1 mot.

- **Les millésimes** et **les sigles** comptent pour un mot.

  Exemples : « 2019 » - « ONG » = 1 mot.

- **Les pronoms** comme « celui-ci » comptent également pour un seul mot.

4 Méthode

→ **Lisez le texte**, repérez la thèse et le thème. Soyez sensible à l'enchaînement des idées en surlignant notamment les mots-outils, les connecteurs logiques.

→ **Triez les informations** : supprimez les citations, ne conservez que les exemples à valeur argumentative.

→ **Contractez** le texte en jouant avec les synonymes et en conservant l'ordre des idées.

→ **Mettez au propre** en n'omettant pas de laisser un alinéa à chaque changement de paragraphe.

L'essai

1 Description et contraintes

→ L'essai est **moins formel** que la dissertation.

→ L'essai permet de **répondre à une question précise**.

Exemple : En quoi la littérature d'idées est-elle une arme efficace contre les discriminations en tous genres ?

❷ Analyse du sujet et construction du plan

→ Repérez les **mots clés** pour identifier ce dont vous aurez à parler.

→ Analysez ensuite la **formulation de la question**.

→ Choisissez un **type de plan**.

- **Plan thématique**
  - I. Inégalités sociales (riches-pauvres, maîtres-valets…)
  - II. Inégalités génériques (homme-femme, adulte-enfant…)
- **Plan dialectique**
  - I. Lutter directement (essai, lettre ouverte, pamphlet)
  - II. Lutter indirectement (apologue, roman, poésie)

→ L'essai étant précédé de la contraction de texte, optez pour un **plan** en **deux parties** afin de gérer au mieux votre temps.

→ Chaque partie doit comporter des **sous-parties** constituées d'un **argument** et d'un **exemple** développé.

❸ Structure

→ Votre **introduction** doit comporter dans le premier paragraphe une phrase d'amorce sur le thème, l'analyse et la définition des mots clés, la problématique. Et l'annonce du plan dans un second paragraphe.

→ Chaque partie doit contenir **2 à 3 sous-parties** séparées avec des alinéas.

→ Reliez vos parties entre elles par une phrase de **transition**.

→ Votre **conclusion** doit répondre **explicitement** à la question posée et soulever en **ouverture** une autre question susceptible de créer un nouveau débat.

SCHÉMA BILAN

La contraction de texte et l'essai

❶ Brouillon de la contraction
- Surligner le thème, la thèse, les arguments, les mots outils
- Trier les informations
- Supprimer les exemples non argumentatifs
- Conserver l'ordre du texte

❷ Rédaction de la contraction
- Reformuler
- Trouver des synonymes
- Ne pas citer
- Conserver le système d'énonciation
- Compter les mots

❸ Brouillon de l'essai
- Analyse du sujet
- Recherche des idées

❹ Rédaction de l'essai

Introduction
Amorce
+ Sujet et analyse du sujet
+ Problématique
+ Annonce du plan

Développement argumenté
- 2 parties / 2 ou 3 sous-parties
- Conclusion partielle et transition
- Une sous-partie = argument + exemple

Conclusion
- Réponse à la problématique
- Ouverture

La contraction de texte et l'essai : *exemple rédigé et commenté*

SUJET

Contraction du texte de Camus, « La liberté de la presse » ▸ p. 302.

Après avoir résumé le texte de Camus en 190 mots (marge d'erreur 10%), vous montrerez que les écrivains portent un regard « lucide » et « ironique » sur le monde qui nous entoure pour nous ouvrir les yeux sur ses dysfonctionnements.

EXEMPLE DE TEXTES ÉTUDIÉS EN CLASSE

Texte A La Boétie, *Discours de la servitude volontaire* (▸ p. 61)
Texte B Montaigne, *Essais*, « Sur les boiteux » (▸ p. 65)
Texte C Montesquieu, *De l'esprit des lois,* « De l'esclavage des nègres » (▸ p. 149)

CONTRACTION

Il peut sembler surprenant de défendre encore la liberté de la presse. Cette dernière reste pourtant le seul moyen de remporter la victoire sur l'ennemi.

Bien que la liberté ne soit pas infinie, on ne saurait accepter la censure. Comment un journaliste peut-il rester libre malgré la censure ? Comment manifester pleinement sa liberté en période de guerre ? En se montrant d'abord clairvoyant pour ne pas se laisser aller à croire en un destin qui se serait abattu sur la nation : il faut croire que la guerre peut être évitée et que le journaliste a un rôle à jouer en permettant à la population de ne pas se laisser aller au désespoir ou au fatalisme. Il doit aussi résister à toute tentation de propager un discours faux, vérifier les faits pour ne proposer au lecteur que ceux qui lui semblent vrais. Il lui faut aider le public à porter un regard critique sur le monde : chaque information doit être vérifiée, authentifiée, commentée. En outre, le journaliste doit se servir de l'ironie comme d'une arme contre les puissants pour propager la vérité sans être forcément compris d'esprits obtus comme celui d'Hitler.

(193 mots)

ESSAI

Introduction

Introduction : présentation des éléments du résumé permettant d'amener le sujet de l'essai

Les écrivains s'inspirent du monde qui les entoure et portent souvent sur lui un regard distancié. Camus insiste sur ce point dans un article consacré à la liberté de la presse, article qui aurait dû être publié en 1939 mais qui, ironie du sort, a lui-même subi la censure. Le journaliste – et, partant, l'écrivain – doit vérifier l'authenticité de ce qu'il raconte au lecteur pour lui permettre de porter un regard critique sur le monde. Il doit donc se montrer lucide, ne pas craindre de regarder la vérité en face, même si elle lui déplaît, et peut, pour confronter son public à la vérité, utiliser l'ironie. Dès le XVIe siècle, les écrivains pratiquant la littérature dite d'idées ont voulu décrire le monde tel qu'il est pour nous ouvrir les yeux sur ses dysfonctionnements. En quoi leur clairvoyance parfois satirique a-t-elle permis au lecteur de changer de regard sur le monde ?

Problématique

Je verrai d'abord quels sujets sont concernés par la clairvoyance des écrivains puis je chercherai à mesurer la place occupée par l'ironie dans leur stratégie argumentative.

Annonce du plan

Développement : Partie I

Thèse défendue — *Argument 1* — *Exemple tiré d'un texte étudié en classe*

Les écrivains portent un regard lucide sur le monde. Ils dénoncent les inégalités de notre société. C'est le cas de La Boétie, dans son essai *De la servitude volontaire*. Un roi a tous les droits, concentre tous les pouvoirs, estime qu'il est normal que son peuple meure pour lui et le peuple ne dit rien. La notion de « servitude volontaire » ne lui semble même pas contradictoire, tant il est habitué à cet état de fait. Une autre servitude, involontaire cette fois, est dénoncée au XVIIIe siècle par Montesquieu dans « De l'esclavage des nègres », extrait de son essai *De l'esprit des lois* : il s'agit de la privation de la liberté d'hommes que l'on exploite pour des raisons ethniques ou encore économiques. Montesquieu s'en prend avec virulence à ce système.

Exemple tiré d'un texte étudié en classe

Argument 2 — Exemple tiré d'un texte étudié en classe — Exemple personnel — Exemple tiré d'un texte étudié en classe

Le monde semble dominé par le mal : les hommes ne cessent de se battre. La Boétie évoque la guerre pour laquelle le peuple sacrifie ses enfants. On peut aussi songer à un célèbre passage de *Candide* de Voltaire : Candide assiste au carnage engendré par la guerre, véritable « boucherie héroïque » au cours de laquelle les corps ensanglantés, malmenés, voire violés ne peuvent que terrifier le lecteur. Camus, au XXe siècle, insistera sur la nécessité de la paix : il faut croire que la guerre n'est pas inéluctable, que l'homme peut sortir de ce cycle qui fait se succéder guerre et paix.

Argument 3 — Exemple tiré d'un texte étudié en classe

D'autres écrivains dénoncent, plus globalement, la bêtise humaine : c'est elle qui nous pousse à croire des choses fausses, elle qui peut nous faire accepter l'inacceptable, que ce soit l'esclavage ou la guerre. Camus dit bien en quoi consiste le rôle de l'écrivain : il doit résister, croire que la guerre n'est pas une fatalité et permettre à chacun de croire la même chose. Montaigne, dans son essai « Des boiteux », s'en prend à la bêtise des hommes, qui les pousse à croire ce qu'ils voient sans vérifier les faits. En portant un regard critique sur le monde, on peut le rendre meilleur.

Conclusion partielle — Transition

La littérature permet d'envisager les dysfonctionnements du monde de façon lucide, que ces dysfonctionnements soient liés aux inégalités, à la guerre ou à la bêtise. Pour nous faire saisir l'absurdité de nos actes, beaucoup d'auteurs ont recours à l'ironie.

Développement : Partie II

Thèse défendue — Argument 1 — Exemple tiré d'un texte étudié en classe

L'ironie est, d'après Camus, une arme terrible contre les puissants. En effet, certains ne la comprennent pas – ce serait le cas d'Hitler, d'après Camus. Des lecteurs ne saisissent d'ailleurs pas l'ironie de l'essai de Montesquieu : ce réquisitoire contre l'esclavage a pu être analysé comme un plaidoyer en faveur de l'esclavage. Montesquieu se met dans la peau d'un esclavagiste et cherche à mettre au jour l'absurdité de ses raisonnements : « le sucre serait trop cher » s'il n'était cultivé par des esclaves. En quoi un argument économique se verrait-il accorder plus d'importance qu'un argument humain ? Au lecteur de décrypter le texte de Montesquieu et de comprendre, par exemple, que si aucune loi n'est formulée contre l'esclavage, c'est bien parce que les princes sont trop occupés à faire des « conventions inutiles », autrement dit il serait utile de formuler une telle loi.

Argument 2 — Exemple tiré d'un texte étudié en classe — Citation d'un texte étudié en classe

L'ironie permet de choquer le destinataire en le mettant face à ce qu'il ne voudrait pas voir : le lecteur de Montesquieu ne veut pas se considérer responsable de l'esclavage et c'est pourtant bien lui qui achète du sucre en Europe… Le lecteur de La Boétie se sent aussi attaqué par l'essayiste qui affirme : « Il semble que vous regarderiez désormais comme un grand bonheur qu'on vous laissât seulement la moitié de vos biens, de vos familles, de vos vies ». On voit alors à quel degré de soumission on en est arrivé par rapport au pouvoir : on estime normal que nos vies et notre bonheur dépendent du bon vouloir royal…

Argument 3 — Exemple tiré d'un texte étudié en classe

L'ironie ébranle les certitudes et rend lucide pour susciter la résistance. Elle est aussi, comme le rappelle Camus, « ironie socratique », questionnement sur le monde : il s'agit pour les écrivains de s'interroger et d'interroger le lecteur sur son milieu, de le pousser à changer de regard, quitte à adopter le scepticisme comme art de vivre ainsi que le revendique Montaigne dans « Des boiteux » : après s'être moqué de la sottise commune qui pousse chacun à croire que des voix entendues dans une église sont celles de Dieu et après avoir dénoncé de façon satirique la sottise de juges qui s'empressent de condamner de simples farceurs, Montaigne conclut sur l'importance du doute. Nous ne devons pas juger trop rapidement le monde qui nous entoure ou nous pourrions bien faire les frais de l'ironie de notre entourage.

Conclusion

Réponse à la problématique

C'est donc avec lucidité et ironie que les écrivains dénoncent les dysfonctionnements de notre monde : esclavage, guerre, sottise… En nous rendant parfois ridicules à nos propres yeux, ils nous poussent à réagir, à modifier nos comportements, voire à nous révolter contre ce monde. La littérature d'idées peut donc avoir un véritable impact.

Ouverture

À mes yeux, l'image, et plus particulièrement la caricature, peut avoir ce même pouvoir de dénonciation satirique du monde.

Méthode pour réussir l'**épreuve orale**

DÉFINITION

• La première partie de l'épreuve se nomme **l'exposé**. Elle est composée de la **lecture** du texte, de **l'explication** de texte et de la **question de grammaire**. Elle dure **12 minutes**. **L'explication de texte** suit les mouvements du texte. À l'issue d'une préparation de 30 minutes, il s'agit de **mettre en avant le sens du texte** en vous appuyant sur des **citations commentées** de l'extrait.

• **L'entretien** porte sur une **œuvre complète que vous aurez choisie** parmi celles étudiées en classe ou parmi les lectures cursives proposées par votre professeur. Il évalue la **qualité** de votre **expression orale** et **votre implication**, ainsi que vos **capacités d'argumentation** et votre **aptitude au dialogue**. Il dure **8 minutes**.

SUJET

Texte : François-René de Chateaubriand, *René* (▸ p. 180)

Problématique : En quoi René est-il un héros romantique ?

Question de grammaire : Vous ferez toutes les remarques grammaticales possibles sur la phrase : « Attends que le vent de la mort se lève, alors tu déploieras ton vol vers ces régions inconnues que ton cœur demande. »

Conseils de révision

La réussite dépend en partie de la **planification de votre travail** durant l'année.

→ Faites des **fiches de révision** pour les textes, les œuvres, les parcours associés aux œuvres.

→ Tenez à jour votre **carnet de lecture et de culture**. Rendez compte des projets culturels et sorties pédagogiques, en mettant l'accent sur ce que vous avez **ressenti** et en cherchant à **argumenter** : que vous a apporté telle sortie au théâtre ? Si elle vous a déçu, pour quelle raison ?

→ Pratiquez l'étude de la **langue** : sachez identifier la nature et la fonction des mots, les temps verbaux, les propositions.

→ Commencez vos révisions **le plus tôt possible** par une lecture régulière des textes et de vos fiches.

→ **Les dernières semaines** : après ce programme de révisions régulières, vous n'aurez plus qu'à relire vos fiches.

→ **Quelques jours avant l'oral** : revoyez les extraits de films, pièces de théâtre, documents iconographiques et relisez vos notes sur les divers projets.

Étape 1 Préparation au brouillon (30 min)

❶ Lecture active du texte

→ Lisez attentivement le texte déjà étudié en classe pour vous remémorer les **émotions** et **idées** du texte.

→ Soulignez les **citations** qui vous permettront d'argumenter.

❷ Préparation du support pour l'oral

→ **L'introduction**. Notez, sous forme de liste, les éléments nécessaires en utilisant des **mots clés**.

- XIXe
- Chateaubriand, naissance romantisme
- Influence : Goethe, *Werther*. Mal du siècle.
- Définition du mouvement du romantisme.
- Lecture expressive
- Problématique
- Annonce du plan

Montrez la **structure** adoptée par l'auteur **en donnant des titres** aux mouvements du texte.

I. Un personnage sensible aux sensations
II. Un personnage qui communie avec la nature
III. L'aspiration à la mort : le mal du siècle

→ Précisez **les lignes des citations** que vous choisissez **+ le procédé littéraire + un mot clé** pour l'émotion ou l'idée.

Exemple : métaphore du cœur comme instrument incomplet pour dire le mal du siècle

→ **La conclusion**. Notez-la sous forme de mots clés. Faites une ouverture littéraire ou artistique.

Ouverture sur vague de suicides au XIXe ou autre héros romantique : *Adolphe* de Benjamin Constant

Étape 2 Lecture (2 points), explication du texte (8 points), question de grammaire (2 points)

→ **Parlez lentement, clairement** et développez les éléments de votre introduction. Lisez le texte **de manière expressive.**

→ **Ne lisez pas vos notes.** Regardez régulièrement l'examinateur et développez posément vos arguments.

→ **Annoncez** nettement vos changements de mouvements ou d'axes et **concluez** chaque partie.

→ Prenez le temps d'**analyser les citations**.

→ Regardez l'heure pour que votre explication ne dure pas plus de 8 minutes.

→ **Ne paniquez pas et n'hésitez pas à improviser :** vous avez déjà étudié le texte en classe.

→ Répondez à la question de **grammaire** de façon structurée.

I. Modes et temps
II. Types de propositions
III. Les expansions du nom

Étape 3 Entretien (8 points)

→ Pas de temps de préparation mais vous aurez **choisi vous-même** l'œuvre dont vous souhaitez parler.

→ Présentez l'œuvre choisie et **justifiez votre choix**.

→ L'examinateur vous posera ensuite quelques questions pour vous inviter à **étoffer votre réflexion** et à **défendre votre point de vue** sur l'œuvre choisie.

SCHÉMA BILAN

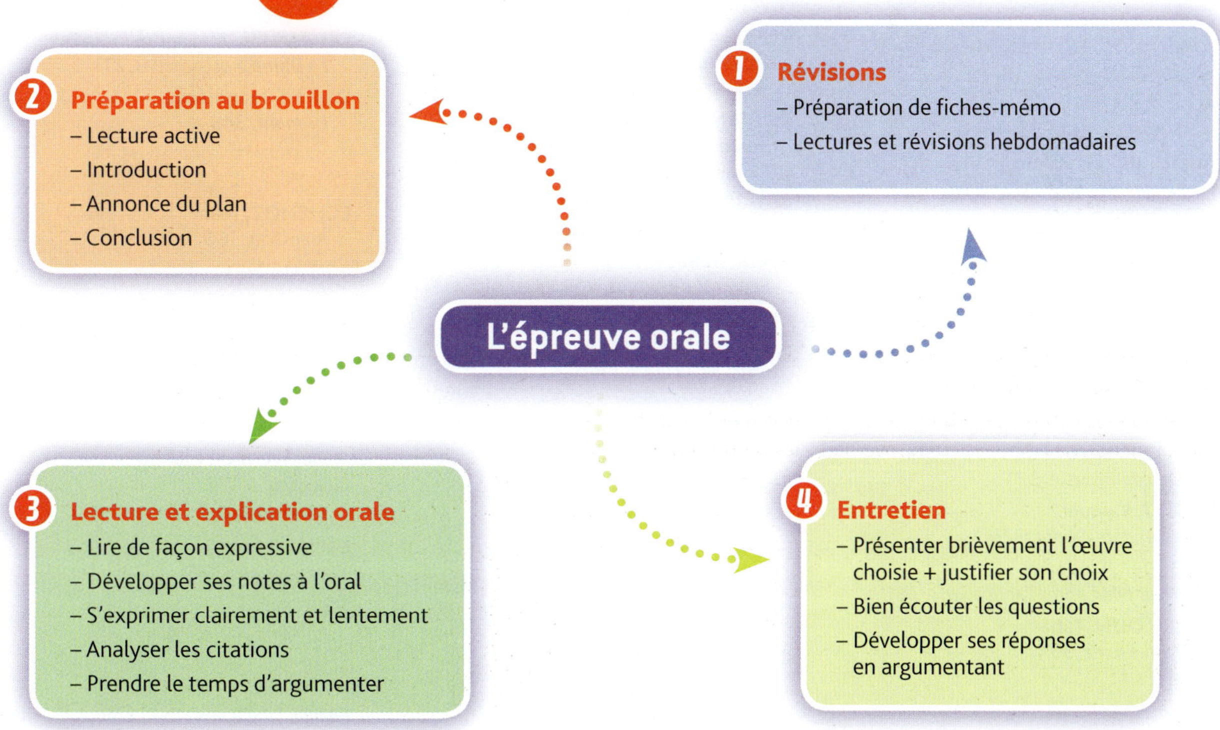

Index des auteurs et des œuvres

Index iconographique

Œuvres d'art

Théâtre : mise en scène

20	ph © Musée National du Moyen Age et des Thermes de Cluny, Paris / Bridgeman Images
21-h	ph © Whiteimages / Leemage
21-b	ph © Image Pierpont Morgan Library / The Morgan Library & Museum, Dist. RMN-Grand Palais
22	ph © Photo Josse / Leemage
23	ph © Science Source / AKG-Images
28	Coll. Archives Hatier
31	ph © BnF, Paris
32, 34, 35	Coll. Archives Hatier
37-g	ph © Universitätsbibliothek Heidelberg
37-d	ph © BnF
38	Coll. Archives Hatier
39	ph © A. Dagli Orti / De Agostini Picture Lib. / Akg-Images
40	Coll. Archives Hatier
42	ph © Akg-Images
43	ph © Erich Lessing / Akg-Images
44	ph © National Gallery, Londres / Bridgeman Images
45	ph © André Held / Akg-Images
46 à 49	Coll. Archives Hatier
50	Coll. Marot
51	ph © Akg-Images
52, 54, 56, 58	Coll. Archives Hatier
60 à 63	Coll. Archives Hatier
64 à 66	Coll. Archives Hatier
67	ph © Erich Lessing / Akg-Images
69-g	ph © Electa / Leemage
69-d	Coll. Archives Hatier
70	Coll. Archives Hatier
74	ph © Museo del Prado, Madrid / Bridgeman Images
75	ph © Château de Versailles / Bridgeman Images
76	ph © Akg-Images
77	ph © Heritage-Images / Art Media / Akg-Images
78, 80	Coll. Archives Hatier
81	ph © Erich Lessing / Akg-Images
82, 84, 86, 88	Coll. Archives Hatier
89	Coll. Archives Hatier
90	ph © Musée d'Art Roger-Quilliot, Clermont-Ferrand
91, 91	Coll. Archives Hatier
93	ph © Roger-Viollet
95	ph © Musée d'Art Moderne et Contemporain de Strasbourg, Cabinet d'art graphique Photo Musées de Strasbourg, M. Bertola
96	Coll. Archives Hatier
97-g	ph © Boris Lipnitzki / Roger-Viollet
97-d	ph © D.R.
98, 99, 100	Coll. Archives Hatier
101-g	ph © COPAT
101-d	ph © INA
102, 104,106	Coll. Archives Hatier
107	ph © Erich Lessing / Akg-Images
108, 110,114	Coll. Archives Hatier
115	ph © Erich Lessing / Akg-Images
116	Coll. Archives Hatier
117	ph © Erich Lessing / Akg-Images
118, 120,122	Coll. Archives Hatier
124	ph © Christophe Fouin / Château de Versailles, Dist. RMN-Grand Palais
125	ph © SuperStock / Leemage
126, 128,130	Coll. Archives Hatier
131, 132,	Coll. Archives Hatier
133	ph © Akg-Images
134	Coll. Archives Hatier
136	ph © Erich Lessing / Akg-Images
137	ph © Lebrecht Music and Arts Photo Library / Alamy Stock Photo
138	ph © AISA / Leemage
139	ph © Prisma / Album / Akg-Images
140	Coll. Archives Hatier
141	ph © Erich Lessing / Akg-Images
142	Coll. Archives Hatier
143, 144, 146	Coll. Archives Hatier
147, 148, 149	Coll. Archives Hatier
150, 151, 152	Coll. Archives Hatier
154, 155	Coll. Archives Hatier
157-g	ph © BnF
157-d	ph © Josse / Leemage
158	Coll. Archives Hatier
159	ph © Laurent Lecat / Akg-Images
160, 162, 164	Coll. Archives Hatier
165, 166, 168	Coll. Archives Hatier
170	Coll. Archives Hatier
171	ph © Josse / Leemage
172	ph © Josse / Leemage
173	ph © 2018 Christian Mondrup
174, 175	Coll. Archives Hatier
176	ph © Akg-Images
177-h	ph © Erich Lessing / Akg-Images
177-b	ph © Musée des Beaux-Arts, Bordeaux / Bridgeman Images
178	ph © Museo Napoleonico, Rome / Bridgeman Images
179	ph © Musée Carnavalet, Paris / Archives Charmet / Bridgeman Images
180, 182, 183	Coll. Archives Hatier
184	Coll. Archives Hatier
185	ph © De Agostini Picture Library / Bridgeman Images
186, 188, 190	Coll. Archives Hatier
192, 194, 195	Coll. Archives Hatier
196, 197, 198	Coll. Archives Hatier
200, 202	Coll. Archives Hatier
203	ph © De Agostini Picture Library / Akg-Images
204, 206, 207	Coll. Archives Hatier
208, 210	Coll. Archives Hatier
211	ph © D.H. Teuffen / Interfoto / Akg-Images
212	Coll. Archives Hatier
213	© Cabu / Cherche Midi Éditeur
215-g	ph © Washington, National Gallery of Art
215-d	ph © Selva / Leemage
216	Coll. Archives Hatier
217	ph © André Held / Akg-Images
218, 219, 220	Coll. Archives Hatier
222, 223, 224	Coll. Archives Hatier
225	ph © Ken Welsh / Bridgeman Images
226, 227, 228	Coll. Archives Hatier
229	ph © Akg-Images
230, 231, 232	Coll. Archives Hatier
233, 234, 236	Coll. Archives Hatier
237, 238, 239	Coll. Archives Hatier
240, 241, 242	Coll. Archives Hatier
243, 244, 245	Coll. Archives Hatier
246	Coll. Archives Hatier
247	ph © Bridgeman Images
248, 249, 250	Coll. Archives Hatier
251, 252	Coll. Archives Hatier
253	ph © Bridgeman Images
254-h	Coll. Archives Hatier
254-b	ph © Bridgeman Images
255	ph © Mathieu Rabeau / Benoît Touchard / RMN-Grand Palais (musée d'Orsay)
256, 257, 258	Coll. Archives Hatier
259, 260	Coll. Archives Hatier
261	ph © Christian Ganet / ArtComPress
262, 264	Coll. Archives Hatier
266	ph © Photothèque R. Magritte / Adagp Images, Paris, 2019
267-h	ph © Scala / © Adagp, Paris 2019
267-b	ph © Bridgeman Images / Succession Alberto Giacometti Fondation Alberto et Annette Giacometti Paris / © Adagp, Paris 2019
268	ph © Erich Lessing / Akg-Images / © Adagp, Paris 2019
269	ph © Bridgeman Images / Christie's Images / The Andy Warhol Foundation for the Visual Arts, Inc. / © Adagp, Paris 2019
270, 271	Coll. Archives Hatier
272-h	Coll. Archives Hatier
272-b	ph © Centre Pompidou, Paris / Bridgeman Images / © Adagp, Paris 2019
273	Coll. Archives Hatier
274	ph © Sputnik / RIA Novosti / AFP Forum
275	© Sonia Delaunay, Pracusa, S.A.
276-g	Coll. Archives Hatier
276-d	© Editions Gallimard
277	ph © Everett Collection / Bridgeman Images
278	ph © Roger-Viollet
279-h	ph © Prismatic Pictures / Bridgeman Images
279-b	ph © Jens Ziehe / BPK, Berlin, Dist. RMN-Grand Palais / © Succession Picasso, 2019
280	ph © SZ Photo / Scherl / Bridgeman Images
282	ph © Archives Charmet / Bridgeman Images
283	ph © Erich Lessing / Akg-Images / Salvador Dalí, Fundació Gala-Salvador Dalí / © Adagp, Paris 2019
284-h	ph © Archives Charmet / Bridgeman Images
284-b	ph © Christie's Images / Bridgeman Images / © Adagp, Paris 2019
285	Coll. Archives Hatier
286	ph © SVT / TT News Agency / Akg-Images
287	ph © Archives Charmet / Bridgeman Images
288	ph © Collection / Leemage
289	ph © Erich Lessing / Akg-Images
290	ph © Archives Charmet / Bridgeman Images
291	ph © Telimage / © Man Ray Trust / © Adagp, Paris 2019
292	ph © Pictures From History / Akg-Images
293	ph © Studio Lipnitzki / Roger-Viollet
294	ph © Bridgeman Images
295	ph © Archives Charmet / Bridgeman Images
296	ph © SZ Photo / Scherl / Bridgeman Images
297	ph © Electa / Leemage
298	ph © PVDE / Bridgeman Images
300	ph © Louis Monier / Bridgeman Images
302, 304	ph © René Saint Paul / Bridgeman Images
306	ph © Louis Monier / Bridgeman Images
307	ph © Granger / Bridgeman Images
308	ph © Collection / Leemage
309	ph © Marc Foucault / Gallimard via Opale / Leemage
310	ph © René Saint Paul / Bridgeman Images
311	ph © Akg-Images
312	ph © Bernard Pascucci / INA / AFP Forum
314	ph © SVT / TT News Agency / Akg-Images
315	ph © AFP Forum
316	ph © René Saint Paul / Bridgeman Images
318	ph © Graziano Arici / Leemage
319	ph © Archives Charmet / Bridgeman Images
320	ph © AGIP / Bridgeman Images
321	ph © Jack Nisberg / Roger-Viollet
322	ph © René Saint Paul / Bridgeman Images
324	ph © Mark Gerson / Bridgeman Images
326	ph © Jerry Bauer / Opale / Leemage
328	ph © Hannah Assouline / Opale / Leemage
329	ph © Renaud / Leemage
330	ph © AGIP / Bridgeman Images
331	ph © René Saint Paul / Bridgeman Images
332	ph © AFP Forum
333	ph © Mark Gerson / Bridgeman Images
334	© DR
335	ph © The estate of Jean-Michel Basquiat / Adagp, Paris 2019
336	ph © René Saint Paul / Bridgeman Images
337	ph © Marc Foucault / Gallimard via Opale / Leemage
338	ph © Jean-Claude Gisbert / Opale / Leemage
339	ph © Sophie Bassouls / Leemage
340	ph © Mark Gerson / Bridgeman Images
341	ph © Raphaël Duvernay
342	ph © Louis Monier / Bridgeman Images
343	ph © Philippe Migeat / Centre Pompidou, MNAM-CCI, Dist. RMN-Grand Palais / © Adagp, Paris 2019
344	ph © Jean-Pierre Loth / INA / AFP Forum
346	ph © Louis Monier / Bridgeman Images
347	ph © Michèle Bancilhon / AFP Forum
348	ph © Louis Monier / Bridgeman Images
349	ph © Hannah Assouline / Opale via Leemage
350	ph © Jacques Sassier / Gallimard via Opale / Leemage
351	ph © John Foley / Opale / Leemage
352	ph © Louis Monier / Bridgeman Images
354	ph © John Foley / Opale / Leemage
355	ph © Agence Bulloz / RMN-Grand Palais
356	ph © Brigitte Enguerand
357	ph © Louis Monier / Bridgeman Images
358	ph © Farabola / Leemage
359	ph © Jean-Pierre Muller / AFP Forum
361-g	ph © www.bridgemanimages.com
361-d	ph © Akg-Images
362, 363	ph © John Foley / Opale / Leemage
364	ph © Effigie / Leemage
365	ph © Akg-Images
366	ph © Hannah Assouline / Opale / Leemage
368	ph © Stephan Gladieu / Opale / Leemage
370	ph © Philippe Matsas / Opale / Leemage
371	ph © Gérard Julien / AFP Forum
372	ph © Leonardo Cendamo / Leemage
373	ph © Jacques Sassier / Gallimard via Opale / Leemage
374	ph © Jack Guez / AFP Forum
375	ph © Anne-Christine Poujoulat / AFP Forum
376	ph © Basso Cannarsa / Opale / Leemage
377	© 2019 Niki Charitable Art Foundation / Coll. National Museum of Women in the Arts, Washington / © Adagp, Paris 2019
378	ph © Witi de Tera / Opale / Leemage
379, 380, 381	ph © Hannah Assouline / Opale / Leemage
382	ph © Philippe Matsas / Opale / Leemage
383	ph © Effigie / Leemage
384	ph © Anne-Christine Poujoulat / AFP Forum
385	ph © Cici Olsson
386	ph © Jean-Francois Paga / Opale via Leemage
387	ph © François Nascimbeni / AFP Forum
388	ph © Witi de Tera / Opale / Leemage
389	ph © Philippe Matsas / Opale / Leemage
390	© Succession H. Matisse 2019 – ph © National Gallery of Art, Washington
392	ph © The Stapleton Collection / Bridgeman Images
393	ph © Sergio Anelli / Electa / Mondadori Portfolio / Bridgeman Images
394	ph © Erich Lessing / AKG-Images
395	ph © FineArtImages / Leemage
396	ph © Erich Lessing / AKG-Images
397	ph © Kunsthalle, Hambourg / Bridgeman Images
398	ph © Laurent Lecat / AKG-Images
399	ph © Photo Josse / Leemage
400	Coll. Archives Hatier
401	ph © The Barnes Foundation, Philadelphie / Bridgeman Images
402	© Adagp, Paris, 2019 – ph © Collection Claude Herraint, Paris / Bridgeman Images
403	ph © Pascal Victor / ArtComPress
404	© The Estate of Francis Bacon /All rights reserved / Adagp, Paris and DACS, London 2019 – ph © Joseph Martin / AKG-Images
405	Jeff Koons, Pink Balloon Dog, 2008 © Jeff Koons – Coll. LACMA, Los Angeles
406	ph © Museo del Prado, Madrid / Bridgeman Images
407	ph © AKG-Images
408	ph © Gilles Mermet / AKG-Images
409	ph © AKG-Images
410	ph © Pascal Victor / ArtComPress
411	ph © Photo Josse / Leemage
412	ph © Pascal Victor / ArtComPress
413	ph © Erich Lessing / AKG-Images
414	ph © Erich Lessing / AKG-Images
415	© Adagp, Paris 2019 – ph © Gérard Blot / RMNGrand Palais (Musée Marc Chagall, Nice)
416	ph © Piccadilly Gallery, Londres / Bridgeman Images
417	ph © Pascal Victor / ArtComPress
435	© Gaumont / Jérôme Prébois – Collection Christophel
448	© 2000 Kate Rothko Prizel & Christopher Rothko - Adagp, Paris, 2019 – ph © The Art Institute of Chicago / Bridgeman Images

Achevé d'imprimer par L.E.G.O. S.p.A. - Lavis (TN) - Italie
Dépôt légal : 98677 - 2/04 - Juillet 2020